道教経典の形成と仏教

Yoshiko Kamitsuka
神塚淑子 ── 著

名古屋大学出版会

道教経典の形成と仏教——目　次

第三篇　道教経典と漢訳仏典

序章

一　問題の所在

道教は多重的な層から成る宗教である。道教を構成するものとして、中国の歴史の中で育まれた伝統文化の諸要素がある。天神・地祇・人鬼や山川の精霊など神秘的な存在に対する畏怖の念を基盤とし、そうした神秘的な存在に対して祈ったり身を守ったりするための方法として考えられた符籙や呪術、不老不死の神仙という観念と健康長寿を求める養生術、思想面では、老荘の「道」の思想、天の賞罰を説く墨子の思想、陰陽五行思想、易の思想、讖緯思想、さらには、孝を中心とする儒教の倫理思想など、道教を構成する要素は多岐にわたる。

一方、中国固有の伝統文化に根ざす諸要素のほかに、道教は中国に伝来した仏教の諸要素をも多く吸収している。道教と仏教との関わりという問題は、大きな広がりを持っている。道教がいつ、どのような形で仏教と交渉を持ち、その関係はどのようであったのか。中華思想の根強い中国にあって、異文化である仏教が道教の中に取り入れられることが可能であったのはなぜか。仏教のどのような要素が道教に取り入れられ、どのような要素が取り入れられなかったのか。道教に取り入れられた要素はそのままの形で取り入れられたのか、それとも変容の過程を経て道教に吸収されたのか。変容の過程を経たのであれば、それは中国固有の思想との間でのいかなる相克と融合の結果であるのか。これらの問題は、道教思想研究のみならず、広く中国宗教思想研究として重要なテーマである。

本書は、六朝隋唐時代の道教を研究対象とし、仏教との関わりに注目しながら、この時代における道教経典の作成過程や、そこに記された思想の検討を通して、如上のテーマを考察する。

はじめに、本書で考察の対象とする時代に至る頃までの道教経典のことについて少し述べておきたい。宗教としての開祖を持たない道教は、いつの時点をその始まりと見るかは難しい問題であるが、後漢末の太平道と五斗米道を道教の始まりとする見方が一般的であり、本書もその見方をとっている。太平道の張角が用いたとされる『太平清領書』の流れをくむ『太平経』は、六朝末に再編の手が加わってはいるものの、内容的には最も古い道教経典の一つと考えてよいであろう。一方、五斗米道では、『老子』が聖典とされ、信者たちは『老子』五千文を読むことが義務づけられた。敦煌から出土した写本『老子想爾注』(スタイン六八二五)が、この五斗米道で用いられた『老子』のテキストであるという説がある。ただし、これには異説もあり、確かなことは不明である。なお、『老子』を「経」と呼ぶことは、前漢時代の末頃までには行われていたようである。『漢書』芸文志に『老子』の注釈書が四種類記されていて、『老子』の「経伝」とか「経説」と呼ばれているところからそれは推測できる。

三一七年頃に作られた葛洪の『抱朴子』は、神仙思想を集大成した書物としてよく知られているが、その遐覧篇には、葛洪が師の鄭隠から授けられたという書物を含めて多数の道書の名が列記されている。それは、「道経」と「符」とに分けて挙げられていて、「道経」としては、「三皇内文天地人三巻」以下、合計二百余種、六百七十余巻の書名が記され、「符」としては、「自来符」以下、合計五十六種、六百二十巻の符の名が記されている。「道経」として記されたものの中には、「太平経五十巻」や「甲乙経一百七十巻」など、今の『太平経』につながると思われるものもあるが、それらを除けば、大半は具体的な内容を知り得ないものばかりである。ただ、その書名から推測すると、仙術の書、錬丹の書、導引按摩の書、病気治療の書、食養生の書、邪気払いの書などが多くを占めており、『抱朴子』の頃には、こうした書物が「道経」と意識されていたことがわかる。これらの中には、仏教に関わる書は含まれていないようである。ちなみに、『抱朴子』遐覧篇に列記された「道経」の中には、『老子』の名は見えないが、『抱朴子』の他の篇（釈滞篇）には、『老子』五千文のことを指して「此の経」と呼んでいる文が見える。上述のように、『老子』を「経」と見なすことは、すでに前漢末頃までには行われていた。葛洪において、『老子』は「経」ではあるが遐覧篇に列記した「道経」とは性格を異にするものと意識されていたことがうかがえる。

『抱朴子』の成立から遅れること約半世紀、東晋の中期以降になって、江南の地において道教の新しい動きが起こった。東晋の興寧・太和年間（三六三～三七一）に、茅山にある許謐（三〇五～三七六）の山館で行われた神降ろしに始まる上清派道教がそれである。この時、霊媒の楊羲（三三〇～三八六？）のもとに降臨した真人たちが、楊羲と許謐・許翽（三四一～三七〇）父子に授けたとされる経典とお告げの言葉を、のちに梁の陶弘景（四五六～五三六）が収集整理して、「運題象第一」「甄命授第二」「協昌期第三」「稽神枢第四」「闡幽微第五」の五篇に編集し、それに、楊羲と許謐・許翽父子の手紙や夢の記録などを収めた「握真輔第六」、および、陶弘景自身の手になる「真誥叙録」「真経始末」「真胄世譜」の文を収めた「翼真検第七」の二篇をあわせて合計七篇とした書物が『真誥』（道蔵第六三七～六四〇冊）である（道蔵本のテキストでは二十巻に編成されている）。(1)『真誥』は上清派道教の形成期の状況を知るための最も重要な資料である。そして、この上清派の動きに刺激を受けて出てきたのが、本書の考察対象となる霊宝経である。

霊宝経と総称されるものは、実は、成立年代を異にする多重的な層から成り、複雑な様相を呈している。(2) 本書では、敦煌写本の宋文明「通門論」（ペリオ二八六一の二、および、同二二五六）の初めの方に記された陸修静（四〇六～四七七）の「霊宝経目」に名前が見える経典のことを指して霊宝経と呼んでいる。このような道教の新しい動きの結果、道教経典の数は急速に増加し、『隋書』経籍志では、四部分類の末尾に附された「道経」の部に、「経戒三百一部九百八巻」「餌服四十六部一百六十七巻」「房中十三部三十八巻」「符録十七部一百三巻」、合計で「三百七十七部、一千二百一十六巻」という数が記されるに至っている。ただし、ここには個別の書名は記載されていない。「道経」の分類方法として、『隋書』経籍志では、経戒・餌服・房中・符録という分け方が用いられているが、道教内部においては、五世紀頃から、洞真（上清）・洞玄（霊宝）・洞神（三皇）の「三洞」に分類されるようになる。洞神（三皇）は最も古く天皇・地皇・人皇の三皇に関連づけられているもの、洞真（上清）は東晋の興寧・太和年間（三六三〜三七一）に茅山で起こった上清派の宗教活動に由来するもの、洞玄（霊宝）は四世紀末から五世紀にかけて、葛巣甫および、その流れを引く人々によって作られたとされている霊宝経の経典群である。「三洞」の中で、最も多く仏教の諸要素を吸収しているのは、洞玄（霊宝）に属する経典である。

以上、本書が考察の対象とする時代に至るまでの道教経典の概略について述べた。このうち、上清派の形成に関することと『太平経』に関することは、拙著『六朝道教思想の研究』（創文社、一九九九年）において考察した。本書は、これを承けて、洞玄（霊宝）に属する経典を主な資料として、仏教との関わりに注目しながら検討していくことになる。

ここで、中国への仏教伝来の状況を、本書の内容と関連する範囲内で、簡単に見ておこう。西暦紀元前後の頃から仏教は中国に伝来し始めたが、最初の頃は、仏教は黄老思想と同じようなものとして理解されていた。一世紀半ば頃、後漢の明帝の弟、楚王英の仏教信仰のことが、「黄老の学を喜び、浮屠の斎戒祭祀を為す」とか、「黄老の微言を誦し、浮屠の仁祠を尚ぶ」（ともに『後漢書』楚王英伝）と記されており、仏教は黄老の学のような中国の思想と融合する形で受容され始めたことがわかる。老子と仏教との結びつきは古く、のちに仏教対道教の論争において大きな争点となる老子化胡説は、二世紀の中頃、後漢の桓帝の頃にはすでに出てきていた（『後漢書』襄楷伝に見える）。『三国志』の注に、「浮屠の載する所、中国の老子経と相出入す。蓋し以為らく、老子は西のかた関を出て、西域を過りて天竺に之き、胡を救うと」（『三国志』魏書・烏丸鮮卑東夷伝注引『魏略』西戎伝）とあるように、仏典の内容は『老子』と似通ったものであると見なされていた。老子化胡説は、老子がインドに渡って胡の人々を救うために説いた教えが仏教であるという、史実を無視した荒唐無稽な内容のものであるが、しかし、これは中華思想の根強い中国において仏教を受容しやすいものにするという点で重要な役割を果たした。

仏典の漢訳の歴史に目を向けると、[3] 後漢の桓帝の時代、洛陽で行われた安世高の訳経がその始まりとされ、やや遅れて、二世紀後半には、同じく洛陽で支婁迦讖の訳経活動が行われた。その後、三国時代になると、呉の康僧会と支謙が、『六度集経』や『維摩経』などの大乗経典の漢訳を行った。江南の地で行われた康僧会と支謙の訳経は、同じく江南で起こった霊宝経の作成に何らかの影響を与えたと考えられる。ついで、西晋時代の竺法護の訳経や、四世紀後半、前秦時代の竺仏念らの訳経を経て、四〇一年に鳩摩羅什が後秦の姚興に迎えられて長安に入ると、『般若経』『法華経』『維摩経』など重要な大乗経典をはじめ、多数の経論・律書が続々と翻訳された。鳩摩羅什の訳経活動は、国家事業として多くの人々が参加して行われた大規模なものであり、鳩摩羅什が訳した仏典とその仏典講義は、当時の仏教界に多大の影響を及ぼした。霊宝経が作成されつつあったのは、まさにこの鳩摩羅什の訳した経典が続々と世に出ていたのと相前後する時期に当たる。さらに、それより少し後、陸修静が「三洞」を総括して道教の統合をはかろうとした劉宋の時代にも、文帝のもと、都の建康に、仏駄跋陀羅・求那跋摩・求那跋陀羅らの訳経僧が集まり、多くの仏典が翻訳されていた。

以上のように、二世紀中頃以降、中国では仏典の漢訳が続々と行われた。仏典の漢訳事業の盛行が、道教側を刺激したことは容易に推測できる。本書で繰り返し指摘するように、道教経典には漢訳仏典特有の表現や語彙がしばしば出てくる。また、道教経典の中には、漢訳仏典に用いられているような梵語の音写字が、意識的に多用されている例があり、道教経典を作成した人たちが、仏典の漢訳事業に対して強い関心を寄せていたことがうかがわれる。

仏典の漢訳に付随することとして注目しておかなければならないのは、偽経あるいは疑経と呼ばれるものである。

偽経（疑経）とは、インドの原典からの翻訳ではなく、中国で撰述・編集された仏教経典のことで、これも相当たくさん作られた。偽経（疑経）は、インド仏教の立場から言えば偽物ということになるが、中国仏教史ないしは中国宗教思想史の視点から見れば、欠かすことのできない貴重な資料である。仏教が中国においてどのように変容して受け入れられたのか、あるいは、中国では人々は仏教に対して何を求めたのかということを、偽経（疑経）は如実に示しており、そこには、中国固有の思想が前面に押し出されている。しばしば指摘されるように、仏典の漢訳の段階において、仏教思想の主要語彙の訳語として道家思想や神仙思想などの語彙が多く用いられた結果、漢訳仏典そのものが、そうした中国固有の思想の投影されたものになっており、インド仏教の側から見れば、中国的変容がすでに起こっている。偽経（疑経）は、そうした変容をさらに推し進めたものであると言えよう。偽経（疑経）の作成は、六朝隋唐時代における道教経典の形成とも密接に関連している。道教経典の中には、漢訳仏典を改変し中国的要素を加味して作成されたような部分を有するものがあり、これらは偽経（疑経）と類似した性格を持つ。また、中国で撰述された偽経（疑経）をもとにして、さらに中国的要素を多く加えて作られた道教経典もある。漢訳仏典と偽経（疑経）と道教経典の三者の相互関係は、中国宗教思想史研究の上で一つの興味深い課題である。

二　先行研究

本書が考察の対象としているのは、六朝隋唐時代、特に、六朝後半期から隋を経て唐初に至るまで（四世紀末から七世紀末頃まで）の間であるが、この時期の道教は、上述のように霊宝経が最も多く仏教の諸要素を吸収しているのをはじめ、それ以外のものも、程度の差こそあれ、仏教と何らかの関係を有するものが多い。したがって、六朝隋唐時代の道教についての研究は、何らかの形で仏教との関わりに言及するものが多く、仏教と道教との関係、いわゆる仏道交渉についての研究は、六朝隋唐道教研究の歴史とともに古いと言うことができる。六朝隋唐時代を中心とした仏道交渉の研究史については、近年刊行された謝世維氏の著『大梵彌羅――中古時期道教経典当中的仏教』の「導論」の文(「仏道交渉研究回顧」「融合与仏道交渉」等)がよくまとめている。[4] そこに紹介されているように、六朝隋唐時代の仏道交渉に関しては、早くは吉岡義豊氏、エーリク・チュルヒャー(Erik Zürcher)氏の研究から、イザベル・ロビネ(Isabelle Robinet)氏、アンナ・ザイデル(Anna Seidel)氏、ステファン・R・ボーケンカンプ(Stephen R. Bokenkamp)氏、李豊楙氏、蕭登福氏、王承文氏、劉屹氏、小林正美氏、菊地章太氏らの研究に至るまで、相当の数に上る研究の蓄積がある。それらの研究については、本書の中で必要に応じて触れることになる。

先行研究のうち、一九八〇年に発表されたチュルヒャー氏の論文 "Buddhist Influence on Early Taoism : A Survey of Scriptural Evidence"[5] は、六朝隋唐時代の仏道交渉全般にわたる総括的な見通しを示したものとして、今なお示唆に富む貴重な内容を含んでいる。チュルヒャー氏はこの論文で、六朝時代の霊宝経は "Buddho-Taoist hybrids" と称することができるほど漢訳仏典の語彙・文体・概念の借用が顕著に見出せるとし、仏教の宇宙論、大乗の普遍思想、業報・転生の観念などが中国の伝統的思惟を補強もしくは刺激する働きをして道教思想に大きな変化をもたらしたことを指摘している。他方、それと同時に、道教の観念の中には仏教によって影響を受けない「固い核」もあったこと、その「固い核」が道教を仏教と分かつメルクマールともなっていることを指摘し、「気」の概念、肉体の不死、経典の神聖視などがそれに当たると述べている。チュルヒャー氏は言うまでもなく、大著 *The Buddhist Conquest of China : The Spread and Adaptation of Buddhism in Early Medieval China* (Leiden, 1959) の著者である。この大著のタイトルはいささか衝撃的であるが、その日本語訳『仏教の中国伝来』[6] の「訳者あとがき」で紹介されているように、その内容は「副題の示すように、中国に仏教が伝来してから中国の風土に根づき、中国人の仏教へと変容、適応していく過程」が活写されたものであり、「征服」というような視点から研究されているものではない。ただ、チュルヒャー氏の関心の中心は仏教の側に置かれており、論文 "Buddhist Influence on Early Taoism : A Survey of

Scriptural Evidence"で示された氏の研究は、道経における仏教の借用について研究することを通じて、中国において仏教の何が真に大きな影響力を持っていたのかを知る手がかりを得ることができるという立場からなされている。そこで、謝世維氏のように、仏教が道教を「征服」したとか「影響」を与えたという見方や、仏教の「中国化」という見方ではなく、仏教と道教が互いに混じり合い浸透し合ってできた新しい文化構造に目を向けるべきであるとか、道教自身の自主的な「借用」「転化」の方を正視すべきであるという指摘(7)が、道教研究者の側からは出てくる。この両者の見方、すなわち、中国仏教研究に軸足を置くチュルヒャー氏のような視点と、謝世維氏の指摘するような、道教そのものの内発的な展開として仏教受容を見るという視点とは、仏道交渉研究としては、どちらか一方では不十分で、両方とも必要なものであると考えられる。仏教側と道教側の双方の視点からの研究が合わさって、中国宗教思想史の一領域としての仏道交渉研究は実りある成果を得ることができる。仏教と道教の諸要素が複雑に入り組んでいる六朝隋唐時代の仏道交渉に関しては、さまざまな角度からの研究が推し進められるべきであり、本書で考察する資料や事例もその一助となるであろう。

三　本書の構成

本書は、五つの篇から構成され、全部で十六の章を含んでいる。

第一篇「霊宝経の形成とその思想」では、陸修静「霊宝経目」に名前が見える霊宝経(古霊宝経とも呼ばれる)の中心的思想と仏教思想との関係を考察するとともに、霊宝経の形成過程や『荘子』の受容などについて論述する。

第一章「霊宝経と初期江南仏教——因果応報思想を中心に」は、霊宝経に見える因果応報思想の特徴を指摘し、霊宝経と三～四世紀の初期江南仏教、特に支謙や康僧会の訳経との関連性について検討する。因果応報思想に注目したのは、チュルヒャー氏が右に挙げた論文の中で、六朝時代の道教経典において仏教的要素の借用が最も顕著に見られる領域として、宇宙論と道徳（戒律）と因果応報の三つを挙げているように、霊宝経の仏教受容を考える上で重要な事柄であることによる。また、江南仏教との関連を問題にしたのは、霊宝経の作成と伝播に関与したのは葛氏を中心とする江南土着の人々であったことによる。

第二章「霊宝経における経典神聖化の論理——元始旧経の「開劫度人」説をめぐって」では、霊宝経において、経典の神聖性がどのように説明されているかという問題を検討する。霊宝経は「元始旧経」と「新経」の二つに大きく分かれるが、「元始旧経」において経典を神聖化するための論理となっているのが「開劫度人」説である。「開劫度人」とは、長大な年月を経て新たな劫が開けるごとに、元始天尊が経を説いて人々を済度するということで、その経は、誰が作り出したものでもなく、宇宙の始原の時間に自然に出現したものとされ、それゆえに神聖なものであるとされている。「開劫度人」説には、「劫」という仏教の宇宙論に関わる観念と、「自然」という中国固有の観念との融合が見られる。「元始旧経」の大半に「開劫度人」説が見えるが、本章では、その中でも重要な五種の「開劫度人」説について、仏典や上清経の記述との関連性を具体的に指摘しながら検討し、霊宝経の形成とその教理の特質について考察する。

第三章「霊宝経に見える葛仙公——新経の成立をめぐって」では、霊宝経の中で葛仙公の記述が見える箇所について詳細に分析することを通じて、葛仙公が登場する霊宝経がどのような人々によってまとめられたのかを検討する。陸修静「霊宝経目」によれば、「元始旧経」の教えを地上の人々が実践するための具体的な指針である「教戒訣要」を示したものが「新経」であり、それは天上の真人から葛仙公に授けられたものとされている。葛仙公（葛玄）は、『抱朴子』の著者葛洪、および、霊宝経の「造構」者とされる葛巣甫（『真誥』巻一九に見える）の祖先に当たる人物である。結論として、葛仙公が登場する霊宝経は、思想的には上清派の提唱した宗教観念や仏教思想を吸収し、現実の教団組織や儀礼面では旧来の天師道のそれを包摂して、「葛氏」と「霊宝」に主軸を置く立場から宗教改革を行おうとした人たちによってまとめられたものであろうと考えられることを指摘する。

第四章「六朝道教と『荘子』――『真誥』・霊宝経・陸修静」では、上清派の文献『真誥』と、陸修静「霊宝経目」に見える霊宝経、および、三洞を総括して道教の統合をはかった陸修静の事跡と著述を資料として、六朝道教の中に『荘子』が取り入れられていく過程について論述する。老子は早くから道教と結びつき、神格化されて老君と呼ばれ、『老子道徳経』は聖典として神聖視されてきたが、『荘子』が道教に取り入れられるのはやや遅れる。本来、『荘子』の思想との親和性が強い上清派道教には、『荘子』の真人の観念や心斎・坐忘の思想とつながる考え方が見られるのに対して、霊宝経には、『荘子』の「兼忘」という語が、修道の過程における重要な意味を付与されて用いられており、それは当時の仏教からの影響を受けた可能性があること、陸修静は霊宝経の教理と霊宝斎の儀礼を中心に据えて、仏教に対抗しうる道教を構築しようとしたが、三洞の観念や洞真上清の斎を上位に置く考え方には、『荘子』の思想を重視する姿勢が見られることなどを指摘する。

続いて、第二篇「天尊像考」では、道教の最高神とされた天尊・元始天尊に関する問題を検討する。

第一章「隋代の道教造像」では、現在確認できる隋代の道教造像について網羅的に調査検討し、その銘文からうかがわれるこの時代の道教造像の特徴を考察する。この章は、筆者が以前に行った六朝時代の道教造像についての研究（拙著『六朝道教思想の研究』第三篇第二章）の続編である。そもそも道教が最高神の像を造るようになったのは、仏像の盛行からの影響で始まり、像の様式や銘文の形式・内容も仏像のそれとよく似ている。隋代の道教造像は、大きく見ると六朝時代のものをほぼそのまま継承している部分が多いが、「天尊」系の像が目立って増加していることや、造像主の名前に道教教団内の位階を示す肩書きを付すものが増えているなどの新しい傾向も見られることを指摘し、特に、六朝末頃から隋代にかけて道教の位階制度の整備が進んできたことを示す貴重な資料である男官李洪欽等造老君像碑について、詳細な検討を行う。

第二章「天尊像・元始天尊像の成立と霊宝経」では、道教造像の変遷を実際の像例を挙げて検証するとともに、霊宝経に見える天尊の前世物語について詳細に検討する。六朝隋唐時代の道教像は、「老君」系のものと「道」(「道君」)系のもの、および、「天尊」系のものに大別できるのであるが、天尊像や元始天尊像など「天尊」系の像は、隋代から多くなり始め、唐代に至ると、「老君」系や「道」(「道君」)系の像数を遥かにしのぐようになり、「天尊」系の優位が確立する。天尊・元始天尊という神格は、霊宝経に初めて出現し、「元始旧経」の多くは元始天尊が説いたものという設定になっている。「元始旧経」の一つである『太上洞玄霊宝智慧定志通微経』に見える天尊の前世物語と、そのもとになった仏典のスダーナ太子本生譚を比較し、天尊の前世物語に見られる特徴を指摘する。

第三章「元始天尊をめぐる三教交渉」では、仏教対道教の論争が盛んに行われた時期において、元始天尊をめぐってどのような論争が展開されたかを考察する。唐代以降、道教の最高神の地位を確立した元始天尊は、仏教対道教の論争における議論の一つの重要な論題となったのであるが、元始天尊をめぐる論争には、「自然」と「因縁」という中国伝統思想と仏教思想との間に横たわる根本的な問題が絡んでいた。本章では、『笑道論』や『弁正論』など仏教側の文献に見える元始天尊批判について検討するとともに、『太玄真一本際経』や『一切道経音義妙門由起』などの道教文献に見える元始天尊をめぐる自然・因縁一体説について考察する。

次に、第三篇「道教経典と漢訳仏典」には、仏教対道教の論争が最も盛んであった唐代初期(七世紀)に作られた二つの道教経典についての研究を収めている。

第一章「『海空智蔵経』と『涅槃経』——唐初道教経典の仏教受容」は、唐の高宗の時代に黎興と方長という二人の道士によって作られ、仏教側からは仏典の模倣であるとして厳しく批判された道教経典『海空智蔵経』の考察である。実際にこの経典は、多くの部分が『涅槃経』や『維摩経』をはじめとする諸仏典からの改変で作られている。本章では、『海空智蔵経』の作者・成立年代・テキストの問題、各巻の梗概、仏典との対応関係などを述べるとともに、この経典の全体を通じて流れる「離苦安楽」の思想、および、経題にもなっている「海空」の観念について詳細に検討し、仏典の改変のあり方の中に見出せる道教的特質、ひいては、中国固有の思想と仏教思想との融合について指摘する。

第二章「『海空智蔵経』巻十「普記品」小考——道教経典と中国撰述仏典」は、前章の続編である。『海空智蔵経』の巻十は、『像法決疑経』を改変して作られている。『像法決疑経』は中国で撰述された仏典で、天台智顗によって重視され、『涅槃経』の結経と見なされている。『海空智蔵経』巻十の中の「衆生の相」についての記述や、「神を返す」という表現などには、「気」の生成論や「神」の観念など中国の伝統的思惟と、仏教の因果応報や涅槃の思想との融合が見られる。それは、道教思想史の観点から見れば、霊宝経「元始旧経」に始まり、隋代の『本際経』へと展開した人間論や救済論を継承していることを明らかにする。

第三章「仏典『温室経』と道典『洗浴経』」は、仏教経典の『温室経』に対抗して道士李栄が作ったとされる道教経典『洗浴経』について考察したものである。『洗浴経』は敦煌写本『太上霊宝洗浴身心経』がこれに相当すると考えられる。仏典『温室経』と道典『洗浴経』（敦煌写本『太上霊宝洗浴身心経』）の内容を詳細に比較することによって、六朝末から唐代初期の道教の実態の一面が推察できる。『洗浴経』では、原拠とした『温室経』の文脈から離れて、修行者の身心の浄化のことが重点的に説かれているが、それはこの時期の道教における斎戒沐浴の思想と方法を反映していることを指摘する。

第四篇「日本国内所蔵の道教関係敦煌写本」は、日本国内に所蔵する六朝隋唐時代の道教関係の敦煌写本について考察したものである。六朝隋唐道教研究において敦煌写本の研究が重要な意義を持つことは、あらためて言うまでもないが、日本国内に所蔵する敦煌写本については、まだ十分な調査研究が行われていないものがいくつか残されている。それらについての研究を収める。

第一章「国立国会図書館所蔵の敦煌道経」は、国立国会図書館所蔵の敦煌写本「金録晨夜十方懺残巻」（請求番号WB32-1(3)）と「道教叢書残巻」（請求番号WB32-1(30)）について考察したものである。前者は唐代の金籙斎儀に関わる文書、後者は道教類書（『道要』の可能性がある）の一部分であり、いずれも伝世文献には同一書が存在しない貴重なものであることを指摘する。

第二章「杏雨書屋所蔵の敦煌道経」は、近年その図録が公開されて全貌が明らかになった杏雨書屋所蔵の敦煌写本のうち、本書のテーマとも関わりの深い三点の写本について考察を行っている。第一に、「道教願文」（番号六七三R）は、唐代の金籙斎儀に関する内容のもので、国立国会図書館所蔵の敦煌写本「金録晨夜十方懺残巻」と同一の巻子であった可能性がある。第二に、「道経残簡」（番号六六六）は、道教の類書であり、類書としての構成や引用経典の傾向から見て、国立国会図書館所蔵の敦煌写本「道教叢書残巻」に近いとも考えられるが、明確なことは不明である。第三に、「太玄真一本際経巻第七譬喩品」（番号六一六）は唐代に流行した『太玄真一本際経』の一部分を書写したもので、その内容は仏典『法句譬喩経』からの翻案である。『法句譬喩経』との対応関係と改変の詳細についても述べる。

第三章「京都国立博物館所蔵の敦煌道経——「太上洞玄霊宝妙経衆篇序章」を中心に」は、京都国立博物館が所蔵する、紀年を有する二点の道教関係の写本、「太上業報因縁経巻第八」（番号二五二）と「太上洞玄霊宝妙経衆篇序章」（番号二五三）について、それぞれの概要を述べるとともに、特に、後者について詳しく考察する。「太上洞玄霊宝妙経衆篇序章」は、三種の元始旧経の一部分を抜き出して編集されたもので、その内容は、本書第一篇第二章で考察する霊宝経の中心的理念と関わっており、この文献の成立は六朝後半期における道教の状況を反映していると見られることを指摘する。

以上が、第一篇から第四篇までに収めた合計十三章の論考の概要である。これらは霊宝経およびその流れをくむ唐代初期成立の道教経典を主な資料とする研究であり、道教の中に仏教の諸要素がどのように受容されているのか、その際に中国固有の思想との間にどのような相克・融合が見られるかということが、一つの大きなテーマとなっている。六朝隋唐時代の道教が、仏教から多くのものを受容しながらも、「自然」という概念や「孝」の思想、あるいは、「気」の生成論など中国の伝統的思惟が、揺るぐことなく道教の教理・思想の中核に存在し続けたことは注目される。本書ではまた、伝世文献のみならず、道教造像や敦煌写本をも考察の対象としている。六朝から隋唐に至る道教造像の変遷の様子が実例を通して明らかになったことや、日本国内に所蔵する道教関係の敦煌写本の中に六朝隋唐道教についての新たな知見をもたらすものが含まれていることがわかったことなどは興味深い。

本書は、以上の四つの篇のあとに、第五篇として、「唐代道教と上清派」と題する篇を設け、三つの論考を載せている。上清派の形成過程やその思想的特徴については、前掲の拙著『六朝道教思想の研究』で詳しく述べたが、ここであらためて概説しておこう。東晋中期の上清派の興起の後を受けて、四世紀末以降、霊宝経が続々と作られ、五世紀には、陸修静が三洞を統括して道教の統合を図る。陸修静による道教の統合の構想は、三洞のうち洞真（上清）を上位に置くものであったが、実質的には、霊宝経に説かれる教理と霊宝斎の儀礼を中心に据えている。そしてその後、陶弘景（四五六～五三六）のように、専ら上清派の思想を重んじ、霊宝経や霊宝斎に対しては批判的な道士もいたが、五～六世紀以降の道教の主流は、陸修静が企図したような方向に進み、それはそのまま隋唐時代へと継承されていった。宗教思想として見た場合、上清派が目指した方向と、霊宝経に説かれる方向とはかなり違っている。上清派が説いた救済思想は個人的・天上志向的なもので、修道の方法としては、心のあり方を重視し、存思と呼ばれる瞑想の中で天上の神々（真人）と交感し、自己を宇宙的な存在まで高めることを目標としていた。[8] 一方、霊宝経で説かれる救済思想は集団的・現世的な傾向が強く、日常倫理的な色彩の強い戒を守り、斎と呼ばれる集団的儀礼を行うことによって、家族・国家など現存の社会秩序の中での安寧を祈念することを目標としている。上清派の思想は知識人に支持されたのに対して、霊宝経の方は多くの民衆の信仰を集めた。仏教との関連で言えば、上清派と霊宝経はどちらも仏教の影響を受けてはいるが、仏教の諸要素をより多く積極的に吸収したのは霊宝経であり、そのため、仏教との論争の場においては、霊宝経と陸修静が、仏教側からの批判の矢面に立たされることになった。本書の第一篇から第四篇までは、仏教対道教の論争が盛んに行われた唐代初期までの霊宝経およびその流れをくむ道教経典を主な考察対象とするが、その論争がやや下火になってくる則天武后・玄宗期には、上清派が持っていた宗教的方向性が見直されるようになってくると思われる。第五篇に載せたのは、そのような新しい動向について考察した論考である。

第一章「則天武后期の道教」では、則天武后期の道教について、嵩山から出土した金簡、投龍と封禅、『玄珠録』の心の概念の三つの事柄を取り上げて考察している。この三者は、それぞれに則天武后期の道教の実態を示すものであるが、同時にまた、これらの事例を通して、上清派道教の伝統とその思想に対する再発見・再評価という潮流がこの時期に起こってきたことがうかがわれることを指摘する。

第二章「司馬承禎『坐忘論』について——唐代道教における修養論」は、唐の則天武后・玄宗期を代表する道士であり、上清派の道系を継ぐ人物である司馬承禎の生涯と著作について概観したのち、その主著とされる『坐忘論』の内容を検討する。七段階の修養を説く『坐忘論』は、智顗の『天台小止観』の影響を受けていると同時に、仏教から受容した観念を道家・道教文献の語彙に置き換えて解釈し、道教の修養論を仏教の修養論よりも上位に置くことを試みていることを指摘する。なお、『坐忘論』の作者を司馬承禎とする従来の通説に対して、「貞一先生廟碣」の背面に刻まれた文の方が司馬承禎の真作であるとする新説がある。この問題についての研究の現状をまとめ、この章の補論とする。

第三章「司馬承禎と天台山」では、司馬承禎がその生涯の大半を天台山で過ごしたことと、上清派の道系を継ぐ道士であるということが、どのように関連するのか、司馬承禎の著作『上清侍帝晨桐柏真人真図讃』の内容の検討と、天台山における桐柏観の再建および王真君壇の設置など、司馬承禎の行跡を通して、この問題を検討する。

最後に終章では、『甄正論』の道教批判、霊宝経の仏教受容の特徴、則天武后期以降の上清派の伝統への復帰の動きについて概観し、本書全体のまとめとする。

第一篇　霊宝経の形成とその思想

第一章　霊宝経と初期江南仏教

――因果応報思想を中心に――

はじめに

六朝時代に作られた道教経典のうち、霊宝経と呼ばれる経典群は、成立の年代を異にする多重的な層から成る。最も古い層としては、『抱朴子』弁問篇にその名が見える「霊宝経」や「霊宝の方」などがあり、「霊宝五符」と呼ばれる呪符に対する信仰も四世紀の江南の地には広まっていたようである。ついで、四世紀末には、葛巣甫によって制作された霊宝経が江南の地に流行する。この頃から劉宋王朝時代を通じて霊宝経が多く作られたようで、元嘉十四年（四三七）には陸修静が霊宝経を整理して「霊宝経目序」（『雲笈七籤』巻四）を著し、さらに、泰始七年（四七一）には同じく陸修静によって、霊宝経をもその中に含む「三洞経書目録」が朝廷に献上された[1]。陸修静が作成した霊宝経目に基づき、梁の宋文明が作ったとされる霊宝経の目録が、現在、敦煌写本（ペリオ二八六一の二、および同二二五六）に残っており（本書では、これを大淵忍爾氏に従い「霊宝経目」と称する）[2]、そこには、「元始旧経紫微金格目」の三十六巻（このうち十五巻はまだ世に現れていないと記されている）と「葛仙公所受教戒訣要及説行業新経」の十一巻の経名が記されている（敦煌写本の「霊宝経目」については、次章第一節に詳述する）。

「霊宝経目」に名が見える霊宝経は、現在の道蔵本や敦煌道経の中にそれに相当すると考えられるものが存在するが、それらはさまざまの点で仏教の影響を多く受けている。霊宝経における仏教思想の受容に関しては、すでにE・チュルヒャー氏によるすぐれた研究がある。[3] 序章でも触れたように、これは、仏典の語彙・文体の借用の実例とその特徴についての考察に始まり、仏教の諸々の思想・観念のうち何が道教に積極的に受容され、何が受容されなかったのか、それは中国宗教思想の特質とどのように関わっているのかという問題などを論じており、多くの点で示唆に富む貴重なものである。チュルヒャー氏は、六朝時代の道教経典（特に霊宝経）において仏教的要素の借用が最も顕著に見られる領域として、宇宙論と道徳（戒律）と因果応報の三者を挙げている。

霊宝経と仏典との関係については、霊宝経が出現して間もない頃から、霊宝経は羅什訳の法華経の剽窃であるとの批判がなされており、[4] いくつかの点で霊宝経と羅什訳法華経との間に類似点を見出すことができるとの指摘もある。[5] しかし、霊宝経の制作と伝播に主として関わったのは、葛氏を中心とする江南土着の人々であるということから見て、霊宝経に見える仏教思想のより深い基盤として、三―四世紀の初期江南仏教の存在があったことを考慮すべきであると思われる。実際、霊宝経の中には、すでに指摘されているように、呉の支謙の訳経の影響が見られる箇所がある。[6]

本章では、六朝時代の霊宝経と仏教との関連に関する従来の諸研究の成果をふまえつつ、因果応報・輪廻転生の思想を中心に取り上げて、霊宝経と三―四世紀の初期江南仏教との関わりを考えていくことにしたい。第一節においては、霊宝経に見える因果応報・輪廻転生の思想とその特質を考察し、第二節では、支謙や康僧会の訳経と霊宝経との比較検討を行いつつ、霊宝経と初期江南仏教との関わりを見ていく。そして第三節では、霊宝経と六朝小説に見える話との興味深い類似性について、その意味するところを探ってみたい。

一　霊宝経の因果応報・輪廻転生の思想

霊宝経は宗教の書として当然のことながら、理想の境地とそこに到達するための方法について、一定の構想を持っている。霊宝経において想定されている理想の境地とは、「道（あるいは道真）を得る」とか「仙を得る」と表現されているもので、そのこと自体は『抱朴子』に記されたような神仙思想と同じである。しかし、霊宝経では、この現世で仙人になることを最高のあり方とする立場は保ちつつも、第二の望ましきあり方として、死んでから再びこの世に「更生」（再生）し、さらに何度も輪廻転生を繰り返して、最終的に仙化するという道があることを強調する。たとえば、『太上諸天霊書度命妙経』（道蔵第二六冊）に次のようにある。

其の時（赤明の世をさす）男女、至心に好慕して、経戒を承奉し、頗る怠倦せざる有り。皆　道真を得て、骨肉倶に飛び、空を行くこと自然なり。縦い未だ道を得ざるも、皆　寿命長遠にして、死して天堂に生まれ、世世更生し、転輪して滅せず、後皆　仙を得。（『太上諸天霊書度命妙経』一二a）

このように、死と「更生」という「転輪」を何度も繰り返して最終的に仙化するという道すじが、次善の方法として説かれている。このような考え方は、霊宝経よりも先だって興隆した上清派の宗教活動の中で、仙・人・鬼の三部世界のことが説かれ、死後の魂の浄化と肉体の錬成を経てこの世に再生して昇仙するという道が説かれていたのを継承したものと思われる。これは、神仙思想の展開の上から言えば、神仙という観念が、現世という時空に限定されずに、無限の来世をも含んだ長大な時空のもとに考えられるように変わったことを意味している。人の生は一回限りのものであり、ひとたび死ねば再生することはありえないというのが、中国の伝統的な死生観であり、本来の神仙思想はその枠組みの中で考えられているものであった。ただし、例外として、死んだように見せかけて実は肉体を抜け出して仙去するという、いわゆる「尸解」という観念があり、これはある特定の人々についてのみ再生を認める考え方であった。たとえば『太平経』巻七二に次のようにある。

人　天地の間に居り、人人　壱つの生を得て、重ねて生くるを得ざるなり。重ねて生くる者は独り得道の人にして、死して復た生まれ、尸解する者のみ。是れは天地の私する所にして、万万に未だ一人有らざるなり。

（王明『太平経合校』二九八頁）

この「尸解」という観念は、霊宝経において人の「更生」と「転輪」が説かれる場合にもしばしば出てきている。「功徳未だ備わらざるも、即ち尸解を得て、転輪して仙を成す」（『元始五老赤書玉篇真文天書経』巻中、一七b。道蔵第二六冊）、「夫れ上道を学び、神仙を希慕すれば、尸解を得るに及んで、滅度転輪し、終に仙道に帰す」（『洞玄霊宝自然九天生神章経』三b。道蔵第一六五冊）などがその例である。このことは、霊宝経において、最終的な仙化に至る過程として「更生」「転輪」が説かれるようになった一つの思想的な基盤として、「尸解」という観念が存在していたことを示している。ただし、「尸解」「更生」「転輪」という過程を経て仙化するという道は、上に引用した『太平経』の文にもあるように、ごく少数の人々にのみ許された方法であるという性格が強いと言わなければならない。

それよりも霊宝経において特徴的な点は、何度も生まれ変わりを繰り返すのはすべての人について言えるということを明確に述べていることである。[8]『太上霊宝諸天内音自然玉字』巻三（道蔵第四九冊）には次のように言う。

諸天人民、宿対種親、是れ男是れ女、善悪の命根あり、無始以来、今生に至るまで、生死展転し、殃対相牽く。

（『太上霊宝諸天内音自然玉字』巻三、五a）

ここに見られるような、すべての人々が無限の過去から今生に至るまで、転々と生死を繰り返してきたというのは、明らかに仏教の輪廻転生の思想を受容したものである。そして、上の文に、輪廻転生はその人の「善悪の命根」に基づいて起こると言っているが、これも、言うまでもなく、仏教において輪廻転生の思想と表裏一体のものとして説かれた因果応報の思想が吸収されたものである。霊宝経の随所に、善因善果・悪因悪果の「罪福の対」(9)（『太上洞玄霊宝智慧罪根上品大戒経』巻上、七b。道蔵第二〇二冊）の道理には毫も誤りがないことが説かれている。また、霊宝経の中には、因果応報の理の正しさを説明し六道輪廻の具体相を説くために作られた、仏典の前世譚・譬喩譚を模倣したような記述も少なからず見える。(10)仏教の因果応報・輪廻転生の思想は、それを抜きにしては霊宝経の教理が成り立たないほど根幹的な位置を占めている。

しかし、霊宝経における因果応報・輪廻転生説には、いくつかの点で本来の仏教思想とは異なる特色が見られる。まず、輪廻転生の位置づけであるが、基本的には、霊宝経においても仏教と同じように、輪廻転生は真の得道に至る前の状態であり、そこからの超越が求められている。「唯だ仙を学ぶ道士は、当に因縁を兼忘し、生死を絶滅して、同じく玄に帰し、以て妙門に入るべし」（『太上洞玄霊宝智慧本願大戒上品経』四a。道蔵第一七七冊）とあるように、生死輪廻の世界を脱して「玄」の世界に帰すべきことが説かれているのがその例である。しかし、その一方で、霊宝経においては、輪廻転生という長い時間軸の存在が人を得道へと導く可能性を高める要因となっているとしてむしろ積極的に受けとめる傾向があり、さらには、輪廻転生を繰り返して何度も「人道」（人間世界）に生まれ変わることを、得道のための一過程ではあるにせよ、一つの理想であるというような記述すらある。(11)

このように、輪廻転生を積極的に受けとめ、人間世界に生まれ変わること——特に地位的・経済的に恵まれた条件で生まれ変わること——を一つの理想として認識するのは、霊宝経に述べられた宗教思想が全体としてきわめて現世中心主義的な性格の強いものであることと一連のものである。霊宝経の中に、現世を超えた彼岸の超越世界の記述が見られないわけではない（たとえば、『太上諸天霊書度命妙経』に見える「大福堂国長楽之舍」など）が、仙道を学ぶ目的が「宗廟を安んじ、門族を興す」（『太極真人敷霊宝斎戒威儀諸経要訣』一一b。道蔵第二九五冊）ことに置かれていたり、霊宝経で重視される戒の内容が「忠孝」「仁義」などの儒教倫理中心のものである（『太上洞玄霊宝智慧本願大戒上品経』その他）など、霊宝経は地上的・日常的なものを重視する傾向がきわめて強い。このことは、上清経の宗教思想が天上志向的な性格が強いのと比べて対照的である(12)。

人間世界に恵まれた条件で生まれ変わることを願う文は、霊宝経の随所に見える。その例をいくつか挙げておこう。

上は昇りて仙度すべく、下は富貴に輪転すべし。生まれて人の尊と為り、容貌偉秀、才智清遠にして、人たるの道、具足せざるなし。（『太上洞玄霊宝智慧本願大戒上品経』三b。道蔵第一七七冊）

死して南宮に昇り、即ち更生し、還りて貴門帝王宮中に生まるるを得。（『洞玄霊宝長夜之府九幽玉匱明真科』七a。道蔵第一〇五二冊）

七祖魂神、南宮に上昇し、衣飯天厨あり。早やかに更生して、人中国王の門に還るを得て、世世絶えず、道と因縁あり。（『太上洞真智慧上品大誡』五b。道蔵第七七冊）

我身　愛を絶ち、胞元を断割し、礼願して云わく、七世父母、上のかた天堂に生まれ、下のかた人中侯王の家に生まれんことをと。此れ大孝の道、洞経の旨なり。（『太上洞玄霊宝本行宿縁経』一二b。道蔵第七五八冊）

右に挙げた四例のうち、あとの二例は生きている子孫が善を行うこと（戒を守ることや斎を行うなど）によって、その功徳が亡き祖先にまで及び、「七祖」「七世父母」（七代前までの祖先）が天堂に生まれたり人間世界の王侯の一門に生まれ変わることを言ったものである。このように、生きている者の行う善悪の行為が亡き祖先の境遇に影響を与える（あるいは逆に、祖先が過去に行った行為の善悪が生きている子孫の幸不幸に影響を与える）というのは、仏教の因果応報説のきわめて中国的な解釈である。よく知られているように、中国においては因果応報は家単位でめぐるという観念が強い。これは、中国においてはもともと来世とか輪廻転生という観念を持たなかったことと関係しているであろう。[13] また中国では、儒教がそうであるように、祖先の祭祀がきわめて重視されてきた。そういう中で出てきた六朝時代の道教においては、上清経でも霊宝経でも家の祖先の救済ということが主要なテーマとして掲げられている。[14] 霊宝経の場合は、仏教の大乗思想を吸収して一切衆生の救済ということを説いてはいるが、実際には、祖先の済度と家門の興隆ということが霊宝経を拠り所とする道教信者たちの直接的な関心事だったのではないかと考えられる。

しかし、言うまでもなく、仏教の本来の因果応報説は、個人の行為の果報がその人自身にめぐる、いわゆる自業自得の原則に貫かれているものであり、子孫の功徳により祖先の罪が除かれるということは、本来ありえないはずである。この矛盾については、霊宝経の作者たちも気がついていたようで、『太上洞玄霊宝三元品戒功徳軽重経』三二a～三六a（道蔵第二〇二冊）にそれに関する記述がある。[15]

そこでは、まず太上道君が天尊に対して、「善悪の縁対は各々一身に帰するものであるから、延誤（祖先の罪が子孫に流れることと子孫が悪事を行って祖先を誤らせること）はありえないはずである。それなのに子孫が功徳を建てなければ祖先は救われないというのは、理に合わないではないか」と質問する。それに対して天尊は、まず、輪廻のもとになるのは人の「心」であること、人は「虚無自然中より来たり、因縁により寄胎受化」して生まれてくるものであり、この「虚無自然」こそ「真父母」（「始生父母」）で、そこに帰することが「成道」ということであるが、罪縁が尽きず「真父母」に帰することができない時は「更生」して「寄胎父母」（「所生父母」）の養育の恩を受けることを述べる。そして、本来自己一身の問題であるはずの因果応報の中に、祖先―子孫という要因が入ってきたことについては、霊宝経において想定されている太古の時代、龍漢から赤明に至るまでの時代においては、罪福の応報は一身にとどまっていたが、それ以後の時代になると、「人心が破壊」して多くの罪を犯し、自分自身では罪を背負いきれず祖先や子孫をも巻き込むようになったことによると説明し、それは本来の正しいあり方ではないと述べる。一方、祖先供養の必要性については、経に「身を度せんと欲すれば当に先ず人を度すべし」と言っているように、大慈の心こそ大切なものであること、ましてや養育の恩を受けた「寄胎父母」や血のつながった「七祖父母」に対してはなおさらのことであり、亡き者を思う誠の心が天を感動させ、冥界の魂に報いが及ぶのだと説明している。

以上が、『太上洞玄霊宝三元品戒功徳軽重経』の関連箇所の概要である。ここの天尊の言葉には、歴史が降るにつれて人心が衰廃するという認識や天と人との間の感応など、中国の伝統的な観念が見られる点で注目されるが、自業自得の原則と祖先供養との間に存在する矛盾は、論理的にきちんと解消されたとは言い難いであろう。霊宝経の因果応報の思想は、仏教の輪廻転生を前提とした自業自得の因果応報説を受容してはいるが、その中には、来世という観念を持たなかった中国において伝統的に説かれてきた祖先—子孫間の因果応報説が残存したままになっているのである。

このように、仏教の因果応報の思想は、中国古来の因果応報観と融合した形で、六朝道教の中に入っていった。霊宝経を奉じる人々は、斎の儀式を重視したのであるが、その霊宝の斎の祈願文[16]や、同じく霊宝経の信仰と関わりが深いと考えられる五・六世紀の道教像の銘文[17]などには、「七世父母」の済度ということが繰り返し出てきており、仏教の因果応報・輪廻転生説は中国風に変容して、人々の間に根づいていったことがうかがわれる。六朝時代の霊宝経は、そうした中国化された因果応報・輪廻転生説を定着させる上で、一定の役割を果たしたものと思われる。

二　霊宝経と支謙・康僧会の訳経

「霊宝経目」にその名が見える霊宝経（「未出」と記されたものを除いて）がどのような人々によって作られたかという問題については、いくつかの説があり、[18] まだ確定的でない部分も多いが、ここではひとまず、東晋末の葛巣甫、およびその後、陸修静に至るまでの幾人かの人々の手によって作られたと考えておきたい。葛巣甫は『抱朴子』を書いた葛洪の血筋をひくとされる人であり、葛洪は自分の道術は、従祖の葛玄から鄭隠（思遠）を経て伝えられたものであると説明している（『抱朴子』金丹篇）。この葛玄・葛洪・葛巣甫を出した葛氏は、上清派の宗教活動の起点となった茅山の神降ろしを主催した許氏と同じく丹陽郡句容の一族であり（次章第一節に詳述）、また、陸修静も呉興郡東遷の人であるなど、[19] 霊宝経の作者層は上清経と同じく江南の土着豪族の人々が中心となっていたと考えてよいであろう。

霊宝経が具体的にどのような仏典から影響を受けて書かれたかという問題については、葛巣甫とほぼ同時代にあたる四世紀末から五世紀初めにかけての廬山の慧遠の動き、五世紀初頭に始まる羅什の訳経のこと、東晋・劉宋の仏教界の全般的な状況、その他、諸々の訳経との比較研究などを総合した幅広い視点からの考察が必要であるが、霊宝経の作者層との関連から言って、同じ江南の地の仏教に目を向けることが、一つの方法として可能であろう。

三世紀の呉の仏教を代表する人物の一人として支謙の名を挙げることができる。この支謙の仏教と霊宝経との関係については、すでにボーケンカンプ氏による研究がある。氏の指摘の要点は次のとおりである。[20]

支謙の訳経と霊宝経との間に具体的な対応関係が認められるものが二箇所ある。第一は、『太上洞玄霊宝赤書玉訣妙経』巻下、一b～四b（道蔵第一七八冊）に見える阿丘曽という女性が登場する話（女性が男性に生まれ変わって得道するということがテーマの一つになっている）が支謙訳『仏説龍施女経』（大正蔵一四、九〇九下～九一〇上）に基づいて書かれていること、第二は、『太上無極大道自然真一五称符上経』巻下、五b〜六b（道蔵第三五二冊）に見える十方の真人の名字が支謙訳『仏説菩薩本業経』（大正蔵一〇、四四六下〜四四七上）の十方の仏菩薩の名字と一致することである。また、『太上諸天霊書度命妙経』に見える他界の観念には、支謙訳『大阿弥陀経』（『阿弥陀三耶三仏薩楼仏檀過度人道経』）の影響が考えられ、霊宝経の随所にしばしば見える一切衆生救済の思想や願の思想には、同じく支謙訳『大阿弥陀経』や『仏説菩薩本業経』の影響が考えられる。さらに、霊宝経の中には二箇所、すなわち『洞玄霊宝玉京山歩虚経』と『太上洞玄霊宝本行因縁経』において、葛玄から葛洪にいたる伝授の系譜を記している箇所で、鄭思遠と並んで葛玄（葛仙公）から教えを授けられた人物として竺法蘭という名が見える。[21]これは、後漢の明帝の時に摂摩騰とともに洛陽にやってきた竺法蘭（『高僧伝』巻一に見える）のことではなく、『出三蔵記集』巻一三支謙伝に見える竺法蘭道人のことであると考えられる。[22]支謙は穹隆山に隠居したのち、竺法蘭道人のもとで「五戒を練」ったとされ、[23]支謙と竺法蘭との間には密接なつながりがあったことがうかがわれる。その竺法蘭をこのように葛仙公の弟子の一人として記述しているのは、霊宝経の作者たちが、葛玄とほぼ同時代の人物である呉の支謙・竺法蘭の仏教を意識し、それを霊宝経の中に位置づけようとしていたことの表れである。

以上がボーケンカンプ氏の指摘の要点である。このうち、他界の観念や一切衆生救済の思想あるいは願の思想が支謙の訳経に由来するものであると限定できるのかどうかについては、さらに慎重な検討が必要であると思われるが、『太上洞玄霊宝赤書玉訣妙経』巻下や『太上無極大道自然真一五称符上経』巻下などのように、明らかに支謙の訳経との対応関係が認められる部分については、確かに霊宝経の作者は支謙の訳経を参考にしながら霊宝経を書いたと考えられる。また、伝授の系譜についての記述の中での竺法蘭に関する指摘も妥当であると思われる。

本章で取り上げている因果応報・輪廻転生説についても、支謙の訳経と霊宝経との間に共通点を見出すことができる。支謙の訳経には、霊宝経と同じように、因果応報の理を説く中に「孝順」「忠信」といった儒教倫理が出てきたり、「豪貴」に生まれることを善しとする表現が見える。たとえば、次のような例がある。

凡そ人生くるの時、為す所の善悪もて、精神魂魄は、其れに随いて殃福あり。生時の人と為り、父母に孝順、忠信にして君に事うれば、死して天に上るを得。

（『仏説四願経』。大正蔵一七、五三七上）

寿終るに至りて、魂神の生ずる所、輒ち豪貴を受け、身意倶に安らかにして、災害生ぜず、具に上願を獲る。

（『仏説阿難四事経』。大正蔵一四、七五七上）

また、支謙の訳経の中で中国思想的な要素が色濃く見えるものとして、最もよく知られているのは、『大阿弥陀経』（『阿弥陀三耶三仏薩楼仏壇過度人道経』）の、いわゆる「五悪段」の部分である。これについてはすでに詳細な研究があるが、「五悪段」には、「忠慈至誠」「尊聖敬孝」といった儒教倫理や、「度世長寿」「度世無為泥洹之道」などの神仙思想・道家思想、あるいは、「有其名籍、在神明所」「神明記識」などの文に見えるように、人の行為の善悪を記録した「名籍」というものが天の神のもとにあるといった観念など、中国固有の思想が顕著に現れており、訳者が中国の思想状況に合わせて付加したものであると考えられている。[24] 儒教倫理、神仙思想・道家思想はもちろんのこと、「名籍」の観念も霊宝経には繰り返し出てくる重要な観念である。[25] 阿弥陀仏国への往生を大きなテーマとする『大阿弥陀経』の中に、「五悪段」のように、原文の枠組みを超えて輪廻・応報のことが詳しく説かれるのは、三世輪廻を前提とした因果応報の思想が、中国の人々にとっては全く新しい考え方であり、抵抗もあると同時に深い関心が持たれた事柄であったからであろう。

『大阿弥陀経』の「五悪段」と同じように、因果応報・輪廻転生の思想を中心とする仏教思想を中国固有の思想・観念を多くまじえて説いたものとして重要なものが、もう一つ、三世紀の呉の地に現れている。康僧会の『六度集経』がそれである。康僧会は呉の建業に最初の仏寺である建初寺を建て、江南の仏教興隆に大きな影響力を持った人物であるとされる。『出三蔵記集』巻一三康僧会伝によれば、呉の孫晧が「仏教の明かす所の善悪報応」について質問したのに対し、康僧会は儒教経典の例を引きながら説明したこと、また、性凶悪な孫晧に対して仏教の奥深い道理を説くことはせず、「唯だ報応の近験を叙して、以て其の心を開諷し」たという。康僧会の場合もやはり、仏教を中国の人々にわかりやすく説くための方法として、因果応報の思想を用いたことがわかる。その康僧会の訳経として現在まとまった形で残っている唯一のものが『六度集経』であり、これは仏の前世の物語を多数集めた、説話文学的な性格を持つものである。

『六度集経』には、いくつかの点で霊宝経との類似性が見られる。地獄のことを言う場合に「太山」という語がしばしば見えること（「太山地獄」「太山鬼神」「太山餓鬼畜生」など）、女性が男性に生まれ変わって得道する話が『六度集経』にも出てくること（巻六。大正蔵三、三八下）、全体として、孝や仁慈などの儒教思想が強調されていること、[26] あるいは、霊宝経の特徴ともなっている一切衆生救済の大乗的思想が『六度集経』にもしばしば見えることなどが挙げられる。[27]

また、『六度集経』の記述で因果応報・輪廻転生に直接関わることとしては、二つの点が注目される。第一に、『六度集経』においても霊宝経と同じように、さまざまな転生のあり方を述べ、その中に「王侯の家に生まる」という表現が見えることである。次がその例である。

其の諸々の弟子、未だ即ち応真道を得ざると雖も、要ず其の寿終われば、皆　天上に生まる。心寂志寞にして、禅定を尚ぶ者、皆　梵天に生まる。次は化応声天に生まる。……次は第一天上に生まる。次は世間王侯の家に生まる。行い高ければ其の高きを得、行い下ければ其の下きを得、貧富貴賤、延寿夭逝は、皆　宿命に因る。

（『六度集経』巻八。大正蔵三、五〇中）

第二に注目される点は、生死輪廻の苦の世界を解脱することは、「神を本無に還す」ことであるという表現がしばしば見えることである。次のような文がその例である。

衆欲の身有るもの、神を本無に還し、長くこれを存して寂にして、永く苦と絶つ。斯れ無上の快なり。

（『六度集経』巻七。大正蔵三、四二中）

深く人の原始を観るに、本無より生ず。元気強き者は地と為り、軟らかき者は水と為り、煖かき者は火と為り、動く者は風と為る。四者和して、識神生ず。上明は能く覚り、欲を止め心を空しくし、神を本無に還す。

（『六度集経』巻八。大正蔵三、五一中）

このように「神を本無に還す」ことが輪廻からの解脱であると言っているのは、「魂霊　元気と相合し、終わりて復た始まり、輪転して際無」（『六度集経』巻八。大正蔵三、五一下）きことが輪廻であるという認識が前提となっている。すでに指摘されているように、このような輪廻の理解のしかたはきわめて中国的なものである。[28] 前節で述べたように、霊宝経の一つである『太上洞玄霊宝三元品戒功徳軽重経』にも、人は根源の無から出てきたものであること、輪廻からの解脱とは「虚無自然」とか「始生父母」とか呼ばれるものに還ることであるという考え方が見えた。それは、この『六度集経』の思想・表現とよく似ている。

以上、呉の支謙・康僧会の訳経と霊宝経との類似点を、いくつか指摘した。ただし、類似点があるからといっても、ただちに支謙・康僧会の訳経が霊宝経に直接的かつ決定的な影響を与えたと判断することは、確実な対応関係が見られる部分を除けば、やはり慎重になるべきであろう。上に類似点として指摘したようなことは、三―四世紀の初期漢訳仏典に共通して見られる要素が多く、必ずしも支謙と康僧会の訳経にのみ見えるものとは言い難いからである。たとえば、『六度集経』と同じように因果応報・輪廻転生の思想を物語形式で説いた『法句譬喩経』（晋の法炬・法立共訳）なども霊宝経は共通する面が多いと考えられる。また、霊宝経の中には、応報の現れ方には遅速があると述べている箇所があり、[29] これはあるいは慧遠の「三報論」の影響を受けている可能性もある。

このように、霊宝経が具体的にどのような仏典の影響を受けて書かれたのかという点については、霊宝経の個々の経典の成立年代の研究ともあわせて、広い視点からのさらに詳細な検討が必要なのであるが、少なくとも、その一つの重要な側面として、以上に見てきたような呉の支謙と康僧会の訳経を代表とする江南の地の初期仏教が、霊宝経の仏教受容にあたって、深い基盤として霊宝経の作者たちの中に存在していたことは十分に考えられる。ちなみに、江南の初期仏教については、仏教関連考古文物の研究、特に、江蘇・浙江を中心とする地域から出土した呉・西晋時代の神亭壷（魂瓶）についての近年の研究によって、江南の人々の間には、かなり早い時期から、神仙思想と融合した仏教が葬送儀礼と結びついた形で広まっていたことがわかってきている[30]。霊宝経の仏教受容の問題を考える場合、こうした江南の地の宗教伝統という要素を見落とすことはできないと思われる。

三　霊宝経と六朝小説

霊宝経に説かれる救済思想の特徴としては、これまでにも言及してきたように、一切衆生を救済するという大乗思想が理念として掲げられていること、子孫が功徳を立てることによって亡き祖先を救済することが強調されること、自己の得道あるいは祖先の済度のための方法として斎の儀式や戒の遵守が重視されることなどが挙げられ、これらは、仏教思想の受容と中国固有の思想・観念の融合の上に成り立っていると言える。

この霊宝経を奉じる人々の数は、五世紀末頃には、相当の多数に上っていたようである。五世紀末、茅山に上清派の道場を作ろうとした陶弘景は、当時の茅山が、縁日にだけ山に登り「霊宝唱讃」を行って帰っていく多数の「道俗男女」のために俗化してしまっているのを嘆いている（『真誥』巻一一）[31]。専門の宗教的な知識や方法を深く学んだり、格別の宗教的な志を持つ人ではなく、ごく普通の一般民衆の間において霊宝の教えが浸透していたことがうかがわれる。霊宝経が多く作られたのが四世紀末から五世紀であったとするならば、霊宝経に説かれる教えや儀式は江南の地の一般民衆の間で急速に広まりを見せたと言えよう。

霊宝経の教えや儀式が急速に広まった背景としては、一つには、陸修静のような有力な道士が出て、朝廷との結びつきを強め、国家宗教として道教を性格づけようとする動きが盛んになってきたこと（霊宝斎の祈願文の中には国家の安泰を祈る言葉がしばしば出てくる）が考えられる。しかし、霊宝経の広まりを根本で支えていたのは、因果応報・輪廻転生あるいは祖先祭祀に関わる一般民衆の宗教意識であったと考えられる。最後に、このことを霊宝経と六朝時代の小説類との比較を通して考察しておきたい。

六朝時代の半ば以降、志怪小説は仏教徒によって積極的に利用され、仏教の信仰を広めるための多くの超現実的な話や霊験記が伝承され記録された。(32) 仏教の宣伝を目的とした説話を集めた小説類においては、道教はしばしば批判の対象として記述されている。たとえば、南斉の王琰の編とされる『冥祥記』の中からその例を拾えば、第四十四条の程道恵の話、第六十四条の陳安居の話、第六十六条の何澹之の話、第六十九条の孫道徳の話、第七十六条の李旦の話、第八十五条の劉齡の話などがある。(33) それぞれ、「五斗米道を奉じ」ること、「巫俗を事とし」「祭酒」となること、「道家」に「章符印録」を作らせて鬼を払おうとすること、「道を奉じて祭酒」であること、「道家の祭酒」であること、「道士祭酒」の言に惑わされて仏法を捨てたことが、現世と死後における災いをもたらし、逆にそれらをやめて仏教を信仰することによって良い報いが得られたという内容のものである。

『冥祥記』が書かれたのは、四八〇年代後半から四九〇年代であったと推定されており、(34) そこに記された道教の状況は、霊宝経の多くが作られた四―五世紀の状況とも大きくは隔たらないと考えられる。仏教徒の側から書かれた『冥祥記』では、「祭酒」であることや「道を奉じる」こと自体が非難されるべきこととされており、道教徒がどのようなことを行ったかについては、あまり具体的な記述があるわけではないが、「五斗米道」や「祭酒」などの表現から見て、旧来の天師道の俗悪化した状態が批判の主な対象となっていると考えてよいであろう。当時の道教のそのような実態を底辺に抱えていたからこそ、上清派や霊宝派による改革の動きが出てきたわけであり、霊宝派は仏教の教理・思想・戒律を大幅に受容することによってその改革を行おうとしたのである。そしてその結果、興味深いことに、『冥祥記』のような仏教の宣伝を目的とした小説に載せられた話と霊宝経との間に内容的に共通点が見られるに至っている。

上にも述べたように、霊宝経の中には六道輪廻の具体相をリアルに記述する箇所が少なくないが、六朝小説にもこれと同じようなものが見られる。その最も代表的なものとしてよく知られているのは、劉宋の劉義慶の編とされる『幽明録』や『冥祥記』第四条に収められた趙泰の地獄めぐりの話である。この話の全般的な内容については、すでにいくつかの紹介があるので繰り返すことはしないが[35]、この話の中には、いくつかの点で霊宝経と共通する語彙・思想を見出すことができる。特に注目される事柄として、二つの点を挙げておきたい。

第一に、人間の行為の善悪を巡察するために冥界から派遣されている使者の呼称が共通することである。『冥祥記』によれば、冥界を訪れた趙泰は冥界の官吏から、「此（冥界）は恒に六部使者を遣りて常に人間に在らしめ、人の善悪を疏記す」という言葉を聞いている[36]。冥界から常に「六部使者」なるものが人間世界に派遣されていて、人の行為の善悪がすべて記録されているということを言っているわけであるが、この「六部使者」という語は、霊宝経の一つ『太極真人敷霊宝斎戒威儀諸経要訣』九a（道蔵第二九五冊）に、「天は常に六部使者を下して天下を周行せしめ、人の善悪を伺わしむ」と見える。「六部使者」という語の由来は必ずしも明らかではないが、人間世界を巡察する冥界の使者の呼称として、霊宝経ではこのほか、『元始五老赤書玉篇真文天書経』巻下（道蔵第二六冊）に「四部刺姦」「北部刺姦」「九部刺姦」などの語が見え[37]、それらとの関連が考えられる。

第二に、救済の構造がきわめてよく似ていることである。趙泰の話では、「開光大舎」という名のきらきらと輝く宮殿で「人を度するの師」である世尊が経を説くと、それを聞いた人々が大勢地獄から出てきて開度を受け、その結果、十人のひとが天空に昇っていったということになっている[38]。一方、霊宝経では、どのようにして冥界の死魂が済度されるのかということについて、おおむね次のように説いている。天地は長大なサイクルで崩壊と再生を繰り返すが、新しく天地が生まれる時には、元始天尊が経を説いて冥府の死魂にもそれを聞かせる。それを聞いた死魂はその人の生前と死後の行いや生きている子孫の功徳などの条件が整えば、南宮に移されて錬成受化されて神仙になる、と。このような考え方は『度人経』をはじめ霊宝経の随所に見えるが、たとえば、『太上霊宝諸天内音自然玉字』巻三、一三b（道蔵第四九冊）に、「人に善行有れば、則ち大聖（元始天尊）玄夜（地獄）の戸を開き、酆都　八難の場より度し、七祖ここにおいて返還し、幽魂ここにおいて光明あり。……門下の韓君、録を司り、算を南宮に度す」とあるのが、その一例である。このように、元始天尊による救済がすべての者に及び、暗闇の地獄も光に照らされて幽魂がよみがえり、南宮を経て昇仙する道が開けるというのが、霊宝経の救済構造であり、これは趙泰の話とその枠組みがよく似ている。また、趙泰の話の中には、子孫が仏教を奉じて亡祖を供養しているので特に赦されて「福舎」という場所に移されたという死者のことが出てくるが、この「福舎」という語も霊宝経にはしばしば見えるものである。さらに、地獄の恐ろしさをリアルに記述しているという点も、趙泰の話と霊宝経の両者に共通する。

このように、趙泰の話は、語彙・思想の両面において霊宝経とよく似ている。[39] もちろん、趙泰の話は仏教、霊宝経の方は道教という外枠の違いがあるが、それにもかかわらず両者がよく似ているのは、趙泰の話を作り伝えた人々と霊宝経の作者たちが、宗教的な意識の面で近いところにいたことを示唆していると思われる。趙泰の話も霊宝経も、それが表す内容は、六朝中・後期の一般民衆をも含む広範な層の仏教受容の形を示していると考えられ、そこにおいて最も重要なテーマになっているのは、因果応報・輪廻転生と亡祖済度の問題である。

趙泰の話や霊宝経に見える救済の構造は、仏教の受容によって中国の人々に大きな衝撃を与えた地獄の観念や六道輪廻の思想を、中国固有の冥界観や因果応報観、祖先崇拝の観念などとどのように融合させ、新たな救済思想を作り上げるかという模索の中から出てきたものであると見ることができるであろう。霊宝経の因果応報・輪廻転生の思想が、五世紀半ば以降の中国において、霊宝斎のような儀礼や道教造像などの信仰の形式を整えつつ、人々の間に大きな広まりを見せたのは、そのような新しい救済思想を模索し続けた人々の意識の流れ――その具体的な現れの一つとして支謙や康僧会の訳経があり、それを受容してきた江南の地の人々の精神的な営みがあると考えられる――の上にしっかりと基礎をおいているからであると思われる。

第二章　霊宝経における経典神聖化の論理

——元始旧経の「開劫度人」説をめぐって——

はじめに

『隋書』経籍志の道経の部には、六朝時代の道教の教理と歴史の概要が記されているが、その冒頭には「開劫度人」説が見える。それは次のような文である。

道経なる者は、元始天尊有り、太元の先に生まれ、自然の気を稟け、沖虚凝遠にして、其の極を知る莫しと云う。天地の淪壊、劫数の終尽を説く所以は、略　仏経と同じ。以為らく、天尊の体は、常存不滅にして、天地の初めて開くに至る毎に、或いは玉京の上に在り、或いは窮桑の野に在り、授くるに秘道を以てす、之を開劫度人と謂う。然れども其の開劫は一度に非ず。故に延康・赤明・龍漢・開皇有り、是れ其の年号なり。其の間、相去ること四十一億万載を経。度する所は皆、諸々の天仙上品にして、太上老君・太上丈人・天真皇人・五方天帝及び諸々の仙官有り、転た共に承受し、世人　之に予る莫し。説く所の経も、亦た元一の気を稟け、自然にして有り、造為する所に非ず、亦た天尊とともに常在不滅なり。天地壊れざれば、則ち蘊して伝わる莫し、劫運若し開けば、其の文自ら見わる。凡そ八字、道体の奥を尽くす。之を天書と謂う。字は方一丈、八角に芒を垂れ、光輝照耀たり、心を驚かせ目を眩まし、諸々の天仙と雖も、省視すること能わず。（道経者、云有元始天尊、生於太元之先、稟自然之気、沖虚凝遠、莫知其極。所以説天地淪壊、劫数終尽、略与仏経同。以為天尊之体、常存不滅、毎至天地初開、或在玉京之上、或在窮桑之野、授以秘道、謂之開劫度人。然其開劫、非一度矣。故有延康・赤明・龍漢・開皇、是其年号。其間相去経四十一億万載。所度皆諸天仙上品、有太上老君・太上丈人・天真皇人・五方天帝及諸仙官、転共承受、世人莫之予也。所説之経、亦稟元一之気、自然而有、非所造為、亦与天尊常在不滅。天地不壊、則蘊而莫伝、劫運若開、其文自見。凡八字、尽道体之奥、謂之天書。字方一丈、八角垂芒、光輝照耀、驚心眩目、雖諸天仙、不能省視。）

これによれば、「開劫度人」とは、長い年月を経て天地が新たに開けるごとに、元始天尊が太上老君をはじめ諸々の仙官たちに経を授けて済度するという説である。「開劫」は一定の周期を経て繰り返し行われるとされており、元始天尊が説く経というのは、実は「開劫」の時に「天書」として自然に出現したもので、元始天尊とともに常在不滅であるとされている。この「開劫度人」説は、最高神による救済思想の枠組みを示すものであると同時に、経典の性格付けを行い、経典が神聖であることの根拠を説明したものであると言える。

この「開劫度人」説は、四～五世紀に作られたと考えられる霊宝経の中に顕著に見られる。一つの宗教が成立するにあたって、その教理の拠り所となる経典の神聖性をどのように説明し絶対化するかということは重要な事柄であるが、霊宝経の場合、経典神聖化の論理の役割を果たしているのが「開劫度人」説である。「開劫度人」説は、「開劫」の説（天地の循環的再生説）と「度人」の説（天書出現による救済説）の二要素に分けることができる。それぞれが中国宗教思想史の中でどのように形成されてきたのかについては、前著ですでに考察した[1]。本章では、霊宝経に見える「開劫度人」の記述そのものに焦点をあてて考察し、あわせて、「開劫度人」に関する記述からうかがえる霊宝経の形成とその教理の特徴について検討することにしたい。[2]

一　「元始旧経」の構想と「開劫度人」説

「開劫度人」説は、霊宝経の中でも特に「元始旧経」と深く関わっている。そこで、「元始旧経」とはどのようなものであるのかを述べるために、まず、霊宝経の作者・成立年代に関する文献上の記載を見ておきたい。

『真誥』巻一九・二〇「真経始末」には、上清派の出発点となった東晋の興寧年間に行われた茅山における神降ろしの記録文書が陶弘景の手にわたるまでの百三十年ほどの間にたどった軌跡が記されているが、それに拠ると、茅山における神降ろしに直接関与した許謐・許翽・楊羲の三人が亡くなった後、三人が書き記した神仙のお告げの記録（いわゆる「三君手書」）は許翽の子の許黄民（三六一～四二九）のもとに受け継がれた。この許黄民の手元に「三君手書」があった時に、霊宝経と上清経に関わる重要な出来事が起こっている。葛巣甫が霊宝経を作り、それが大いに流行したこと、その流行を妬んだ王霊期という人物が、許黄民のところへ行って上経（上清経）を授けてほしいと頼んで、ようやく授けてもらうと、上清経に手を加えて五十余篇のものに仕立て上げて世に出し、それがまた大いに人気を博して江南の地に広まったということがそれである。[3] 葛巣甫が霊宝経に関与していたということは、『道教義枢』巻二にも「至従孫（葛洪の従孫）巣甫、以晋隆安之末、伝道士任延慶・徐霊期之徒。相伝於世、于今不絶」と見えていて、その年代が晋の隆安年間（三九七～四〇一）となっている。

霊宝経を作った葛巣甫は、茅山の神降ろしを行った許氏と同じく丹陽郡句容県の人である。『真誥』巻二〇「真冑世譜」によれば、葛氏と許氏は何代にもわたって繰り返し婚姻関係を結んでおり、[4] ともに句容の土着豪族としてきわめて近い関係にあった（図1参照）。とりわけ注目されるのは、許黄民の妻について、『真誥』（巻二〇、一〇

b）に「西陽令葛万安女」とあり、「万安是抱朴子第二兄孫也」と注記されていることである。『道教義枢』によれば葛巣甫は抱朴子葛洪の従孫であるから、葛巣甫と葛万安は同じ世代ということになる。つまり、葛万安の娘の夫である許黄民が上清経のもとになった茅山の神降ろしの記録文書を手元に持っており、一方、葛万安と同じ世代の親族の葛巣甫が霊宝経を作ったということになり、霊宝経は上清経ときわめて近いところから生まれたことがわかる。(5)

葛巣甫がその作成に関与していたという霊宝経がどのようなものであるかについては、前章の冒頭にも少し述べたように、大淵忍爾氏が敦煌写本の中から発見され、一九七四年に英語の論文で紹介された「霊宝経目」の研究によって、具体的なことが明らかになった。(6) その敦煌写本はペリオ二八六一の二と同二二五六で、この二点は内容的に見て連続している。この写本を大淵氏は、『玄門大義』『三洞珠嚢』の引文から推して、梁の道士宋文明の『通門論』を書写したものと推定された。(7) 宋文明は、『太平御覧』巻六六六に伝が見えており、梁の簡文帝の頃の人で、

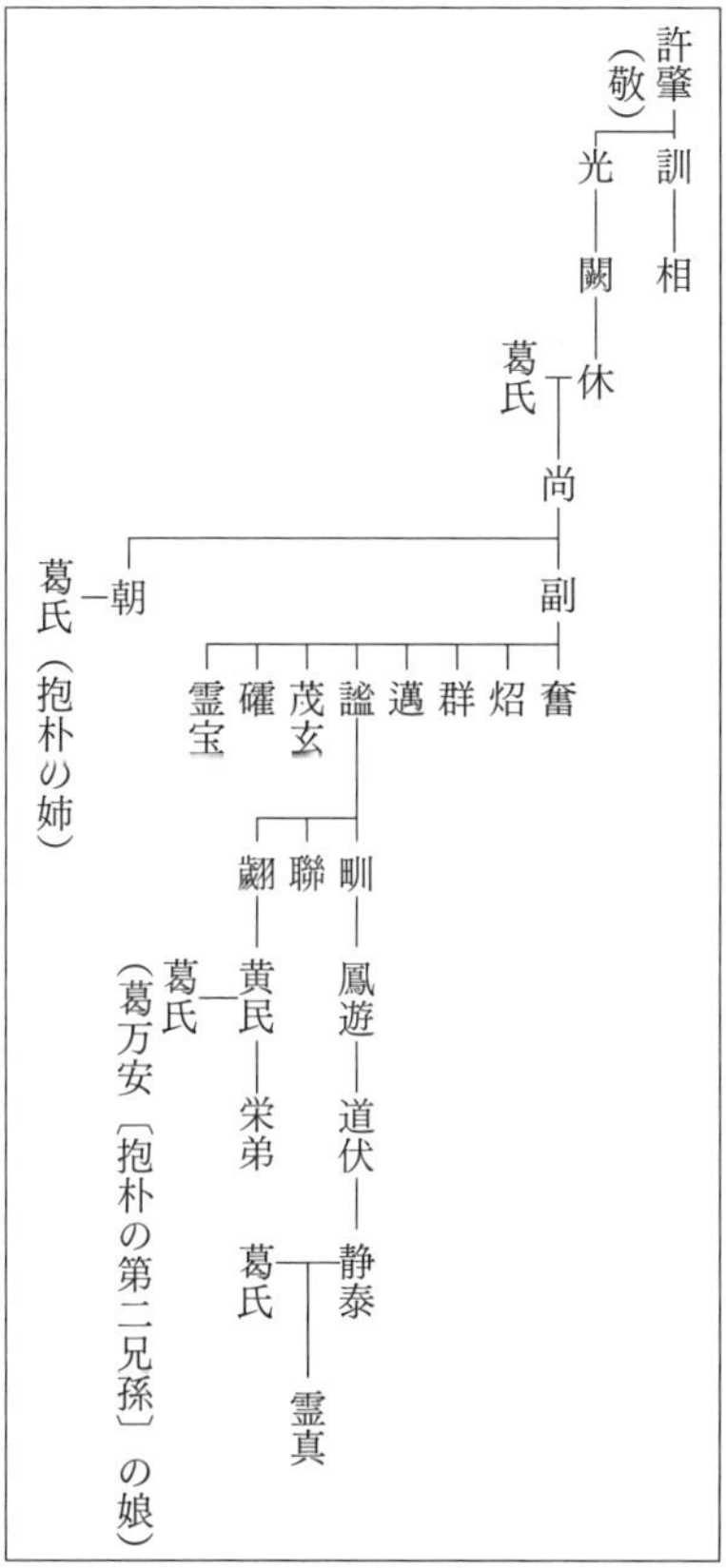

図1　許氏と葛氏（『真誥』巻二〇「真冑世譜」による）

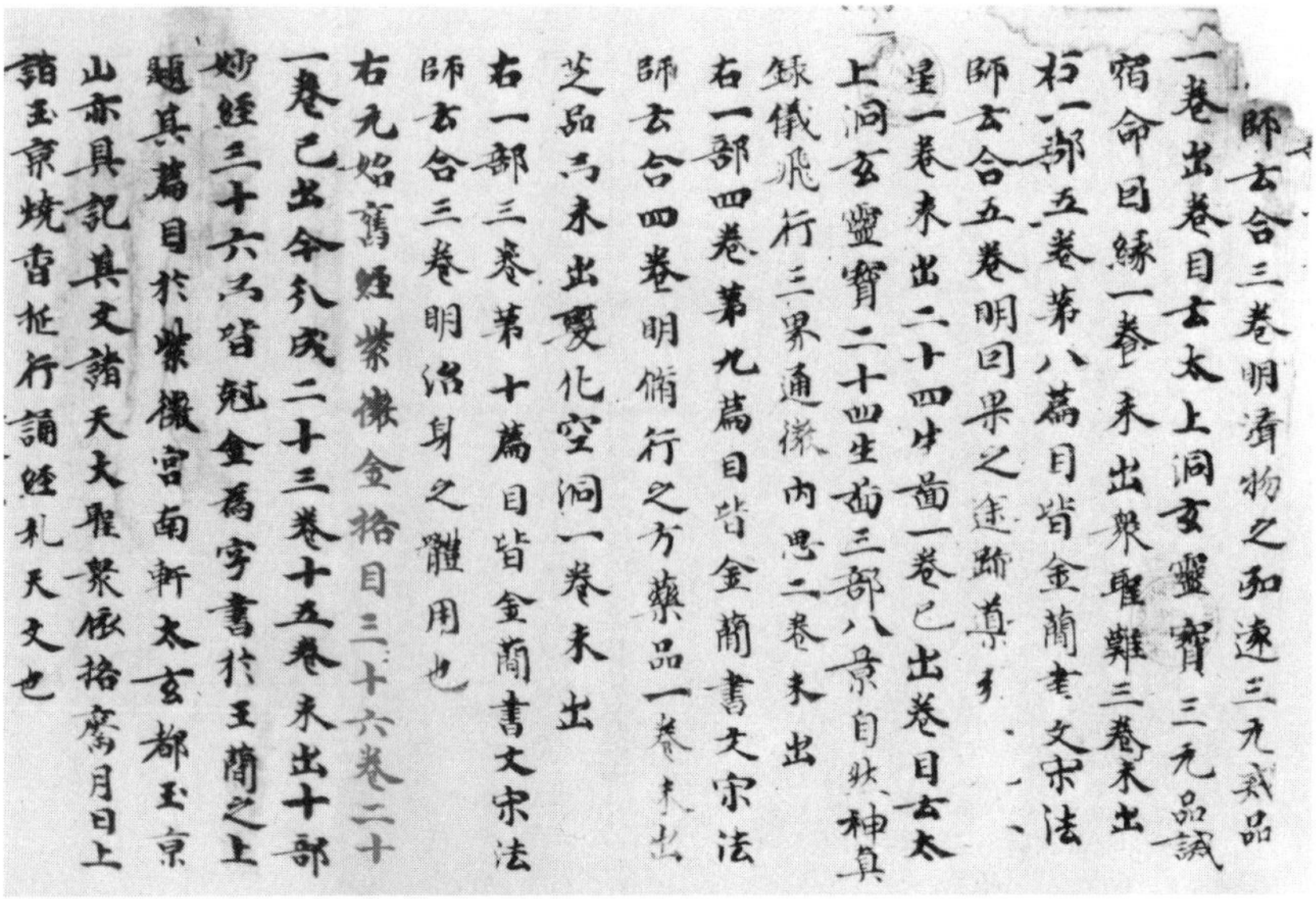

師云合三巻明濟物之功遠三元戒品
一巻出巻目云太上洞玄靈寶三元品誡
宿命因縁一巻未出衆聖難三巻未出
右一部五巻第八篇目皆金簡書文宗法
師云合五巻明因果之途跡導[illegible]
星一巻未出二十四生圖一巻已出巻目云太
上洞玄靈寶二十四生圖三部八景自然神真
録儀飛行三界通微内思二巻未出
右一部四巻第九篇目皆金簡書文宗法
師云合四巻明脩行之方藥品一巻未出
芝品一巻未出變化空洞一巻未出
右一部三巻第十篇目皆金簡書文宗法
師云合三巻明治身之體用也
右元始舊經紫微金格目三十六巻二十

妙經三十六巻皆剋金爲字書於玉簡之上

山亦具記其文諸天大聖衆依格齋月日上
詣玉京燒香旋行誦經礼天文也

図2　ペリオ2256

霊宝経の義疏を撰して『通門』と題し、また、『義淵』という名の書も著して、当時の学者たちから尊崇されていたという。(8) その『通門論』の写本のはじめの方に、霊宝経の目録が載っており、それを大淵氏は「霊宝経目」と名づけられた。この「霊宝経目」はその終わりの方に「陸先生の撰記して出す所なり」とあるところから、陸修静が作ったものであると考えられている。

「霊宝経目」は冒頭が少し欠けているが、全体は大きく二つの部分に分かれ、はじめの部分は「元始旧経」、あとの部分は「新経」と呼ばれている。「元始旧経」については「霊宝経目」には「右、元始旧経紫微金格目三十六巻。二十一巻已出。今分かちて二十三巻と成す。十五巻未出。十部妙経三十六弓（弓）、皆金を剋して字を為し、玉簡の上に書し、其の篇目を紫微宮の南軒に題す。太玄都玉京山も、亦た具さに其の文を記す。諸天大聖衆、格に依りて月日に斎し、上のかた玉京に詣り、焼香旋行し経を誦して、天文を礼するなり（右元始旧経紫微金格目三十六巻。二十一巻已出。今分成二十三巻。十五巻未出。十部妙経三十六弓、皆剋金為字、書於玉簡之上、題其篇目於紫微宮南軒。太玄都玉京山、亦具記其文。諸天大聖衆、依格斎月日、上詣玉京、焼香旋行誦経、礼天文也)」と説明している(図2)。つまり、「元始旧経」は十部三十六巻から成り、天上の紫微宮および玄都玉京山にはその全体が揃っているのだが、地上にはそのうちの二十一巻しか啓示されていないという。どの経典が啓示されたかは、「霊宝経目」の各経典に「已出」あるいは「未出」と書かれているのが、それを示している。

「元始旧経」はもともとかなりしっかりとした構想を持って書き始められたと考えられる。そのことを知る一つの手がかりとなるのは、十部三十六巻から成る「元始旧経」の各部に対して「宋法師云う」として記された宋文明による要約の文で、それは次のようなものである。

(第一篇目)　……巻、明応化之源本也。
(第二篇目)　宋法師云、合三巻、明運会始終也。
(第三篇目)　宋法師云、合三巻、明天功之広被。
(第四篇目)　宋法師云、合三巻、明聖徳之威風。
(第五篇目)　宋法師云、合六巻、明戒律之差品。
(第六篇目)　宋法師云、合三巻、明人行業之由従。
(第七篇目)　宋法師云、合三巻、明済物之弘遠。
(第八篇目)　宋法師云、合五巻、明因果之途跡。
(第九篇目)　宋法師云、合四巻、明修行之方。
(第十篇目)　宋法師云、合三巻、明治身之体用也。

これは「元始旧経」がどのような構想のもとに書かれたのかをよく示すものであると考えられる。「元始旧経」は上に述べたように、陸修静の「霊宝経目」の段階で十五巻が「未出」であった(つまり、まだ書かれていなかった）のだが、宋文明の時代にもやはり「未出」の経典は「未出」のままだったようである。(9) 実際にはまだ地上に現れていない、すなわちまだ書かれていない経典であっても、「元始旧経」全体の構想は、霊宝経を作った人々や霊宝経を伝えた人々の間では知られていて、それが宋文明の要約となって表されたと考えられる。これを見ると、「元始旧経」は、宇宙論や救済論、戒律や因果応報・輪廻転生思想を説く部分、あるいは、修行論・養生論に至るまで、宗教として必要な要素を幅広く網羅し、体系立った経典群として構想されていたことがわかる。

この「元始旧経」は「開劫度人」説と密接に関連している。そのことを端的に示しているのは、陸修静が元嘉十四年（四三七）に書いた「霊宝経目序」（『雲笈七籤』巻四）の次のような文である。

夫れ霊宝の文は、龍漢に始まる。龍漢の前は、之を追記する莫し。延康の長劫、混沌として期無し、道は之れ隠淪し、宝経は彰かならず。赤明運を革め、霊文興る。諸天宗奉し、各々科典有り。一劫の周るや、又復《また》運を改め、遂に五劫を積み、開皇に迫る。已後、上皇元年に、元始下教し、大法流行す。衆聖演暢し、雑要を修集し、以て十部三十六帙に備え、後学を引導し、天人を救度す。上皇の後、六天運行し、衆聖幽昇し、経は大羅に還る。（夫霊宝之文、始於龍漢。龍漢之前、莫之追記。延康長劫、混沌無期、道之隠淪、宝経不彰。赤明革運、霊文興焉。諸天宗奉、各有科典。一劫之周、又復改運、遂積五劫、迫于開皇。已後上皇元年、元始下教、大法流行。衆聖演暢、修集雑要、以備十部三十六帙、引導後学、救度天人。上皇之後、六天運行、衆聖幽昇、経還大羅。）

ここには「龍漢」「延康」「赤明」「開皇」「上皇」など「開劫度人」に関わる年号がすべて出てきていて、その中で「十部三十六帙」の「元始旧経」の成立が説明されている。

「元始旧経」に相当すると考えられている現在のテキストを見ると、その大半に「開劫度人」に関する記述が出てくる。ただし、それにはさまざまなヴァリエーションがある。そこで以下においては、「開劫度人」に関して特に注目すべき内容を持つ経典をいくつか取り上げて検討を加えることにする。

二　上清経から霊宝経へ――『元始五老赤書玉篇真文天書経』

はじめに、「元始旧経」の冒頭に置かれている『元始五老赤書玉篇真文天書経』(道蔵第二六冊)を取り上げる。この経典は、現在の道蔵本では上中下三巻から成る。この経典に説かれている中心的な事柄は「霊宝赤書五篇真文」のことである。「霊宝赤書五篇真文」とは、宇宙の始原の時間に自然に出現したとされる神秘的な文字で、天地万物の秩序をもたらす源泉とされているものである。これは江南の地にあった「霊宝五符」の信仰をもとにして出てきたと考えられ、のちに霊宝斎や授度の儀式にも用いられることになる重要なものである。「霊宝赤書五篇真文」についての具体的な説明文、すなわち、秘篆文で書かれた神秘的な文字の紹介(図3)と、それを身に帯びることの効用についての説明がこの経典の大半を占めているのであるが、その前後には、「霊宝赤書五篇真文」の由来や「霊宝」の定義など、「霊宝赤書五篇真文」に関する総括的な文が置かれている。「開劫度人」に関する記述は、そういう総括的な文の中に出てくる。ちなみに、他の霊宝経を見ても、「開劫度人」に関する記述は、各経典の本文とも言うべき内容(「霊宝赤書五篇真文」や「諸天内音」、あるいは戒や斎などの具体的な記述)の序文もしくはあとがきに当たるような箇所に置かれていることが多く、その経典の性格づけ、神聖化の役割を担っている。

この経典の中で、「開劫度人」に関連する記述は、次のように見える。

1. 巻上、一a「五老玉篇皆空洞自然之書、秘於九天霊都紫微宮七宝玄台、侍衛五帝、神官依玄科、四万劫一出」
2. 巻上、四b～七b「其二十四応、上讃元始之霊図、欣五老之開明、霊文既振、道乃行焉。天地開張、正法興隆、神風遐著、万気揚津、……鎮五岳於霊館、制劫運於三関、建国祚以応図、導五気以育民、敷弘天元、

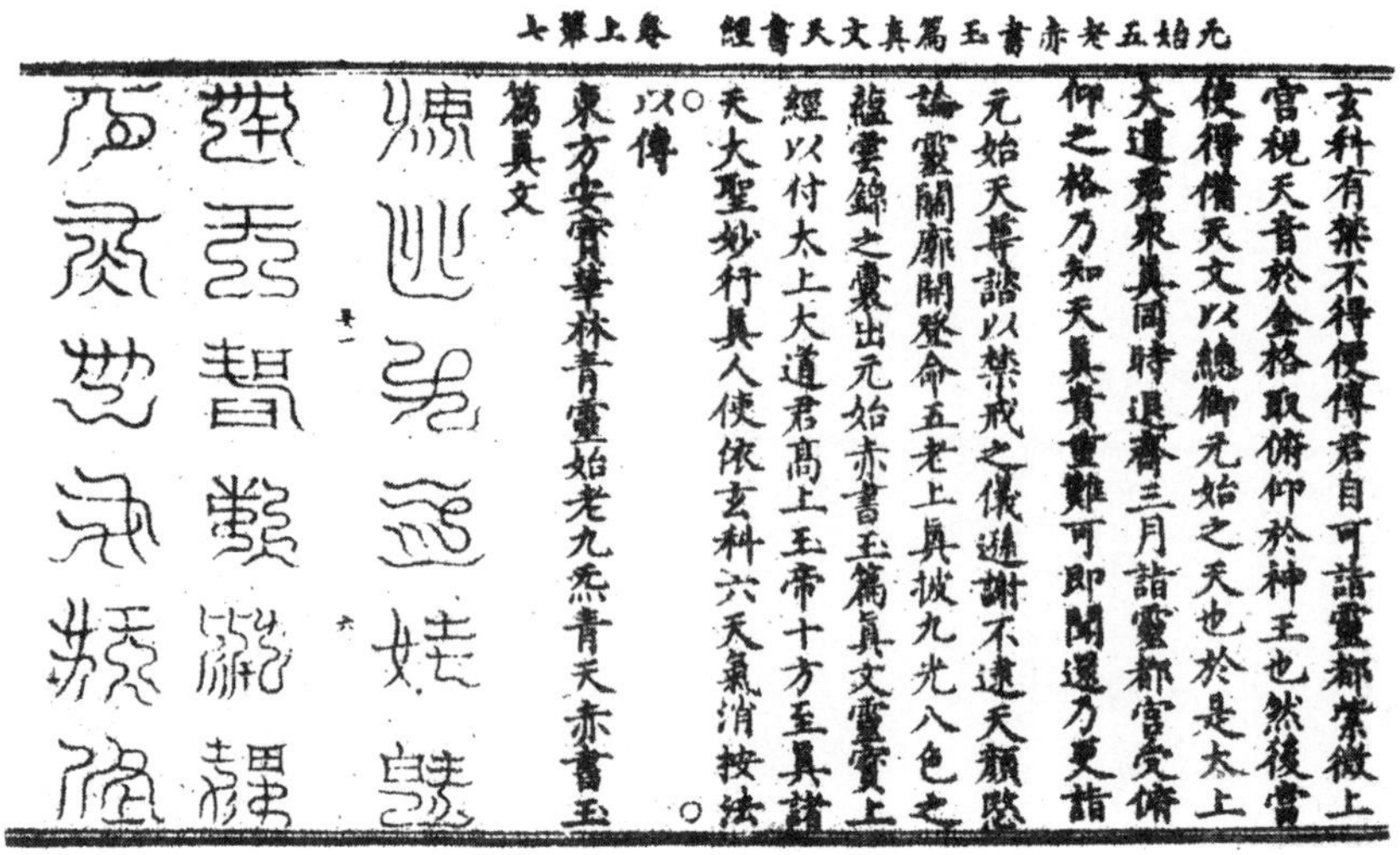
元始五老赤書玉篇真文天書經　卷上　第七

玄科有禁不得使傳君自可詣靈都紫微上宮視天音於金格取俯仰於神王也然後當使得備天文以總御元始之天也於是太上大道齋求真圖時退齋三月詣靈都宮受俯仰之格乃知天真貴重難可即閑還乃更詣元始天尊諮以禁戒之儀遜謝不達天顏然論靈關廓開登命五老上真披九光八色之蘊雲錦之囊出元始赤書玉篇真文靈寶上經以付太上大道君高上玉帝十方至真諸天大聖妙行真人使依玄科六天氣消按法以傳

東方安寶華林青靈始老九炁青天赤書玉篇真文

図 3　『元始五老赤書玉篇真文天書経』巻上（道蔵第 26 冊）

普教十方、威霊恢廓、無幽不開、神奇堂堂、難可称焉。是時上聖太上大道君、……」（以下、別掲。下文参照）

3．巻上、三〇 a～b「元始赤書玉篇真文、上清自然之霊書、九天始生之玄札、空洞之霊章。成天立地、開張万真、……此至真之文、妙応自然、致天高澄、使地固安、五岳保鎮、万品存焉。元始刻題上帝霊都之館、累経劫運而其文保固天根、無有毀淪、与運推遷。混之不濁、穢之愈清」

4．巻下、一五 a～b「元始自然赤書玉篇真文、開明之後、各付一文、安鎮五岳。旧本封於玄都紫微宮、衆真侍衛、置立玄科、有俯仰之儀、至五劫周末、乃伝太上大道君、高上大聖衆。諸天至真、奉修霊文、敷演玄義、論解曲逮、有十部妙経三十六巻、玉訣二巻、以立要用、悉封紫微上宮。衆真並以上合天慶之日、清斎持戒、上会玄都、朝礼天文、誦経行道、上讃元始自然之章、中和三元洞明之気、下慶神真大慈之教」

これらの文からわかるように、ここに説かれているのは、

「霊宝赤書五篇真文」が宇宙の始原の時間に由来するということや、それ自身は天上の玄都にあって常住不変であること、「玄科」に依って四万劫に一度（あるいは五劫の周末に）世に出ることなどである。ここには「龍漢」や「赤明」などの劫の年号は見えず、むしろ、「霊宝赤書五篇真文」によって終末的な大災厄を免れて生き延びることができるということを説く点に主眼が置かれている。

上記のうち、2に挙げた箇所は、上清経から霊宝経へという展開が如実にうかがわれる点で注目される。これは、太上大道君が元始天尊から『元始霊宝赤書玉篇真文』を授けられる場面であるが、ここの記述は上清経の一つである『皇天上清金闕帝君霊書紫文上経』（道蔵第三四二冊）の冒頭部の記述をふまえて書かれている（表1参照）。『皇天上清金闕帝君霊書紫文上経』は上清派で重視された経典の一つであり[10]、ここに挙げた箇所は、その冒頭部の、この経が地上にもたらされることになった由来に関する物語である。東海方諸宮の青童君が上清天の金闕に至り、後聖君にお願いをして『霊書紫文上経』を授けてもらうという内容の話が、駢文や五言詩をまじえた美文調の文体で表現されている。道教経典の中にこうした文学的なふくらみのある話が記述されているのは、上清経の形成過程において文学性の豊かな「内伝」類の存在が大きく関与していたことに由来する[11]。

表1では便宜上、六つの段落に分けて記した。両者を比較すると、『皇天上清金闕帝君霊書紫文上経』の「青童君」が、『元始五老赤書玉篇真文天書経』では「太上大道君」に、「後聖君」が「元始天尊」にそれぞれ置き換わり、授かる経典が『霊書紫文上経』から『元始赤書玉篇真文霊宝上経』に置き換わっているだけで、話の展開は全く同じである。すなわち、①ではまず青童君・太上大道君が天上に昇って経典を受けようと考え、②では天上の後聖君・元始天尊の住まいや侍従、音楽のさまが記される。③では青童君・太上大道君が後聖君・元始天尊の前で実際に経典の伝授を請うが、④では後聖君・元始天尊は物思いにふけっていて気がつかない。⑤では熱心な求めにようやく気がついた後聖君・元始天尊が感嘆しつつ考えを述べ、最後の⑥で経典の伝授が行われる。

上清派の興隆時期から推測して、『皇天上清金闕帝君霊書紫文上経』は『元始五老赤書玉篇真文天書経』よりも

表1　上清経から霊宝経へ

『皇天上清金闕帝君霊書紫文上経』

方諸東宮東海青童大君、清斎於霊榭丹闕黄房之内三年、時乗碧霞三霊流景雲輿、建帯青翠羽龍帔、従桑林千真、上詣上清金闕、請受霊書紫文上経。(①)

金闕中有四帝君。其後聖君処其左、居太空瓊台丹玕之殿。侍女衆真三万人。毒龍雷虎、獲天之獣、備門抱関、蛟蛇千尋、衛於牆析、飛馬奔雀、大翅之鳥、叩啄奮爪、陳于広庭、天威煥赫、流光八朗、風鼓玄旍、廻舞旄蓋、玉樹激音、琳草作籟、衆吹雲歌、鳳鳴青泰、神妃合唱、鵬舞鸞邁。(②)

青童既到、匍匐而前、捧首北面而言曰、小臣梵涓敢献言於聖帝明皇几前、在昔統抜太虚、領宰飛真、察五霊之広肆、司玄師之逸観、騰濯清陽、鳴鈴素町、朗秀三観、菴藹妙覚、廓落霊囿、濯瀾青谷、是以逡巡長羅、高歩玄老、斉九鸞於閬嵎之墟、放流光於冥華之上、……欲使風灑蘭林、奏籟雲涯、発抜七爽、剖凝喩幽。不審霊書紫文可得而下教乎。(③)

于時後聖君方擁机外化、高拂遐想、方注筆於大洞玄経、以教授諸上真左卿及霊童玉女数百人也。既不耳青童之陳辞、又未暫輟詠於視矣。(④)

『元始五老赤書玉篇真文天書経』

是時上聖太上大道君、高上玉帝、十方至真、並乗五色瓊輪琅輿碧輦、九色玄龍十絶羽蓋三素流雲。諸天大聖妙行真人、皆乗碧霞九霊流景飛雲玉輿、……従五帝神仙桑林千真、獅子白鵠虎彪龍鱗、霊妃散華、金童揚煙、五道開塗、三界通津、徘徊雲路、嘯命十天、上詣上清太玄玉都寒霊丹殿紫微上宮、建天宝羽服、詣元始天尊金闕之下、請受元始霊宝赤書玉篇真文。(①)

於是天尊命引衆真、入太空金台玉宝之殿九光華房。霊童玉女、侍衛左右九千万人。飛龍毒獣、備守八門、奔蛇撃剣、長牙扣鐘、神虎仰号、獅子俯鳴、麟舞鳳唱、嘯歌邕邕、天鈞奏其旍蓋、玉音激乎雲庭。(②)

上聖五老太上大道君稽首而言、伏聞元始革運、玄象開図、霊文鬱秀、神表五方、天地乗之以分判、三光従之以開明。此大宗之業、可得暫披於霊蘊乎。臣過承未天之先於大劫之中、殖真於九霊之府、稟液於五英之関、受生乎玄孕之胞、覩陽於冥感之魂、抜領太虚、高歩長津、朗秀三会、濯瀾上玄、流景冥華之都、抗志八圓之中、叨受開明之司、過蒙玄師之宗、……私心実欲使雲詹八遐、風灑蘭林、寒條仰希華陽之繁、朽骸蒙受霊奥之津。不審霊宝五篇玉文可得見授、下教於未聞者乎。(③)

元始天尊方凝真遐想、撫几高抗、命召五帝、論定陰陽、推数劫会、移校河源、検録天度、選択種人、指拈太無、嘯朗九玄、永無開聴於陳辞、乃閉閡於求真之路。(④)

於是青童君重啓、伏膝進行、固請不已。爾乃聖君良久推机偃処、忽爾長歎曰、苦辞玄達、精誠来悟、子用心之至矣。於是指点虚域、有愍焉之容也。爰乃引霊鈞之琴、撫而弾之、清霊響粲、激落百音、瓊振九虚、徹朗太霄而歌大洞神州之章凝魂之曲。玄詩霊藻、天韻希微、領照沖気、頻音清徽。其辞曰、玄虚上清気、三素凌華濛、淵嚮啓霊扉、七門扇羽童、豁落丹霄観、清寥冥運彰、有覚悟玄会、涯棲飛太空、……何不御赤嬰、乗我泥丸公、不死亦不生、不始亦不終。(⑤)

於是聖君吟歌畢、顧引青童使坐、設流霞之漿、鐶剛之果、赤樹白子、絳木青実。乃命五老上真仙都左公、開紫芯玉笈雲錦之嚢、出霊書紫文上経、以付青童君、下授有玄宮玉名当為真人者。青童君退席稽首拝而受之、以還方諸東宮。(⑥)

太上道君啓向不已、元始良久乃垂眄眥之容、慨爾歎曰、微乎深哉、子今所扣、豈不遠乎。此元始之玄根、空洞自然之文、保劫運於天機、鎮五霊以立真。今三天釐運、六天道行、雑法開化、当有三万六千種道以釈来者之心。此法運訖、三龍之後、庚子之年、雑気普消、吾真道乃行。今且可相付、当録於上館、未得行於下世、教始学之人。玄科有禁、不得便伝。君自可詣霊都紫微上宮、視天音於金格、取俯仰於神王也。然後当使得備天文以総御元始之天也。於是太上大道君衆真同時退、斎三月、詣霊都宮、受俯仰之格、乃知天真貴重、難可即聞。(⑤)

還乃更詣元始天尊、諮以禁戒之儀、遜謝不逮、天顔愍論、霊関廓開、登命五老上真披九光八色之蘊雲錦之嚢、出元始赤書玉篇真文霊宝上経、以付太上大道君、高上玉帝、十方至真、諸天大聖妙行真人、使依玄科、六天気消、按法以伝。(⑥)

先に書かれたと考えられる。『元始五老赤書玉篇真文天書経』のこの部分は、明らかに『皇天上清金闕帝君霊書紫文上経』を下敷きにして書かれた文であると言える。語彙の面でも共通するものが少なくない（傍線部）。

このように『元始五老赤書玉篇真文天書経』のこの部分は、『皇天上清金闕帝君霊書紫文上経』の翻案として書かれたと考えられるが、この中には、上清経とは異なる霊宝経の重要な主張が織り込まれている。⑤の箇所にそれは端的に表れている。『皇天上清金闕帝君霊書紫文上経』では、青童君の熱心な求めに対して後聖君が琴を弾じながら、「大洞神州の章、凝魂の曲」という五言詩を詠じている。その五言詩は表1では一部分しか載せていないが、真人が天上世界を飛行するさまや、服気と体内神存思の道術を行い世俗を捨てることを勧めるという内容のものである。それは、『真誥』に見える真人たちの詩とよく似ていて、美しく華麗な天上世界を文学性豊かに表現するとともに、存思の道術を重んじる上清派の特徴をよく示している。[12] 一方、『元始五老赤書玉篇真文天書経』の方では、元始天尊は、「霊宝五篇玉文」は「元始の玄根、空洞自然の文」であり、「劫運」を保ち「五霊」を鎮める根本であること、今、「六天」の道が行われて「雑法」が開化しているが、「三龍の後、庚子の年」には「雑気」が消えて「吾が真道」が行われるであろうと述べている。『皇天上清金闕帝君霊書紫文上経』に見える青童君の五言詩の内容が、実修者個人の得道を目的とした天上志向性が強いものであるのに対し、『元始五老赤書玉篇真文天書経』の元始天尊の言葉は、宇宙全体の時間的・空間的秩序がどのようにしてもたらされるかという方面に大きな関心が注がれている。これは上清経と霊宝経が主眼とするものの相違点を示している。

経典の神聖性の根拠を何に求めるかという点でも両者は違いがある。『皇天上清金闕帝君霊書紫文上経』の方は、特にこれに関する記述はないが、天上世界の高い位の真人から授けられたものであるということが経典の神聖性を保証すると考えられているようである。それに対して、『元始五老赤書玉篇真文天書経』の方は、「元始の玄根、空洞自然の文」であることが経典の神聖性を保証する根拠とされている。つまり、宇宙の始原の時間に由来する「自然」なるものであるという、その根源性に経典の神聖性の根拠が置かれているわけである。具体的な神格を先に想定して、その神格が説いた教えとして経典を神聖化するのではなく、「元始」と「自然」という語で表現される時間的・空間的根源性そのものに経典の神聖性の根拠を置く考え方がここに見られることに注目するべきであろう。

三　「出法度人」と阿丘曽の物語――『太上洞玄霊宝赤書玉訣妙経』

次に、元始旧経の第一篇目に属し、『元始五老赤書玉篇真文天書経』の次に置かれている『太上洞玄霊宝赤書玉訣妙経』（道蔵第一七八冊）を取り上げる。『太上洞玄霊宝赤書玉訣妙経』は上下二巻から成り、巻上には「霊宝五篇真文」や身の危険を乗り越えるためのいくつかの符の用い方、巻下には服食、存思、醮祭などの行い方のマニュアルが記されている。各巻の冒頭には、経の由来についての記述があり、「開劫度人」説が出てくるのは巻下の冒頭であるが、巻上の冒頭にも「開劫度人」説に関連する内容が見える。それは次のような文である。

道曰、……是故広明法教、開導愚蒙、咸使天人得入無上正真之門、普度一切、生値此世、真以宿縁所従真人、皆得過度。吾受元始真文旧経、説経度世万劫、当還無上宛利天。過世後、五濁之中、運命不達、是男是女、不見明教、常処悪道、生寿無機、而憂悩自嬰、多受枉横、自生自死、輪転五道、堕於三途八難之中、殃対相尋、無有極已、生死分離、無有豪賤、実為痛心。今解説諸要、以度可度。汝好正意、諦受吾言。於是注訣。龍賜稽首、伏受教旨。

(『太上洞玄霊宝赤書玉訣妙経』巻上、二a〜b)

ここでは、万劫にわたって「元始真文旧経」を説いて人々を済度していた「道」(太上大道君)が、天に還るにあたって、自分が「過世」した後、世の中が乱れて人々が悪道に染まり、五道輪廻から抜けられなくなるのを哀れみ、要点を解説した注訣を龍賜(学士の王龍賜)に授けるのだということを述べている。これ自体は「開劫度人」説とは言えないであろうが、第五節で述べるように、霊宝経の中で最も詳しく「開劫度人」のことが書かれている『太上洞玄霊宝智慧罪根上品大戒経』と『太上諸天霊書度命妙経』には、元始天尊が去った後(「過去後」と表現されている)、真文が隠れて混乱の世が訪れるということが、「開劫度人」説の重要な一要素となっている。そのことを考え合わせると、ここで「道」が世を去った後のことが言われているのは、「開劫度人」説と関連すると見られる。

元始天尊もしくは「道」が世を去るという問題設定は、仏教における仏陀の死(涅槃)というテーマをふまえたものと考えられる。支謙訳とされる『仏説阿弥陀三耶三仏薩楼仏檀過度人道経』[13](いわゆる『大阿弥陀経』)には、ここと似たような表現が次のように見える。

仏言、我哀若曹子欲度脱之、劇父母念子。今八方上下諸天帝王人民及蜎飛蠕動之類、得仏経戒、奉行仏道、皆得明慧、心悉開解、莫不得過度解脱憂苦者。……我般泥洹去後、経道稍断絶。人民諛諂、稍復為衆悪、不復作善、五焼復起、五痛劇苦。復如前法、自然還復。久後転劇、不可悉説。我但為若曹小道之耳。

（大正蔵一二、三一六中）

前章にも述べたように、霊宝経の作成にあたって支謙の訳経が大きな影響を与えたことについては、ボーケンカンプ氏によって指摘されている。[14]『仏説阿弥陀三耶三仏薩楼仏檀過度人道経』についても、氏は「過度人道」という経名、「二十四願」、浄土の描写などの点から、その重大な影響を指摘している。[15] この仏陀の死というテーマも、『仏説阿弥陀三耶三仏薩楼仏檀過度人道経』から影響を受けた事柄の中に加えてよいであろう。[16]

さて、次に『太上洞玄霊宝赤書玉訣妙経』巻下の冒頭に載っている「開劫度人」説を見ることにする。それは次のような文で始まる。

元始上帝霊宝尊神十方大聖妙行真人、常以一年三詣南帝洞陽宮、校定天元、推数劫会、開明赤書五老真文、封題玉磧、以付五帝。元始五気、常以鶏鳴上会霊宝玉京玄都上宮。陽光初明、散元始之暉。流観諸天、其気鬱鬱、其暉薫薫、精如月珠、光如紫雲、五気運転、如車之輪、上御九天之闕、中固五帝霊山、下注学士五牙之根。上宮衆聖大智真人、皆以其時餐食其暉、仰咽其精、与天相承、致得無窮。太上道君請注其文以伝至真、依霊宝玄科、四万劫一伝。如是霊宝明見、出法度人。

（『太上洞玄霊宝赤書玉訣妙経』巻下、一a～b）

ここでは、まず、元始上帝をはじめとする天上の神々が年に三度、「南帝洞陽宮」で「天元」を校定し、「赤書五老真文」を開明して五帝に付すこと、「元始五気」が霊宝玉京山玄都宮に会合し、「元始の暉」が散じられて天界（九天）と地上（五帝霊山）が固められること、天上の真人はその精気を服することで無窮の生命を得ることなどが述べられる。そして、その後、太上道君が願い出てその文の注を作り、これを「霊宝玄科」に依って四万劫に一度、至真に伝授するようになったこと、そのようにして「霊宝」が明らかに表れて「出法度人」が行われたという。太上道君が作った注とは、「霊宝赤書玉訣」、つまりはこの『太上洞玄霊宝赤書玉訣妙経』に記された諸々の玉訣そのものを指すと考えられる。

上記の文に続いて、「出法度人」（すなわち「霊宝」の出現）の際に虚空に輝きわたった光明とともに、話は意外な方に展開していく。その光明を見た一人の娘（阿丘曽）が発心をし、魔の妨げを振り切って火の中に身を投じ、その真心を認められて「真文」を授けられるという話である。この話は、ボーケンカンプ氏が指摘されたように、支謙訳『仏説龍施女経』（大正蔵一四、九〇九下～九一〇上）からの翻案である。[17] 両者の対照表を挙げておこう（表2）。

表2では四つの段落に分けて記した。①の段落で、『太上洞玄霊宝赤書玉訣妙経』では阿丘曽は霊宝真文の金色の光明を見て歓喜しているのであるが、それに対応する『仏説龍施女経』では、長者須福の娘の龍施は仏の眉間の光を見て心を動かされ発心するということになっている。②の段落では、娘の発心を妨げようとする魔が登場する。『仏説龍施女経』では、魔は龍施の父の姿に化作し、仏道を得るには何億劫年もかかるから、それよりも羅漢になることを求めた方がよいと龍施に語るが、それに対して、龍施は「羅漢と仏は度世という点では同じであるが、功徳は異なる。人々を無限に済度する仏の方が羅漢よりも遥かに功徳が大きい」と言ってそれを拒絶する。一方、『太上洞玄霊宝赤書玉訣妙経』の方では、魔は五帝老人の姿に化作し、阿丘曽に対して、「霊宝の道では仁愛慈孝を重んじるから、父の言に従って人としての道を尽くすべきである」と説くが、阿丘曽は天尊に帰依したいという自分の決意は堅いことを述べる。このように、翻案とはいっても、かなり内容が変えられている。つまり、『仏説龍施女経』の方は「羅漢」対「仏」という対立項が出てきているのに対して、『太上洞玄霊宝赤書玉訣妙経』の方では、「人道」対「発心帰依」という構図になっている。このように書き換えられた理由として、「人道」対「発心帰依」という構図の方が、「羅漢」対「仏」という構図よりも当時の中国の人々にとってはわかりやすかったこと、

表2　支謙訳の仏典から霊宝経へ

『仏説龍施女経』	『太上洞玄霊宝赤書玉訣妙経』
仏到長者須福門外、須福有女、名曰龍施。厥年十四。時在浴室、澡浴塗香著好衣。為仏眉間毫相之光、照七重楼上、東向見仏、在門外住、容貌端正、如星中有月、奇相衆好、金色従容、諸根寂定。女大歓喜則自念言、今得見仏及衆弟子、当以発意作菩薩行、願令我得道如仏。①	是時北室有精進賢者王福度、有女名阿丘曽。厥年十六、時在浴室中、浴香湯自洗、見金光明曲照、疑有不常、出宇登墻、南向望見、道真神精煒爍、容景煥日。女意歓喜、叉手作礼、遥称名、丘曽今遭幸会、身覲天尊、帰身十方天中之天、願賜禁戒、遵承法文、抜諸悪根、早得転輪、改為男形、万劫之後、冀得飛仙。①
魔見女発大意心、為不楽念言、是女今興大福及欲求仏、必過我界、多度人民。今我当往壊其道意。魔便下化作女父形象被服、謂龍施言、今所念大重、仏道難得、億百千劫、勤労不懈然後乃成。今世幸有仏、不如求羅漢。既要易得、且俱度世、泥洹無異。何為貪仏、久負勤苦。汝是我女、故語汝耳。龍施対曰、不如父言。羅漢与仏、雖俱度世、功徳不同。仏智大度、如十方空、度人無極。羅漢智少、若一時耳。何有高才楽於少者。②	五帝魔王見女発心大願、恐過我界、因化作五帝老人、往告女曰、我受十方尊神使命、来語女霊宝法典。吾道方行法、使仁愛慈孝為本。始聞汝父当出。女身已受人言、不可得違。宜先従之、人道既備、礼訓亦足、余可投身。天監爾心、汝不従父、仙無由度。女答魔曰、我前生不幸、宿無因縁、功徳未充、致作女身。晨夕悔念、誓守一心、用意堅固、出於自然。生由父母、命帰十天。誠違父教、不如君言。魔見女執心秉直、不可得干、於是便退。②
……（中略）…… 龍施念言、今我見仏、乃自愛欲菩薩道。父有教、以精進棄身、可得仏道。我何惜此危脆之命。女即於欄辺、叉手向仏言、我今自帰天中之天、以一切慇念知我所求、請棄軀命不捨菩薩。以身施仏、願而散華。以便縦身自投楼下。於空中未及至地、女身則化成男子。時仏乃笑、五色光従口出、照一仏刹、還従頂入。賢者阿難前跪問言、仏不妄笑、願其意。仏言、阿難、汝見此女自投空中化成男子不。対曰、見。③	丘曽自云、道既高邈、無縁得暢、仍聚柴登墻、楚焼我身、冀我形骸得成飛塵、随風自降、往至道前。於是火然、丘曽叉手向天言、十方無極天尊、今自帰形骸天中之天。願得時暢、如之散塵。便投身火中、熕爾無著、身如蹈空。俄頃之間、已見女身化成男子、徑至道前。於是受誡、元始即命南極尊神為女之師、授女真文、給太華玉女金晨玉童各三百人。衆好佩発、三十二相、洞映女身。③
仏言、此女乃前世時以事仏、後当供養恒沙如来、却至七億	道告南極尊神、此女前世已奉霊宝、転輪万劫、今得化生人中。見吾

六千万劫、当得作仏、号名龍盛。其寿一劫、般泥洹後、経道興盛、半劫乃滅。時仏説法当度九十七億万人、令得菩薩及羅漢道。是時人民飲食、当如第二忉利天上。……諸家親属合五百人、及八百天神、見女人龍施化男子、皆発無上正真道意。魔王見衆人求仏、更多憂愁不楽、慚愧而帰。仏説是時、莫不歓喜。(④)

出法、即得化形、当更度人九万九千、乃得至真大神。是時十方是男是女、皆発正真道意、莫不精心持斎奉戒、修承霊宝。預有至願、皆得度世。(④)

また、中国の仏教受容において出家と家という問題が切実な事柄であったという理由が考えられよう。

ちなみに、出家と家という問題が中国の仏教受容における重大事であったことは、牟子『理惑論』(『弘明集』巻一)の記述からもうかがわれる。牟子『理惑論』は、中国伝統思想の側からの質問に対して、牟子が仏教擁護の立場からそれに答えるという形で、三十七条にわたって解説したものであり、中国に仏教が受容され始めた後漢末から三国の頃、どのようなことが問題になったのかを知ることができる作品である。その第九条と第十条で、出家と家の問題が取り上げられている。出家と家の問題は、当然、儒教倫理の根幹である孝の問題と関わっている。第九条では、沙門が出家して剃髪するのは、「身体髪膚、之を父母より受く、敢えて毀傷せざるは孝の始めなり」という『孝経』(開宗明義章)の教えに背くことになるではないかという質問に対し、牟子は、昔、泰伯が断髪文身して呉越の風俗に従い、父王の後を継ぐことを拒否したことについて、孔子は彼のことを「至徳」の人と称えている例などを挙げ、「苟くも大徳有れば、小に拘らず」(大正蔵五二、二下)と説明し、さらに、沙門が財産を捨て、妻子を棄てて生きるのは、「譲の至り」であって、「何ぞ聖語に違い孝に合わざらんや」と言っている。また、第十条では、家の跡継ぎがいないことは最大の不孝であるのに、沙門は妻子を捨て、財産を放棄し、あるいは終身娶らないという生き方をしている、それは自分を苦しめるだけで、奇特なこととは言えないのではないかという質問に対し、牟子は、『老子』第四十四章の「名と身と孰《いず》れか親しき、身と貨と孰れか多《まさ》れる」という言葉を引いたあと、許由や伯夷・叔斉などの例を挙げて、孔子も彼らの賢人ぶりを称えていること、世俗の楽しみを捨てて道と徳の修養に努める沙門こそ奇特とするべきだと述べている。このように、『理惑論』では、中国伝統思想の側からの質問に対し、仏教経典からの引用ではなく、中国古典の言葉や中国古代の賢人たちの事跡を引いて、中国には仏教の教えと類似するものがすでに古くから存在するのだという説明のしかたで、牟子は仏教を擁護している。いささか強引な説明のようにも見えるが、出家と家、ひいては孝の倫理という大きな問題を、このような形で克服して、仏教は中国社会に入って行こうとしたことがわかる。

さて、『太上洞玄霊宝赤書玉訣妙経』では『仏説龍施女経』の「羅漢」対「仏」という対立項のかわりに、「人道」対「発心帰依」という構図になっているのであるが、「羅漢」対「仏」という問題が消えてしまっているわけではない。この次の場面(③の段落)では、娘が自分の誓願が真実であることを示すために火の中に身を投じたところ、空中で女身が男子に変化し、ただちに「道」の前に至って受戒したという方に展開しており、「羅漢」対「仏」という構図は表面には出てきていないが、まとめのところ(④の段落)で「道」が「此の女、前世已に霊宝を奉じ、転輪すること万劫、今 人中に化生して吾の法を出すを見て、即ち形を化するを得。当に更に人を度すること九万九千にして、乃ち至真大神を得」と語っているのは、「羅漢」ではない「仏」の生き方をこの娘が選んだことを示している。(18)

『太上洞玄霊宝赤書玉訣妙経』の作者が、「出法度人」に関連する物語として、支謙訳『仏説龍施女経』を種本に選んだ理由はいくつか考えられよう。一つは、上清経では多くの女性の真人に高い地位が与えられているのに対し、霊宝経では仏典と同様に女性は得道のために男性よりも不利な条件にいると見なす傾向が強く、女性が男性に生まれ変わって得道するという文がいくつか見られる。(19) そうした「女人変成男子」の構図を含んでいることから『仏説龍施女経』が取り上げられたということが考えられる。『仏説龍施女経』が選ばれたもう一つの理由として注目されるのは、自己一身の解脱のみを求めるのではなく一切の人々を済度することを理想として掲げる霊宝経の立場が、この『仏説龍施女経』の中に「羅漢」対「仏」という形で端的に出てくることである。『仏説龍施女経』が物語の種本として選ばれた裏には、修行者個人のひたむきな求道を至上のものとする上清経の立場を「羅漢」、自らの立場を「仏」とし、自らの立場のほうが「功徳」が大きいのだとする霊宝経の作者の意図が潜んでいるようにも思われる。

以上が『仏説龍施女経』からの翻案の部分である。『太上洞玄霊宝赤書玉訣妙経』ではこのあと、阿丘曽の師となった南極尊神と阿丘曽自身の前世物語が記され[20]、その中に、「禅黎世界赤明天」の「丹陽柏林舎」という場所が出てくる。これと同じか、もしくは類似する名前の場所は、他の元始旧経にも何度か出てくる。『太上霊宝諸天内音自然玉字』の「赤明世界栢陵舎」（巻三、一a）、『太上洞玄霊宝智慧罪根上品大戒経』の「南丹洞陽上館柏陵舎」（巻上、一a）、『太上諸天霊書度命妙経』の「禅黎世界赤明国土」（4b）、『洞玄霊宝二十四生図経』の「南浮洞陽上館栢陵舎」（一a）などがそれであり、これらはいずれも「開劫度人」説を述べる箇所に出てくる。この「赤明」は場所の名であるとともに、過去世（劫）の名ともつながっていると考えられる。ついで、最後の場面では、阿丘曽が太上道君の前に進み出て「玉訣」を授けてほしいと願い出、太上道君は霊童に命じて玉笈の中にある『霊宝赤書玉訣』二巻を出させて南極尊神に付し、それが阿丘曽に授けられる。

以上、『太上洞玄霊宝赤書玉訣妙経』における「開劫度人」説について見てきた。仏教の諸観念がこの経典の中に多く組み込まれているが、経典神聖化の論理という本章のテーマに即して言えば、『仏説龍施女経』においては仏の眉間から光明が発していたのに対して、『太上洞玄霊宝赤書玉訣妙経』では「真文奕奕として光明洞達す」（巻下、一b）とあるように、光り輝いていたのは元始天尊もしくは「道」ではなく霊宝真文であったという点に注目しなければならないであろう。そして、この霊宝真文こそが経典の中核をなすと考えられており、元始天尊もしくは「道」はそのことを説明する立場にあるとされているのである。ここでも、前節で指摘したのと同じように、経典の神聖性の根拠を「元始」、すなわち宇宙の秩序の根源性に置く考え方が見られると言わなければならない。

四　「開劫度人」説と死者救済――『太上霊宝諸天内音自然玉字』

『太上霊宝諸天内音自然玉字』（道蔵第四九冊）は、「元始旧経」の第四篇目に入っているもので、道蔵本は四巻から成る。この経典の中心テーマは、東南西北の四方三十二天にそれぞれ八字ずつ出現したという合計二百五十六の「諸天内音自然玉字」のことであり、これは天空に自然に出現した「方一丈」の神秘的な文字であるとされる。この経典の中には「開劫度人」に関する記述が多く見られる。その記述は各所に分散しているので、はじめにそれらを書き出しておくことにする（四角で囲んだ文字は「開劫度人」説の年号、傍線部は後文で言及する箇所、［　］は引用者による補足である）。

1. 巻一、一a～b「天真皇人曰、天書玉字、凝飛玄之気以成霊文、合八会以成音、和五合而成章。大運啓期、琳琅自生、神風虚奏、韶響洞鳴。煥乎諸天之上、朗曜太幽之中。与龍漢而俱化、披赤明於延康、錬水火於生死、与億劫而長存、開八垣於幽紐、植霊光於太陽。二儀持之以判、三景持之以分、……度死骸於長夜、錬生魂於朱宮。……」

2. 巻三、一a～六a「元始天尊、時与五老上帝・十方大聖衆・無極至真諸君丈人、同於赤明世界栢陵舎、坐香林園之中、長桑之下。天尊廻駕、諸天降席。是時雲霧鬱勃、四景冥合、三日三夜、玄陰不解、天地無光、有如龍漢之前、幽幽冥冥。……天尊告曰、今日同坐、歓楽難遇、諸天発瑞、霊応自然、玉字煥爛、障蔽天光、未通之始、致如昼冥、日慶時合、希所嘗有。今当普為四衆、開天妙瑞、度一切人。咸令四座閉目伏地。於是天聖衆同時閉眼、伏地聴命。俄頃之間、天気朗除、冥晻豁消、五色光明、洞徹五方、忽然有天書、字方一丈、自然而見空玄之上。五色空中、文采煥爛、八角垂芒、精光乱眼、不可得看。天尊普問四座大衆、霊書八会、字無正形、其趣宛奥、難可尋詳。天既降応、妙道宜明、便可注筆、解其正音、使皇道既暢、沢被十方。……〔天真皇人曰〕三十二天、天有八字、……四八天、合三十二天、合二百五十六字、皆三十二天大梵隠語無量之音。天有飛玄自然之気、合和五音以成天中無量洞章。上演諸天之玄奥、讃大有之開明。中理自然之気、普度学仙之人。下度生死之命、抜出長夜之魂。……〔天尊曰〕諸天人民、宿対種親、是男是女、善悪命根、無始以来至于今生、生死展転、殃対相牽、天地成敗、功過難明。今依大有、普告諸天、日月星宿、璇璣玉衡、南斗北斗、司命司録……一切神霊、採算録籍、推校本源、無善無悪、軽重之根、生死右別、條名列言、一切削除、断絶因縁、普同一度、以今為新、令此一切咸得道真。大福所普、勿使有偏。天尊有命、諸天敬従。……一切普度、同受光明、弾指告衆、一切咸聞。是時四衆、同時抗手、仰天弾指。三十二天、日月星宿、一時倶明、地下九幽、無極之底、光景洞徹、無復暗冥、幽隠普見、地蔵露形、山川渓澗、一等緬平、冬華結実、枯樹発栄、慶加一切、功載衆生、魚龍踊躍、鳥獣欣鳴、霊歌交会、路無悲声、天静地黙、三官潜寧、簡対休息、五道不生、人神歓泰、聖道太平」

3. 巻三、一二b「故龍漢推数而自開、赤明待運而敷晨、……慶大宥於元始、欣八字於自然」

4. 巻三、一三b「天地改運、淪於延康、冥冥無開、飛天啓光於散輝、諸天受気、灑虚玄都、龍漢一会、……都有九幽之酆都、度八難之場、七祖於是而返還、幽魂於是而光明。道則八字而開洞章、度死魂而還康、神魔於是而伏」

5. 巻三、一九a「梵形者、元始天尊也。開龍漢之劫、登赤明之運、号曰元始。上皇開運、号元始丈人、随世化生」

6. 巻三、二三a「開龍漢之劫、啓赤明之運、敷自然之書、立天地之根、三象既分而有九層之台、処乎玉京之山、煥乎玄都之上」

7. 巻三、二七a「赤明始開、八字煥乎空玄之上」

8. 巻四、一二a「転九機之度、以応劫会之期。天運之終而日童停光、抜度学者之人、灌以水母之精、摂召長夜之魂、得出九幽之戸、皆上詣天門、受錬五神、進昇朱陵之宮、受福禄於天堂、逍遙無為、永居自然也」

9. 巻四、一四a「以龍漢洞玄之気、赤明開運、其気於空洞之中、与五篇真文結気倶明」

10. 巻四、一七a「龍漢之時、道始純朴、徒有其化、難可為新」

11. 巻四、一九a「梵度天、従龍漢後、一劫而受龍変之号、結大梵之気而成天焉。……赤明開運、元始錫為梵度天王」

12. 巻四、二四b～二五a「然按元陽玉匱、九天推数、運行霊関、周廻三十二天、一交、偽道出行、万姓心懐詐、共崇奉此文、当還大羅之上七宝宮中。三五周竟、万道勢訖、大聖隆興、下世度人、誅罷偽座、退剪逆民、道徳興隆、天下太平、国主享祚、十方寧焉。真経輔世、善瑞日生、壬子之初、乙卯之年、至甲子之旬、当有青帝九種仙人、乗九色之龍、出遊泰山、齎此真経、以掃不祥。真経下世、角音龍釈、得遇吾此道、其祚自強、以保甲申、普度天人。其時歓楽、此経之功也」

13. 巻四、二五a～二六a「天尊告四座大聖衆・無極太上大道君・三十二天十方尊神等、天真皇人曰、龍漢之前、在延康之中、随運生死。至于龍漢、乃受緣対、魂形艱苦、塗炭三官。緣尽根断、得入福門。経履天地、一成一敗、無復限極。渉見天元、恒値霊宝、世世出法、化度天人、是以洞究天中之事、能解天書自然之文、大法開明、諸天所崇、宜宣至理、音究朗然。故令注筆解其曲逮、合和五方無量之音、以成諸天、普度来世。……四万劫一出、下世度人」

14. 巻四、二七b「天真皇人告五老帝君、我嘗於龍漢之中、受文於無名常存之君、俯仰之儀、以丹筆書諸天八字之音、合二百五十六字」

以上が、『太上霊宝諸天内音自然玉字』に見える「開劫度人」に関する記述である。これらの文からわかるように、この経典には「龍漢」「延康」「赤明」「上皇」という年号が表れ、「八字」「天書」「字方一丈」「八角垂芒」など、『隋書』経籍志の中で「開劫度人」の説明に用いられた語も見えている。上記の十四例のうち1番以外はすべて巻三・巻四の文であるが、この巻三・巻四に載せられた天真皇人による諸天内音の説明の言葉は、『度人経』の中の「元始霊書中篇」(四注本の巻四)の注釈という性格を持っていて、両者は一連のものと見なすことができる。したがって、『隋書』経籍志の「開劫度人」の説明は、『度人経』と『太上霊宝諸天内音自然玉字』に主に拠っていると言える。[21]

劫の年号のうち、「龍漢」は「洞玄の気」(9番)とか「道始めて純朴」(10番)と説明されており、元始の純朴な理想の時と考えられている。「赤明」は「龍漢」よりも後の開劫の年号、「上皇」はさらにその後の開劫の年号であり(5番)、「八字」の「天書」がこれらの時に現れ、元始天尊による「度人」が行われる。「延康」は「冥冥として開く無き」(4番)状態であり、「龍漢」「赤明」「上皇」の各開劫の前の暗黒の時を指している。

開劫が繰り返し行われるという考え方は、天地の一生を成・住・壊・空の四劫から成ると説き、この順序で永遠に変化を繰り返すと説いた仏教の劫の思想の影響を受けている。四劫の一サイクルの終わりに大小の災厄が起こるという仏教の説は、ある特定の干支の年に特別の事件が起こると説いた緯書の思想と結びついて、六朝道教の劫運思想を形成した。[22]『太上霊宝諸天内音自然玉字』や『度人経』の中に開劫が繰り返し行われるということが出てくるのは、そうした背景を持っている。

『太上霊宝諸天内音自然玉字』の記述で注目されることは、「開劫度人」が死者救済と結びついていることである。上に挙げた2番の文にそれが詳しく見える。そこでは、「天書」の出現によって宇宙のすべてが一新され、過去の因縁が断ち切られて地獄の死魂をも含めた一切の存在が済度されるということが、物語的な枠組みの中で説かれている。「開劫度人」の一つの具体的なイメージがここに表現されていると見てよいだろう。ここでは、「天書」の出現について元始天尊は「天の妙瑞」という語を用いて説明している。また「皇道既に暢べ、沢は十方を被う」とか

「聖道太平」という表現も見える。つまり、聖人出世の時に瑞祥が現れるという中国の伝統的な観念がここに用いられていて、これが「開劫度人」説の基礎になっていることがわかる。[23] それとともに、元始天尊が地獄の死魂を済度するという記述には、仏典の影響があることに注目しなければならない。2番の文中に、元始天尊の命により「一切普度せられ、同に光明を受く」、「地下九幽、無極の底、光景洞徹し、復た暗冥無し」となるという記述があるが、これは、支謙訳『仏説阿弥陀三耶三仏薩楼仏檀過度人道経』(『大阿弥陀経』)の次のような文から影響を受けている可能性がある。

阿弥陀仏光明極善、……光明中最明無極也。焰照諸無数天下、幽冥之処、皆常大明、諸有人民蜎飛蠕動之類、莫不見阿弥陀仏光明也。見者莫慈心歓喜者。……諸在泥犁禽獣薜荔考掠勤苦之處、見阿弥陀仏光明至、皆休止不復治。死後莫不解脱憂苦者也。阿弥陀仏光明、名聞八方上下無窮無極無央数諸仏国、諸天人民莫不聞知。聞知者莫不度脱也。(大正蔵一二、三一三上)

阿弥陀仏、便大放光明威神、則遍八方上下諸無央数仏国、……阿弥陀仏国、放光明威神、以諸無央数天人民、及蜎飛蠕動之類、皆悉見阿弥陀仏光明、莫不慈心歓喜者。諸有泥犁禽獣薜荔、諸有考治勤苦之処、即皆休止不復治、莫不解脱憂苦者。……当是時、莫不歓喜善楽得過度者。(大正蔵一二、三一六下)

これらの文は、阿弥陀仏の光明によって、八方上下の諸天人民、泥犁(地獄)の禽獣を含むすべての衆生が苦しみから解脱し済度されるということを説いている。『仏説阿弥陀三耶三仏薩楼仏檀過度人道経』には、これと同じ内容の文が何度も繰り返し出ており、これらは『太上霊宝諸天内音自然玉字』の元始天尊による済度の記述と類似している。前節にも述べたように、霊宝経には支謙の訳経が多く用いられているのであるが、ここにもその影響が顕著に見られる。[24] さらに、ここには霊宝経の特徴である「十方」(「八方上下」)の観念も出てきている。「十方」は一切衆生の済度という大乗仏教的思想と関わる観念である。前節では、『太上洞玄霊宝赤書玉訣妙経』の中に文謙訳『仏説龍施女経』を下敷きにして書かれた部分が見られるところから、自らの立場を「羅漢」ではなく「仏」であるとする霊宝経の作者の意図がうかがわれることを述べたが、それと同じように、『太上霊宝諸天内音自然玉字』においては、元始天尊によって地獄の死魂をも含めた一切衆生の済度が行われるということを明確に示すための拠り所になるものとして、支謙訳『仏説阿弥陀三耶三仏薩楼仏檀過度人道経』が選ばれたと考えられる。(25)

『太上霊宝諸天内音自然玉字』において、経典の神聖性の根拠は、経典の中核を成す「諸天内音自然玉字」が、天地が初めて生まれる時、もしくは、天地が再生する時に、天空に出現する神秘の文字であるということ、つまりは、「元始」と「自然」というその性格に置かれており、元始天尊はそれの具現者であり解説者である。この構造自体は、これまでに見たものと同様である。『太上霊宝諸天内音自然玉字』では、その「元始」と「自然」の力が冥界にまで及ぶと考えるところに特徴があり、その考え方の上に霊宝経の死者救済の思想は成り立っているのである。

五　天尊の「過去」と斎戒――『太上洞玄霊宝智慧罪根上品大戒経』と『太上諸天霊書度命妙経』

「元始旧経」の中で「開劫度人」のことが詳しく説かれているのは、『太上洞玄霊宝智慧罪根上品大戒経』（道蔵第二〇二冊）である。『太上洞玄霊宝智慧罪根上品大戒経』は、「霊宝経目」で宋法師が「戒律の差品を明らかにす」と要約した第五篇目に属する経典であり、上下二巻から成る。巻上では、宋法師の言葉どおり諸々の戒が説かれており、巻下には十方の地獄に堕ちた人々を開度するための方法が説かれている。「開劫度人」の記述は巻上の冒頭に見えている。

ここで霊宝経に見える戒について、その概略をまとめておくことにしよう。チュルヒャー氏が、霊宝経の中で仏教的要素の借用が最も顕著に見られる領域として、宇宙論と因果応報と並んで道徳（戒律）を挙げているように、戒は霊宝経における仏教受容の様相を考える上で重要な問題である。(26)

霊宝経の中で、道を奉じる者が守るべき戒について、その具体的な戒目（内容）まで含めて出てくるものは十数種類ある。まず、この『太上洞玄霊宝智慧罪根上品大戒経』巻上には、「十善因縁上戒之律」（巻上、四a一行目から四b十行目）、「二十四戒持身之品」（五a二行目から九行目）、「上品十戒之律」（六a二行目から六b一行目）、「十悪之戒」（六b七行目から七a七行目）、「十二可従戒」（八a四行目から九a七行目）の、あわせて五種類の戒が記載され、『太上洞真智慧上品大誡』（道蔵第七七冊）には、「十誡」（一b四行目から二b三行目）、「十二可従之誡」（三a三行目から四a六行目）、「智慧閉塞六情上品誡」（六a五行目から六b六行目）、「智慧度生上品大誡」（七a七行目から七b九行目）、「智慧十善勧助上品大誡」（八a七行目から九b一行目）、「智慧功徳報応上品誡」（一三b四行目から十四b六行目）の、あわせて六種類の戒が記載されている（ただし、「十二可従戒」と「十二可従之誡」は同じもの）。この両経典はともに、「霊宝経目」の中で「元始旧経」第五篇目に属するものとされ、霊宝経の中で最もまとまった形で戒のことが記載されているのは、この両経典である。

そのほか、「元始旧経」の中では、『太上洞玄霊宝智慧定志通微経』（道蔵第一六七冊）に「十戒」（七b一行目から十行目）、『太上洞玄霊宝三元品戒功徳軽重経』（道蔵第二〇二冊）に「三元品戒」（二二a六行目から三一a五行目）が見える。霊宝経の「新経」には、『太上洞玄霊宝本行宿縁経』に「十誡」（二b十行目から三a七行目）と「十悪」（三b四行目から五a一行目）が見えるが、これは『太上洞玄霊宝智慧罪根上品大戒経』の「上品十戒之律」「十悪之戒」と同じである。

以上が、霊宝経において具体的な条目まで含めて記載されている戒である。最後の二例を除き、それ以外はすべて「元始旧経」である。しかも、最後の二例の内容は、「元始旧経」の『太上洞玄霊宝智慧罪根上品大戒経』に出てくるものと同じなのであるから、実質上、戒については、「新経」ではなく「元始旧経」の方に説かれていることになる。このように、「元始旧経」の中で戒のことが説かれているのは、戒は本来、天上世界の神々が実践する神聖なるものと見なされていたことと関連すると考えられる。たとえば、『太上洞玄霊宝智慧罪根上品大戒経』で、「十善因縁上戒之律」について「十天神王の奉ずる所なり。能く之を行う者は、飛天と功を斉しくす」と説明し、「二十四戒持身之品」について、「四天帝王の常に宗奉する所」などと説明しているのが、そのことを端的に示している。そして、『太上洞玄霊宝智慧定志通微経』で、「十戒」について、「能く是の十戒を受け、修行すること法の如くんば、十方の天官、衛護せざること無く、必ず得道を致す」と言っているところから、戒を実践する人には天上の存在が身近にいて、その人を守って得道に導いてくれると考えられていたことがわかる。(27)

このように、霊宝経の中には、十数種類の戒が出てくるが、その内容は大同小異で、いずれも仏教で説かれる戒と中国の伝統的な日常倫理とが融合したようなものとなっている。霊宝経の戒の特徴を確認するために、ここでは、『太上洞玄霊宝智慧罪根上品大戒経』の「十善因縁上戒之律」と「二十四戒持身之品」、および『太上洞玄霊宝智慧定志通微経』の「十戒」を取り上げて見ておきたい。

まず、「十善因縁上戒之律」は次のような内容である。

一者、当邺死護生、救度厄難、命得其寿、不有夭傷。(第一に、死者を哀れみ生者を護り、厄難から救済し、長い寿命を得て、夭傷することがないようにすべきである)

二者、救疾治病、載度困篤、身得安全、不有痛劇。(第二に、人々の疾病を治して、苦しみから救済し、身は安全で、激しい痛みはないようにする)

三者、施恵窮困、拯度危厄、割己済物、無有悋惜。(第三に、困窮者に恵みを施して、苦しみから済度し、自分のものを割いて他者を済い、惜しがる気持ちを持たない)

四者、奉持師宝、営靖建舎、広作功徳、無有怠倦。（第四に、師という宝を奉持し、靖舎を建てて、広く功徳をなし、怠ることがない）

五者、書経校定、晨夕礼誦、供養香燈、心無替慢。（第五に、経を書写して校定し、朝晩に拝礼読誦し、香燈を供養して、怠慢の心がない）

六者、修斎念道、恭心遵法、内外清虚、不生穢悪。（第六に、斎を修めて道を念じ、心を恭しくして法に遵い、内外ともに清虚であり、穢悪を生じない）

七者、退身護義、不争功名、抱素守朴、行応自然。（第七に、身を退き義を護り、功名を争わず、素朴さを守り続け、行いは自然に応じている）

八者、宣化愚俗、諫諍解悪、咸令一心宗奉大法。（第八に、愚かな俗人を教え導き、諫めて悪事から解き放ち、ことごとく一心に大法を奉じさせる）

九者、辺道立井、植種果林、教化童蒙、勧人作善。（第九に、辺道に井戸を作って、果樹を植え、子供たちを教化し、人々に善を行うように勧める）

十者、施為可法、動静可観、教制可軌、行常使然。（第十に、人が則るべき行為、人に仰ぎ見られる動静、人の規範となるような教え、行いは常にそのようであるように）

第一から第三は、他者救済の実践、第四から第六は、師と経と道（仏教の三宝を意識したものと思われる）を奉持すること、第七は隠逸者的な生き方、第八は宗教的な先導者としての生き方、第九は儒家的・村夫子的な生き方、第十は、すべての点において人の模範となるような生き方が説かれている。

次に、「二十四戒持身之品」は次のような内容である。

与人君言、則恵於国。（人の君たる者に言うならば、国に恵みをもたらすようにと）

与人父言、則慈於子。（人の父たる者に言うならば、子に慈しみを抱くようにと）
与人師言、則愛於衆。（人の師たる者に言うならば、人々を愛するようにと）
与人兄言、則悌於行。（人の兄たる者に言うならば、行いにおいて仲睦まじくと）
与人臣言、則忠於君。（人の臣下たる者に言うならば、君に忠であるようにと）
与人子言、則孝於親。（人の子たる者に言うならば、親孝行であるようにと）
与人友言、則信於交。（人の友たる者に言うならば、交わりにおいて信実であるようにと）
与人婦言、則貞於夫。（人の妻たる者に言うならば、夫に貞節であるようにと）
与人夫言、則和於室。（人の夫たる者に言うならば、家庭において和やかであるようにと）
与人弟子言、則恭於礼。（人の弟子たる者に言うならば、恭しく礼を守るようにと）
与野人言、則勧於農。（野人に対して言うならば、農業に励みなさいと）
与道士言、則正於道。（道士に対して言うならば、道を正しく守るようにと）
与異国人、則各守其域。（異国の人に対して言うならば、おのおの自分の域を守るようにと）
与奴婢言、則慎於事。（奴婢に対して言うならば、慎重に事を行うようにと）

この「一十四戒持身之品」の文は意味がわかりにくいが、楠山春樹氏の説に従って、「得道の人が世俗の人を教化する場合の指針として列挙しているもの」として解釈した。[28] 十四の戒のうち、初めの十戒は、君臣・父子・兄弟・朋友・夫婦の五倫に師弟を加えたものとなっている。終わりの四戒は、各人がそれぞれの持ち場において務めを果たすようにという内容である。きわめて日常常識的な内容であり、霊宝経の戒の中でも際だって中国土着的な性格の濃い戒である。

次に、『太上洞玄霊宝智慧定志通微経』の「十戒」は、次のような内容である。

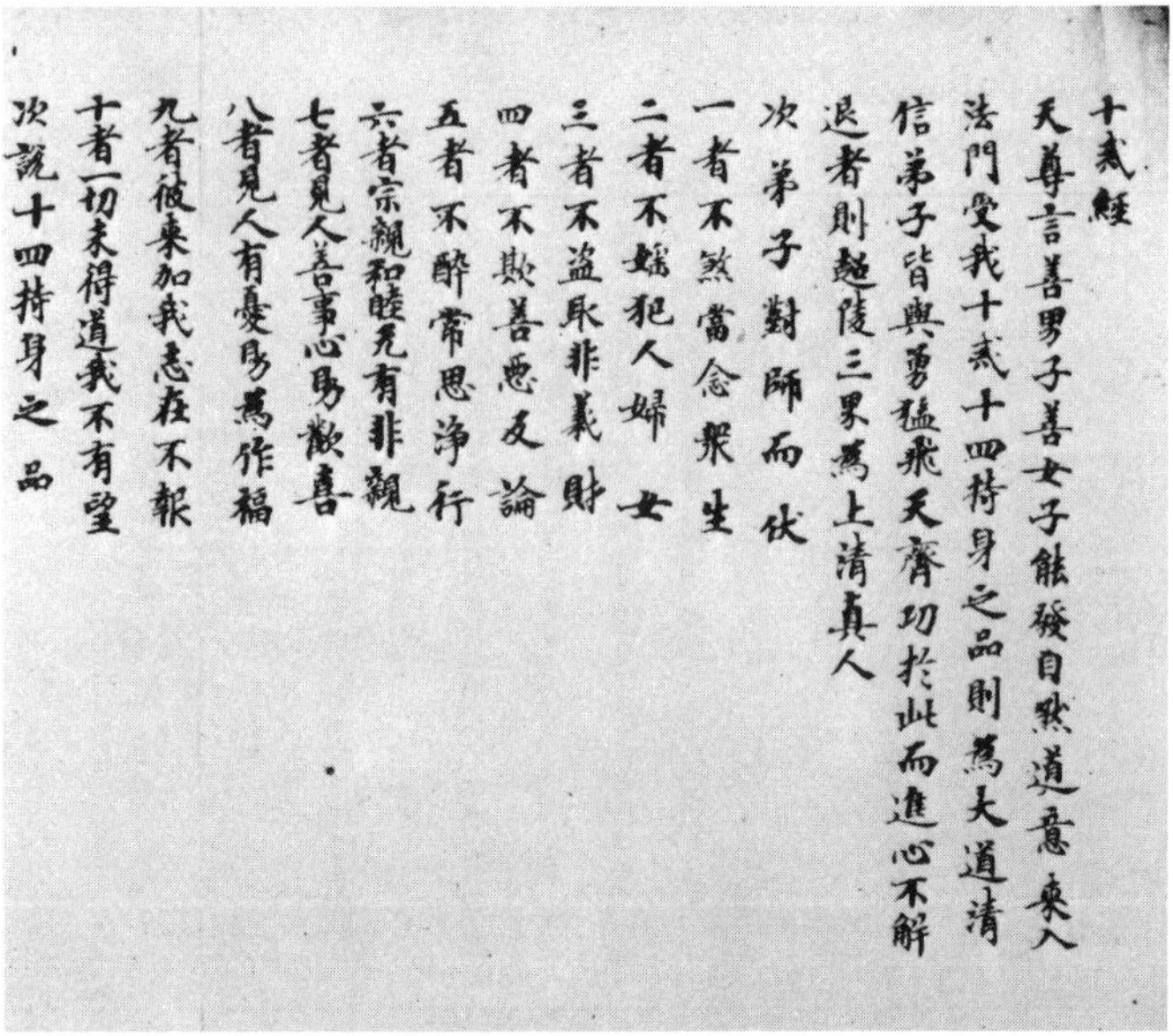
十戒經
天尊言善男子善女子能發自然道意來入
法門受我十戒十四持身之品則爲大道清
信弟子皆與勇猛飛天齊功於此而進心不解
退者則超陵三界爲上清真人
次弟子對師而伏
一者不煞當念衆生
二者不婬犯人婦女
三者不盗取非義財
四者不欺善悪反論
五者不酔常思浄行
六者宗親和睦无有非親
七者見人善事心助歡喜
八者見人有憂助爲作福
九者彼來加我志在不報
十者一切未得道我不有望
次說十四持身之品

図4　スタイン6454「十戒経」

一者不殺当念衆生。（第一に、殺さず、衆生のことを念ずべきである）
二者不婬犯人婦女。（第二に、人の婦女を婬犯しない）
三者不盗取非義財。（第三に、道義にはずれた財を盗み取らない）
四者不欺善悪反論。（第四に、善悪正反対の議論をして人を欺かない）
五者不酔常思浄行。（第五に、酔わず、常に浄らかな行いを思う）
六者宗親和睦、無有非親。（第六に、宗親和睦し、親族をそしることがない）
七者見人善事、心助歓喜。（第七に、他者の善事を見ると、自分も心から歓喜する）
八者見人有憂、助為作福。（第八に、他者の憂いを見ると、その人のために福を作す）
九者彼来加我、志在不報。（第九に、相手の方から私に害を加えても、それに報復しないように志す）
十者一切未得道、我不有望。（第十に、一切衆生が得道するまでは、私は自分の望みを持たない）

この「十戒」の第一から第五は、一見して明らかなように、仏教で在俗信者が保つべきとされる五戒（不殺生・

不偸盗・不邪婬・不妄語・不飲酒）に相当する。第六以下は、宗族を大切にする中国の日常的倫理と、仏教の大乗思想とが組み合わさったような内容のものとなっている。この「十戒」は、のちに、『太上洞玄霊宝智慧罪根上品大戒経』の「十四戒持身之品」と一体化されて、『洞玄霊宝天尊説十戒経』（道蔵第二〇三冊）という経典になり、大きな影響力を持つことになった（図4）[29]。

以上、やや長くなったが、霊宝経に見える戒の概略を述べた。話を元に戻そう。「元始旧経」の中で「開劫度人」について詳しく記されているもう一つの経典に、『太上諸天霊書度命妙経』（道蔵第二六冊）がある。『太上諸天霊書度命妙経』は、「霊宝経目」で宋法師が「済物の弘遠なるを明らかにす」と要約した第七篇目に属し、全体が「開劫度人」に深く関連している。この経典で説かれている中心的な事柄は、元始天尊が五方（中央と東南西北）の国土を成就するという話である。経典の前半には、「龍漢の年」に五方国土において、元始天尊が「霊宝真文」を出し、「十部妙経」を撰して「出法度人」を行ったこと、元始天尊は自分が「過去」した後、「真文」が隠れて人々が「五道八難の中を展転」するのを哀れんで、人々にこの経を説いて「宿世因縁の根」を知らしめるのだということ、このようにして元始天尊は「五方を安鎮」（一〇a）し、「五方国土を成就し、一切の人を度」（一〇b）したことが述べられている。元始天尊が「成就」した五方国土は、元始天尊の理想国土を示していると言えようが、その記述は仏典の阿弥陀仏国土のそれときわめてよく似ている。たとえば、国土が平らかであること、道が金銀・瑠璃で宝飾されていること、樹・葉・風・音・池などの記述、そこに住む人々の寿命が長遠であること等々、元始天尊によって「成就」された五方の国土の記述は、支謙訳『仏説阿弥陀三耶三仏薩楼仏檀過度人道経』に見える阿弥陀仏国土の記述とよく似ており、明らかにそれをふまえて書かれたと考えられる[30]。

しかし、同時にまた、五方の国土の記述は五行思想にも基づいていて、たとえば、東方の碧落空歌大浮黎国土では青い樹木が霊宝真文の出現の場となり、南方の禅黎世界赤明国土では霊宝真文が火錬されて鮮やかに輝き、北方の元福棄賢世界鬱単国土では霊宝真文は観の下の寒池に封じられるとするなど、作者の創作の工夫がうかがわれる興味深い文となっている[31]。北方国土で霊宝真文が寒池に封じられたとあるのは、洞庭の苞山の石室に蔵されたという霊宝五符の伝承とのつながりが考えられよう[32]。また、「真文」によって「五方を安鎮」するという思想は、繰り返し述べているように、霊宝経の教理の最も中核的なものである。したがって、『太上諸天霊書度命妙経』に述べられた内容は、霊宝経の中核をなす「霊宝五篇真文」の観念と理想の世としての仏教の阿弥陀仏国土のイメージとを結合させたものと見なすことができる。そして、それらを組み込む形で、「龍漢」という名の元始の世に「十部妙経」の「出法度人」が行われたこと、元始天尊が「過去」した後に、天の「運度」が速まって大災厄が起こり人々の大きな苦しみが始まる（これは上述した終末論の観念につながる）こと、そして、元始天尊は人々の五道八難の苦しみを救うために経を説き、人々に「宿世因縁」を教えるのだということが説かれているのである。

以上に述べた箇所では、「開劫度人」が繰り返し行われるということは出てこない。それが出てくるのは経典の後半（一一b～一三a）である。そこの記述は、実は『太上洞玄霊宝智慧罪根上品大戒経』巻上の文をふまえ、それをふくらませた形になっているので[33]、両者の対照表を挙げておくことにする（表3）。

ここには、「龍漢」から「上皇」に至るまでの宇宙の歴史と人心の変化、天尊と霊宝真文の出現による救済という流れがまとめて記述されている。これは「元始旧経」に見える「開劫度人」の記述の中で最も詳細なものであり、「開劫度人」説の完成した形と見てよいであろう。第一節に挙げた陸修静「霊宝経目序」の「開劫度人」の説明もこれとほぼ同じである。

この中に、天尊による「出法度人」が行われた「龍漢」「赤明」「開皇」の時代には、人心は純朴で寿命は長遠であったという記述がある（①③⑤）が、それは中国古代思想（特に道家思想）に見られる原初の楽園的な理想の世の観念が背景にあると考えられる[34]。そして、そのような理想の世を作り出すことができたのは、天尊の持つ「霊宝五篇真文」の力であり、それを敷衍して説かれた「十部妙経」の力であったとされている。霊宝経の「元始旧経」

表3 「開劫度人」説の完成形

経典	本文
『太上洞玄霊宝智慧罪根上品大戒経』	天尊告曰、龍漢之年、我出法度人。其世愚聾、不知法音、唯用純朴、無有悪心、不識礼義、無有君臣、不識宿命、不知因縁。以法訓喩、漸入法門、専心信向、無為罪根。命皆長遠、不有夭傷。① 我過去後、天地破壊、無復光明、男女火滅、淪於延康、幽幽冥冥、億劫之中。② 至赤明開光、天地復位、我又出世、号無名之君、出法教化、度諸天人。其世男女、行有精麤、不等一心。有信向者、皆得長年。有生嫉害、悪逆不忠、皆夭寿命、便有罪福因縁之根。③ 我過去後、一劫交周、天地又壊、復無光明、幽幽冥冥、五劫之中。④ 至開皇元年、霊宝真文、開通三象、天地復正、五文煥明。我於始青天中、号元始天尊、流演法教、化度諸天。始開之際、人民純朴、結縄而行、混沌用心、合於自然、皆得長寿三万六千年。⑤
『太上諸天霊書度命妙経』	天尊告太上道君曰、龍漢之時、我為無形常存之君、出世教化。爾時有天有地、日月光明、三象備足、有男有女、有生有死、雖有陰陽、無有礼典、亦無五味、衣被之具、混沌自生。我以道化喩、漸漸開悟、知行仁義、帰心信向。是時年命皆長遠。不信法者、命皆短促。① 我過去後、天地破壊、其中眇眇、億劫無光、上無復色、下無復淵、風沢洞虚、幽幽冥冥、無形無影、無極無窮、混沌無期、号為延康。② 逮至赤明開光、天地復位、始有陰陽、人民備足而有死生。我又出世、号無名之君、以霊宝教化、度諸天人。其時男女有至心好慕、承奉経戒、頗不怠倦、皆得道真、骨肉倶飛、空行自然。縦未得道、皆寿命長遠、死上天堂、世世更生、転輪不滅、後皆得仙。③ 吾過去後、一劫之周、天地又壊、復無光明、五劫之中、幽幽冥冥、三気混沌、乗運而生。④ 逮至開皇、霊宝真文、開通三象、天地復位、五文煥明、日月星宿、於是朗曜、四時五行、陰陽而生。我於始青天中、号元始天尊、開張法教、成就諸天。始有人民、男女純朴、結縄而行、無有礼典、亦無五味、亦無衣裳、亦無五彩、亦無文章、裸身露宿、鳥獣同群。以道開化、漸漸生心、知有仁義、礼楽転興、蔽形食味、参以五行。於是宣化、流演法音、広施経典、勧戒愚蒙、帰心信向、漸入法門。是時天尊出遊西河之辺、坐弱水之上、口吐五色之光、普照諸天。……天尊随其国土、

至上皇元年、心漸頽壊、恐至凋落、正法不全。故国国周行、宣授天文、咸令入法、成就諸心。半劫之中、命漸凋落、寿得一万八千余年。⑥ 我過去後、天運転促、人心破壊、更相謀逆。嫉害勝己、争競功名、不信経法、疑弐天真、口是心非、自作一法、淫祀邪神、殺生祈禱、迷惑不専、更相残害、自取夭傷、命不以理、寿無定年、致有罪録。悪種展転五道八難之中、沈淪三徒、莫知命根、冥冥長夜、億劫無還、流曳塗炭、甚可哀傷。⑦ 今当相告治身之戒、功徳報応、罪悪之対、生死命根。便可諦受、慎行勿忘。広宣開度、普示天人、咸令男女帰身法門、持戒修斎、遠諸悪源、使生死歓泰、得道自然。⑧
口吐霊宝五篇真文、光彩煥爛、不可称視。説十部妙経、授以禁戒、宣示男女。……先有善功、名書簡籍者、皆得度世、飛行太空。始入法門、普皆長寿三万六千年。⑤ 至上皇元年、諸天男女、形改純朴、心漸怠壊、恐至凋落、正教不全。是故我身国国之造、成就諸心。⑥ 我過去後、半劫之中、来生男女、心当破壊、転相疑弐、不信経教、生諸嫉害、争競勝己、更相攻伐。口是心非、自作一法、不敬天地、軽慢神明、殺生淫祀、禱求邪精、是男是女、互相祝詛、色欲放蕩、窃盗無端、不顧宿命、自取残傷、身入悪道、履諸苦難、生寿無幾而憂悩自嬰、展転三塗五道之中、自生自死、殃対相尋、骨肉分離、実為痛心。⑦ 今説是経、為諸来生、以度可度。善心之人、明受諦聴、深憶我言。⑧

が神聖であることの説明がこのような形でなされているわけである。

「龍漢」「赤明」「上皇」の後には、「我過去後」で始まる文がある（②④⑦）。②と④は、天尊が「過去」した後、天地が崩壊して暗闇の状態になることを言う簡単な記述であるが、⑦では、天地崩壊という終末論的な面よりも、天尊が「過去」した後に人々が正しい経法を信じず、「三塗五道の中に展転」するようになることが問題として取り上げられている。つまり、「光明」のない「冥冥」たる空間は、②と④では宇宙空間のことを意味していたが、⑦では人々が因果応報の理に従って陥る地獄の暗闇を意味するようになっているのである。天尊が、自分が世を去った後のことを憂慮するという発想は、第三節で考察した『太上洞玄霊宝赤書玉訣妙経』巻上にも出てきていた。そこで指摘したように、これは仏教における仏陀の死というテーマをふまえたものと考えられ、ここにも支謙訳『仏説阿弥陀三耶三仏薩楼仏檀過度人道経』からの影響がうかがわれる[35]。

自分が世を去った後のことを憂慮した天尊は、太上道君に因果応報の理と「治身の戒」を説き、人々に「持戒修斎」させるように命じている(⑧)。天尊が太上道君にこれらのことを託したのは、「吾過去後、其文当還大羅之上七宝玄台紫微宮中」(『太上洞玄霊宝智慧罪根上品大戒経』巻下、一七b)、「吾過去後、経道当還三界之上大羅天中」(『太上諸天霊書度命妙経』一九a)とあるように、天尊とともに経も大羅天に還ると考えられていたからである。

ここで、天尊の「過去」後の人々を導く教えとして「治身の戒」「持戒修斎」のことが出てきているのは、上に見た『元始五老赤書玉篇真文天書経』『太上洞玄霊宝赤書玉訣妙経』『太上霊宝諸天内音自然玉字』などのものとは異なる「開劫度人」説の新たな面を示すものとして注目される。宋法師が「戒律の差品を明らかにす」と要約した「元始旧経」第五篇目に相当すると考えられる経典には、右に述べた『太上洞玄霊宝智慧罪根上品大戒経』と『太上洞真智慧上品大誡』の他に『洞玄霊宝長夜之府九幽玉匱明真科』(道蔵第一〇五二冊)などがある。これらの経典の中には、人々の日常倫理に関わる戒や死者供養のための斎などが具体的に説かれ、実際の教団組織の存在を前提とするかのような記述も見える。そうした現実的な状況に対応するための戒律や斎の方法なども、天尊の「過去」後のために太上道君に託された教えとして、やはり「開劫度人」説によって権威づけされているのである。

おわりに

以上、本章では、霊宝経の「元始旧経」において経典神聖化の論理となっている「開劫度人」説について、注目すべき内容を持つ経典を取り上げて、その記述が基づくところにも目を向けながら考察してきた。霊宝経の一つの特徴として、すでに存在していた他の文献の記述を貪欲に取り込んで書かれているということが挙げられる。本章で考察した霊宝経の中にも、上清経や漢訳仏典の文章の翻案がいくつか見られた。霊宝経はこのように先行文献の文章を取り込むことで道教経典としての体裁を整えて肉付けをはかるとともに、先行文献の文章をそのままではなく変容させて取り入れる翻案のしかたの中に霊宝経独自の主張を織り込んだものと見られる。そして、その霊宝経の中核にあって、救済思想の要となっているのが、「霊宝赤書五篇真文」であり、霊宝経における経典神格化の論理というのは、つまりは、この「霊宝赤書五篇真文」が神聖であることの根拠がどのようにして説明されているかという問題でもあった。

経典は誰が作り出したのでもなく、宇宙の始原の時間から自然に存在していたからこそ神聖であるのだという「開劫度人」説の考え方は、「霊宝赤書五篇真文」が、「符は老君より出て、皆天文なり」(『抱朴子』遐覧篇)とあるような呪符信仰の流れの中から出てきたことと関係しているであろう。そして、このような認識の根底には、根源の一気からの万物生成を説く中国の宇宙生成論や、人間界の秩序と平安の源を自然界の理法の中に見出そうとする思想が存在しており、そうした自然界の理法が「天文」という象徴的な形で把握されたものと考えられる(36)。

「霊宝赤書五篇真文」はその後、道教の諸々の斎儀において用いられ、重要な位置を占めることになる。また、「開劫度人」説において、「元始」と「自然」の具現者であり解説者であった元始天尊が、その後の道教の最高神となったことは言うまでもない。

「元始旧経」十部三十六巻の作成は、結局、未完のまま終わり、それに代わって、葛仙公に授けられたという「新経」が作られている。「新経」は、「元始旧経」との連続性を基本的に保持しつつ、さらに、霊宝経のみならず、上清経・道徳経・三皇文などをすべて見通した上で、霊宝経と霊宝斎を中心とした現実志向性の強い宗教を作ろうとする立場から書かれている。また、教団組織や儀礼などの面で、天師道の持っていた伝統を包摂し融合させようとする姿勢が、「新経」の記述からはうかがわれる。そして、「新経」のこのような立場と姿勢は、陸修静に引き継がれ、本格的な道教の確立へとつながっていったのである。

第三章　霊宝経に見える葛仙公

——新経の成立をめぐって——

はじめに

霊宝経のうちのいくつかには葛仙公（葛玄）が登場する。葛仙公は、『抱朴子』の著者葛洪、および『真誥』巻一九に霊宝経の「造構」者として名が出てくる葛巣甫の祖先にあたる人である。前章に述べたように、陸修静「霊宝経目」では、「元始旧経」について、「十部妙経三十六弓（弖）、皆金を刻して字を為し、玉簡の上に書し、其の篇目を紫微宮の南軒に題す。太玄都玉京山も、亦た具さに其の文を記す。諸天大聖衆、格に依りて月日に斎し、上のかた玉京に詣り、焼香旋行し経を誦して、天文を礼するなり」とあるのに対し、「新経」については、「葛仙公の受くる所の教戒訣要、及び行業を説くの新経」という説明をしている。つまり、葛仙公は霊宝経が地上の人間世界に示された時の授経者としての役割を担っているのである。実際、『道教義枢』などには天上世界の真人から地上の葛仙公に霊宝経が授けられたとして、その伝授の系譜を記している。この葛仙公が霊宝経の中でどのように記述されているかということは、霊宝経研究の上で一つの重要な視点となるであろう。そこで本章では、葛仙公が登場する霊宝経について、『真誥』など上清派文献の記述との関連にも目を向けながら検討し、それらがどのような立場の人々によって作成されたのかを考えてみることにしたい。

一　霊宝経の伝授の系譜

霊宝経の伝授の系譜については、『道教義枢』巻二「三洞義第五」の記述が一つの目安となる。「洞玄は是れ霊宝君の出だす所、高上大聖の撰する所なり」で始まるその記述は、まず、元始天王が西王母に「太上紫微宮中の金格玉書、霊宝真文篇目十部妙経、合わせて三十六巻」のことを告げたことと、「洞玄経は万劫に一たび（世に）出る」ことなどを記し、続いて、黄帝、帝嚳、夏禹らが授けられた霊宝の法について記している。[1] これらは、「霊宝経目」に言う「元始旧経」十部三十六巻のことと、江南の地に伝承されていた霊宝の語を冠する諸道術にまつわる話を指すと見られる。そのあと、『道教義枢』では「真一自然経に云う」として、太極真人徐来勒から始まる伝授の系譜を次のように記している。

（真一自然経に）また言っている。徐来勒ら三人の真人が、己卯の年正月一日日中の時に、会稽の上虞山において仙公葛玄に伝えた。葛玄、字は孝先は、天台山において鄭思遠・呉主孫権らにそれを伝えた。葛仙公は天に昇る時、自分が得た三洞真経一通を弟子に伝え、一通は名山に蔵し、一通は家門の子孫に付し、従弟の少傅葛奚、奚の子である護軍の葛悌、悌の子の葛洪に与えた。洪はまた馬跡山において鄭思遠の所に行き、盟いを立てて経を受けた。葛洪、号は抱朴子は、晋の建元二年三月三日に、羅浮山において弟子の海安君望世らに付与した。従孫の葛巣甫に至り、晋の隆安年間の末に、道士任延慶・徐霊期らに伝え、次々に世に伝わって、今も絶えていない。〔真一自然経〕又云、徐来勒等三真以己卯年正月一日日中時、於会稽上虞山伝仙公葛玄。玄字孝先、

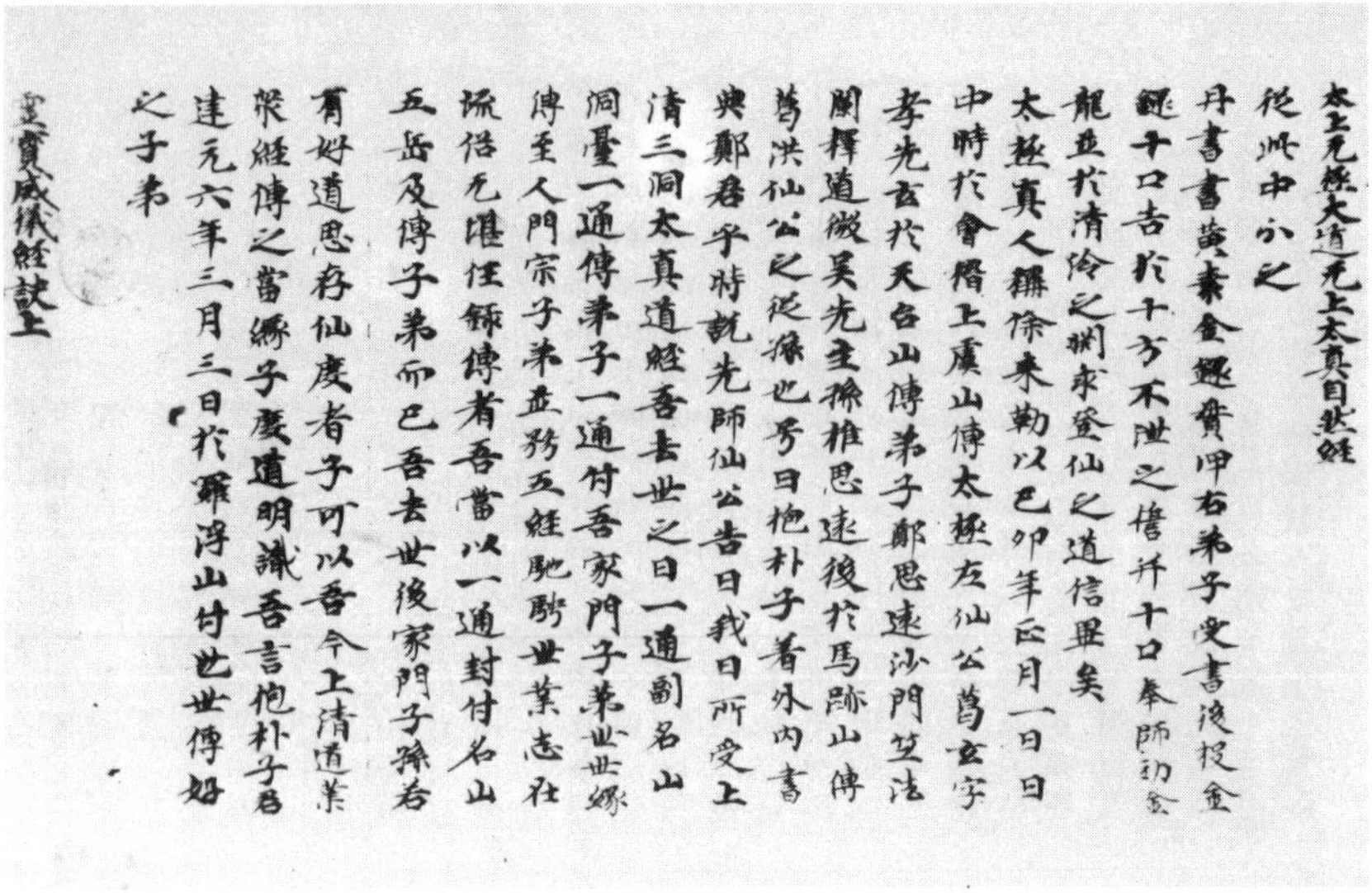

太上无極太道无上太真自然經
從洪中分之
丹書書黃素金鈕貫甲右弟子受書後投金
鈕十口吉於十方不泄之誓并十口奉師初受
龍並於清泠之淵求登仙之道信畢矣
太極真人稱徐來勒以己卯年正月一日日
中時於會稽上虞山傳太極左仙公葛玄字
孝先玄於天台山傳弟子鄭思遠沙門竺法
蘭釋道微吳先主孫權思遠後於馬跡山傳
葛洪仙公之從孫也號曰抱朴子著外內書
典鄭君于時說先師仙公告曰我日所受上
清三洞太真道經吾去世之日一通副名山
洞臺一通傳弟子一通付吾家門子弟世世錄
傳至人門宗子弟並務五經馳騁世業志在
流俗无堪任録傳者吾當以一通封付名山
五岳及傳子弟而已吾去世後家門子孫若
有好道思存仙度者子可以吾今上清道業
衆經傳之當縁子度道明識吾言抱朴子君
建元六年三月三日於羅浮山付世世傳好
之子弟
靈寶威儀經訣上

図1　ペリオ2452

於天台山伝鄭思遠・呉主孫権等。仙公昇天、合以所得三洞真経一通伝弟子、一通蔵名山、一通付家門子孫、与従弟少傅奚、奚子護軍悌、悌子洪。洪又於馬跡山詣思遠盟受。洪号抱朴子、以晋建元二年三月三日、於羅浮山付弟子海安君望世等。至従孫巣甫、以晋隆安之末、伝道士任延慶・徐霊期之徒、相伝於世、于今不絶。）

（『道教義枢』巻二、六a〜b）

ここに引用された『真一自然経』とは、「霊宝経目」の『太上太極太虚上真人演太上霊宝威儀洞玄真一自然経訣上』に擬せられる敦煌写本ペリオ二四五二と関係すると考えられる。[2] この写本の末尾には、次のような伝授の系譜が記されている（図1）。

太極真人が言われた。徐来勒は己卯の年正月一日日中の時に、会稽の上虞山において、太極左仙公葛玄、字は孝先に伝えた。葛玄は天台山において鄭思遠・沙門竺法蘭・釈道微・呉の先主孫権に伝えた。思遠は後に馬跡山において葛洪に伝えた。葛洪は仙公の従孫であり、抱朴子と号し、外内の典籍を著した。鄭君はその時、「わが先師、葛仙公がおっしゃった。私が授けられた上清三洞太真道経は、私が世を去る日、一通は名山の洞台に写し置き、一通は弟子に伝え、一通はわが家門の子弟に伝え、代々、世世、優れた人物に録伝する。一門の子弟は皆、五経に努めて、世俗の仕事に駆け回り、流俗のことに心をはせており、録伝するに堪える者はいない。私は一通を封して名山五岳に置き、弟子に伝えることとする。私が世を去った後、家門の子弟で、もし道を好み昇仙のことを思い願う者がいれば、あなたは、私の今の上清道業衆経をその子に伝えるように。あなたは道を悟っているから、私の言葉がはっきりとわかるはずだ」と。抱朴子は、建元六年三月三日に、羅浮山において付し、世世、道を好む子弟に伝えた。

（太極真人称、徐来勒以己卯年正月一日日中時、於会稽上虞山、伝太極左仙公葛玄、字孝先。玄於天台山伝鄭思遠・沙門竺法蘭・釈道微・呉先主孫権。思遠後於馬跡山伝葛洪。仙公之従孫也。号曰抱朴子、著外内書典。鄭君于時説、先師仙公告曰、我曰（衍字？）所受上清三洞太真道経、吾去世之日、一通副名山洞台、一通伝弟子、一通付吾家門子弟、世世縁（録？）伝至人。門宗子弟、並務五経、馳騁世業、志在流俗、無堪任録伝者、吾当以一通封付名山五岳、及伝子弟（弟子？）而已。吾去世後、家門子弟、若有好道思存仙度者、子可以吾今上清道業衆経伝之。当縁子度道、明識吾言。抱朴子君、建元六年三月三日、於羅浮山付、世世伝好之子弟。）

以上に挙げた『道教義枢』の文と敦煌写本ペリオ二四五二の文を照合すると、『道教義枢』の「至従孫巣甫」以下の記述は、すでに指摘があるように、『真一自然経』の原文ではなく、後の付加と考えられる。(3)『雲笈七籤』巻六「三洞経教部」にも、「『真一自然経』に云う」として霊宝経の伝授に関する文を載せるが、それはほぼ、ここに挙げた『道教義枢』の文と敦煌写本ペリオ二四五二の文を合体して整理したような形になっている。

以上の文によれば、霊宝経の伝授の系譜は、次のように説明されていることになる。

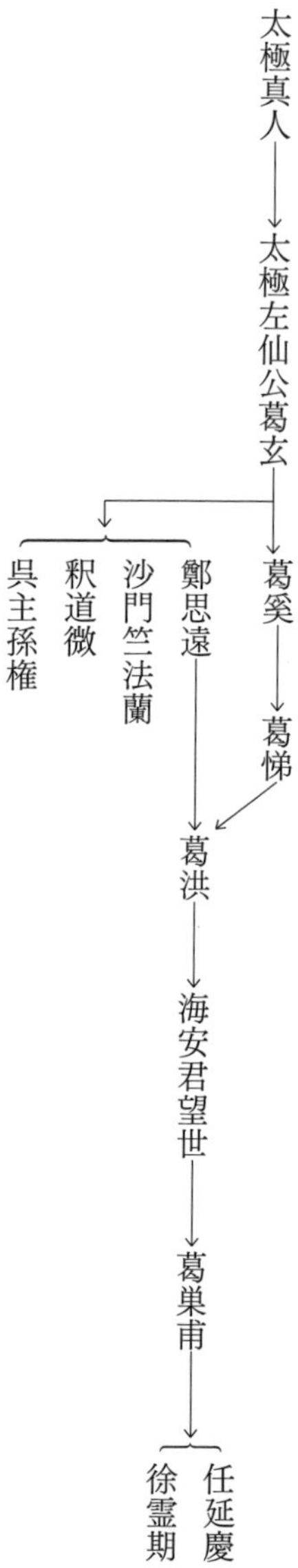

この伝授の系譜において、霊宝経が天上世界から地上世界に伝えられた、その接点に位置しているのは太極左仙公葛玄（葛仙公）である。

霊宝経の中には葛仙公が出てくるものがいくつかある。「霊宝経目」に名が見える霊宝経のうち、葛仙公が登場するものを列挙すれば、次のようになる。(4)

1.『洞玄霊宝玉京山歩虚経』（道蔵第一〇五九冊）
2.『太上無極大道自然真一五称符上経』（道蔵第三五二冊、敦煌写本ペリオ二四四〇）
3.『太上洞玄霊宝真一勧誡法輪妙経』（道蔵第一七七冊）・『太上玄一真人説勧誡法輪妙経』（道蔵第一七七冊）・『太上玄一真人説三途五苦勧戒経』（道蔵第二〇二冊）・『太上玄一真人説妙通転神入定経』（道蔵第一七七冊）
4.『太上霊宝五符序』（道蔵第一八三冊）
5.『上清太極隠注玉経宝訣』（道蔵第一九四冊）
6.『太上太極太虚上真人演太上霊宝威儀洞玄真一自然経訣上』（敦煌写本ペリオ二三五六、同二四五二、同二四〇三）
7.『太極真人敷霊宝斎戒威儀諸経要訣』（道蔵第二九五冊）

8．『太上洞玄霊宝智慧本願大戒上品経』（道蔵第一七七冊、敦煌写本ペリオ二四六八、同二四〇〇）
9．『太極左仙公請問経』（敦煌写本スタイン一三五一）、『太上洞玄霊宝本行宿縁経』（道蔵第七五八冊）
10．『太上洞玄霊宝本行因縁経』（道蔵第七五八冊、敦煌写本ペリオ二四五四）

以上のうち、1・2・3は「霊宝経目」に言う「元始旧経」、4から10までは「新経」である。「新経」について、「霊宝経目」に「葛仙公の受くる所の教戒訣要、及び行業を説くの新経」と説明しているのによれば、「新経」に葛仙公が登場するのは順当であるが、このように、実際には「元始旧経」の方にも葛仙公が出てくる。1・2・5・6・7の経典においては、葛仙公はおおむね老君、「道」、太極真人らが説いた教えについて補足説明をするという役回りで登場している。2の『太上無極大道自然真一五称符上経』では、仙公は老君が語った言葉を説明する役割で十数箇所に登場する。たとえば、霊宝の力によって「天下清安」がもたらされることを述べる老君の言葉に対して、「仙公曰く、古より以来、至道は皆、国王に授く。道士の仙名有る者、乃ち当に是の経を値見すべきのみ。崇奉すれば必ず神仙を得て、白日昇天す。王侯は供養し、身命を保全し、寿算を益し、宗廟を保ち、国家を安んじ、永く元吉を享く。吾が言至れり」（巻上、二b）などと、注記の形で仙公が出てくる。また、7の『太極真人敷霊宝斎戒威儀諸経要訣』には、太極真人が語る霊宝斎に関する教えについて補足説明する「仙公曰く」で始まる短い注記が数箇所につけられている。一方、8・9の経典では、仙公は自ら進んで太極真人に教えを請い、質問を発して教えを受けている。つまり、これらの経典では単なる補足説明者の役割を脱して、経典の構成上、欠かすことのできない登場人物の一人になっている。しかし、その立場は、太極真人が主であるのに対して、仙公は従であり脇役的である。それに対して、10の『太上洞玄霊宝本行因縁経』では、太極真人は登場せず、仙公が主人公となって下位の仙人たちから質問を受けて語るという構成になっており、これは専ら仙公を中心として書かれた経典と見ることができる。

右に挙げた十点の経典のうち、2・4・5を除くすべての経典に、何らかの形で霊宝経の伝授の系譜に関する記載がある。まず、6の敦煌写本ペリオ二四五二のそれについては、右にすでに引用したとおりであるが、1の『洞玄霊宝玉京山歩虚経』にもこれとほぼ同じ内容の文が載っている。3の四つの経典[5]は、次節に述べるように、太極真人から仙公への伝授については詳しく記しているが、そのあとへの系譜については記していない。7の『太極真人敷霊宝斎戒威儀諸経要訣』は、経の末尾に「先師仙公」のことを語る「南岳先生鄭君」(鄭思遠)の言葉と「抱朴子」の言葉を載せている。「南岳先生鄭君」の言葉は、右に挙げた敦煌写本ペリオ二四五二の文と一部重なる。8の『太上洞玄霊宝智慧本願大戒上品経』も、これと同様に、経の末尾に「仙公、弟子の鄭思遠に告げて曰く」として、仙公が語った自分の修行の過程と将来に向けての三通の書の伝授方法を載せる(これらについては本章第五節参照)。9の『太上洞玄霊宝本行宿縁経』では、太極真人が自分の師と自分自身の名字のことを語っているのが注目される。10の『太上洞玄霊宝本行因縁経』は、上述のように、仙公が主人公の経典であるが、仙公の前世のことが詳しく記され、その中に釈道微・竺法蘭・鄭思遠・張泰らが仙公の弟子となったいきさつが説明されている。

このように、霊宝経の伝授の系譜に関しては、各経典によって内容的に大きく齟齬するような記載はないものの、その記述のしかたは詳略一様ではない。太極真人から葛仙公への伝授に関しては3の四つの経典中の第一経典『太上洞玄霊宝真一勧誡法輪妙経』が最も詳しく、また、葛仙公自身、および、葛仙公と弟子たちとの関係については、10の『太上洞玄霊宝本行因縁経』が最も詳しい記述を行っている。そこで、次の第二節から第四節まではこれらの経典を中心に考察を進めることにしたい。

二　太極真人から葛仙公への伝授

まず、太極真人から葛仙公への伝授について、『太上洞玄霊宝真一勧誡法輪妙経』の内容の概略を紹介して、その特徴を見ていきたい。「元始旧経」の中に入れられている『太上洞玄霊宝真一勧誡法輪妙経』は全六葉の短い経典で、次のような内容のものである。

太極左仙公が天台山で静斎し焼香懺謝して道を念じていたところ、百日たって神明が髣髴とし、雲の光が斎堂を照らすようになった。天真とはるかに応じあっていると感じた仙公はさらに励んだところ、一年もたたないうちに感通し、降臨を受けた。元正の月、庚寅の日の夜のこと、八景玉輿が空に浮かんで到来し、龍・鸞鳳・獅子・白鶴・仙童玉女千万人を伴って、三人の真人が降りてきたのである。三人の真人とは、太上玄一第一真人鬱羅翹と太上玄一第二真人光妙音と太上玄一第三真人真定光であり、三真人のうなじからは円光が放たれ十方を照らしていた。左右の侍官が華幡を持ち、香を焚いて、空青の案と八色の巾を用意して、『真一勧誡法輪妙経』を請うた。仙公は稽首作礼し、恐縮しつつも戒言を聞かせてほしいと願い出た。

それを受けて太上玄一第一真人鬱羅翹は仙公に、「身を捨てて生ある他者を済度してきた積年の行いが認められて、あなたの名は金闕上清宮に記された。太上は太極真人徐来勒に命じて、あなたを保して三洞大法師とした。今、また太上は私に命じて、あなたのために第一度師とならせた。私はあなたに『開度法輪勧戒要訣』を告げ、宿命先身の罪福が今の報をもたらすことを教える」と言った。

次に、太上玄一第二真人光妙音が仙公に、「あなたは輪転生死をくりかえす中で、常に善と縁を結び、道を念じ長斎を行ってきた。それが認められて、あなたの名は上清に記され、太上は私に命じてあなたの第二度師

となら せた。私はあなたに『三塗五苦生死命根勧戒要訣』を告げ、魂神の苦痛がどこから来るのかを教える」と言った。

ついで、太上玄一第三真人真定光が仙公に、「あなたの七世の祖は窮乏者を救い、仁徳は鳥獣にまで及ぶほどであったので、その福が後生に流れ、あなたの身を潤している。また、あなた自身も苦難に耐えて努力を重ねてきたので、うなじに奇光が生じ、仙卿の位を与えられた。太上は今、私に命じてあなたの第三度師とならせた。私はあなたに『無量妙通転神入定勧戒要訣』を告げる」と言った。

続いて、太上玄一真人は、「天地が建立し、空洞から始・元・玄の三気が生じ、三気から万物が生じた。無数劫来、四方無極世界のすべての真人は皆、師から上清三洞宝経を奉受して道を得た。儒教の学問でも師の教えを受けてはじめて明達することができる。ましてや上清の道はなおさらである。あなたが太極の宮に登るためには、三師の勧戒を備えなければならないのだ」と言った。

さらに、太上玄一真人は、「『太上真一勧誡法輪妙経』は四万劫に一たび世に出ることになっている。太上虚皇は昔、太上大道君に伝え、道君は太微天帝君に伝え、天帝君は後聖金闕上帝君に伝え、仙卿・仙公・仙王ですでに真人になった者だけにこれを付するようにさせた。この経は仙童仙女たちによって守られて六合紫房の中に大切に蔵されている。仙公の質を持つ者でなければ、この経を聞くことができない。軽々しく漏し、聖文を毀謗すれば、重い罪を受けることになる。よくよく慎むように」と言った。

最後に、太上玄一真人は仙公に、「私たちは昔、太上無極大道君から『真一勧誡法輪妙経』を受け、師を奉じ経を奉じて励み続け、太上玄一真人の位に登った。今、師に命じられてあなたのために三度法師となった。あなたは私たちと同じように努めることができるか？　もしできるのなら、私たちはあなたに経を説こう」と言った。

そこで仙公は稽首礼謝し、太上玄一真人三度法師に、「私は幸いにも天顔を拝し、教えを受けることができました。闇昧な私の任に堪えるものではありませんが、不退転の決意でお教えを尊奉することを誓います」と申し上げた。

以上が、『太上洞玄霊宝真一勧誡法輪妙経』の内容の概略である。ここでは、葛仙公のもとに降臨したのは、三人の太上玄一真人である。太極真人徐来勒は葛仙公が三洞大法師となることを保証する役割を持つとされていて、この場には降臨していない。しかし、この三人の太上玄一真人のことを総称して、この経典の冒頭で「太上高玄太極三宮法師玄一真人」と表現しているのを見ると、三人の太上玄一真人もやはり太極宮の真人であり、広い意味の太極真人ということになる。[6]『洞玄霊宝玉京山歩虚経』には、「太上太極五真人、会稽の山（「上」の誤りであろう）虞山に於いて、葛仙公に洞玄霊宝経を授く。各々、一頌を吟ず」（八a）とあり、太上太極真人・太上玄一第一真人・太上玄一第二真人・太上玄一第三真人・正一真人無上三天法師張天師の五真人の頌を載せているが、[7]これも、三人の太上玄一真人が太極宮の真人（太極真人）と考えられていたことを示している。

太極真人の徐来勒という名については、「新経」の『太上洞玄霊宝本行宿縁経』（一三a〜b）に、「蓋し真人の名字も亦た究め難し。此の名字は多く是れ隠語なり。我が名は徐来勒、字は洪元甫」と見える。その文の直前には、「夫れ道を学ぶには宜しく先師を知るべし。我が師は是れ太上玉晨大道虚皇、道の至尊なり。……我が師の名は波悦宗、字は維那訶」とあり、太極真人徐来勒のさらに師である太上玉晨大道虚皇の名字も記されている。[8]太極真人の師の名字がこのように梵語的・西域的なものとなっているのは、すでに指摘があるように、霊宝経の作者が仏教を肯定的に捉え、自分たちの思想を積極的に仏教と結びつけようとしたことを示唆している。[9]上に挙げた箇所の中で、太上玄一第一真人が鬱羅翹という梵語的な名前になっていることや、第二真人の光妙音、第三真人の真定光という名前が仏典の漢訳調であるのも、同じ理由によると見ることができる。

右に挙げた箇所に見える三人の太上玄一真人が告げた三つの要訣とは、それぞれ『法輪経』の第二・第三・第四の経典、すなわち『太上玄一真人説勧誡法輪妙経』『太上玄一真人説三途五苦勧戒経』『太上玄一真人説妙通転神入定経』の要訣という意味であると考えられる。この三つの経典の内容は、釈尊の四門出遊の話をふまえるなど、いずれも漢訳仏典の影響が顕著なものである。

右に要約した『太上洞玄霊宝真一勧誡法輪妙経』の記述について、特に注目したいのは、上清派の宗教活動の影響が強く見られることである。そもそも、道を求めて修行する者のもとに天上の真人が降臨して経典を授けるということは、上清派の真人の伝記で、上清経の形成とも関わりの深い「内伝」類にしばしば見られる。(10) そして、太極真人という名も、すでに『南岳魏夫人伝』や『清霊真人裴君伝』などの「内伝」類に見える。『南岳魏夫人伝』には魏華存が太極真人安度明や東華大神方諸青童らの降臨を受けたという話が見え、『清霊真人裴君伝』には太極宮に太極四真人がいるという記述がある。(11) また、『真誥』にも太極真人がしばしば出てきており、そこでは、「老君は太上の弟子なり。年七歳にして長生の要を知る。是を以て太極真人と為る」（巻五、一b）、「太極に四真人有り。老君は其の左に処り、神虎の符を佩び、流金の鈴を帯び、紫毛の節を執り、金精の巾を巾る」（巻五、一b）、あるいは「太極真人云う、道徳経五千文を読むこと万遍なれば、則ち雲駕来迎す。万遍畢りて未だ去らざる者は、一月に二たび之を読むのみにして、雲駕の至るを須ちて去る」（巻九、二三a）などと見え、老君や老子道徳経と結びつけた説明がなされているのが注目される。このように、『太上洞玄霊宝真一勧誡法輪妙経』における太極真人という神格の名と、その神格が人間世界に降臨して教えを授けるという構造は、上清派の影響を受けたものと考えられる。(12)

ちなみに、神格の名ということで言えば、上に挙げた文中に、『太上真一勧誡法輪妙経』の神々の世界における伝授として、太上大道君→太微天帝君→後聖金闕上帝君という系譜が出てきているが、この伝授の系譜は上清経の伝授の系譜としてしばしば見えるものである。(13)

また、右に挙げた中に、左仙公に真人の降臨があった理由の一つとして、七世の祖の福徳が子孫の左仙公の身に及んだということが出てくるが、これも、上清派の宗教活動の影響と見なすことができる。太上玄一第三真人真定光が仙公に語った言葉は、「子は七世に恵有り、口を割きて窮を救い、仁は鳥獣に及ぶ。福は後代に流れ、子の身を潤灑す」（三a～b）というものであるが、これは、『真誥』に見える許謐・許邁兄弟の七世の祖、許肇（子阿）について述べた、「吾が七世の父許子阿は、仁を積み徳を著し、陰　鳥獣を和す。凶荒の年に遇い、人民飢饉す。之に加えて疫癘あり、百に一口を遺す。阿は乃ち家財を施散し、其の衆庶を拯い、親しく方薬を営み、外舎に懃労す。……凶年を度脱し、阿に頼りて全き者、四百八人なり。仁徳墜ちず、後当に我等に鍾まるべし」（『真誥』巻四、一一a～b）という言葉を意識している可能性がある。『真誥』では七世の祖、許肇のこのような徳行の恩恵が子孫に流れた結果、許氏一族の中で「応に度世を得べき者五人、登升する者三人」ということになったと述べている（同上）。許氏は言うまでもなく、上清派の宗教活動の起点となった茅山の神降ろしを主宰した人たちであり、許氏一族の得道昇仙の根拠の一つとして、七世の祖が立てた功徳を挙げているわけである。ここで『太上洞玄霊宝真一勧誡法輪妙経』の著者が仙公の七祖のことを持ち出しているのは、許氏のことを強く意識し、葛玄が太極左仙公の位を得ることができたのは、許氏と同様に葛氏にも七世の祖(14)の仁徳があったからだと主張しているように思える。

本篇第二章第一節に述べたように、仙公葛玄と抱朴子葛洪を輩出した葛氏と、上清派の出発点となった茅山の神降ろしを主宰した許氏は、ともに丹陽郡句容県の土着豪族で(15)、何代にもわたって姻戚関係を結んでいる関係にあった。また、これもすでに述べたように、茅山の神降ろしの記録文書を手元に持っていた許黄民（許翽の子。三六一～四二九）の妻の葛万安と、霊宝経を「造構」したとされる葛巣甫(16)とは、同じ世代の親族であった。このように、霊宝経と上清経の作成は、地理的にも血縁的にもきわめて近い間柄にある人たちが深く関与していたのであるから、霊宝経において葛仙公がどのように描かれているかを考察する際にも、葛氏と許氏のこの関係を常に念頭に入れておかなければならないであろう。

このように、『太上洞玄霊宝真一勧誡法輪妙経』に見える太極真人の葛仙公への降臨の記述は、「内伝」類や上清経との関連性がいくつか指摘できる。『太上洞玄霊宝真一勧誡法輪妙経』の作者は上清派の宗教活動に刺激を受け、太極真人が葛仙公に降臨したという構想を作り上げ、この記述を行ったと考えられる。

ところで、太極真人の葛仙公への降臨については、『太上洞玄霊宝真一勧誡法輪妙経』のほかに、『洞玄霊宝玉京山歩虚経』に若干異なった記載がある。『洞玄霊宝玉京山歩虚経』では、上にも少し触れたように、葛仙公は太上玄一第一真人・太上玄一第二真人・太上玄一第三真人のほかに太上太極真人と正一真人無上三天法師張天師をあわせた「太上太極五真人」から「洞玄霊宝経」を授かったということになっている。ここに正一真人無上三天法師張天師が太極真人の一人として加わっているのは、天師道との関わりを示すものである。霊宝経の作者と天師道との関係については、第四節・第五節で触れることにしたい。

三　葛仙公の「本行因縁」

葛玄については、よく知られているように、『抱朴子』や『神仙伝』にいくつかの記述が見える。『抱朴子』金丹篇には、後漢末に乱を避けて江南に移り住んだ左慈から葛玄は金丹術に関する経典を伝授されたこと、その経典や道術は葛玄から鄭隠（思遠）へ、そして鄭隠から葛洪へと伝授されたことが記されている。[17] 葛玄が行った道術としては、『抱朴子』には「閉炁胎息」の術（釈滞篇）や「分形の道」（地真篇）などが見え、[18]『神仙伝』には符を用いて行ったさまざまな邪鬼退治や治病の話、呉の孫権の前で行った雨を降らせる術や分身の術など、多くの話が書かれている。三国呉の時代の道術に秀でた人物として葛玄の名は知られ、いろいろな伝承が行われていたことがわかる。

葛玄のことを「仙公」と称することは、すでに『抱朴子』の中に、「わが従祖仙公」（金丹篇・釈滞篇）、「葛仙公」（地真篇）などと見える。

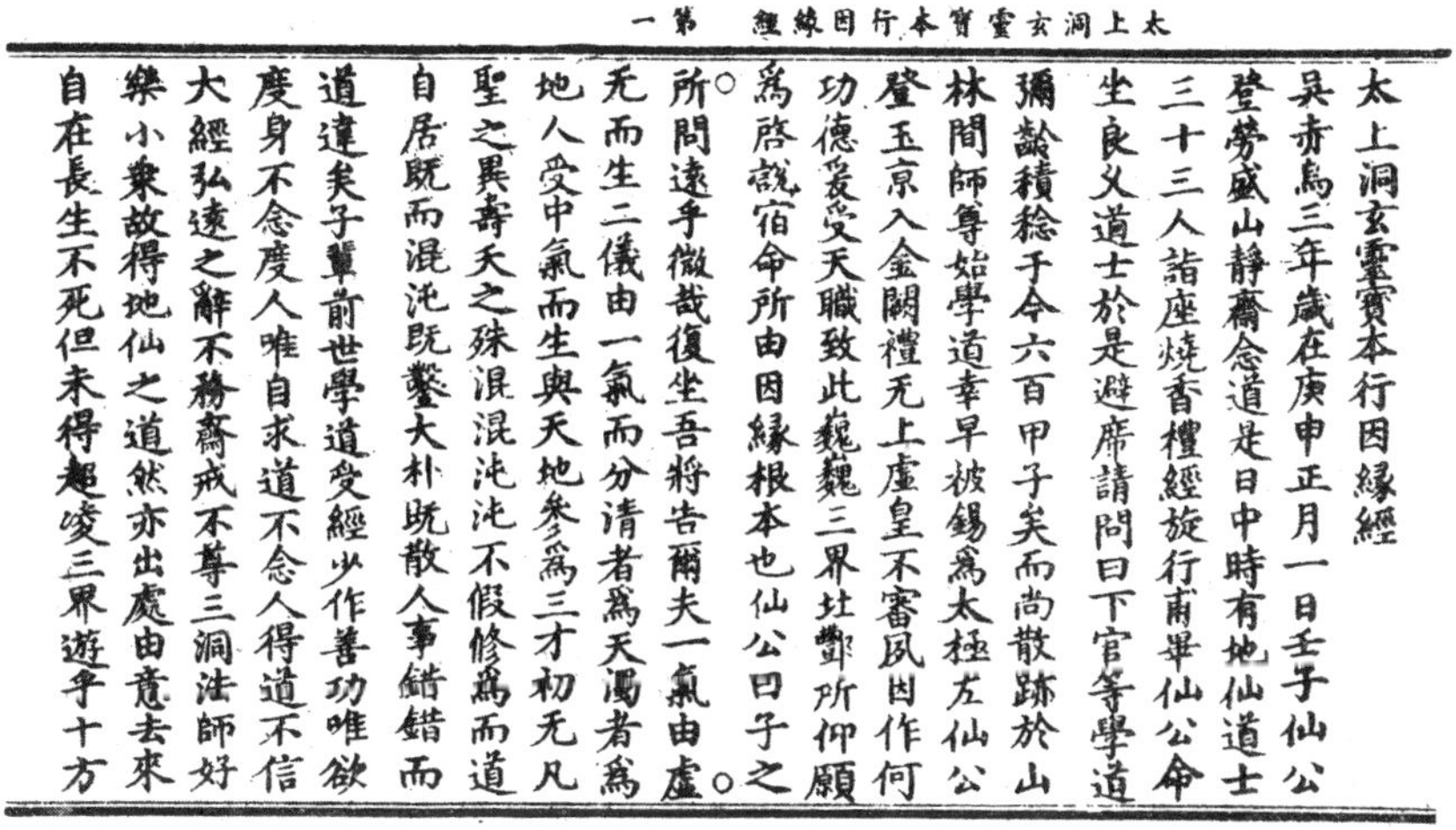

太上洞玄靈寶本行因緣經　第一

太上洞玄靈寶本行因緣經
吳赤烏三年歳在庚申正月一日壬子仙公
登勞盛山靜齋念道是日中時有地仙道士
三十三人詣座燒香禮經旋行甫畢仙公命
坐良久道士於是避席請問曰下官等學道
彌齡積稔于今六百甲子矣而尚散跡於山
林間師尊始學道幸早被錫爲太極左仙公
登玉京入金闕禮无上虛皇不審夙因作何
功德爰受天職致此巍巍三界壯觀所仰願
爲啓說宿命所由因緣根本也仙公曰子之
○所問遠乎微哉復坐吾將告爾夫一氣由虛○
无而生二儀由一氣而分清者爲天濁者爲
地人受中氣而生與天地參爲三才初无凡
聖之異壽夭之殊混混沌沌不假修爲而道
自居既而混沌既鑿大朴既散人事錯錯而
道違矣子輩前世學道受經少作善功唯欲
度身不念度人唯自求道不念人得道不信
大經弘遠之辭不務齋戒不尊三洞法師好
樂小乘故得地仙之道然亦出處由意去來
自在長生不死但未得超凌三界遊乎十方

図2　『太上洞玄霊宝本行因縁経』（道蔵第758冊）

第一節に述べたように、霊宝経では、葛玄がさまざまな形で登場するのであるが、最も詳しい記述があるのは『太上洞玄霊宝本行因縁経』である（図2）[19]。「新経」の一つであるこの経典は、経名が示すように、葛玄の「本行因縁」、すなわち、前世の行いとその応報を中心とするものである。以下、いくつかの段落に分けて順を追って見ていきたい。初めの場面は次のような話である（冒頭～二a九行目の概要）。

呉の赤烏三年正月一日、仙公が労盛山に登って静斎念道していたところ、太陽が正中する時に地仙道士三十三人がやってきて、仙公に質問した。「私たちは道を学んですでに六百年にもなりますが、今なお山林の間でうろうろしております。先生は道を学び始めて間もないのに、太極左仙公の位を得て、玉京に登り金闕に入って、無上虚皇に拝礼しておられます。一体どんな功徳によって天界のこのようなすばらしい職位を得ることができたのでしょうか。その因縁の根本を教えてください」と。仙公は答えた。「そもそも一気は虚無から生じ、二儀（天地）は一気から分かれてできる。人は中気を受けて生まれ、天地とともに三才となった。初めは凡聖・寿夭の差はなく、混混沌沌として、道を修めなくても人々は自ずから道の中にいた。ところが、混沌が鑿たれ大朴が散じると、人々は道から離れてしまった。あなたたちは前世において道を学び経を受けたが、善功が少なく、ただ自分の身を済度することだけを考えて、他者を済度することを考えなかった。ただ自分だけが道を求めて、人が道を得ることを思わず、大経の深遠な言葉を信じず、斎戒に努めず、三洞法師を尊ばず、小乗を好んでいた。だから、地仙の道を得て、長生不死になったが、三界を超え出て十方に遊び、太上の玉京金闕を仰ぎ見ることはできないのだ。もし、速やかに法輪を昇らせて上清の諸天に飛行したいと思うのなら、功を立てて、国土人民を災厄の苦しみから救済しなければならない。そのようにして功徳が満ちたならば、太上があなたたちを迎えに来るだろう。地仙や尸解仙になって世に称せられても、経伝に名を書せられる者は少ないのだ」と。

以上は、仙公と地仙道士の最初の問答の場面である。冒頭には、この場面の時と場所が呉の赤烏三年（二四〇年）正月一日、労盛山と設定されている。葛玄の事跡について記した陶弘景の「呉太極左宮葛仙公之碑」（『華陽陶隠居集』巻下。道蔵第七二六冊）、元の譚嗣先『太極葛仙公伝』（道蔵第二〇一冊）などによると、葛玄は赤烏七年（二四四年）八月十五日に仙去したという（『太極葛仙公伝』では「年八十一」とする）から、それに従えば、その四年前という設定になる。この「赤烏三年正月一日日中の時」という時間と「労盛山」という場所、そして、「地仙道士三十三人」が登場するという場面設定は、『洞玄霊宝千真科』（道蔵第一〇五二冊）の冒頭部の記述と同じであり、後の戒律書の場面設定にも影響を与えていることがわかる。(20)

右の文中で、仙公は、自分の身を済度すること（「度身」）と他者を済度すること（「度人」）とを対比させ、「度人」を念じ、「斎戒」に努め、「三洞法師」を尊ぶこと、そして「国土民人の災厄疾苦」を救うことが天仙としての高い位を得る道であると述べている。一方、「度身」は「小乗」の道であり、地仙・尸解仙の道であるとしている。

このように、その方法によって到達できる仙界の位の上下に応じて修道方法をランク付けすることは、内伝類や

『真誥』など上清派の文献によく見られることである。[21] ここでは、それと同じパターンを用いつつ、その中身には、大乗・小乗の観念[22]など上清派にはなかった新しい要素を入れている。

続いて、『太上洞玄霊宝本行因縁経』は葛仙公の長い前世物語へと展開していく。その初めの部分（二a九行目〜三a五行目）の概要は次のようである。

その時、紀法成という名の仙人がいた。仙公は彼を見ると、「彼は私の前世の弟子だ。まだ宿命の根本をわかっていない。彼に前世の時のことをわからせてやろう」と言った。法成が「私は愚か者で前世の行いがわかっておりません。どうかお教えください」とお願いすると、仙公は「昔、帝堯の世に、お前は私に従って嵩高山で学んだが、志が小さく、いつも私の言うことがでたらめで望みが遠すぎると譏っていた。また、許由・巣父が堯の禅譲を辞し、箕山に隠れたことを笑っていた。私はいつもお前に上清の道を学ぶことを勧めたが、お前は従うことができなかった。許由は早くに太極宮に昇り、私は今、左仙公の任に登ったが、お前は地仙のままで不死を得ただけだ。今こそ、私の言葉が真実であったことがわかるであろう」と言った。法成は恥じ入り、昔のことを思い出して心に悟り、「昔はお教えを奉じることができませんでしたが、どうか雲車のおそばに仕えさせてください。お目にかかることができましたのも、宿縁でございましょう」と言った。仙公は「お前は天に昇ることはできようが、私に随って太極宮に行き玉京金闕で太上に朝礼することはできないのだ」と言った。

ここでは紀法成という名の仙人が登場している。霊宝経の中に、このように架空の人名を持つ仙人や修行者が出てくる例としては、「元始旧経」の『太上洞玄霊宝赤書玉訣妙経』（道蔵第一七八冊）巻上（一a）の「精進学士王龍賜」、同・巻下（一b）の「精進賢者王福度」とその娘「阿丘曽」、「新経」の『太上洞玄霊宝智慧本願大戒上品経』（三a）の「太極侍経仙人劉文静」などがある。また、上の話の中で、許由が太極宮に昇ったとあるが、このように古の著名人が今、仙や鬼の世界でどのような位についているかということに関心を持ち、さまざまな想像力をめぐらしたのは、上清派の人々であった。『真誥』の随所に具体的な人名を挙げた記述が見られる。[23]

『太上洞玄霊宝本行因縁経』では、その後、紀法成から「そのほかにまだ宿世の本行があったら教えてください」と言われた仙公が、自分の過去世のことを長々と語り始める。その言葉の大半は、「罪福輪転」の法に従って六道輪廻を繰り返してきたことを述べる単調な記述である（三a五行目〜五a四行目）。その生まれ変わりの順序だけを原文の語で記せば、貴人→地獄→小人→福堂→富家→地獄→下使→福堂→貴人→地獄→猪羊→下賤人→地獄→牛→中人→福舎→貴家→地獄→福堂→貴人→天堂→貴人→福堂→中士→女人→男子→天堂となっている。このように、過去の輪廻転生の履歴を列挙するという記述のしかたは、「元始旧経」の『太上霊宝諸天内音自然玉字』（道蔵第四九冊）巻四（二一b〜二三b）に見える「天真皇人」のそれと同じである。[24]『太上霊宝諸天内音自然玉字』の中で「天真皇人」は、元始天尊から命じられて、天の秘密である「諸天内音」を解釈するという役目を負っており、「元始旧経」における重要な神格の一人である。「天真皇人」という神格の伝記が、過去世の輪廻転生の履歴を列挙するという形で記されたのは、億劫にわたる長大な時間の上に繰り広げられる輪廻転生とそれを支配する因果応報の論理という仏教の考え方、すなわち「罪福輪転」の法を霊宝経が吸収し、その教理の中心に据えたことを示している。[25]『太上洞玄霊宝本行因縁経』で葛仙公の過去世の生まれ変わりが列挙されているのも、葛玄が太極左仙公という天上の仙界の位を得るに至った原因が、はるか遠くの過去世からの行業の集積の上にあることを表すためである。

右の部分に引き続いて、葛仙公は天堂に生まれ変わった後のことをさらに次のように語っている（五a四行目〜五b八行目の概要）。

ついで国王の家に生まれ、太子となった。その時、道士や儒学者を招引して、道を講じ斎を修め、国は安らかに治まった。時に三人の侍臣がいて、後生は道士になりたいと発願し、私は隠士になりたいと思った。釈道微と竺法蘭は沙門になることを願い、鄭思遠と張泰は道士になることを願って、皆、昇仙度世を志した。死んで天堂に昇った後、次の世で、私は隠士に、釈道微と竺法蘭は沙門に、鄭思遠と張泰は道士になった。私は後に人々のために師となり、大乗の行いを志し、常に斎戒読経し、大法師の所へ行って三洞大経を受けて、さらに道に励んだ。因縁はまだ尽きず、死んで太陰を過り、ただちに賢人の家に生まれて、また道士沙門となり、同学のものと師徒となり、また、大経を受けて斎戒行道した。そこで、上聖が私に目を向け、真人が降って私に教えたのだ。その時の竺法蘭・釈道微・張泰・鄭思遠はことごとく侍坐し、今日、私に随っている。これは宿世の縁願によるのだ。

この葛仙公の言葉には、本章第一節に記した霊宝経の伝授の系譜の中に葛玄の弟子として名が見える鄭思遠・竺法蘭・釈道微と、そのほかに張泰という人物が出てくる。[26] この四人のうち、釈道微については、実在したのかどうかを含めて詳しいことはわからない。鄭思遠は、言うまでもなく『抱朴子』に見える葛玄の弟子、葛洪の師であるから、ここに葛仙公の弟子として登場するのは当然と言えよう。張泰は、『神仙伝』葛玄伝に葛玄の弟子として名が見える「張大言」のことであろうか。竺法蘭は、ボーケンカンプ氏が指摘するように、霊宝経と支謙の訳経との深い関わりから考えて、後漢の明帝の時に摂摩騰とともに洛陽にやってきた竺法蘭ではなくて、『出三蔵記集』巻一三支謙伝に見える竺法蘭道人の可能性が高いと思われる。[27] 支謙は呉主孫権の時、孫権に命じられて博士となって「東宮に輔導」し、のち、「穹隆山に隠れて、世務に交わらず、竺法蘭道人に従って更に五戒を練」ったという(『出三蔵記集』巻一三)。葛洪の祖父葛系(奚)は呉に仕えて大鴻臚にまで至った人物であるが、「太子少傅」の任にあったこともあるという(『抱朴子』自叙篇)。第一節に挙げた『道教義枢』に引く『真一自然経』に見える葛玄の「従弟少傅奚」である。過去世の輪廻転生を語る『太上洞玄霊宝本行因縁経』の葛仙公の言葉はもちろん虚構であるが、その中に「太子」や「竺法蘭」という語が出てくるのは、葛氏の家に伝えられた呉の時代の葛玄にまつわる伝承と何らかの関わりがあるのかもしれない。

右に挙げた葛仙公の言葉で、葛仙公は前世において「隠士」となり、また「道士沙門」となって人々のために師となり、「大乗」を志し、「斎戒読経」し、「大法師」から「三洞大経」を受けたとある。ここで葛仙公が、鄭思遠と張泰のような「道士」でもなく、釈道微と竺法蘭のような「沙門」でもなくて、「隠士」「道士沙門」となったとあるのは興味深い。仏教でもなく、従来の一般的な道教（道術）でもなく、仏教と道教（道術）を包摂し、それらを超越した高いところにあるものとして、葛仙公は自らを位置づけているわけである[28]。

以上で葛仙公の長い言葉は終わり、その後、その場にいた人たちが仙公を讃えるという記述があって、葛仙公の「本行因縁」の話は終わる。

四　仙公と天師張道陵と青童君

『太上洞玄霊宝本行因縁経』は、以上に見てきた葛仙公の「本行因縁」の話の後、さらに三つの短い話を載せている。第一は地仙の住む洞天に関する話、第二は張道陵に関する話、第三は青童君が登場する話である。この三つの話は、一見したところでは、仙公にまつわるとりとめのない話を付録的に収めたもののように見えるが、実際には、『太上洞玄霊宝本行因縁経』がどのような状況の中でどういう目的で書かれたのか、この経典の作者と上清派や天師道との関係はどのようなものであったのかということを示唆しているものと考えられる。難解な箇所もあるが、訳を試みながら見ていきたい。

第一の話は、次のとおりである（六ａ七行目～六ｂ一〇行目）。

仙人が尋ねた。「以前に上人（葛仙公）と一緒に洞庭に入り、天王の別宮を見ました。初め、苞山に登った時、一群の仙人たちが上人と見物して遊ぶことを求めていました。これらは一体、どういう仙人たちで、これほど大勢いるのでしょうか」と。仙公が答えた。「あの仙人たちは皆、諸名山の洞台の仙人だ。それほど多いとは言えない。あなたは崑崙・蓬萊・鍾山・嵩高・須弥・人鳥などの大山を見たことがないか。そこには仙人は無数にいるのだ」と。仙人が言った。「洞庭はどこに通じているのでしょうか」と。仙公が言った。「この（崑崙などの）諸大山および大海の北酆山、岱宗五岳など、あらゆる所に通じているのだ」と。

五人の仙人が言った。「句曲山に帰ります。あそこは上人の郷里ですか」と。仙公が答えた。「句曲山は私がいつも仰ぎ見ている山で、やはり江左の佳山だ。九泉の洞庭の西掖門でもある。その下の洞台は四十里四方で、宮室には太陽が輝いている。二十六小天の一つだ。穢れた気を受けていない道士だけが、ここに棲むことができるのだ。常に聖人がいる。昔、茅先生は道を得て、今、かの山の洞宮にいる。山上の中空の所を空洞と名づけ、そこには玄界の宮観が立てられ仙人を住まわせている」と。（仙人問曰、前与上人倶入洞庭、看天王別宮。初登苞山、見有一輩仙人、求随上人看戯。尽何等仙人、乃多如此。答曰、彼仙人皆是諸名山洞台仙人。其已不多。子不見崑崙・蓬萊・鍾山・嵩高・須弥・人鳥諸大山洞台仙人無数矣。仙人曰、不知洞庭通何処。答曰、乃通此上諸大山及巨海北酆山・岱宗五岳、無所不通矣。有五仙人言、帰句曲山。彼上人郷里乎。答曰、句曲山乃吾挙眼所見、亦江左之佳山、是九泉洞庭西掖門。其下洞台、方四十里、宮室煥日、乃三十六小天之数也。不受穢気道士、正可棲庇之耳。常有聖人。昔茅先生得道、今故在彼山洞宮。山上虚中、名為空洞、立玄宮観、舎仙人也。）

この話の前半は太湖の苞山（包山）[29]のことが話題になり、後半は句曲山のことが話題になっている。そして、全体を通じて見ると、『太上霊宝五符序』巻上に記された包山の洞室における「霊宝五符」にまつわる伝承と、『真誥』（主に巻一一・一二）に見える句曲山（茅山）の華陽洞天などの洞天に住む地仙に関する記述とを合わせたような内容になっている。

まず、仙人が葛仙公のことを「上人」と呼んでいるのは、『真誥』で青童君のことを「東宮上人」と称する（巻一二、一二b）のと同様の呼び方である。青童君は、『真誥』において、洞天に住む地仙たちの最高統率者とされており、後述するように、第三の話に詳しく出てくる。次に、この仙人が「洞庭」に入り、「天王別宮」を見たとか「苞山」に登ったとか言っているが、これは『太上霊宝五符序』巻上に見える、包山隠居（龍威丈人）が呉王闔閭に命じられて包山の洞室の源を探りに出かけ、玉房の中の机上に一巻の赤素書（霊宝天文）を見つけたという話と関連している。包山隠居が入っていった洞室の入り口には、「天后別宮」と題してあったという。[30] 包山は太湖中にある島の名で、洞庭は包山の中の石室である。[31]『真誥』には、「天后は林屋洞中の真君、位は太湖苞山の下に在り。龍威丈人の入りて霊宝五符を得る所の処なり」（巻一一、一b。陶弘景注）とあるのがこれに対応している。また、上の文で、苞山で仙人たちが見物しながら遊ぶ（原文は「看戯」）とあるが、地仙の住む名山が「看戯」にふさわしい場所であるということは、『真誥』に「小茅山三会水処、極可看戯」（巻一八、一a）という文が見える。名山の洞台に仙人が住んでいるということや、崑崙・蓬萊・鍾山・嵩高・須彌・人鳥などの山名も、すべて『真誥』に見える。また、「洞庭」があらゆる所に通じているとあるが、名山の諸洞天が地中の道によって通じ合っているという観念も、やはり『真誥』に強調されていることであり、「此の山（句曲山）の洞虚内観は、内に霊符有り、洞庭四開し、穴岫長く連なる。古人謂いて金壇の虚台、天后の便闕、清虚の東窓、林屋の隔沓と為す。衆洞相い通じ、陰路の適く所、七塗九源、四方交達す。真洞仙館なり」（巻一一、一b）、「句曲の洞天、東は林屋に通じ、北は岱宗に通じ、西は峨嵋に通じ、南は羅浮に通ず」（巻一一、七a）などと見える。

後半の仙公の言葉の中に、句曲山が「九泉の洞庭の西掖門」であるということが出てくるが、これは『真誥』に、包公（陶弘景の注によれば、包公とは鮑靚のこと）の言葉として「此の山（茅山）は洞庭の西門にして、太湖の包山中に通ず」（巻一一、一七a）とあるのと同じ趣旨である。また、「掖門」という語も『真誥』に見える（巻一一、一二b・一七bなど)。しかし、「九泉」の語を「洞庭」に冠する表現は『真誥』には見えず、『太上霊宝五符序』巻上の方に出てくる。龍威丈人が包山の洞室をめぐっていた時に、「九泉洞庭之墟」と題された玉柱があったというのがそれである。(32) また、後半の仙公の言葉に、句曲山の洞台(洞宮)が三十六小天の一つであるとか、洞宮中には光が射しているといったことが出てくる。言うまでもなく、句曲山の洞宮、すなわち華陽洞天のことは『真誥』に詳細に記載されており、三十六小天や日の光のことは、「大天の内、地中の洞天三十六所有り。其の第八は是れ句曲山の洞、週廻一百五十里、名づけて金壇華陽の天と曰う。……東西四十五里、南北三十五里、正方平。……其の内は陰暉夜光日精の根有り、此の空内を照らす。明らかなること日月と並ぶ」(巻一一、六a)などと書かれている。穢気を受けていない人だけが洞天に住めるということも『真誥』に見える(巻一四、三b)。また、茅先生が句曲山の洞宮にいるということは、やはり『真誥』に「此れ(句曲山の洞宮)は自ら是れ司命(大茅君)の別宮」(巻一二、四a)と出てくる。また、最後の部分に、山上の中空の所を空洞と名づけるとあるが、これと似た表現は、『紫陽真人内伝』に「山腹中の空虚、是れ洞庭と為す」(一二b)と見える。

以上、やや煩瑣にわたったが、この話がふまえている『太上霊宝五符序』および『真誥』の記述との関係について指摘した。太湖包山の洞室で呉王闔閭の時に霊宝五符が発見されたということや、句曲山の華陽洞天など名山の洞室が地中においてつながっていて、そこに多くの地仙たちが住んでいるという洞天の宗教的世界観など、いずれも江南の地に関わる伝承や観念が、ここの仙公と仙人の会話の背後に存在していることがわかる。この話の中には「霊宝五符」という語は出てこないが、「苞山」や「天王別宮」という語を用いただけで「霊宝五符」のことが書き手にも読み手にも連想されるというような状況の中で、仙公と仙人の会話は成り立っていると見てよいであろう。そして、その苞山と地中の道でつながっているとされた句曲山のことを、仙公が自分の「郷里」の山として語っている。葛玄は丹陽郡句容県の人であるから、句曲山のことを「郷里」の山だと言うのには少しも不思議はないが、霊宝経よりも先に、句曲山の華陽洞天と地仙たちのことを縷々語ったのは、三茅君や紫陽真人ら許氏に降臨した上清派の真人であった。それをここでは葛仙公の言葉として語らせているわけである。しばしば指摘されるように、上清派の真人たちは、仙界における葛玄の地位を低く位置づけた。「葛玄を問う。玄は変幻に善きも身を用いるに拙し。今は正《た》だ不死を得るのみ。僊人に非ざるなり」(『真誥』巻一二、三a)などとあるのがそれであり、左慈や鮑靚など葛玄につながる人々も同様である(『真誥』巻一二、三b・二b)。しかも、『真誥』では葛玄と左慈・鮑靚を低く位置づけることを通して、許氏の仙界における地位の高さを相対的に印象づけようとする意図が感じられる(33)。こうしたことをすべて知った上で、しかし、そのことに対してはあからさまに異議を唱えることはせず、上清派の提唱した洞天の宗教的世界観の方を吸収して、あたかも自らの説のように仙公に語らせているのが、『太上洞玄霊宝本行因縁経』のここの記述であると見なければならない。しかも、前半の話で示唆されている「霊宝五符」は、『抱朴子』弁問篇に見える「霊宝の方(34)」とつながり、霊宝経(元始旧経)の中核となっているものであるから、本来、葛氏仙公にふさわしいものである。これを前半の話で示唆し、苞山と句曲山が地中の道でつながっていることを述べることによって、仙公が語る句曲山の話に説得力を持たせるという効果を生じているようである。このあたり、『太上洞玄霊宝本行因縁経』の作者の巧みさを感じ取ることができるように思えるのである。

さて、第二の張道陵に関する話は次のとおりである(七a一行目~九行目)。

仙人が質問した。「近頃、崑崙山の玄圃宮に登り、侍坐しておりましたところ、正一真人三天法師張道陵が座から降りて酆都に行き、三界の神々をお迎えし、諸天の神々に稽首して、ご機嫌をうかがっているのが見えました。龍の乗り物は虚空に輝き、(正一真人三天法師張道陵は)うなじに円光を背負い、体には自然の光が生じ、きらきらと美しく輝いていました。前世にどんな功徳があって、これほどすばらしい道を得たのですか。どうかお聞かせ下さい」と。仙公は答えた。「天師が本行(前世の行い)として経てきたことも、やはり(私と同様に)劫を重ねて努め励み、斎戒読経し、道を弘め大いに人々を済度し、高く玄真の道を模範として、奥深い道を存分に味わい、何度も生まれ変わって道を求めたことは、私より以上だ。その志を具に述べることはできないが、大経に基づいて大道を行ったので、三天法師の任、太上正一真人の号を得たのだ。なんと偉大なことではないか」と。（仙人請問曰、近登崑崙玄圃宮、侍坐見正一真人三天法師張道陵降座酆都、伺迎三界、稽首諸天、礼問動静、龍駕曜虚、頂負円明、身生天光、文章煥爛、先世何功徳故、是得道其独如是乎。願聞之。答曰、天師本行所歴、亦弥劫勤苦、斎戒読経、弘道大度、高範玄真、耽味希微、転輪求道、尤過於吾、不可具其志、大経行大道、故得三天法師之任、太上正一真人之号矣。豈不大乎。）

第二の話では、このように正一真人三天法師張道陵のことが話題となり、仙公が張道陵を賞賛するという内容になっている。ここでは、張道陵は仏と同じように後光が差し、金色に輝いていると形容されている。そして、張道陵がそのようになったのは、劫を経て輪廻を繰り返す中で「斎戒読経」「弘道大度」を行い、「大経」を実践してきたからだと仙公は説明している。つまり、仙公は張道陵の得道の理由を、前節で見てきたような仙公自身の「本行」と同じことを、張道陵も行ったからだと言っているわけである。ここで張道陵のことが話題にされているのは、これまでの文脈から見て唐突な感じがするが、これは次の第三の話に「天師」が出てくることの伏線になっていると考えられるとともに、『太上洞玄霊宝本行因縁経』の作者が天師道と身近な関係にあったことを示している。このことについては、後で詳しく述べることにしたい。

第三の話は、次のようなものである（七a九行目〜末尾）。

その時、東華青童と多くの仙人たちは、皆、嵩高山の洞室で静斎詠経していた。道を学ぶ者たちは、仙公が諸々の本行を説くのを聞いて、大法を思念し自ら励まない者はなかった。青童が、「仙公の妙なる言葉は、深遠で要点をついている。まことに尊ぶべきものだ」と言うと、仙人たちは青童に拝礼をし、「このお言葉に従いたく存じます」と言った。

青童は（仙公に）言った。「私は以前にあなたに手紙を出したところ、返事をいただきました。感謝の至りで、一時も忘れたことはありません。あなたは太上から仙界の位階を受けられました。私は真っ先に敬意を表しに参るべきでしたが、日頃の愚ろな好みに甘えて、まだお祝いを申し上げておりません。私はいつも心が落ち着きません。どうか私の気持ちに背かないで下さい」と。仙公が言った。「以前にあなたの手紙を頂戴し、過分のお言葉を受けました。私は深く恐縮し、ただ虚しくたたずむばかりで、何も申し上げることもございません。徳の乏しき身でありながら、忝なくも上聖のお召しにあずかることになり、赫赫たる辞令を前にして、とてもその任に堪えられないと恥じております。あなたとともに道の世界に遊び、三界をめぐり、この虚空に逍遙することを常々念じておりました。この気持ちは真実のものです。公の世界の儀礼的な敬意など、どうして必要ありましょうか。ただ、私はまもなく仙界の任務に就かなければならず、お別れの日が近づいております。恋恨の情をどうすることもできません」と。青童が答えて言った。「この上ないお言葉に感謝します。どうか今後もくれぐれもよろしくお願いします」と。

仙公が言った。「天師が言われた。毎月、一日と十五日に静室で斎を行い、授かった道経と諸仙人の道迹を読むことができたならば、皆、後聖の民となるであろう。この（後聖の太平の）世に生まれあわすのは、何と楽しいことではないか。丁卯の日に靖中で東華青童君に礼し、北を向いて三拝し、祈願している神仙のことを求めなさい。又、本命の日には読経し、人事に交わらないようにしなさい。これらは皆、神仙を求めるための要言である。道家にはこういった類のことがたくさんあるが、各人が奉じるものに合わせればよい。大事な要訣は丹情（まごころ）にある。玄教どおりに行い、願を持ち続ければすべてうまくいく」と。（時東華青童子衆仙、尽嵩高洞中、静斎詠経、如（ペリオ二四五〇は「始」）学之者、聞仙公説諸本行、莫不思念大法以自篤励。青童曰、仙公妙唱、辞遠事要、信而可尊者也。衆仙作礼而曰、請事斯語矣。青童曰、吾前与卿書、獲報承眷至、恒不暫忘。足下受太上錫、吾乃応先有修敬、情好相親、未即展。某毎為反側、願不負此懐也。仙公曰、前辱卿書、慰眷殊過、深為踧踖、

益用虚佇、情何已已乎。不以短乏徳、忝上聖顕徴、書命赫赫、愧所不勝、相与道徳、周旋三界、毎念逍遥、同遊敬虚。斯情可言、公家之敬、奚覆及也。但尋登上任、違遠日近、逆有恋恨如何。青童答曰、銜顧至、願数有恩愍耳。仙公曰、天師言、月旦十五日、能斎於静室、読所受道経及諸仙道迹者、皆当為後聖之民、生値斯世、豈不楽乎。丁卯日、礼東華青童君於靖中、北向三拝、求所願神仙之事、又本命日読経、不交人事、皆是求仙之要言也。道家此事亦多矣。適人所奉者也。大帰訣在丹情、行玄教有願、无不剋也。）

この第三の話では、二つのことが注目される。その一つは、青童君（東華青童）と仙公が仲のよい友人関係にあり、両者の間で手紙のやりとりがあったという虚構が設けられていることである。青童君は上清派の宗教的世界観の中で重要な位置を占めている神格である。上清派では終末の大災厄を経たのち、壬辰の歳に後聖金闕帝君が地上に降臨し、太平の世が出現すると説いたが、青童君はその後聖金闕帝君の上相であり、地上においては、洞天に住む地仙たちの最高統率者としての役割を負っているとされる。『真誥』に青童君は別号を「東海小童」と呼ぶとあることから、青童君という神格は東晋の頃に広く存在していたと考えられる東海小童信仰と関連して出てきたと推測できる[35]。ここで、青童君と仙公との間に手紙のやりとりがあったとされているのは、葛玄が生前に海中の神島から「葛仙公に寄す」と題された書一函を届けられたという逸話と関係があると考えられる。その逸話というのは、陶弘景「呉太極左宮葛仙公之碑」（『華陽陶隠居集』巻下）に、「時に人有り、海に漂い風に随い、眇漭として垠無し。忽ち神島に値い、人に見いて書一函を授けらる。題して葛仙公に寄すと曰い、呉に帰りて之を達せしむ。是れに由り世を挙げて翕然として号して仙公と為す。故に抱朴の著書にも亦た余の従祖仙公と云う。乃ち抱朴の三代の従祖なり」とあるのがそれである。葛玄が仙公と呼ばれるようになったのは、この海中の神島から届けられた書に由来すると説明する逸話である。ちなみに、この逸話と似た話は、『神仙伝』葛玄伝にも見え、そこでは、廟神が賈人に託して一封の書を会稽の葛玄に届け、その後まもなく葛玄は尸解して世を去ったということになっている[36]。のちに、元の譚嗣先『太極葛仙公伝』（一二a）では、この『神仙伝』の話をもとにして、やや文を変えて、廟神から託された書には「太極左宮仙公」と題されていたとある。さらに、『太極葛仙公伝』のこの箇所の注に引く賈善翔『高道伝』には「乃ち東華小童君の書なり。字は皆、科斗古文なり」とある。『太極葛仙公伝』と『高道伝』において「太極左宮仙公」と「東華小童君」（すなわち青童君）という語が出てくるのは、むしろ、『太上洞玄霊宝本行因縁経』のここの記述をも含めた霊宝経の影響かと思われるが、葛玄が仙公と呼ばれるようになった由来を海中の「神島」、ひいては、そこに住む神仙と結びつけるような伝承は早くから存在し、それを下地として、ここの青童君と仙公が手紙のやりとりをしたという発想が出てきたと思われる。

『太上洞玄霊宝本行因縁経』の作者は、青童君をここに登場させた時、当然、上清派の青童君のことを強く意識していたはずである。そして、太極左仙公として近く天上世界に赴くことになっている葛仙公と青童君との間の手紙のやりとりを載せることによって、地仙の統率者として地上に留まり続ける青童君よりも仙公の方が、仙界の地位においては優位に立ったということを表そうとしている。しかし、その表し方は露骨ではなく、むしろ仙公と青童君の友情を強調しているように見える。

第三の話で注目されるもう一つの事柄は、最後の段落の、仙公と天師（張道陵）と青童君の三者を登場させた記述のしかたに、『太上洞玄霊宝本行因縁経』の作者が天師道・上清派とどういう関係にあったかがうかがわれることである。天師の言葉には、上清派の終末論をふまえたものが見える。「後聖の民」というのは、上清派の終末論では、大災厄ののちに後聖金闕帝君が地上に降臨してできる太平の世の民を指す。『真誥』には、「案ずるに苞玄玉籙白簡青経に云う、二十四神を存せず三八景の名字を知らざる者は、太平の民と為るを得ず、亦た後聖の臣と為るを得ず。……此れ楊の何れの真に諮うに因るやを知らず。若し東卿に非ざれば則ち紫微南真なり」（巻九、二b）と見える。上清派の宗教的世界観においては、この終末の大災厄を生き残って、「太平聖君を見」（『真誥』巻一一、一三b）、後聖の民となるための方法が一つの緊急の問題として取り上げられているのであるが[37]、今、ここではそれが天師の言葉として述べられ、斎と読経によって「後聖の民」となれると言っているのである。次に、同じく天師の言葉に、「丁卯の日」に靖中で東華青童君に祈願するというのも、『真誥』に関連記事が見える。「東海青童君は常に丁卯の日を以て方諸東華台に登りて四望す。子、此の日を以て常に日に向かいて再拝すべし。日出に之を行い、此れに因りて以て日精を服すべし。……右、紫虚元君の出す所なり」（『真誥』巻九、一五b）とあるのがそれである。青童君に向かって再拝するのは、青童君が地仙たちの統率者として、後聖の世に生き残る資格を持つ者を選ぶと考えられていたからである。

このように、『太上洞玄霊宝本行因縁経』のここの天師の言葉は、『真誥』において紫虚元君（魏華存）や東卿司命君ら上清派の真人によって説かれたことになっている言葉をふまえたものである。もっとも、終末を生き残るための方法については、上清派の場合は上に挙げた引用文からもわかるように、存思の道術が大きなウェイトを占めていたのに対して、この天師の言葉では斎や読経や祈願などに置き換わっているという違いはあるが、終末論の枠組み（「後聖」の太平の世という観念や、終末論の中での青童君の役割など）の点では、ここの天師の言葉は明らかに上清派の考え方をふまえている。しかも、興味深いことに、そのように天師が語ったということを仙公が言うという形になっている。このように入り組んだ語り方は何を意味するのであろうか。

前節以来の考察で明らかなように、『太上洞玄霊宝本行因縁経』には『真誥』などに見える上清派によって提唱された観念を取り入れて、それを仙公の言葉として語らせている箇所が随所に見られる。これは、『太上洞玄霊宝本行因縁経』の作者が上清派の宗教活動に刺激を受け、そこから多くを吸収してこの経典を書いたということを示している。そういうことが行われた背景には、第二節で述べたような葛氏と許氏の関係があったと見なければならないであろう。東晋中期、茅山の許氏の山館で行われた神降ろしにおいて上清派の真人たちが語った言葉に対して、同郷の葛氏は当然、無関心ではいられなかったはずである。しかも、葛玄と葛洪という二人の著名人を出した葛氏は、宗教（道術）の分野におけるいわば名門の家であった。ボーケンカンプ氏が指摘するように、霊宝経の出現の背後には、葛氏と許氏の間の、句容の地における宗教上の主導権争いがあったと推測することが可能であろう。(38)『太上洞玄霊宝本行因縁経』の作者は、上に述べた葛仙公と青童君との間の手紙のやりとりにおいて、葛仙公の方が青童君よりも上位に立つことになると言いつつも両者の友好関係を強調しようとしたことからうかがわれるように、上清派の真人によって仙界の地位を保証された許氏よりも仙公を出した葛氏の方が優位であると暗示しつつも、両方が協力し合う関係にあることをより強く前面に出そうとしているようである。つまり、『太上洞玄霊宝本行因縁経』の作者は、上清派の動きを強く意識し、上清派が提唱した新しい観念を吸収して、それを包摂した上位のものとして自己を位置づけようとしている点において、やはり、許氏に対抗するものとしての「葛氏」にこだわっている。しかし、そのこだわり方は、排他的な対抗意識ではなく、上清派のものを吸収して自己を高めていこうとするような、もう少し余裕を持ったものであるように思える。

次に、『太上洞玄霊宝本行因縁経』の作者は、天師道に対してどうであっただろうか。そもそも、霊宝経において天師張道陵が登場することについては、従来の研究では二通りの捉え方があるようである。一つは、仙公が出てくる霊宝経は天師道の人々によって作られたとする小林正美氏の捉え方である。(39)小林氏は「霊宝経目」の「元始旧経」と「新経」の枠を取り外して、霊宝経を「元始系霊宝経」(元始天尊が出てくるもの)と「仙公系霊宝経」(仙公が出てくるもの)に分け、「元始系霊宝経」は葛氏道(小林氏は霊宝派という語は使わずに、葛玄・葛洪の道流を葛氏道と呼び、葛巣甫もそれに含めている)の人々によって作られ、「仙公系霊宝経」は劉宋期の天師道三洞派(のちに小林氏はこれを単に「天師道」と称している)によって作られたとしている。小林氏の説では、『太上洞玄霊宝本行因縁経』は「仙公系霊宝経」であり、天師道の人々によって作られたものであるから、この経典の中で天師張道陵が登場し最大限の尊崇を受けているのは当然であるということになろう。

霊宝経において天師張道陵が登場することについてのもう一つの捉え方は、霊宝経を作った霊宝派の人々は張道陵の伝統的な地位を保持しつつそれを霊宝経の新しい神学体系(この神学体系において葛玄は実質上、「人間世界における創教者」の位置づけにある）の中に組み込むことによって霊宝経の地位を高めようとしたのだとする王承文氏の捉え方である。[40] 王承文氏は主として霊宝経に説かれた斎法が漢魏天師道の斎法を継承発展させた面が大きいということからこのことを説明し、「古霊宝経は天師道の教主張道陵を霊宝経の伝授者の一人に作り上げ、霊宝経の教法を天師道の教法の創新であるとし、霊宝の教法は天師道の教法を包摂し、それを超えるものであるとした」（『敦煌古霊宝経与晋唐道教』八二七頁）と述べている。仙公が登場する「元始旧経」の一つである『太上無極大道自然真一五称符上経』を考察して、この経典は天師道の信者に対して霊宝の教義に改宗させるためのメッセージとして書かれたものであるという説を出したボーケンカンプ氏の捉え方も、[41] 王承文氏の捉え方と同じであると見られる。

この二通りの捉え方の相違点は、要するに、仙公が登場する霊宝経を作った人々が、天師道の人々であったと見るか、それとも、「元始旧経」を作ったのと同じく葛氏と深く関わる霊宝派の人々であったと見るかという違いであり、どちらも、霊宝経（特に仙公が登場する霊宝経）が旧来の天師道の教法に対して改革を提起するものであったと見なす点では共通していると思われる。

さて、本題の『太上洞玄霊宝本行因縁経』に戻ろう。前節から本節にわたって見てきたように、この経典の主人公は言うまでもなく葛仙公である。葛仙公がさまざまな仙人たちの質問を受けて答えるという形になっており、葛玄の前世物語が詳しく書かれたり、鄭思遠の名が出てきたりしていることからもわかるように、経典全体を通して、葛玄とその道術の流れへのこだわりが見られる。このような経典を作ったのは、やはり葛氏の流れを引く人（葛巣甫のグループとその継承者）であると考えるのが自然なのではないだろうか。[42]『太上洞玄霊宝本行因縁経』の最後のところで、天師が語った（語った内容は上清派の教義を含む）ということを仙公が言うという、二重構造の語り方になっているのは、やはり、この経典を書いた人が、仙公という存在にこだわる人であったことを示している。ここで天師の名を持ち出していること、また、第二の話で、正一真人三天法師張道陵を最大限に賞賛していたことから見て、明らかに、『太上洞玄霊宝本行因縁経』の作者は天師張道陵を尊崇していると考えられる。しかし、この経典の中心はあくまでも仙公の方にあり、仙公を表に立てることによって、従来の天師道を革新する新しい教義（上清派の教義や仏教思想をも包摂した「霊宝」の教義）を説こうとした人たちだったことを、この二重構造の語り方は示唆しているように思える。したがって、『太上洞玄霊宝本行因縁経』の考察による限り、霊宝経において天師張道陵が登場することについての捉え方（ひいては、仙公が登場する霊宝経の作者の捉え方）については、王承文氏の方が説得力があるように思われる。もちろん、『太上洞玄霊宝本行因縁経』の作者が天師道と身近なところにいたことは疑いないであろう。しかし、天師道と身近なところにいたという点では、上清派の人たちも同じである。上清派の人たちも、一面においては天師道の教法の中に身を置いていた。[43]このことは、この時期、江南の地の人々の間に天師道がかなり浸透してきていたことをうかがわせるものである。しかし、旧来の天師道の教法だけでは満足できない人々がいたことも事実である。そういう人たちの中から、東晋中期以降に上清派が興起し、さらに、それに刺激されて霊宝経作成の動きが起こった。もし、『太上洞玄霊宝本行因縁経』の作者を「天師道の人々」という語で捉えてしまうと、こうした宗教史的・思想史的な流れを十分には説明することができないように思えるのである。

五　葛仙公から鄭思遠への言葉

本節では、葛仙公が鄭思遠に語った言葉を載せる霊宝経について見ておきたい。葛仙公が鄭思遠に語った言葉を載せる霊宝経は、第一節冒頭に挙げた敦煌写本ペリオ二四五二（および、これとほぼ同じ内容の『洞玄霊宝玉京山歩虚経』）のほかには、『太極真人敷霊宝斎戒威儀諸経要訣』と『太上洞玄霊宝智慧本願大戒上品経』であり、どちらも「新経」に属する。

まず、『太上洞玄霊宝智慧本願大戒上品経』の方から見ていこう。この経典の末尾には、葛仙公が鄭思遠に語った次のような言葉を載せている(一八a〜b)。

仙公が弟子の鄭思遠に告げた。「私は若い時から名山に遊び、険しい所にも足を運んだ。禽獣の左右に身を置き、あらゆる辛苦に襲われたが、我慢して辛いことは忘れ、自分の食べる物は少なくして人に恵み、我が身を後にして人を満足させ、道を懐き世を安んじ、常に慈愛を修め、道を念じ真を存し、しばらくの間も怠ることはなかった。一年の斎直がまだ終わらない冬至の日、天真が私を見て降臨され、大経上仙の道を授けられた。天真は私に大斎長静を行わせ、経を按じて施誦させた。順序に従って学べば、最後には真人になれるのだ。私が昔授けられた経道は、太上が尊んでいるものであり、中仙が学ぶことのできるものではない。歴劫以来、常に上仙・仙公・仙王・仙卿に伝えられてきた。私ひとり(に伝えられたもの)ではないのだ。私は先の世においてあなたと共に願を発し、善行を行い、努め励んで怠らず、その結果、玄都に仙名を有するに至った。今、あなたと私は師友の間柄であるから、あなたにこれを授けるのだ。私が世を去って後は、道を楽しみ、慈しみの心を持つ居士が、我が門に生まれるであろう。あなたは今の道業の子細を記した書一通をその人に付し、法として、世々、録伝するようにしなさい。皆、私の前世において彼に宿恩があるから、因縁によってそのようにするのだ。あなたは一通を科に依って、弟子の中の優れた人に伝付しなさい。もし、そういう人がいなければ、一通は封して五岳名山に付しなさい。これは太極真人の口訣だ。あなたはこれを秘密にして、くれぐれも慎重にし、いつもこのことを心にかけておくようにしなさい」と。(仙公告弟子鄭思遠曰、吾少遊諸名山、履於嶮峭、在禽獣之左右、辛苦備至、忍情遺念、損口恵施、後身成人、懐道安世、恒修慈愛、念道存真、無時敢替也。斎直一年而未竟、其冬至之日、天真眄降、見授大経上仙之道。天真令我大斎長静、按経施誦。次而学之、遂成真人矣。吾昔所受経道、太上所貴也、非中仙之所学矣。歴劫以来、常伝上仙・仙公・仙王・仙卿、不但我也。吾先世与子同発此願、施

行善功、勤積不怠、致玄都有仙名、今相為師友、是以相授耳。吾去世也、将有楽道慈心居士来世吾門者。子当以今道事事一通付之。法応世世録伝也。皆是我前世与彼有宿恩、因縁使然也。子以一通、依科伝付弟子佳者也。若無其人、一通封付五岳名山矣。此太極真人口訣。子秘之、慎之慎之、時思之。）

この葛仙公の言葉は、第二節で見た太極真人の降臨の話や第三節で見た葛仙公の「本行因縁」の話といくつかの点で相応じている。たとえば、この葛仙公の言葉では葛仙公が天真の降臨を受けた場所がどこであるか出てこないが、この経典の冒頭の部分には、葛仙公が静斎念道していたのは天台山であったとあり（一a）、同じく、冒頭の部分に、太極真人は太上虚皇道君の命を受けて葛仙公の「師保」となったとある（一b）のは、『太上洞玄霊宝真一勧誡法輪妙経』の記述と一致する。また、この葛仙公の言葉で、仙公と鄭思遠が先の世においてともに願を発し、師友の関係にあると言っているのは、『太上洞玄霊宝本行因縁経』の内容と相応じている。また、葛仙公の山中での修道は、「損口恵施、後身成人」という大乗的精神を実践するものであったと言っているのも、『太上洞玄霊宝本行因縁経』と同じである。

右の葛仙公の言葉の中で、「吾が門」に生まれるであろう「道を楽しみ、慈しみの心を持つ居士」に一通を付すようにとあるが、これは葛洪のことを指すと考えられる。葛仙公がわざわざ、このように「吾が門」のことに言及しているところからは、霊宝経は本来、葛氏と深く結びついているものであるとする作者の意識がうかがわれる。

次に、『太極真人敷霊宝斎戒威儀諸経要訣』では、やはり経典の末尾に、次のような文が見える（二三a）。

南岳先生鄭君が言った。「吾が先師仙公は常に此の書を秘し、至真でなければ伝えなかった。万金も珍とするに足らないのだ。仙人は口で次々に伝授してきたが、今はこれを書き記す。仙公は、『書一通は、封して名山に還し、一通は弟子に伝え、一通は家門の子孫に付し、世々、道を知る者に録伝しなさい。霊宝本経とともにこれを授けなさい。道家の要妙だ』と言われた」と。（南岳先生鄭君曰、吾先師仙公常秘此書、非至真不伝也。万

金不足珍矣。仙人相授於口、今故書之。仙公言、書一通封還名山、一通伝弟子、一通付家門子孫、世世録伝知道者也。与霊宝本経俱授之。道家要妙也。）

この文では、『太上洞玄霊宝智慧本願大戒上品経』と同じように、葛仙公が鄭思遠に語った伝授のおきてが述べられており、書一通は「家門の子孫に付」すようにとある。「霊宝本経とともにこれを授けなさい」と言っているところから見ると、「此の書」というのは、『太極真人敷霊宝斎戒威儀諸経要訣』を指し、それを霊宝の本経である「元始旧経」とともに授けるようにということであろう。『太上洞玄霊宝智慧本願大戒上品経』の方では「道業の事事、一通」となっていてやや曖昧であるが、直接的にはやはり『太上洞玄霊宝智慧本願大戒上品経』そのものを指すと思われる。「霊宝経目」には「新経」のことを、「葛仙公の受くる所の教戒訣要、及び行業を説く」と説明しているが、『太上洞玄霊宝智慧本願大戒上品経』と『太極真人敷霊宝斎戒威儀諸経要訣』にはまさに、葛仙公が太極真人から受けた、斎戒などの道業に関わる「教戒訣要」が記載されている。それを名山と弟子と家門の子孫に一通ずつ付するようにと言っているわけである。敦煌写本ペリオ二四五二および『洞玄霊宝玉京山歩虚経』では、「上清三洞太真道経」をそれぞれ一通ずつ付すという記述になっていて、「教戒訣要」だけではなく拡大された形になっている。いずれにしても、葛仙公の言葉として、伝授の対象に「家門の子弟」がわざわざ言及されていることが注目される。『太極真人敷霊宝斎戒威儀諸経要訣』では、上に挙げた文に続けて、さらに「抱朴子曰く、洪意《おも》謂らく……」として、斎の行い方に関する文が、葛洪が語ったものとして記載されている。

それでは、葛仙公が伝授の対象を厳選して伝えようとした「教戒訣要」とはどのようなものであったのだろうか。それはつまり、直接的には『太上洞玄霊宝智慧本願大戒上品経』と『太極真人敷霊宝斎戒威儀諸経要訣』の内容そのもの、そして広くは「新経」、さらには霊宝経全体ということになるが、ここでは、『太上洞玄霊宝智慧本願大戒上品経』と『太極真人敷霊宝斎戒威儀諸経要訣』からそれぞれ一つの事柄だけを取り上げて見ておきたい。『太上洞玄霊宝智慧本願大戒上品経』からは、「因縁」の根本についての問題、『太極真人敷霊宝斎戒威儀諸経要訣』からは、諸道経の位置づけの問題を取り上げる。いずれも、霊宝経全体もしくは「新経」の性格に関わる重要な問題の一つである。

『太上洞玄霊宝智慧本願大戒上品経』は、願を立て戒を守ることの重要性が中心主題として説かれているが、その冒頭部分に、仙公が「人生宿世因縁本行の由」を太極真人に質問したのに対して、太上高玄真人にうながされて太極真人が答えた言葉が載っている（二a〜三a）。それはまず、「夫れ道は無なるも、弥絡して窮まり無し。子、之を尋ねんと欲すれば、近く我が身に在りて乃ち復た有なり」という言葉から始まり、「万物芸芸、譬えば幻のごときのみ。皆当に空に帰すべし、人身も亦た然り。身死すれば神逝くこと、之を諭うること屋の如し。屋壊れば則ち人立たず、身敗れば則ち神居らず」として、人の死と身・神の問題に及ぶ。普通の場合は、万物皆空の道理に則り、人の死とともに身は壊れ神は去るが、それをとどめることが可能であるとして、そのための方法が次に説かれる。「当に念を制して以て志を定め、身を静めて以て神を安んじ、気を宝として以て精を存し、思慮兼忘し、冥想内視すれば、則ち身神並一なり。身神並一なれば、真身為るに近し」とあるのがそれであり、「定志」「安神」「宝気存精」「兼忘」「冥想内視」などの方法を通じて、「身神並一」に至り、「真身」を得ることができると言っている。そして、そもそも、人が「真身」を得て解脱するか、それとも輪廻転生を繰り返すかは、すべて「宿世の本行」によるのであり、皆、人の「行願」の結果であり、要はその人の「心」によるのだとする。「此れ実に宿世の本行に因る。念を積み感を累ね、功は一切を済い、徳は万物を蔭い、因縁輪転し、罪福相対す。生死相滅し、貴賤相使し、賢愚相傾き、貧富相欺き、善悪相顕れ、其の苦無量なるは、皆、人の行願の得る所なり。道に非ず天に非ず、地に非ず人に非ず、万物の為す所に非ず、正に心に由るのみ」というように、罪福因果の報いを得ることになるのは、道・天・地・人・万物のどの力によるのでもなくて、自分自身の「心」に由るのだということが明言されている。したがって、「有道の士は、諸を我が身に取り、人に求めず」ということになり、願を立て戒を守るということが何よりも重要になってくる。そこで、太極真人は仙公に、「智慧本願大戒上品」を説くという筋立てになっているのである。

以上の、太極真人の言葉として説かれた事柄は、「元始旧経」の『太上洞玄霊宝三元品戒功徳軽重経』(道蔵第二〇二冊)の一部分(三三b〜三四b)とよく似ている。それは元始天尊が太上道君の質問に答え、因果応報と祖先供養の問題に絡んで「始生父母(真父母)」のことを説いている場面であるが、その中に、「気気相続き、種種縁を生じ、善悪禍福、各おの命根あり。天に非ず、地に非ず、亦又た人に非ず、正に心に由る」、「故に我れ形を受くるも、亦た我が形に非ず、之に寄せて屋宅と為す」、「行いを立てて道に合すれば、則ち身神一たり。身神並一なれば、則ち真身と為り、始生父母に帰して道を為すなり」など、『太上洞玄霊宝智慧本願大戒上品経』と似た表現が見える。(44) 『太上洞玄霊宝三元品戒功徳軽重経』の方は、「真身」から「真父母」のことに、さらには祖先供養の問題に話が展開していて、重点の置かれ方は同じではないが、「心」を因果の根本とする捉え方や、「身神並一」「真身」という語で解脱という観念を捉えることなど、両者は同じである。そうした理論的な事柄を元始天尊の教えとして説いたのが、「元始旧経」の『太上洞玄霊宝三元品戒功徳軽重経』であり、それをふまえた上での「願」と「戒」に関する「訣要」を、より具体的に太極真人が説いたのが、「新経」の『太上洞玄霊宝智慧本願大戒上品経』であるという関係にあると言えよう。このように「元始旧経」と「新経」は密接であり、一体の関係にある。右に挙げた『太上洞玄霊宝智慧本願大戒上品経』の葛仙公が鄭思遠に語った言葉の中に、葛仙公に授けられた経道は歴劫以来、常に上仙・仙公・仙王・仙卿に伝えられてきたものであって、私ひとりに伝えられたものではないとことわっているのも、「元始旧経」は「開劫」の時に元始天尊によって「度人」のために説かれた教えであるという観念と関わりがあると見ることができよう。(45)

次に、『太極真人敷霊宝斎戒威儀諸経要訣』における諸道経の位置づけを見ておきたい。すでに指摘があるように、仙公が登場する霊宝経には、道徳経や大洞真経、三皇天文などの諸道経の名が多く引かれている。(46)『太極真人敷霊宝斎戒威儀諸経要訣』の場合はそれがどのような形で表れているのだろうか。『太極真人敷霊宝斎戒威儀諸経要訣』には「太極真人曰く」として、霊宝斎法の行い方が具体的に説かれており、それらの文の間に、「(左)仙公曰く」で始まる補足説明が六箇所、「鄭先生曰く」で始まる補足説明が一箇所つけられている。その霊宝斎においては「転経」が一つの重要な要素となっているのであるが、それに関連して、どのような経典が重要であるかということを述べている箇所がある（一二a～一三a）。それは「太極真人曰く、賢者、無為の大法を修めんと欲すれば、是れ経をば転ずべし。及び、諸真人の経伝も亦た善し」で始まり、道徳経五千文と大洞真経三十九章と霊宝経に対する評価が順次述べられている。道徳経五千文については、「唯だ道徳五千文は、至尊無上正真の大経なり。大なること包まざる無く、細なること入らざる無く、道徳の大宗なり。夫の已に道を得たる真人を歴観するに、五千文を学ばざる者なし。尹喜・松・羨の徒、是れなり。所謂大乗の経なり」と、きわめて高い評価を行っている。この道徳経五千文と同じく「大乗」の経典であり、昇仙度世のために欠かすことのできないものとして最上級の高い評価がなされているのは、霊宝経に対してである。「霊宝経は是れ道家の至経、大乗の玄宗なり。俯仰の品有り。十方の已に道を得たるの真人、恒に之が為に礼を為し、朝拝斎戒し、法を案じて之を修すれば、皆道を得しむ。豈然らざらんや。此の経、若し向かいて長生を獲、昇仙度世するに至らしむること能わず、故のごとく塵壊に堕すれば、天地に仙人有る無きなり」とあるのがそれである。道徳経五千文を霊宝経と同等のものとして扱おうとする姿勢は、『太極真人敷霊宝斎戒威儀諸経要訣』の他の箇所にも、「太極真人曰く、霊宝経は衆経の宗にして、以て言宣し難し。五千文は衆経に微妙にして、大帰　義一なり」（一九a～b）、「太極真人曰く、五千文仙人伝授の科は、素より霊宝と同限なり。高才至士の諷誦を好み自然飛仙の道を求める者は、法信紋繒五千尺を具し、霊宝と一時に名山峰において之を受く」（一三a～b）などと見える。[47]

一方、上清経の大洞真経三十九章[48]については、道徳経五千文・霊宝経とはやや異なる評価がなされている。「又大洞真経三十九章は人間にて之を誦するを得ず。爾る所以は、是れ真道幽昇の経なり。諸天帝王、下り迎えて香花を散じ、六天大魔王の官属、侍衛して慶を称し、皆来たり稽首して事を受け、山海神霊も己に従って役使せざる者なし。之を詠ずること一句にして、諸天　為に礼を設く。況や鬼神をや。故に人間にて妄りに施行すべからず」とあるのがそれである。つまり、大洞真経三十九章は「真道幽昇の経」であり、天界の神々や鬼魔、山海の諸神霊に対して働きかける力を持っているから、人間世界において妄りに誦してはいけないと言っている。これは大洞真経三十九章を尊重していないということではない。『太極真人敷霊宝斎戒威儀諸経要訣』の他の箇所に、「天地に終始有り。故に大小劫有り、諸経も亦た之に随って滅尽す。後代の聖人、更に法を出す。唯だ道徳五千文・大洞真経・霊宝は不滅不尽にして、伝告すること無窮なり」（二〇a）とあるように、大洞真経は道徳経五千文・霊宝経とともに、劫末にも滅びない最も価値ある経典として尊重されてはいる。しかし、これを人間世界で妄りに誦してはいけないと言っているのは、その尊重のされ方が道徳経五千文や霊宝経と同じではなかったことを示唆している。

この違いをもっと端的に述べているのは、「新経」の一つの『太極左仙公請問経』（敦煌写本スタイン一三五一）である。その中で、高上老子（太上太極高上老子無上法師）が五千文と洞真と洞玄（霊宝）について語っている箇所がある。[49] 五千文と洞玄については、「五千文は是れ道徳の祖宗、真中の真なり。穢賤を簡ばずして、終始輪読す可し。妙義を敷演すれば、則ち王侯は治を致し、斎して之を誦すれば、則ち身は飛仙を得て、七祖は慶を獲、胎を反して形を受け、上は天堂に生まれ、下は人中王侯の門に生まる。皆　口訣を須つ」、「洞玄歩虚詠は、乃ち上清の高旨、蕭條として玄暢、微妙の至りなり。文は亦た終始脩詠して以て斎戒す可し」とあって、どちらも斎に用いて終始輪読・誦詠することができるとしている。一方、洞真については、「洞真は、道成らんと欲すれば、之を誦して以て雲龍を致す可し。人間に之を詠ずるを得ず。人間に之を詠ずれば、大魔王　之を敗るなり」、「洞真は終わる可くして始む可からず。之を始むる者は、道を得る者有ること眇し」とある。洞真とは大洞真経三十九章を中心とする上清経であるが、これは、道が完成するその最終段階では詠じてもよいが、修道の始めの段階では詠じてはいけないとし、その理由として、人間世界でこれを詠じると大魔王が邪魔をするからだと言っている。このように言っているのは、大洞真経三十九章には、上にもあったように、鬼魔に働きかける特殊な言葉が含まれており、それを妄りに唱えると、鬼魔が人に害を及ぼすという観念が存在したからであろう(50)。

このように、斎などの儀式や修道の場において、詠誦のために常時用いることができて大きな効用が期待できるのは道徳経五千文と霊宝経であり、大洞真経三十九章の方は、修道の最終段階（昇仙直前）だけに詠誦できるものとして区別されている。大洞真経三十九章は天界の秘密が込められていて、それに対しては地上の人間が軽々しく近づいてはいけないもの、非常に神聖なものであるために妄りに用いるべきではないものと考えられているのである。つまり、上清派の経典である大洞真経三十九章は、いわば、その特別な神聖性を理由に、祭り上げられ敬遠されたような形になっている。道徳経五千文と大洞真経と霊宝経を最高の経典として認めつつも、人々がいつも詠じることができるものは道徳経五千文と霊宝経だけであるとする位置づけのしかたには、『太極真人敷霊宝斎戒威儀諸経要訣』の作者（編者）の、上清派の経典に対する、いささか屈折した心理を読み取ることができるように思われる。

『太極真人敷霊宝斎戒威儀諸経要訣』に記された霊宝斎法が、天師道の斎法を継承し発展させた部分が多いことについては、すでにいくつかの研究がある(51)。天師道の要素を吸収し、かつ、霊宝の新しい要素をその上に付加して斎法の形を整えようとする動きがあり、それが文章化されたものの一つがこの経典であると見られる。『太極真人敷霊宝斎戒威儀諸経要訣』において、道徳経五千文を霊宝経と同等のものとして高い評価をしているのは、天師道に対するこうした姿勢と一連のものと考えられる。『太極真人敷霊宝斎戒威儀諸経要訣』に記された霊宝斎法は、現実にそれを行う人々の存在を想定し、それらの人々に向けて書かれていると見てよいだろう。そして、その霊宝斎法が対象として想定した人々の中には、これまで道徳経五千文を尊重してきた天師道の信者たちも多く含まれていたと思われる。もともと天師道の信者であった人たちに対しては、道徳経五千文の尊崇をそのまま継続させるとともに霊宝経をも同様に尊崇させ、また、天師道の信者でなかった人たちに対しては、新たに道徳経五千文と霊宝経の両者を常時詠誦できる誦経のための経典として尊崇させ、それらすべての人たちを霊宝斎法が最高のものであるとする方向に導く目的でこの経典がまとめられたと見られる。

以上、本節では葛仙公が鄭思遠に語った言葉の内容、および、その言葉を載せる『太上洞玄霊宝智慧本願大戒上品経』からは「因縁」の根本についての問題、『太極真人敷霊宝斎戒威儀諸経要訣』からは諸道経の位置づけの問題を取り上げて見てきた。人の罪福因縁の根本として「心」に注目した上で「願」と「戒」の重要性を説いたり、転経を伴う霊宝斎の記述に関連して、詠誦すべき経典は何であるのかを説くなど、これら「新経」の内容は、「元始旧経」に比べて、実際の信者集団を念頭に置いた具体的なものになってきている。そして、これらの事柄を説いた「書」は、本節のはじめに述べたように、そのうちの一通は「家門の子孫に付」して「元始旧経」とともに授けよと、葛仙公が鄭思遠に語ったとわざわざ記している。このような記述からは、霊宝経（「元始旧経」と「新経」をあわせて）と葛氏とを結びつけようとする強い意識がうかがわれる。このような記述を行った人々は、その軸足を、天師道の方にではなく、「葛氏」と「霊宝」の方に置いていたと見るのが、自然な捉え方であろうと思われる。

おわりに

本章では、葛玄（葛仙公）に関する記述に焦点をあてて霊宝経の考察を行った。「開劫」の時に元始天尊によって「度人」のために説かれた教えである「元始旧経」に対して、「霊宝経目」によれば、「新経」は、その教えを地上の人々が実践するための「教戒訣要」である。そして、その「新経」を葛仙公が太極真人から授かったという設定のもとで、霊宝経の全体は成り立っている。『太極真人敷霊宝斎戒威儀諸経要訣』で、「霊宝本経」（「元始旧経」）とともにこの要訣を授けるようにと言っていることからわかるように、「元始旧経」と「新経」（「教戒訣要」）は切り離すことができないものと意識されていたようである。「元始旧経」は天上世界に超然と常在する神聖なものであるが、地上の人々の立場から言えば、実践のための具体的な指針である「教戒訣要」の方が、実質的には大切なものであるとも言える。その意味で、霊宝経の構想全体の中で葛仙公の担う役割はきわめて大きい。

その葛仙公について、いくつかの霊宝経は、以上に見てきたように、太極真人からの伝授の場面、山中で修行中に地仙たちに語った長い前世物語、仙公が見た天師張道陵の姿、仙公と青童君との関係、弟子の鄭思遠に語った言葉などを記している。葛仙公のことを記す霊宝経が「新経」だけではなく、『太上洞玄霊宝真一勧誡法輪妙経』のような「元始旧経」にも一部含まれていることについては、別に考察が必要であろうが、『太上洞玄霊宝本行因縁経』に代表されるように、主として「新経」の方に葛仙公のことが精力的に記述されていることは確かである。そして、葛仙公が登場する霊宝経をまとめた人たちは、思想的には上清派の提唱した宗教観念や仏教思想を吸収し、現実の教団組織や儀礼面では旧来の天師道のそれを包摂して、「葛氏」と「霊宝」に主軸を置く立場から宗教改革を行おうとした人たちであったと考えられる。これらの人たちは、当然、上清経の作成者や天師道の教法を奉じる人たちと身近なところにおり、江南仏教にも深い関心を寄せていたはずである。そして、これらの人たちが、「霊宝本経」である「元始旧経」を最も中心に置いて、上清経や仏教思想、さらには老子道徳経を重んじる天師道の教法や儀礼などのすべてを統合することを試み、その統合のかなめの位置に置いたのが葛仙公であった。統合のかなめとして「葛氏」を登場させ、宗教としての思想・儀礼の中心に「霊宝」を置いている点から言って、これらの経典をまとめる主導力となったのは「霊宝派」の人たちであるという捉え方をするのが、少なくとも本章で考察した範囲においては、妥当であろうと思われる。このような統合の機運はどのような時代的背景のもとに出現したのか、また、これは陸修静の動きとどのように関わっているのかという問題については、次章で触れることにしたい。

第四章　六朝道教と『荘子』

――『真誥』・霊宝経・陸修静――

はじめに

周知のように、老子という謎に満ちた伝説的人物と、その老子が書いたとされる『老子』という書物は、道教の成立と展開に密接に関わってきた。老子は、もちろん道教の教祖ではないが、最初の道教教団である太平道と五斗米道の時からすでに、老子という人物は神格化されて尊崇され、『老子』という書物は聖典として道教の中で重要な位置づけを与えられていた。太平道の張角は「黄老道を奉事」(『後漢書』皇甫嵩伝)していたし、五斗米道では、教区の指導者である祭酒が信者たちに『老子』五千文を学習させることを司ったという(『三国志』魏書・張魯伝注引『典略』)。

それに対し、老子と同じく「道」の思想を説いたとされる荘周という人物と、荘周が著した『荘子』という書物が、道教と結びつくのは少し遅れる。

『荘子』刻意篇には、「吹呴呼吸し、吐故納新、熊経鳥申するは、寿を為すのみ。此れ導引の士、養形の人、彭祖寿考なる者の好む所なり」と言い、不老長生を求めて身体を鍛錬する「養形の人」は、「純粋にして雑ならず、静一にして変わらず、淡にして無為、動けば天行を以てす」る「養神の道」に達しない低い次元の者であるとする記述が見える。このように、そもそも『荘子』の思想は、神仙思想とは相容れない面を持っている。

晋の葛洪は、『荘子』に説かれる万物斉同の思想が、神仙の観念とは大きく隔たっていることを批判して、「或いは復た死生を斉しくして異なる無しと謂い、存活を以て徭役と為し、殂歿を以て休息と為す。其の神仙を去ること、已に千億里なり、豈に耽玩するに足らん」(『抱朴子』釈滞篇)と述べている。もっとも、この前後の文で、老子に対する批判をも述べているし、『荘子』の「寓言譬喩」は取るべきところとしてある程度の評価もしているので、必ずしも、『荘子』に対してのみ強く批判しているとは言えないのであるが[1]、死生をも斉しきものと考える万物斉同の思想は、不老不死を求める神仙思想とは明らかに大きな隔たりがある。

しかし、隋の時代には、『荘子』は道教の中で重視されるようになっていたことが、『隋書』経籍志・道経の部に、「大業中(六〇五~六一六)、道士の術を以て進む者、甚だ衆し。其の経を講ずる所以は、由お老子を以て本と為し、次に、荘子及び霊宝・昇玄の属を講ず」とあることからも確認できる。さらに、唐の玄宗の開元二十九年(七四一)には、『荘子』は『老子』『列子』『文子』とともに、崇玄学で生徒が学ぶべき科目とされ、科挙の明経科に準じた試験(道挙)が行われることとなり、ついで、天宝元年(七四二)には、荘子は南華真人、『荘子』は『南華真経』と名称を改め、列子・文子・庚桑子もそれぞれ真人の号と真経の名称で呼ばれることとなった[2]。

隋唐の時代に至るまでの前段階において、『荘子』はどのような過程を経て、道教の中に取り入れられていったのであろうか。この問題は、道教史のみならず、道家思想、仏教思想をも含めた六朝宗教思想史研究の一つの重要なテーマである。

本章では、『抱朴子』が書かれてから約半世紀後、四世紀の後半に起こった上清派道教の文献『真誥』と、上清派よりやや遅れて作成された霊宝経、そして、洞真(上清)・洞玄(霊宝)・洞神(三皇)の三洞を総括して後世に続く道教の枠組みを整え、道教興隆の基礎を築いた陸修静(四〇六~四七七)の事跡と著述を主な対象として、この問題を検討することにしたい。

一　上清派道教の形成と『荘子』

まずはじめに、上清派道教の形成期における『荘子』の受容について見ていこう。

序章にも述べたように、上清派道教の形成期の状況を知るための最も重要な資料が『真誥』である。本節では、『真誥』の中に『荘子』がどのように取り入れられているのかを見ていきたい。

『真誥』の中で『荘子』の思想の影響が顕著に見られるのは、真人に関する記述の部分である。真人というのは、上清派道教が構想した宗教的世界観である仙・人・鬼の三部世界観(3)において、仙の世界の最も上層に位置する存在であるとされている。『真誥』の冒頭「運象篇第一」(巻一、二a〜四b)には、南岳夫人魏華存が弟子の楊羲に示したという真人の名の一覧——男性の真人二十三名、女性の真人(女真)十五名——が見える。

そもそも、真人という語そのものが、『荘子』に見えるものである。『荘子』大宗師篇に、「何をか真人と謂う。古の真人は……」に始まる一連の文章があり、真人とはいかなる存在であるかを説明している。それによれば、真人とは、運命をあるがままに受け入れ、「生を説ぶ」ことも「死を悪む」こともせず、「其の心は忘れ、其の容は寂《しず》かに」「自ら其の適《たの》しみを適しみと」する精神の自由を得た超越者であるとされている。『真誥』に出てくる真人たちの性格は、この『荘子』大宗師篇の定義をふまえている。

『真誥』では、真人たちがどのような場所でどのような暮らしをしているかについては、真人みずからが五言詩の形式で語っている。時には人間世界とも往来しながら、風と光に乗って天空の果てから果てまで自在に移動する真人の姿は、『荘子』逍遥遊篇の大鵬の飛翔にも似ている。俗世を超越した精神の解放、スケールの大きな飛翔という点で、『真誥』の真人は、まず『荘子』の逍遥遊の思想を受容していると言える。

真人たちが五言詩のやりとりによって、やや哲学的な議論をしている場面もある。『真誥』巻三「運象篇第三」（二b～五a）に見える真人たちの詩がそれである。そこでは、『荘子』逍遥遊篇や斉物論篇に出てくる「有待」「無待」という語彙・概念(4)を用いて、真人とはいかなる存在であるかということが議論されている。この「有待」「無待」に関する五言詩の応酬については、すでに述べたことがあるので(5)、ここではその概略を簡単に記すにとどめておきたい。

まず、真人の一人の右英夫人が、茅山の山館にやって来たことについて、「我は有待の来を為す（有待の立場でやって来た）、故に乃ち滄浪を越ゆ」と歌ったのに対し、紫微夫人は、「有待は徘徊して眄するも（有待の者は徘徊してあちこち見るが）、無待は故より当に浄らかなるべし（無待の者はもともと清らかである）」と歌う。『荘子』に述べるように、「有待」とは依存する対象があること、「無待」とは何者にも依存しないことをいう。「有待」よりも「無待」の方をすぐれたものとする紫微夫人の言葉は、それをふまえている。

そのあと、桐柏真人、清霊真人、中候夫人、昭霊李夫人、九華安妃、太虚南岳真人、方諸青童君、南極紫元夫人らによる五言詩の応酬が続く。その内容は、「無待」を高く評価する方に傾きながらも、議論の重点は、「有待」と「無待」の対立を超えた斉同の哲学を説くことに移っていく。たとえば、中候夫人は、「無待は有待に愈るも、相遇えば故より和するを得」と言って、「有待」と「無待」の調和を説き、太虚南岳真人は「太无の中に無待にして、太有の際に有待なり。大小同じく一波にして、遠近斉しく一会す」と言って、「有待」と「無待」の対立を超え、大小・遠近の相違も無きものとなる万物斉同の高い境地があることを説く。同じことを、方諸青童君は、「長短は少多無く、大椿も須臾に終わる。奚ぞ天順に委ねて、神を縦にして空同に任せざるや」と、『荘子』に見える「大椿」という語や、『荘子』の思想に基づく「天順」という語(6)を用いて表現し、対立を止揚したところにある、万物のあるがままの自然に随うべきであることを説いている。

以上のような真人たちによる五言詩の応酬は、「有待」と「無待」という『荘子』に出てくる語彙・概念を用いて、真人の境地を説明したものとして注目される。そして、詩の応酬の結果、真人のあるべき姿として最終的に説かれている、あらゆる相対的対立を超えた万物斉同の立場というのも、『荘子』の思想に基づくものである。「有」と「無」の一方に執われずに、「斉物」の立場で「運に委ねる」というあり方を尊ぶことは、別の箇所でも、中候夫人の詩として、「坦夷にして天真を観、累を去りて衆情を縦いままにす。寂を体すれば機駟を廃し、有を崇べば則ち生を攝む。焉んぞ斉物の子の、運に委ねて経る所に任ずるを得んや」（『真誥』巻四、八a）と見える。

このように、「無待」の優位性を認めつつも、「有待」と「無待」の対立を超えた斉同の思想の方に重点を置く考え方は、郭象の『荘子』注と共通している。[7] これらの五言詩は、文学のジャンルでは遊仙詩の中に位置づけられるものであり、思想史の上では、郭象の『荘子』注を含めた魏晋玄学の思想の流れを承けて出てきていると言えよう。

これらの五言詩が誰によって作られたかについては、『真誥』では、霊媒の楊羲のもとに降臨した真人たちが告げたものとされていて、その作者を知ることはできないが、実際には、楊羲およびその周辺の人々によって作られたものと考えるのが自然であろう。『真誥』の中にしばしば登場する重要な女性の真人、南岳夫人魏華存（二五三〜三三四）は、もともと実在の人物で、『晋書』巻四一に伝がある魏舒（二〇九〜二九〇）の娘であり、南陽の劉文に嫁したという。魏華存には二人の息子がいたが、楊羲は長男の劉璞から、永和六年（三五〇）に霊宝五符を授かったことが、『真誥』に見える（巻二〇、一二a）。また、『世説新語』の注によれば、魏華存の次男、劉遐の子の劉暢は、王羲之の娘を娶ったという。[8] 王羲之は、『真誥』において、真人が語った言葉の中にも登場している。また、興寧年間の茅山の衆真降臨に相前後して、魏華存をはじめ、『真誥』に登場する真人たちの伝記が「内伝」という名でいくつか著されている。「内伝」の内容は、文学的なふくらみを持つ物語性豊かなものであり、その文体は、修辞的な美文調の部分を含んでいる。[9] 『真誥』の五言詩は、おそらく、「内伝」の作者たちとも密接につながり、王羲之のような東晋の貴族文化を代表する人たちともつながりを持つ場所にいた人々によって作られたのではないかと推測される。

ともかく、『真誥』においては、上清派独特の宗教的世界観である仙・人・鬼の三部世界の中で、最も上位を占める真人という存在のあり方が、『荘子』の逍遥遊の思想と万物斉同の哲学を用いて説明されている。四世紀後半、『荘子』は上清派道教の中に、このような重要な位置づけをされて入ってきたことが確認できる。

さらにまた、真人になるための修道の方法として説かれる事柄にも、『荘子』の思想が関連している。『真誥』においては、真人になるための方法として、存思の道術が重視されている。存思とは、精神を集中することによって、日月星の神々や体内神などの神的存在と交感することである。『真誥』によれば、存思の道術を実践するにあたって、心を専一にすることが何よりも大切であるということが繰り返し説かれ、強調されている。[10]『真誥』には、許謐が書写したという経典の断片の文字として、「仙者心学」（巻一八、五a）という四字が見える。これは、実修の際の心のあり方を問題にする『真誥』ないしは上清派の立場をよく表している。存思の道術の一つである「五星を歩むの法」についての説明の中で、「苟くも能く心に内鏡を研く者は、是れ感の神に発すと為す」（『真誥』巻九、二a）とあるのも、その一例である。[11]

『真誥』では、さらに、存思の道術を行う時だけではなく、平常から、雑念を払い心を虚にして「真」なる「道」に臨むことが重要であると説かれている。「毎に懐を空しくして以て真に向かい、誠を単《つく》して以て道に汎ぶ」（『真誥』巻四、三a）ことや、「夷真内に練る」（『真誥』巻六、一三b）ことが、真人への道の要諦として繰り返し説かれているのである。このように、心を空虚の状態にすることによって、「神」と交感し、「道」に近づくという考え方は、『荘子』の「心斎」「坐忘」の思想と共通する。[12]

以上に述べたように、『真誥』においては、真人のあり方を説明する表現や、真人になるための修道についての考え方の中に、『荘子』の逍遥遊の思想と万物斉同の哲学、および、「心斎」「坐忘」の思想が取り込まれているのである。

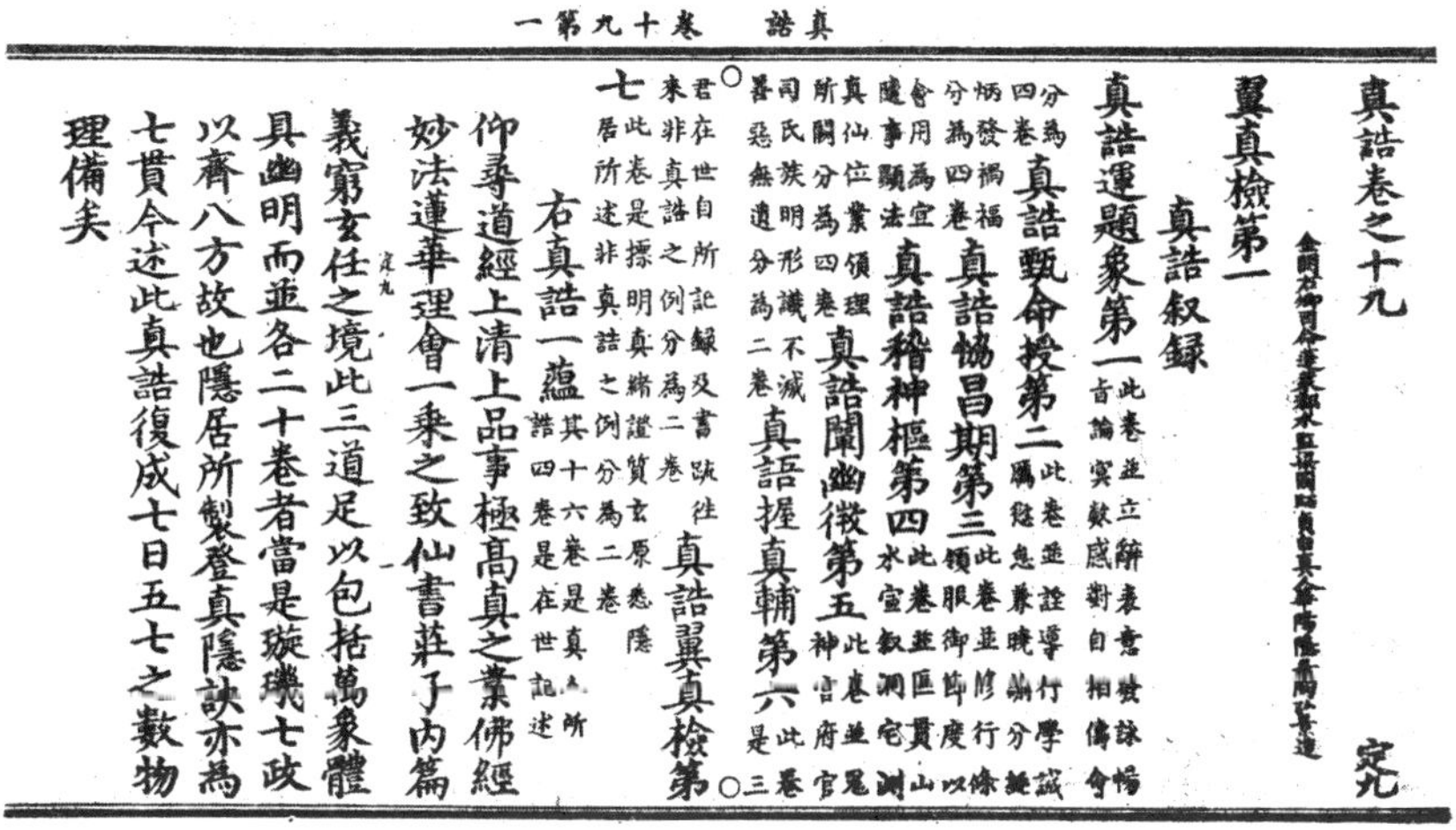

真誥卷之十九　究

翼真檢第一

真誥叙録

真誥運題象第一　此卷並立辭表意發詠暢旨論冥數感對自相儔會分為四卷
真誥甄命授第二　此卷並詮導行學誡厲愆怠曉喩分挺炳發禍福分為四卷
真誥協昌期第三　此卷並修行條領服御節度以會用為宜隨事顯法
真誥稽神樞第四　此卷並區貫山水宣敘洞宅測真仙位業領理所關分為四卷
真誥闡幽微第五　此卷並鬼神宮府官司氏族明形識不滅善惡無遺分為二卷
真誥握真輔第六　此卷是三君在世自所記録及書䟽往來非真誥之例分為二卷
○真誥翼真檢第七　此卷是摽明真緒證質玄原悉隱居所述非真誥之例分為二卷

右真誥一蘊　其十六卷是真人所誥四卷是在世記述

仰尋道經上清上品事極高真之業佛經妙法蓮華理會一乘之致仙書莊子内篇義窮玄任之境此三道足以包括萬象體具幽明而並各二十卷者當是璇璣七政以齊八方故也隱居所製登真隱訣亦為七貫今述此真誥復成七日五七之數物理備矣

図1　『真誥』巻一九（道蔵第640冊）

『真誥』において、さらに注目されるのは、『荘子』の著者、荘周についての記述が見えることである。「荘子は長桑公子を師とし、其の微言を授かる。之を荘子と謂う。抱犢山に隠れ、北育火丹を服し、白日升天し、上のかた太極闈編郎に補せらる」（『真誥』巻一四、一四b）という記述がそれである。この箇所には、陶弘景が、「長桑は即ち是れ扁鵲の師、事は魏伝及び史記に見ゆ。世人、苟くも荘生の此の如きを知らば、其の書は弥々《いよいよ》重んず可きに足る」という注を付けている。つまり、荘周は、扁鵲の師として『史記』巻一〇五「扁鵲伝」に名が見える長桑君に師事して微言を授かり、それが『荘子』という書物になったこと、その後、荘周は山中に隠れ、丹薬を服用して白日昇天し、仙界で太極闈編郎に任命されたことを言っている。

このように荘周が昇仙して仙界の役人になったというような記述が出てくるのは、『真誥』において、過去の著名な人々や、茅山の神降ろしの当事者と同時代の人たちが今、仙界や鬼の世界でどのような地位にいるのかということに大きな関心が払われ、多くの仙官や鬼官のことが列挙されていることと関連する。(13) 荘周のことも、それらの中の一人として出てきているのである。

興味深いのは、陶弘景がわざわざここで、荘周がこのように仙官になったことがわかれば、『荘子』の書はますます重視するに値すると注記していることである。陶弘景は『荘子』という書物をきわめて高く評価していた。そのことは、陶弘景の『真誥』編纂方針にも表れている。陶弘景は、『真誥』を七つの篇に編纂した理由を説明して、次のように述べている（図1）。

仰ぎ尋ぬるに、道経の上清上品、事は高真の業を極め、仏経の妙法蓮華、理は一乗の致に会し、仙書の荘子内篇、義は玄任の境を窮む。此の三道は以て万象を包括し、幽明を体具するに足る。而して並びに各々七巻なる(14)は、当に是れ璇璣七政、以て八方を斉うが故なり。隠居の製する所の登真隠訣も亦た七貫と為す。今、此の真誥を述ぶるも、復た七目を成す。五七の数、物の理備わる。（『真誥』巻一九、一b）

ここで陶弘景は、『荘子』内篇を、道教の上清経、仏教の法華経と並ぶものとして高く評価し、自分が『登真隠訣』と同様に、『真誥』を七篇にまとめたのは、それらに倣ったからであると述べている。そして、『荘子』内篇を、「玄任の境を窮」めたもの、すなわち、玄なる仙界に身を置く者の境地を究めたものであるとしている。陶弘景のこのような『荘子』評価は、『真誥』の中で真人の世界が『荘子』の文章と思想をふまえて描かれていることと呼応していると見てよいであろう。

二　霊宝経と『荘子』

次に、霊宝経における『荘子』の思想の受容について見ていこう。ここで言う霊宝経とは、これまでの章でも述べてきたように、陸修静の「霊宝経目」に名前が見える経典のことを指している。

霊宝経のうち、『荘子』の受容が最も顕著に見られるのは、『太極真人敷霊宝斎戒威儀諸経要訣』（道蔵第二九五冊）である。これは、陸修静の「霊宝経目」の中で、「新経」の一つとして挙げられている「太極真人敷霊宝文斎戒威儀諸経要訣下一巻」に相当するものと考えられている。「霊宝経目」では、「新経」のことを「葛仙公の受くる所の教戒訣要、及び行業を説くの新経」と説明しており、葛仙公（葛玄。葛洪の従祖）が太極真人から授けられたものということになっている。

『太極真人敷霊宝斎戒威儀諸経要訣』には、「太極真人曰く」として二十一条の文が記載されている。その内容は、霊宝斎法の具体的な手順や心構え、斎を行うことの功徳、道を得ようとする者が学ぶべき重要な道経、あるいは、仙道を学ぶ目的とその要諦などで、これらの事柄が短く札記風に書かれており、所々に「左仙公曰く」として注記が入っている。左仙公というのは、葛仙公のことで、葛玄は仙界において太極真人の左仙公の位に就いたとされることから、このように呼ばれている。

その二十一条の中の一つに、荘周が登場する文がある。それは次のようなものである。

太極真人曰く、荘周は太上南華仙人なり。其の前世に道を学ぶの時、願言すらく、「我　道を得て仙を成し、才智洞達すれば、当に世に出でて世人中に化し、道徳経五千文を敷演して、道意を宣暢すべし」と。恵子は是れ其の弟子なり。爾の時、亦た言う、「先生　若し道を得て、能く出処自在ならば、弟子　願わくば侍従して、微言を唱讃し、玄旨を通達し、道源を洞観して、以て世羅を解かん。俗人の華競の心を検し、之を導くに自然法門を以てせん。故より玄の又玄、衆妙の門なり」と。後、並びに願う所を得て、書を著して皆　道意に通ず。世人　今において是れ仙真上人なるを知らざるは、荘子の造る所、多く寓言なるを以てなり。大鵬・大椿・冥霊は、皆実録の語なり、虚しく発するに非ざるなり。夫れ大処は則ち此の大物を生ず。今、閬苑・崑崙・蓬萊・北海中は、悉く是の神物有るなり。小処は則ち小物を生ず。若し皆　眼に見ゆるを有と為し、見えざるを無と為さんと欲すれば、天下の無とする所多からん。（太極真人曰、荘周者、太上南華仙人也。其前世学道時、願

言、我得道成仙、才智洞達、当出世化世人中、敷演道徳経五千文、宣暢道意。恵子是其弟子、爾時亦言、先生若得道、能出処自在、弟子願侍従、唱讃微言、通達玄旨、洞観道源、以解世羅也。検俗人華競之心、導之以自然法門、故玄之又玄、衆妙之門也。後並得所願、著書皆通道意。世人于今不知是仙真上人、以荘子所造多寓言。大鵬・大椿・冥霊、皆実録語也、非虚発矣。夫大処則生此大物、今閬苑・崑崙・蓬莱・北海中、悉有是神物。小処則生小物。若欲皆眼見為有、不見為無、天下之所無多矣。)

(『太極真人敷霊宝斎戒威儀諸経要訣』一八b〜一九a)

右の引用の前半では、荘周が前世において、得道の後は『老子道徳経』によって人々を教化しようという誓願を立て、弟子の恵子もそれに従うことを誓い、その願いどおりになったという話が出てきている。本書第二篇第二章で論じるように、霊宝経においては、元始天尊や天真皇人などの主要な神格について、仏教の本生譚に倣って前世物語が作られている。仙界において太極左仙公の位に就いたとされる葛仙公の前世物語も、すでに前章第三節に述べたように、「新経」の一つである『太上洞玄霊宝本行因縁経』(道蔵第七五八冊)に、長文にわたって記されている。このことを考え合わせると、『太極真人敷霊宝斎戒威儀諸経要訣』の中に荘周の前世物語が出てきているのは、荘周を神聖視しようとする表れであると見ることができる。引用の冒頭で、荘周を「太上南華仙人」と称しているのも、同じく荘周の神聖視の表れである。荘周を「南華仙人」と称することに関しては、『隋書』経籍志の子部・道家類に、「南華論二十五巻。梁曠撰、本三十巻」「南華論音三巻」なるものが著録されており、前者は、『旧唐書』経籍志では「南華仙人荘子論三十巻、梁曠撰」と記されている。梁曠は北周の人であるから、その頃には、『太極真人敷霊宝斎戒威儀諸経要訣』に見える南華仙人という名称が『荘子』の注釈にも用いられるようになっていることがわかる[15]。

右の引用の後半では、荘子がすぐれた仙人・真人であることを今の人々が知らないのは、『荘子』の書物に寓言が多いからであるとし、そのように寓言を虚構と見なして非難するのは正しくないと述べている。そして、寓言が虚構ではなく「実録」であることの理由を説明して、人間の目には見えなくても実在している物があるのだと言っている。このような説明のしかたは、『真誥』で陶弘景が仙・人・鬼の三部世界の存在について述べている時の、「正《た》だ是れ隠顕小小の隔たりのみ」と言っている説明(16)とよく似ている。

以上のように、『太極真人敷霊宝斎戒威儀諸経要訣』においては、荘周が登場し、太上南華仙人の称号が付与され神聖視されている。そのことと関連して、この経典においては、『荘子』に出典を持つ語彙・思想概念が、重要な意味を持つものとして出てくる。『太極真人敷霊宝斎戒威儀諸経要訣』に見える『荘子』に由来する語彙・思想概念として注目されるのは、「真人」という概念と、「兼忘」という語である。

まず、「真人」という概念について見ていくことにしよう。

前章第五節で述べたように、『太極真人敷霊宝斎戒威儀諸経要訣』では、霊宝経と並んで老子道徳経と上清経(大洞真経三十九章)が最重要の経典として高い位置づけがなされている。そのことを述べた文の中に、「真人」とその世界についての説明がある。

太極真人曰く、霊宝経は衆経の宗にして、以て言宣し難し。五千文は、衆経に微妙にして、大帰 義一なり。洞真三十九篇は、三十九真人は之を説く者にして、蓋し無生の文なり。此の真人は之を伝出するのみ。其の人は道徳真気、自然に混化して真人と成り、老子の儔ならん。無窮の劫を経歴して、道を学ぶの人に非ざるなり。世人、宿恩至り、功徳満足し、洞真経を得る者に非ざれば、能く此の義を知る莫し。道《い》う所の者は、皆是れ無上三天の自然宮室、万物山川なり。其の山川万物は、名は世上と同じき者有るも、世の山川万物に非ざるなり。皆、自然の物にして、聞く可くして弁じ難し。洞真玉清経は、略ぼ其の義を解するも、覼縷すること能わず、豈に思議す可けんや。(太極真人曰、霊宝経者、衆経之宗、難以言宣。五千文、微妙衆経、大帰義一也。洞真三十九篇、三十九真人説之者、蓋無生之文矣、此真人伝出之耳。其人道徳真気、混化自然成真人、老子之儔矣。経歴無窮之劫、

非学道之人也。世人非宿恩至功徳満足、得洞真経者、莫能知此義。所道者、皆是無上三天自然宮室、万物山川。其山川万物、名有世上同者、非世之山川万物也、皆自然物、可聞難弁。洞真玉清経、略解其義、不能覼縷、豈可思議也。）

（『太極真人敷霊宝斎戒威儀諸経要訣』一九b）

ここで太極真人は、上清経の大洞真経三十九章を説いた（伝出した）三十九真人のことを、「道徳真気、自然に混化して真人と成」った者であるとされている。つまり、この三十九真人は、道を学び、その結果として真人に至ったというものではなく、そうした因果の法則を超越して「自然」に真人になった存在であるとされている。そして、大洞真経三十九章に出てくる山川万物は「自然の物」であり、その名は地上の物と同じであっても、実際は地上の物とは異なることを語り、洞真経はまことに人間の思考を絶した不可思議なものであると感嘆している。[17] このように、三十九真人の説明として、真人という存在と、真人によって説かれた山川万物が、因果の法則を超越した「自然」なるものであるとしていることは、『荘子』の「真人」の観念に由来し、のちに元始天尊をめぐる仏教・道教論争の中で交わされる「自然」と「因縁」の議論[18]につながるものとして注目される。

ところで、注意しなければならないのは、『太極真人敷霊宝斎戒威儀諸経要訣』は霊宝経の一つではあるが、右の引用で言われていることは、上清経の大洞真経三十九章を説いた真人のことであるという点である。葛仙公が登場する霊宝経は、霊宝経のみならず、老子道徳経と上清経も重視する傾向があり、『太極真人敷霊宝斎戒威儀諸経要訣』もそうである。その中で、『荘子』の真人の観念につながるものが、上清経の真人として説明されているわけで、このことは、真人という観念が上清経に特有のもの、もしくは、上清経を特徴づけるものと考えられていたことを示唆している。

次に、「兼忘」という語について見ていきたい。「兼忘」という語は、『荘子』天運篇に、「親をして我を忘れしむるは易く、天下を兼ね忘るるは難し。天下を兼ね忘るるは易く、天下をして我を兼ね忘れしむるは難し」と出てくる。また、『荘子』には、「兼忘」と似た意味の言葉として、「両忘（両《ふた》つながら忘る）」という語も出てくる。『荘子』大宗師篇の、「泉涸れ、魚 相与に陸に処る。相呴するに湿を以てし、相濡らすに沫を以てするは、江湖に相忘るに如かず。其の堯を誉めて桀を非らんよりは、両つながら忘れて其の道に化するに如かず」という文がそれである。[19]「兼忘」もしくは「両忘」という語は、物我の意識や相対的な価値判断をすべて忘却し、より高度な、至大の世界の中に自己を解放することを意味している。『荘子』の中において、これは万物斉同の哲学につながるきわめて重要な概念となっている。

『太極真人敷霊宝斎戒威儀諸経要訣』の中で、「兼忘」という語は、次のような文脈で出てくる。

> 仙道を学び長生久視し、無期の年劫を享け、宗廟を安んじ、門族を興し、七世父母の苦厄を度し、天堂に昇り、後世に賢明なる子孫を出さんと欲すれば、当に霊宝真文を受けて、是の斎を行うべし。自ら此の大福を得。大福は人を度するを先と為す。所以に人を先にして己を後にし、倚伏兼忘し、其の忘るる所を忘れ、志は玄と同ず。（学仙道欲長生久視、享無期之年劫、安宗廟、興門族、度七世父母苦厄、昇天堂、後世出賢明子孫、当受霊宝真文。行是斎、自得此大福。大福、度人為先。所以先人後己、倚伏兼忘、忘其所忘、志与玄同。）
>
> （『太極真人敷霊宝斎戒威儀諸経要訣』一一b）

この文では、霊宝斎を行う目的と、その要諦が述べられている。霊宝斎を行う目的として、長生久視、宗廟・門族の安泰と興隆、子孫繁栄など、きわめて現世的な事柄が挙げられ、それが七世父母の済度という祖先供養の要素と組み合わされていて、ここには、霊宝斎の思想的特徴がよく表れている。続いて、霊宝斎によって大福を得るための要諦は、「人を度する」こと、すなわち、他者救済であると言っている。他者救済という大乗思想は霊宝経の特徴であり、ここには仏教からの影響が強くうかがえる。ただし、その「人を度する」ことの重要性を説明して「所以に」以下に述べられた文は、『老子』と『荘子』をふまえた表現がなされている。「人を先にして己を後にし」

は、『老子』の「是を以て聖人は、其の身を後にして身先んじ、其の身を外にして身存す」（第七章）や「敢えて天下の先と為らず」（第六十七章）という文に基づいていると考えられるし、「倚伏」という語は、『老子』第五十八章の「禍は福の倚る所、福は禍の伏す所」をふまえている。そして、その「倚」と「伏」（禍と福）の両方を忘却し、さらに、忘れたということ自体も忘れて、心は玄（道）と同化するという記述は、上に述べた『荘子』の「兼忘」の思想をふまえている。このように、『太極真人敷霊宝斎戒威儀諸経要訣』の中に『荘子』の「兼忘」という語が用いられ、「兼忘」が霊宝斎を行う場合の要諦であるとされているわけである。

ところで、「兼忘」という語は、この『太極真人敷霊宝斎戒威儀諸経要訣』以外の霊宝経にも見える。『太上洞玄霊宝智慧本願大戒上品経』（道蔵第一七七冊）がそれで、この経典は、陸修静の「霊宝経目」では、『太極真人敷霊宝斎戒威儀諸経要訣』の次に名前が挙がっている。

『太上洞玄霊宝智慧本願大戒上品経』には、願を立て戒を守ることについて、太極真人が葛仙公に対して述べた言葉が列挙されている。この経典には、三箇所で「兼忘」という語が出てくるが、その中で最も重要なものは、葛仙公の「人生宿世因縁本行の由」についての質問に対して太極真人が答えた次のような言葉である。

夫れ道は無なるも、弥絡して窮まり無し。子　之を尋ねんと欲すれば、近く我が身に在りて、乃ち復た有なり。有に因りて以て無に入り、念を積みて以て妙を得。万物の芸芸たるは、譬えば幻のごときのみ。皆当に空に帰すべし。人身も亦た然り、身死すれば神逝くこと、之を喩うること屋の如し。屋壊れば則ち人立たず、身敗れば則ち神居らず。当に念を制して以て志を定め、身を静めて以て神を安んじ、気を宝として以て精を存し、思慮兼忘し、冥想内視すれば、則ち身神並一なり。身神並一なれば、真身為るに近し。此れ実に宿世の本行に由る。念を積み感を累ね、功は一切を済い、徳は万物を蔭い、因縁輪転して、罪福相対す。生死相滅し、貴賤相使し、賢愚相傾き、貧富相欺き、善悪相顕れ、其の苦無量なるは、皆、人の行願の得る所なり。道に非ず天に

非ず、地に非ず人に非ず、万物の為す所に非ず、正に心に由るのみ。（夫道、無也、弥絡無窮。子欲尋之、近在我身、乃復有也。因有以入無、積念以得妙。万物芸芸、譬於幻耳、皆当帰空。人身亦然、身死神逝。喩之如屋。屋壊則人不立、身敗則神弗居、当制念以定志、静身以安神、宝気以存精、思慮兼忘、冥想内視、則身神並一。身神並一、近為真身也。此実由宿世本行。積念累感、功済一切、徳廕万物、因縁輪転、罪福相対。生死相滅、貴賤相使、賢愚相傾、貧富相欺、善悪相顕、其苦無量、皆人行願所得也。非道非天、非地非人、非万物所為矣、正由心耳。）

（『太上洞玄霊宝智慧本願大戒上品経』二a～b）

ここには、「道」「有」「無」「精」「神」「気」「兼忘」など、中国古典に由来する語彙・思想と、「宿世本行」「空」「念」「因縁輪転」「罪福」など、漢訳仏典に由来する語彙・思想の双方が出てきていて、霊宝経における身体観や、悟りへの道筋についての考え方が集約的に示されている。[20] 人は普通は死によって「身」から「神」が去り、「空」に帰することになるが、それを押しとどめて、「身」から「神」が去らない「身神並一」の状態に至ることが可能であるとし、それは、「念」「身」「気」を制御して静かに保つことによって「志」「神」「精」を安定させて、「思慮兼忘し、冥想内視」することであるという。ここに、「兼忘」という語が出てきている。「身神並一」の状態に至ることは、「真身」となるに近いとあり、「真身」となることが、修道の窮極の境地であると考えられている。そして、そのような「真身」を得る方向に行くか、それとも、相対的価値観の中で無量の苦しみを味わい、輪廻転生を繰り返すかは、「宿世の本行」によるのであって、すべては、その人の「心」に由来するのだと述べている。

『太上洞玄霊宝智慧本願大戒上品経』では、このほかに二箇所で「兼忘」という語が用いられている。「唯だ仙を学ぶの道士は、当に因縁を兼忘し、生死を絶滅し、同じく玄に帰して、以て妙門に入るべし」（四a）、「罪福は他に由らず、諒に自ら爾の身より発す。大賢は故に口を閉ざし、諸の悪縁を絶たんと欲す。念を滅し兼忘に帰し、倚伏　長泯を待つ」（一六a）とあるのがそれである。罪福は己の身に起因するという因縁の理を認めた上で、悪縁を断ち切るための方法として、「念を滅し」、因縁そのものを「兼忘」して、斉同の玄妙なる境地に入ることが説かれている。

以上、『太上洞玄霊宝智慧本願大戒上品経』に出てくる「兼忘」という語について見てきた。このように、霊宝経の中で、「兼忘」という語が悟りへの道筋の重要な事柄として用いられているのは、ちょうど霊宝経が作られたのと相前後する時代において、仏教の方で「兼忘」という語がしばしば用いられたことと関連すると考えられる。たとえば、支遁（三一四～三六六）の「文殊師利讃」（『広弘明集』巻一五）には、「類に触れて清遘を興し、目撃して兼忘に洞す」（大正蔵五二、一九七上）と言い、廬山の慧遠（三三四～四一六）の「沙門不敬王者論」（『弘明集』巻五）には、「夫れ沙門と称するは何ぞや。其の能く蒙俗の幽昏を発《ひら》き、化表の玄路を啓《ひら》き、方に将に兼忘の道を以て天下と同じく往き、高きを希む者をして其の遺風を挹み、流れに漱ぐ者をして其の余津を味わしめんとするを謂うなり」（大正蔵五二、三二上）と言っている。後者の例が示すように、東晋の仏教界で大きな影響力を持っていた慧遠が、仏教の立場を「兼忘の道」と表現していることは、注目しておいてよいだろう。上にも述べたように、霊宝経の作成は、仏教の存在を強く意識して行われた。「兼忘」という語について言えば、この言葉がもともと『荘子』に基づくものであることは言うまでもないが、霊宝経の作者たちが「兼忘」という語を重要な概念として霊宝経の中に用いたのは、このような仏教側の潮流の影響も受けていた可能性が考えられるのである。

三　陸修静と『荘子』

ここまでに述べた上清派道教の興隆と霊宝経の作成の流れを承けて、五世紀中頃になると、道教の諸流派を統合しようという動きが起こってくる。その役割を担う中心人物となったのが、陸修静である。陸修静の事跡と著述を見ると、『荘子』をいろいろな形で取り入れようとしていることがわかる。

まず、陸修静の事跡の中から、『荘子』との関わりを見ておきたい。陸修静の事跡を知るための伝記資料は、陳国符氏によって、陳の馬枢『道学伝』や唐の李渤「真系」（『雲笈七籤』巻五）その他から集輯されている。[21]

陸修静は若い頃から各地の名山をめぐるなどして隠逸の生活を送り、元嘉年間（四二四〜四五三）に一度、文帝に召されることはあったが、まもなく都を離れ、廬山に住んだ。文帝から孝武帝に替わった癸巳の年（四五三）の冬、門人を率いて、三元塗炭斎を行ったという（後述）。泰始三年（四六七）、明帝に召されて上京する途中、九江王から「道仏の得失と同異」について質問され、陸修静は、「仏に在りては留秦と為り、道に在りては玉皇と為る。斯れも亦た途を殊にするも致を一にするのみ」と答えた。[22] 都に至ると、陸修静は、明帝が尚書令の袁粲らに命じて設けさせた宴席で、玄言の士・沙門たちと論争を行い、相手を論破して王公たちの賞賛を受けた。それから十日もたたないうちに、再び華林園の延賢館で会が開かれ、その時には、明帝みずから臨席して、「道」について陸修静に質問した。さらに、王公たちから、道家が三世のことを説いていないことを指摘された陸修静は、次のように答えたという。

経に云う、吾は誰の子なるやを知らず、帝の先に象《に》たりと。既に已に先有れば、居然として後有り。既に先後有れば、居然として中有り。荘子に云う、方《なら》び生じ方び死すと。此れ並びに三世を明らかにす。但だ言約にして理玄なり、世は未だ悟ること能わざるのみ。

ここで、陸修静は『老子』第四章と『荘子』斉物論篇の文を引用して、仏教の三世説と同じことが、すでに中国で説かれていたと主張している。陸修静のこの答えが全く荒唐無稽な詭弁であることは言うまでもない。『老子』第四章の文は、「道」が「帝」（天帝）に先だって存在するものであることを述べたものであり、『荘子』斉物論篇の「方生方死」という文は、生と死は、可と不可、是と非などと同じく相対的な概念であることを述べたものであって、仏教の三世説とは何の関係もない。なぜ、陸修静はこのような詭弁を弄してまで、三世説が中国思想の中にあったことを主張したかったのか、その背景には、仏教との関係の中で、道教が置かれていた状況がある。

陸修静と王公たちとの問答が行われた泰始三年（四六七）というのは、ちょうど道士の顧歓（四二〇～四八三）が「夷夏論」を著したとされる年である。「夷夏論」は、仏教と道教が互いに非難し合っているのを調停するという名目で著されたもので、その主張のポイントは、「道は則ち仏なり、仏は則ち道なり。其の聖は則ち符し、其の跡は則ち反す」「道は固より符合す。……俗は則ち大いに乖く」（『南斉書』巻五四「高逸伝」および『南史』巻七五「隠逸伝」の顧歓伝）、すなわち、仏教と道教は、その根源的な真理（「道」）は同一であるが、教化の具体的なかたち（「跡」）は異なっているということにある。そして、「跡」が異なるのは、「夷」（インド）と「夏」（中国）の「俗」（風俗）が異なることによると説明し、結局、中国においては、道教こそが教えとしてふさわしく、仏教は必要ないということを主張している。顧歓がこのような強弁とも見える道教擁護、仏教排斥の論を著したことについて、吉川忠夫氏の論文「夷夏論争」では、『高僧伝』『続高僧伝』『真誥』の記事を引用しながら、宋斉の頃には、仏教が「巫祝信仰や道教信仰を圧倒しつつ、中国社会に着実に浸透し」、仏教の攻勢に対する道教の劣勢は明らかで「道仏両教が競合の関係にあるというよりも、道教の犠牲のうえに仏教の発展はあったというべき」状況にあり、このような仏教の攻勢を「中国固有文明そのものの破壊」と意識した顧歓の危機感が「夷夏論」を生んだ背景にあったと指摘している。(23)

顧歓の「夷夏論」は、仏教側からの反発を招き、しばらくの間、激しい論争が繰り広げられることになった。謝鎮之・朱昭之・朱広之・慧通・僧敏、および、明僧紹による反論（「正二教論」）は、『弘明集』巻六・巻七に収められ、袁粲による論駁の文は、『南斉書』と『南史』の顧歓伝に収められている。「夷夏論」をめぐる論争の中で、陸修静がどのような態度をとったのかは不明であるが、吉川氏が指摘されたような顧歓の危機感は、そのまま陸修静にも共通するものであったことは容易に推測できる。上に述べた九江王との問答において、陸修静は道教と仏教は

「殊途一致」であると見なしていることや、仏教を「留秦」[24]、道教を「玉皇」と表現している点などから、道仏二教の関係についての陸修静の考え方は、基本的に顧歓と同じであったことは間違いない。陸修静は明帝への回答の中で、『老子』と『荘子』を並べて挙げているが、「夷夏論」にも、「国師道士は、老荘に過ぐる無し」と、老荘を併称している文があり、このような姿勢も共通している。[25] 陸修静と顧歓は、思想的にきわめて近いところにいたと見られる。[26] しかも、陸修静の場合、後述するように、霊宝経を中核として道教を統合することを企図していたのであるが、その霊宝経は、仏教の三世輪廻・因果応報の思想を吸収して、教理の中心に据えているものであった。陸修静が明帝の質問に対して、詭弁を弄してまでも、三世説が中国思想の中にあったことを主張しなければならなかったのは、このような事情があったからと考えられる。

明帝との問答のあと、陸修静は朝廷で厚遇され、明帝が陸修静のために北郊の天印山に建てた崇虚館に住むことになる。泰始七年（四七一）四月、明帝不豫の際には、崇虚館で人々を率いて三元露斎を行い、国のために祈禱した。その時、館の堂前に黄気が現れて宝蓋の状をなす符瑞が出現し、陸修静はこのことを上聞したという。[27] これと同じ年に、陸修静は明帝の勅を受けて、「三洞経書目録」を撰述している。[28] 元徽五年（四七七）三月、陸修静七十二歳で都において死去。詔によって、廬山の故居は簡寂観と名づけられた。

以上が、陸修静の事跡の概略である。隠逸者としての前半生を経て、宋の明帝の時代には、天子からの厚い信任を背景にして、道教界の重鎮の地位に至った人物であると言える。その陸修静が最も力を入れて取り組まなければならなかったことは、仏教に比べて劣勢であった道教の勢力強化であり、そのためには、道教を統合する必要があった。

道教の統合ということについては、のちに元の張天雨が、陸修静のことを「三洞を総括し、世の宗師と為る」（『玄品録』巻三）と評しているように、洞真（上清）・洞玄（霊宝）・洞神（三皇）の三洞を総括統合するという形で現れた。陸修静は元嘉一四年（四三七）に著した「霊宝経目序」（『雲笈七籤』巻四）の中で、自らを「三洞弟子陸修静」と称し、三洞の経典全体を総括統合する立場をとることを表明している。また、上述のように、泰始七年（四七一）には、明帝の勅を受けて「三洞経書目録」を撰述した。

三洞のうち、陸修静と洞神（三皇）との関係については、伝授の系譜の中で名前が挙がっている（『道教義枢』巻二「三洞義」）だけで、詳しいことはよくわからない。実質的に重要なのは、洞真（上清）と洞玄（霊宝）である。

陸修静と洞真（上清）との関わりを示す資料としては、『真誥』翼真検第七の「真経始末」の記述が挙げられる。東晋中期に茅山において真人たちから霊媒楊羲に授けられた経典（上清経）とお告げの言葉の記録文書（「三君手書」）が、百余年の間にどのような軌跡をたどったかを記している中に、「陸修静南下し、崇虚館を立つ。又、取りて館に在り。陸亡じ、随いて廬山に還る」（『真誥』巻一九、一五a）という短い記事が見える。陸修静が都に出て、崇虚館に住んでいた時、上清経は殳季真という人物の手元にあったのであるが、それを陸修静が都の崇虚館に取り寄せたこと、そして、陸修静が亡くなった後は、その遺骸とともに廬山に還ったことを、『真誥』のこの記事は示している。

後述するように、陸修静が早くから身近に接し、精通していた道経は、上清経ではなく霊宝経である。しかし、陸修静は上清経に対しても、このように関心を持ち、自分の手に入れようとしていた(29)。そして、陸修静が道教統合の枠組みとした三洞の中で洞真（上清）は最初の位置に置かれ、また、これも後述するように、斎の分類においても、陸修静は「洞真上清の斎」というものに対して、別格の位置づけをしている。陸修静は、陶弘景からは『真誥』の中で厳しい評価を下されているが(30)、陸修静自身としては、「三君手書」やその思想の流れにつながるものに対して、大きな注意を払っていたことがわかる。

三洞のうち、陸修静が最も深く関わりを持ったのは、洞玄（霊宝）である。陸修静が三十二歳の時に書いた「霊宝経目序」は、「元嘉十四年某月日、三洞弟子陸修静、敬んで諸道流に示す」という言葉で始まり、霊宝経の開劫度人説のことを述べたあと、今、霊宝経が世に興隆すべき時であるにもかかわらず、「頃者《ちかごろ》以来、経文紛互し、似非相乱る」というありさまで、「遂に精粗糅雑し、真偽混行せしむ」という事態に至っているのを憂い、霊宝経に対して整理の手を加え、「旧目已出、并びに、仙公の授事する所の注解を條」して、霊宝経の目録を作ったことを述べている。世に出始めた（つまり、作成されつつある）霊宝経に対して、陸修静が早くから関心を寄せていたことがわかる。

現在、道蔵に収める陸修静の著述（後人による節録も含む）としては、「霊宝経目序」のほかに、『太上洞玄霊宝衆簡文』（道蔵第一九一冊）、『洞玄霊宝五感文』（道蔵第一〇〇四冊）、『太上洞玄霊宝授度儀』（道蔵第二九四冊）、『洞玄霊宝斎説光燭戒罰燈祝願儀』（道蔵第二九三冊）、『古法宿啓建斎儀』（『無上黄籙大斎立成儀』巻一六、道蔵第二八一冊）、および、『陸先生道門科略』（道蔵第七六一冊）がある。[31] 最後の『陸先生道門科略』は、当時の天師道教団の規律が乱れている点を列挙し、教団組織を立て直すための具体的な方法を述べたものである。これが書かれたのは、陸修静が、仏教に対抗しうる道教を作り上げようと企図したとき、民間に基盤を置く教団組織として、古くからの伝統を持つ天師道があり、天師道のあり方を改革し教団組織としての基礎を固めることが、現実問題として必要とされたからであると考えられる。『陸先生道門科略』以外の、現存する陸修静の著述は、いずれも霊宝経や霊宝斎などの儀礼に関する内容のものである。陸修静の活動の中心が、霊宝経を整理し、霊宝斎を整備することによって、教理と儀礼の両面で道教を新しく立て直すことにあったことが、その著述を通してもうかがわれる。

陸修静の著述の中で、『荘子』と直接的な関わりがあるものは、『洞玄霊宝斎説光燭戒罰燈祝願儀』と『洞玄霊宝五感文』である。

『洞玄霊宝斎説光燭戒罰燈祝願儀』は、「爝光斎外説」「法燭叙」「授上品十戒選署禁罰」の三つの部分から成り、斎の意義や、斎の理論などが説かれている。[32] その「爝光斎外説」の冒頭に、『荘子』のことが出てくる。

爝光とは、猶お荘子の謂う所の爝火のごときものなり。光の微なる者と為す。原ぬるに夫れ斎法は至精なるも、行う者は常に麤にして、実に五濁の垢障、深く蒙いて啓き難し。曲穴に処りて、太陽の照らす所に非ざるが如く、幽闇より延引するは、宜しく燈燭の明を以てすべし。今、爝光を以てするは、斯れの謂なり。(爝光者、猶荘子所謂爝火也。為光之微者。原夫斎法至精而行者常麤、実五濁垢障、深蒙難啓。如処曲穴、非太陽所照、延引幽闇者、宜以燈燭之明。今以爝光、斯之謂也。)

(『洞玄霊宝斎説光燭戒罰燈祝願儀』一a)

ここで陸修静は、斎の役割は、人々を暗闇から引き出す松明の光であり、『荘子』の「爝火」のようなものであると言っている。『荘子』の「爝火」は、逍遥遊篇に見えるもので、堯が天下を許由に譲ろうとして、「日月 出づるに、爝火 息まざるは、其の光におけるや、亦た難からずや」と語ったという話を指している(33)。堯が、許由の大きな徳を太陽や月に喩え、自分の小さな徳を「爝火」に喩えているところである。『荘子』本文の趣旨は、太陽や月のような大きな光が輝いている時には、「爝火」は無用だということであるが、陸修静はあえて、その「爝火」という微かな光(「光の微なる者」)を斎に喩えているわけである。

陸修静が斎を『荘子』の「爝火」のようなものだと言った意図を推測してみるに、斎というものは、太陽や月に喩えられるような圧倒的な力を持ってすべての存在を照らし出す光源ではなく、松明の光のように小さな光ではあるが、暗闇の中で一人ひとりの人間のために確実な導き手となってくれる光源であることを言おうとしたのではないかと思われる。本篇第二章で述べたように、霊宝経では、新たな劫の始まりごとに、暗闇の中に光明が現れ、忽然と出現した天書とともに元始天尊が説法を行うという設定になっている(開劫度人説)。太陽や月の光は、元始天尊の説法の象徴であると言える。それに対して、斎は、「五濁」に汚れ「幽闇」の中にいて光を求める人間一人ひとり(無明の地獄に堕ちた人々をも含めて)に対して、手元足下を照らし出して歩むべき道を示してくれる松明の光のようなものであることを、陸修静は言おうとしているようである。

『洞玄霊宝斎説光燭戒罰燈祝願儀』の中には、「夫れ人の体は聖真に非ずして、身を五濁に処く。三尸強盛にして、内に攻賊を生じ、九竅四関、各々趣く所有り。施為の向かうところ、動きて死地に入り、天年を傷つくを致し、命は天寿を終えず、悪を犯して非を為し、罪を幽司に結ぶ」（三a）とか、「夫れ人の先身、重罪悪対有れば、則ち蔭蓋の裹《つつ》む所と為り、六蔽開かず、心意曲狭、気性逆戾にして、五欲に迷著し、其の外を窺う莫し」（四b）など、人間の悪の面に注意を払った記述が多く見える。「聖人、百姓の五欲に奔競し、自ら定むること能わざるを以ての故に斎法を立つ」（六a）という文もある。悪に陥りがちな普通の人間、あるいは、すでに地獄に堕ちた死者をも含めて、すべての人々を対象として、「厄を救い難を抜き、災病を消滅して、死人の憂苦を解脱し、一切の物を度（一〇b）せんとするものが、斎であることを陸修静は強調している。陸修静が「熠火」を斎に喩えたことは、『荘子』本文の本来の趣旨からは離れてしまっているが、暗闇の中で惑う人々の導きの光の譬喩としては、効果的なものと言えよう。

陸修静の著述の中で、もう一つ、『荘子』との関わりがあるのは『洞玄霊宝五感文』である。『洞玄霊宝五感文』は、「五感」というものについて述べた前半部分と、「衆斎法」と名づけられた後半部分から成る。前半部分は、癸巳の年（四五三）の冬に、陸修静が門人たちを率いて三元塗炭斎を行った時、「厳寒　肌を切する」中、厳重な「科禁」を守りつつ、何日間も続けて行われる斎の厳しさに耐えかねて、門人たちに懈怠の心が生じるのではないかと懼れて、斎を行う者が深く心に留めるべき五つの事柄を、「五感」として列挙したものである。「五感」とは、父母の重恩を思うこと、我を守るために悪事を犯して地獄に堕ちた父母の苦しみを思うこと、修道の初心を忘れず亡父母が福堂に上ることを願うこと、この教えを開いた太上衆尊大聖真人の恩を思うこと、我が師の恩を思うことの五つである。ここには、父母の恩を思う「孝」という儒教的観念と、輪廻転生を前提とした死者供養という仏教的観念とが融合している。仏教を吸収しつつ、それを中国固有の思想と融合させたものを新しい道教の教理・儀礼とし、それによって、仏教に対抗しうる道教を作り上げようとした陸修静の立場が、ここの文からもよくうかがわれる。

後半部分の「衆斎法」では、「斎には各々法有り、凡そ十二法」（五a）と言い、第一に「洞真上清の斎」二法（絶群離偶・孤影夷豁）、第二に「洞玄霊宝の斎」九法（金籙斎・黄籙斎・明真斎・三元斎・八節斎・自然斎・洞神三皇の斎・太一の斎・指教の斎）、および、「又曰く」として「三元塗炭の斎」、以上、合計十二法が挙げられている。この十二の法の中で、もっとも詳細で具体的な説明がなされているのは、最後の「三元塗炭の斎」である。ついで、第二の「洞玄霊宝の斎」の九つの法についても、記述のしかたに繁簡の差はあるが、それぞれの斎の目的と具体的な手順についての説明がある。それに対して、第一の「洞真上清の斎」については、具体性に乏しくわかりにくい。しかし、この「洞真上清の斎」が、実は『荘子』と関わりがある。その記述は本文と原注からなるが、本文の箇所のみ挙げれば、次のとおりである。

其の一の法。群を絶ち偶を離る。無為を業と為す。胃を寂にし、申を虚しくす。神を眠らし、炁を静かにす。形を遺《わす》れ体を忘れ、無にして道と合す。

其の二の法。影を孤にして豁を夷にす。(34)

非常に短い文であるが、本文に付された原注も参考にすれば、一番目の法は、要するに、朋友や妻子との交わりを絶ち、ただ一人でいるというもので、これは、無為を事とするものであり、食事をせず、「神」を眠らせ、「気」を静め、「形体」（身体）を忘却し、「無」になって「道」と合一するというものである。二番目の法も、一番目の法とほとんど違いはないようである。「無為を業と為す」とあるのは、次の「洞玄霊宝の斎」が「有為を以て宗と為す」（五b）とあるのと対応している。「洞玄霊宝の斎」として挙げられた九つの法が、壇や門、香火などを用意し、複数の人数で一定の日数の間、決められた手順どおりに行われるという具体的なものであるのに対して、この「洞真上清の斎」は、ただ一人で自己の内面と向き合って行われる精神的なものである。

「洞真上清の斎」は、その説明から見て、『荘子』の「心斎」「坐忘」に近いものであることをうかがわせるが、ここには、「心斎」「坐忘」という語そのものは出てきていない。それが出てくるのは、唐の孟安排が、隋末頃成立の『玄門大義』に基づいて編纂した『道教義枢』である。(35)『道教義枢』巻二「十二部義」に、次のようにある。

其の斎の功徳を論ずるに、凡そ二種有り。一は極道、二は済度なり。極道とは、洞神経に云う、心斎坐忘し、道を極むるに至ると。本際経に云う、心斎坐忘し、空を遊び飛歩すと。済度とは、経に依れば三籙七品有り。三籙とは、一は金籙斎。上は天災を消し、帝王を保鎮す。二は玉籙斎。人民を救度し、福を請い過を謝す。三は黄籙斎。下のかた地獄九玄の苦より抜く。七品とは、一は三皇斎。仙を求め国を保つ。二は自然斎。真を修め道を学ぶ。三は上清斎。虚に昇り妙に入る。四は指教斎。災を禳い疾を救う。五は塗炭斎。過を悔い命を請う。六は明真斎。九幽の魂を抜く。七は三元斎。三官の罪を謝す。(其論斎功徳、凡有二種。一者極道、二者済度。極道者、洞神経云、心斎坐忘、至極道矣。本際経云、心斎坐忘、遊空飛歩。済度者、依経有三籙七品。三籙者、一者金籙斎。上消天災、保鎮帝王。二者玉籙斎。救度人民、請福謝過。三者黄籙斎。下抜地獄九玄之苦。七品者、一者三皇斎、求仙保国。二者自然斎、修真学道。三者上清斎、昇虚入妙。四者指教斎、禳災救疾。五者塗炭斎、悔過請命。六者明真斎、抜九幽之魂。七者三元斎、謝三官之罪。)

(『道教義枢』巻二、二〇b〜二一a)

ここでは、斎の功徳を「極道(道を極める)」と「済度」の二つに分け、「極道」の説明として、『洞神経』と『本際経』を挙げ、その中に「心斎坐忘」という語が出てきている。この『道教義枢』の文とほぼ同じ記述が、法琳『弁正論』にも見える。(36)『道教義枢』と『弁正論』に言う「済度」の斎は、その名称に若干の違いはあるものの、陸修静『洞玄霊宝五感文』の「洞玄霊宝の斎」と「三元塗炭の斎」をあわせたものに相当し、「極道」の斎は、『洞玄霊宝五感文』の「洞真上清の斎」に相当すると見られる。つまり、『洞玄霊宝五感文』の「洞真上清の斎」に相当するものが、『道教義枢』と『弁正論』では「心斎坐忘」という語を用いて表現されていることになる。その説明として出てきている「空を遊び飛歩す」という表現は、まさに、『真誥』に見える真人たちのさま、あるいは、存思の道術を行う者たちが思い描く天上世界のさまを表す言葉であり、その点から見ても、この「心斎坐忘」の斎が、上清派道教を特徴づけるものであることを示している。『洞玄霊宝五感文』には「心斎」「坐忘」という語は出てきていないが、陸修静の意識としては、「洞真上清の斎」と『荘子』の「心斎」「坐忘」とが結びついていたと推測してよいであろう。

「洞真上清の斎」(「極道」の斎)と「洞玄霊宝の斎」(「三元塗炭の斎」を含める。「済度」の斎)の違いについては、『弁正論』の、「坐忘の一道は、独り生死の源を超え、済度の十斎は、同じく哀憂の本を離る」という文がよくまとめている。「心斎坐忘」で表現される「洞真上清の斎」は、ただ一人で道を修め、生死をも超越する高い精神的境地を目指す個人的・内面的な性格の強いものであり、一方、「済度」を主眼とする「洞玄霊宝の斎」は、すべての人々が共に悲哀憂苦を離れ幸福に近づくことを願って行われる集団的・儀礼的なものである。

もっとも、麥谷邦夫氏によって指摘されているように、六朝から唐初にかけての諸文献を見ると、斎の種類や名称について、必ずしも統一的に整理されてはいなかったようで、『太上洞玄霊宝業報因縁経』巻四(7b)持斎品や、『雲笈七籤』巻三七に引く『道門大論』などには、少し異なった説明が見られる。(37) 右に挙げた『道教義枢』と『弁正論』の文においても、「済度」の「七品」の一つとして「上清斎」という名称が挙がっており、これと「極道」の「心斎坐忘」の斎とはどういう関係にあるのか、ここだけではわかりにくい(後文参照)。

しかし、大きな傾向としては、六朝末から唐初の頃には、道教の斎を「洞真上清の斎」と「洞玄霊宝の斎」に大別することが行われ、「洞真上清の斎」は、『荘子』の「心斎坐忘」のようなものと考えられていたと見てよいだろう。そのような斎の分類の構想は、陸修静の『洞玄霊宝五感文』にまで遡る。上述のように、陸修静の活動の中心は、霊宝経を整理し、霊宝斎を整備することにあり、それを通じて、仏教の攻勢に対抗しうる道教を作り上げることを企図した。斎について言えば、陸修静が、衆生済度の大乗思想を基盤に置く霊宝斎に力点を置いていたことは、上述の『洞玄霊宝斎説光燭戒罰燈祝願儀』の文によって明らかであるし、『洞玄霊宝五感文』においても、自ら門人たちを統率して行った三元塗炭斎のほかに、「洞玄霊宝の斎」の九つの法について、かなり具体的に（実際には構想段階であったのかもしれないが）述べている。しかし、その一方で、その「洞玄霊宝の斎」の前に、いわば別格扱いのような形で「洞真上清の斎」を置いているところに、三洞の構想とも通じる、道教統合にあたっての陸修静の意図を感じ取ることができるように思われる。

厳密に言えば、霊宝経そのものの中に、すでに「洞真上清の斎」に通じるような内容の記述が若干見える。前節にも挙げた『太極真人敷霊宝斎戒威儀諸経要訣』の中に、「斎の時、皆　心は玄真に注ぎ、永く外想無し。……上士は道を室内に得。幽谷に処ると雖も、外想　一毫も絶たざれば、亦た徒労して力を損するのみ」（二一a）とか、「道士は遠く人跡を絶ち、静かに名山に棲み、是の長斎を修め、独り幽谷に処れば、則ち復た法師を選ばず、唯だ心は口と談ず。人間に是の斎を修めれば、道士は服食五穀、断ちて餌する所無きのみ」（二一b）などとあるのがそれである。これは、前節に述べたように、『太極真人敷霊宝斎戒威儀諸経要訣』が上清経に対して高い位置づけをしていること、換言すれば、上清経ないしは上清の思想をも霊宝経の中に取り込もうという姿勢で書かれていることと関係すると思われる。上述の、『道教義枢』と『弁正論』の文において、「済度」の「七品」の一つに「上清斎」という名が挙がっているのも、これと同様であって、霊宝経そのものの中に、すでに、上清経ないしは上清の思想を取り込もうとする動きがあり、それを承けて、「済度」の斎の一つとして「上清斎」が挙げられるに至った可能性がある。

しかし、陸修静はあえて、「洞玄霊宝の斎」とは性格の異なる斎として「洞真上清の斎」というものを別に立て、「洞玄霊宝の斎」よりも前に置いた。これは、麥谷氏が指摘されたように、「仏教側の塗炭斎攻撃に対するために、『荘子』の説を借りて、仏教の坐禅、観法に相当するものが道教にも存することを主張する」[38]という狙いがあった可能性が考えられる。

このように「洞真上清の斎」を一つのカテゴリーとして立てたことは、洞真上清・洞玄霊宝・洞神三皇の三洞のうち、洞真上清を最も上位に置き、三洞の名の下に道教を総括統合しようとした陸修静の考え方の、斎の面での現れと見ることができる。唐の李渤の「真系」(『雲笈七籤』巻五)では、楊羲→許謐→許黄民→陸修静→孫遊岳→陶弘景→王遠知→潘師正→司馬承禎→李含光の順に、上清の経籙が授受されたと述べられている。この系譜は、歴史的事実とは合わないものも含まれるのであるが、ともかく、このように陸修静が上清派の系譜の上に位置づけられるに至ったのは、道教の枠組みを定めた三洞についての、陸修静のこうした考え方が関係していると見られる。そして、陸修静が三洞の上位に置いた洞真上清は、これまで述べてきたように、真人の世界という発想や心斎坐忘の修養法など、『荘子』の思想に基づく部分が多い。そういう点から見ても、陸修静は『荘子』の思想を重視し、道教の重要な一部分として積極的に取り入れたと言えるのである。

おわりに

本章では、六朝道教の中に『荘子』がどのように取り入れられていったのかという問題を、『真誥』と霊宝経と陸修静の三者に焦点をあてて考察した。六朝道教の中に、『荘子』が取り入れられていった過程に目を向けることを通じて、六朝道教の展開の様相が鮮明に浮かび上がってくる。

『真誥』においては、上清派道教の独自の宗教的世界観である仙・人・鬼三部世界の中で、最も上位を占める真人という存在のあり方が、『荘子』の逍遥遊の思想と万物斉同の哲学を用いて説明され、得道のための方法として上清派が重視した存思の道術では、『荘子』の「心斎」「坐忘」の思想と通じる考え方が見られる。そもそも、『荘子』の思想は、個人的・天上志向的(超越的)で心のあり方を重視する上清派の思想とは、親近性があると言えよう。

上清派にやや遅れ、仏教思想を多く吸収して作られた霊宝経では、「身神並一」の「真身」に至るための修道の過程において、『荘子』の「兼忘」という語が、重要な意味を付与されて用いられている。これは、同時代の仏教において悟脱の境地が「兼忘」という語で表現されていることを意識している可能性がある。また、荘周という人物についても、『真誥』では昇仙して仙官となったと記されていたのが、霊宝経では、仏教の本生譚を模して、荘周の前世物語が作られている。集団的・地上的（現世中心的）な性格の強い霊宝経の思想は、『荘子』の思想とは本来、遠いように思えるが、霊宝経における『荘子』の受容は、いわば、中国仏教（老荘の語を多く用いて漢訳され、老荘思想を介して解釈された仏教）を経由してのものという面が強いと考えられる。

五世紀において道教の統合を図った陸修静は、『荘子』を積極的に道教の中に取り込もうとした。仏教側からの道教批判に答えた言葉や、霊宝斎についての説明の中に、『荘子』の語句が、やや強引な解釈をして用いられているところに、それはうかがわれる。陸修静が道教統合の枠組みとした三洞の考え方は、『荘子』の思想に近いものを多く持つ洞真上清を上位とするものであり、また、三洞のうち、陸修静が道教の実質的な中心とした洞玄霊宝はすでに、『荘子』の思想を尊重し、荘周を神聖化する考え方が織り込まれたものであった。このような形で、『荘子』は六朝道教の重要な要素となっていったのである。

第二篇　天尊像考

第一章　隋代の道教造像

はじめに

道教において最高神の形像を造ることが始まったのは、文献資料によれば、五世紀、南朝では宋の陸修静、北朝では北魏の寇謙之の頃からとされており、現存する道教像としては、陝西省耀県の薬王山博物館に所蔵する北魏太和二十（四九六）年の姚伯多造皇老君像碑をその代表例として、五世紀末頃以降のものが見られる。これら六朝時代の道教造像については、かつて、その全般的状況を概観するとともに、特に、造像記に焦点をあてて、宗教思想史的な視点からの考察を行ったことがある(1)。

本章は、この前稿をふまえて、隋代の道教造像について考察を試みるものである。まず、第一節では、現在残っている隋代（五八一〜六一八）の道教像の全体的な概要を紹介する。ついで、第二節では、隋代の道教像の中で最も注目される男官李洪欽等造老君像碑について詳しく見ていくことにする。最後に、第三節では、隋代にはその数も増えていた道観との関わりに目を向けて考察を行うことにしたい。

一　隋代の道教像とその特徴

はじめに、現在残っている隋代の道教像として、これまでにさまざまな形で紹介されているものを一覧表の形で載せておくことにする（表1）。この中には、像が現存するものの他に、拓本だけ残っているものや、金石関係の資料に銘文だけ残っているものも含んでいる。(2)

表1　隋代の道教造像

名称	紀年	造像記	備考
1. 道民恵熾造像	開皇二年（五八二）	「開皇二年歳次壬寅三月甲辰五二（日）、□中夫玄大道魏（衛）士、有道民恵熾、減割家珍、□山果石、造石像一区。上為皇帝国王、下度七世父母、所生父母、因縁眷属、善同滅道。息男無纂。長女明月。息女任女。息女□□。□□□□」（背面）「□祖恵韶。□祖□□」（正面）「祖父恵□。父先徳。母李娥朱。像主恵熾」（右側）	西安碑林博物館蔵
2. 開皇二年銘道教像	開皇二年（五八二）	「開皇二年三月五日造□道□……主簿□大□川従事……」	西安市南郊出土　西安市文物保護考古所蔵
3. 開皇二年銘銅像	開皇二年（五八二）	「開皇二年三月十日天尊」（正面）「弟子□里□□」（右側）「西為七世父母所」（背面）「生父母造像一区」（左側）	
4. 道民范匡謹造老君像	開皇二年（五八二）	「開皇二年歳次（壬）寅四月庚辰、□道民范匡謹、減割家珍、敬造石老君一区。願七世父母、見在眷属、感（咸）同□□□善願元府朝□□。兄子亮一心供養。母劉秀□一心□□。□□草一心供養」（右側）「息菩木一	陝西省耀県出土　薬王山博物館蔵

		心供養、妻劉華□一心供養」（左側）	
5. 開皇二年銘像	開皇二年（五八二）	「大隋開皇二季□□□□□□□、寄形□相、大功玄化、玄化難名。粤有□門□□焦□□孫如□字妣□蹔見□容倐□襁褓□□之□□母□□□□悲願□昇□永超□籙、邈□霊相、託彼勝□、永賛勝□□□……」	
6. 開皇二年銘像	開皇二年（五八二）	「王錡達一心供養、為家□大□。開皇二年三月七日成」	薬王山博物館蔵
7. 開皇三年銘像	開皇三年（五八三）	「夫善自作福、冀福長隆、成信契庶心員朗心者。弟子韓仁楷、往因参省、届及相州、巡歴追遊、遂事堯成県下、偶逢長者因行、捨浄財之五百、虔造尊容。当即契言、却来営造。何期至家、慈親奄背。□懐愧畏、無処由心。故遠訪匠至遠□報田文功徳。大隋開皇三季歳次戊申。正月朔八日壬辰成□。韓仁楷□王。別施□仏」	
8. 道民白顕景造道像	開皇三年（五八三）	「開皇三年歳次在癸卯三月己亥廿三日辛酉」（右側） 「道民白顕景発心造道像一傴、為七世父母、家内大小、願国主□」（左側） 「康人民安楽、合国□庶、一切衆生、一時成道。妻劉□、息洪善□磨、息長恭、造像人司馬法」（背面）	陝西省彬県出土 西安碑林博物館蔵
9. 道民□進栄造老君像	開皇三年（五八三）	「開皇三年四月五日、道民□進□造老君像壱□、為家口大小」（左側） 「仵進栄。妻房□如。息文朖。息衣伯。女磨□。女阿□」（正面） 「父善徳。母迪男。弟栄口」（右側） 「妹崇妃。妹阿石。侄子尚。□黒奴」（背面）	三原県博物館蔵
10. 清信女王雙姿造老君像	開皇三年（五八三）	「開皇三年歳次癸卯五月戊戌朔十五日壬子、清信女王雙姿、仰為亡夫、敬造老君像一区」（正面） 「藉斯□善、願法界衆生、渡十二縁河、同□四流、斉昇□□」（右側） 「息女華男、息男士恭、亡夫昊明□　兄章昊□□」（左側）	フリア美術館蔵
11. 道民趙法護造無	開皇三年	「開皇三年七月八日、道民趙法護、仰為亡□□及一切衆生、敬造無上天	

上天尊像	（五八三）	尊象一区」	
12．開皇三年銘像	開皇三年 （五八三）	「□□道□以達□□里以日□難留毛□集、遂発誠心、採宝石於玉山、雇妙手、善出於□想。願□世父母」（正面） 「□□彼岸。大隋開皇三年歳次癸卯閏月乙未朔十二日丁未造訖」（右側） 「娙（下残）、息女木□、妻厳莫□、像主毛□、亡兄双慶、大兄慶□、□□□□」（背面） 「□伯毛五郎、次伯毛阿燭、次伯毛奴□、伯父毛阿奴、祖毛迪興。□祖毛□□」（左側）	薬王山博物館蔵
13．道民王法洛造老君像	開皇五年 （五八五）	「開皇五年十一月十日、道民王法洛、上知天堂之可登、下知地獄凄惻之可背（悲）、減割家珍、敬造石老君像一区。願皇□□□祚□延日月□明、七世父母及現在眷属、普成仏道」（背面） 「道民王法洛、妻□黒女。兄□当。妻張□子。息海岳。息□興。息双興。息双貴」（正面） 「高祖広武。祖父買奴。父徳□。息祚□。息祚勝。息□□妃。侄道業。侄白端。侄仁貴」（両側面）	西安碑林博物館蔵
14．道教坐像	開皇五年 （五八五）	「□皇□□□□□己七月□□朔十四日、巳巳造訖」（左側） 「夫至道虚玄、□雕麗図其容、真宗凝寂、匪工能写其□。故託采□□、刊崇名□、感元始以応□□、体五老□□太上、既□形苑郁□□□□□」（正面） 「□□霊（？）像。上為皇□□僚、下□□□母子娙男□定理、見存□□□生、咸□□□、倶成□□」（右側）	薬王山博物館蔵
15．開皇五年銘老君像	開皇五年 （五八四）	「（上残）匯、（上残）元鳳、祖母恵要香、邑子緱賭女、□緱□容。□□祖緱平□、邑子、邑子緱也奴、邑子緱阿起、邑子緱子孫」（正面） 「邑子李純、□□李珍、（上残）洛」（左側） 「（上残）然非天眼不識、妙（下残）、（上残）弁不暢、計崇真果非行（下残）、（上残）行純愚、未識至真之理、又想（下残）、（上残）開皇五年七	薬王山博物館蔵

		月、衷忽発道（下残）、（上残）老君象一区、上為歴劫（下残）、（上残）眷属朋友、知識一切（下残）、（上残）征与成正道。（上残）朔廿三日甲戌造□」（右側）	
16. 道民袁神蔭造天尊像	開皇六年（五八六）	「至道□□、非□□□通妙裏、化被辺周、非形無以顕其質。今有道民袁神蔭、故能減割資材、為二□□□□息洪□及世□□、見在家門、并内外□□、造天尊像一区。開皇六年正月卅日造□」（左側） 「魯正東将軍汝侯□□祖諱釘、千人軍将、本県□。次祖諱興、千人軍将、□□。父諱進、千人軍将、監□□。兄祖梁、先祖親三、次祖親姜、母孫小鳳、像主袁神蔭□広州刺□」（右側）	陝西省耀県出土薬王山博物館蔵
17. 洞玄弟子正忻造像	開皇六年（五八六）	「□□孝者、善継人之志、善□人之事。亡人先発弘願、□敬成之、敢陳勝業。乃作□云、 □宗靡極、道法何源。其終□末、其始無先。玄〻絶学、□〻忘言。虚无万古、寂魄□千。洪鍾応扣、響振周年。□□一字、耳画三門。星珠□□、月桂猶□。□車行空、□駕飛仙。道徳経首、希夷□容。三鳥飜颺、九井□蹤。□祠曲里、庿享濯龍。全身□写、相好無窮。懃心懃敬、□真慕聖。奉資　王矣、□□益詠。 　大隋開皇六年七月十五日、前上士州従事国子助教彭城県開国男洞玄弟子正忻敬造」	北京図書館（拓）
18. 道民蘇□遵造老君像	開皇七年（五八七）	「大隋開皇七年六月甲辰朔廿九日壬申、道民蘇□遵、敬造老君一区。上為七世父母、所生父母、依縁眷属、一時成道」	ボストン美術館蔵
19. 男官李洪欽等造老君像碑	開皇八年（五八八）	「夫玄宗邦湛、遼廓欲其空無、至道沖融、□心於三界苦空之式、非聖容不悟常理、□念含生、慈悲普覆。今有都化主李洪欽合邑等、知善可崇、知悪可捨、仰得聖旨、遠調名師、敬造老君石像一軀。今得成□□、為皇帝陛下、下及法界含生、所生父母、因縁眷属、倶時成道。開皇八年太歳戊申二月八日造」 「大化主男官李洪欽、大象主蔡妻洞神女官陳洪□、邑師洞神弟子焦玉□、	山西省芮城県博物館

			□□象主洞玄弟子焦□□、大邑主洞玄弟子焦子尚、都開光明主三洞法師楽玉妃」「□□□男□貴供養、邑正男官李合□、□□□主焦□□供養、泥陽県開国伯□□□□□□、□□男官焦□□供養、□□大塔主□□洞玄姚真□」 「洞玄弟子焦□□、開明主洞玄女官姚□□」「都幡主尚事洞玄□□男」 「□□像主男官□□□、□像主洞玄弟子焦□□」（下文参照）	
20.	楊阿祖造老君像	開皇八年（五八八）	「開皇八年歳次壬申三月庚午朔廿三日、楊阿祖為□祖并父母造像一区」 「祖父新除給事中陵□侍軍楊龍標」「老君主楊阿祖」	フィールド自然史博物館蔵
21.	開皇八年銘道教像	開皇八年（五八八）	「開皇八年十月四□□弟子□□□為」（正面） 「七世父母、所生父母、眷□□及一切衆生、敬造□□□一区」（右側）	書道博物館蔵
22.	道民徐景輝造四面像碑	開皇八年（五八八）	「父徐黙□」「母毛羅束」「道民徐景暉一心供養。妻魏薩妃一心供養。弟暉祭一心供養。堂兄洪暉一心供養。姉洪妃一心供養。妹小女一心供養」 「夫大覚玄監、非大明無以照。是以道民徐景輝、知□常身命、敗壊□惻、抽減家珍、為□造四面像一区。□為皇帝陛下、□僚百官、又為師□及七世父母、法界□生、因縁眷属、□登此福、倶成□上大道。開皇八年□□丁未┃月□□」（以上、正面） 「伯父□□□一心供養。伯父□□一心供養。伯父鑾□□一心供養。祖父□□□」「姪女春葉一心供養。□□張定香一心供養。祖母□□」（背面） 「息女芙蓉一心供養。息女苟女一心供養。息女阿姑女一心供養。息女金瑣一心供養」（右側） 「息乾緒一心供養。息乾穆一心供養。姪乾興一心供養。姪永興一心供養」（左側）	薬王山博物館蔵
23.	道民□宗□造像	開皇九年（五八九）	「大隋開皇九年歳次己酉四月十五日、道民□宗□、為亡父母、敬造石像一区。願七世父母、所生父母、見在眷属一切衆生、常与善會。亡父□□盪　□□郡功曹馬令県功曹魏朝挙士亡親李□資」	ボストン美術館蔵

24. 道民□昭礼造像	開皇十一年（五九一）	「開皇十一年歳次辛亥正月甲申朔十五日戊戌、道民□昭礼、為□亡七世父母、□所生父母、祖□起妻夏侯、父母□□果僧妃、叔阿□妻夏侯」	
25. 道民孔鉞造老子像	開皇十一年（五九一）	「開皇十一年十月、道民孔鉞造老子像一軀、□徳」	山東省博興出土
26. 開皇十一年道教像	開皇十一年（五九一）		四川潼南大仏寺
27. 道民田胡仁造老君像	開皇十二年（五九二）	「開皇十二年十一月廿八日、道民田胡仁、為七世父母所生父母因業、造石老君一区。願合家大小、願得同修十地、寿同菩提。□□阿康」	
28. 道民輔道景造天尊像	開皇十三年（五九三）	「(開) 皇十三年□次八月己巳朔八日丙子、道民輔道景為亡母敬造天尊像一区。亡者託生西方妙洛国社、上品往生、及為七世所生父母、因縁眷属、上為国主人王、普同□願、一時成道」（背面） 「道民輔道景。弟道猶。弟道□。姪洪略。姪仕略。息仕延。姪開黄。妻劉□。嫂□□」（正面） 「道女□□、景女玉孃。女玉媚、女玉□。猛女敬□、女要□、女迎□、女男□。尚女益孃、女男孃、妹暉□」（左側） 「□□□□猷部、亡母王阿其、亡兄輔道□、祖父輔万奪、曽祖輔凹胡、高祖輔道□、六世祖輔難、□世祖輔□」（右側）	薬王山博物館蔵
29. 道民任承宗造元始天尊像	開皇十五年（五九五）	「大隋開皇十五年歳次己卯正月十五日、有道民任承宗、減割家財、仰為七世所生父母、合門大小、敬造元始天尊像一区。今得成就、□□従心、倶登正道」（背面）。 「像主任承宗一心。父道□一心。母韓敬男。□韓孃子」（正面）。 「男神賔一心供養。任承宗一心供養」（左側）	
30. 劉大睿造天尊像	開皇十五年（五九五）	「(上残) 年太歳乙卯正月□□□廿七乙酉。夫茲□□□、妙理沖虚、豈形相可既□□□精之所詓寄、是以□那□容、刻玉□於天尊、□軍陽烏金容於太上。□玉八□之樹、応慧葉之□文、明珠七色□林、□玄□赤簡。今	薬王山博物館蔵

		有清信□民劉大睿、劉道孫兄弟、幼年□□宿慧、幽深妙体、有无洞明□□奉。為亡祖母、亡父、亡叔敬造□天尊二区。尽師絶思、窮彫□」（右側） 「□。□□超三界、采五色之飛転。□奉七真、駕九光之□重。以是□徳願福□家門、功流□在、生生出世、永作□□。生身受身、恒為眷属、三塗五苦、善頼斯恩、六趣四生、同登上徳。七世祖劉乾駕、北地郡守曽祖劉蓋□和□□。祖母郭要□、門師□□、儀同三司富□県開国子□□」（背面） 「弟□□、亡妹公主、妹道妃、妹道女、妹道貴」（左側）	
31. 道民梁智造無上天尊像	開皇十六年（五九六）	「開皇十六年三月廿一日、道民梁智、為忘息造無上天尊像一区」	
32. 道民滕欽造天尊像	開皇十六年（五九六）	「開皇十六□四月廿日、道民滕欽、為家内大小、敬□天尊一区。□□父曠野将軍殿□司馬帰洛。伯父洪暉」（正面） 「亡母龐富女。妻劉阿妃。友武」（左側） 「男什和。男黙奴。男杦□。男小□。男阿老。男阿陸」（右側）	
33. 道民蔡仕謙造元始天尊像	開皇十六年（五九六）	「大隋開皇十六年歳次丙辰十一月庚戌朔廿一日庚午、有道民蔡仕謙、遂減割家□憑大道、為七世所生父母及合門大小、敬造元始天尊石像一区、今得成就。願願従心、□□正道」（背面） 「像主蔡士謙一心。父世達一心。母侯仲暈。妻趙思好」（正面） 「茂妻侯志委」（右側） 「弟仕茂一心。男洪礼一心。男洪紹一心。茂男礼合一心」（左側）	
34. 道民魯昌造天尊像	開皇十七年（五九七）	「開皇十七年六月十五日、道民魯昌、□心出於願、咸割家珎、七世父母、為家口大小、敬造天尊像一駈。弥勒出世、願在□□」	
35. □民王長願造道像	開皇十八年（五九八）	「大隋開□□八年歳□□午、夫□□□然理本□□応身三界、是以民王長願、為亡□□□敬造道像一区。願亡者託生西方、神生浄土」（正面およ	薬王山博物館蔵

		び右側）	
36．道民□石鳳無上□□像	開皇十八年（五九八）	「□□十八年次戊□三月壬申朔三日甲戌、信道民□石鳳、□□大小、□尊修善、為亡弟外□敬造無上……」（正面および右側）「□□来□□、同成正□」（左側）「父母敬□□□過」（背面）	薬王山博物館蔵
37．道民劉子達造老君像碑	開皇十九年（五九九）	「……椁、非道無以表其質。□道民劉子達、乃能減割家財、為亡弟子□敬造四面老君一区。上及主延祚無窮、万方帰化、下及七世父母、因縁眷□、減保福縁、下及法界衆生、一時成仏。開皇十九年歳次己未二月八日造訖」	陝西省耀県出土 薬王山博物館蔵
38．道民孫栄族造像碑	開皇十九年（五九九）	「……祖馬□□、父馬生。夫至道空玄、非称述能宣。法身□非察擬真。是以道民孫栄族、□（竭）珍、造石像一区。上為天王、中及父母、所生父母、因縁眷属、普同。開皇十九年六月□□（五日）造訖。□妻褚男妃。善妻孫金香」（右側）「道民孫和□。妻楊長苯」（正面）「馬歡。母姚豊□。姉馬高姫。姉馬高姫。姉馬虫姫。息女、息女阿」（左側）	薬王山博物館蔵
39．道民楊能造老君像	開皇年間	「開皇□年四月八日、道□楊能、減割家珍、造老君一区。上為国主人王、師□人□、□□眷属、□□大小、法界衆生、一時□道」（正面）「進妻皇甫阿□。妾張善□。徳妻王清□。妻朱□。□□□」（左側）「道民楊能、弟山虎。息道徳。姪道進。姪道暢。孫師子。孫子元」（右側）「父阿陵。母韓女敬。息道宣」（背面）	薬王山博物館蔵
40．道民魏□相造道像	仁寿元年（六〇一）	「仁寿元年二月□日、道民魏□相、為亡息□仁造」（右側）「道像一区」（背面）	
41．大業三年銘天尊	大業三年		

像	（六〇七）		
42. 道民上官子華造天尊像碑	大業四年（六〇八）	「大業四年歳次毋臣九月新□朔、道民上官子華、為皇帝陛下、七世父母、為妻孫□、自作天尊像□区」（背面） 「道民上官仕貴。道民上官子華。孫華朦。上官保禄」（正面）「貴妻李。女命□」（右側）「上官智徳。上官仕開。上官仕端」（左側）	薬王山博物館蔵
43. 三洞道士黄法暾造天尊像	大業六年（六一〇）	「大業六年太歳庚午十二月廿八日、三洞道士黄法暾、奉為存亡二世、敬造　天尊像一龕。供養」	四川省綿陽市西山観 北京図書館（拓）
44. 周文明造道教三尊像	大業六年（六一〇）	「仏弟子周文明」「亡姑託生仏国」「大業六年歳次庚子」	フィールド自然史博物館蔵
45. 大業六年道教像	大業六年（六一〇）		四川潼南大仏寺
46. 女弟子文託生母造天尊像	大業十年（六一四）	「大業十年正月八日、女弟子文託生母、為兒託生、造天尊像一龕。願生長寿子、福沾存亡、恩被五道。供養」	四川省綿陽市西山観
47. 仏弟子李通国造天尊像	大業年間	「大業□年四月□日、仏弟子李通国為亡父見存母敬造天尊一区。弟舎国、弟相国、弟定国、姉磨女、妹参孃、妹□□、侄女長委□、甥□□□□□□□、侄女五媚□□長輸、侄女媚委、侄阿甑、侄女媚僧、通妻貴親、舎妻□□」	山西省運城市出土
48. 録生杜龍祖造像碑	隋代	「録牛杜光祖。（光妻）劉。息善王。息阿令。息胡仁。令妻□。仁妻□」 「録牛杜龍祖。龍妻王。龍妻彭。息道隆。息道慶。慶妻皇甫。息伯達。妻李。息道勝。息五勝。息道珍。息国?。息□幸。息国達」 「録生杜隆。隆妻胡。息阿神。妻梁。息乾太。妻皇甫。女阿主。□阿妃。□□妃」 「録生杜□。息杜利。利妻王。息杜興。興妻□。息□喜。孫栄世。孫延魯。孫延伯」（以下、供養者名多数、省略。「師」「像主」「化主」「邑主」「邑正」「典坐」「邑子」などの文字あり）	西安碑林博物館蔵

49. 道民陽暵先造□老君像碑	隋代	「……夫大道聖慈、光覆万方、道民陽暵先、造□老君一区。為七世所生父母、家口大小、無病長受（寿）、生生世世、得離苦難、値伏聞法、減（咸）同賜（此）願」「清信女子□、道民陽仵、道民陽定国」（以上、背面） 「像主陽暵先。道民陽道和。道民陽道祥」（右側） 「清信王女□。息女陽勝□。息女陽女資」（左側）	薬王山博物館蔵
50. 無銘道教白玉石像	隋代		
51. 無銘道教銅像	隋代		
52. 劉男俗造像碑	隋代	「迴姪女敬、像主劉男俗、亡夫李迴生、迴妹□女」（正面） 「従女女好、姪□騎、迴父道憲、叔父道従、迴弟光生、弟阿常。騎弟景和、騎妻魏□、迴女魔女、騎息乃先、息□□、迴息王□」（背面） 「□息女□妃」（右側）	薬王山博物館蔵
53. 四龕三尊式残造像碑	隋代		薬王山博物館蔵
54. 錡氏造像碑	隋代	「父錡□□、母王□□」（正面） 「六世祖錡顕□、五世祖錡元輔、四世祖錡伯達。息進□」（左側） 「妻上官善□□□七年（下残）」（右側）	薬王山博物館蔵
55. 呂豊和造像	隋代	「母張真姜、父呂萇生、祖婆、祖呂双羽」（左側） 「像主呂豊和、妻問姫妃、息仕□、□妻雷魯妃」（右側）	薬王山博物館蔵
56. 王龍姫造仏道像碑	隋代	「都化主夏侯良、都化主張僧婆、都像主王龍姫、化主夏侯雲集」（以下、供養者名多数、省略）」（正面、背面、左側） 「□□真妙理幽邃□□□□□景見百□十方无辺、有能了然遍覚群心善悪軽重。是以合邑一百七十人等□□□」（右側）	薬王山博物館蔵

57. 楊洪義造仏道像碑	隋代	「南面都花主□三龍、南面火都花主鄧保師。南面都典録□□□、南面都像主□□高、南面都典雷道□（以下、供養者名多数、省略）」（正面、左側、右側） 「北面花主閻和達、北面花主魏苟女。北面像主楊洪義、北面像主雷小豹、北面典録梁阿醜、北面典録紹阿金（以下、供養者名多数、省略）」（背面）	薬王山博物館蔵
58. 仏道造像残碑	隋代		薬王山博物館蔵
59. 仏道造像残碑	隋代		薬王山博物館蔵
60. 無銘道教像	隋代		薬王山博物館蔵
61. 道民王延造像	隋代	「父工顕、母呂阿娖」（左側） 「道民王延、妻李阿□」（右側） 「息女厳妃、息女花妃」（背面）	薬王山博物館蔵
62. 中龍残造像	隋代	「郡守五郡常□（下残）、輔国将軍中龍」（正面）	薬王山博物館蔵

表1に示したように、現在残っている隋代の道教像としては六十二例を数えることができる。前稿で考察の対象とした六朝時代の道教像六十五例の上に、前稿脱稿後に明らかになった三例[3]を加えた六十八例を今、六朝時代の道教像の像例と考えると、六十二例という数は隋代三十七年という短い期間の割には多いと言えよう。しかし、六朝時代には姚伯多造皇老君像碑、蔡氏造太上老君像碑、姜纂造老君像碑、李元海等造元始天尊像碑など、注目すべき内容を持つ長文の銘文が刻まれているものがあった（これらの銘文については前稿参照）が、隋代の道教像にはそれらに匹敵するような銘文は見あたらない。ただ、隋代の道教像の銘文を六朝時代のそれと比較してみると、いくつかの点で興味深い事柄が指摘できる。そこで、本節では、隋代の道教像の像の名称、造像主の肩書き、祈願文の内容について、南北朝時代のそれと比較しながら概観しておきたい。

まず、像の名称であるが、銘文の中に「老君」像であることを記すものは十二例（表1の4・9・10・13・15・18〜20・27・37・39・49番）、「天尊」像であることを記すものは十例（表1の16・28・30・32・34・41〜43・46・47番）である。また、「元始天尊」像であることを記すものが二例（29・33番）あり、「無上天尊」像であることを記すものも二例（11・31番）ある。その他、「道像」と記すものが三例（8・35・40番）、「老子像」と記すものが一例（25番）ある。これを六朝時代の道教像六十八例の場合と比較するために、見やすいように対照表の形で示しておくと表2のようになる。

表2　像名対照表

	六朝	隋
老君像	7	12
太上老君像	2	0
老子像	1	1
天尊像	2	10
元始天尊像	1	2
無上天尊像	0	2
道像	2	3
大道像	1	0
太上道君像	1	0

六朝時代の道教像の銘文には像の名が記されていないものが多数を占めていたのであるが、隋代になると約半数のものに像の名が記されている。六朝時代と比べた時の隋代の顕著な特徴として注目されるのは、「天尊」像の増加である。銘文に記された隋代の道教像の名として最も多いのは六朝時代と同様に「老君」像であるが、顕著な増加を見せているのは「天尊」像の方であり、六朝時代には二例しかなかった「天尊」像が、隋代には十例に増えている。この上に、「天尊」像のヴァリエーションの「元始天尊」像二例と「無上天尊」像二例を加えれば十四例となり、「老君」像の十二例よりも多くなる。隋代には、六朝時代以来の道教像の主たる名称であった「老君」像という呼び方と並んで、「天尊」像という名称が一般的になってきたということがわかる。なお、実際の道教像の様式は、像の名称による違いは見られないようである。東京都台東区立書道博物館に所蔵する開皇八年銘の道教像（表1の21番）の写真を挙げておこう（図1）。これは銘文に像名を記していないものであるが、三尊像か否かという違いを除けば、像の様式は、清信女王雙姿造老君像（表1の10番。図2）や道民任承宗造元始天尊像（表1の29番。図3）とよく似ている。

次に、造像主の肩書きに目を向けよう。隋代の道教像の造像主の肩書きとして最も多いのは「道民」であり、こ

図 1　開皇八年銘道教像

図 3　道民任承宗造元始天尊像

図 2　清信女王雙姿造老君像

表3　造像主の肩書き対照表

	六朝	隋
道民	19	28
道士	4	0
録生	4	1
男官	3	1
女官	1	0
三洞法師	1	1
三洞道士	0	1
洞玄弟子	0	2
洞玄女官	0	1
洞神女官	0	1
洞神弟子	0	1
女弟子	0	1
清信士	2	0
清信女	0	2
清信弟子	1	0
仏弟子	3	2

れは隋代の道教像六十二例のうち二十八例に見える（表1の1・4・8・9・11・13・16・18・22～25・27～29・31～40・42・49・61番）。その他に、「清信女」（10・49番）・「仏弟子」（44・47番）・「洞玄弟子」（17・19番）がそれぞれ二例、「録生」（48番）・「男官」（19番）・「三洞道士」（43番）・「洞玄女官」（19番）・「洞神女官」（19番）・「洞神弟子」（19番）・「三洞法師」（19番）・「女弟子」（46番）がそれぞれ一例である。これを六朝時代の道教像六十五例の場合と比較するために、やはり対照表の形で示しておく（表3）。対照表に記した数字は、その肩書きが銘文に出現する総数を示すのではなく、その肩書きが出てくる像の数を示している。造像主の肩書きは一つの像に一種類だけとは限らず、二種類以上出てくる場合もある。

造像主の肩書きとして圧倒的に多いのが「道民」であることは、六朝時代と隋代を通じて同じである。それ以外の肩書きについては、像例がいずれも少数であり、今後の調査・研究によって、別の解釈を必要とする新たな像の存在が明らかになる可能性もあるが、現在のところ、管見に触れた範囲内の道教像に限って言えば、銘文に見える造像主の肩書きに関する六朝時代と隋代の共通点・相違点について、次のようなことが指摘できるであろう。まず、共通点としては、「道民」という肩書きが圧倒的に多いことのほかに、隋代においても六朝時代と同様、造像主の肩書きに「仏弟子」とある例が、少数ではあるが見えることが注目される。このように道教像の造像主が自らを「仏弟子」と称していることについては、六朝時代においては仏像と道教像の境界がきわめて曖昧であること、その背景として仏教と道教を連続し共通するものとして捉えていた一般民衆の宗教意識が存在していたことを、前稿において指摘したが(4)、そのような傾向が隋代に至ってもなお続いていることがわかる。一方、六朝時代と隋代の相違点としては、道教教団の中での位階を示す肩書きが増えていることが注目される。六朝時代の道教像には、「道士」「録生」「男官」「女官」という語が単独で出てくることが相当数あったが、これが隋代にはきわめて少なくなり、それに代わって、それらの語の上に「三洞」「洞玄」「洞神」を冠する形のものが出てきている。もっとも、「三洞法師」という肩書きはすでに六朝時代の道教像にも見えたのであるが、隋代にはその他に「三洞道士」「洞玄弟子」「洞玄女官」「洞神女官」「洞神弟子」という語が出てきているのである。このような位階を示す語が刻まれている道教像として注目されるのは、男官李洪欽等造老君像碑（表1の19番）である。表3に挙げた「三洞法師」「洞玄女官」「洞神女官」「洞神弟子」の一例というのは実はどれもこの像碑のことを指している。この像碑には比較的多くの銘文が刻まれていて、現在のところ、隋代の道教像の中で最も注目すべきものであると思われるので、次節において詳しく考察することにしたい。

図4 道民輔道景造天尊像（背面）

次に、隋代の道教像の造像記に書かれた祈願の内容について見ていきたい。結論から言えば、祈願文の内容は六朝時代の道教像と同じである。つまり、「上は皇帝陛下のため、下は七世父母、所生父母、因縁眷属、家内大小のために」この像を造り、それによって「一切衆生がともに成道できることを願う」という内容である。「亡くなった肉親某々のために」ということを明記しているもの（表1の10・11・17・23・28・30・31・35〜37・44番）は言うまでもないが、明記していないものであっても、大半のものが死者供養・祖先祭祀のためということが造像の直接の契機であると考えられる点も、六朝時代の道教像と同じである。また、祈願文の中に仏教語が多数織り込まれたり、

「……無病長受（寿）、生生世世、得離苦難……」（表1の49番）のように霊宝経と共通するような現世的な願望を示す文が見えるのも、六朝時代の道教像の場合と同じである。南北朝時代においてすでに道教像の造像記の祈願文の書き方がパターン化されており、それが隋代にもそのまま用いられたと言えよう。

そういう中で、あえて隋代の道教像の祈願文の特徴を指摘するとすれば、六朝時代と比べて、弥勒信仰を示すものが減り、それに代わって、西方浄土信仰を示すものが増えていることが挙げられる。六朝時代の道教像の中で弥勒信仰が見えるものは六例あったが[5]、隋代では「道民魯昌造天尊像」（表1の34番）の一例のみである。一方、西方浄土信仰は、六朝時代では「願生西方妙楽国土」という文が見える「夏侯僧□造像碑」の一例のみであったが、隋代には二例見える。「亡者託生西方妙洛（楽）国社（土）、上品往生」という文が見える「道民輔道景造天尊像」（表1の28番、図4）と、「願亡者託生西方、神生浄土」の文が見える「□民王長願造道像」（表1の35番）がそれである。よく知られているように、龍門石窟などの石窟造像の研究により、中国仏教徒の一般的な信仰対象が六朝時代の釈迦・弥勒信仰から、唐代には阿弥陀・観世音信仰へと変化していったことが指摘されている[6]。像例の絶対数がそもそも少ないために明確なことは言えないが、相対的に見て、隋代の道教像が南北朝時代のそれと比べて、弥勒信仰が減り、西方浄土信仰が増えているのは、仏教の側のそうした変化をある程度反映していると見ることが可能であろう。

二　男官李洪欽等造老君像碑

男官李洪欽等造老君像碑は、一九八八九年に李自譲・李天影・趙家有「芮城県博物館収蔵的部分石刻造像」（『文物季刊』一）によって初めて紹介され、二〇〇三年に香港大学美術博物館で開催された道教文物展の図録『観妙観徼山西省館蔵道教文物』にはその拓本写真が掲載されている（図5・6）。[7] 今、李自譲・李天影・趙家有「芮城県博物館収蔵的部分石刻造像」によって、この像碑の概要を記しておこう。

この像碑はもともと芮城県の県城の西三十五キロメートルのところに埋まっていたが、一九八七年に芮城県博物館に収蔵された。碑の材質は青石で、碑身と碑座の部分に分かれており、碑身の高さは一六〇・五センチメートル、幅四四センチメートル、奥行き一七センチメートル、圭形の碑頭には四面に飛天や蓮華などが浮き彫りされている。

図5　男官李洪欽等造老君像碑（正面・右側）

碑身の上部の龕内には太上老君盘坐像(8)が彫られ、二真人が合掌して両側に侍立し、傍らには二頭の獅子が蹲っている。龕の外には垂れ幕が浮き彫りされている。背面の龕内には右手に符を持ち、左手を几によせる天尊の坐像が彫られ、二真人が手に符を持って両辺に侍立し、前方には蹲った獅子が彫られている。碑身の両側にはそれぞれ小さな仙龕が彫られていて、各々に天尊坐像が造られ、右側の二真人は合掌して侍立し、左側の二真人は両手に符を持って侍立している。それぞれの前方には蹲った獅子と宝炉がある。碑身中部の四面には三十四人(9)の供養者像とその

図6　男官李洪欽等造老君像碑（背面・左側）

姓名が浮き彫りされている。碑身下部には造像銘文が楷書で十七行、毎行七字で刻まれている。碑身の背面下部には二十一行にわたって百九十八人の名前が刻まれている。碑座の部分は高さ二七・五センチメートル、幅六五センチメートル、奥行き四一・五センチメートルの長方形で、正面と右面には人物・姓名・蓮華などが浮き彫りされている。

以上が『文物季刊』の「芮城県博物館収蔵的部分石刻造像」に紹介されたこの像碑の概要である。この紹介文は最後に、彫造のバランス・技巧、銘文の諸点から見て、この像碑は隋代文化を研究する上の珍品であると結んでいる。『観妙観徼　山西省館蔵道教文物』に載せる写真は、この像碑の碑身部分の拓本である。拓本写真を見ると、この像碑の様式は、六朝時代の道教像の中では北周の建徳元年（五七二）に造られた李元海等造元始天尊像碑（次章の図1）によく似ている。李元海等造元始天尊像碑は六朝時代の銘を持つ現存する元始天尊像として唯一のものであり、現在、米国のフリア美術館に所蔵している。[10] 李元海等造元始天尊像碑と男官李洪欽等造老君像碑はどちらも四面像碑で、碑身上部に尊像を納めた龕を彫り、中部に供養者とその名前を浮き彫りにし、下部に造像銘文を刻むという全体的な様式が共通しており、龕の上方の垂れ幕や、碑頭の飛天の浮き彫りなどもよく似ている。元始天尊像と老君像という尊像の名称の違いはあっても、像の様式や周辺に左右に真人が侍立し獅子や香炉を彫るということも似通っている。李元海等造元始天尊像碑は山西省芮城県の出土とされており、男官李洪欽等造老君像碑と同じである。造られた年代も、北周と隋代という違いはあっても、実際には十六年しか隔たっておらず、男官李洪欽等造老君像碑はこの地方に伝わる様式で造られた道教像碑であったことが推測できる。

この男官李洪欽等造老君像碑の中で特に注目される箇所は、碑身中部の四面に浮き彫りにされた供養者像（造像に関与した人たちの肖像）の脇に刻まれた名前である。「三洞法師」「洞玄弟子」など道教教団内の位階を示す語が多数そこに見える。四十四人の供養者像のうち、両側面の各六人には名前が書かれていないが、それ以外の三十二人の脇には肩書きや像を造るにあたっての役割を記した語を付した名前が刻まれている。拓本写真では文字が判読しにくい箇所も少なくないが、今、わかる範囲内でそれを書き起こしておこう。

大化主男官李洪欽
大象主蔡妻洞神女官陳洪暉
邑師洞神弟子焦玉□
南面象主洞玄弟子焦□□
大邑主洞玄弟子焦子尚
都開光明主三洞法師楽玉妃（以上、正面第一段）
□□□男□貴供養
邑正男官李会遵
□□□主焦□礼供養
□陽県開国伯郡□□□□□
□□男官焦□□供養
惟那大塔主□妻洞玄姚真□（以上、正面第二段）
□□主李会和供□
□□□□□邑主□□
北天主尚妻姚□児
壇□施主□息焦仕悦□□□□
北天主姚玉資供養
副香火主李貴妃（以上、正面第三段）

都幡主尚妻洞玄梁□男
北天主和息□□
北面象主男官焦光和一心供養
副象主和妻王華妃
北天主□息焦輔□
開明主□妻郭□妃（以上、背面）
象主洞玄弟子焦□□
□象主□□洞□官楊□□（以上、左側第一段）
施主遵息洞玄弟子焦子欽
開明主洞玄女官□□妃（以上、左側第二段）
西面像主男官焦子□
副像主洞玄弟子焦□□（以上、右側第一段）
開明主□姚阿□
副花主□通□（以上、右側第二段）

以上に挙げた三十二人の名前は、碑の四面の各段ごとに拓本写真の向かって右側から順に記した。この中に「邑主」「邑師」などの語が見えることから明らかなように、この像碑は邑義と呼ばれる地縁的・血縁的な信仰団体によって造られたものである。三十一人のうち、名前の上に「男官」という語が付された人が五人（李洪欽〔大化主〕・李会遵〔邑正〕・焦□□・焦光和〔北面象主〕・焦子□〔西面像主〕）、「洞神弟子」が一人（焦玉□〔邑師〕）、「洞神女官」が一人（陳洪暉〔大象主蔡妻〕）、「洞玄弟子」が五人（焦□□〔南面象主〕・焦子尚〔大邑主〕・焦□□〔象主〕・

焦子欽〔施主遵息〕・焦□□〔副像主〕〕、「洞玄女官」が一人（□□妃〔開明主〕〕、「三洞法師」が一人（楽玉妃〔都開光明主〕）いる。そのほか、単に「洞玄」と書かれたものが二人（姚真□〔惟那大塔主□妻〕・梁□男〔都釋主尚妻〕）いるが、これも「洞玄女官」の省略形と考えられる。つまり、三十二人のうちのちょうど半数にあたる十六人の名前に道教教団内の位階を示す語が付されていることになる。この像碑には、さらに碑身の背面下部に多数の人名（上に挙げた『文物季刊』によれば百九十八人）が刻まれているが、拓本写真で見たところでは、そこに刻まれた人名には「邑子」という語が付されている例は見えるが、道教教団内の位階を示す語は見えないようである。

道教教団内の位階については、『洞玄霊宝三洞奉道科戒営始』（道蔵第七六〇～七六一冊）の文が参考になる。『洞玄霊宝三洞奉道科戒営始』には道観の建立、天尊像の作り方、上清経と霊宝経のリスト、道士の位階、道教儀礼、道士の衣服その他について詳細な記述がある。その成立年代については諸説があるが、隋末までには成立していたと考えられており、[11]男官李洪欽等造老君像碑が造られた頃の道教の状況を知る上での参考資料となりうる。『洞玄霊宝三洞奉道科戒営始』巻四には、「正一籙生弟子」に始まり、「上清玄都大洞三景弟子無上三洞法師」に至るまでの十九の位階を挙げ、それぞれの位階はどのような籙・符・戒・経を伝授された者のことを称するかを記している。[12]男官李洪欽等造老君像碑に見える位階のうち、「男官・女官」は「七十五将軍籙・百五十将軍籙・正一真巻・二十四治・正一朝儀・正一八誡文」を受けた者、「洞神弟子」は「金剛童子籙・竹使符・普下版・三皇内精符・三皇内真諱・九天発兵符・天水飛騰符・八帝霊書内文・黄帝丹書内文・八成五勝十三符・八史籙・東西二禁・三皇三戒五戒八戒文」を受けた者、「洞玄弟子」（『洞玄霊宝三洞奉道科戒営始』では「太上霊宝洞玄弟子」とある）は「元始洞玄霊宝赤書真文籙・太上洞玄霊宝二十四生図・三部八景自然至真玉籙・太上洞玄霊宝諸天内音籙・霊宝自然経券・元始霊策」を受けた者、「三洞法師」（『洞玄霊宝三洞奉道科戒営始』では「無上三洞法師」とある）は「上清経総一百五十巻・上清太素交帯・上清玄都交帯・上清白紋交帯・上清紫紋交帯、一に廻車交帯と曰う、亦、畢道券と謂い、又、元始大券と名づく」を受けた者のことを称するという。位階の上下で言えば、「三洞法師」が最も上で、次に「洞玄弟子」、その次に「洞神弟子」、番下に「男官・女官」の順である。男官李洪欽等造老君像碑に見える「洞神女官」と「洞玄女官」については、『洞玄霊宝三洞奉道科戒営始』には出てこないが、「洞神弟子」「洞玄弟子」のうちの女性のことを指すのであろうか。

上に挙げた三十二人の名前は、碑の各面について、段ごとに拓本写真の向かって右側から順に記したが、位階の上下で言えば、碑の正面では拓本写真の向かって左の方に刻まれた人が上位、右の方が下位である。すなわち、正面第一段では、左端の三洞法師楽玉妃が最も上位で、ついで、洞玄弟子の二人、その次に洞神弟子と洞神女官、最後に男官の李洪欽が刻まれている。同様に、正面第二段では、左端の洞玄姚真□が最も上位で、その右の方に男官の名前が見える。第一段と第二段ではやはり第一段の方が上位のはずであるが、洞玄姚真□が第一段の洞神弟子・洞神女官より下に置かれているのは、道士としての位階以外の何か別の理由があったのであろうか。男官の李洪欽が第一段に置かれているのは、後に述べるように、この人物が造像に際して中心的な役割を果たしたからであると思われる。一方、碑の背面は、正面とは逆に、拓本写真の向かって右の方に位階の上位の人が刻まれており、右端の洞玄梁□男が最も上位で、その左の方に男官の名前が見える。

男官李洪欽等造老君像碑に見える位階のうち、「三洞法師」については、北魏の正始二年（五〇五）の銘を持つ馮神育造像碑（図7）にすでに見えている。馮神育造像碑は「道民馮神育」が「合邑二百二十人」とともに造った四面像碑で、現在、臨潼市博物館に所蔵している。張燕主筆『北朝仏道造像碑精選』(13)によれば、馮神育造像碑には、四面にぎっしりと二百余名の供養者の名前が刻まれており、その中には「道民」「録生」「道士」「清信士」などと並んで「三洞法師」という肩書きが見える。碑の正面上部の龕の脇に刻まれた「三洞法師住平定泥陽県傅永洛造……三洞法師牛垂蔭、三洞法師郝□㨢」がそれである。馮神育造像碑に刻まれた二百余名は、碑の背面にまとめて刻まれた女性の氏名を除けば、ほとんどすべてが馮姓であるのに対して、三洞法師の三名は馮姓ではない。しかも、傅永洛については「平定泥陽県に住す」とわざわざ書かれている。これはおそらく、この像碑に刻まれた多数の馮

図7　馮神育造像碑

氏の住む土地からはやや離れたところに三洞法師が住んでおり、「道民」「録生」「道士」「清信士」などの語がついた道教信者の馮氏の人々は、三洞法師の教えを受けたことを示しているのであろう。そして、三洞法師の指導のもと、道民馮神育を中心とする道教信者たちが地元の馮姓の「邑子」に呼びかけて造られたのが、この像碑であったと考えられる(14)。

男官李洪欽等造老君像碑も、像碑製作の経緯については馮神育造像碑の場合と似ている面があったのではないかと推測される。男官李洪欽等造老君像碑の場合、上に挙げた三十二人の名前、および、碑身の背面下部に刻まれた多数の人名は、男性は焦姓の人が群を抜いて多く、李姓の人がそれに次ぐ。像碑製作の中心になったのは、碑の正面第一段の向かって右端に肖像と名前が刻まれた男官李洪欽であった。この像碑の造像記（前節の表1参照）には、「今、都化主李洪欽合邑等、善の崇ぶべきを知り、悪の捨つべきを知り、仰ぎて聖旨を得、遠く名師を調し、敬んで老君石像一軀を造る」とある。「遠く名師を調し」とは、遠くから彫像の名匠に来てもらってということであろうか。この像碑製作の指導者的役割を担ったのは、最も位階の高い三洞法師楽玉妃であったと考えられ、この人物も、馮神育造像碑の三洞法師と同様に、地元以外の土地に住む人であったのかもしれない。三洞法師楽玉妃の肖像[15]と名前は、碑の正面第一段の向かって左端に刻まれている。この三洞法師楽玉妃の指導を受け、男官の李洪欽が中心となり、「洞神弟子」「洞神女官」「洞玄弟子」「洞玄女官」などの位階を持ち、地縁的・血縁的に関係のある人々が「邑主」「邑師」となって、多くの「邑子」たちに声をかけてこの像碑は造られたと推測される。

男官李洪欽等造老君像碑の製作経緯を以上のように理解してよいのであれば、これは二つの点で注目される。その第一は、馮神育造像碑の場合には道教信者であることを示すものとして「道民」「録生」「道士」「清信士」という語しか見えなかったのに対し、男官李洪欽等造老君像碑では「洞神弟子」「洞神女官」「洞玄弟子」「洞玄女官」などが新たに見えていることである。道教信者たちが「三洞法師」を推戴し、その指導のもとに多数の人々の協力を得て像碑が造られるという構造は同じであるが、道教信者の間の位階が細かく定められてきている。これは、馮神育造像碑が造られた北魏の正始二年（五〇五）から、男官李洪欽等造老君像碑が造られた隋の開皇八年（五八八）に至るまでの八十数年の間に、位階制度の整備が進んだことを物語っており、『洞玄霊宝三洞奉道科戒営始』に記載されたものに近い形の位階制度が実際に用いられつつあった可能性がある。もっとも、男官李洪欽等造老君像碑には上に挙げた『洞玄霊宝三洞奉道科戒営始』巻四には見えない「洞神女官」「洞玄女官」などが出てきていることから言えば、『洞玄霊宝三洞奉道科戒営始』に記された位階制度が完全にそのまま用いられていたとは言い切れないが、それに近い形のものが存在したであろうことは推測できる。なお、隋代の道教像の中には、造像主の肩書きに「洞玄弟子」の語が見えるものがもう一つある（前節の表1の17番）。これは、開皇六年に「前上士州従事国子助教彭城県開国男洞玄弟子」の正忻が造ったとされる像であり、現在、拓本でしか残っていないようであるが、この肩書きから見ると、国子助教をつとめ、一定の社会的地位にあった人物が道教信者として洞玄弟子の位階を有していたことがわかり、別の意味で興味深い。

注目すべき第二の点は、この像碑を造るにあたって、女性の力が大きく関与していることである。この像碑製作に関与した人物の中で、道教内部の位階が最も高く、造像の指導者的役割を果したと考えられる三洞法師楽玉妃は女性である。また、「洞玄女官」と書かれた者と「洞神女官」と書かれた者がそれぞれ一人ずつ、単に「洞玄」と書かれているが実際は「洞玄女官」の略と推測される人物が二人おり、計四人の女性が「洞玄」「洞神」を付した位階を有している。つまり、この像碑の中で道教の位階が記された人物の数は、上に述べたように全部で十六人いるが、そのうちの五人が女性であり、しかも最高位の「三洞法師」も女性であったということになる。道教の位階制度は、『洞玄霊宝三洞奉道科戒営始』を見る限りでは、男女間に差を設けてはおらず、同じ位階であれば道士としては同等であるとされたようである。[16] もっとも、この像碑のように二百数十人に及ぶ多数の人が関与する大規模な道教像を造るという現実の場面においては、世俗的な諸要因が当然絡んでいたであろうと考えられ、上に見たように、供養者像の配列は必ずしも道教の位階の上下どおりにはなっていない。しかし、それにしても、道教は世俗の常識的な基準を超えて、女性に対して広く門戸を開き、女性がその能力に応じて、男性と並んで、あるいは男性以上に高い位置を得ることができた希有な領域であったと言えるのではないか。[17] そのことをこの像碑は雄弁に語っているように思えるのである。

三　道観と道教像

第一節の表1に挙げた隋代の道教像は、個人単位もしくは家単位の小規模なものから、男官李洪欽等造老君像碑のように二百人以上の人が造像に関与した大規模なものに至るまで、その規模はさまざまであるが、上に見た造像記の祈願文からわかるように、大半のものは死者供養・祖先祭祀を直接の目的として造られている。造像の意義については、すでに六朝時代の道教経典において、因果応報思想の中に組み込まれて説かれている。本書第一篇第一章で述べたように、因果応報思想は霊宝経の中心思想である。『洞玄霊宝三洞奉道科戒営始』には、造像の功徳について、「経に曰く、広く経像を造り、観を置き人を度し、布施斎戒し、死を済い生を度する者、普く一切を救い、大いに福善を弘め、衆生を利益する者は、天王国主の身に生まる」「経に曰く、三宝を供養し、焼香明燈して、晨夕倦まず、経を造り像を鋳する者は、天王の門に生まるるを得」（ともに、巻一、八b）などと記している。ここに引用された「経」は、『洞玄霊宝三洞奉道科戒営始』の文中に「太上業報因縁経に出づ」（巻一、一二a）と説明があるとおり、現在の道蔵本『太上洞玄霊宝業報因縁経』（道蔵第一七四～一七五冊）巻二善対品にほぼ同文が見える。逆に、道教像を毀損したり盗んだりすることについては、同じく『洞玄霊宝三洞奉道科戒営始』に「経に曰く、天尊大道の形像を毀壊する者は、死して九幽十八地獄に入り、万劫方に病癩の身に生まる」（巻一、二a）、「経に曰く、経像財物を盗む者は、見世に癩病を得、死して諸地獄に入り、万劫原《ゆる》さるるを得ず」（巻一、三b）とある（これも『太上洞玄霊宝業報因縁経』巻二悪報品にほぼ同文が見える）。これらの文で、「像」が「経」と並んで「経像」という熟語として、あるいは「経を造り像を鋳す」というように「経」と「像」が対の形で見えるのは興味深いことであるが、これについては後で述べることにしたい。

ところで、『洞玄霊宝三洞奉道科戒営始』には、道観の中に道教像（天尊像）を置くための天尊殿をどのように建立するかについて詳細な記述がある。五世紀後半から造られ始めた道館・道観[18]は、隋代になるとその数も増え、山中のみならず都市においても多く建立されるようになっていた。表1に挙げた隋代の道教像は、その出土地などから見て、京畿と巴蜀で造られたと推測されるものが比較的多い。現在、残っている道教像は、隋代に実際に造られた像のごく一部にすぎないので、京畿と巴蜀で造られたと推測されるものが多いからといって、この両地域が隋代道教の中心地であったということにはならないが、他の事柄から見ても、卿希泰主編『中国道教史』第二巻が指摘するように、京畿と巴蜀は漢中・江南などと並んで隋代道教の重要地域であったということは言える[19]。そこで本節では、京畿と巴蜀における隋代の道観の状況を概観し、その後、『洞玄霊宝三洞奉道科戒営始』に見える道観の天尊殿の記述と、そこからうかがわれる道教像の位置づけについて考察することにしたい。

まず、京畿の道観について見ると、『長安志』(宋、宋敏求撰。経訓堂叢書本)に隋代の創建になる道観で唐代の長安にも存在したものを次のように記している。

至徳女冠観〔隋開皇六年立〕(『長安志』巻七)

清都観〔隋開皇七年、道士孫昂為文帝所重、常自開道、特為立観。本在永興坊、武徳初徙于此地。本隋宝勝寺〕(巻七)

霊応観〔隋道士宋道標所立〕(巻八)

玄都観〔隋開皇二年、自長安故城徙通道観於此、改名玄都観。東与大興善寺相比〕(巻九)

五通観〔隋開皇八年、為道士焦子順所立。子順能駆役鬼神、伝諸符籙、預告隋文膺命之応。及即位、拝為開府永安公、立観、以五通為名、旌其神術〕(巻十)

三洞女冠観〔本霊応道士観。隋開皇七年立〕(巻十)

清虚観〔隋開皇十年、文帝為道士呂師元所立。師元、辟穀錬気、故以清虚名之〕(巻十)

天長観〔本名会昌観。隋開皇七年、文帝為秦孝王俊所立〕（巻十）

また、長安の西には古い歴史を持つ楼観があり、[20]東の西岳華山には雲台観があった。この楼観や雲台観に住み、後に長安の玄都観の観主となった人物に、道士王延（?～六〇四）がいる。『歴世真仙体道通鑑』巻三十によれば、王延は十八歳で楼観に学び、ついで華山の雲台観を訪れて茅山道士焦曠[21]から三洞秘訣真経を授けられ、北周の通道観の創建にあたっては勅命を受けて「三洞経法・科儀戒律・飛符籙凡そ八十余巻」を校讐し、道教復興の機縁を作ったという。隋の文帝の即位後、王延は招かれて玄都観の観主となり、開皇六年（五八六）には帝に智慧大戒を授けている。江南の地に興った三洞経法が北方に伝わり、それが隋代道教を形作っていたことがうかがわれる。

次に、隋代の巴蜀の道観についても見ていこう。巴蜀は青城山・鶴鳴山など、張道陵にゆかりのある場所の多い地であり、道観についても、青城山に常道観が建てられたのは、隋の大業年間（六〇五～六一七）であると言われている（『四川通志』巻三十八による）のをはじめ、隋代以来の伝承を持つものが少なくないようであるが、ここでは、道観と道教像との関わりを見るために、特に、成都の至真観に注目しておきたい。

至真観は、隋の辛徳源「至真観記」（開皇十二年の作）と、初唐の盧照鄰「益州至真観主黎君碑」（『盧照鄰集』巻七）によれば、[22]隋の開皇二年（五八二）に勅命によって建立され、壮大な規模を誇っていたが、隋末の喪乱により荒廃した。盧照鄰はそれを「仙居制度、雲雷と共に屯し、象帝の威儀、市朝とともに猶梗がる」と表現している。すなわち、至真観が天界を模して作られた「仙居」であり、そこには「象帝」、つまり「帝の先に象た」る（『老子』第四章）「道」の世界を象徴する諸々の威儀――その中には天尊像も含まれていたと見てよいであろう――が存在していたが、のちに荒廃したことを言っている。荒廃した至真観を唐の高宗期に復興したのは道士黎元興であったが、黎元興は至真観に招かれる前には霊集観という道観の観主をつとめていた。盧照鄰「益州至真観主黎君碑」によれば、黎元興は「広漢の士人」から固く請われて霊集観主となったとあるから、霊集観は広漢にあったものと考えられ、やはり巴蜀の道観の一つであったらしい。その霊集観の中には数多くの道教像があったが、うち捨てられたままであったのを、観主となった黎元興が地元の人々の布施を得て修復したという。うち捨てられていた道教像について、盧照鄰は「観中に先に天尊真人石像、大小万余区有り。年代寝く深く、儀範凋缺す。沈沈たる宝座、万古の塵埃を積み、邈邈たる瓊顔、千齢の苔癬を被る」(「益州至真観主黎君碑」)と表現している。ここに言う「大小万余区」の「天尊真人石像」がいつ造られたものであったかは明らかではないが、隋代のものも含まれていたかもしれない。「大小万余区」という表現は誇張の気味があるにしても、この表現からは、道観内には、天尊殿にいわゆる本尊としてまつられて人々の礼拝の対象となる像のほかに、多くの人々の手になる大小さまざまの像が収められていたらしいことが推測できる。第一節の表1に挙げた隋代の道教像は、四川省の摩崖造像(表1の26・43・45・46番)を除けば、どのような場所に置かれたのかは明らかではない。おそらく像を造った人たちにゆかりのある祈りの場所に置かれたのであろうが、それが実際にどこであったかは不明である。盧照鄰のこの文から類推すると、それぞれの像が造られた土地の近辺にあった道観、もしくは彼らが指導を受けていた師の住する道観の中に収められたことも、一つの可能性として考えられよう。

最後に、『洞玄霊宝三洞奉道科戒営始』における道観内の天尊殿の記述と道教像の位置づけについて見ておきたい。『洞玄霊宝三洞奉道科戒営始』の巻二造像品には、道教像の種類、像の素材や大きさ、天尊像・道君像・老君像・左右二真人像などの形相・衣冠・持ち物、あるいは像の修復や洗飾のことなど、道教像の造り方とその維持管理に関する細かな記述が見える。一方、道観内で道教像がどのように位置づけられているかについては、巻一置観品の記述が参考になる。置観品の冒頭には、「夫れ三清の上境、及び十洲五岳の諸名山、或いは洞天并びに太空中、皆聖人の治処有り。或いは気を結んで楼閣堂殿と為し、或いは雲を聚めて台榭宮房を成す。……其れ或いは蓬萊・方丈・圓嶠・瀛洲・平圃・閬風・崐崘・玄圃、或いは玉楼十二、金闕三千、万号千名、数うるを得べからず。皆天尊太上の化跡、聖真仙品の都治にして、備さに諸経に列し、復た詳載せず。必ず人天をして望を帰し、賢愚をして域を異にせしむ。彼の上天に法り、茲の霊観を置く所以なり」(巻一、一二b～一三a)とあり、天尊や太上道君、あるいは諸々の聖真の住む神仙世界に模して霊観(道観)が建立されるのだと述べている。道観内には諸々の建物、すなわち、天尊殿・天尊講経堂・説法院・経楼・鐘閣・師房・斎堂・写経坊・校経堂・演経堂・薫経堂・昇遐院・精思院・浄人坊・俗客坊・錬気台・合薬堂などが建てられるが、道観は天上の神仙世界をモデルにしているので、最高神である天尊をかたどった天尊像が安置される天尊殿は、当然、道観の中で最も中心となる場所ということになる。天尊殿の大きさは、場合に応じて大小自由である(巻一・一四a)が、天尊殿の前は必ず盛り土をして、甎・石・木などで壇を造らなければならない(巻一、一八a)。説法教化の場所である法堂は天尊殿の後方に建てられ(巻一、一四b)、天尊殿の前方には、左に鐘閣、右に経楼が建てられる(巻一、一五a)。また、幽静な場所に別院として建てられる精思院の中にも天尊殿が置かれる(巻一、一六b)。

『洞玄霊宝三洞奉道科戒営始』の天尊(天尊殿・天尊像)に関する記述で、最も注目されるのは、「像」と「経」がペアになった形で出てくることである。本節の初めにも言及したように、『洞玄霊宝三洞奉道科戒営始』には「経像」という熟語や「経」と「像」を対にして述べた文が多く見える。これは、実は『太上洞玄霊宝業報因縁経』にすでに同じ特徴が見えており、それは「写経」と「造像」を最大の功徳と見なす『太上洞玄霊宝業報因縁経』の思想と関連している。[23]『太上洞玄霊宝業報因縁経』や『洞玄霊宝三洞奉道科戒営始』において「経像」という熟語や「経」と「像」を対にした文が多く見えるのは、[24]「経」と「像」には共通性があるという認識が根本にあると考えられる。その共通性とは、「経」と「像」はどちらも宇宙の根源の気(元始の気)を具現化したものであるということである。本書第一篇第二章で述べたように、「経」は根源の気が自然に結ぼれて太空中に現れた神秘の文字の集まりに由来すると考えるのが、六朝・隋代の道教、とりわけ霊宝経に顕著に見られる経典観である。『洞玄霊宝三洞奉道科戒営始』巻二写経品にも、「飛玄の気を結び、太紫の章を散じ、或いは鳳篆龍書、瓊文宝籙。字は方一丈、八角垂芒、文は十部を成す。三乗の奥旨、諸を雲帙に蔵し、閉ざすに霞扃を以てし、三洞をして門を分かち、四輔をして統を殊にせしむ」（巻二・六a）というように、三洞四輔に分類される道経も、もとは宇宙の始原の「飛玄の気」に由来すると述べている。

一方、「像」として形象化される天尊も、もともとは「道」もしくは宇宙の根源の気そのものであり、「道」は無名無形であるという本来の思想に基づけば、形を具えた像が造られるべきではないということになるのであるが、仏教の爆発的な造像熱の影響を受けて道教像が造られるようになったという事情がある。[25] ここで、思い起こされることは、天尊の形像が造られるようになる以前は、ただ瓢箪の中に経書を入れて祭っていたという話である。法琳『弁正論』巻六に、「考うるに、梁陳斉魏の前は、唯だ瓠盧を以て経を成（盛）り、本と天尊の形像無し」（大正蔵五二、五三五上）というのがそれである。まず初めに、「経」が神聖なるものとして礼拝の対象とされた。東晋中期の茅山における真人の口授に由来する上清派の真経が江南の地で受け継がれていく中で、五世紀初め頃のこととして、「時において諸人並びに未だ経法を尋閲するを知らず、止だ稟奉するのみ」（『真誥』巻一九「真経始末」）とあるのも、同じような意識に基づくものであろう。その後、仏教の影響を受けて、道教でも像が造られるようになり、「経」と「像」があわせて礼拝されるようになった。『洞玄霊宝三洞奉道科戒営始』巻三法具品には、「凡そ天尊殿堂、及び諸々の経像を安置する処所」は「帳座幡蓋」をはじめ数々の法具で飾らなければならないと説かれ、「経」と「像」を置く場所が神聖な場所としてクローズアップされている（巻三、一b）。また、同じく法具品に、「凡そ天尊の前案、及び読経の案を造るには六種有り。一は玉作、二は金作、三は銀作、四は石作、五は香作、六は木作。大小は宜しきに任す」（巻三、四b）とあり、やはり、天尊像が置かれ読経が行われる場所が特別の空間とされ、その案の作り方が記載されている。さらに、巻四の誦経儀・講経儀には、「法師、起ちて簡を執り、経像に当たりて三礼す」（巻四、二a）、「法師、経像の前席に登り、端立して香炉を執る」（巻四、三b）などという一節があり、儀式の過程でも「経像」の置かれた場所が特別な意味を持っている。

このように、『洞玄霊宝三洞奉道科戒営始』の記述から見ると、天上の神仙世界を模して造られた道観の中心に天尊殿が配置され、また、「像」が「経」とともに礼拝の対象となり、「経像」が置かれたところが儀式の中で神聖な場所とされている。つまり、道観という建築空間においても、また、道教の儀礼空間においても、「像」は最も中心的な不可欠の存在となるに至っている。隋代の頃には、そういう意味において、道教像の果たす現実的な重要性が目立ってきていたことがうかがわれる。

おわりに

隋代は三十七年という短い期間であるが、六朝時代と唐代をつなぐ時代として、道教史の上でもやはり見逃すことはできない。本章では、造像の面から隋代の道教を考察した。隋代の道教像は、像の様式や造像記の形式・内容など、大きく見れば、六朝時代のものをほぼそのまま踏襲している部分が多いが、「老君」像に比べて「天尊」像の方が増加の割合が大きいことや、造像主の名前に道教教団の中の位階を示す肩書きを付すものが増えていることなど、新しい傾向も見られる。特に、男官李洪欽等造老君像碑は、六朝後期から隋代にかけて、道教の位階制度の整備が進んできたことを示す貴重な資料と言える。また、隋代には道観の建立も増え、道教像の果たす役割も多様化してきている。道教全盛時代である唐代には、造像の面でどのような変化が見られるようになるのかという問題については、本章で明らかになったことをふまえて、今後あらためて研究がなされる必要がある。

第二章　天尊像・元始天尊像の成立と霊宝経

はじめに

道教の神像の名称として、天尊像・元始天尊像は老君像と並んで最もよく知られている。これはいつ頃から現れ、広まっていったのであろうか。また、天尊・元始天尊という神格は、道教経典の中でどのような性格のものとして位置づけられているのであろうか。本章ではまず、筆者の調査・研究に基づき、六朝時代・隋代・唐代の現存する道教像の銘文を比較検討することによって、天尊像・元始天尊像が成立し広まっていった状況を明らかにしたい(1)。

天尊像・元始天尊像が造られるようになるためには、当然、それに先だって、天尊・元始天尊という神格の観念が成立していなければならない。天尊・元始天尊という神格は、すでに指摘されているように、六朝時代に作られた道教経典のうち、霊宝経と呼ばれる経典群において初めて出現する(2)。現存する元始天尊像の銘文からも、霊宝経との関係は確認できる。そこで、次に、霊宝経の中で天尊・元始天尊はどのような神格として説明されているのかを考察する。また、霊宝経の中には、天尊の前世物語を説いているものがある。そこで、天尊の前世物語がどのような内容のものであり、霊宝経の思想体系とどのように関わるのかという問題についても検討することにしたい。

一　天尊像・元始天尊像の成立

六朝時代に造られた道教像（道教と仏教の混合像も含む）として、現在、考察の対象とすることができるものは、前章で述べたように六十八例ある。(3) この中には、像が現存するものの他に、拓本だけ残っているものや、金石関係の資料に銘文だけ残っているものも含んでいる。この六十八例のうち、銘文の中に像の神格名を明記して、「〇〇像を造る」という記述が見えるものは十八例ある。その十八例の内訳は次のとおりである。

「皇老君像」一例：姚伯多造皇老君像碑（四九六年）
「天尊像」二例：張相隊造天尊像（五一三年）、全荷造天尊像（五六七年）
「太上道君像」一例：龐雙造太上道君像碑（五二七年）
「老君像」七例：錡馬仁造老君像碑（北魏）、馬洛子造老君像（五六一年）、姚道珎造老君像（五六四年）、姜纂造老君像碑（五六五年）、杜崇□造老君像（五六八年）、蔡振虎造老君像（五六九年）、孟阿妃造老君像（五七六年）
「太上老君像」一例：蔡氏造太上老君像碑（五四八年）
「仏道像」二例：魏文朗造仏道像碑（六世紀初め？）(4)、強独楽建周文王仏道造像碑（五五七年）
「大道如来二聖像」一例：辛延智造大道如来二聖像碑（五四八年）
「道像」一例：保定二年銘道教像（書道博物館蔵。五六二年）
「釈迦太上老君諸菩薩像」一例：李曇信兄弟造釈迦太上老君諸菩薩像碑（五六二年）
「元始天尊像」一例：李元海等造元始天尊像碑（五七二年）

右のうち、「仏道像」「大道如来二聖像」「釈迦太上老君諸菩薩像」は、仏教と道教の混合像である。一つの像(四面像碑の形をとることが多い)の中に、仏教と道教の像を併存させたものが多く見られることは、六朝時代の造像の特徴の一つであり、これは、当時の人々が、仏教と道教の対立面よりも共通点の方に目を向け、両者を連続するものとして捉える意識が強かったことを示している。道教像の様式も仏像ときわめてよく似ており、ただ、中国風の衣冠を身につけていたり、髯を蓄えたりしているという違いがあるだけであり、道教像の中においても、神格によって様式が異なるということはない。したがって、その像がどういう神格を表しているかということは、銘文によって知るよりほかに方法はない。

右に挙げた中で、仏教・道教混合像にも見られる「道像」と「大道(像)」という名称、および、同じく「道」を神格化した「太上道君像」という名称を除けば、右に挙げた六朝時代の道教像の名称は、老君系のものと天尊系のものに大別することができる。老君系のものには「皇老君像」「老君像」「太上老君像」があり、天尊系のものには「天尊像」「元始天尊像」がある。その点数は、老君系のものが十点であるのに対して、天尊系のものは三点だけであり、老君系の方が天尊系よりもずっと多い。

ところが、隋唐の時代になると、天尊系の像の数が増えてくる。前章に述べたように、隋代の道教像として現在残っているものは、筆者の調査では六十二例あるが、そのうち、老君系のものは十二例、天尊系のものは十四例であり、天尊系の方が多くなっている。天尊系の十四例の内訳は、「天尊像」が十例、「元始天尊像」が二例、「無上天尊像」が二例である。[5]

ついで、唐代の道教像は、現在残っている九十五例[6]のうち、老君系のものはわずか七例であるのに対し、天尊系のものは五十九例の多数に上っている。[7]老君系の七例のうち二例は、銘文に天尊像と老君像の両方を造ったと記されているので、天尊系のものと重複する。天尊系の像の種類が多様化していることも、唐代の道教像の特色である。「天尊像」が三十七例、「元始天尊像」が十二例あるほかに、「東方玉宝皇上天尊像」が二点、「大道天尊像」「万福天尊像」「元真万福天尊像」「常陽天尊像」「太一天尊像」「救苦天尊像」「長生保命天尊像」「東北方度山上聖天尊像」がそれぞれ一点ずつある。

以上、現在残っている道教像（拓本だけ残っているものや、金石関係の資料に銘文だけ残っているものも含めて）に刻まれた像の神格名の検討によってわかることは、第一に、天尊像・元始天尊像と名づけられた像は、六世紀から現れ始めたが、六朝時代にはまだその数は少なく、老君系の像の方がずっと多かったこと、第二に、その後、天尊系の像の数は増え、隋代には老君系の像と並ぶ、もしくは、老君系の像を若干上回るほどにまで至っていること、第三に、唐代には天尊系の像の方が老君系の像よりも圧倒的に多くなっていることである。唐代に至って、天尊系の像の優位が確立したと言えよう。現在、研究者の間でも、天尊像という名称が道教像の別称として使われることがあるが、このように、天尊像が道教像の別称として用いられたり、天尊像という語で道教像を代表させたりすることが行われるようになった背景としては、以上のような六朝時代から唐代に至る変遷の歴史があったことに注目すべきであろう。

天尊像・元始天尊像が造られた目的は、その銘文の内容から見ると、死者供養・祖先祭祀のためにというのが大部分である。これは、天尊系の像と老君系の像のどちらにも共通することであり、また、六朝時代・隋代・唐代のどの時代についても言えることである。ただ、唐代になると、道観の中に安置することを目的として造られたものや、金籙斎などの道教儀礼が行われた時に、その儀礼の一環として像が造られたものがいくつか見られるようになっているのが、新しい傾向と言える。

なお、唐代の天尊系の銘文には、一真人を脇侍として持つことを明記するものが見られる。実際の像の様式から言うと、本尊の左右に二体の脇侍を伴う道教像は、すでに六朝時代から見られるのであるが、唐代になると、銘文の中にそのことを明記するものが見えるようになる。たとえば、「元始天尊素像一区、真人・玉童・天丁・師子」（祁観元始天尊像碑）、「大道天尊及侍真像」（碧落碑）、「元始天尊像並二真人夾侍」（金台観主趙敬同等造東方玉宝皇上天尊二真人像碑）、「元始天尊并夾侍二仙」（馬元貞造元始天尊夾侍二仙像）、「天尊像一躯二真人夾侍」（東明観三洞道士孫文僊像天尊二真人像碑）、「東方玉宝皇上天尊一鋪并二真人仙童玉女等夾侍」（金台観主趙敬同等造東方玉宝皇上天尊二真人像碑）、「元始天尊像一鋪并二真人等」（道士楊太希造元始天尊二真人像）などとあるのがその例である。天尊の脇侍としての二真人については、本章第三節で述べる天尊の前世物語が関連していると考えられる。

天尊像・元始天尊像が造られるようになる前提として、天尊・元始天尊という神格の観念が成立していなければならないことは言うまでもない。上に述べたように、天尊・元始天尊という神格の観念が六朝時代の霊宝経に初めて出現することはすでに指摘されている。天尊像・元始天尊像と霊宝経との関係は、現存する像の銘文からも確認することができる。それは李元海等造元始天尊像碑の銘文である。

六朝時代に作られた天尊系の像は、上に述べたように、「天尊像」が二例、「元始天尊像」が一例ある。「天尊像」の二例、すなわち、張相隊造天尊碑と全荷造天尊碑の銘文はいずれも簡略なもので、像の製作年月日と造像に関与した人物の名前、および、ごく短い願文が記されているだけである[8]。一方、「元始天尊像」の一点、すなわち、李元海等造元始天尊像碑（山西省芮城県出土。米国、フリア美術館所蔵）には、碑の正面下部に二百字ほどの銘文が刻まれている（図1）。「蓋し沖虚寂漠の道は」で始まる四六文できちんと書かれたその銘文の内容については、すでに考察したことがあるので[9]、ここでは詳しくは述べないが、道民の李元海兄弟七人が亡き父母の恩に報いるためにこの像を造ったことが記され、造像の功徳によって父母の霊魂が昇天して済度され、神仙の庭で化を受けることができるようにという祈りが刻まれている。そして最後は、一切の衆生がともに正しい道を完成できますようにという大乗仏教的な言葉でまとめられている。

この李元海等造元始天尊像碑の銘文の語彙表現の中に、六朝時代の霊宝経の代表的な経典である『度人経』（『元始無量度人上品妙経』）の文と共通する部分が見られる。たとえば、銘文のはじめの方に、「元始開化、普教無窮、津益有縁、存亡仰頼」（元始化を開き、普く教えて窮まり無し。有縁を津益し、存亡仰ぎ頼る）という文があるが、この「元始開化」という表現は、『度人経』の本文に対して付けられた南斉の厳東の注に「値元始開化、身昇長生之宮、億劫長存也」（『元始無量度人上品妙経四註』巻二、三九ａ）と見える。また、「存亡仰頼」と類似する表現が、『度人経』本文に「生死受頼、其福難勝、故曰无量普度天人」（同、巻三、五〇ａ）とある。このように、銘文の上から見ても、元始天尊像は霊宝経と関わりが深いことが確認できるのである。そこで、次節では、霊宝経において元始天尊がどのように説明されているかを見ていくことにしたい。

図1　李元海等造元始天尊像碑

二　霊宝経「元始旧経」と元始天尊

本書で考察の対象としている霊宝経は、「元始旧経」と「新経」に大きく分かれるが、このうち、元始天尊のことを考察する上で重要なのは「元始旧経」の方である。陸修静「霊宝経目」によれば、「元始旧経」は十部三十六巻あって、天上世界の紫微宮や玄都玉京山にはその全部が備わっているが、地上世界に示されたのは二十一巻であると説明されている。(10)「霊宝経目」に「元始旧経」として名前が挙がっている経典が、現在の道蔵本・敦煌本のどれに相当するかについては、大淵忍爾氏をはじめとする諸研究がある。(11)それらを参考にしながら、「霊宝経目」の「元始旧経」にあたると考えられる道蔵本・敦煌本の経典名を挙げ、(12)それぞれの経典の中で、その教えがどの神格からどの神格に対して告げられたものとされているかを記すと、次のようになる（たとえば、「元始天尊→太上大道君」というのは、元始天尊が太上大道君に告げた教えであることを示している）。

「元始旧経」十部三十六巻

〔第一篇目〕

1『元始五老赤書玉篇真文天書経』……元始天尊→太上大道君

2『太上洞玄霊宝赤書玉訣妙経』巻上……元始天尊（道？）→王龍賜

同　巻下……道→阿丘曽

〔第三篇目〕

6『洞玄空洞霊章経』〔『無上秘要』二九〕……元始天尊→太上道君

7『洞玄霊宝玉京山歩虚経』……〔太極真人、玄一真人、三天法師、仙公〕

8『洞玄霊宝自然九天生神章経』……元始天尊→飛天神王

〔第四篇目〕

9『太上無極大道自然真一五称符上経』……〔老君、太上太極真人、玄一真人、仙公〕

10『太上霊宝諸天内音自然玉字』……元始天尊→天真皇人

〔第五篇目〕

12『太上洞玄霊宝智慧罪根上品大戒経』……元始天尊→太上道君

13『太上洞真智慧上品大誡』……元始天尊→太上道君

14『洞玄霊宝玉籙簡文三元威儀自然真経』……天尊→太上大道君

15『洞玄霊宝長夜之府九幽玉匱明真科』……元始天尊→上智童子、天尊→太上道君

〔第六篇目〕

16『太上洞玄霊宝智慧定志通微経』……霊宝天尊→左玄真人・右玄真人

17『太上洞玄霊宝真文度人本行妙経』……太上道君

18『太上洞玄霊宝真一勧誡法輪妙経』・『太上玄一真人説勧誡法輪妙経』・『太上玄一真人説三途五苦勧戒経』・『太上玄一真人説妙通転神入定経』……〔太極真人→仙人〕

〔第七篇目〕

19『元始無量度人上品妙経四註』……元始天尊→天真大神・上聖高尊・妙行真人

20『太上諸天霊書度命妙経』……元始天尊→太上道君

21『太上洞玄霊宝滅度五錬生尸妙経』……元始天尊→上智童子

〔第八篇目〕

22『太上洞玄霊宝三元品戒功徳軽重経』……元始天尊→太上道君

〔第九篇目〕

26『洞玄霊宝二十四生図経』……元始天尊→太上無極道君

右に記したことから明らかなように、「元始旧経」の大部分の経典は元始天尊が説いたということになっている。元始天尊のかわりに天尊や霊宝天尊となっているものもあるが、これらも実際には元始天尊と同じものであると考えられる（霊宝天尊については次節参照）。また、「元始」という省略形で出てくることも多い。

「元始旧経」が、いつ誰の手によって作られたものであるのかということについては、いろいろ議論があるところであり、なお不明な点が多いのであるが、大きくは、四世紀末から五世紀の時期に、葛巣甫とその流れを引く人々によって書かれたと見てよいのではないかと思われる。本書第一篇で述べたように、四世紀後半には、葛巣甫と同じ丹陽郡句容県の人である許謐が、茅山の山館において霊媒の楊羲を通じて行った神降ろしを契機として、上清派の道教が興起した。「元始旧経」は、それにやや遅れて、上清派の影響も受けながら、上清派と同じ江南地域で作られ始めたものと考えられる。

「元始旧経」は、本書第一篇第二章で述べたように、天上世界の紫微宮や玄都玉京山には十部三十六巻の全部が備わっているという想定のもとに作られ始めた。結果的には、十部三十六巻の全部が作られるということはなく（宗教的な表現をすれば、「地上に啓示されることはなく」）、「元始旧経」は未完のまま終わることになるのであるが、構想としては、その十部三十六巻は、体系だった経典群として考えられていたものであったようである。敦煌写本の「霊宝経目」には、十部三十六巻の「元始旧経」の各部に対して、「宋法師云う」として宋文明がまとめた要約の文が載っており、第一篇目から第十篇目まで、どのような趣旨のことが説かれているか説明されている。それによれば、「元始旧経」は宇宙論・救済論・戒律・因果応報思想・修行論・養生論など幅広い分野を網羅した、一つのまとまりのある新しい宗教の経典群として構想されていた。そして、その経典群において、教えを説く最高の神格とされたのが元始天尊であった。

元始天尊という神格は、すでに指摘されているように、元始天王とのつながりが考えられる。[13]元始天王は、東晋後半期に成立したと考えられる『元始上真衆仙記』(『葛洪枕中書』、道蔵第七三冊)において、天地創世の神話的記述の中で現れる神格である。「昔 二儀未だ分かれず、溟涬鴻濛として、未だ形を成さず。天地日月未だ具わらず、状は雞子の如く、混沌玄黄たり。已に盤古真人有り、天地の精にして、自ら元始天王と号し、其の中に遊ぶ」(『元始上真衆仙記』一a)とあるように、ここでは、元始天王は南方の創世神話として知られる盤古と結びつけられており、[14]その元始天王がいくつもの劫を経て、太元玉女と気を通じ、そこから天皇・地皇・人皇などが生まれたとしている。また、「元始天王は天の中心の上に在り、名づけて玉京山と曰う」(同、二b)として、その住まう場所についても述べられている。劫の観念や玉京山という場所は、そのまま元始天尊に継承されることになる。

元始天王とのつながりが考えられるとともに、元始天尊の「天尊」という名称は、仏教とも関連がある。これもすでに指摘されていることであるが、[15]「天尊」という語は、もともと漢訳仏典の中で如来と同じ意味で多く用いられていた。霊宝経には仏教の影響が色濃く見られ、仏教を包摂しつつ、それを超えようとする意識がうかがわれる。「天尊」の上に宇宙の始源を意味する「元始」という語を付け、神話的色彩をとどめていた神格「元始天王」を新しい宗教の最高神として生まれ変わらせたのが、「元始旧経」の元始天尊であったと言えよう。

ここで一つ注意しておかなければならないのは、元始天尊の性格である。本書第一篇第二章で述べたように、元始天尊が登場する経典では、元原天尊が説いた教えだから、その経典は尊く神聖なものであると考えられているのではなく、最も尊く神聖なものは「霊宝真文」とか「五篇真文」、あるいは「自然玉字」などと呼ばれるものであるとされている。「元始旧経」によれば、「霊宝真文」「五篇真文」「自然玉字」などと呼ばれるものは、宇宙の始まりの時に自然に出現した、天地万物の存在を根拠づける神秘的な文字(文様)であり、これこそが最も尊く神聖なものであって、これが「元始旧経」の核心をなしているとされている。一方、元始天尊は、そのような宇宙の始まりの時間、すなわち、「元始」ということの具現者であると考えられており、「霊宝真文」「五篇真文」「自然玉字」などと呼ばれるものと、「元始」と「自然」という点において同類のものである。したがって、元始天尊はそれら「元始」の時に出現した神秘的なものが意味するところを理解しており、そのことを太上道君らを通じて人々に説明する。つまり、元始天尊は、「元始旧経」の核心をなす神秘的なもの（それは「元始」の時点に、ある文様として凝縮された造化の秘密そのものであると考えられている）の、いわば解説者としての役割を持っているのである。

三　『定志通微経』に見える元始天尊の前世物語

本書第一篇第二章の冒頭に挙げたように、六朝時代の道教の教理と歴史の概要を記した『隋書』経籍志・道経の部は、元始天尊の記述から始まる。元始天尊は「太元の先に生まれ、自然の気を稟け、沖虚凝遠にして、其の極を知る莫」き存在で、「天尊の体は、常存不滅」であり、天地が新しく開ける「開劫」のたびに経を説いて「度人」（人々を済度すること）を行うとしている。そして、その後に、『隋書』経籍志では、道経に云う「浅俗」なる説としながら、「自ら云う、天尊、姓は楽、名は静信」として、天尊に姓名があるという説すら存在することを記している。(16)

『隋書』経籍志と同じく、玄嶷『甄正論』や法琳『弁正論』でも、天尊の姓名のことが記されている。『甄正論』では、宋文明らが仏教の釈迦修道のことを模倣して、楽静信が修道の結果として元始天尊になったのだという説を偽造したが、これは全く根拠のないでたらめであると厳しく批判している。(17) また、『弁正論』では、『霊宝智慧定志通微経』に云うとして、天尊は過去世においては楽浄信という名の道民であったが、道士を供養したことによって天尊となったこと、右玄真人も過去世で比丘に布施したので真人になったという話を引用し、その話に対して、

「道に十号有り、皆、自然に応化す。天尊は天に先んじて生じ、業行に由りて得ず。本より父母無く、陰陽を稟けず。何ぞ過去の修因もて、今、無極を成すこと有らんや」と非難し、「自ら相矛盾す、偽妄なること知るべし」と結論づけている。(18) つまり、道民の楽浄信が過去世の修行によって天尊になったなどという話は、道教思想の拠り所である「道」や「自然」の観念から見て、自己矛盾であり偽妄であるとして、『弁正論』は道教を批判しているのである。前節で述べたように、元始天尊が出てくる霊宝経の「元始旧経」では、「霊宝真文」「五篇真文」「自然玉字」などが経典の核心であるとしており、宇宙の始まりの時間に示された「自然」の理法そのものを最も神聖なものと見なしている。「元始旧経」の考え方に基づけば、宇宙の始まりの時間（「元始」）の具現者である元始天尊は、いわば「自然」そのものであって、仏教で説かれるような因果応報の世界を超越した存在であるはずであるから、『弁正論』の批判はまことにもっともなことである。

しかし、実際には、「元始旧経」の中に天尊の前世物語が説かれている。天尊の前世物語が説かれているのは、右に挙げた『弁正論』にあるとおり、『霊宝智慧定志通微経』（現在の道蔵では『太上洞玄霊宝智慧定志通微経』。道蔵第一六七冊。以下、『定志通微経』と略称する）である。以下、この経典について詳しく見ていくことにしよう。

『定志通微経』は、いわゆる「両半」思想を説いたものとして、隋唐期に重視されていた。『本際経』の思想に影響を与え、『道教義枢』に多く引用されている。また、司馬承禎『坐忘論』にも一部、引用されている。

『定志通微経』では、冒頭から霊宝天尊と左玄真人・右玄真人が登場し、主として、天尊（霊宝天尊の略称）と二真（左玄真人と右玄真人）の対話の形で話が進行しており、経典全体が一つの脈絡を持つ物語として構成されている。この三神格にまつわる前世物語が見えるのは、九a七行目から一六a九行目までの箇所で、量的には、この経典全体の約三分の一を占める。この前世物語は、経典全体の構成・内容と深く関わっているので、はじめから順を追って経典全体を概観しながら、その特徴を見ていくことにしたい。

『定志通微経』は、まず霊宝天尊が玄都七宝紫微宮において静かに思索にふける場面から始まる。思索の内容は、人はなぜ三界五道を輪廻する苦しみの運命に陥ってしまうのかということである。「万兆造化の始めを思念するに、胎稟は是れ同じ。各々氤氳の気に因り、凝りて神を成す。神は本と澄清にして、湛然として雑無し。既に有形を授納するや、形は六情に染まる。六情一たび染まれば、動きて弊穢に之く。見る所に惑い、著する所に昧まされ、世務因縁、次を以て発し、罪垢を招引し、歴世弥々積む。三界に輪廻し、飃浪して反るを忘れ、五道を流転し、長淪して悟らず。痛毒を嬰抱して、自ら知ること能わず、神を馳せて惶悸し、唯だ罪を是れ履む」。天尊はこのように、すべての人がもともとは清らかな「神」「気」を持っているにもかかわらず、「形」を有するが故に、「六情」に染まり、その後、どんどん汚穢の方向に走り、罪が積み重なって、五道輪廻から抜け出すことができないのだと考える。因果応報・輪廻転生のもとになる根本のところに目を向け、それを「神」「気」「形」など中国の伝統的概念によって説明し、衆生は根元的には救済される可能性があることを言ったものである。

このように考えて衆生を哀れんだ天尊は、左玄真人と右玄真人を召しよせ、二真人による衆生教化の様子を尋ねる。二真人は、人々に罪福を説いて教えても、人々の信心は長続きせず、すぐに怠けてしまうと嘆く。それを聞いた天尊は、人々を怠けさせないためには簡易な教えを説くのがよいのだと言って、「思微定志要訣」を二真人に授ける。「思微定志要訣」を授けるにあたり、天尊は、この要訣が衆生を得道に導く重要な手がかりになるのだということを、海中の珍宝を探す時、導師がいなければ宝は得られないという譬喩と、山中の綬を相師だけが探し出すことができるという譬喩で説明する。海中の宝を探す譬喩は、竺法護訳『生経』巻一「仏説堕珠著海中経第八」(大正蔵第三巻、七五中〜七六上)の話からヒントを得ていると考えられる。

ついで、天尊は要訣を語る。それは、「三界の中、三世皆空なり。三世の空を知れば、我が身有りと雖も、皆応に空に帰すべし。空に帰するの理を明らかにすれば、便ち能く身を忘る。能く身を忘る者は、豈に復た身を愛せんや。身既に愛さざれば、便ち能く一切都て愛する所無く、唯だ道を是れ愛す。能く道を愛する者は、道も亦た之を愛す。道の愛を得る者にして、始めて是れ真に反る」というもので、要するに、空の思想を体得して、根源の道、

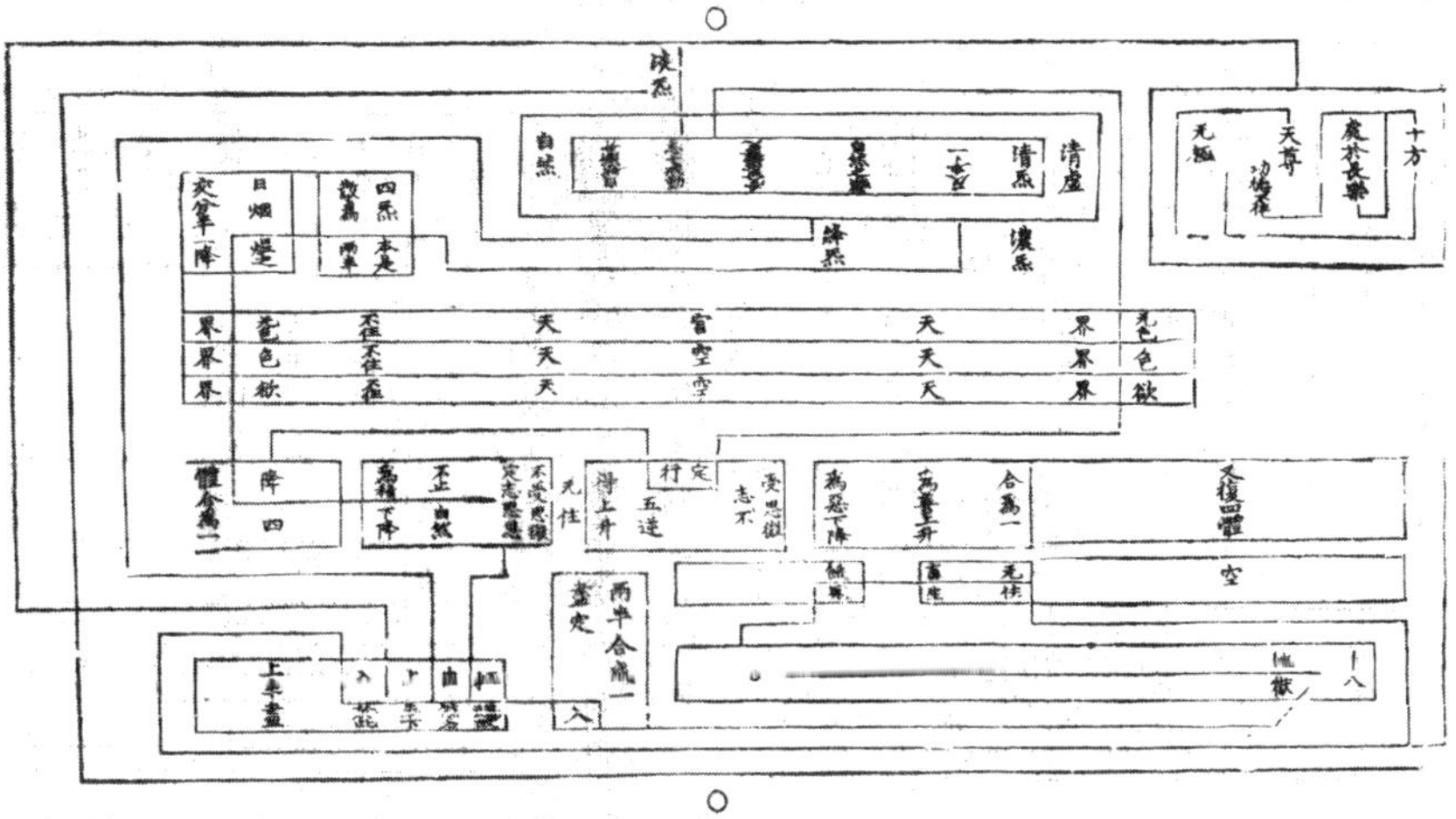

図2　『定志通微経』の「両半輪転図局」（道蔵第167冊）

真の世界に帰るということを説いている。そして、この「思微定志」の要諦がわかれば、「両半成一」に帰ることができるとし、天尊の質問を受けた二真人が「両半成一」の五義を解釈する。その解釈は、「不亦於彼清虚之炁、因氤氳之交、分半下降、就此四半、合為一耶。不亦或此假一而為悪者、致招自然之炁、淪於三塗乎。不亦為善離此四半、還登太虚、復我清虚之気、反我両半、処於自然乎」というように、「不亦」で始まる三つの文から成る。その後で、天尊は「両半輪転図局」（一名「思微定志真券」）を空中に示し、左玄真人の前に下す。道蔵『定志通微経』の第六葉には、この図が描かれている（図2）。二真人による「三不亦」で始まる解釈の文とこの図が、思想的には『定志通微経』の最も中心部分であり、『道教義枢』巻三「両半義」に引用されて詳しく論じられている。(19)

その後、天尊は、この要訣は十戒の実践を根本とすると言い、両半の訣を授けると次には十戒を授けなければならないと述べて、十戒の項目（この内容は、本書第一篇第二章に述べた）と法師が弟子に十戒を授ける時の方法とを具体的に説明する。それらの言葉が終わった後、上方空中に人が現れて、思微定志の法を讃えるとともに法の伝授を慎重にせよと戒める内容の頌を誦する。

その時、左玄真人と右玄真人は、何かまだ少し釈然としないものがあると感じていた。二真人の気持ちを見抜いた天尊は、「一切の善悪には皆因縁がある」と前置きして、天尊と二真人の前世の物語を語り始める。この天尊と二真人の本生譚は複雑で起伏に富んだものになっていて、物語的要素の濃いものである。それはおおよそ次のような内容のものである。まず、天尊が以下のような長い話をする。

無数劫の昔、巨万の富を築いた道民の楽浄信は、自分に与えられた福徳に感謝して、天地（道）の恩に報いたいと思ったが、道は財を必要としておらず、どのようにして報恩の心を表現したらよいだろうかと妻に相談した。妻は、「道は心から生じるものです。道士に供養して斎戒をしてもらうことが、道に報いるということになるでしょう」と言った。楽浄信は妻の言葉を聞いて悟りを開き、山中で長斎・誦経の修行に励む道士に対して経済的な奉仕を行う決意をし、香・布・臥具・服飾・薬など種々の品物を道士に奉り、あわせて道士の身の回りの世話をするための十人の奴を送った。道士はそれらを受け取った。楽浄信夫妻は喜んで、その後もずっと道士に供養し続けた。夫妻は死に臨んで、十七歳になる一人息子の法解に、「私が豊かな財産を得たのは、道のおかげだ。道の極まりない恩に報いるために、私は道士を供養してきた。お前もこれを続けてくれるように」と遺言する。法解は泣き崩れながら、「どうか、お父さん、お母さんがただちに福堂に登り、高尊の位に至りますように。私も死後、一緒に道位につくことができますように」と言う。夫妻は生前、道士に対する供養を最も優先させていたとはいえ、親族・郷里の人々もその恩恵を受けていたので、その葬儀には多くの人々が駆けつけ、法解の孝心に涙を流した。

法解はその後、両親にもまして熱心に道士を供養し、貧しい人々を救済し続けた。そのため法解自身も貧しくなり、道士を十分に供養することができなくなった。道士も年老い、法解の恩に報いたいと思ったがその術がなかった。ある時、道士は使者を通じて、法解にいつものように六時行道の斎を行いたいと知らせてきた。

法解は喜んで斎のための布施をしたいと思ったが、屋宅を売ることも、自分の身を売ることもできず、その費用を捻出することができない。法解夫婦には十一歳の胤祖と八歳の次胤（阿奴）という二人の優れた男の子がいた。法解の妻の姉には子どもがなく、常々、二人の子のうちのどちらかを欲しいと願っていた。法解はそのことを思い出し、妻に一人の子を姉に売って道士を供養することを相談する。妻は初めは反対したが、法解が「先君の遺教」を守りたいのだと言うと納得し、阿奴を連れて姉のところへ行く。姉は喜んで五十万銭を妹に渡し、阿奴を自分の子にし、さらに十万銭を阿奴に与えた。阿奴はそれを父母に六万銭、兄の胤祖に二万銭、山中の道士に二万銭、供養した。法解夫妻と胤祖は次胤をただ一人遠いところにやってしまったことを悲しみ嗚咽するが、法解はその金銭で斎具を買い求め、道士に供養する。驚いた道士に事情を聞かれた法解は、ありのままに答え、そのまま斎が執り行われた。斎が終わり、法解が家に帰ってみると、奇跡が起こり、家の倉庫には、金銀、珠玉、絹布、米塩、五穀があふれていた。

法解夫婦は喜び怖れて、道士にわけを聞きに行くと、道士は、これは法解らの深い敬信の情が招いた「天卹」（天の哀れみ）であると言った。法解は王に対してもこの出来事を報告したが、王も道士と同じ答えをした。その後、法解らはますます篤く信仰し、幸せが長く続いた。

以上の長い話をし終えた後、天尊は、その時の楽浄信は今の天尊自身であり、法解は今の左玄真人、法解の妻は今の右玄真人がそれにあたるのだと説明する。すると、そこに八色の雲の車に乗った二人の人が天空から降りてきて、天尊と二真人に拝礼をする。その二人は、法解夫妻の子ども、胤祖と次胤であった。そしてさらに二真人は、かつての楽浄信の妻が今の中候太夫人であることを知る。

以上が、天尊と二真人にまつわる前世の物語である。この前世物語には、いくつかの興味深い事柄が見出せる。まず第一に注目されるのは、志怪小説との関係について。この話は、小説の仏教霊験譚と似ている点があり、会話文が多くて、「阿爺」「阿婆」など口語の語彙が多く用いられている。また、次胤を売る場面に最も顕著に見られるように、各場面における登場人物の心理描写にも気が配られている。六朝時代の霊宝経の作者たちと仏教霊験記的な志怪小説の作者たちとは、地域的にも宗教心理的にも近いところにいたことが推測される。[20] 第二に注目されるのは、漢訳仏典との関係について。法解夫妻は道のためにわが子を布施したが、このようなストーリーは呉の康僧会訳『六度集経』巻二「須大拏経」に見える須大拏とその妻の物語（大正蔵三、七下～十一上）と共通点があることは、すでにチュルヒャー氏によって指摘されている。[21] また、最後のところで天尊は「時の楽浄信は吾が今の身是なり。法解は左玄真人是なり。法解の妻は右玄真人是なり」と語っているが、このように前世物語が語られた後に、その物語の登場人物が、実は今、それを語ったり聞いたりしている人自身であるというパターンは、『法句譬喩経』や『六度集経』などの仏典に頻出する。これらは、霊宝経の作者たちが輪廻転生・因果応報の思想を道教の中に取り込み、それを人々にわかりやすく説くために、こうした仏教説話の類を積極的に用いたということを示している。第三に注目されるのは、「報恩」と「孝」が強調されたり、人間の一途な思いが天を感動させて奇跡が起こるといった中国の伝統的な観念が濃厚に見られることである。楽浄信が道士を供養したのは、「道の罔極の恩に報いる」ためであったし、その遺志を継いだ法解は「先君の遺教」を奉じて道士に供養するためにわが子を売るという極端な行為を行い、それが天を感ぜしめて奇跡を生んだ。このように、「報恩」や「孝」、「天」の報施といった、きわめて中国的なものがこの物語の中に見られるということは、六朝時代、霊宝経を作った人々、あるいはそれを受け入れようとした人々が、新しい宗教、新しい経典に求めた事柄の最も中心的なものは、実はそれほど新奇なものではなく、むしろ中国古来の伝統的な観念の延長線上にあるものだということを示唆していよう。

さて、以上のような前世物語が記された後、『定志通微経』は本題に戻り、二真人が天尊に、この経典（実際は「思微定志」の要訣と「両半図局」を指すのであろう）を伝授する時の規則について質問する。それに対して天尊は、右玄真人が弟子に経を伝授する際、法信は必要でないが、左玄真人の場合は、上金五分・素絲五両ほか所定の法信が必要であると答える。それは公平に欠けるのではないかという左玄真人の質問に対し、天尊は、両者は殊途同帰であると述べ、そのようにする理由として、右玄真人の弟子は「桑門の居士」であり、乞食・布施の習慣があるが、左玄真人の弟子の方にはそれがないからと説明している。ここの論理はやや難解であるが、左玄真人に道教を、右玄真人に仏教を担当させるという形で、仏教を包摂しつつ、それを越えるものとして自らを位置づけようという意図がうかがわれる。この道教と仏教の関係を述べる場面において、先ほど語られた、右玄真人が左玄真人の妻であったという前世の関係が、伏線として生かされているように思われる。

その後、天空から降りてきていた昔の胤祖・次胤兄弟が、左玄真人から思微定志要訣を受け、悟りを開いて仙品に上る。その時、空中に天人が現れ、そもそもこの経がない時に天尊はどのようにして得道したのだろうと疑問に思う。それを察知した天尊は、「天尊の行いが純朴で自然に合致していたから玄悟したのだ。玄悟の理にはもともと文字などなく、経は後で撰集してできたのだ」と教える。道教経典そのもの、あるいはそこに書かれている文字が、本来、人間世界の次元のものではなく、「天」や「自然」に由来するものであり、それゆえに尊いのだという考え方は、六朝時代の道教に共通して見られるものであり[22]、ここでもそのことが確認されている。

『定志通微経』はその後、突然、話題が変わり、十二人の若者が登場する。若者たちは歓楽を尽くしていたが、天尊は道眼で彼らの前世を見て、彼らには済度すべき縁があることを知り、自ら凡人に化作して若者たちのところへ行く。若者のうち五人が順にそれぞれ飲酒の戒、妄語の戒、盗の戒、淫の戒、殺生の戒を守ることが難しいと述べるが、化人(天尊)は持戒の重要性を、偈を交えながらわかりやすく説いた後、本当の姿を現して天空に浮かぶ。若者たちはそれを見て悟り、左玄真人のところへ行って経典と十戒を乞う。その場面で『定志通微経』は終わっている。『定志通微経』の最後のところに、このような話が記されるのは、この経典のはじめの方で十戒のことが説かれていたのと相応じるものと考えられる。この若者の話については二つの点で注目される。第一に、天尊が道眼で人の前世を見抜き、その人を済度するために化人になって教化するとあるが、そのような話のパターンは、『法句譬喩経』にしばしば見え、ここの話はそれを借用したと考えられること。上に述べた天尊の前世物語のところでも指摘したが、この『定志通微経』は、『生経』や『法句譬喩経』など本縁部の仏典の影響が目立って大きいと言える。第二に、戒の厳重な遵守が求められているのではなくて柔軟な対応が許容されていること。たとえば、飲酒の戒について、服薬後の散発のための飲酒は適量であれば認められている。はじめの部分で、十戒の項目を挙げているところでは、「五者不酔、常思浄行」とあっただけであるが、ここでは若者と化人との対話を通して、戒の守り方が具体的に説かれ、当時の道教の実態に合わせ、飲酒の戒が人々に受け入れられやすい方向に変えられている。このあたりは、この経典が実際の布教活動を背景に持って書かれたことを示唆していよう。

以上、天尊・左玄真人・右玄真人の前世物語を含む『定志通微経』の全体の内容を、問題点を指摘しながら概観した。この『定志通微経』は、『度人経』とはまた違った意味において、六朝隋唐時代において影響力を持っていた。「両半」思想が隋唐期の道教で重視されたことはすでに述べたが、この前世物語そのものも、よく知られていたようである。上述のように、『隋書』経籍志・道経の部に、道経の記述として、「自ら云う、天尊、姓は楽、名は静信」という文が見えるのはそのことを示唆している。この「楽静信」とは、明らかに『定志通微経』に見える「楽浄信」のことであろう。また、左玄真人法解という神格は、『本際経』をはじめ隋唐期のいくつかの道経に、道君や天尊の弟子として登場している。[23] さらに、興味深いことには、『洞玄霊宝千真科』(道蔵第一〇五二冊)に、女性の出家入道が許されることになった由来として、楽浄信の妻が仙界で(金)中候太夫人となり女性の入道に関わっているということが述べられており、[24] 意外なところにこの前世物語が用いられている。あるいは、現存する六世紀の道教造像の中に二尊像の形式のものがあるが、それは左玄真人と右玄真人を表したものだとする見方もあり、また、この時期に多く見られる道仏混淆像の形式にこの経典に記された二真人の役割が影響を与えたとする見方もある。[25] これらの問題についてはあらためて考察が必要であろうが、いずれにしても、『定志通微経』の天尊と左玄・右玄二真人の前世物語は、六朝から唐初にかけての道教の教団や信者たちの実際の行動にも関わる重要な意味を持っていたということは確かであろう。

なお、『定志通微経』では、天尊は元始天尊ではなく霊宝天尊となっている。霊宝天尊という名前は、後には、元始天尊・道徳天尊と並んで、いわゆる三清のうちの上清の主神として位置づけられるようになる。なぜ、この経典において、元始天尊ではなく霊宝天尊という名になっているのかはよくわからない[26]が、上に挙げた『隋書』経籍志や『甄正論』『弁正論』の記述に見えるように、この楽浄(静)信の話は元始天尊の前世物語とされているから、ここで「霊宝天尊」という名前が出てきていても、実際には元始天尊と同じと考えてよいであろう。

法琳『弁正論』に批判されているような自己矛盾を犯しながらも、このように元始天尊の前世物語が「元始旧経」の中に書かれた理由を考えてみるに、それは、霊宝経が因果応報・輪廻転生の仏教思想を積極的に吸収し、教理の中心に据えようとしたことと密接に関連すると思われる。もちろん、霊宝経は仏教の因果応報・輪廻転生の思想をすべてそのまま取り入れたのではなく、その取り入れ方には、霊宝経自身の模索の跡が見られる。たとえば、本書第一篇第一章で述べたように、仏教では解脱に至る前の迷いの世界のこととされている生死輪廻を、霊宝経ではむしろプラスの方向に解釈し、輪廻転生という長い時間軸が存在することによって人が得道できる可能性が高まると受け止めている。また、仏教の因果応報の考え方は、個人単位の応報であり、いわゆる自業自得の原則で貫かれているのに対して、家単位での応報を考えてきた中国の伝統的な観念との間の矛盾をどのように解決するか、具体的には、子孫が祖先の供養を行うことが亡き祖先の救済につながりうる理由をどのように説明するかということが、霊宝経においては一つの重要な問題になっている。このことは『太上洞玄霊宝三元品戒功徳軽重経』において集中的に説かれており、結局のところ、因果応報は基本的には自己一身の問題であるが、祖先供養はきわめて重要であり、亡き祖先を思う子孫の誠の心が天を感動させ、冥界の祖先の魂に報いが及ぶのだという説明をしている。そして、このような考えのもとに、祖先を済度するための斎の儀式が重視されるようになり、ずっと後世にまで継承されていく霊宝斎が形を整えていくことになる。このように、中国の伝統思想との融合を図りつつも、因果応報・輪廻転生の思想が霊宝経の教理の中心となっていることは確かである。

元始天尊の他にも、霊宝経には、比較的長文の前世物語が二つ見える。「元始旧経」の『太上霊宝諸天内音自然玉字』に見える天真皇人の前世物語と、「新経」の『太上洞玄霊宝本行因縁経』（道蔵第七五八冊）に見える太極真人左仙公葛玄（葛仙公）の前世物語である。[27] 天真皇人と葛仙公は、元始天尊ほどではないにせよ、いずれも霊宝経の教理体系の中で重要な位置を占めている。霊宝経の作者たちは、霊宝経の教理体系の中で重要な位置を占める神格・人物についても、因果応報・輪廻転生の道理が貫かれていることを示す必要があると考えたのであろう。そこで、元始天尊と天真皇人と葛仙公の前世物語が作られ、霊宝経の中に記述されるに至ったと推測できる。

また、元始天尊の前世物語が「元始旧経」に書かれた背景として、仏教の前世物語が民衆への布教活動と結びついて広く流行していたことにも目を向けなければならない。五・六世紀の北朝期に作られたサッタ太子本生、スダーナ太子本生などの本生図が、石窟寺院の壁画や仏像・仏像碑の浮彫として、いくつか現存している。[28]『六度集経』などの漢訳仏典に記された釈尊の前世物語が、絵に描かれたり、あるいは、口頭で語り伝えられたりして、人々の間に広まっていた中で、道教の方でも、元始天尊の前世物語として、似たような話が作られ、それがおそらく実際の布教の場で用いられた可能性がある。元始天尊の前世物語を載せる『定志通微経』が、実際の布教活動と関連していたらしいことは、この経典の中の記述からも推測できる。右にも述べたように、前世物語を載せた箇所の直後に、この経典を伝授する際の規定を述べ、左玄真人が弟子に伝授する際は所定の法信が必要だが、右玄真人の弟子は「桑門の居士」であり、もともと布施の習慣があるから、法信は必要ないなどと言っている。『定志通微経』を作った人たち、ないしは、「元始旧経」を奉じる道教徒たちは、このような元始天尊の前世物語を用いて、仏教徒をも対象として、布教活動を行っていた可能性があると思われるのである。[29]

道教像が広く造られるようになると、造像に関する具体的な事柄を多く記載した書物が出現してくる。『洞玄霊宝三洞奉道科戒営始』（道蔵第七六〇～七六一冊）がそれである。前章第三節にも述べたように、『洞玄霊宝三洞奉道科戒営始』の巻二には「造像品」が置かれ、道教像の種類、天尊像・道君像・老君像・左右二真人像などの造り方や修復・洗飾の方法などが詳細に記載されている。また、「造像品」以外のところでも、道観の中における天尊殿の配置についての説明(「置観品」)や、道教儀礼の中で像を置いた場所が特別な意味を持っていることを示す記述などもある(「誦経儀」「講経儀」)。これらの記述は、元始天尊を最高神とする霊宝経が人々の間に広まり、実際に天尊像・元始天尊像が多く造られるようになっていた状況と相応じるものと考えられる。

おわりに

本章では、六朝時代・隋代・唐代の現存する道教像の銘文の調査をもとにして、天尊像・元始天尊像が成立し広まっていく状況を明らかにするとともに、天尊・元始天尊という神格が初めて出現する霊宝経「元始旧経」において、この神格がどのように説明されているのかを見てきた。

『定志通微経』に見える元始天尊の前世物語は、霊宝経の作者たちが貪欲に仏教の思想や観念を吸収・包摂しようとするあまり、本来、「元始」の具現者であるはずの元始天尊の性格に矛盾を生じるに至っている。次章では、この問題についてあらためて取り上げることにしたい。

第三章　元始天尊をめぐる三教交渉

はじめに

仏教が中国に伝来すると、中国固有の思想・習俗との間でさまざまな論争が起こった。出家と孝の問題をめぐる論争、因果応報・輪廻転生をめぐる論争、神滅不滅論争、夷夏論争、あるいは、老子化胡説をめぐる論争など、論争の内容は多岐にわたっている。後漢末の太平道と五斗米道から始まった道教が、四世紀後半以降、仏教の教理・思想・儀礼を吸収しながら、多くの経典を作りはじめ、宗教としての形を整えてくると、仏教と道教の間の論争（仏道論争）は熾烈を極めるようになる。それらの論争は、梁の僧祐撰『弘明集』、唐の道宣撰『広弘明集』などに記載され、また、法琳（五七二～六四〇）が著した『破邪論』や『弁正論』も唐初の激しい仏道論争の様子を伝えている。

道教の最高神とされる元始天尊も、仏道論争において議論されたテーマの一つであった。元始天尊をめぐる論争には、「自然」と「因縁」という中国伝統思想と仏教思想との間に横たわる根本的な問題が絡んでいる。本章では、この点に注目しながら、元始天尊をめぐる仏道論争について考察を行うことにしたい。また、仏教の影響を受けて、元始天尊の前世物語が作られることになるが、その中には儒教との関連において注目される点があり、このことについても若干、言及することになる。本章の題を「元始天尊をめぐる三教交渉」とした所以である。

一　『笑道論』における元始天尊批判

仏道論争の中で元始天尊のことが議論された例として、まずはじめに、甄鸞の『笑道論』（『広弘明集』巻九）を見ておきたい。北周の天和五年（五七〇）、仏道二教の優劣について論ぜよという勅命を受けて著された『笑道論』には、道教の笑うべき点が三十六箇条にわたって批判され、仏教が道教よりも優れていることが論じられている。道教に対する批判は、当時存在していた道教文献の文章を数多く引用して、その不備や矛盾を指摘するという形で行われている[1]。

『笑道論』には、元始天尊に関する批判が数箇所にわたって見える。その論点をまとめると、次の三つに要約することができる。第一は、元始天尊と太上（太上道君）との上下関係が明確ではないことを批判するもの、第二は、「気」と「自然」の概念に基づいて、道教経典に見える元始天尊の記述には矛盾があることを批判するもの、第三は、道教経典に見える元始天尊の記述は仏教の説の剽窃であるとして批判するものである。

まず第一の、元始天尊と太上（太上道君）との上下関係が明確ではないことを批判するものとしては、『笑道論』第二十三「起礼北方為始」の次のような文がある。

十誡十四持身経に依るに云う。北方に礼すること一拝。北方を始めと為し、東向して十方を周り、太上の真形を想見すと。

臣笑って曰く、文始伝に云う、老子は尹喜と天上に遊ぶ。喜は太上に見えんと欲す。老曰く、太上は大羅天玉京山に在り、極めて幽遠なり。遙かに闕に礼す可しと。遂に見えずして還ると。此を以て之を推すに、玄都玉京は、太上の住する所にして、今　上方に在り。何ぞ上を以て首と為さずして、浪りに北方を礼するや。……又　罪根品に云う、太上道君、同陽館中に稽首して元始天尊に礼し、十善等の法を問うと。此の誡は乃ち天尊の説く所なり。何を以て天尊を礼せずして太上を想見するや。本を捨て末を逐うは、誰の咎なるやと。

（大正蔵五二、一四九下）

ここで甄鸞は、『十誡十四持身経』には十方礼拝を北方から始め、「太上の真形」を「想見」することが記されていることを取り上げて批判している。その批判のために用いられたのが、『文始伝』と『罪根品』の文である。『文始伝』では、太上（太上道君）は天の最も上のところである大羅天玉京山にいるということになっているし、『罪根品』では、太上道君が元始天尊に敬礼して十善等の法を質問したということになっている。したがって、「太上の真形」を「想見」すると言いながら、「上方」ではなく「北方」から礼拝を始めることは矛盾しているし、太上道君よりも上位のはずの元始天尊を礼拝しないで「太上を想見」するのは本末転倒であるという批判である。

これに関連する内容のものとして、『笑道論』第十六「太上尊貴」に、次のような文が見える。

文始伝に称すらく、老子　尹喜と天上に遊び、九重の白門に入る。天帝　老を見て便ち拝す。老　喜に命じて天帝と相礼せしむ。老子曰く、太上は尊貴にして、日を剋して引見す。太上は玉京山七宝宮に在り、諸天の上に出で、寂寂冥冥として清遠なりと。

臣笑って曰く、神仙伝に云う、呉郡の沈義、白日登仙し、四百年後に家に還りて、説きて云う、初め天に上るの時、天帝に見えんと欲するも、尊貴にして見ゆ可からず、遂に先ず太上に見ゆ。正殿に在りて坐し、男女侍すること数百人なりと。此の如く状は明らかなれば、則ち太上は天帝より劣るを知る。太上は尊貴にして治は衆天の上に在りと言うは、妄なり。今、九天生神章に拠れば、太上は住して玄都宮に在り、其の玉清宮は玄都の上に在り。何ぞ宮を重ねて復た玉清の上に在り、便ち玄都より高きこと両重ならん。而るに老子　太上の治は衆天の上に在りと云うは、何ぞ謬れること斯くの如きかと。

（大正蔵五二、一四八上）

ここではまず、太上は天帝よりも尊貴であって、諸天の上の最も高いところ、玉京山七宝宮にいるという『文始伝』の文が紹介される。その後に、それに対する批判として、『神仙伝』と『九天生神章』の文が引用され、『神仙伝』に見える沈義の話では、太上よりも天帝の方が尊貴であることになっていること、また、『九天生神章』では、太上が住む玄都宮よりも玉清宮の方がさらに上の天ということになっていることが挙げられている。第二十三「起礼北方為始」の場合と同様、道教文献相互の記述の矛盾を指摘して、道教を批判するという方法が用いられている。

元始天尊と太上（太上道君）との上下関係が明確ではないことについて、以上のような甄鸞の批判が出てきたのは、最高神をどのような神格にするかということについて、道教内部にさまざまな考え方があり、統一がとれていなかったことが関係している。

そもそも、元始天尊が道教の最高神とされるようになったのは、四世紀末から五世紀にかけて作られた霊宝経の「元始旧経」に始まる。[2] 本書でこれまで繰り返し述べてきたように、「元始旧経」は十部三十六巻から成り、宇宙論や救済論、戒律や修行論などを備えた、体系だった経典群として構想されたものである。それは結局のところ、未完に終わったのであるが、現在、「元始旧経」に相当すると考えられる経典を検討すると、その大部分が、元始天尊が太上道君に告げた教えであるということになっている。[3]「元始旧経」を作った人々は、元始天尊を太上道君よりも上位の神格とする考え方を持っていたのであるが、それがただちに多くの人々に共有されたわけではなく、太上（太上道君）を最高位の神格とする考え方が併存していたり、あるいは、もっと民間信仰的なレベルでは、天帝を最高位とする考え方も存在していた。右に見たような『笑道論』の記述は、そのような状況があったことを示唆している。

「元始旧経」の出現によって、ただちに、元始天尊を最高神とすることが一般化したわけではなかったことは、現存する道教像の銘文からもうかがわれる。現存する道教像の銘文によれば、六朝時代の道教像は、「老君像」「皇老君像」「太上老君像」などの老君系のもの、「道像」「大道像」「太上道君像」などの道（道君）系のもの、および、「天尊像」「元始天尊像」などの天尊系のものに大別することができる。前章で述べたように、現存する六朝時代の道教像の点数から言えば、老君系のものが天尊系・道（道君）系のものよりも多いが、隋代になると、老君系のものと天尊系・道（道君）系のものがほぼ同数になり、唐代には、天尊系のものが圧倒的に多くなって、老君系のものを凌ぐようになり、道（道君）系のものは全く見えなくなる。(4) 銘文の記載から天尊像・元始天尊像であることが確認できるもので、最も古いものは六世紀のものであるが、天尊系の優位が確立し、天尊・元始天尊を最高神とすることが一般化したのは、唐代に至ってからであることがうかがわれる。したがって、『笑道論』が書かれた北周の天和五年（五七〇）の頃は、元始天尊を最高神とすることが道教の中で必ずしも一般化していない段階であった。甄鸞は、このことを道教の弱点と捉えて批判したわけである。

以上に述べた『笑道論』の元始天尊と太上（太上道君）との上下関係をめぐる批判は、いわば道教内部の問題であり、ここには、仏教との対立は出てこない。しかし、第二・第三の批判は、仏教と深く関連する問題である。

第二の批判、すなわち、「気」と「自然」の概念に基づいて道教経典における元始天尊の記述の矛盾を批判するものは、『笑道論』第三「気為天人」(5) に見える。ここではまず、『太上三元品』や『三天正法経』を引用して、道教には、天上の神々や宮殿はすべて「自然」の根源的な「気」が結ばれてできたものであるとする考え方があることを言う。『笑道論』に引用された『三天正法経』は次のとおりである。

三天正法経に云う、天光未だ朗らかならず、蔚積して未だ澄まず。七千余劫にして、玄景始めて分かれ、九気焉に存す。一気相去ること九万九千九百九十里、青気は高く澄み、濁混なるは下降す。九天真王・元始天王、九気の中に生じ、気結ぼれて焉に形す。便ち九真の帝有り、皆九天の清気にして、九宇の位を凝成す。三元夫人は気より生じ、洞房宮に在り、玉童玉女各おの三千にして侍す。天を以て父と為し、気を以て母と為し、三元の君より生ず。（大正蔵五二、一四五上）

ここでは、宇宙の始まりの時、長い暗闇の時間を経て「九気」が現れ、その「九気」の中において九天真王と元始天王が生まれ、気が結ぼれてその形が現れたことを言っている。「九天真王・元始天王、九気の中に生じ、気結ぼれて焉に形す」という文は、現在の『太上三天正法経』（道蔵第八七六冊）では、「九天真王・元始天王、自然の胤を稟け、九天の号を置く」（一a）という文に対する青童君の注の言葉ということになっている。九天真王と元始天王は「自然の胤を受」けて生まれたとして、「自然」という語が用いられていることが注目される。

『笑道論』に引用された『三天正法経』では、神格の名前は「元始天尊」ではなく「元始天王」となっている。元始天王は、前章第二節に挙げたように、『元始上真衆仙記』（『葛洪枕中書』、道蔵第七三冊）に詳しく見える神格であり、天地未分の混沌たる状態の中に盤古真人が生まれ、それが自ら元始天王と号したことになっている。この記述は、『淮南子』精神訓(6)や『三五暦記』(7)などに見える天地創世の記述をふまえたものと考えられる。また、『元始上真衆仙記』には、元始天王が現れた時の状態を、「玄玄たる太空、響無く声無く、元気浩浩として、水の形の如し。下に山岳無く、上に列星無く、気を積むこと堅剛、大柔服結す。天地は其の中に浮かび、展転すること方無し。若し此の気無くんば、天地生ぜず」（二a）などと表現しており、『笑道論』に引く『三天正法経』の場合と同様、元始天王は元始の気――「元気」――の中に出現した神格であることを述べている。

『笑道論』に引く『三天正法経』や『元始上真衆仙記』に見える元始天王は、その説明の中に「劫」という語が用いられている点などは、若干、仏教の影響が認められるものの、中国南方の創世神話として知られる盤古と結びつけられていることや、「気」という概念を用いた宇宙生成論の文脈の中で出てきていることなどから考えて、基本的には、中国固有の神話的・宗教的観念や宇宙生成論から出てきたものと考えてよいであろう。

元始天尊という神格は、このような中国固有の観念に基づいた性格を持つ元始天王の流れを受けて出てきたものである。しかし、「元始旧経」を作った人々は、元始天尊という神格に対して、こういう元始天王の性格とは相容れない、もう一つの性格を付与した。それは、仏教の「因縁」の思想と関連する。『笑道論』第三「気為天人」には、右に挙げた文に続けて、次のような文が見える。

又案ずるに霊宝罪根品に云う、太上道君は元始天尊に礼し、十善等の法を問う。是に於いて天尊は命じて神仙を召し、各おの因縁を説かしむ。恒沙　得道して、已に如来と成る。其の未だ成らざる者も亦た恒沙の如しと。文始伝に云う、天堂は地獄に対し、善き者は天に昇り、悪しき者は地に入ると。（大正蔵五二、一四五中）

ここに引用された『霊宝罪根品』と『文始伝』という文献は、右に述べた『笑道論』第二十三「起礼北方為始」にも出てきたが、『霊宝罪根品』の方は「元始旧経」の一つである。(8) その『霊宝罪根品』の文として、ここでは、元始天尊が太上道君の問いに答え、神仙たちに「因縁」を説かせたことが記されている。「因縁」とは、そのあとに引用された『文始伝』の言葉が端的に示しているように、善き行いに対しては昇天という善き報いが得られ、悪しき行いに対しては地獄という悪しき報いが得られるということであり、このような善因善果・悪因悪果を説く仏教の「因縁」の思想が、『霊宝罪根品』では元始天尊の教えとして説かれているわけである。六朝時代に作られた霊宝経には仏教の因果応報思想が吸収されていて、霊宝経の教理の中心になっているということについては、先に考察した。(9) その因果応報思想は、元始天尊によって説かれ、善行の積み重ねによって得道することが可能であることを人々に教えたということになっている。ちなみに、右に挙げた『笑道論』に引く『霊宝罪根品』では、「如来」という、まさに仏教そのものの語彙が用いられている。(10) このことは、霊宝経「元始旧経」がいかに貪欲に仏教を吸収しようとしていたかをよく示している。

　以上のように、元始天尊については、宇宙の始まりの時に元始の「気」が結ばれて現れた神であるという、中国の伝統的観念に基づく性格づけがなされる一方、元始天尊は、人々に対しては、善因を積み重ねて得道すべきであるという仏教的な「因縁」の教えを説く神格とされているのであるが、この両者の間には大きな隔たりがある。甄鸞は両者の矛盾について、

　若し此を以て説けば、理は則ち然らず。何となれば、元始天王および太上道君・諸天神人は、皆、自然清元の気を結んで化して之を為す。本より戒を修めて成る者に非ざるなり。彼は本より戒を持するに因りて成る者に非ざるに、何ぞ我をして独り善法を行って之を得るを望ましむるを得んや。（大正蔵五二、一四五中）

と指摘している。元始天王や太上道君らの神格（ここでは元始天尊の名は挙がっていないが、当然、元始天尊も含まれると考えてよい）は、「自然」の清らかな根元の気が凝結して化生したものであり、修行持戒してそうなったのではない、にもかかわらず、人々に対して善行を行わせてそうならせようとするのは、矛盾しているではないかと言っている。仏陀のように、自分自身が長い劫にわたる修行を積み重ねた結果、得道したというのであれば、人々に対して善行を行わせるのは理屈がとおっているが、道教の神格は本来、「自然」と「気」の観念によって成立しているものであり、善行や修行という「因縁」とは関わりがない。その矛盾を甄鸞は突いているのである。

　『笑道論』における元始天尊批判の第三、すなわち、道教経典の元始天尊の記述は仏教の説の剽窃であるという批判は、まさにこの「自然」と「因縁」の問題をずばりと提示している。それは、『笑道論』第二十「偸仏経因果」に次のように見える。


　度王品に云う、天尊　純陀王に告げて曰く、得道の聖衆より恒沙如来に至るまで、凡より行いを積みて得ざ

る莫し。十仙は無数にして、亦た一たび興りて一仙の位を致す有り、復た功を積みて登る有り。功高きに由れば則ち一挙し、功卑ければ則ち十にして昇る。十の階級あり、歓喜より法雲に至り、相好具足す。是に於いて諸王は説を聞き、即ち四果を得たり。……

臣笑って曰く、仏と道とは、教迹同じからず、変通も異なること有り。道は自然を以て宗と為し、仏は因縁を以て義と為す。自然とは無為にして成り、因縁とは功を積みて乃ち証す。是を以て小乗は四果の差を列し、大乗は十等の位有り、凡より真に入るまで、具さに経論有り。未だ知らず、道家の列する所の四果十仙、名は仏と同じきも、修行因縁は、未だ其の説を見ず。（大正蔵五二、一五一上）

ここで甄鸞は、道教は「自然」を宗旨とし、仏教は「因縁」を根本義とする教えであることを明言している。そして、「因縁」を根本義とする仏教が、修行の段階を詳細に説き、功徳を積み重ねて悟りに至ることを説くのは当然であるが、「自然」を宗旨とする道教が、天尊の言葉として、積功による得道を説いているのは、仏教の因果説を偸んだものであって、いい加減なものであると批判している。

道教は「自然」、仏教は「因縁」の教えであるということについて、甄鸞は『笑道論』の序においても次のように述べている。

臣窃かに以えらく、仏と道とは教跡同じからず、出没隠顕、変通も亦た異なれり。幽微妙密、未だ詳度すること易からざるも、且く一往相対すれば、仏は因縁を以て宗と為し、道は自然を以て義と為す。自然とは無為にして成り、因縁とは功を積みて乃ち証す。本を守れば則ち事静かにして理均しきも、宗に違えば則ち意悖りて教え偽りなり。理均しければ則ち始終一の若きも、教え偽なれば則ち為さざる所無し。（大正蔵五二、一四三下）

このように、道教は「自然」、仏教は「因縁」の教えであるということは、甄鸞の仏教・道教の捉え方の基本をなすものであった。『笑道論』における元始天尊批判は、仏教と道教の根本義に関わる重要な側面を持っていたのである。

二　元始天尊の「因縁」をめぐって——スダーナ太子本生譚の儒教的変容

すでに指摘されているように、道教を「自然」の教え、仏教を「因縁」の教えとすることは、『笑道論』のみならず、六朝時代から唐代初期の議論の中でしばしば見えるものである(11)。しかし、実際には、道教経典(特に霊宝経)の中には「因縁」の思想が多く受容されている。そして、元始天尊が得道することができた「因縁」を説明するために、前世における元始天尊の行いについて述べた話が作られ、道教経典の中に記されるまでに至っている。元始天尊の前世物語は、霊宝経の「元始旧経」に見える。仏道論争の場においては、この元始天尊の前世物語も、仏教側から批判されることになる。本節では、唐代初期に法琳が著した道教批判の書『弁正論』(12)において、元始天尊がどのように批判されているか、本生譚をも含めて見ていきたい。元始天尊の本生譚は、儒教思想との関係においても注目される性格を持っているので、そのこともあわせて考察していくことになる。

『弁正論』における元始天尊(天尊)批判としては、まず、巻六「気為道本篇」に、

余　造化を観るに、陰陽に本づき、物類の生ずる所、天地を超えたり。三古の世を歴て、五聖の文を尋ぬるに、天尊の神を見ず、亦た大道の像無し。(大正蔵五二、五三六上)

とあり、法琳は「陰陽」の気によって万物の生成を説明し、中国の伝統思想の中では「天尊」という神はおらず、「大道」の神像などもなかったことを述べている。巻八「歴代相承篇」に、

古来通儒、気を以て道と為し、別の道神無し。（大正蔵五二、五四七下）

とあるのも、これと同じ趣旨である。これらは、前節で見たように、『笑道論』において「気」の概念を用いて元始天王の説明をしていたのと同様の考え方であると言える。

また、巻六「内九箴篇」には、

考うるに梁陳斉魏の前は、唯だ瓢盧を以て経本を成《も》（盛）り、天尊の形像無し。案ずるに任子の道論、及び杜氏の幽求に並びに云う、道は形質無し、蓋し陰陽の精なりと。陶隠居内伝に云う、茅山の中に在りて、仏道二堂を立て、隔日に朝礼す。仏堂には像有るも、道堂には像無しと。王淳の三教論に云う、近世の道士、活を取ること方無く、人をして帰信せしめんと欲し、乃ち仏家に学びて、形像を制立し、仮りに天尊及び左右二真人と号して、之を道堂に置き、以て憑りて衣食すと。（大正蔵五二、五三五上）

とある。道は陰陽の気の精なるものであって、形質を持たないものであるから、道教が天尊の形像を作るのは根拠がないことを、陶隠居（陶弘景）の例などを挙げながら述べ、「天尊」や「左右二真人」の形像を祀るのは仏教の模倣にすぎないと批判している。ここに言う「左右二真人」とは、天尊の本生譚に出てくる「左玄真人」「右玄真人」のことである。

『弁正論』ではまた、「天尊」という名称そのものについても、「天尊の号は、仏経より出づ」（巻二「三教治道篇」、大正蔵五二、四九八下）と述べ、この名称がもともと漢訳仏典に由来することを明言している。(13)

さて、『弁正論』の中で元始天尊の本生譚のことが出てくるのは、巻八「出道偽謬篇」である。『弁正論』巻八「出道偽謬篇」（大正蔵五二、五四二下～五四七上）には、「霊文分散謬」「霊宝太上随劫生死謬」「改仏経為道経謬」「偸仏法四果十地謬」「道経未出言出謬」「道士合気謬」「叙天尊及化迹謬」「諸子為道書謬」の八つの文が載っている。このうち、「霊文分散謬」と「叙天尊及化迹謬」を除く六つの文は、『笑道論』の中に同じ内容のものを見出すことができる。[14]『弁正論』の文の方が『笑道論』よりも詳細であるが、それは、現在の『笑道論』は『広弘明集』に収められる際に抄録されたものであることによると考えられている。

元始天尊の本生譚は巻八「出道偽謬篇」の「叙天尊及化迹謬」に出てくる。「叙天尊及化迹謬」に相当する文は、現在の『笑道論』には見えない。しかし、巻八「出道偽謬篇」に載せる八つの文のうち六つが『笑道論』と同じ内容であることから考えると、「叙天尊及化迹謬」も、もとは『笑道論』の文であった可能性もありうると思われる。「叙天尊及化迹謬」には次のようにある。

霊宝智慧定志通微経に云う、天尊の過去世は是れ道民にして、姓は楽、名は浄信なり。道士を供養するに由りて、天尊と成るを得たり。右玄真人は、過去の時、比丘に財帛飲食を施し、今、真人と成ると。是れ亦た可ならず。何となれば、道に十号有り、皆自然に応化す。天尊は天に先んじて生じ、業行に由りて得ず。本より父母無く、陰陽を稟けず。何ぞ過去の修因有りて、今　無極を成すこと有らんや。自ら相矛盾す、偽妄なること知る可し。（大正蔵五二、五四六上）

ここに引用されている『霊宝智慧定志通微経』は、霊宝経の「元始旧経」の一つであり、現在の道蔵本では『太上洞玄霊宝智慧定志通微経』（道蔵・六七冊）に相当する。『太上洞玄霊宝智慧定志通微経』には天尊の本生譚が詳しく記述されている。この天尊の本生譚は、つとにチュルヒャー氏によって指摘されているように、康僧会訳『六度集経』巻二「須大拏経」などに見える、釈尊の本生譚の一つであるスダーナ（須大拏）太子本生譚をもとに作られたものである。[15]スダーナ太子本生譚というのは、布施に熱心でありすぎたために父王から国を追放されたスダーナ太子が、妻と二人の子供とともに檀特山に入って暮らしていたところ、年老いたバラモンから二人の子供を欲しいと言われ、そのとおりに子供をバラモンに与えたという話である。『太上洞玄霊宝智慧定志通微経』（九a～一六

b）に見える天尊の前世物語については、本書第二篇第二章で述べたので、ここでは詳しくは述べないが、スダーナ太子本生譚における父王にあたるものが天尊（前世では道民の楽浄信）、スダーナ太子にあたるものが左玄真人（前世の名は法解）、その妻にあたるものが右玄真人（前世では法解の妻）ということになっていて、自分の子供を山中の道士に布施するという話の筋が共通している。左玄真人と右玄真人は、上述の『弁正論』巻六「内九箴篇」に出てきた「左右二真人」に相当する。

ところで、このスダーナ太子本生譚は、中国では早くから知られており、最も古い仏教擁護の論である牟子『理惑論』（『弘明集』巻一）にも出てくる。『理惑論』は三十七条の問答から成るが、その第十五条に、次のように見える。

問いて曰く、蓋し父の財を以て路人に乞《あた》うは、恵と謂うべからず。二親尚お存するも、己を殺し人に代わるは、仁と謂うべからず。今、仏経に云う、太子須大拏は父の財を以て、遠人に施与し、国の宝象、以て怨家に賜い、妻子を自ら他人に与うと。其の親を敬せずして他人を敬するは、之を悖礼と謂う。其の親を愛さずして他人を愛するは、之を悖徳と謂う。須大拏は不孝不仁なるも、仏家は之を尊ぶ。豈に異ならずやと。

牟子曰く、……苟くも其の大を見れば、小に拘らず。大人は豈に常に拘らんや。須大拏は世の無常を観て、財貨は己の宝に非ざるが故に、意を恣にして布施し、以て大道を成す。父国は其の祚を受け、怨家は入るを得ず。成仏するに至りては、父母兄弟は皆度世するを得たり。是れ孝と為さず、是れ仁と為さずして、孰れか仁孝と為さんやと。（大正蔵五二、三中）

ここで質問者は、父の財産や自分の妻子までも布施したスダーナ太子の行為は、「孝」と「仁」に背く行いであり、「悖礼」「悖徳」であると言って強く批判している。言うまでもなく、「孝」と「仁」は儒教の重要な徳目である。これに対して牟子は、スダーナ太子の布施の行為は「大道」を成就するために行ったものであり、スダーナ太子が悟りを得たことによって、父母兄弟も度世することができたのであるから、これこそ真の「仁」であり真の「孝」であると反論する。より大きな仁・孝の実現のためには、目前の小さな不仁・不孝は許されるということは、同じ『理惑論』の他の箇所にも見える。たとえば、沙門が家を捨て妻子を棄てて修行することについて、「苟くも大徳有れば、小に拘らず」（大正蔵五二、二下）とあり、ここと同じような表現が用いられている。これは、『理惑論』の中で牟子が好んで用いた論法であると言える。(16)

牟子はこのように反論して仏教を擁護してはいるものの、スダーナ太子の行いは、中国の伝統思想に照らせば、やはり当然、重大な問題を含んでいるものであった。特に、儒教で最も重視される孝の徳に背くことは見逃しがたいことであると考えられたものと思われる。そこで、『太上洞玄霊宝智慧定志通微経』に見える天尊の本生譚（左玄真人と右玄真人の前世物語をも含んでいる）は、その点に配慮して、話が変えられている。すなわち、『太上洞玄霊宝智慧定志通微経』の天尊の本生譚では、スダーナ太子本生譚とは異なり、父（道民の楽浄信。のちの天尊）自身が熱心に布施を行う人であったということになっていて、その子の法解夫妻（のちの左玄真人・右玄真人）は父の教えを忠実に守るという内容に改変されている。したがって、スダーナ太子本生譚のように父王の意向に背いて財産を人に与えたりとか、父王から国を追放されるというような筋書きは出てこない。また、子供を売る場面でも、それは山中の道士を供養するために行う行為であり、道士を供養することは「先君の遺教」（『太上洞玄霊宝智慧定志通微経』一二b）であるということが強調されている。このように、『太上洞玄霊宝智慧定志通微経』に見える天尊の本生譚は、スダーナ太子本生譚をもとにしてはいるものの、全体的に、孝を重視する儒教の思想に沿った潤色がなされているのである。

さて、『弁正論』の「叙天尊及化迹謬」の文に戻ろう。「叙天尊及化迹謬」では、天尊の本生譚を紹介した後、天尊は「自然に応化」したものであり、「父母」や「陰陽」を待たずに、「天に先んじて生じ」たものであって、修行という「因縁」の結果として「無極」に至ったものではないこと、したがって、天尊の因縁譚を説くのは矛盾していると言って批判している。ここでも、前節で見た『笑道論』の天尊批判と同様に、「自然」と「因縁」という問題が提示されている。思想的には、「自然」と「因縁」の問題が、仏教側からの天尊批判の核心をなすものであったことが、ここからもうかがわれる。

このように「自然」の思想との間の矛盾を犯しつつも、道教において天尊の得道の「因縁」を説明する前世物語が作られなければならなかったのはなぜであろうか。それは、中国において仏教が急速に広まる中で、人々に最も大きな衝撃を与えた輪廻転生・因果応報という問題に対して、道教が真剣に取り組み、自己の教理体系の中に反映させる必要があったからと考えられる。霊宝経の「元始旧経」が仏教の因果応報思想を積極的に吸収し、教理の中心に据えているのは、その現れと見ることができよう。

元始天尊を道教の最高神とする教理体系を構築しようとした「元始旧経」の作者たちは、仏陀の前世物語の一つであるスダーナ太子本生譚をもとにして天尊の本生譚を作った。天尊の本生譚のモデルとして、スダーナ太子本生譚が用いられた理由としては、『理惑論』に引用されていることからわかるように、この話が早くから中国の人々に知られていたこと、また、六朝後半期に壁画や仏像の浮彫に描かれたスダーナ太子本生図が現存していること(17)が示すように、スダーナ太子本生譚は、スッタ太子本生譚と並んで、当時、仏教の布教活動と結びついて人々の間で流行していたことなどが挙げられよう。スダーナ太子本生譚をもとにして作られた天尊の本生譚は、仏教の思想とその布教活動に刺激を受けた道教(具体的には、「元始旧経」の作者たち)が、「自然」の思想との間の矛盾をあえて犯しつつも、自らの教理の整備と布教という現実的要請に迫られて作り出した物語であったと言えよう。そして、その物語の内容は、右に述べたように、スダーナ太子本生譚そのままではなく、儒教思想に沿った方向に変容している。そういう意味では、元始天尊という神格の中には儒仏道三教の考え方が融合しているという見方が可能であろう。

三　元始天尊の身相と自然・因縁一体説

「自然」の思想との間の矛盾を犯してまでも、仏教の「因縁」の思想を大幅に取り入れ、元始天尊の前世物語を作り出した道教は、一方で、元始天尊に関わる「自然」と「因縁」の矛盾を何とか克服し、整合性のある説明をしようと試みている。そして、その説明は、元始天尊の身相についての議論と絡まり合った形で展開している。元始天尊の身相説というのは、言うまでもなく、仏の三身説（法身・報身・応身）の影響を受けて出てきたものである。隋唐時代の道教における元始天尊の身相については、砂山稔氏による研究があり、[18]『太玄真一本際経』にその発端となる種々の身相（法身・道身・真身・報身・正身・本身・生身・応身・分身・迹身・化身など）の記述が見えること、『道教義枢』（道蔵第七六二冊）巻一「法身義」（三b）の道身・真身・報身・応身・分身・化身の六身説、『道門経法相承次序』（道蔵第七六二冊）巻中（七a～b）の法身・本身・道身・真身・迹身・応身・分身・化身の八身説、『一切道経音義妙門由起』（道蔵第七六〇冊）序（一b～二a）の真身・応身・法身・化身・報身の五身説など、唐代の道教文献における元始天尊の身相についての記述は、『太玄真一本際経』の記述をふまえていることなどが指摘されている。本節では、『太玄真一本際経』の中で元始天尊の「自然」と「因縁」の問題が詳しく議論されている箇所と、前節で述べた楽静信（楽浄信に同じ。天尊が前世において道民であった時の名）を報身として位置づける『一切道経音義妙門由起』序の文を取り上げ、元始天尊に関わる「自然」と「因縁」の問題が、隋唐時代の道教において、どのように説明されているかを見ていきたい。

『太玄真一本際経』は隋の道士劉進喜と李仲卿が作り、唐代に盛行した経典である。[19]『太玄真一本際経』の中で、元始天尊の「自然」と「因縁」に関する議論は、巻八「最勝品」と巻九「開演秘蔵品」に見える。まず、巻九「開演秘蔵品」の方から見ておこう。

巻九「開演秘蔵品」には、道身・生身・迹身などの説明がなされたあと、次のような問答が見える。[20]

太微帝君稽首して又曰く、敢えて問う、道身は因有りと為すや、因無しと為すや。若し因有れば、世間の法に同じ。因縁もて生ずるが故に、故に是れ常無し。若し因無くして生ずれば、復た邪見に堕ち、異道の謂なり。若し是れ道身は因より生ぜず、自然に有りとせば、一切衆生　道を修めざる者、応に皆道を成すべし。是の如き二義、云何が了す可けんや。唯だ願わくは慈愍して広く開示を垂れよと。

（『中華道蔵』第五冊、二五六下～二五七上）

ここで太微帝君は、元始天尊の道身は「因縁」によって生じたのかどうかと単刀直入に質問している。もし、「因縁」によって生じたものであれば、道身は万物と同じく無常なるものということになってしまうし、逆に、もし「因縁」によって生じたのではなく「自然」に有るものであれば、一切衆生も道を修めずに成道できることになってしまう。一体、どちらが正しいのかという質問である。

それに対して、太上道君は、「道」は有無・愚智・因果・凡聖・相非相など、あらゆる相対性を超えていること、一切の法は自性を持たない「空」なるものであること、そして、「空」もまた「空」であり、「空」を「空」であると見なすことも「空」であることを述べ、衆生はこれらのことを理解できないが、天尊はそうではないとして、次のように言う。

天尊大聖は、此の実性は畢竟無なるを了し、道源に洞会し、体を混じ一に冥す。故に得道と名づく。身は道と一たり、故に道身と名づく。此の正観を習う、之を名づけて因と曰う。亦た習う所無し、故に因に非ずと名づく。是の故に正道は因より生ずるに非ず、亦た因無きに非ず。体は是れ果なるに非ず、亦た果に非ざるに非ず。常に非ず、常に非ざるに非ず。滅に非ず、滅に非ざるに非ず。是の如き深奥微密の義、唯だ道と道とのみ、乃ち能く解知す。下聖真仙は皆通達せず、信の力を以ての故に、能く知ると彷彿す。是の如き身は、住するに住する所無く、住せざる所無し。是れ正道真実の身と名づく。

（『中華道蔵』第五冊、二五七上～中）

「天尊大聖」は一切の法の姿を正しく見る「正観」を習うことで道身を得たのだから、「因」から生じたと言えるが、習うと言っても、習うことも自性を持たないものだから、「因」から生じたとも言えないという論理で、元始天尊の道身は「因縁」より生じたとも言えるし、「因縁」より生じたとも言えないと、太上道君は答えている。結局、元始天尊は「因縁」より生じたとも言えるし、「自然」であるとも言えるということで、元始天尊における「因縁」と「自然」の両方を認めた形になっている。

次に、巻八「最勝品」の方を見ていこう。巻八「最勝品」に見える元始天尊に関する記述の概要は次のとおりである。

十方国土において、元始天尊の分身である十方天尊がそれぞれの国土の衆生を教化していたが、ある時、十方天尊がすべて来集する。それを見た太微帝君が、分身は元始天尊と同じものなのか否かを太上道君に尋ねる[21]。それに対して、太上道君は、

等しくして異なること有る無し。所以は何ぞや。同一の真性、等しきこと虚空の如し。皆空寂の相なり、故に異なること無し。而るに亦た異なること有り。因縁に仮るが故に、亦た異なると説くべし。元始の正身は、無数劫に久しく妙行を習うに因りて、報として此の身を得、道界に遍満して、窮まり無く際無し。法性身に等しく、道界に周きが故に、即ち道身と名づく。諸々の分身は、是れ報身に於いて無礙の用を起こし、道界に遍くして、奇特を顕示し、衆生を教化す。智慧威神、本と異なること無し。

（『中華道蔵』第五冊、二五三上）

と答える。元始天尊の分身は元始天尊の正身と同一の真性を持ち、「虚空」「空寂」というその本質においては異な

らないが、「因縁」という仮のかたちによる時は異なると述べ、元始天尊の正身は無数劫にわたってすぐれた行いを習い重ねた結果、その報いとして道身を得たこと、そして、諸々の分身は、報身としての元始天尊が衆生を教化している姿であると言っている。

これに続いて、太微帝君はさらに、元始天尊はどのような「因」を修めて自在無礙を得たのかと尋ねる。それに対して、太上道君は、「元始の正身は、因に非ず果に非ず、修に非ず得に非ず、道界の性に等しく、虚空の相に同じ。云何《いかん》が乃ち天尊の正因を問うや」と述べ、元始天尊は因果を超えたものであるから、その正因を問うのは見当違いであると諭す。そして、さらに詳しく、「因」によって生じた「果」は、「本は無にして今は有、有は必ず無に還る」ものであるから、「破壊の相」であり、「常住の相」ではないこと、一方、元始天尊の身は、「造作の法」ではなく、「無始無終、無生無滅」であり、「因に非ず果に非」ざるものであることを説明する。

それを聞いた太微帝君は、諸々の大衆とともに声をそろえて、この世間の鈍根下劣なる衆生は因果を超えた甚深なる法を聞いても理解できず、いきなり諸法実相の門に入ることはできないから、「漸漸と悟解して、正道の門に入る」ことができる方法を教えてほしいと懇願する。

そこで、太上道君は太極真人に対して、「大衆の為に因縁の道を示す」ように命じ、それを受けて、太極真人は、「元始天尊は妙行を修習すること、無量無辺、称説す可からず。是れ譬喩の能く宣示する所に非ず」としながらも、その要点を略述する。十方天尊を究極の境地に導いた、その出発点となったものは「兼忘重玄の道」であったこと、「兼忘」とは「有」に執着せず、また「空」にも執着しないことであり、「重玄」とは、「有」と「空」の両方に執着しない境地をも、さらに遠くに追いやる（「遣」）ことであると説明する。それを聞いた太微帝君が、それならば十方天尊は始めから「重玄」の道だけを修めればよく、無数劫の長い期間にわたって種々の功徳を積み重ねる必要はなかったのではないか、また、これから学ぼうとする者も修行をせずにただちに空門に入ればよいではないかと質問する。

それに対して、太極真人は、「是の如し、是の如し。若し能く自然正理を懸悟すれば、但に学に方便有るを須たざるのみならず、亦た復た空想を習うを須たず」と言い、「自然正理」をただちに悟ることができる者については、太微帝君の言葉は正しいとしたあと、しかし、煩悩のために清浄なる心を覆われた凡夫には、やはり多くの行いを積み重ねて心を柔軟にし、しだいしだいに「真空」に入り、「空不空」を悟ることが必要であると述べる。

少し長くなったが、以上が『太玄真一本際経』巻八「最勝品」に見える元始天尊についての記述の概要である。ここでは、元始天尊は因果を超えたものであり、「造作の法」ではないこと、すなわち、「自然」であることを強調しつつも、一方では、無数劫にわたって「妙行」を積み重ねたことの報いとして道身を得たとしており、元始天尊における「因縁」の存在を否定してはいない。そして、元始天尊のような究極の境地に至るための方法としては、「漸漸と悟解」すること、すなわち、種々の功徳を積みながら、しだいしだいに「兼忘重玄の道」「空想」を修習していく方法を「因縁」の道として説きつつも、そうした「方便」を必要とせずにただちに「自然正理を懸悟」することがありうることを述べている。つまり、元始天尊そのものの説明においては、「自然」の方がより本質的であるとしながらも、「因縁」の側面を否定はせず、また、元始天尊のような究極の境地に至るための方法については、「因縁」を主としつつも、「因縁」によらない「自然」の要素も認めている。元始天尊をめぐる議論の中で、「自然」と「因縁」は、相容れない二つのものではなく、相互に補い合うものと考えられてきていることがわかる。

次に、『一切道経音義妙門由起』の序を見ていきたい。『一切道経音義妙門由起』は、唐の玄宗の勅命を奉じて太清観主史崇らが編纂したものである。その序は、「無為無形」で「一切の祖首、万物の父母」なる「道」についての記述から始まり、「虚空」において「自然」に「霊を凝らし気を結」んで化成された聖人が元始天尊であると述べたあと、次のような文が出てくる。

又云う、元始は道の応化、一の凝精にして、気に因りて感生し、転変すること自然なり。此れ既に胎誕に由り姓系に因経せず。夫れ天地有りて、方《はじ》めて人有り。人有りて、方めて氏族有り。天尊は混沌の始めに生まれ、何の宗祖か之れ有らん。其の後、号を改めて変を示し、迹に応じて霊を垂れ、胎を洪氏の胞に託し、形を李母の腋に降すは、蓋し由有らん。然れども五身既に分かれ、三代斯に別れ、機に随い物に応じ、溺れるを拯い危うきを安んじ、群迷を汲引して、庶族を財成し、慈悲もて覆燾すること、以て勝げて言い難し。謂う所の真身なる者は、至道の体なり。応身なる者は、元始天尊・太上道君なり。法身なる者は、真精気を布き、万物を化生するなり。化身なる者は、堀然として独化す。天宝君等なり。報身なる者は、勤を積み徳を累ぬるに由りて、広く福田を建つ。楽静信等なり。

（『一切道経音義妙門由起』序、一b〜二a）

ここでは、まず、天地創世の初め、混沌たる状態の中で自然に生まれた元始天尊は、何の祖先・家系も持たないことを述べたあと、天尊の五身説を挙げている。「至道の体」が真身とされ、いわゆる元始天尊は太上道君と同じく応身と位置づけられ、気を布き万物を化生する「真精」が法身とされ、『道教義枢』巻二「三洞義」で洞真の教主とされている天宝君が化身と位置づけられるのと並んで、楽静信が報身として位置づけられている。楽静信の名は、『道教義枢』巻一「法身義」や『道門経法相承次序』巻中の身相の説明の中には出てこない。玄宗の勅命を奉じて書かれた『一切道経音義妙門由起』において、楽静信が道を奉じ、布施の功徳を積んだ結果、後世において天尊となったということが、天尊の身相の一つとして位置づけられているのは、玄宗期において、道教による民衆の教化を意識して、天尊の持つさまざまな性格の一つとして「因縁」の要素をはっきりと織り込もうとしたことの現れなのかもしれない。

『一切道経音義妙門由起』序は、右に挙げた文のあとに、「自然」と「因縁」について論じた次のような文が出てくる。

蓋し方円動静、黒白躁湿は、自然の理性にして、易う可からざるなり。管を吹き絃を操り、文を修め武を学ぶは、因縁習用にして、廃す可からざるなり。夫れ自然は性の質なり。因縁は性の用なり。因縁以て之を修め、自然以て之を成す。此に由りて言えば、高仙上聖、道に合し真に帰するは、固より善縁を増広し、精進して退くこと無く、人を度し己れを済い、幽に通じ冥に洞き、粗を変じて精と為し、凡を錬りて聖と成る。而るに惑える者、遂に「神仙　当に仙骨有るべし。骨法応ずる者は、学ばずして得」と云う。何ぞ其れ謬れるかな。

（『一切道経音義妙門由起』序、二a～b）

ここでは、「自然」は「性の質」、「因縁」は「性の用」と説明され、道を得るためには、「因縁」によって身を修め、「自然」によってこれを完成することが必要なのだと説かれている。つまり、「自然」と「因縁」は相反するものではなく、得道という目的のために、補完し合っている相即不離のものと考えられている。これと同じ趣旨のことは、すでに『道教義枢』巻二「十二部義」にも、

凡そ聖神の体、略ぼ二事有り。一は自然、二は学得なり。大洞経に云う、洞経を得る者は、死より生を得、生より道を得、道より仙を得、仙より真を得、真より上清黄老君・三十九真・二十四帝・百八十道君と為るを得。天尊上聖は、亦た自然の妙炁、応化の作す所有り、亦た修習して後に成る有り。自然と後学と、合して一と為すなり。

（『道教義枢』巻二、二三a～b）

と見える。ここで言う「学得」と「後学」は「因縁」に相当する。「自然と後学と、合して一と為すなり」とあるように、「天尊上聖」に至るための方法として、「自然」と「因縁」は不可分一体であることが明言されている。『一切道経音義妙門由起』序の文は、それと同じことを、「性」の質・用という観念を用いて説明したものと言えよう。

以上に見たように、『太玄真一本際経』も『一切道経音義妙門由起』も共に、元始天尊をめぐる記述において、

「自然」と「因縁」の両者は対立するものではなく、互いに補い合うものであり、不可分一体のものと考えられている。もっとも、元始天尊そのものの性格としては、「自然」の方がより本質的な要素であるとされ、一方、元始天尊のような境地に至るための方法を説く場合には、「因縁」の方がより重視されるという違いはあるが、いずれの場合も、「自然」と「因縁」は対立項ではなく、相互補完的・一体的なものと考えられている。

隋唐時代の道教における、元始天尊についてのこのような説明は、この時代の道教教理学における「自然」と「因縁」をめぐる議論と直結している。『太上妙法本相経』や張果の『道体論』(道蔵第七〇四冊)、『三論元旨』真源章など唐代の道教文献に、「自然」と「因縁」の不可分一体・相即不離が説かれていることは、麥谷邦夫氏によって指摘されている。(22) これらの文献では、万物の諸事象において「因縁」の道理が成り立っていることが「自然」である、あるいは、「自然」の中に「因縁」があり、「因縁」の中に「自然」があるという形で、「因縁」と「自然」の不可分一体・相即不離が説かれている。本節で見てきた『太玄真一本際経』と『一切道経音義妙門由起』の元始天尊の身相と、元始天尊の「自然」と「因縁」の議論は、隋唐時代における道教の最も重要なテーマであった「自然」と「因縁」の問題についての思索のあとを示しているのである。

おわりに

六朝道教の教理と歴史の概要を記した『隋書』経籍志・道経の部は、「元始天尊なるもの有り、太元の先に生まれ、自然の気を稟け、沖虚凝遠にして、其の極を知る莫し」という文で始まっている。霊宝経「元始旧経」において初めて最高神として出てきた元始天尊という神格は、「自然」という観念と切り離すことのできないものとされていたことが、この文からもうかがわれる。ところが、一方で、「元始旧経」の作者たちは、この元始天尊を、仏教に由来する「因縁」の思想を説く神格とし、さらには、元始天尊の前世物語までもが作られて、元始天尊自身が「因縁」の道理の中にあることを印象づけた。そのようなことが行われた背景には、仏教の「因縁」の思想を積極的に吸収して、それを民衆への教化・布教に生かそうとする意図があったものと考えられる。

しかし、「自然」の観念と「因縁」の思想とは、本来相容れない面を持っており、そこから、『笑道論』や『弁正論』に見られるような道教批判が起こってくる。その批判を受けて、隋唐の道教が試みた説明が、元始天尊という神格そのものにおいても、また、元始天尊のような究極の境地に至るための方法においても、「自然」と「因縁」の両者は対立するものではなく、相即不離・不可分一体のものであるという考え方であった。

このような説明は、いささか強引に過ぎるような感もある。しかし、遡れば、東晋の慧遠の「明報応論」(『弘明集』巻五)や郗超の「奉法要」(『弘明集』巻一三)にも、「罪福の応」「宿縁の玄運」が存在すること、すなわち、「因縁」の道理が存在することが「自然」なのだという文が見える。[23]「自然」と「因縁」をめぐる思索は、仏道論争以前からの歴史を背負っていると言わなければならない。道教における元始天尊という神格の登場が、仏教側からの激しい批判を生んで、「自然」と「因縁」をめぐる議論を盛んにさせ、そのことが、再び「自然」と「因縁」の両者を一体のものとして説明する隋唐道教の考え方が表面に出てくる一つの契機となったという見方が可能であろう。

一方、「因縁」の思想を道教の教理の中に組み込もうとした「元始旧経」の作者たちによって作られた元始天尊の前世物語は、下敷きにしたスダーナ太子本生譚に比べて、「孝」を重視する儒教的性格が強くなっている。我々は、元始天尊という神格の中に、儒仏道三教の興味深い交渉のあとを見ることができるのである。

第三篇　道教経典と漢訳仏典

第一章　『海空智蔵経』と『涅槃経』
――唐初道教経典の仏教受容――

はじめに

六朝隋唐時代、道教は体系的な世界観と修養理論・救済理論を備えた宗教として形を整えていったが、その際、中国固有の観念を土台にしつつも、仏教の思想が積極的に受容された。道教が仏教から積極的に受容吸収しようとした内容は、各時期によって異なる。四～五世紀の頃には、仏教の三世輪廻の世界観と因果応報の思想、および一切衆生の救済を説く大乗思想が、道教に対して最も大きな影響を与えた。この頃に作られた道教経典には、これらの仏教思想を中国固有の観念とどのように融合させていくかという模索の跡が見られる。また、六朝末に作られた道教経典には、仏教の三論教学の影響が見えるものがある。さらに、唐代中期頃には、禅の興隆と時期を同じくして、道教においても心の修養を専論する著作が現れている。

各時期において受容の対象とされたものが異なっているのみならず、また、その受容の方法も時期によって違いがある。六朝時代の道教経典に与えた仏教の影響については、チュルヒャー氏のすぐれた研究があるが、そこで指摘されているように、六朝時代の道教経典は仏教から多くのものを受容してはいるものの、仏典からの借用は部分的・断片的なものにとどまり、長文にわたってある特定の仏典の改作によって道教経典が作られるというような現象は生じていない(1)。

しかし、六朝末から唐代初期、仏道論争が盛んに行われる時期になると事情は変わり、仏教側から仏典の偽造であると非難されるような道教経典が相次いで作られるようになる。則天武后期の僧、玄嶷がその著書『甄正論』巻下において、「本際五巻の如きに至りては、乃ち是れ隋の道士劉進喜造り、道士李仲卿続けて十巻に成す。並びに仏経を模写し、潜かに罪福を偸み、因果を搆架し、仏法を参乱す。唐より以来、即ち益州の道士黎興、澧州の道士方長有り、共に海空経十巻を造る。道士李栄は又、洗浴経を造りて以て温室に対し、道士劉無待は又、大献経を造りて以て盂蘭盆に擬し、并びに九幽経を造りて将に罪福報応に類せんとす。自余の大部帙に非ざるは、偽なる者勝げて計う可からず（至如本際五巻、乃是隋道士劉進喜造、道士李仲卿続成十巻。並模写仏経、潜偸罪福、搆架因果、参乱仏法。自唐以来、即有益州道士黎興、澧州道士方長、共造海空経十巻。道士李栄又造洗浴経以対温室、道士劉無待又造大献経以擬盂蘭盆、并造九幽経将類罪福報応。自余非大部帙、偽者不可勝計）」（大正蔵五二、五六九下）と述べているのがそれを示している。

本章で取り上げる『太上一乗海空智蔵経』十巻（道蔵第二〇～二一冊。以下、『海空智蔵経』と略称する）は、まさに玄嶷が仏典からの偽造として非難している道教経典の一つである。本章では、この『海空智蔵経』がどのような状況の中で作られたのか、仏典との具体的な対応関係はどのようであり、仏典の文章をどのように改作して作られているのかといった基礎的な検討をまず行い、次に、『海空智蔵経』がもし単なる仏典の改作という以上の意味を持つとするならば、それはどのような点に見出せるのか、それは中国固有の宗教的な観念とどう関わるのかということに目を向けて考察していくことにしたい。

一　作者・成立年代・テキスト

『海空智蔵経』の作者については、右に挙げた玄嶷『甄正論』巻下の「益州の道士黎興、澧州の道士方長、共に海空経十巻を造る」（大正蔵五二、五六九下）という文がその資料となる。この黎興と方長という二人の道士については、すでに砂山稔氏による明快な考証がある。[2] 行論の都合上、その要点を紹介しながら、『海空智蔵経』の作者の人物像をつかんでおきたい。

黎興は、杜光庭の『道徳真経広聖義』（道蔵第四四〇冊）の序に、『老子道徳経』の注釈家六十余家を列挙する中に『注義』四巻を作った人物として名の見える「成都道士黎元興」と同一人物であると考えられる。この人物はまた『道徳真経広聖義』の巻五では、「梁朝の道士孟智周・臧玄静、陳朝の道士諸糅、隋朝の道士劉進喜、唐朝の道士成玄英・蔡子晃・黄玄賾・李栄・車玄弼・張恵超・黎元興、皆　重玄の道を明らかにす」とあり、『老子道徳経』の注釈者のうち「重玄の道」を明らかにした人物の一人として名が挙がっている。また砂山氏は、初唐四傑のひとり盧照鄰が草した碑文「益州至真観主黎君碑」（『盧照鄰集』巻七）は、まさにこの黎元興のために書かれたものであろうと指摘された。この指摘は重要であり、この碑文によって我々は黎元興の生涯についての詳細を知ることができる。[3] その生涯の事跡の中で注目すべき点を列記しておこう。まず、黎元興は広漢雒の人で幼い時から彭聃の道に志したこと、貞観の末年に昭慶大法師のもとで修行し道士となって真陽小観に住したこと、ついで、その名声を慕う広漢の士人に請われて霊集観主となり観内の多くの天尊真人石像を地元の人々の布施によって補修したこと、さらに、行益州刺史駙馬都尉喬君（喬師望）の表請により至真観主となって大講堂・長廊の構築や銅鐘の鋳造を行ったこと、この至真観というのは隋の開皇二年（五八二）に創建され、[4] その後荒廃していたが、高宗の乾封元年（六六六）に天下の諸州に観寺一所を置くという勅が出されたのにしたがって復興が始まったもので、黎元興が至真観主となったのもこの時であると考えられること、[5]出家入道して三十余年を経て多くの弟子を育てたのち、咸亨二年（六七一）正月十八日に世を去ったことなどである。このように、碑文の伝えるところによれば、黎元興は出身地益州における有力な道士として、この地の道観・道教像の復興・修復に尽力し、多くの弟子を育て、この地の道教の興隆に大きな貢献をした人物であったことがわかる。このことと、先に述べた杜光庭の『道徳真経広聖義』に見える「重玄の道」を明らかにした『老子道徳経』の注釈者という面を合わせ考えると、行動力を持つ道教の指導者であると同時に、当時流行の老子解釈学・道教教理学にも明るい人物であったということになるだろう。

次に、『海空智蔵経』のもう一人の作者、方長についてであるが、これも砂山氏が指摘されたとおり、道宣の『集古今仏道論衡』巻丁に見える方恵長のことであると考えられる。『集古今仏道論衡』巻丁には、高宗の顕慶・龍朔年間（六五六～六六三）に宮中で行われた仏道二教論争について仏教側の視点から記録した文が載せられているが、その中に、龍朔三年（六六三）四月十四日に蓬萊宮で『老経』（『老子道徳経』）の開題を行い、大慈恩寺の沙門霊辯と対論した道士として名が見えるのが方恵長である（大正蔵五二、三九三中～下）。この頃の道士の名に恵という字を加えて呼ぶ例は他にもある。[6]たとえば、顕慶三年（六五八）十一月の論議に登場する東明観道士張恵元は、張元とも記されている（『集古今仏道論衡』巻丁。大正蔵五二、三九〇中～下）、また、やや遅れて則天武后の時代に活躍した道士、胡超は胡恵超とも記されることがある。[7]方長と方恵長が同一人物であると考えることは問題ないであろう。方恵長は『集古今仏道論衡』巻丁によれば、「『老子』と『易』の関係は如何」「道は有形か無形か」「道と象の関係は如何」といった問題について霊辯と講論し、答えに窮して、帝の前で霊辯に嘲笑されたということになっている。高宗期に宮中で行われた仏道二教論争に道教側から出席した人物として『集古今仏道論衡』巻丁に名が挙がっているのは、方恵長のほかに黄賾、李栄、黄寿、張恵元、姚義玄らであり、「因縁」「道」「四無畏」「六通」「本際」「般若」「凡聖」「本跡」「不二」などの教理が論題となっている。宮中での論争に参加し、仏教側と議論を交わしていることから、方恵長はこの時代を代表する道教の論客の一人であったことが推測できる。

以上、砂山氏の研究をふまえながら、『海空智蔵経』の二人の作者、黎興（黎元興）と方長（方恵長）について、その概要を述べた。ところで、益州で活躍を続けた黎元興と宮中での仏道論争に参加した方恵長とは、一体どのような接点をもって交わり、二人で共に『海空智蔵経』を作ることになったのだろうか。この二人をつなぐものとして注目されるのは、道士李栄の存在である。李栄は『集古今仏道論衡』巻丁に記録された高宗期の仏道二教論争のほとんどすべての場に登場し、自ら「道門の英秀」（同上。大正蔵五二、三九四下）と称し、仏教側からも「老宗の魁首」（同上。大正蔵五二、三九二下）と呼ばれている。『集古今仏道論衡』が仏教側の記録であるという制約もあってか、李栄は仏教側の鋭い論難を浴びて最後はいつも敗退しているのであるが、時に詭弁を弄しつつも仏教側と果敢に論戦を交わす様子からは、彼がまさにこの時代の道教の中心的論客であったことがうかがわれる。すでに指摘があるように、李栄は益州の人で蜀の地で活動していたが、召されて京師に出て仏道論争の場に臨んだものと考えられる。(8) また、上に述べたように、李栄は杜光庭の『道徳真経広聖義』巻五に、「重玄の道」を明らかにする『道徳経注』を著した道士としても名が挙がっている。つまり、李栄は、『海空智蔵経』の作者の一人である黎元興と、その活動時期（すなわち高宗期）はもちろんのこと、その本来の活動の場（すなわち蜀）と、その著述『道徳経注』の特徴（すなわち「重玄の道」を明らかにすること）という点で共通点を持っている。したがって、この両者の間に何らかの交わりがあったことは十分に推測できよう。一方、『海空智蔵経』のもう一人の作者である方恵長と李栄は、同じ時期の朝廷の仏道論争の場における道教側の論客として直接的な交わりがあったものと考えられる。このような状況から見て、黎元興と方恵長は李栄を介して接触を持ち、『海空智蔵経』を共作するに至った可能性が考えられる。そしてこのことは、実は、『海空智蔵経』の成立の背景、あるいはこの経典の作成の動機という問題と直接関わってくるのである。

そこで次に、『海空智蔵経』の成立の背景や作成の動機、およびこの経典の成立年代について見ておきたい。『海空智蔵経』の成立年代については、夙に鎌田茂雄氏が高宗の顕慶三年（六五八）もしくは四年（六五九）よりも後に書かれたという説を出しておられる。[9] 鎌田氏がその論拠とされたのは、『集古今仏道論衡』巻丁には顕慶三年の仏道論争の時に道教側が三性説を知っていなかったことが記されているが、[10]『海空智蔵経』の中には『摂大乗論』に基づく唯識三性説が見られるということである。この『海空智蔵経』の成立の上限に関する鎌田説については、現在も異論は出てはいない。一方、『海空智蔵経』の成立の下限については、六七〇年代のいつ頃とするかに関していくつかの説が出されているが、砂山氏の咸亨二年（六七一）――黎元興の没年――説[11]が最も説得力があるように思える。そして、その中でもさらに年代を絞れば、仏道論争がやや下火になる六六〇年代の中頃までには、『海空智蔵経』は成立していたのではないかと思われる。鎌田氏が指摘されているように、李栄を中心とする道教側は、顕慶三年の論争の場で仏教側が提出した三性説を知らなかったため、高帝から「道士ら何ぞ仏経を学ばざるや」との勅を出されて大きな衝撃を受けた。[12] この時の衝撃が、道教側に三性説を織り込んだ道教経典として『海空智蔵経』を作らせる直接の動機となったと見てよいだろう。その意味において、『海空智蔵経』はまさに高宗の顕慶・龍朔年間（六五六～六六三）の仏道二教論争の産物と言うべきものであると考えられる。

　高宗期の仏道二教論争は、仏教と道教がしのぎを削ってその思想の優位を争うというよりは、仏道二教は同帰であるとの前提のもと、帝の前で名理を談じ、帝の心を悦ばせるという性格が強かったようである。[13]『集古今仏道論衡』巻丁に載せる高宗の「仏道二教は同じく一善に帰す。……師等、誠を碧落に栖ませ、学は古今を照らす。志は宝坊に契い、業は空有に光く。共に名理を談じて以て相啓沃すべし」（大正蔵五二、三八九上）という言葉がそのことをよく示している。以下に述べるように、現在の『海空智蔵経』は『摂大乗論』のほかにも『涅槃経』や『維摩経』などの漢訳仏典を下敷きにして書かれた部分が多く、とりわけ『涅槃経』からの改変によって書かれた箇所が目立つ。これは一面から言えば、明らかに仏典の盗作であり、玄嶷『甄正論』のような非難が起こるのは当然であるが、しかし、作者の黎元興と方恵長、あるいは李栄ら高宗期の道士たちの意識としては、盗作というよりはむしろ仏教を積極的に吸収しようとする努力の一つの表れであり、さらに言えば、高宗の「道士ら何ぞ仏経を学ばざるや」という勅の意向に添うものという意識があったのではないかと思われる。

さて、次に『海空智蔵経』のテキストの問題を見ておこう。現在の道蔵本『海空智蔵経』（道蔵第二〇〜二二冊）は唐の高宗期に作られたオリジナルな姿を伝えていると考えてよいのであろうか。結論を先に述べれば、現行の道蔵本『海空智蔵経』は、部分的には錯簡があり、散佚した部分も少しあるようであるが、大部分は、基本的にはオリジナルな姿を伝えていると考えてよいのではないかと思われる。このことを、『海空智蔵経』の敦煌写本の検討、他の道教文献における『海空智蔵経』の引用の状況、『海空智蔵経』が下敷きにした漢訳仏典との比較検討などの方法によって明らかにしていきたい。

まず、『海空智蔵経』の敦煌写本の検討であるが、現在のところ、『海空智蔵経』の写本と認められるのは、次の十三点である。(14)

1．スタイン七二九二（道蔵本巻一、巻頭〜二a八行目）
2．ペリオ四〇六六（道蔵本巻三、九a八行目〜一〇a四行目）
3．ペリオ二七五九＋二七七一（道蔵本巻三、一三a七行目〜一六b四行目）
4．北京図書館一五四五八（道蔵本巻三、九b八行目〜一〇a六行目）
5．ペリオ二四七三裏（道蔵本巻四、一a八行目〜二b七行目。ただし、左から右へ書写。表は『神呪経』）
6．スタイン三七〇五裏（道蔵本巻四、四b八行目〜六b三行目。ただし、左から右へ書写。表は『神呪経』）
7．北京図書館八二八九（服字八九）（道蔵本巻四、五b二行目〜六b一行目）
8．スタイン四〇七一（道蔵本巻四、一七a四行目〜一八a五行目）
9．ペリオ二二五四（道蔵本巻五、一b七行目〜二二a二行目。二四b八行目〜二六a四行目。二二a二行目〜二三b七行目）

10．北京図書館七五〇二Ａ（裳字三〇）（道蔵本巻六、二二ａ二行目～二四ｂ六行目）
11．北京図書館七五〇二Ｂ（人字二）（道蔵本巻六、二五ａ三行目～巻末）
12．ペリオ二七七三（道蔵本巻八、二四ｂ一行目～二四ｂ九行目。一五ｂ一〇行目～一七ａ九行目。二六ａ九行目～二八ａ一〇行目）
13．北京図書館一〇三四（辰字三四）（道蔵本巻九、巻頭～七ａ一〇行目。八ａ二行目～八ａ八行目。七ａ一〇行目～八ａ二行目。八ａ八行目～九ａ九行目）

『海空智蔵経』の敦煌写本の十三点という数は、『本際経』『神呪経』『昇玄経』『業報因縁経』などの写本数と比べれば、必ずしも多いとは言えないが、道蔵本『海空智蔵経』のテキストの問題を考察する上でのいくつかの情報を提供してくれる。まず、1番の写本（スタイン七二九二）には「太上一乗海空智蔵経会聖品第一」という首題、11番の写本（北京図書館七五〇二Ｂ）には「太上一乗海空経巻第六」という尾題、13番の写本（北京図書館一〇三四）には「太上一乗海空経捨受品第九」という首題がついているが、これらはいずれも道蔵本の巻数と一致する。したがって、敦煌写本の書かれた当時の『海空智蔵経』の構成は、現在の道蔵本『海空智蔵経』十巻の構成と同じであった可能性が高い。ただし、敦煌写本と道蔵本とを比べると、1番の写本は、文字の異同が多く見られる（品題も異なっている）し、その他の写本にも、異体字あるいは書写の誤りと思われる差異が存在する。また、従来問題にされてきた敦煌本と道蔵本の差異——一般に敦煌本は道蔵本と比べて仏教語を多く含んでいると言われている——に関連するかと思われる文字の相違が若干見られる。たとえば、9番の写本（ペリオ二二五四）では、道蔵本の「天魔」（巻五、一三ａほか）が「耶徒」に、道蔵本（巻五、一五ａ）の「作礼」が「合掌」に、道蔵本の「下仙真人道士」（巻五、一五ｂ）および「下仙学真道士」（巻五、一六ａ）が「下仙五通道士」などとなっている。また、13番の写本（北京図書館一〇三四）では、道蔵本の「稽首」（巻九、六ｂ）が「合掌」となっており、3番の写本（ペリオ二七五九＋二七七二）では、道蔵本の「霊宝妙法」（巻三、一四b）が「洞玄霊宝妙法」、道蔵本の「真文宝符」（巻三、一四b）が「大真文微妙宝符」となっている。これらの例は必ずしも皆、敦煌本の方が道蔵本よりも仏教的であるというわけではなく、むしろその逆もあることを示しており、その用語も統一がとれているわけではない。[16]

『海空智蔵経』の敦煌写本でもう一つ注目されることは、9番と12番と13番の写本において道蔵本と記述の順序が前後している箇所があることである。このうち、12番の写本（ペリオ二七七三）のことについては、すでに大淵氏の指摘があるように、道蔵本巻八の一五b一〇行目「不辞爾時」から一七a九行目「云何得出離生死城」までの文が、二四b一〇行目のあとに挿入されている。これは敦煌本の形が本来の正しい形であり、今の道蔵本には錯簡があるものと考えられる。大淵氏は「道（蔵）本と異る部分は何れも行の途中からであって、紙の継目からではない」ことを、この部分が本来敦煌本のような形のものであったと考えられる理由として挙げているが、[17]氏の指摘する理由のほかに、本章で後述するように、『海空智蔵経』巻八のこの部分は『涅槃経』の純陀品と哀歎品をもとにして書かれており、『涅槃経』との対応関係から見て、敦煌本の方が正しく、道蔵本には錯簡があると考えられる。[18]また、文章の連続性から考えても、敦煌本の順序の方が自然である。これは、敦煌写本の存在によって道蔵本の錯簡を知ることができる好例である。ところが、9番と13番の写本については事情が異なる。9番の写本（ペリオ二二五四）では、道蔵本巻五の二四b八行目「而（倶）无情智善男子」から二六a四行目「建大福耶」までの文が、二二a二行目「常无常（耶）」のあとに挿入され、13番の写本（北京図書館一〇三四）では、道蔵本巻九の七a一〇行目「而臥若有衆生」から八a二行目「智慧難思過」までの文が、八a八行目「不以愛見而」のあとに来ている。これらもやはり紙の継目からではなく行の途中からの異同であるが、こちらの方は逆に敦煌本の方が誤っている可能性が高い。9番の写本の問題箇所は『涅槃経』高貴徳王菩薩品をもとにして書かれ、13番の写本の問題箇所は『維摩経』問疾品をもとにして書かれているのであるが、それらとの対応関係から考えても、あるいは文章の流れから見ても道蔵本の方が正しいと思われる。

以上が、『海空智蔵経』の敦煌写本の検討の結果として言えることである。次に、他の道教文献における『海空智蔵経』の引用の状況を見ておこう。『海空智蔵経』は成立後、間もない頃から、道教内部において重視されたようで、高宗期から則天武后期にかけて活動した道士王懸河が著した『三洞珠嚢』や『上清道類事相』をはじめ、『道門経法相承次序』や『道教義枢』などに引用されている。また、『雲笈七籤』には、巻三九「説戒」に『海空智蔵経』巻六（三a～四b）が引用され、巻九三「仙籍理論要記」に「道性論」の項目のもとに『海空智蔵経』巻二（九a～一一b）が、「三相論」の項目のもとに『海空智蔵経』巻一（九b～一二a）がそれぞれ引用されている。さらに、『雲笈七籤』巻九五「仙籍語論要記」には、「道性因縁」の項目のもとに『海空智蔵経』巻二（一a～三b。節録）が、「本性淳善」の項目のもとに『海空智蔵経』巻一（二二b～二六a）が、「有為無為法」の項目のもとに『海空智蔵経』巻三（一〇a～b）が、「観四大相」の項目のもとに『海空智蔵経』巻十（一四b～一五a）が、「色身煩悩」の項目のもとに『海空智蔵経』巻五（二一b～二四b）が、「木伐喩」の項目のもとに『海空智蔵経』巻二（一三a～一四a）が、「病説」の項目のもとに『海空智蔵経』巻九（四b～九b）がそれぞれ引用されている。[19] その引用の状況を見ると、所々に文字の異同や省略があったりするが、おおむね現行の『海空智蔵経』と一致する。また、『三洞珠嚢』巻四に「海空経第三云」として引用する文は、現行の『海空智蔵経』巻三に見え、その巻数も一致する。ただし、砂山氏が指摘されたように、『道門経法相承次序』巻下に引用する天尊と海空智蔵の間の「十転」に関する問答の文は、『海空経』の佚文である可能性があるが、現行の『海空智蔵経』には見えない。[20]

次に、『海空智蔵経』が依拠した漢訳仏典との比較検討の結果明らかになるテキストの問題について述べよう。上の敦煌写本の検討のところでも、漢訳仏典との比較検討が現行テキストの錯簡の問題を考える手がかりとなる例が見られたが、そのほかに、『海空智蔵経』巻十にも同じようなことが見られる。『海空智蔵経』巻十は、ほぼ全文が『像法決疑経』をもとにして書かれている。この両者を比較対応してみると、『海空智蔵経』巻十の二b一行目「用財甚多」以下、四a一行目「動乱人衆」までの文は、本来は五a一〇行目「甚可哀憫」のあとに続くべきものであるが、誤って前に来てしまったと考えられる[21]。

以上、『海空智蔵経』のテキストの問題について考察した。要するに、現行の道蔵本『海空智蔵経』は、巻八と巻十に錯簡があると考えられるほか、若干、散佚した部分もある可能性がある。しかし、全巻の構成はもとのままのようであるし、以上に指摘したような若干の問題点を除けば、道蔵本『海空智蔵経』は、全体としておおむね成立当初の姿を伝えていると見てよいのではないかと思われる。

二　各巻の梗概

『海空智蔵経』は巻一序品、巻二哀歎品、巻三法相品、巻四普説品、巻五問病品、巻六持誡品、巻七平等品、巻八供献品、巻九捨受品、巻十普記品から成り、一巻一品で全十巻の構成になっている。全体として見れば、極楽国妙岳山にいた元始天尊のもとへ海空智蔵という名の真士（宝聚城に住む求道者）が弟子たちを率いて教えを乞いに出かけ、海空智蔵と元始天尊の間、あるいは、弟子たちと元始天尊の間でさまざまな問答が交わされたのち、元始天尊は説法の内容を『海空智蔵経』と名づけ、その受供伝法を海空智蔵に付嘱して去るという筋立てになっている。ただし、各巻相互の間には物語的展開は乏しく、むしろ話としては巻ごとの独自性が強い。以下、各巻の梗概を記しておこう。

〔巻一序品〕海空智蔵とその弟子たちが極楽国妙岳山の元始天尊のもとに至る。道果・智慧・神通・寂滅無為無礙について質問した大慧賢士に対して、元始天尊は、道果には地仙果・飛仙果・自在果・無漏果・無為果の五種類があること、智慧は有相・無相・非有非無相の三相を習うことによって得られ、神通力は思微によって得られること、また、寂滅無為無礙は善行・威神・功徳・道本を備えることによって得られることを説く。続いて、妙思童子の質問に対して、元始天尊は人間の賢愚貴賤寿夭の差異は前世の宿業によるのであって、因果の法則には毫も狂いがないことを述べる。さらに、最勝真人と決理真人が因果の法則について突っ込んだ質問をすると、元始天尊は、一切衆生は本来淳善なる状態にあるが、心の働きによって六根が悪に染まり悪因が生じることを説く（大慧賢士、妙思童子、最勝真人、決理真人はいずれも海空智蔵の弟子。また、巻末には、過去世における法地国の化生大王の話を載せる[22]）。

〔巻二哀歎品〕まず、海空智蔵の質問に対して、元始天尊は五陰について説明する。ついで質問に立った善才童子に対し、元始天尊は、衆生の念心は相続不断であるから修道が可能であること、修道にあたっては一切衆生の済度を目的として戒定慧を修習すべきであることを説き、さらに、一切衆生は道性を具えているとして、道性とはどのようなものか詳しく説明する。その後、海空智蔵や妙思童子の質問を受けて元始天尊は、海空（涅槃）のことや空・七宝荘厳具足功徳・福田・清浄国土・清浄身などについて説明する。

〔巻三法相品〕海空智蔵が法相について質問すると、元始天尊は、因縁によって生じた有為の法は一切皆空で滅するものであるが、無為湛然の法は空有の境を離れていて滅することはないとし、無為湛然の法をこそ修めるべきであるとする。その後、海空智蔵の依頼によって、説法の舞台が宝聚城に移され、仙卿童子（元始天尊の弟子）が皆の前で神通力をあらわす。元始天尊は宝聚城の善種大王とその眷属に向かって、自分と仙卿童子および海空智蔵の過去世の物語をする。最後に、元始天尊はこの経を『海空智蔵経』と名づけ、これの受持・伝授の方法を海空智蔵に説明する。

〔巻四普説品〕元始天尊が多くの眷属を従えて説法をし、四衆がそれを讃歎する。天尊の説法を聞いて悟りを開いた方城王子勝因仙卿童子に対し、元始天尊は一乗海空智蔵は虚空のごとく尽きることがないことを説き、また、善悪の業は皆、心によって起こること、十種微妙上願を修めて清浄国土を得ることなどを説く。さらに、元始天尊は大慧童子らに対して、唯識三性説を含む偈を説く。

〔巻五問病品〕海空智蔵が衆生と自分の病を治すための薬を乞い求めると、元始天尊は衆生を救うために病を示現した海空智蔵を讃え、海空智蔵は空であり病もありえないが、衆生は念を生じ分別の心を生じることによってさまざまの病を起こすと説く。ついで元始天尊は神通力によって諸地獄を照らし出し、地獄の餓鬼にも道性があると説くと、すべての餓鬼は懺悔して人天に生まれ変わる。また、海空智蔵の質問に対し、元始天尊は、『海空智蔵経』を誹謗する人にも道性が具わっているから、懺悔によって罪を滅することができると説き、「海空」の性質や、道性と煩悩の関係について詳しく説明する。

〔巻六持誡品〕海空智蔵の質問を受けて元始天尊は五種の戒（道戒・聖戒・真戒・仙戒・衆生戒）の受持の方法を説明する。続いて元始天尊は慈恵の眼によって地獄の餓鬼の姿を照らし出し、苦しみを訴える餓鬼に対して自ら牛頭に姿を変えて説法し、一乗海空浄戒を授けて救済する。さらに元始天尊は海空智蔵に対して、真人童子（求道者）は摂心と禁戒護持の実践によって衆生の済度を目指すこと、『海空智蔵経』には不思議な力があり、誰でもこれを書写し受持すれば煩悩を離れ身命を護持できることなどを説く。

〔巻七平等品〕元始天尊は海空智蔵に向かって、一切衆生は道性を有するが煩悩に覆われてそれが見えないこと、真人童子は何ものにも執着しないことなどを説いたあと、海空智蔵の徳を讃える長い偈を説く。その時、西方から七十三人の下仙道士がやってきて『海空智蔵経』を讃歎する。また、元始天尊は地獄に堕ちた人々の悪業と地獄の様相についての偈を説く。さらに、欲界・色界・無色界の天子が説法を求めて元始天尊のところにやってくると、元始天尊は道の偉大さや真人童子の修行についての偈を説く。最後に海空智蔵が元始天尊を賞賛する偈を説く。

〔巻八供献品〕元始天尊が大宝城で説法を行っている時、熱心な信者である善種大王が元始天尊に対して、我々の供養を受けて甘露法雨を降らせてほしいと願う。元始天尊はそれを容れて教えを説いた後、無為寂滅の地に還ろうとするが、善種大王はもうしばらくここに留まってほしいとすがる。それを見た法喜真人が、諸行無常の理を悟るべきだと言ってたしなめるが、善種大王は、元始天尊は諸行無常の理にあてはまらず、寿命長遠常住清浄であると反論する。海空智蔵も善種大王と同じように、衆生のために世に留まってほしいと元始天尊にお願いをする。それに対し元始天尊は、わが身は衆生を哀愍して応現したものであるから、還るといっても実は還るところはないのだと述べて説得する（巻末に近いところで、大中小の三船の譬喩で会三帰一の思想が説かれる）。

〔巻九捨受品〕元始天尊に命じられて善種大王は海空智蔵の病気見舞いに出かけるが、海空智蔵が話した言葉の内容がよく理解できなかったため、元始天尊に詳しい説明を求める。元始天尊は、海空智蔵の病気は大慈心から起こったものであり、衆生の病が消える時に海空智蔵の病も消えると説く。それを聞いて善種大王が海空智蔵を讃えると、海空智蔵は善種大王に、身体を構成する四大は空であり、病の根本を知り煩悩を断てば病もなくなるのだと説く。また、妙思童子の質問に対して元始天尊は、法を求めるとはどのようなことかを説明する。さらに元始天尊は、いかなる大風大火に遭遇しても海空智蔵を念ずれば身の安全を保つことができると説く。元始天尊の教えを聞いて方城大王が捨身布施の誓願を立てると、元始天尊は方城大王に対して、海空通達と海空身についての説明をする。

〔巻十普記品〕元始天尊が説法を終えて玉京長楽舎に返ろうとしたところ、上真童子が元始天尊の滅後、どのように衆生を導いたらよいのか質問する。それに対し、元始天尊は慈悲の心を持って布施を行うことが大切であると説き、さらに、一乗海空智蔵を誹謗する者に対してどのようにしたらよいか、八千年後に到来する末法の世においてどのように法を受持したらよいかを説く。それを聞き、上真童子と四衆は大依師を失うことを悲しみ号泣するが、元始天尊は世間無常の理を知るべしと言って諭す。続いて、元始天尊に問われて上真童子は、天尊が非有非無であること、一切衆生の善悪諸業は一心から起こることを説き、元始天尊から印可を受け、海空法位に進む。最後に、元始天尊は平等布施の重要性を説いて、この経典を上真童子に付嘱し、衆生を安楽海空城中に住まわせて智慧を成就させよと説いて姿を消す。

以上、『海空智蔵経』の各巻の梗概を記した。この梗概からもわかるように、『海空智蔵経』には道果、因果法則、空、浄土、戒定慧、煩悩、道性（仏性の言い換え）、海空身（仏身の言い換え）などをはじめとして、仏典で説かれる教理・概念が数多く用いられている。また、話の構想も、巻八供献品は『涅槃経』から借り、巻九捨受品は『維摩経』から借りたものであることは、一見して明らかである。前節で『雲笈七籤』に見える『海空智蔵経』の引用の箇所を指摘したが、『雲笈七籤』に引用されているということは、その箇所が道教思想として重要な意義を持つと見なされたことの一つの指標となるであろう。その『雲笈七籤』に引用された十箇所のうち、「本性淳善」と「有為無為法」の項目で引用されたものを除く八箇所は、実は、仏典（『涅槃経』と『維摩経』と『像法決疑経』）をもとにして書かれた部分なのである。このことは、道教思想史上における『海空智蔵経』の存在意義がどこにあったかを示唆している。『海空智蔵経』の研究のためには、やはり、仏典との詳細な比較検討がどうしても不可欠であり、それをふまえた上で、『海空智蔵経』においてどのような道教的特徴が見られるのかを解明する必要があると思われる。

三 『海空智蔵経』と『涅槃経』

『海空智蔵経』と仏典との関係については、すでにいくつかの研究がなされている。まず、鎌田茂雄氏によって、『海空智蔵経』巻四普説品の一部分が真諦訳『摂大乗論』（大正蔵第三十一巻所収）に基づいて書かれていることと、巻九捨受品の一部分が羅什訳『維摩経』（大正蔵第十四巻所収）に基づいて書かれていることが指摘されるとともに、『海空智蔵経』の道性説に『涅槃経』の影響が考えられることや、『海空智蔵経』の所々に華厳の影響や般若経典の影響が見られることが指摘された[23]。ついで、木村清孝氏によって、『海空智蔵経』巻十普記品のほぼ全文が『像法決疑経』（大正蔵第八十五巻所収）に基づいて書かれていることが指摘され[24]。さらに、近年、中嶋隆蔵氏によって、『海空智蔵経』の巻二・巻五・巻六・巻七・巻八のかなりの部分が、『涅槃経』（大正蔵第十二巻所収）を改換したものであることが指摘された[25]。以上のような研究によって、『海空智蔵経』の相当多くの部分が、『涅槃経』『維摩経』『摂大乗論』『像法決疑経』などの仏典を下敷きにして書き改めるという作業によってできたものであることが明らかになった。これらの研究を参照しつつ、さらに若干の新しい指摘をも加えて、筆者は、『海空智蔵経』と仏典の対応部分を見やすい形で示した対照表を作成した[26]。

『海空智蔵経』が量的に最も多く基づいているのは『涅槃経』である。『海空智蔵経』の中で『涅槃経』との対応が確認できる箇所は、『海空智蔵経』全体の約三分の一にのぼる。表1に掲げたのがその対応箇所である[27]。ここに掲げた箇所は、『海空智蔵経』の作者が『涅槃経』を手元に置き、それを下敷きにして『海空智蔵経』の文を作成していったと認められる部分である。これらの中には、『涅槃経』の思想として重要な仏身常住説や一切衆生悉有仏性説などが含まれている。なお、表2には『涅槃経』以外の仏典（『維摩経』『摂大乗論』『像法決疑経』）と『海空智蔵経』との対応関係を記しておいた。

表1に掲げた対応箇所について、『涅槃経』の文章がどのような操作を経て書き改められているかを検討していくことにしよう。まず、語彙の改変方法に目を向けると、次の四つの特徴が指摘できる。

まず、第一に、登場人物の名前については、『海空智蔵経』のストーリーに合わせて書き換えている。たとえば、『海空智蔵経』巻二では、『涅槃経』の「師子吼菩薩」が「善才童子」に書き換えられ、巻五・巻六・巻七では『涅槃経』の「迦葉菩薩」が「海空智蔵」に書き換えられ（ただし、巻五では『涅槃経』の「光明遍照高貴徳王菩薩」が「海空智蔵」に書き換えられている箇所もある）、巻八では『涅槃経』の「純陀」が「善種大王」に、「文殊師利」が「法喜真人」にそれぞれ書き換えられている。ちなみに、『海空智蔵経』巻九はそのほぼ全文が『維摩経』の文殊師利問疾品・不思議品・仏道品からの改変であるが、ここでは『維摩経』の「維摩詰」が「海空智蔵」に、また、

表1　『海空智藏経』と『涅槃経』の対応箇所

『海空智藏経』	『涅槃経』
巻二哀歎品 一a三行目～一一b一〇行目 一三a三行目～二七a六行目	 師子吼菩薩品第二三、七八〇b～七八四c 高貴徳王菩薩品第二二、七四二c～七五四b
巻五問病品 一a三行目～八b一〇行目 一〇a九行目～一二b二行目 一五a八行目～二二b五行目	 現病品第一八、六六九c～六七二c 菩薩品第一六、六五九b～六六一a 高貴徳王菩薩品第二二、七三六c～七三九a
巻六持誡品 一b一行目～一二b四行目 一五b七行目～一八a一行目 一八b二行目～二六b七行目	 聖行品第一九、六七三b～六七八c 聖行品第一九、六八八c～六九〇a 高貴徳王菩薩品第二二、七三九b～七四一b
巻七平等品 一a三行目～五a九行目 二四b七行目～二七b一行目	 梵行品第二〇、七〇三c～七〇五c 梵行品第二〇、七〇五c～七〇九a
巻八供献品 一a三行目～一五b九行目 一七a九行目～二二a四行目 二四b一〇行目～二六a九行目	 純陀品第二、六一一b～六一四c 哀歎品第三、六一五b～六一六c 純陀品第二、六一四c～六一五a

「文殊師利」が「善種大王」に書き換えられている。つまり、『海空智藏経』の全体を通して見れば、「海空智藏」は『涅槃経』の「迦葉菩薩」「光明遍照高貴徳王菩薩」と『維摩経』の「維摩詰」の役割を担い、「善種大王」は

『涅槃経』の「純陀」と『維摩経』の「文殊師利」の役割を担っていることになる。

第二に、『涅槃経』に見えるサンスクリット語からの音写語もしくはそれを含む語は、中国語としてわかりやすい言葉や道教でよく使われる言葉に置き換えている。表3に挙げたのがその主な例である（『元陽妙経』については後述する）。この例の中で特に注目されるのは、「涅槃」「入涅槃」「般涅槃」の書き換えとして、「海空」や「海空智蔵」を含む語が用いられていることと、「大乗大涅槃経」の書き換えとして「一乗海空微妙経典」という語が用いられていることである。これはつまり、『海空智蔵経』という経典名の由来が『涅槃経』であり、この経典の主人公である海空智蔵という人物の名の由来が、『涅槃経』の「涅槃」であったということを示している。このこと

表2　『海空智蔵経』と『摂大乗論』等の対応箇所

『海空智蔵経』	仏典
巻四普記品 六a二行目～六b五行目 七b六行目～九a一行目 二七a三行目～二八a一〇行目 三一a六行目～三二b九行目 三二b一〇行目～三三a三行目	『摂大乗論』一一三c～一一四b（偈の部分） 同　一一五b～一一九a（偈の部分） 同　一二一a～一二一b 同　一一三c～一一四a（偈の部分） 同　一一七b（偈の部分）
巻九捨受品 一a一行目～二〇a六行目	『維摩経』文殊師利問疾品・不思議品・観衆生品 五四四a～五五〇b
巻一〇普記品 一b五行目～二b一行目 二b一行目～四a一行目 四a一行目～一七a五行目	『像法決疑経』一三三五c～一三三六a 同　一三三六a～一三三六b 同　一三三六a～一三三八c

表3　仏典音写語からの改変

『涅槃経』	『海空智蔵経』	『元陽妙経』
仏	元始天尊、天尊、神尊	元始天尊、天尊
仏性	道性	道性、法性、真道
菩薩摩訶薩	真人童子	真人道士、真人童子
諸仏菩薩	真人童子	諸天真人
比丘僧	道士	法衆
比丘比丘尼	道士	道士女冠、道士男官女官
沙門婆羅門	道士	道士
阿羅漢	仙上人	
阿羅漢果	無上一乗正道	無上道果
須陀洹	人天道	無為
須陀洹果	無上微妙正果、五通地仙	
辟支仏	下仙道	
波旬	異道	
羅刹	魔賊	
一闡提	不信誹謗一乗海空智蔵、三悪、一誹謗	十悪五逆、一兇逆、一邪疑、一凡夫、有邪魔
須弥山	玉京、七宝城	玉京之山
閻浮提	下方	
梵天	上方安楽之処	大羅之上
忉利天	上方、上方安楽之処	

兜率天	玉京頂	
阿伽陀薬	智慧薬	
三昧	諸浄正法	法蔵
袈裟染衣	大慈悲衣黄褐玄巾	黄褐染衣
涅槃	返神無為、金剛、海空、海空智蔵、海空秘密蔵地	元陽仙品、元陽国土大乗世界、真道、仙品、尸解、上方
入涅槃、般涅槃	至彼岸、還本住不死不生界、返神還乎無為、還本住、入一乗海空智慧秘密宝蔵、返神還乎無為之理、安住不動寂滅之地	向大羅、昇於大羅上宮、還上界
阿耨多羅三藐三菩提	一乗蔵、寂滅地、不動之地天尊一乗海空秘密宝蔵、海空蔵海空道、無上道心、人天道、	無上正真自然之果、無上正真大道
菩提心	大乗心	自然道意
檀波羅蜜	一乗海空秘密宝蔵、平等一乗常楽清浄	
諸仏境界	三清境界	
大乗大涅槃経	一乗海空智蔵、一乗海空宝蔵、一乗海空微妙経典	元陽上品妙経
僧坊	道場	
檀越	施主	
拘尸那城	八騫林七宝城	甘露大城
沙羅双樹	七宝城	香林騫樹
菩提樹	騫木樹	
王舎城毘富羅山	玉京山	妙楽山
二禅	宝台	二仏
三禅	蓬萊	三仏

は、『涅槃経』が、量的にのみならず、実質的な内容の面においても、『海空智蔵経』に対して決定的な影響を与えていることを物語っている。

第三に、『涅槃経』に見える仏教の専門用語もしくは明らかに仏教のものとわかるような表現は、できるだけ他の言葉（道家思想・神仙思想的語彙もしくはすでに道教の用語として定着したもの）に言い換えるか、省略してしまっている。表4に挙げたものが、その主な例である。

第四に、『涅槃経』に出てくる譬喩や本生譚などについては、話の筋はそのままで、話の中の事物を他のものに置き換えている。たとえば、『涅槃経』聖行品（大正蔵一二、六七三下）には、菩薩が禁戒を護持することの譬喩として、大海を渡る者は羅刹の誘惑を受けても決して浮嚢を手から放さないという話があるが、これを『海空智蔵経』巻六持誡品（三a～四b）では、話の筋はそのままで「浮嚢」を「漆盤」に置き換えている。また、『涅槃経』聖行品（大正蔵一二、七四〇上）の、仏が過去世において悪病の人のために自分の体の肉三両を与え続けたという話は、『海空智蔵経』巻六持誡品（二四b～二五b）では「肉三両」が「眼」に置き換えられている。このような置き換えは、仏典の模倣であることを少しでも覆い隠そうとしてなされたものと思われる。

以上の四点が、『海空智蔵経』の作者が『涅槃経』の文を書き改めるにあたって、語彙の改変方法として留意している事柄である。第二と第三の点について言えば、実は、『海空智蔵経』で用いられている語彙の中にも、漢訳仏典の語彙はすでに多く見られる。たとえば、「一乗」「因縁」「厭離」「餓鬼」「外道」「空」「三界」「三世」「三塗」「三毒」「四大」「七宝」「浄土」「神通」「善男子」「大乗」「天魔」「六根」など、その例は枚挙に暇がないほどである。また、『海空智蔵経』には、「所以者何」「云何」「爾時」などの漢訳仏典独特の表現が繰り返し用いられている し、『海空智蔵経』の文体は、紛れもなく漢訳仏典の文体であることは一見して明らかである。漢訳仏典に倣った経典の冒頭と末尾の定型句の表現や、仏（『海空智蔵経』では元始天尊）と仏弟子たち（『海空智蔵経』では海空智蔵とその弟子たち）との対話体で話が展開すること、あるいは、本生譚や奇蹟譚が織り込まれることや、所々に偈が挿

表4 仏教語彙の改変

『涅槃経』	『海空智蔵経』	『元陽妙経』
如来	海空智蔵、天尊上人、一乗海空宝蔵	天尊
世尊	天尊	天尊
十二因縁	次第因縁	三十六種因縁
声聞縁覚	下仙学士、下方地仙道士行小乗学	晩学法人、下仙初学
初不動地	玉清之宮	
不退法	微妙法	
有漏	有為、煩悩	有漏
煩悩	名色	
世諦	世法	
無漏	無為、無為果常楽自在	無漏
業	罪	
四重禁	諸悪罪	四明科
除鬚髪	得出家、服五英	
三十二相八十種好	七十二相八十一好	七十二相八十種好
十二部経	一切経典、三洞霊宝十部妙文、三洞七部道化符図太平等経	三十六部尊経、玉簡金文丹章紫字
常楽我浄	海空自在清浄微妙、寂滅清浄常楽自在	真常之楽
観白骨	（省略）	
右脇而臥	（省略）	

調御師	元始尊、無上師	
一切種智	一乗海空智慧宝蔵	
方等経	一乗智蔵経典	神仙経
蓮花	宝花	

入されることなど、漢訳仏典に一般的に見られる形式が、この『海空智蔵経』にも用いられている。これは、六朝時代の道教経典（特に霊宝経）が積極的に漢訳仏典の語彙・表現・概念を用い、漢訳仏典の文体・形式を用いて書かれてきたという背景があり、[28]『海空智蔵経』もその流れに沿うものであることを示している。そうした流れを受けつつも、できるだけ仏教の専門用語を避けて、中国語としてわかりやすい内容のものにしようという工夫が見られることが指摘できる。

表1に掲げた対応箇所において、『海空智蔵経』の文章は原則として『涅槃経』を下敷きにして書かれているのであるが、中には、『涅槃経』にある文を削除してしまったり、逆に、『涅槃経』にはないのに『海空智蔵経』が書き加えているところがある。『涅槃経』にある文を削除している箇所というのは、仏教の専門用語に関する分析的な説明の部分——たとえば、「苦集滅道」や「生老病死」についての説明（『涅槃経』聖行品、六七六中）や、「衆生十六悪律儀」の説明（『涅槃経』師子吼菩薩品、七八三中）、「伊字三点」の説明（『涅槃経』哀歎品、六一六中）など——や、仏典特有の煩瑣なまでの比喩の列挙の箇所である。これは、そのような分析方法や煩瑣さが『海空智蔵経』の作者にはなじみにくかったためであろうと思われる。

次に、『涅槃経』にはないのに『海空智蔵経』が書き加えているものとして、「龍漢」「赤明」などのすでに道教用語として定着していた語彙を文章の途中に挿入していること、また、罪報・地獄など六朝道教ですでにしばしば取り上げられていたようなテーマについては言葉を補足して説明したりしていることが挙げられる。たとえば、『涅槃経』現病品の「過去無量阿僧祇劫有仏出世」（六七二中）という文を、『海空智蔵経』巻五（七b）では「我於過去無量無辺幽幽冥冥、龍漢赤明、随劫出号」というように、六朝道教（特に霊宝経）の重要思想である開劫度人説に関わる語彙、「龍漢」「赤明」を用いて書き換えている。(29) また、『海空智蔵経』巻二（一a）の「即見所修罪福報応相、随業受生、或生三塗五道之趣、或生人間、随其功業、無不悉知」という文は、『涅槃経』師子吼菩薩品（七八〇下）を下敷きにして書かれているものの、「随業受生」以下は『海空智蔵経』が補足したものである。

『涅槃経』に見えない語句や文を書き加えている部分は、『海空智蔵経』の作者が意識的に強調しようとしていることと考えてよいだろう。このような補足箇所は細かく指摘すれば多数あるが、その中で特に注目したいのは、「安楽」という語に関する記述である。もちろん、『涅槃経』に「安楽」という語が見える場合、その箇所を下敷きにして書かれた所にその記述があるのは当然であるが、『涅槃経』の対応箇所には「安楽」という語が見えないのに、『海空智蔵経』では「安楽」という語が用いられている場合がある。その例を『涅槃経』の対応箇所と並べて挙げておこう。

a 夫如来者、天上人中、最尊最勝。如是如来、
豈是行耶。若是行者、為生滅法。譬如水泡、
速起速滅、往来流転、猶如車輪。一切諸行、
亦復如是。我聞諸天寿命極長。云何世尊、
是天中天、寿命更促、不満百年。
（『涅槃経』純陀品、六一三中）

云何大哀天尊、天上世間、最尊最勝。如是之相、
豈非有耶。若是有者、是生滅耶非生滅耶。若是生滅、如泡電光、
速有速無、去来流転、猶如車輪。当知諸行、
亦復如是。我聞天尊寿命長遠、安楽自在、常住清浄。
是天中天、是仙中仙。云何而言大哀天尊、寿命更促、不満百年。
（『海空智蔵経』巻八、九a〜b）

b（純陀）合掌向仏、悲感流涙、頂礼仏足而白仏言、唯願世尊及比丘僧、哀受我等最後供養。為度無量諸衆生故。世尊、我等従今、無主無親、無救無護、無帰無趣、貧窮飢困、欲従如来求将来食。唯願哀受我等微供、然後涅槃。（『涅槃経』純陀品、六一一中）

（善種大王）悲感流涙、頭面著地、白天尊言、唯願天尊及諸道士、哀受我等貧窮供養。為度無量諸天衆生。大哀天尊、我等今者、無主無親、無救無護、無帰無趣、貧窮飢困、欲於天尊求将来食。唯願哀受我等微供、令諸一切若人非人受我供献、即得安楽、然後天尊返神無為、当還寂滅不動之地。（『海空智蔵経』巻八、九a～b）

c菩薩摩訶薩修捨心時、則得住於空平等地、如須菩提。（『涅槃経』梵行品、七〇三下）

真人童子修捨心時、修智慧時、則得無為常住安楽、住於真空平等法地不可思議微妙之処、如無上道、難可譬喩、猶如大海如彼虚空。（『海空智蔵経』巻七、一b）

d如来今為我、演説大涅槃、衆生聞秘蔵、即得不生滅。（『涅槃経』梵行品、七〇九上）

天尊今為我、演説大智慧。衆生聞秘蔵、即得不生滅。身心倶安穏、了見海空城。（『海空智蔵経』巻八、二七a）

右に挙げた『海空智蔵経』の文のうち、aでは、天尊が寿命長遠であるとともに「安楽自在常住清浄」であることが述べられ、bでは、あらゆる存在に「安楽」を得させたいという善種大王の願いが述べられている。また、cでは、真人童子（求道者）は捨心・智慧の修習を通じて「常住安楽」を得ることが述べられ、dでは、天尊の演説を聞いて衆生の身心が「安穏」になったことが述べられている。『涅槃経』と対照すれば明らかなように、これらの「安楽」や「安穏」という語を含む記述は、『涅槃経』には対応するものがなく、[30]『海空智蔵経』の作者が独自に書き足したものである。もっとも、『涅槃経』そのものも全体的に見れば「安楽」という語がきわめて多く用いられているのであるが、『海空智蔵経』はさらにそれ以上に、『涅槃経』に用いられていない箇所にまでも書き加えているのである。このように、「安楽」ということに関して『海空智蔵経』が『涅槃経』の枠を超えて饒舌になる傾向があるのは、『海空智蔵経』の作者が『涅槃経』を下敷きにして経典を作成しつつも、なお一つの宗教経典として、「安楽」の実現ということを特に強調したかったためであると思われる。

四　離苦安楽の思想

前節では、『涅槃経』を下敷きにして書かれた部分に限定して検討を加えたが、『海空智蔵経』の全体を通して見ても、安楽の実現ということはしばしば説かれており、この経典が最も多くの関心を注いだことは、この世の人々をいかにして「苦より離れ」て「安楽」なる（ともに『海空智蔵経』巻五、一二b）状態に導くかということであったと考えられる。第二節に記したように、『海空智蔵経』ではさまざまのことが述べられているのであるが、あえてその統一的テーマを見出そうとするならば、この経典で取り上げられている諸々の問題は、「離苦安楽」の実現という核のもとに集約されると解釈することが可能である。すなわち、巻二・巻五・巻七などで衆生の道性のことが問題にされるのは、一切衆生が「離苦安楽」を得る可能性を有することを証明するためであり、[31]巻一で因果法則が問題にされるのは、「離苦安楽」を求めて衆生が何らかの実践を行った時に、その効果が必ず得られることを保証するためであり、巻六で戒のことが問題にされるのは、一切衆生の「離苦安楽」の実現のためには真人童子の持戒が必要だからであり、巻四で願のことが問題にされるのは、一切衆生の「離苦安楽」の実現は真人童子の誓願によって支えられていることを明らかにするためであると言える。

苦しみについては、『海空智蔵経』では生老病死・怨憎離別の苦（巻六、一〇b）や身心の四百四病（巻五、一a）など、仏典における苦の捉え方がそのまま用いられており、苦しみの起源についても、六根が外界に動かされて悪に染まることに因る（巻一、二四a〜b）とするなど、仏教の考え方を受容している。また、空の思想に立てば、この世にさまざまな苦しみや楽しみがあると考えるのは誤った見方であって、実は苦しみも楽しみも存在してはいないのだという記述も見える（巻八、一六b）。しかし、『海空智蔵経』においては、苦しみを分析的・理論的に究明することに重点が置かれているのではなく、現実に苦しんでいる人々が苦しみを離れ安楽なる状態を得るためにはどのようにしたらよいのかということの方が大きく問題にされている。

「離苦安楽」の実現がどのようにして可能であるかということについて『海空智蔵経』で説かれていることは、真人童子（求道者）のレベルと一般の衆生のレベルとの二重構造になっている。真人童子は自己の苦しみを機縁として「道」への目覚めを持ち、持戒修行に勤め、執着を断ち切り、苦しみの生滅した境地に至ると、今度は再び、すべての衆生を苦しみから救うことを目指して倦むことなく努力する。これは言うまでもなく大乗仏教の思想であるが、『海空智蔵経』は大乗の立場を明言しており、経典内に「大乗」という語やそれを含む語（「大乗心」「大乗智」「大乗法蔵」「大乗地」「大乗海空宝経」ほか）が多く用いられている。そして、海空智蔵という人物は、このような真人童子の代表者である。一方、一般の衆生が「離苦安楽」の実現のために行うべきことは、そのような真人童子の行為に背後から支えられているためにきわめて簡単であって、それは経典（『海空智蔵経』）の受持読誦と、「海空」を念じ、「海空」の名を称することであるとされる。

経典の受持読誦については、『海空智蔵経』の一字一句を受持読誦すれば、衆生は「長楽に処り、清浄自在」（巻二、二一a）を得ることができ、「恒に海空一乗空城に坐す」（巻八、一七a）ことができると説かれている。また、それは「此の経の威神、能く一切有形無形、有命無命、未だ発心せざる者の為に、皆発心せしめ、未だ安楽ならざる者をして、皆安楽ならしむ」（巻五、一二b）というように、この経典自身の力がそれを可能ならしめると説かれている。

「海空」を念じるとは、一乗海空秘密宝蔵経典の句を思念することであるが、これについては、たとえば、『海空智蔵経』巻六（二四b～二五b）に、病人のために自分の眼を与える時に「一乗海空宝蔵を念」じると全く痛みを覚えなかったという話が見える（この話は『涅槃経』高貴徳王菩薩品の話をふまえており、『涅槃経』では「肉三両」を与えたとある）。その中に、「我 一乗海空秘密宝蔵を思念するに当たり、一句の力も尚お能く是の如し。何をか況や具足受持・講説読誦して一乗義味を思惟するをや」（巻六、二五b）とあるように、「海空」を念じることは経典の受持読誦と一連のものである。

ちなみに、「海空」を念じるということは、『海空智蔵経』において奇蹟を起こすための重要な手だてとして特別な意味を持っている。このことを、『海空智蔵経』巻九（一三a）の記述によって見ておきたい。この箇所は『維摩経』不思議品を下敷きにして書かれているので、両者を並べて挙げてみよう。

又舎利弗、十方衆生供養諸仏之具、菩薩於一毛孔皆令得見。又十方国土所有日月星宿於一毛孔、普使見之。又舎利弗、十方世界所有諸風、菩薩悉能吸著口中而身無損、外諸樹木亦不摧折。又十方世界劫尽焼時、以一切火内於腹中、火事如故而不為害。

（『維摩経』不思議品、大正蔵一四、五四六下）

又告妙思、一切衆生供養海空一乗蔵者、於一微塵、皆令得見三世天尊。又復於諸十方国土所有日月星宿、於一微妙、普皆得見。若有大風、傷動草木、一切摧折、即念海空、方便之力、吸著口中而身無損安穏如故。若有猛火、焚焼劫尽、存念海空、火内腹中、安常如故、亦復不熱。火常如故、亦不為害。

（『海空智蔵経』巻九、一三a）

ここの『海空智蔵経』の文は主語があいまいでわかりにくいが、『維摩経』の文脈をそのまま踏襲したと考えると、『維摩経』の菩薩に当たるのは、『海空智蔵経』ではこの文の前段落に出てくる「海空真士」（海空智蔵）であり、菩薩または「海空真士」が風や火を自由に操る力を持つことが説かれていると解釈できる。『維摩経』と『海空智蔵経』を比較してみると、『海空智蔵経』は『維摩経』にはない「念海空」「存念海空」という語をわざわざ書き加えている。これは『海空智蔵経』において「海空」を念じる（存念する）ことがとりわけ重視されたことを物語っている。

次に、「海空」の名を称することについては、『海空智蔵経』巻五（二五a〜b）に、死期の近づいた天魔が、犯した罪を懺悔して、「我今帰命無上天尊天中法師海空真士」と三度唱えたところ、東方に大宝城が出現し、空に浮かんで到来して、天魔の病は癒えたという話が見える。これは「南無阿弥陀仏」を称えれば、命終わる時に臨んで阿弥陀仏や観世音菩薩らが七宝宮殿とともに現れ、衆生を西方極楽浄土に導くという、『観無量寿経』などに見える来迎思想の翻案であるが、二つの点で注目される。その第一は、東方に大宝城が出現するということで、これは次節に述べるように、『海空智蔵経』においては絶対的な安楽の国土が、一つには空の彼方、二つには東海の彼方にあると考えられており、後者の場合には蓬萊山のイメージがそれに重ね合わせられているということと関連するものであろう。その第二は、『観無量寿経』の来迎思想では阿弥陀仏や観世音菩薩は衆生がこの世での生を終えてかの浄土に生まれ変わる手引きをするのに対して、『海空智蔵経』では病人の病気を治している。

「海空」の名を称えることによって瀕死の病人が死を免れたという話は、同じく巻五（九a〜一〇a）にも法勝という名の長者のこととして見える。それは次のような話である。

重病のため、死を覚悟した法勝は家族の者に、「汝　家業に勤め、慈心布施せよ」と遺言する。妻子はそれを聞いて慟哭し、その座の人々が海空秘蔵の力を唱言すると、たちまち法勝の病は癒える。法勝は「一乗海空は不可思議の力を持っている。一乗海空こそ我が命の資だ」と考え、一族の者たち十三人を率いて出家する。そして、自分の所有する金銀玉の車、米倉・塩倉・穀倉、綾羅錦綺などをことごとく布施し、七宝の楼閣・明観・霊台を建造する。国の人々は「靖所」を通りかかるとその見事さに感嘆して自らも発心供養し、このようにして国中に一乗海空の教えが広まった。

これは、話の構造としては、仏教信仰を広めるために六朝後半期以降、多く作られた仏教霊験記の類と同じパターンのものである。この話のまとめとして、そのあとに「爾の時、国中の若しくは男、若しくは女の善心有る者、一乗海空智蔵の一字一句一行一偈を読誦し、其の名号、海空智蔵を称する者あり。是の如き諸人、即ち人天を得て、逍遙歓楽し、地獄畜生餓鬼に堕ちず、衆悩疾を離れ、一乗蔵に入る」とあり、海空智蔵の名号を称えることが苦しみを離れ安楽を得る道であるとされている。

以上に述べたように、経典（『海空智蔵経』）の受持読誦や「海空」を念じること、海空智蔵の名を称えることというような簡便な方法で衆生は直面する苦しみから離れることができるとし、それは求道者としての真人童子たちの実践行為によって背後から支えられているとするのが、『海空智蔵経』で説かれる「離苦安楽」の実現の構造である。この中で、海空智蔵が衆生の救済者としてどのような性格を持っているかというと、それはいわゆる『観音経』（『法華経』観世音菩薩普門品）の観世音菩薩に近いと考えられる。よく知られているように、人々が危難に遭遇した時、観世音菩薩のことをひたすら念じ、その名を称えれば危機を脱出することができるという観音信仰は、六朝後半期以降、一般の人々の間に広まっていた。上に述べたように、瀕死の病人を死から救ってこの世の生を持続させる海空智蔵は、現世利益的であるという点で、『観無量寿経』の観世音菩薩よりも『観音経』の観世音菩薩の方に近いであろう。もちろん、前節に述べたように、海空智蔵は、仏典を改変して書かれた箇所においては、ある時は『涅槃経』の迦葉菩薩や光明遍照高貴徳王菩薩の役割、ある時は『維摩経』の維摩詰の役割を担っているのであるが、もし、仏典の改変であるということを知らずに『海空智蔵経』を読んだ読者は、海空智蔵が『観音経』の観世音菩薩のような性格の救済者であるという印象を強く持つであろうと思われるのである。

『観音経』と安楽の思想については、『観音経』の内容は中国古来の安楽の道の教えの延長線上にあり、その意味で六朝以後の道教教理とも類似する面が多いという指摘がある。(32)北周の甄鸞の『笑道論』によれば、老君の像の脇侍として金剛蔵菩薩とともに観世音菩薩が配されることがあったという。(33)また、同じく『笑道論』には、六朝道教で重視された「諸天内音八字文」についての天真皇人の解釈として、元始天尊の別号の一つが観音であるという説を載せている。(34)また、開劫度人説と結びつけて、観世音を元始天尊の別号であるとすることは、六朝末の道教経典『太上洞玄霊宝業報因縁経』(道蔵第一七四〜一七五冊)にも見える。(35)このように、六朝末頃には、道教経典や道教像の中に観世音菩薩が取り入れられていたことがうかがわれる。六朝隋唐時代の道教において、『観音経』もしくは観音信仰がどのような位置を占めていたのかということは、あらためて検討を加えねばならない問題であるが、『海空智蔵経』において海空智蔵が『観音経』の観世音菩薩に似た性格を持つ救済者として描かれているのも、この時期の道教における『観音経』受容の一例と見なすことができるであろう。

「離苦安楽」の実現ということを言う時、現に災禍や病苦の中にある人をともかくもその苦しみから救済するという意味と、もはや何者によっても再び壊されることのない絶対的な安楽の境地を獲得するという意味とが考えられるだろう。海空智蔵が『観音経』の観世音菩薩と似た性格を持つのは、前者の意味においてである。では、後者の意味における「離苦安楽」の実現は、『海空智蔵経』ではどのように説かれているのであろうか。次節ではこの問題について考えることにしたい。

五　海空

『海空智蔵経』に説かれる絶対的な「離苦安楽」の実現について考えようとする時、見落とすことができないのは、『海空智蔵経』で「安楽」という語が用いられる場合に「海空」という語がしばしばそれに伴っているということである。そこで、この「海空」とは何かという問題を通して、『海空智蔵経』における絶対的な安楽の境地について見ていくことにする。

『海空智蔵経』では「海空」という語が四百回以上出てくる。海空智蔵という求道者の名として出てくる場合が最も多く、経典名（「一乗海空宝蔵微妙経典」「一乗海空秘密之蔵」「智慧海空秘密宝蔵」など）として用いられているのがそれに次ぐ。これらは固有名詞の一部として出てくるのであるが、その他にも、「海空音」「海空行」「海空車」「海空心」「海空身」「海空城」「海空船」「海空善道」「海空真法」「海空地」「海空通達」「海空道」「海空道果」「海空法」「海空平等」「海空不可思議方便」「海空微妙浄戒」「海空力」「海空智慧之門」など、普通名詞としても「海空」を含む語は繰り返し、多数出てくる。「海空」という語はまさにこの経典を特徴づけるキーワードであると言えよう。

『海空智蔵経』において「海空」という語はどのような意味を持っているのであろうか。第三節で述べたように、『涅槃経』を改変して書かれた箇所では、『涅槃経』に見える「涅槃」という語、あるいは「入涅槃」「般涅槃」「大乗大涅槃経」などといった「涅槃」という文字を含む語の書き換えとして、「海空」という語あるいは「海空」という文字を含む語が用いられている。したがって、「海空」という語は、まずは、「涅槃」という意味で使われているることになる。「涅槃」は言うまでもなくサンスクリット語 nirvāṇa の音写であり、意訳語としては「滅度」「無為」「寂滅」「寂静」が用いられた。『海空智蔵経』の作者は、それをさらに「海空」という語に置き換えているわけである。また、表3に記したように、『涅槃経』の「阿耨多羅三藐三菩提」の書き換えとして、「一乗蔵」「無上道心」などと並んで「海空」という文字を含む語が用いられている。「阿耨多羅三藐三菩提」はサンスクリット語 anuttarā samyaksaṃbodhiḥ の音写で、無上の完全な悟りという意味。意訳語としては「無上正等覚」「無上正真道」などが一般に用いられた。この語についても、『海空智蔵経』の作者は「海空」という文字を含む語に書き換えを行っている。

いささか唐突ではあるが、行論の都合上、ここで『元陽妙経』(『太上霊宝元陽妙経』十巻。道蔵第一六八～一六九冊)のことを述べなければならない。実は、『海空智蔵経』よりも前に、『海空智蔵経』と同じように『涅槃経』を改変して作られた道教経典がある。それが『元陽妙経』である。道蔵本『元陽妙経』の成立年代については、いくつかの問題があって、明らかではないのであるが[36]、『涅槃経』の改変の仕方から見て、『海空智蔵経』よりも前に書かれていたことは確かであろうと思われる。『元陽妙経』は、巻四を除く九巻がすべて『涅槃経』からの改変であり、その対応関係については、すでに鎌田茂雄氏による研究がある[37]。

『海空智蔵経』と『元陽妙経』はいくつかの共通点と相違点がある。共通点としては、『海空智蔵経』に出てくる人名の中で『元陽妙経』のそれと同じものがあることが注目される。たとえば、『海空智蔵経』巻一で海空智蔵の弟子として登場する「決理真人」「最勝真人」「妙思真人」「大慧真人」らの名は、『元陽妙経』巻十に、『涅槃経』序品の「海徳菩薩」「無尽意菩薩」の書き換えとして出てくる。また、『海空智蔵経』巻八・巻九で在家信者として登場する「善種大王」の名も、『元陽妙経』巻七に、『涅槃経』梵行品の「阿闍世」の書き換えとして見えている。このように、『元陽妙経』で使われた人名が『海空智蔵経』に用いられているのは、『海空智蔵経』の作者が、同じく『涅槃経』に基づいて作られた道教経典として『元陽妙経』のことを意識していたことを示すものと思われる。

一方、『海空智蔵経』と『元陽妙経』の相違点としては、『涅槃経』の改変方法についての基本姿勢がかなり異なっていることが挙げられる。『元陽妙経』における『涅槃経』の改変の仕方は、『海空智蔵経』のそれと比べると、稚拙とも言えるほど素朴なもので、ほとんど作為を凝らしていない。『海空智蔵経』の場合は、『涅槃経』の文章をかなり大胆に省略したり、順序を大きく入れ替えたり、あるいは、文意だけを取って表現は大幅に変えたりするなど、作者の創作的要素が相当多く見られるのであるが、『元陽妙経』の場合は、『涅槃経』の文章を、原則としてそのまま順序を変えず、省略もせず、忠実に一つひとつそのまま書き直した逐語的な改変である(ただし、偈の箇所だけは『元陽妙経』の作者による創作が大胆になされている)。『元陽妙経』のこのような非創作的な姿勢は、その品名にも表れていて、『涅槃経』聖行品から改変した『元陽妙経』巻一・巻二は「聖行品」上・下、『涅槃経』光明遍照高貴徳王菩薩品から改変した『元陽妙経』巻九は「徳行高貴品」というようにほとんどそのままが用いられている。ただし、『元陽妙経』の場合も、『涅槃経』の中のサンスクリット語からの音写語や仏教な専門用語類は、道家思想・神仙思想的、あるいは道教的な語彙に書き換えられている。この点は、第三節に述べた『海空智蔵経』の語彙の改変方法の特徴の第二・第三と同じである。『元陽妙経』における主な語彙の改変の例を、『海空智蔵経』と対照させるために前に挙げた表3・表4の中に記しておいた。表に記したものの他にも、『元陽妙経』は『涅槃経』の「阿耨多羅三藐三菩提心」を「自然道意」に、「阿鼻地獄」を「太山二十四獄」に、「優婆塞」を「清信士女」に言い換えるなど、音写語を中国の漢訳仏典ですでに意訳語として用いられていた語彙に一つひとつ改変している。『元陽妙経』の作者は、言ってみれば、漢訳の『涅槃経』をさらにもう一度「漢訳」し直すという作業を行っている。その大部分が忠実な逐語的改変であるので、『元陽妙経』は一見したところ、漢訳『涅槃経』の再「漢訳」を試みた習作であるという印象すら受ける。もちろん、ゆるやかな意味では、『海空智蔵経』も漢訳仏典の再「漢訳」の作業によって作られたと言えるが、作者の創造的要素という点では、『海空智蔵経』の方が『元陽妙経』よりもずっと多いという相違があるのである。

さて、話をもとに戻そう。『元陽妙経』と『海空智蔵経』は、『涅槃経』の同じ箇所を下敷きにして書かれているところもある。(38) その箇所の両者を比較するといろいろと興味深いことがわかるのであるが、中でも注目されるのは、『涅槃経』の「涅槃」という語をどのように書き換えているかという点である。『元陽妙経』では『涅槃経』の「涅槃」「入涅槃」「般涅槃」「大乗大涅槃経」などの語を、「元陽」あるいは「上方（上界）」という文字を含む語に言い換えている（表3参照）。一方、『海空智蔵経』では、これを「海空」という語に書き換えている。つまり、『元陽妙経』は「涅槃」という概念を解釈した言葉として「元陽」あるいは「上方」という言葉を選び、『海空智蔵経』

は「海空」という言葉を選んだということになる。結論めいたことを先に述べれば、『海空智蔵経』が「海空」という語を選択したことは、経典の読者に対してわかりやすく、しかも鮮やかな印象を与えるという点で、おそらく他の語では達し得なかったような成功を収めているのである。

「涅槃」という概念について早い段階で中国人仏教者の立場から論じたものとして、僧肇の『涅槃無名論』がある。そこでは、「(涅槃は)秦には無為と言い、亦滅度と名づく。無為とは、虚無寂寞にして有為を妙絶するに取り、滅度とは、其の大患永く滅し四流を超度するを言う」(大正蔵四五、一五七下)、あるいは「夫れ涅槃の道為るや、寂寥虚曠にして、形名を以て得るべからず、微妙無相にして有心を以て知るべからず。……之に随えども其の蹤を得ず、之を迎えども其の首を眺めず。……潢漭惚恍として、存するが若く往くが若く、五目も其の容を覩ず、二聴も其の響きを聞かず、冥冥窈窅として、誰か見、誰か暁らん」(同)などと、道家思想の「道」の概念を用いて「涅槃」が説明されている。

『海空智蔵経』の「海空」という語も、僧肇『涅槃無名論』の「涅槃」解釈と同じように、道家思想の「道」とほとんど同じ意味で使われている。「海空地に住す」「海空蔵に入る」「海空真実法地に到る」などの場合の「海空」は悟りの境地の比喩で用いられ、「海空一乗宝蔵を見る」「一乗海空を解す」「海空真法味」などの場合の「海空」は究極的な真理の意味で用いられている。また、仏身と同じ意味で「海空身」と言ったり、受持すべき戒を「一乗海空浄戒」と言ったりしている。これは上に述べたように、『海空智蔵経』では『涅槃経』の「阿耨多羅三藐三菩提」の書き換えとしても「海空」という文字を含む語が用いられたことと関連している。そして、『海空智蔵経』の全体を通じて、すなわち、『涅槃経』を下敷きにして書かれた箇所でも、そうでない箇所でも、「海空」という語は、必ずしも「涅槃」や「阿耨多羅三藐三菩提」の意味に限定されない、さらに広く、道家思想の「道」と同じような意味を担って使われているのである。

このことをよく示しているのは、「海空道」という語である。「海空道」という語は二回出てくる。一つは、巻五

（一八b）に「復た一劫を経て海空道を得」とあり、これは『涅槃経』（七三七c）の「阿耨多羅三藐三菩提心」の書き換えである。もう一つは、巻七（七a）の偈に「一切衆生は深く四邪に著し、……終に根に帰り命に復し、海空道に住し、其の心を安楽にするを得る能わず」と見える。「海空道」を得る方法が「帰根復命」という『老子』第十六章の表現によって説明されていることが注目される。ちなみに、『海空智蔵経』の中で偈の箇所には、大体において、散文の箇所よりも作者の自由な創作が多く見られ（これは、上に述べたように、『元陽妙経』の場合も同じである）、そこには、道家的・神仙的表現がとりわけ多く見られる。たとえば、巻七の偈では、天尊の徳について「無畏力を得て、不思議を得。能く古始を知る、是れを道紀と謂う」（巻七、六b〜七a）とか、「心に衆生を念ずること、母の子を愛するが如し。衆生は生死あり、故に生死を現ず。上道は親無し、唯だ是れ善人」（八a〜b）というように、『老子』の表現（第十四章、第七十九章）を用いて説明している。また、巻九の偈では、「海空身」について、「呑精を法食と為し、咽液は是れ法漿」（一八b）というように神仙的な表現がなされ、「玄都」「黄精」「玉京」「枯骨更能生」などの表現も見えている。

「海空」という語が道家思想の「道」と同じような意味で使われるということは、『海空智蔵経』の作者が「道」の象徴として海と空を選んだということである。一方で、「道の大為るや、比量すべからず。天地四海も、譬えを為すに足らず」（巻七、二三b）としながらも、あえて海と空で「道」を象徴させ、「其の身は海の若く、其の心は空の若き」（巻一、二a）海空智蔵という名の求道者が、「海空道」の完全なる体得者である元始天尊といろいろな問答を交わすという構成で成り立っているのが、この『海空智蔵経』であると言える。

では、なぜ「道」の象徴として海と空が選ばれたのであろうか。その理由として、海と空の広大さ、包容力、無限定性、不変性などが「道」を比喩するものとしてふさわしかったことが挙げられよう。このような理由で海と空に注目することは古くからしばしば見られる。二、三だけ例を挙げれば、海については、『荘子』秋水篇に「天下の水は海より大なるは莫し。万川　之に帰して、何れの時か止むを知らずして盈たず。尾閭　之を泄らして、何れの時か已むを知らずして虚しからず。春秋にも変ぜず、水旱をも知らず。此れ其の江河の流れに過ぐること、量数を為す可からず」と、その広大さと不変性に目が向けられ、同じく、知北遊篇には、「夫の之を益して益すを加えず、之を損して損するを加えざるものの若きは、聖人の保とする所なり。淵淵乎として其れ海の若し」と、「道」の不変性と深遠さが海に譬えられている。また、仏典の方でも、『海八徳経』（大正蔵一、八一九上〜下）で海の美徳が八つにまとめて記述されているし、『法華経』『涅槃経』をはじめ多くの経典に海の譬喩が見えている。一方、空についても、多くの仏典で悟りの境地があらゆる限定性を超越していることを「虚空の如し」と表現しているし、それを中国人が受容する場合も同様であった。たとえば、僧肇の『涅槃無名論』には、「既に生死無く、神を潜めて玄黙たり、虚空と其の徳を合す。是れを涅槃と名づく」（大正蔵四五、一五七中）などとある。

『海空智蔵経』において海と空が「道」の象徴として選ばれたのは、こうした流れを受けるものであり、直接的には、『涅槃経』迦葉菩薩品（八三四a）に「大涅槃経」のことを説明して、「是くの如き微妙大涅槃経は、乃ち是れ一切善法の宝蔵なり。譬えば大海は是れ衆宝蔵なるが如し。是の涅槃経も亦復た是くの如し。即ち是れ一切字義の秘蔵なり。……譬えば虚空は是れ一切の物の住する所の処なるが如し。是の経も亦た爾り。即ち是れ一切善法の住処なり」とあるようなところからヒントを得て、『海空智蔵経』という経名がつけられたものと推測される。求道者海空智蔵の名の由来について、『海空智蔵経』巻八（二〇b）に、「汝は能く正法を荘厳し、空義を解了す。汝は能く一心に種種積聚包含すること、海の功徳を具足するが若く智慧の心蔵たり。是れを以ての故に、汝は今名づけて一乗海空智蔵の号を為す」と説明しているのも参考になる。

ところで、『海空智蔵経』において特に注目されるのは、このように海と空が「道」の象徴として見なされるというばかりでなく、具体的に、海と空（正確には海と空の彼方）が元始天尊をはじめとする「道」の体得者の住む場所として重要な意味を持っているということである。巻八に次のような文がある。(39)

（天尊）復た海空智蔵に生（告の誤りか？）げて言わく、善男子よ、若し衆生有りて下方に生じ、煩悩城に住して、身は是れ苦なるを知り、発心して諸々の人民に告ぐらく、我等衆生は同じく煩悩悪毒火城に住す。云何が生死城を離れ、

（『海空智蔵経』巻八、一七 a）

海空一乗法城に入るを得ん。是れ長楽国にして諸々の煩悩無く、安穏の地なりと。爾の時、衆生是の語を聞き已わりて、各々共に惶懼し、便ち念を発して言えらく、我等云何が生まれて下土に在り、煩悩城中にて三毒火難あるや。云何が生きて彼の国に往き到るを得んや。彼は大安楽なるも、海水に隔礙せらる。云何が往きて当に彼の国に到るべきかと。

（『海空智蔵経』巻八、二六 a～b）

ここでは、どのようにしたら安穏の地である「長楽国」――これは海水に隔てられたところにあり、「海空一乗法城」とも呼ばれている――に到達できるかが話題になっている。この文に続けて、衆生の中の一人が、海中をわたる大・中・小三種類の船の話をする。小船に乗った人々は、途中の洲嶼中の「国大豊有、自然飲食、国中人民、皆生善心、金銀七宝、以為城舎」と形容された一国で船を下り、ついで、中船に乗った人々も、「其土平正、七宝満国、自然衣食、無有中夭、寿得其年、便即命過、魂升天堂、身体不灰」と形容された一国で船を下り、最後に、大船に乗った人々だけが、彼岸の「極大楽国」に到ることができたという話である。この大・中・小の三船は明らかに三乗の比喩であり、この話のあとに「衆聖咸く大慈を発し、一を引きて三と為し、衆生を分導し、苦を免れて漸いに大乗に入らしむ」（二八 b）という言葉があるように、『法華経』の会三帰一の思想を述べたものである。

大乗の比喩である大船に乗った人が到達した「極大楽国」は、つまり「長楽国」のことと考えてよいであろう。「極大楽国」については、「国土人民、黄金為地、碧玉為堦、七宝行樹、上生甘果、七宝宮殿、寿命長遠、与道合徳。於是受生、得道自然」（二七 b～二八 a）と説明されている。(40) このような説明は、『阿弥陀経』や『無量寿経』などに見える西方極楽浄土の描写とよく似ている。しかし、海の彼方にある「長楽国」（「極大楽国」）は西方にではなく

東方にあると考えられているようである。このことについて『海空智蔵経』に明言はないが、東方に一乗海空智蔵微妙経典がある（巻六、九b）とか、東方に大宝城がある（巻五、二五b）とか、あるいは、西方から下仙道士七十三人が元始天尊に説法を乞いにやってきた（巻七、一三b）というような記述から推測すると、海の彼方にある「長楽国」は東方にあると考えられているようである。

そして、『海空智蔵経』の作者は、この海の彼方の「長楽国」を蓬萊山のイメージと重ね合わせていた可能性がある。「蓬萊」という語は、真人童子が劫災を免れることを述べた、『海空智蔵経』巻六の次のような文の中に見える。この箇所は『涅槃経』聖行品を下敷きにして書かれているので、それもあわせて挙げておく。

如火災起、能焼一切、唯除二禅。力不至故。善男子、死火亦爾。能焼一切、唯能除菩薩住於大乗大般涅槃。勢不及故。復次迦葉、如水災起、一切漂没、唯除三禅。力不至故。善男子、死水亦爾。漂没一切、唯除菩薩住於大乗大般涅槃。

（『涅槃経』聖行品、六七八中）

如火災起、能除一切、唯有宝台。力所不至。善男子、災火起焼、滅除一切、唯有真人住於大乗海空宝蔵。火不能及。亦如水災、一切漭没、唯除蓬萊。力不及故。善男子、水没三界、一切衆生悉有漭没、唯有真人住大乗船海空宝蔵。

（『海空智蔵経』巻六、一二a〜b）

『涅槃経』のこの箇所は、「二禅」「三禅」「四禅」の境地に達した者がそれぞれ「火災」「水災」「風災」を免れることができるということを説いているところである。『海空智蔵経』では、『涅槃経』の「二禅」を「宝台」に、「三禅」を「蓬萊」にそれぞれ改変している。「宝台」とは、大羅天玉京山にある七宝玄台のことであると考えられる。つまり、「二禅」「三禅」という仏教用語の代わりに、『海空智蔵経』は、劫火を免れる場所として天上の大羅天玉京山、劫水を免れる場所として東海中の神仙世界「蓬萊」を挙げているのである。ちなみに、『涅槃経』のこの箇所は、『元陽妙経』（巻一、二〇a〜二一a）にも書き換えが見えるのであるが、そこでは、「二禅」を「二仙」、

「三禅」を「三仙」、「四禅」を「四仙」に、それぞれ機械的な置き換えがなされているだけである。一方、『海空智蔵経』の方は、劫災を免れる場所としての、海と空の彼方の理想世界のイメージを前面に押し出そうとしていることがわかる。

右に記した大・中・小の三船と「極大楽国」の話のあと、『海空智蔵経』巻八（二九ａ）には、この話を要約した、元始天尊の次のような偈が載っている。

小船は三塗を脱かれ、中船は八難を免かれ、大船は雲路に登る。三船は我が恩に随い、大乗は玉京に遊び、身は七宝山に登る。

（『海空智蔵経』巻八、二九ａ）

右の散文の箇所では、「極大楽国」（「長楽国」）は（東方の）海の彼方にあるとされていたが、この偈では「雲路」の果て――すなわち空の彼方――の「玉京」にあるということになっている。つまり、海の彼方の理想世界が、空の彼方の理想世界と融合し、一体化しているのである。

空の彼方の天上世界の構造に関しては、『海空智蔵経』には断片的な記述しか見えないが、それらを総合すれば、欲界六天・色界十八天・無色界四天のいわゆる三界二十八天の上に、四民天・三清天・玉京があると考えられているようである。(41) 『海空智蔵経』には大羅天という名は見えないものの、六朝後期以降の道教教理学においては一般的に玉京山は大羅天の中にあると考えられていたから、(42) 天上世界を三十六天の重層構造として捉える見方が『海空智蔵経』においても取られていることになる。この三十六天の最上に位置する大羅天について、『道門経法相承次序』（巻下、一ａ）では「元始天尊不動の所」とあるが、『海空智蔵経』でも、巻十に「天尊は神光を隠して玉京長楽舎の中の不動の地に還らんと欲す」（一ｂ）とあり、大羅天の玉京山長楽舎が元始天尊の本住の地であるとされている。したがって、上の元始天尊の偈は、大乗の道を歩むことによって、元始天尊の住む空の彼方へ登ることを説いていることになる。

「長楽国」という名は、右の三船の話では（東方の）海の彼方の理想世界として見えたが、別の箇所では、「三清玉京長楽国土」（巻九、四a）という語や「倏忽にして身は九重天に登り、長楽玄都の師に頂礼す」（巻十、一八a）という文も見えており、これらの場合は「長楽国」は空の彼方にあるものとされている。つまり、『海空智蔵経』では海の彼方と空の彼方の両方に「長楽国」という名の理想世界があり、そこは元始天尊の住む国（本住の地）であって、大乗の「道」を得た人がそこに到ることができると説かれているわけである。

元始天尊の本住の地ということに関連して注目されるのは、『涅槃経』の重要なテーマである仏陀の死という問題を、『海空智蔵経』がどのように記述しているかという点である。言うまでもなく、仏陀の死についての記述の仕方とその死の捉え方は、小乗仏教と大乗仏教とでは大きく異なっている。『遊行経』など小乗の涅槃経典では、人間釈尊の死の場面についての具体的な記述があって無常の理が説かれるのに対して、大乗の涅槃経典では、如来は無常ではなく常住であるとし、病や入滅は方便として示されるものにすぎないという考え方をとっている。大乗の『涅槃経』を下敷きにして書かれた『海空智蔵経』は、当然ながら、大乗の『涅槃経』における仏陀の死の捉え方、すなわち、仏陀の常住性を強調する立場を取っている。『海空智蔵経』巻五に、これに関する箇所がある（一九a）。表1に記したように、『海空智蔵経』巻五のこのあたりは、『涅槃経』高貴徳王菩薩品をふまえて書かれているのであるが、『涅槃経』に見える、仏陀が拘尸那城の沙羅双樹の間に臥して涅槃に入ろうとしているということや、火葬、舎利の分配などについての記述はすべて省略され、ただ、「海空は今、八鶱林七宝城中に在りて、奇特なる七十二相を示現し、一乗海空智慧秘密宝蔵に入らんと欲す」（巻五、一九a）とだけ記されている。(43)『涅槃経』との対応関係を知らずにこの箇所を読めば、仏陀の死という仏教の大きなテーマがこの背後にあるということには気づかないであろう。また、第二節に記したように、『海空智蔵経』巻八供献品は、元始天尊の入滅が主題になっているが、そこでは元始天尊が人々の前から姿を消すことを、「本住に還る」（五a）とか「神を反して無為の理に還り、不動寂滅の地に安住す」（一三b）などと表現している。不死を究極の理想とする道教の考え方として、元始天尊の肉体的な死というようなことは、もともと考えにくいことであったのかもしれない。『海空智蔵経』巻二にも、元始天尊が人々の前から姿を消し、本住の地に還る時に語ったという、「我　長楽に還らんと欲す」（二三b）という文が見える。

『海空智蔵経』ではまた、元始天尊の本住の地である「長楽」という場所は、元始天尊が「龍漢」の世に霊宝の教えを説いて人々を済度した場所であるともされている。巻三に次のような文が見える。

爾の時、天尊唱言すらく、……我往昔を憶するに、龍漢の初め、一世界有り、名づけて長楽と曰う。此の世界中、皆多く精進し、長斎誦経し、終日輟めず。時に天尊有り、亦た元始と号す。此の世界に住し、霊宝妙法を説く。亦た慈悲を以て遍く五方を化し、真文宝符を以て一切を度脱す。是れ諸々の衆生、並びに利益を蒙る。（『海空智蔵経』巻三、一四a～b）

「龍漢」というのは、六朝時代の霊宝経の中心思想である開劫度人説――宇宙開闢の時、および新たな劫が始まる時に、元始天尊が天空に自然に出現した霊宝真文に基づいて、教えを説いて一切の人々を救済するという説――に出てくる、天地開闢の最初の劫の名前である。ここでは、その「龍漢」の世に、「長楽」という名の理想的な世界があり、元始天尊がそこで霊宝妙法を説き、真文（符の一種）を用いて人々を済度したということが述べられている。

この文は、六朝時代に作られた霊宝経の一つである『太上諸天霊書度命妙経』（道蔵第二六冊。以下、『度命妙経』と略称する）に基づいていると考えられる。『度命妙経』は、本書第一篇第二章第五節でも取り上げたが、この経典では、元始天尊が「龍漢」の年に、中央の「大福堂国長楽舍」、東方の「碧落空歌大浮黎国」、南方の「禅黎世界赤明国」、西方の「衛羅大福堂世界西那玉国」、北方の「元福棄賢世界鬱単国」において、「十部妙経」「霊宝真文」を用いて人々を済度し、それぞれの国土に理想的な状態を現出したこと、また、元始天尊が去った後、「真文」が隠れてしまって国土が混乱したが、元始天尊が再びそれぞれの国土で「十部妙経」を説き、人々を救済したと書かれている。『度命妙経』では、霊宝経の特徴である「五方」の観念が明確に出され、それぞれの国名が挙がっているのであるが、その中で、一番先に記述されている中央の「大福堂国長楽舎」が最も重要な意味を持っていたと考えられる。『海空智蔵経』において、元始天尊が「龍漢」の年に人々を救済した場所として、「長楽」という名だけが出てくるのはそのためであろう。『度命妙経』には、「大福堂国長楽舎」についての具体的な描写も見えるが、それは、上に述べた『海空智蔵経』の場合と同じように、『阿弥陀経』『無量寿経』などの浄土の説明と酷似している。

また、『海空智蔵経』巻三のこの文のすぐ後には、元始天尊が神通力で火の玉を作り、身命を惜しまずに経典を求めて火の中に飛び込んだ人にだけ道を授けたという話が見える（一四b～一五a）が、これと同じ話は、『度命妙経』（一一a～b）にも見える。『海空智蔵経』の作者が、このあたりの記述について、『度命妙経』に依拠しているのはおそらく間違いないであろう。また、『海空智蔵経』の全体を通して見ても、「龍漢」（巻三、一四a・一九aおよび巻五、七b）、「開皇」（巻三、一九a）、「霊宝真文」（巻三、二一b）、「延康」（巻八、二三a）、「前劫後劫随方化度」（巻八、二三a）など、開劫度人説に関する語彙は少なからず出てくる。『海空智蔵経』には霊宝経を尊重する姿勢が見られるということについては、すでに指摘があるが[44]、開劫度人説は六朝時代の霊宝経の中心思想である。したがって、『海空智蔵経』の中で元始天尊の本住の地として「長楽」という国の名が出てくる時、それは、六朝道教で形作られた開劫度人説と関わる「大福堂国長楽舎」のイメージ、すなわち、元始天尊による最初の宇宙秩序の形成がなされた始原の世の理想郷であり、かつまた、長大な時間の流れの中で繰り返し現れる新たな劫の始まりの時に元始天尊によって宇宙秩序の再形成が行われる場所という観念を併せ持っていると考えてよいだろう。

『海空智蔵経』には、「海空城を見る」とか「海空城に入る」、あるいは「海空城に住む」という表現がしばしば見える。この「海空城」は、『涅槃経』に出てくる「涅槃城」からヒントを得て作られた語と考えられ、「生死城」や「煩悩城」という語（これらも『海空智蔵経』に頻出する）の反対語である。したがって、「海空城を見る」とか

「海空城に入る」とかいうのは、仏教風に言えば、生死煩悩の世界を離れて解脱の境地に至り涅槃に入るという意味である。しかし、『海空智蔵経』においてそのような表現がなされる場合、そういう仏教的な意味よりも、むしろ、実際に、海と空の彼方にある城を見たり、そこに入っていくというような具体的なことが意識されているように思われる。その場合、海と空にある城とは、上に述べたような、蓬萊山のイメージと重なり合った東海の彼方の「長楽国」であり、また、空を登りつめたところにある「玉京長楽国土」である。そして、それはまた、宇宙秩序の形成のシンボルである元始天尊の常住の地であり、宇宙の始原の至福の時間が詰め込まれた場所である。

地上的な空間と時間を超越したこの「海空城」という聖なる世界に至ることが、つまり、『海空智蔵経』における絶対的な「離苦安楽」の実現ということである。『海空智蔵経』の作者は、経典作成にあたって多くを依拠した『涅槃経』や『維摩経』などの仏典の思想を用いつつ、海空智蔵を代表とする真人童子（求道者）の菩薩行に支えられて、すべての人々にこの「離苦安楽」の実現の可能性が約束されていると説いているのである。

おわりに

唐の高宗の時代に、仏教側との論争における敗北を直接の契機として作られたと推測される道教経典『海空智蔵経』は、本章の第三節に述べたように、全体の約三分の一が『涅槃経』を下敷きにして書かれているのをはじめ、『維摩経』『摂大乗論』『像法決疑経』などを改変して作られた箇所もあり、そういう意味では、いわば仏典のつぎはぎ細工のような書物である。したがって、前後の文脈がとぎれてしまっているところもあるし、仏典をふまえつつもかなり大胆に改変しているために、下敷きにした仏典と対照しながら読まないと意味がとりにくい箇所も少なくない。

しかし、この『海空智蔵経』も、仔細に見れば、かろうじて一つの経典としてのまとまりを有している。それは、人々を苦しみから離脱させ安楽なる境地に導くという、宗教経典としての重要なテーマがこの経典の底流に存在していると思われるからである。本章の第四節・第五節では、この「離苦安楽」の思想に焦点をあてて『海空智蔵経』を考察した。『海空智蔵経』の「離苦安楽」の思想は、人々を苦しみから離脱させるという点では、観音信仰と重なるような現世中心的な傾向が強く、また、絶対的な安楽の境地を得るという点では、海と空の彼方の神仙世界、道教の理想郷への飛翔という性格が色濃く存在している。そして、そこには、開劫度人説という六朝道教が生み出した救済理論も、断片的にではあるが、巧みに組み込まれている。これらの点から言えば、安楽実現の思想や神仙思想など仏典の漢訳に大きな影響を与えた中国固有の宗教思想と、六朝期に構想された道教教理学が、この経典の中核部分を形成しているという見方も可能であろう。

しかし、それにしても、『海空智蔵経』はあまりにも多くの部分を仏典に依拠しすぎている。『甄正論』の作者玄嶷が、『海空智蔵経』を仏典の偽造であると非難したのも当然と言えよう。『海空智蔵経』の作者は、そうした非難を浴びることはおそらく覚悟の上で、この経典を作った可能性が大きい。そして、この経典が、読者の立場から見れば、きわめて読みにくい書物であることも十分承知していたと思われる。このような経典があえて作られる必要があったこと自体が、仏道論争の盛んであった唐初という時期の仏教と道教の関係を如実に映し出していると見なければならないであろう。

第二章 『海空智蔵経』巻十「普記品」小考

――道教経典と中国撰述仏典――

はじめに

本章では、前章を承けて『海空智蔵経』巻十「普記品」についての考察を行う。巻十「普記品」は、仏典『像法決疑経』に基づいて作られている。『像法決疑経』は仏典とはいえ、中国で撰述されたと考えられているもので、偽経もしくは疑経と呼ばれるものに属する。前章で述べたように、『海空智蔵経』は『涅槃経』をはじめとする諸仏典を下敷きにして書かれたものであるが、巻十「普記品」は中国撰述仏典からの改変という意味で、また別の興味深い点を有している。

『海空智蔵経』の作者・成立年代・テキストの問題、各巻の梗概、仏典との対応関係、『海空智蔵経』の全体を通じて流れる「離苦安楽」の思想、および「海空」という概念など、この経典の基礎的な事柄については、前章で述べた。本章は、それに続き、『海空智蔵経』巻十を中心に、前章で十分に考察することのできなかった事柄について、見ていくことにしたい。

一　『海空智蔵経』巻十と『像法決疑経』

『海空智蔵経』は、巻一「序品」、巻二「哀歎品」、巻三「法相品」、巻四「普説品」、巻五「問病品」、巻六「持誡品」、巻七「平等品」、巻八「供献品」、巻九「捨受品」、巻十「普記品」の全十巻で構成されている。海空智蔵という名の真士（求道者）とその弟子たちが元始天尊のところへ行き、元始天尊からいろいろな教えを授けられるというのが『海空智蔵経』全体の大筋であるが、各巻相互の間には物語的展開は乏しく、巻ごとの独立性が強い。

前章で述べたように、『海空智蔵経』がどの仏典をもとにして書かれているかについては、鎌田茂雄氏・木村清孝氏・中嶋隆蔵氏らによって研究が進められ、『海空智蔵経』の巻二・巻五・巻六・巻七・巻八の多くの部分が『涅槃経』に基づき、巻九の多くの部分が『維摩経』に基づいて書かれていること、また、巻四の一部分が『攝大乗論』に基づき、巻十のほぼ全文が『像法決疑経』に基づいて書かれていることが明らかになっている。(1) 量的に見れば、『涅槃経』を下敷きにして書かれた部分が『海空智蔵経』全体の約三分の一を占めており、この中には、『涅槃経』の思想として重要な仏身常住説や一切衆生悉有仏性説なども含まれている。したがって、『海空智蔵経』は『涅槃経』を中心に据え、その上に、その他の仏典の文章や思想・概念をも組み込みながら作られた道教経典であると言うことができる。

『海空智蔵経』巻十「普記品」は『像法決疑経』に基づいて書かれているが、両者の比較を通してどのようなことが言えるのであろうか。

『像法決疑経』（大正蔵八五、一三三五下～一三三八下）は、中国で撰述されたと考えられている経典で、六世紀末までには成立していた。(2) その内容は、仏が入滅の直前に常施菩薩の質問に答えて、一千百年後から始まる「像法」の世のありさまと、その時に人々がなすべきことを説き教えたというものである。布施の重要性を説き、特に「貧窮孤独」の者への布施（いわゆる「悲田」）の功徳を強調していること、また、新しい堂宇や仏像を作るよりは古いものを修復する方が勝っていることを説いていることなどが、この経典の目立った特徴として指摘できる。

『像法決疑経』は、経録の記載では、隋の開皇十四年（五九四）に著された法経『衆経目録』に初めてその名が見えている。そこでは、「真偽未だ分かれず、事須らく更に詳らかにすべし。且く疑録に附す（真偽未分、事須更詳、且附疑録）」（大正蔵五五、一二六下）という説明がある「衆経疑惑」の部に分類され、ついで、仁寿二年（六〇二）に著された彦琮『衆経目録』では、「名は正に似ると雖も、義は人造に渉る（名雖似正、義渉人造）」（大正蔵五五、一七二中）という「五分疑偽」の中に分類されている。以後、『像法決疑経』は経録の上では一貫して偽経として著録されてきた。

しかし、『像法決疑経』が経録上、疑経や偽経であると判断されたことは、この経典が軽視されてきたことを意味するものではない。すでに指摘されているように、隋代においては、むしろ逆に、『像法決疑経』は天台の智顗、三論の吉蔵、三階教の信行ら、この時代を代表する仏教者によって重視され、中国仏教史上、重要な役割を果たしてきた。智顗・吉蔵・信行はいずれもその著書の中に『像法決疑経』をしばしば引用している。信行は、『像法決疑経』に説かれている仏法衰退の世におけるあり方を三階教説の典拠として用い、智顗と吉蔵は『像法決疑経』に説かれる仏身説などを自説の根拠として用いている。特に注目されるのは、智顗が『像法決疑経』を『涅槃経』の結経として位置づけていることである。『法華文句』巻九下に、「像法決疑経は涅槃を結成す。……普賢観は法華を結成す」（大正蔵三四、一二八上）とあり、智顗は、『普賢観経』が『法華経』の結経であるのと同様に『像法決疑経』は『涅槃経』の結経であるとしているのがそれである。中国で撰述された疑経・偽経であるということとは関わりなく、『像法決疑経』は重要な大乗仏典『涅槃経』の結びの経典という大きな位置づけがなされているのである。

『海空智蔵経』が書かれる時に、もとにする仏典の一つとして、なぜ『像法決疑経』が選ばれたのかを考えてみると、三つの理由が推測できよう。その一番目は、まさにこの、『涅槃経』の結経という位置づけの存在である。前章で具体的に指摘したように、『海空智蔵経』は全体の約三分の一が『涅槃経』を下敷きにして書かれている。『海空智蔵経』の結びにあたる最終巻が『像法決疑経』をもとにして書かれたのは、まさしく『像法決疑経』は『涅槃経』の結経であるという智顗の考え方に沿うものであると言えよう。理由の二番目は、『海空智蔵経』が書かれたのは隋代から数十年たった頃であるが、その時期においても、『像法決疑経』は比較的よく知られた仏典であったことである。『海空智蔵経』が書かれたのとほぼ同じ時期、総章元年（六六八）に道世によって編纂された『法苑珠林』に『像法決疑経』の文が六回引用されていることがそれを裏付けるであろう。[3] 理由の三番目は、『海空智蔵経』の作者の一人である黎興（黎元興）が、『像法決疑経』に説かれている内容に関心を抱いていた可能性があることである。黎興の生涯については、盧照鄰「益州至真観主黎君碑」（『盧照鄰集』巻七）によって知ることができるが、その中に、黎興は霊集観という道観の観主となった時に、観内にあった多数の天尊像の補修に奔走したという記述が見える。[4]『像法決疑経』に繰り返し説かれる、壊れた塔廟・形像の修復こそ大きな功徳があるという言葉（大正蔵五五、一三三六上・一三三七中・一三三七下）に対して、黎興は自分自身の行為と照らして共感を覚え、それが『像法決疑経』を『海空智蔵経』の下敷きとして選ぶ一つの理由となった可能性も考えられよう。

さて、『海空智蔵経』巻十は『像法決疑経』の文をどのように改変して書かれているのであろうか。まず、使われている語彙の面から見ていこう。前章で、『涅槃経』との対応部分を比較検討して、『海空智蔵経』における『涅槃経』の語彙の改変方法の特徴として、四つの点を指摘しておいた。第一に、登場人物の名前を『海空智蔵経』のストーリーに合わせて書き換えていること、第二に、『涅槃経』に見えるサンスクリット語からの音写語もしくはそれを含む語は、中国語としてわかりやすい言葉や道教でよく使われる言葉に置き換えていること、第三に、仏教の専門用語もしくは明らかに仏教のものとわかるような表現は、できるだけ他の言葉に置き換えるか省略してしまっていること、第四に、『涅槃経』に出てくる譬喩や本生譚などについては、話の筋はそのままで、話の中の事物を他のものに置き換えていることである。

『海空智蔵経』巻十における『像法決疑経』の語彙の改変方法を見ると、前章で指摘した四つの特徴のうち、『像法決疑経』には譬喩や本生譚が出てこないので、第四に相当するものはないが、第一から第三の特徴はそのまま同じことが言える。まず、第一の特徴に相当するものとしては、『像法決疑経』の「常施菩薩」を『海空智蔵経』では「宝光」という名の道士（童子）に変えているのがそれにあたる。次に、第二の特徴に相当するものとしては、『像法決疑経』の「仏」を「天尊」や「大哀尊」に変え、「菩薩」を「道士」や「童子」に、「比丘比丘尼優婆塞優婆夷」を「三界道士男官女官」に、「檀越」を「学人」に、「毘尼蔵」を「経法」や「大乗法」に、「羯磨布薩」を「心作福」に、「涅槃」を「寂滅」に、「大般涅槃」を「還於玉京長楽舎中不動之地[5]」に、「涅槃彼岸」を「海空真実法地」に、「菩提」を「住海空真実法地」に、「仏位」を「海空法位」に、「閻浮提」を「下土」にそれぞれ変えているのがその例である。第三の特徴に相当するものとしては、『像法決疑経』の「如来」を「大慈天尊」に変え、「如来境界」を「長楽境界」に、「一生補処」を「一乗智蔵」に、「十二部経」を「三洞三十六部経」にそれぞれ変えていること、また、『像法決疑経』の「四攝法」「十二因縁法」「像法」「客塵煩悩」「報身」「四重五逆」「四輩弟子」などの語は、『海空智蔵経』では省略してしまっていることなどが、その例である。

次に、文章の改変について見ていこう。『海空智蔵経』は『像法決疑経』を下敷きにして、その文章の順序もほとんど変えずに書かれているが、ところどころで、『像法決疑経』の文を増補して詳しく述べたり、『像法決疑経』には書かれていない内容のことを付け加えている箇所がある。

たとえば、天尊がさまざまな教化を行うことを述べた箇所で、「或いは火中に入り身を錬って法を受け、或いは大海に入り諸々の龍王を化す。或いは病身と作りて医薬を合し、或いは貧人と作りて共に廻向す。或いは符図を説きて以て姦兇を誅す（或入火中練身受法、或入大海化諸龍王。或作病身而合医薬、或作貧人而共廻向。或説符図以誅姦兇）」（『海空智蔵経』巻十、六b）という記述があるが、これは『像法決疑経』には対応する文がなく、『海空智蔵経』が道教的な色彩の濃い言葉を用いて付け加えたものである。また、像法の世のありさまを述べた箇所で、「是の因縁を以て、日月は光あらず、陰陽は調わず、五穀は成らず、風雨は時を失い、龍は淵に久し。人民は悪嫉にして、殺害を好む心あり。競いて相華尚し、貪りて富貴を営み、仁義は行われず（以是因縁、日月不光、陰陽不調、五穀不成、風雨失時、龍久乎淵。人民悪嫉、好殺害心、競相華尚、貪営富貴、仁義不行）」（『海空智蔵経』巻十、一〇b）という記述がある。これも『像法決疑経』には対応する文がなく、『海空智蔵経』が中国伝統思想の観念や語彙を用いて文を補ったものである。

このように『海空智蔵経』では、『像法決疑経』にはない文を増補・付加している例がこの他にもいくつかある。それらの中で特に注目しておきたい箇所が二つある。その一つは、「衆生の相」について述べた箇所、もう一つは、巻十の末尾の部分である。これらについては、次節以下に考察していくことにする。

二　「衆生の相」

まず、「衆生の相」について述べた箇所を、『像法決疑経』と『海空智蔵経』の両者の原文を並べて挙げておこう。

衆生之相、不来不去、非有非無、非内非外、来無所従、去無所至、而常流転、虚妄受苦。皆以衆生無始以来、染著我見。以著我故、増長渇愛、十二因縁法、長夜受苦、無有窮尽。衆生之相、本来空寂。以是因縁、菩薩於中而起大悲。一切衆生善悪諸業、唯一心作、更無余法。我観衆生相貌如是。

（『像法決疑経』。大正蔵八五、一三三八中）

衆生之相、亦復如是。不来不去、非有非無、非内非外、来無所従、去無所至、而常流転、虚妄受苦。皆以衆生無始以来、染著我故、増長悪根、受大煩悩、無有窮尽。衆生之相、烟熅之源、神本澄清、湛然無雑、一切法本、従中而有。以是因縁、一切衆生善悪諸業、唯一心作、更無余法。是故衆生不来不去、不有不无、同等虚空、無分別想。大哀天尊、我観衆生相法如是。

（『海空智蔵経』巻十、一四b～一五a）

『海空智蔵経』のこの箇所は、『雲笈七籤』巻九五「仙籍語論要記」の「観四大相」の項目に引用されており、道教経典の記述として重要な内容のものと見なされていたことがわかる。

『像法決疑経』ではまず、「衆生の相は、来たらず去らず、有に非ず無に非ず、内に非ず外に非ず、来たるに従る所無く、去るに至る所無くして、常に流転して、虚妄に苦を受く」と、衆生の流転受苦のさまを述べ、その原因について、「皆衆生無始以来、我見に染著するを以てす。我に著するを以ての故に、渇愛を増長し、十二因縁法もて、長夜苦を受け、窮尽有る無し」とする。そして、「衆生の相は、本来空寂なり。是の因縁を以て、菩薩は中に於いて大悲を起こす。一切衆生、善悪の諸業は、唯だ一心の作にして、更に余の法無し。我　衆生の相貌を観ること是の如し」と述べる。

『像法決疑経』のここの記述には、華厳的な唯心思想、具体的には、『華厳経』十地品の「三界は虚妄にして、但だ是れ心の作なり。十二縁分も是れ皆心に依る」（『六十華厳』巻二五。大正蔵九、五五八下）や、『十地経』の「三界は虚妄にして、但だ是れ一心の作なり」「十二因縁分は、皆一心に依る」（『十地経論』。大正蔵二六、一六九上）などの文とその前後に記された「十二因縁法」の観察の思想の影響が見られることが木村清孝氏によって指摘されている(6)。

一方、『海空智蔵経』は『像法決疑経』の文を下敷きにして書かれてはいるが、『像法決疑経』の「十二因縁法」という語を削っている。そして、『像法決疑経』の「衆生の相は、本来空寂なり」という文を大幅に改変して、「衆生の相は、烟熅の源、神は本と澄清にして、湛然として無雑、一切の法本、中よりして有り」としている（傍線部)。「衆生の相」を「本来空寂」であるとする見方と、その根源は「澄清」であり「湛然無雑」であったとする見方とでは、少なからぬ相違があると言わなければならないであろう。

すでに指摘されているように、[7]『海空智蔵経』がこのように改変したのは、『易』の思想が関係している。言うまでもなく、「烟煴」は、『易』繋辞伝下の「天地絪縕して、万物化醇す。男女精を構えて、万物化生す(天地絪縕、万物化醇。男女構精、万物化生)」という文に典故を持つ語である。[8]『易』の「絪縕」は「烟煴」「氤氳」などとも書かれ、これは、たとえば班固「典引」に「太極の元、両儀始めて分かれ、烟烟煴煴として、沈みて奥なる有り、浮かびて清らかなる有り、沈浮交錯し、庶類混成す(太極之元、両儀始分、烟烟煴煴、有沈而奥、有浮而清、沈浮交錯、庶類混成)」(『文選』巻四八)などとあるように、天地陰陽二気による万物生成を言う時にしばしば用いられてきた。

『海空智蔵経』が『像法決疑経』の「衆生の相は、本来空寂なり」という文をこのように改変した根底には、『易』の「絪縕」説をふまえた中国の伝統的な万物生成論が根底にあるのはもちろんであるが、より直接的には、六朝時代に作られた道教経典『太上洞玄霊宝智慧定志通微経』(道蔵第一六七冊。以下、『定志通微経』と略称する)に基づいていることに目を向けなければならない。『定志通微経』は、陸修静の「霊宝経目」(敦煌写本ペリオ二八六一の二、および同二二五六)にその名が記されている。四世紀末から五世紀において、葛巣甫とその流れを引く人々によって書かれたと考えられる霊宝経「元始旧経」[9]の一つである。『定志通微経』には「両半」思想や元始天尊と左玄真人・右玄真人の前世物語などが含まれており、隋唐の道教思想史上、この経典は大きな影響力を持っていた。[10]

『定志通微経』の冒頭部分には、天尊が玄都七宝紫微宮で静かに思索をめぐらし、人はなぜ悪を犯し輪廻に苦しむことになってしまうのかと考えている場面がある。そこに次のような文が出てくる。

天尊俄然として初めより顧眄せず、万兆造化の始めを思念するに、胎稾は是れ同じ。各々氤氳の気に因り、凝りて神を成す。神は本と澄清にして、湛然として雑無し。既に有形を授納するや、形は六情に染まる。六情一たび染まれば、動きて弊穢に之く。見る所に惑い、著する所に昧まされ、世務因縁、次を以て発し、罪垢を招引し、歴世弥々積む。三界に輪廻し、飄浪して反るを忘れ、五道を流転し、長淪して悟らず。痛毒を嬰抱して、自ら知ること能わず、神を馳せて惶悖し、唯だ罪を是れ履む。（天尊俄然初不顧眄、思念万兆造化之始、胎稟是同。各因氤氳之気、凝而成神。神本澄清、湛然無雑。既授納有形、形染六情。六情一染、動之弊穢、惑於所見、昧於所著、世務因縁、以次而発、招引罪垢、歴世弥積。輪廻於三界、飄浪而忘反、流転於五道、長淪而弗悟。嬰抱痛毒、不能自知、馳神惶悖、唯罪是履。）

（『定志通微経』一a）

ここでは、造化の始めのことが「氤氳の気」という語で説明され、「氤氳の気」が凝り固まってできた「神」はもともと清らかに澄みわたり、静かで混じりけのないもので、すべての人がこの「神」を持っていたにもかかわらず、「形」を有し「六情」に染まることによってどんどん穢れた方に行き、罪を重ねてしまうのだと述べる。『易』の「絪縕」説による万物生成論と、仏教の因果応報・輪廻転生説が結びつけられ、その両者の結節点となる人の悪がどのようにして生じるかということを説明した内容となっている。この中に「神本澄清、湛然無雑」の八字が見えるが、これは右に挙げた『海空智蔵経』巻十にそのまま出てきている。『海空智蔵経』の記述が『定志通微経』のこの箇所に拠っていることは明らかであろう。

ちなみに、『定志通微経』のこの箇所は、『太玄真一本際経』（以下、『本際経』と略称する）に引用され、解釈が施されている。隋代の道士劉進喜・李仲卿によって作られたとされる(11)『本際経』は、唐代、王室に重んじられ、一般の人々にも広く普及した経典であり、敦煌写本にも『本際経』の断片が多数残っている。(12)『定志通微経』の「烟煴」「神本」「澄清」「無雑」などの語について、『本際経』巻四「道性品」に次のような説明がある。

烟煴と言うは、譬喩甚だ深し。我れ往昔、天尊の所に於いて、是の如き義を聞く。烟とは因なり、煴とは煖なり。世間の法は、煖潤の気に由りて出生するを得。是れ初一念、始めて倒想を生ず。体は最も軽薄にして、猶お微烟の若きも、能く道果を障ぐ。無量知見、生死の本と作る。源は測る可からず、故に神本と称す。神は即ち心なるのみ。心は有る所無し。[13]本を去ること近きが故に、性は本に即す。無本に本づく、故に神本と名づく。未だ三界五道の悪に入らざるが故に、悪軽微なるが故に、性は即ち空なるが故に、故に澄清と曰う。但だ是れ軽癡にして、未だ見著に染まらず、故に無雑と名づく。（言烟煴者、譬喩甚深。我於往昔於天尊所、聞如是義。烟者因也、煴者煖也。世間之法、由煖潤気而得出生。是初一念、始生倒想。体最軽薄、猶若微烟、能障道果。無量知見、作生死本。源不可測、故称神本。神即心耳。心無所有。去本近故、性即於本。本於無本、故名神本。未入三界五道悪故、悪軽微故、性即空故、故曰澄清。但是軽癡、未染見著、故名無雑。）（『中華道蔵』第五冊、二三四下）

ここでは、「烟煴の気」から生じる「初一念」「倒想」が、悪の始まりとして説明され、そうした生死輪廻の流れが起こる前の、その「源」にある「神本」「心」「性」は「空」「澄清」「無雑」なるものであると説明されている。[14]この中で、「源は測る可からず、故に神本と称す」として、「源」の字が用いられているが、『海空智蔵経』の「烟煴の源」という表現は、あるいは『本際経』のこの箇所からヒントを得た可能性もあろう。

さらに、『本際経』巻四「道性品」には、

但だ烟煴の気は虚無より起こり、有る無くして有り、有るも有る所無し。是の故に真父母より生ずと説く。展転生長して身形有り、世間父母に寄附胞胎して生育するを得、諸根を具足す。是れ色聚と名づく。六根成就して、六塵に対し、六種の識を生ず。是れ識聚と名づく。（但烟煴之気起於虚無、無有而有、有無所有。是故説従真父母生。展転生長而有身形、寄附胞胎世間父母而得生育、具足諸根。是名色聚。六根成就、対於六塵、生六種識。是名識聚。）（『中華道蔵』第五冊、二三五上）

とあり、「烟熅の気」は「虚無」と「有」の中間に位置するとされ、人間の誕生のプロセスとして六朝道教経典で用いられた「真父母」と「世間父母」の概念との関係で言えば、「真父母」は「烟熅の気」よりも前、「世間父母」は「烟熅の気」よりも後に相当すると考えられているようである。そして、「世間父母」に寄胎して「身形」を有し、「諸根を具足」して存在するようになってから諸悪が始まるのだと説かれている。[15]

以上のような、『定志通微経』に説かれ、『本際経』巻四「道性品」に解説された、人間の誕生と悪の始まりに関する考え方は、隋・初唐期の道教における人間論・罪悪起源論の基本となった。これらの文は、『海空智蔵経』よりもやや遅れて、七世紀の後半に道教教理の体系化の試みを行った『道教義枢』にも引用され、もっと詳細な説明がなされるに至っている（『道教義枢』巻三「両半義」）。[16]『海空智蔵経』巻十で、『像法決疑経』の「衆生之相、本来空寂」という文を改変して、「衆生之相、烟熅之源、神本澄清、湛然無雑、一切法本、従中而有」とし、それに続けて衆生の善悪のことを述べているのは、このような道教思想史の流れの中にある。

『海空智蔵経』では、人間の悪がどのようにして生じるのかについて、巻十のこの箇所以外にも繰り返し取り上げられている。最も掘り下げた考察がなされているのは、巻一に見える最勝真人・決理真人（ともに海空智蔵の弟子）と天尊との問答である。最勝真人が、すべての衆生はもともとは善悪がなかったのに、どういう原因で善悪が生じるに至ったのかと疑問を抱いたのに対し、天尊は、「識神」を初めて有した時には「淳善」であり「道性」そのものであった衆生が悪縁に染まるのは六根によるとし、六根が悪を生じる過程について詳しい説明をしている。[17]さらに、淳善なるものからなぜ悪が生じるのかと踏み込んだ質問をした決理真人に対しても、天尊は「静」と「動」の理論を用いて丁寧に答えている（巻一、二二a〜二三a）。[18]

また、「一切の善悪は、皆縁に因り、縁は心に藉りて起こる（一切善悪、皆因於縁、縁藉心起）」（『海空智蔵経』巻三、二a）、「善悪の業は、皆心に由る。心既に空なるに由り、心識も亦た空なり。心識既に空なれば、転変も亦た空なり（善悪之業、皆由於心。由心既空、心識亦空。心識既空、転変亦空）」（『海空智蔵経』巻四、一九a）などと、善悪と心・心識との関係が空思想の枠組みの中で説かれることもあれば、『涅槃経』の記述をふまえて書かれた「善悪を観察するに、父母交会し、烟煴合するの時、業因縁に随って、生を受くるの処を得、母に於いて愛を生じ、父に於いて慈を生じ、父母念ずるの時、心に歓喜を生ず。是の如き縁故は、悉く顚倒の因なり。愛無きに愛を見、楽無きに楽を見、常無きに常を見る。是の如き倒見、善悪の因と作る（観察善悪、父母交会、烟煴合時、随業因縁、得受生処、於母生愛、於父生慈、父母念時、心生歓喜。如是縁故、悉顚倒因。無愛見愛、無楽見楽、無常見常。如是倒見、作善悪因）」（『海空智蔵経』巻二、二a）という文のように、生命の誕生と善悪の発生について、やや具体的に説かれることもある。[19]

悪の始まりについて偈の形式で述べた次のような文もある。

我れ道眼を以て観るに、一切諸々の善悪は、本は同じく大混気なるも、染著 之を然らしめ、三塗の路に転落し、一たび逝きて還ること能わず。我れ一乗智を植て、慈心もて勧愍を発し、分別して三を説く。（我以道眼観、一切諸善悪、本同大混気、染著使之然、転落三塗路、一逝不能還。我植一乗智、慈心発勧愍、分別而説三。）

（『海空智蔵経』巻八、二八b）

ここでは、衆生は「染著」によって迷いの世界を流転し続けているが、もともとは同一の「大混気」から生まれたものであること、そして、天尊は慈悲の心によってすべての衆生に救済の手を差し伸べることを述べている。「大混気」とは、万物がさまざまな形を持って誕生する以前の混然たる気のことであり、そこには善悪の別は存在しない。「大混気」という概念が、ここでは、すべての衆生が平等に天尊の救済の対象となりうることの根拠となっている。

「衆生の相」をどのように見るかということは、人間論・善悪論・救済論などの諸方面に関わる問題である。『涅槃経』からの翻案を中心にして書かれた『海空智蔵経』では、一切衆生が「道性」を持っていて、すべてのものが救済されるということが随所に繰り返し説かれている。そのように大乗的精神を道教経典として表現した『海空智蔵経』において、すべての衆生が善悪を超えて救済される可能性を持つことの根拠として、仏典に説かれる「空寂」や「虚空」だけではなく、「大混気」という概念や『易』の「絪縕」説に基づく生成論など、中国の伝統的な「気」の観念につながるものが出てきていることは、やはり注目しておいてよいだろう。

三 「神を返して海空蔵に入る」

次に、『海空智蔵経』巻十の末尾の部分を見ていこう。『像法決疑経』の末尾は、仏が常施菩薩に対して教えを説き終えたあと、阿難らに対して経典の受持を命じ、人々は一心に敬受して礼を作して去ったことを述べ、最後は、「各々共に闍維の具を厳弁し、哀しみ天地を動かす（各共厳弁闍維之具、哀動天地）」（大正蔵五五、一三三八下）という淡々とした短い記述で終わっている。ところが、『海空智蔵経』の方は、これに相当する部分が六百字以上の文に引き延ばされていて、天尊が世を去ることを弟子たちが悲しむ様子と、弟子たちを慰める天尊の言葉が長々とつづられている。『海空智蔵経』巻十の末尾が『像法決疑経』に比べて長い文になっているのは、この部分が、巻十だけではなく『海空智蔵経』全体の締めくくりの役割を果たしているためと考えられ、天尊が世を去ることが、『海空智蔵経』全体において一つの重要な意味を持っていることを示唆している。

天尊は自分が世を去ることを「我れ当に神を返し、定位に還寂すべし（我当返神、還寂定位）」（『海空智蔵経』巻十、一六b）と述べている。弟子たちもそのことを「神を無常に返す（返神無常）」（同、一八a）と表現し、さらに次のように述べている。

我れ等思惟すらく、大哀天尊は不生にして生じ、生ずるも法の住すること無く、不死にして死し、死するも法の滅する無し。我れ等の為の故に消滅有り。我れ等の為の故に神を返して海空蔵に入り、長楽不思議地に安住する有り。（我等思惟、大哀天尊不生而生、生無法住、不死而死、死無法滅。為我等故而有消滅、為我等故而有返神、入海空蔵、安住長楽不思議地。）

（『海空智蔵経』巻十、一八b）

ここでは、天尊は生死という現象を超越した存在であり、生死という姿を見せても、それは衆生のために示す方便にすぎないと言っている。この考え方は、仏の入滅について『涅槃経』に説かれていることであり、それを天尊に置き換えて述べたのが、ここの内容である。仏の入滅・涅槃に相当することが、「神を返す」という語で表され、天尊は「神」を返して「海空蔵」に入り、「長楽」世界の不可思議なる境地に安住することになると述べられている。

「神を返す」（返は反と書かれることもある）という表現は、『海空智蔵経』の中では巻八に集中的に多く出てくる。『海空智蔵経』巻八は、『涅槃経』の純陀品と哀歎品の翻案であり、無為寂滅の地に還ろうとする元始天尊に対して、善種大王と海空智蔵がもう少し世に留まってほしいと懇願する場面が書かれている。『涅槃経』の「涅槃」「入涅槃」「般涅槃」などの語は、「返神」もしくは「反神」の二字を含む表現に言い換えられている。「天尊は神を無為に返し、当に寂滅不動の地に還るべし（天尊返神無為、当還寂滅不動之地）」（巻八、一b）などその例は多数あり、中には、「当に反神無為一乗海空法城に還るべし（当還反神無為一乗海空法城）」（巻八、二〇b）、「反神寂滅の地に還る（還乎反神寂滅之地）」（巻八、二四b）などのように、「反神」の二字が熟した語として用いられている場合もある。

巻八には、また、「当に反神無為の理に還り、身形を過去すべし（当還反神無為之理、過去身形）」（巻八、一五b）という文もある。ここには、「神」と「身形」の両方が出てきて、「神」を返して「無為の理」に還ることと「身形」がこの世から「過去」する（過ぎ去る）ことが同時に起こることが明示されている。このような表現には、人間存在を「神」と「形」の二つの要素によって捉える中国の伝統的な思惟方法と、輪廻転生を「神」の不滅という考え方で理解した中国における仏教受容の特徴が、顕著にうかがわれると言わなければならない[20]。

漢訳仏典で、輪廻転生から脱け出て解脱することを「神を返す」と似た表現で表した例として、呉の康僧会訳『六度集経』巻八の次のような文を挙げることができる。

深く人の原始を観るに、本無より生ず。元気の強き者は地と為り、軟らかき者は水と為り、煖かき者は火と為り、動く者は風と為る。四者和して、識神生ず。上明は能く覚り、欲を止め心を空しくし、神を本無に還す。（深観人原始、自本無生。元気強者為地、軟者為水、煖者為火、動者為風。四者和焉、識神生焉。上明能覚、止欲空心、還神本無。）（大正蔵三、五一中）

ここでは、欲望をなくし、有形の身体が生じる以前の根源の無に「神」を還すことが正しいあり方として説かれており、「神を本無に還す」という表現が出てくる。「人の原始」に目を向け、「神を本無に還す」ことを説くあたりは、『海空智蔵経』と似ている面を持つ。

『海空智蔵経』よりも前に、道教経典において「神を返（反）す」という表現を用いた例としては、『本際経』がある。『本際経』巻二「付嘱品」に、「今当に神を反して、無為湛寂常恒不動の処に還るべし（今当反神、還乎無為湛寂常恒不動之処）」（『中華道蔵』第五冊、二二〇下）とあるのがそれである[21]。また、『老子西昇経』にも「古先生とは、吾の身なり。今将に神を返し、無名に還らんとす（古先生者、吾之身也。今将返神、還乎無名）」と見え[22]、玄嶷『甄正論』巻中では、この箇所を引用して、「官を捨てて西に赴き、無名に還る所以は、涅槃の理なり（所以捨官西赴者、還乎無名者、涅槃之理）」（大正蔵五二、五六四下）と述べている。表現の類似性から見て、『海空智蔵経』は『本際経』を意識して書かれたものと考えられる。

右に挙げた『六度集経』には、「衆生の神をして本無に還るを得しむ（令衆生神得還本無）」（巻六。大正蔵三、三三下）という文も見える。『海空智蔵経』においても、本章第二節で述べたように、すべての衆生は「識神」を初めて有した時には「淳善」であり「道性」そのものであったのだから、「虚空」なる「本無」に還る可能性を持っている。巻十の終わりのところに、「衆生を紹統し、海空城中に安楽ならしめ、衆生の智慧の源を成就せしむ（紹統衆生、令安楽海空城中、成就衆生智慧之源）」（一八b）という文があるが、これも、すべての衆生が解脱することが究極の理想とされていることを示している。しかし、『海空智蔵経』の場合は、「神を返（反）す」という表現は天尊のこととしてのみ出てきている。

天尊が「神」を返して還っていくところは、「寂滅不動の地」「一乗海空法城」「長楽不思議地」などと呼ばれている。これらは天尊の「本住」（『海空智蔵経』巻八、五a）の地である。前章で述べたように、「海空」の二字で理想の世界や境地を象徴させることは、『海空智蔵経』の独創的なところである。それが天尊の本住の地の名前にも使われているわけである。また、「長楽」と呼ばれる世界は、天尊が太古の「龍漢」の世に人々を済度した場所であるとされ、開劫度人説に関わる語である。『海空智蔵経』における「海空」の概念や、『海空智蔵経』巻三にやや詳しく見える「長楽」世界の記述についても、前章ですでに考察した。本章の最後に、開劫度人説と『像法決疑経』との関連について少し述べておきたい。

本書第一篇第二章で詳しく述べたように、「開劫度人」とは、『隋書』経籍志・道経の部の冒頭に見える語で、長い年月を経て天地が新たに開けるごとに、元始天尊が教えを説いて救済するという説である。開劫度人説が最も詳しく説かれているのは、霊宝経「元始旧経」の『太上洞玄霊宝智慧罪根上品大戒経』（道蔵第二〇二冊）と『太上諸天霊書度命妙経』（道蔵第二六冊）である。『海空智蔵経』には開劫度人説は断片的にしか出てこないが、巻十にも明らかに影を落としている。たとえば、『像法決疑経』に「我れ滅度し已りて千年の後、悪法漸く興り、千一百年後、諸悪比丘比丘尼、閻浮提に遍く、処処充満し、道徳を修めず、多く財物を求め、専ら非法を行う（我滅度已千年後、悪法漸興、千一百年後、諸悪比丘比丘尼、遍閻浮提、処処充満、不修道徳、多求財物、専行非法)」で始まる一段があり、像法の世に起こるさまざまな事柄が列挙されている(大正蔵五五、一三三七中〜下)。この箇所をふまえて書かれた『海空智蔵経』巻十(九b〜一一b)には、『像法決疑経』には書かれていない、長い時間の経過とその時に何が起こるかという文が挿入されている。「三龍の後」[23]に法王が出て治化を行う時、天尊が再び衆生のために説法し、真法が世に行われる(一一a)とか、天尊が「過去」したのち、八億劫を経て、悪い道士は滅尽する(一一b)などの記述がそれである。これらの文が挿入されたのは、『海空智蔵経』の作者の意識の中に、開劫度人説をどうしても織り込みたいという気持ちがあったからであろう。

開劫度人説は、長大な時間軸の上に立った天地宇宙の捉え方と宗教的救済をめぐる思索の上に成立したと考えられるが[24]、最も詳しく説かれている『太上洞玄霊宝智慧罪根上品大戒経』と『太上諸天霊書度命妙経』を見ると、天尊が「過去」したのち天地が崩壊して暗黒の世になるという記述や、天尊はのちの世のことを憂慮して「持戒修斎」させるように命じたという記述があり、仏の入滅からヒントを得た天尊の「過去」と、それによって起こる教えの衰頽という観念が、開劫度人説の一つの要素となっていることがわかる[25]。

『像法決疑経』にはもちろん開劫度人説にそのまま当てはまるようなことは説かれてはいない。しかし、仏の入滅によって生じる問題を正面から取り上げているという点で、開劫度人説に通じる一面を持つ。『隋書』経籍志・道経の部の記述が示すように、唐代初期において、開劫度人説は道教教理として重要なものと見なされていた。本章第一節で、『海空智蔵経』が書かれた『海空智蔵経』の作者が、依拠する仏典の一つとして『像法決疑経』を選んだ理由として推測できる三つの事柄を挙げておいたが、もう一つ、開劫度人説に通じる一面を持っていることを挙げてもよいかもしれない。ただし、仏の入滅は『涅槃経』の大きなテーマであり、したがって、これは、『涅槃経』の結経という位置づけの存在という第一の理由の中に含めて考えることもできよう。

おわりに

仏道論争のさなかに成立した『海空智蔵経』は、仏教の要素を取り入れることを初めから要請されて作られた道教経典であり、『涅槃経』に最も多くを依拠している。その最終巻である巻十が、中国撰述仏典の『像法決疑経』に依拠して書かれたのは、『像法決疑経』を『涅槃経』の結経と見なす考え方があったことが関与していると思われるが、この『像法決疑経』は景龍元年（七〇七）に三階教の僧師利が作った『瑜伽法鏡経』の中にも組み込まれている。[26]これらのことは、漢訳仏典と中国撰述仏典と道教経典とが相互に交渉し複雑に絡まり合っていた当時の宗教文献の様相をよく示している。

このような中で、『海空智蔵経』巻十は、「衆生の相」についての説明や、「神を返す」という表現などの点において、「気」の生成論や「神」の観念など中国の伝統的思惟と、仏教の因果応報思想や涅槃の観念との融合が見られ、道教文献として独自性を留めている。そして、道教思想史の観点から見れば、それは六朝時代に書かれた霊宝経「元始旧経」に始まり、隋代の『本際経』へと展開した人間論や救済論を継承する部分が多かったのである。

第三章　仏典『温室経』と道典『洗浴経』

はじめに

本章で取り上げる道典『洗浴経』（敦煌写本『太上霊宝洗浴身心経』）は、唐代初期、仏教と道教の論争が盛んに行われた頃に撰述された道教経典であり、仏典の『温室経』（『温室洗浴衆僧経』）に対抗するものとして、道士李栄によって作られたとされている。これは道蔵（正統道蔵）には収録されておらず、敦煌写本の研究によって、初めてその存在が確認されたものである。

敦煌写本『太上霊宝洗浴身心経』については、まず、大淵忍爾氏の『敦煌道経　目録編』『敦煌道経　図録編』において紹介がなされ、その後、陳祚龍氏の論文「看了〈報恩寺開温室浴僧記〉以後」や程存潔氏の論文「敦煌本《太上霊宝洗浴身心経》」によって主要な問題点についての研究がなされた。[1] 本章はこれらの先行研究の成果をふまえつつ、これまで十分には論じられていない点にも目を向け、仏典『温室経』と道典『洗浴経』をめぐる問題について検討を行いたい。

一　『温室経』の流布と仏道論争――『洗浴経』成立の背景

則天武后期の僧玄嶷が著した『甄正論』巻下には、道教経典の『洗浴経』が成立するに至ったいきさつについて述べた次のような文がある。

本際五巻の如きに至りては、乃ち是れ隋の道士劉進喜造り、道士李仲卿続けて十巻に成す。並びに仏経を模写し、潜かに罪福を偸み、因果を搆架し、仏法を参乱す。唐より以来、即ち益州の道士黎興、澧州の道士方長有り、共に海空経十巻を造る。道士李栄は又、洗浴経を造りて以て温室に対し、道士劉無待は又、大献経を造りて以て盂蘭盆に擬し、并びに九幽経を造りて将に罪福報応に類せんとす。自余の大部帙に非ざるは、偽なる者勝げて計う可からず。（至如本際五巻、乃是隋道士劉進喜造、道士李仲卿続成十巻。並模写仏経、潜偸罪福、搆架因果、参乱仏法。自唐以来、即有益州道士黎興、澧州道士方長、共造海空経十巻。道士李栄又造洗浴経以対温室、道士劉無待又造大献経以擬盂蘭盆、并造九幽経将類罪福報応。自余非大部帙、偽者不可勝計。）（大正蔵五二、五六九下）

ここでは、隋代から唐代初めにかけて作られた道教経典の多くが、仏典を模倣して作られた偽造の経典であるとして批判され、その具体的な経典名として、『本際経』『海空経』『大献経』『九幽経』と並んで『洗浴経』が挙げられている。

『甄正論』を著した玄嶷については、『宋高僧伝』巻十七に伝がある。それによると、玄嶷は初めは道士として名を成し、その後、仏教に帰依した人物である。したがって、道教経典や道教内部の事情にも詳しかったと推測される。(2)

『甄正論』では、『洗浴経』は道士李栄が仏典の『温室経』に相対するものとして作ったとしている。李栄は綿州巴西県（今の四川省綿陽県）の人。その才能を認められて高宗に召されて都に出、顕慶・龍朔年間（六五六〜六六三）に長安・洛陽の宮中で行われた仏道二教論争の場で、道教側の論客として弁舌をふるった[3]。故郷においては詩人盧照鄰らと交遊したことが知られている[4]。号は任真子。『老子』の注を著し、その注は、「重玄の道を明らかにし」たものであると評されている（杜光庭『道徳真経広聖義』巻五）。また、ほかに『西昇経』の注も著した[5]。

李栄が仏典の『温室経』に相対するものとして『洗浴経』を作った背景を探ろうとする時、まずは、李栄自身がその真っ直中に身を置いた仏道論争に目を向けなければならないであろう。

高宗の顕慶・龍朔年間に宮中で行われた仏道論争については、『集古今仏道論衡』巻丁（大正蔵五二、三八七中〜三九五中）に詳しい記述がある。その中で、李栄が論者となったのは五回である。論争が行われた年月と論争相手、論争のテーマを要約しておこう。

1．顕慶三年（六五八）四月。李栄は「道生万物義」を立てて、大慈恩寺の僧慧立と論争。テーマは「道は有知か無知か」という問題（三八七下〜三八八下）。
2．顕慶三年[6]六月十二日。李栄は「六洞義」を立てて、僧慧立と論争。テーマは、老子は「六洞」（仏教の六通を擬したもの）を得ているかどうかという問題（三八八下〜三八九下）。
3．顕慶三年十一月。李栄は「本際義」を立てて、大慈恩寺の沙門義褒と論争。テーマは「道が際に本づくのか、際が道に本づくのか」という問題（三八九下〜三九一上）。
4．顕慶五年（六六〇）八月十八日。「老子化胡経」をめぐって、洛陽の僧静泰と論争。「老子化胡経」を発端として、広く道教経典と漢訳仏典について論議（三九一中〜三九三上）。
5．龍朔三年（六六三）六月十二日。「昇玄経」をめぐって、僧霊辯と論争。テーマは「道は言象によって明らかにすることができるか否か」という問題（三九三下〜三九四下）。

以上の五回の論争は、高宗の勅命を受けて宮中で行われたものであるが、ほとんどの場合、初めはもっともらしい議論をしていても、途中からは言葉尻を捉えて口汚く罵り合い、論争とは名ばかりの、泥仕合の様相を呈している。李栄は自ら「道門の英秀」と称し（三九四下）、仏教側からも「老宗の魁首」（三九二下）と評されている人物であるが、これらの論争が記録されているのが仏教側の資料であることもあってか、李栄はいつも相手にさんざんに言い負かされて敗退している。特に、顕慶五年八月の論争のあとは、静泰との論争で太刀打ちできなかったことを高宗に責められ、一旦は郷里の梓州に放還されたとある。

高宗期の仏道論争は、仏教と道教が正面から教理論争を展開するというよりは、儀式的な側面が強かったようである。顕慶三年（六五八）六月の論争の時、高宗は、「仏道二教は、同じく一善に帰す。……師等、誠を碧落に栖ませ、学は古今を照らす。……共に名理を談じて以て相啓沃すべし（仏道二教、同帰一善。……師等栖誠碧落、学照古今。……可共談名理以相啓沃）」（三八九上）と述べたという。この言葉が示すように、仏教と道教は「同帰」であるとの大前提が初めにあって、その前提のもとで、帝の面前において名理を談論し、両者が互いに啓発し合うようにという目的で行われたのが、この時期の仏道論争であった[7]。実際に、この時の論争がきっかけになって、新しい教理を織り込んだ道教経典が作られたこともあった。上述の玄嶷『甄正論』に記されている益州道士黎興と澧州道士方長による『海空経』は、顕慶三年四月の論争の時、仏教の三性説を知らなかった道教側が、高宗から「道士ら何ぞ仏経を学ばざるや」（三八八下）との勅語を受けて作られたと考えられている[8]。

李栄が『洗浴経』を作成したのは、高宗の顕慶・龍朔年間の仏道論争よりも前であったのか、後であったのか、あるいは、その最中であったのか、はっきりしたことはわからない。しかし、いずれにしても、李栄の『洗浴経』は、仏道論争が盛んであったこの時期の宗教的・思想的状況の中から生まれてきたことは間違いないであろう。

次に、李栄が『洗浴経』を作る時に、相対するものとして意識した仏典『温室経』のことを見ておきたい。『温室経』は、大正蔵の第十六巻（八〇二下〜八〇三下）に『仏説温室洗浴衆僧経』（後漢安息三蔵安世高訳）として収められている。(9) 字数は約一千三百字、大正蔵で一頁余りのごく小さな経典で、その内容は次のようなものである。

仏が摩竭国におられた時、王舎城内に大長者の耆域がいた。耆域は奈女の子で、衆人の病気を治し、大医王と呼ばれて尊崇されていた。ある時、耆域は仏のところへ行き、「今、仏及び諸々の衆僧・菩薩大士に、温室に入りて澡浴せんことを請わんと欲す。願わくは衆生をして長夜清浄にして、穢垢消除し、衆患に遭わざらしめよ」と申し出る。仏は、それに対し、衆僧を澡浴することには無量の福があると言って、耆域を褒めたたえる。そして、「澡浴の法」として、「七物」を用いて「七病を除去」すれば「七福報」が得られることを説く。さらに仏は、衆僧を洗浴して供養することの因縁によって、人臣・帝王・日月四天神王・帝釈転輪聖王・梵天・菩薩など、どのような状態に生まれても身体は清浄であり、最終的には仏となることができると述べ、以上のことをまとめた偈を説く。偈を説いたあと、仏は、三界の衆生の福徳が異なるのは、先世における「心の用い方」が等しくないからだと言い、聖衆を洗浴することの重要性を述べる。最後に、仏は阿難に対して、この経を『温室洗浴衆僧経』と名づけること、「清浄の福」を求める者はこれを奉行すべきであることを告げて、教えを終える。

以上が『仏説温室洗浴衆僧経』のあらましである。衆僧を温室(浴室、浴堂)で洗浴(澡浴、沐浴)するという功徳がいかに大きなものであるかということを、仏が耆域に対して説いたという内容であり、その洗浴の方法が具体的な事物の名を挙げて説かれている。

「澡浴の法」として出てくる「七物」「除去七病」「七福報」については、それぞれ七つの事物が挙げられているが、「七物」のうちのどれが「除去七病」「七福報」のうちのどれに対応するかについては、経文だけではわかりにくい点もある。『温室経』の注釈書として、浄影寺慧遠(五二三〜五九二)の『温室経義記』(大正蔵三九、五一二下〜五一六中)と慧浄(五七八〜六四五)の『温室経疏』(スタイン二四九七。大正蔵八五、五三六下〜五四〇上)があり、

表1　『温室経』の「澡浴の法」

「七物」	「除去七病」	「七福報」
1然火	4除寒氷	1四大無病、所生常安、勇武丁健、衆所敬仰
2浄水	7身体軽便、眼目精明	2所生清浄、面目端正、塵水不著、為人所敬
3澡豆	6除垢穢	3身体常光、衣服潔浄、見者歓喜、莫不恭敬
4蘇膏	3除湿痺	4肌体濡沢、威光徳大、莫不敬嘆、独歩無双
5淳灰	2除風病	5多饒人従、払拭塵垢、自然受福、常識宿命
6楊枝	5除熱気	6口歯香好、方白斉平、所説教令、莫不粛用
7内衣	1四大安隠	7所生之処、自然衣裳、光飾珍宝、見者悚息

この対応関係については、両者同じ解釈をしている。『温室経義記』と『温室経疏』の説に依って、その対応関係を表にして示しておこう（表1。数字はそれぞれの項目の中の順序を表す。たとえば、「七物」の第一の「然火」は、「除去七病」の第四の「除寒氷」という効能があり、「七福報」の第一の「四大無病、所生常安、勇武丁健、衆所敬仰」という果報が得られる）。

『温室経』は小さな経典であるが、衆僧を洗浴すること（「洗僧」）の功徳を簡明に説いたものとして、よく知られ重視されていたようである。浄影寺慧遠や慧浄といった有力な仏教者が注釈をつけていることからも、六朝隋唐時代におけるこの経典の重要度がうかがわれるであろう。慧浄は『温室経』のほかにも、『法華経』『勝鬘経』など多くの仏典に注釈をつけている。『続高僧伝』巻三「釈慧浄伝」に、「又　法華経纘述十巻を撰し、勝鬘・仁王・般若・温室・盂蘭盆・上下生、各々要纘を出し、盛んに世に行わる。並びに文義綺密にして、高彦　之を推す」（大正蔵五〇、四四三上）とあり、それらが当時、大きな影響力を持っていたことがわかる。

『温室経』が重視されたのは、この経典に説かれることが、僧を洗浴したり、そのための温室を作るなど、具体的な実践を伴っていたこととも関連していると思われる。六朝隋唐時代における「洗僧」や浴室造営の具体的な事例については、陳祚龍氏の論文に紹介がある。(10)

今ここでは、『洗浴経』が書かれた唐代初め（七世紀中頃）の時期に注目して、「洗僧」に関する事例を確認しておきたい。まず、『続高僧伝』には、釈慧満（五八九〜六四二）、あるいは釈宝襲の弟子の明洪が、熱心に「洗僧」を行っていたことを記す次のような記事が見える。

釈慧満、姓は梁氏、雍州長安の人なり。……常に弘済せんことを安じ、徒を集めて講説す。……又、安養に生まれんことを願い、僧を浴するを業となす。安公の芳緒に学ぶなり。（釈慧満、姓梁氏、雍州長安人也。……常安弘済、集徒講説。……又願生安養、浴僧為業。学安公之芳緒也。）（『続高僧伝』巻二二。大正蔵五〇、六一八下）

釈宝襲は貝州の人なり。……武徳の末年、住寺に卒す。春秋八十なり。弟子の曇恭と明洪と有り、皆、大論を善くす。……洪も亦た当時に栄望あり、師の業を紹宗し、召されて普光に入る。時に復た法を弘めんとして専ら浴供を営む。月に再び僧を洗し、踵を安公に係ぎ、慈氏に帰心すと云う。（釈宝襲、貝州人。……武徳末年、卒於住寺。春秋八十矣。有弟子曇恭・明洪、皆善大論。……洪亦以栄望当時、紹宗師業、召入普光。時復弘法而専営浴供。月再洗僧、係踵安公、帰心慈氏云。）（『続高僧伝』巻一二。大正蔵五〇、五二〇中）

これらの伝の中に、「安公の芳緒に学ぶ」「踵を安公に係《つ》ぎ」と、「安公」の名が出てくるが、これは道安（三一二〜三八五）の伝記をふまえている。『高僧伝』巻五「釈道安伝」によれば、道安の亡くなる十日ほど前に異形の僧が現れ、「聖僧を洗浴すれば解脱することができる」と道安に言って、その「浴法」を教えた。道安はそのとおりのことを行ったという。(11)

また、唐の長安西明寺の僧、道世が顕慶年間（六五六〜六六〇）に編纂した『諸経要集』と、同じく道世が『諸経要集』を大幅に増補改訂して、総章元年（六六八）に編纂した『法苑珠林』も、唐代初期の「洗僧」のことを知る重要な資料である。いずれも、李栄が『洗浴経』を作ったのとちょうど同じ頃に成立したものと言える。『諸経要集』の巻八「興福部第十五」には「洗僧部第五」が設けられ（大正蔵五四、七七上〜七八上）、『法苑珠林』の巻三三「興福篇第二十七」にも「洗僧部第八」が設けられており（大正蔵五三、五四三上〜五四五上）、そこには、『譬喩経』『摩訶刹頭経（灌仏形像経）』『温室経』『十誦律』『賢愚経』『雑譬喩経』『福田経』『増一阿含経』『僧祇律』の諸文献から、「洗僧」に関する文が断片的に引用されている（『諸経要集』と『法苑珠林』、どちらも同じ）。その中で注目したいのは、『譬喩経』からの引用文である。それは次のようにある。

譬喩経に云うが如く、仏は臘月八日を以て、神通もて六師を降伏す。六師は如かず、水に投じて死す。仍ち広く説法し、諸々の外道を度す。外道は化に伏し、仏に白して言う、仏は法水を以て、我が心の垢を洗う。我は今、僧に洗浴して以て身の穢れを除き、仍りて常縁と為さんことを請う。〔注：今、臘月八日に洗僧するは、唯だ此の経文に出づ[12]〕（如譬喩経云、仏以臘月八日、神通降伏六師。六師不如、投水而死。仍広説法、度諸外道。外道伏化、白仏言、仏以法水、洗我心垢。我今請僧洗浴以除身穢、仍為常縁也。[13]〔注：今臘月八日洗僧、唯出此經文〕）

（大正蔵五三、五四三上。同五四、七七上）

この引用文は、現在、大正蔵に収める譬喩経類には見えない。最後につけられている注から、道世が生きていた頃には、臘月（十二月）八日に「洗僧」を行うのが通例となっていたことがわかる。このことは、第三節に述べるように、道典『洗浴経』との関連において注目される。

『諸経要集』は諸文献の引用だけで終わっているのであるが、『法苑珠林』の方は、そのあとに、「述曰」として、道世自身が書いた長い文がついている。それは、「洗僧を明らかにするに因りて、遂に歎徳を申ぶ。恐らくは辺遠の道俗、法用に閑《なら》わず。故に略ぼ法事を明らかにして、以て厥の致を標すのみ」という序文で始まり、「洗僧」の「法事」の行い方について具体的に記したものである。文中には、「施主某官」が「高徳某法師」を「屈請」して『温室洗浴衆僧経』を講宣してもらうことや、「洗僧の七物」をきちんと整えて、「七物」の一つひとつの徳を讃嘆することが述べられ、次に、その法事の場で仏法僧を念じつつ行う呪願讃嘆の言葉が記され、最後に、十方諸仏・一切諸菩薩・独覚大人・一切含識有形の類が、次々とこの道場に到来して、温室に入り洗浴するようにという請願の言葉が述べられる。

このように、「洗僧」の「法事」にあまり慣れていない「辺遠の道俗」のために、わざわざそのマニュアルのような文を書いていることから見て、道世が「洗僧」の「法事」をきわめて重視していたことがうかがわれる。これは、道世ひとりのことではなく、唐代初めの頃の仏教界の状況を示すと見てよいだろう。そして、道世がそのマニュアル文の中に『温室洗浴衆僧経』の講宣ということを挙げていることから明らかなように、「洗僧」の「法事」の依拠経典とされたのは『温室経』であった。

ちなみに、『温室洗浴衆僧経』の講宣ということに関連して言えば、唐代初めからは少し時代が降るが、いわゆる俗講の場で『温室経』が唱えられたことを示す資料がいくつか残っている。敦煌写本「温室経講唱押座文」(スタイン二四四〇。大正蔵八五、一二九八上〜中)が存在することや、同じく敦煌写本「俗講儀式(擬)」(ペリオ三八四九紙背)に「夫為俗講、先作梵了、次念菩薩両声、説押座了。索唱温室経、法師唱釈経題了、念仏一声了。便説開経了、便説荘厳了、念仏一声。便一一説其経題字了、便説経本文了、便説十波羅蜜等了。便説念仏讃了、便発願了。便又念仏一会了、便迴発願、取散、云云。已後便開維摩経」という文が見えることがそれである。[14] こうした例からも、『温室経』は仏教者だけではなく、一般の民衆をも含めた広い範囲によく知られていたことがうかがわれる。

道士の李栄が仏典『温室経』に対抗しうる内容を持つ道教経典を作る必要があると感じた背景として、上述のような、唐代初期の仏教界における「洗僧」の実態と『温室経』の流布という状況があったことを挙げることができよう。

二　『洗浴経』（敦煌写本『太上霊宝洗浴身心経』）

次に、李栄が作った『洗浴経』がどのようなものであったのかを見ていこう。道蔵（正統道蔵）にはタイトルに「洗浴」という語を含んだ経典は収録されていないが、敦煌写本の中に『太上霊宝洗浴身心経』の題名が記された経典がある。これが李栄の作った『洗浴経』である可能性が高い。『太上霊宝洗浴身心経』の敦煌写本は三点ある。スタイン三三八〇、ペリオ二四〇二、および、北京図書館本一四五二三・二がそれである。この三点のうち、スタイン三三八〇は首尾完具し、全部で六十六行の文が書かれている。ペリオ二四〇二と北京図書館本一四五二三・二は首部が残欠している。ここでは、スタイン三三八〇『太上霊宝洗浴身心経』の録文と図版を載せておこう(15)（図1）。各行はじめの数字は、写本の行数である。

【スタイン三三八〇　録文】

1　太上霊宝洗浴身心経一巻
2　元始天尊時於太玄都玉京山金闕七宝
3　紫微宮、与十方聖衆、諸天真仙、諸天帝
4　王、及一切種類人天龍鬼、応受度者、无量之
5　衆、登真一位、得无為心、同会其所。爾時天尊
6　告諸四衆、汝等身心、本地清浄。実相不動、始

終恒一、猶如虚空、去来无礙。但以倒想[16]、随業受形、積邪偽塵、聚貪癡垢、欲悪染性、穢濁纏身。譬如明珠恒埋糞壌[17]、歴劫隠蔽、不顕珠光。将来衆生、迷真道本、造顛倒業、種邪偽根、埋智恵珠、増煩悩垢、堕生死海、溺貪愛流、駆馳五欲、處魔怨境、煩悩結縛、身心臭穢、随業流転、三悪五道、蔭蓋正性、沈没玄珠、翳本光明、亦復如是。汝等四衆、以本分力、汲道性水、採无為香、調智恵湯、居清浄室、為諸衆生、洗愚癡垢、滌身心穢、得真実浄、畢竟无染、平等解脱、令入道場。爾時、大衆聞是説已、奉教思惟、心開意解、歓喜踊躍、仰瞻尊儀而説頌曰、

元始无上大慈尊、善説衆耶倒[18]業。
不悟妙本常清浄、動則沈淪経万劫。
妄想既植貪癡根、随根即生煩悩葉。
根葉繁滋彌世界、善悪輪迴互重畳。
狂迷競貪邪偽葉、子葉不絶恒相接。
煩悩垢重覆明珠、身心臭穢乖清浄。

27 示我汲引道性水、洗滌千耶帰一正。
28 平等清浄智恵湯、蕩除癡垢開真性。
29 有縁速入正観空、无為香水澄如鏡。
30 能照去来耶倒業、洗滌貪瞋帰誠定。
31 心垢悩病豁以除、各復真根増恵命。
32 慈尊所説頗思議、我故稽首咸恭敬。
33 時此会中、天真皇人従座而起、上白天尊、
34 唯願慈雲広覆无外、上妙法雨遍灑人
35 天、衆生愚癡、随業生滅、垢穢深重、耶或
36 纏身。調法湯、建清浄室[19]、洗滌罪垢、消
37 除耶穢。未審儀軌、其事云何。天尊曰、凡
38 諸行道、入静焼香、為己及人、請謝罪福、皆
39 当沐浴、蕩滌身心。過此、毎月一浴、是其常
40 法。然諸天帝王、勅其男女、依法清浄、作五
41 種香水、広開浄室、散花焼香、行道礼拝、
42 持斎奉誡、講説経文。毎至年終上八、集仙
43 真聖天中男女、洗濯身形、将勧衆生、迴向[20]正
44 道、出生死煩労。汝等宜依此法、至是八日、勧
45 諸男女、及以国王、大臣宰輔、天下人民、作法
46 香水、懸諸旛蓋、建斎行道、懺悔礼拝、講

誦此経、入清浄室、正念安坐。先観身心垢穢。聚積无量邪或、不浄塵労、共成我身、内外貪癡、粗細不浄、生老无常、衆苦結縛、三業鄣道、六塵覆心、彌天雲翳日月光[21]。作是観已、了了分明[22]、以法香水、先従首面皮膚、四支五体、六根九竅、次第灌洗、悉令清浄。外清浄已、復以浄観、重[23]修内心、邪或煩悩、妄想執計、貪瞋癡垢、普令清浄。内外既浄、住法身心、常居道場、断邪偽垢。是名法水洗浴身心。若有[24]善男子善女人能為国主人王、九玄七祖、所生父母、己身男女、天下人民、三徒五苦一切衆生、施法香水、出家法服、俗[25]衣香薬、沐浴之具、修斎行道、散花焼香、礼拝念誦、聴講経教、受誡発願、供養十方諸天上聖、妙行真人、神仙王[26]女、及出家法身、所得功徳、最為无量不可思議。所以者何。是人能為一切行人洗塵垢故。塵垢既除、得見真道。是故得福最為无量。作是説已、諸仙歓喜、各随儀軌、依法奉行、礼拝天尊、一時而退。

太上霊宝洗浴身心経一巻

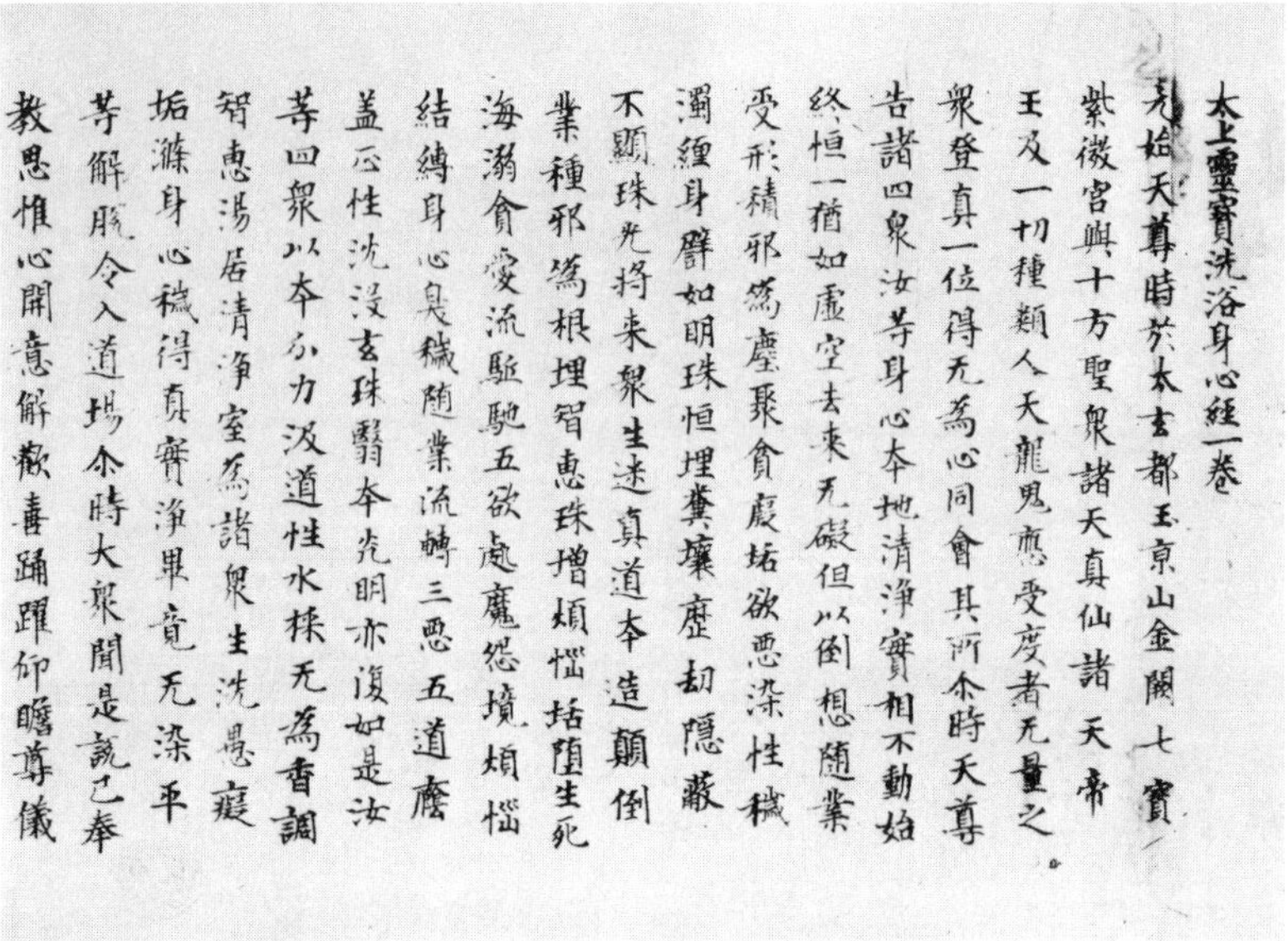

太上靈寳洗浴身心經一卷
元始天尊時於太玄都玉京山金闕七寳
紫微宮與十方聖衆諸天真仙諸天帝
王及一切種類人天龍鬼應受度者无量之
衆登真一位得无爲心同會其所尒時天尊
告諸四衆汝等身心本地清淨寳相不動始
終恒一猶如虚空去來无礙但以倒想隨業
受形積邪爲塵聚貪癡垢欲悪染性穢
濁纏身辟如明珠恒埋糞壤塵劫隱蔽
不顯珠光將来衆生迷真道本造顛倒
業種邪爲根埋智恵珠增煩惱垢隨生死
海溺貪愛流驅馳五欲處魔惱境煩惱
結縛身心臭穢隨業流轉三悪五道塵
蓋正性洸沒玄珠翳本光明亦復如是汝
等四衆以本分力汲道性水棟无爲香調
智恵湯居清淨室爲諸衆生洗愚癡
垢滌身心穢得真寳淨畢竟无染平
等解脱令入道場尒時大衆聞是說已奉
教思惟心開意解歡喜踊躍仰瞻尊儀

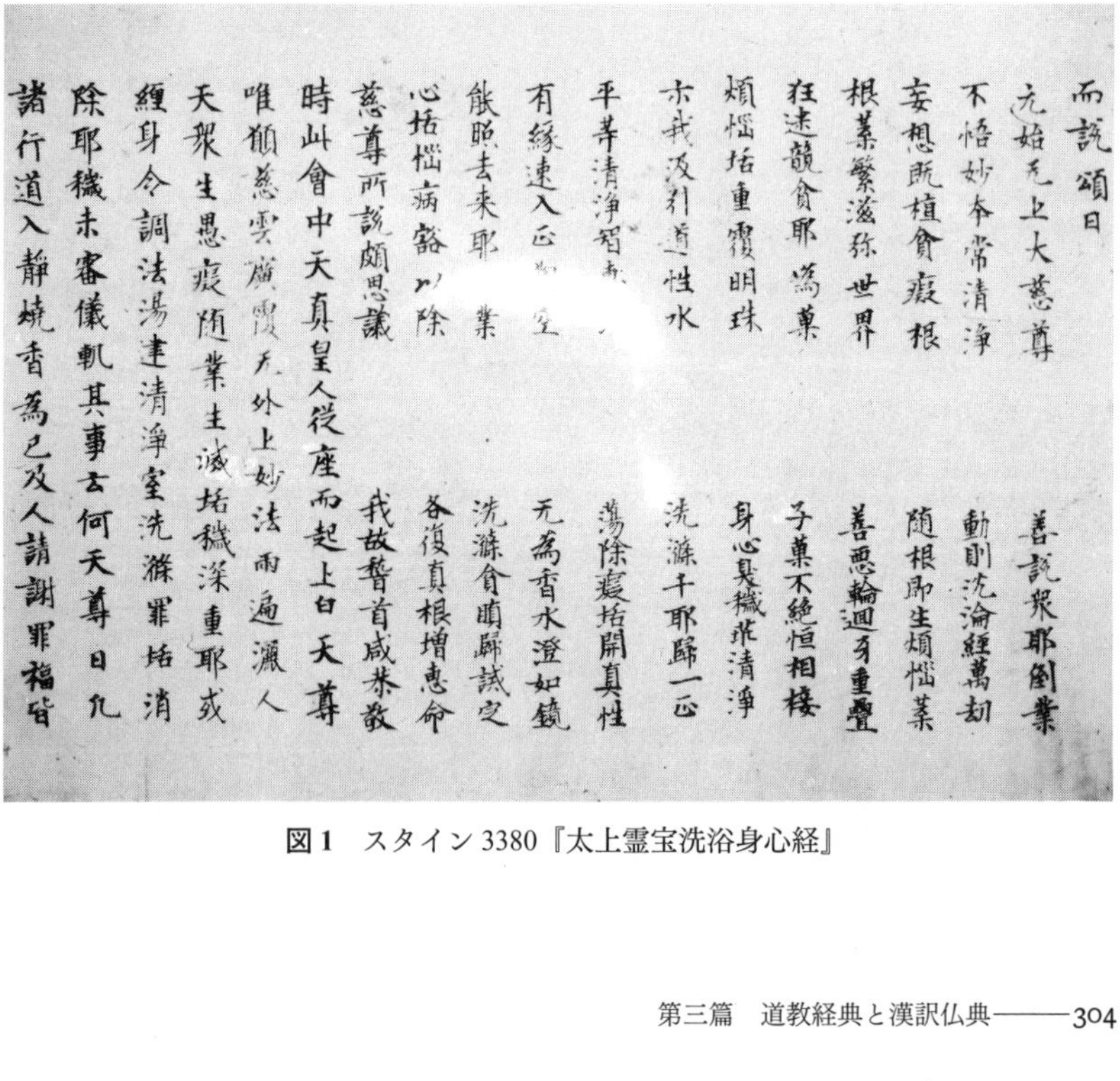

而說頌曰
元始无上大慈尊　善說衆耶倒業
不悟妙本常清淨　動則沈淪經萬劫
妄想既植貪癡根　隨根所生煩惱葉
根葉繁滋彌世界　善悪輪迴牙重疊
狂迷競貪耶爲菓　子菓不絶恒相接
煩惱垢重覆明珠　身心臭穢非清淨
亦我汲引道性水　洗滌千耶歸一正
平等清淨智惠　湯除癡垢開真性
有緣速入正室　无爲香水澄如鏡
能照去来耶業　洗滌貪嗔歸誠定
心垢惱病咎以除　各復真根增恵命
慈尊所說頗思議　我故稽首咸恭敬
時此會中天真皇人從座而起上白天尊
唯願慈雲覆霞无外上妙法雨遍灑人
天衆生愚癡隨業主滅垢穢深重耶或
纏身令調法湯達清淨室洗滌罪垢消
除耶穢未審儀軌其事云何天尊日凡
諸行道入靜燒香爲己及人請謝罪福皆

図1　スタイン 3380『太上霊宝洗浴身心経』

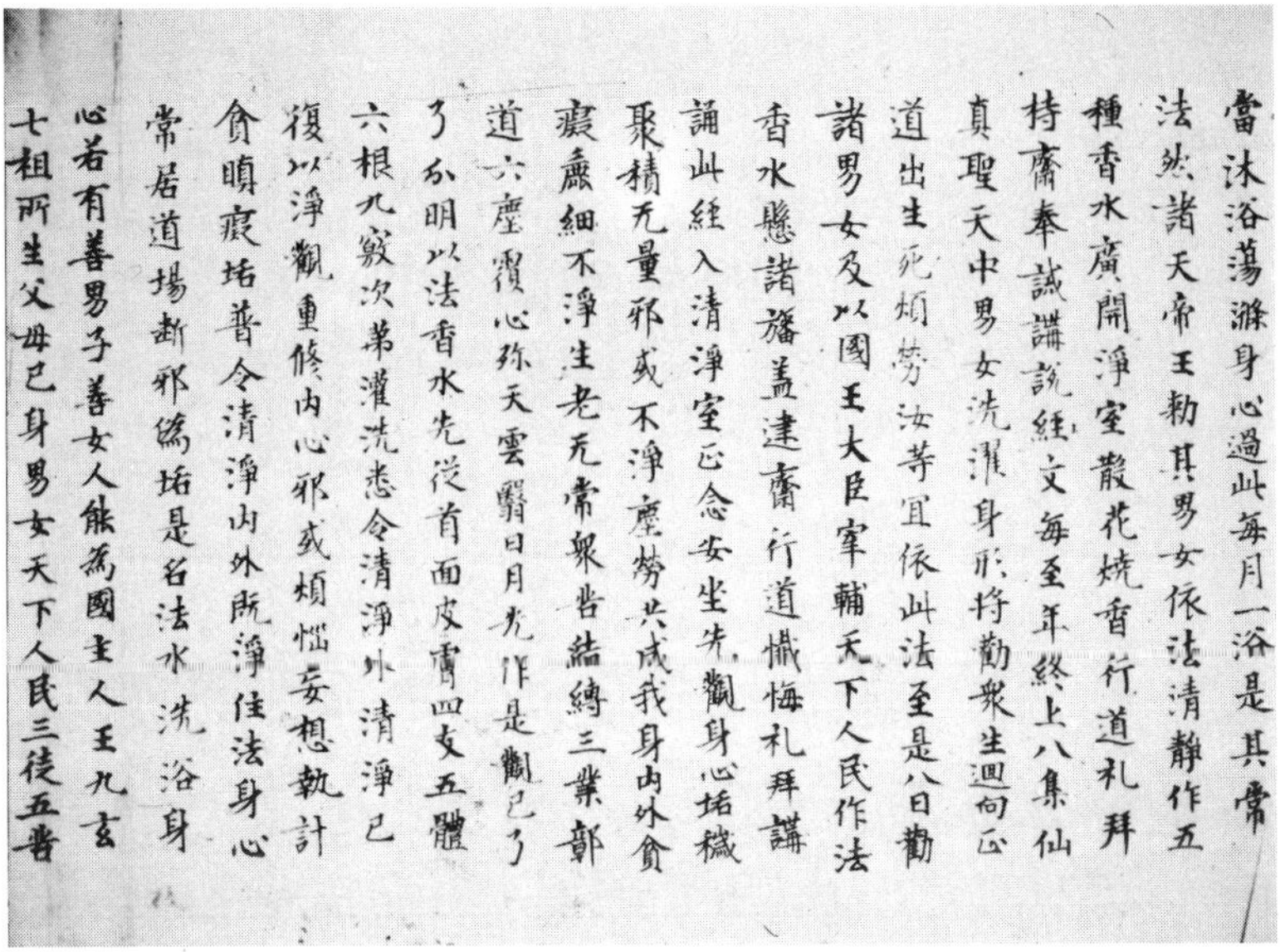
當沐浴蕩滌身心過此毎月一浴是其常
法然諸天帝王勅其男女依法清靜作五
種香水廣開淨室散花燒香行道礼拜
持齋奉誡講說經文毎至年終上八集仙
真聖天中男女洗濯身形將勸衆生迴向正
道出生死煩勞汝等宜依此法至是八日勸
諸男女及以國王大臣宰輔天下人民作法
香水懸諸旛蓋建齋行道懺悔礼拜講
誦此經入清淨室正念安坐先觀身心垢穢
聚積无量邪惑不淨塵勞共成我身内外貪
癡麁細不淨生老无常衆苦結縛三業鄣
道六塵覆心弥天雲翳日月光作是觀已了
了分明以法香水先從首面皮膚四支五體
六根九竅次第灌洗悉令清淨外清淨已
復以淨觀重脩内心邪惑煩惱妄想執計
貪瞋癡垢普令清淨内外所淨住法身心
常居道場斷邪偽垢是名法水洗浴身
心若有善男子善女人能為國主人王九玄
七祖所生父母已身男女天下人民三徒五苦

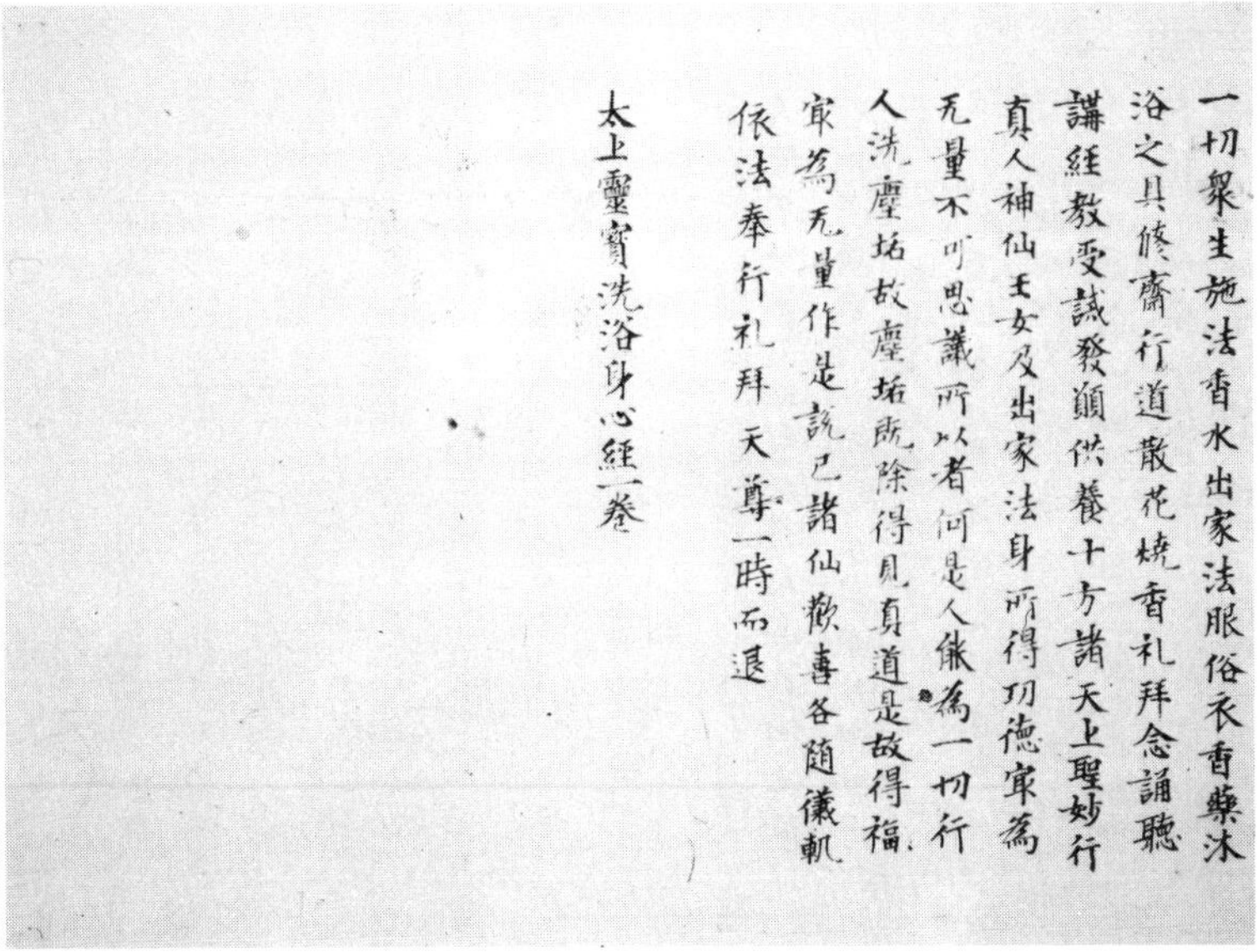
一切衆生施法香水出家法服俗衣香藥沐
浴之具脩齋行道散花燒香礼拜念誦聽
講經教受誡發願供養十方諸天上聖妙行
真人神仙玉女及出家法身所得功德冣為
无量不可思議所以者何是人能為一切行
人洗塵垢故塵垢所除得見真道是故得福
冣為无量作是說已諸仙歡喜各隨儀軌
依法奉行礼拜天尊一時而退

太上靈寶洗浴身心經一卷

以上に挙げた敦煌写本スタイン三三八〇『太上霊宝洗浴身心経』は、字数は約一千字、『温室経』よりもさらに小さな経典である。『温室経』を意識しつつも、内容的には、それとかなり異なる面を持っている。広く仏教の思想・観念を吸収して書かれているものの、一方では、道教そのものの展開をふまえて出てきた部分も多くあり、興味深い内容となっている。

まず、『太上霊宝洗浴身心経』の全体の構成に目を向けよう。元始天尊が太玄都玉京山金闕七宝紫微宮において教えを説くという舞台設定になっており、元始天尊の教えに対して、聴衆を代表して天真皇人が質問し、元始天尊がさらにそれに答えるという構成になっている。このような舞台設定や構成は、漢訳仏典の影響を受けて書かれた六朝時代の霊宝経にしばしば用いられたものであり、この経典も同じ形をしている。ここに出てくる元始天尊と天真皇人という神格は、六朝時代の霊宝経において重要な位置づけがなされていて、霊宝経の中には、仏陀の前世物語に倣って作られた元始天尊と天真皇人の本生譚が記載されるまでに至っている[27]。

また、『太上霊宝洗浴身心経』の語彙面に注目すると、これも漢訳仏典の影響が圧倒的に大きい。「十方聖衆」「人天龍鬼」「四衆」「実相」「業」「貪癡」「煩悩」「生死」「三悪五道」「解脱」「心開意解」「歓喜踊躍」「散花焼香」「六塵」「三業」「善男子善女人」「三徒五苦」など、漢訳仏典に頻出する語がたくさん用いられている。このような現象も、すでに六朝時代の霊宝経から見られることであり、道教経典には仏典を盗んだものが多いと仏教側から非難される所以でもある。

次に、『太上霊宝洗浴身心経』の文章表現について見ると、譬喩が多く用いられていることが目を引く。清浄なる本性が煩悩によって覆われることを喩えた「明珠」の譬喩、「道性水」「无為香」「智恵湯」など、経題の「洗浴」に因んだ表現、あるいは、頌の部分の「貪癡根」「煩悩葉」「根葉繁滋」「貪邪偽菓」など、植物に譬えた表現などがそれである。これらは、独創的表現とまでは言い難いであろうが、故郷の蜀の地で文士たちと交遊したり、宮中の仏道論争の場で中心的論客として論陣を張り、「栄は蜀郡の詞人」(『集古今仏道論衡』巻丁、大正蔵五二、三九二中）とも評された、言葉巧みな李栄の一面がこのあたりに表れていると言えるのかもしれない。

『太上霊宝洗浴身心経』で説かれている内容は、第一に、衆生の身心は本来清浄であるが、業に随って形を受け、貪癡煩悩の垢に染まって真性が覆われ、生死輪廻の世界に沈淪してしまうこと、第二に、生死輪廻の世界から抜け出るためには、衆生に本来そなわっている「道性の水」の力で、身心の穢れを洗い落とさなければならないこと、そして第三に、身心の穢れを洗い落とすための具体的な方法（「儀規」）についてである。

第一の、衆生の身心は本来清浄であることについては、「本地清浄」「実相不動」「猶如虚空」「妙本常清浄」などの表現が用いられている。「妙本」は、すでに指摘があるように、李栄のやや先輩に当たる成玄英が『老子』の注釈の中で好んで用いた語であり、それは玄宗の『老子』注疏にも継承されている。[28] また、本来清浄である衆生が、形を受けることによって、悪に染まり、生死輪廻の世界に沈んでしまうことについては、このことを端的に述べた道教経典として『太上洞玄霊宝智慧定志通微経』（道蔵第一六七冊）がある。[29]『太上洞玄霊宝智慧定志通微経』は、陸修静の「霊宝経目」にその名が見える、いわゆる古霊宝経の一つで、唐代においても重視されたものである。

第二の、衆生に本来そなわっている「道性」の力によって「清浄」なる状態に戻っていくということに関しては、隋唐の際に成立した『本際経』の中に類似の表現が見える。『本際経』には「道性」についての詳しい記述が見えるのであるが、その中に、たとえば、「道性の力を以て、善友に遇うを得、三洞経を聞き、信楽の心を生じ、……是の如き心に於いて、分別を生ぜず、決定清浄にして、直ちに辺底に達し、深滞有る無く、静然として徐ろに清く、実相の境に入る（以道性力、得遇善友、聞三洞経、生信楽心、……於如是心不生分別、決定清浄、直達辺底、無有深滞、静然徐清、入実相境）」（『本際経』巻四「道性品」。『中華道蔵』第五冊、二三五中）などとあるのがその例である。[30]

第三の、身心の穢れを洗い落とすための具体的な方法に関して説かれている事柄は、この経典の特徴が最もよく表れているものである。これについては、次節に述べることにしよう。

三　洗浴の儀規

敦煌写本スタイン三三八〇『太上霊宝洗浴身心経』の三十七行目以下には、元始天尊が天真皇人に向かって説いたという「洗浴」の「儀規」、すなわち、身心の穢れを洗い落とすための具体的な方法に関して述べられている。その内容を要約すれば、次のようになる。

①毎月一回、沐浴を行うのが「常の法」である。

②諸天帝王は、天界の男女に命じて、清浄なる「五種香水」を作って広く「浄室」を開き、散花焼香、行道礼拝して、斎をたもち誡を奉じ、経文を講説するようにさせる。

③「年の終りの上八」、すなわち、十二月八日に、天の仙真たちが「身形を洗濯」し、衆生に勧めて生死の苦しみから解脱させようとする。この日に、地上においても、すべての衆生に、「法の香水」を作り、斎を行って、懺悔礼拝して経文を講誦し、「清浄の室」に入って、「正念安坐」するように勧めるべきである。

④「正念安坐」して、「身心の垢穢を観」ずることを行う。まず、首面皮膚・四肢五体から六根九竅に至るまで身体全体を「法の香水」で洗い濯いで清浄にし、外側（身）が清浄になると、次に、「内心を修め」、あらゆる惑念煩悩を除き去って、内側（心）を清浄にする。そのようにして、内外ともに浄らかになることを、「法水もて身心を洗浴す」と名づける。

⑤善男子善女人が、冥界の死者をも含めた一切衆生のために「法の香水、出家の法服、俗（浴の誤りか）衣香薬、沐浴の具」を施して斎を行い、受戒発願して「十方諸天の上聖・妙行真人・神仙王（玉）女、及び出家の法身」を供養すれば、無量の功徳を得ることができる、なぜなら、このような人は、一切の修行者のため

に「塵垢を洗う」力を持っているからである。

以上が、元始天尊が説いたという「洗浴」の「儀規」である。元始天尊の話の順に、便宜的に①から⑤の五つの項目に分けた。この中で『温室経』との関わりがあるのは、③の「十二月八日」という日付と、⑤の内容である。第一節に述べたように、道世の『諸経要集』と『法苑珠林』に引用された『譬喩経』の箇所に「今、臘月八日に洗僧す」という注があり、唐代初めには、仏教の方で臘月（十二月）八日に「洗僧」を行うのが通例となっていたようである。③の「十二月八日」という日付は、このことを意識しているものと思われる。『温室経』そのものには「十二月八日」という日付は出てこないが、『温室経』に基づく「洗僧」の行事が「十二月八日」に行われるのが通例になっていた。そういう意味において、これは『温室経』との関わりがあると言える。

また、これも第一節で見たように、『温室経』で述べられている中心的な事柄は、在家の者が衆僧に対して温室（浴室、浴堂）における洗浴（沐浴）の布施を行うことは、衆生の穢れを消除することにつながる大きな功徳を持っているということであった。「洗浴」の「儀規」の⑤の内容はこういう『温室経』の趣旨と合致する。したがって、この⑤については、『温室経』との直接的な関わりを認めることができる。

しかし、③の「十二月八日」という日付と⑤の内容以外については、『温室経』との関わりというよりは、唐代の初めにはすでに成立していた、道教内部における沐浴の観念をふまえる部分が大きいと考えられる。『無上秘要』巻六六に「沐浴品」があるのをはじめ、六朝時代から唐代初めに成立した道教文献には、沐浴に関する記述が少なからず見られる。(31) ①から順次、それら道教文献の記述との関連について見ていこう。

まず、①の毎月一回、沐浴を行うということについて。沐浴を行うべき日については、文献によってさまざまな説き方がなされており、一定してはいない。毎月一回、沐浴を行うことを述べたものとしては、『太上無極大道自然真一五称符上経』（道蔵第三五二冊）がある。『太上無極大道自然真一五称符上経』は、陸修静の「霊宝経目」に

名が見える古霊宝経の一つである。その中に次のような文が見える。(32)

黄帝曰く、天老は小兆の未だ天気を知らざるを以ての故に兆に霊宝五称符経を授く。東井讖を按じ、吉日に清潔にして、沐浴斎静し、霊宝符を受けんことを請う。正月十日の人定の時、二月八日の黄昏の時、三月六日の日入の時、四月四日の下晡の時、五月一日の上晡の時、二十九日の日晡の時、六月二十七日の日中の時、七月二十五日の禺中の時、八月二十二日の日出の時、九月二十日の鶏三たび鳴くの時、十月十八日の鶏初めて鳴くの時、十一月十五日の夜半を過ぐるの時、十二月十三日の夜半の時、此れ皆天気、月の東井に宿るの時にして、神仙と合会す。此の日に沐浴すれば、神　己に降る。蘭湯に沐浴するは、道士の神人に通ぜんと欲するを言う。諸々の百姓は此の沐浴を須たざるを謂うなり。(黄帝曰、天老以小兆未知天気、故授兆霊宝五称符経。請按東井讖、清潔吉日、沐浴斎静、受霊宝符也。正月十日人定時、二月八日黄昏時、三月六日日入時、四月四日下晡時、五月一日上晡時、二十九日日晡時、六月二十七日日中時、七月二十五日禺中時、八月二十二日日出時、九月二十日鶏三鳴時、十月十八日鶏初鳴時、十一月十五日過夜半時、十二月十三日夜半時、此皆天気月宿東井時、与神仙合会。(33) 此日沐浴、神降己也。沐浴蘭湯、言道士欲通神人也。謂諸百姓不須此沐浴也。)(『太上無極大道自然真一五称符上経』巻下、一三a～b)

この文は、『無上秘要』巻六六（三a～四a）にも「洞玄真一五称経に出づ」として見えており、六朝時代の道教における「沐浴」について知るための重要な資料の一つである。「正月十日人定時」から「十二月十三日夜半時」に至るまで十三の日時が挙げられ、これらは「月が東井に宿」り、「神仙と合会」する時であるとされ、これらの日に沐浴すると神が降臨すると説明されている。この沐浴は、霊宝符の授受と結びつけられている点から見て、これは六朝時代中期頃に江南の地に広まっていたと考えられる霊宝五符の信仰とも関連していたようである。

次に、②に出てくる「五種香水」について。「五種香水」という語は、『温室経』には見えないが、六朝時代の道教文献には、五種の香（「五香」）で沐浴して身を清めるということがよく出てくる。その例をいくつか見ておこう。

葛洪の『抱朴子』金丹篇に、丹薬を合成する時の禁忌を述べて、「丹を合するには、当に名山の中、無人の地に於いてし、伴を結ぶこと三人に過ぎざるべし。先ず斎すること百日、五香に沐浴し、到って精潔を加え、穢汚に近づき及び俗人と往来すること勿かれ（合丹当於名山之中、無人之地、結伴不過三人、先斎百日、沐浴五香、致加精潔、勿近穢汚、及俗人往来）」と記しているのは、その早い例である。また、東晋の隆安三年（三九九）の識語を持つことから、それ以前に成立していたことが確実な『紫陽真人内伝』（道蔵第一五二冊）にも、「君（紫陽真人）再拝して教えを受け、退きて斎し、五香に沐浴し、七日七夜、寐ず。但だ危坐して接手し、至道を存念す（君再拝受教、退斎沐浴五香、七日七夜不寐、但危坐接手、存念至道）」（七a）という記述が見える。これらにより、東晋時代の道教ですでに、身を清めるための方法として、五香を用いて沐浴することが行われていたことがわかる。

五香という観念は、五行思想との関連が考えられるが、そのことを示す例としては、『太上霊宝五符序』（道蔵第一八三冊）の、「静斎すること三日、静室に祭る。……爾して乃ち先ず五会の香を燔き、流芳の帰する所を看る。気、正しく上れば、中央黄帝先ず降る。気、東に流るれば、青帝先ず降る。気、南に流るれば、赤帝先ず降る。気、西に流るれば、白帝先ず降る。気、北に流るれば、黒帝先ず降る（静斎三日、祭於静室。……爾乃先燔五会之香、看流芳所帰。気正上者、中央黄帝先降。気東流者、青帝先降。気南流者、赤帝先降。気西流者、白帝先降。気北流者、黒帝先降）」（巻下、四a）という文を挙げることができよう。

さらに、『無上秘要』巻五二「三元斎品」（一b）には、正月十五日・七月十五日・十月十五日に行われる三元斎の時に、「身形を沐浴し、五香もて自ら洗う」ことが行われると記している。[34] また、李栄よりは少し後になるが、道士朱法満（?〜七二〇）が編纂した『要修科儀戒律鈔』（道蔵第二〇四〜二〇七冊）には、「三元品戒に曰く、……身形を沐浴し、五香もて自ら洗う。……千真科に曰く、冬天の洗浴は、一旬毎に浴す。……沸して乃ち滓を去り、次に五香を加え、……」（巻一二、五b〜七a）とあるなど、五香を用いて沐浴することを記した文献は多い。これらには、五種の香というのが具体的には何を指すのかということについては説明がない場合が多いが、いずれにせよ、『温室経』には見えなかった「五種香水」という語が『太上霊宝洗浴身心経』に出てくるのは、東晋以来の道教におけるこうした状況が背景にあったからと考えられる。

次に、「洗浴」の「儀規」の④について。ここでは、斎を行う中で「安坐」や「観」が重要な役割を担い、身体とともに内心を修めるのが「洗浴」の趣旨であるとされている。このような考え方は、霊宝斎の整備に大きく貢献した陸修静の著作にすでに顕著に表れている。たとえば、『洞玄霊宝斎説光燭戒罰燈祝願儀』（道蔵第二九三冊）の中で、斎の時に守るべき十戒を説いている箇所があるが、その第一の戒に、「香湯もて沐浴し、以て神気を精にし、五体をして清潔に、九孔をして鮮明ならしめ、衣服は悉く浄らかにして、内外に芳馨あらしめよ。高真を延き降し、虚霊を視接するが故なり（香湯沐浴、以精神気、使五体清潔、九孔鮮明、衣服悉浄、内外芳馨、延降高真、視接虚霊故也）」（一b）とある。[35]

また、隋末頃までには成立したであろうと考えられている『洞玄霊宝三洞奉道科戒営始』（道蔵第七六〇～七六一冊）には、「科に曰く、凡そ是れ観中には須らく浴室を造るべし。乃ち別院私房に至るまで、此れ最も急と為す。行道読経・登壇入静・奏告啓願・謝過首愆する毎に、……皆須らく沐浴し、身心を澡錬すべし。香気をして芬芳ならしめて、方めて事を行うべし。故に行道の日、皆当に香湯もて沐浴すべし。其の浴の須つ所に縁りて、釜鑊・井竈・牀席・香粉、並びに皆具備す（科曰、凡是観中、須造浴室、乃至別院私房、此最為急。毎行道読経、登壇入静、奏告啓願、謝過首愆、……皆須沐浴、澡錬身心。使香気芬芳、方可行事。故行道之日、皆当香湯沐浴。縁其浴所須、釜鑊井竈、牀席香粉、並皆具備）」（巻一、一六a）とあり、香湯で沐浴して身心を澡錬すべきであることを説くとともに、道観に浴室を造ることや、釜や井戸など沐浴に必要なものについても言及している。

以上のように、『太上霊宝洗浴身心経』に「洗浴」の「儀規」として書かれた事柄は、沐浴を行うべき日や、「五種香水」で沐浴するということ、あるいは、沐浴において外的身体だけでなく内なる心を浄化することが重要であるとすることなど、六朝・唐代初期の道教文献の記述との類似点を多く見出すことができる。『太上霊宝洗浴身心経』は、仏典『温室経』やそれに基づく仏教の行事を意識しながら書かれたとはいえ、『温室経』そのものというよりはむしろ、唐代初期の道教において存在していた沐浴の観念をふまえた記述が多いのである。

四　『沐浴身心経』と『太上玄都妙本清静身心経』

本章ではここまで、敦煌写本『太上霊宝洗浴身心経』がすなわち李栄の作った『洗浴経』であると見なして論述してきた。敦煌写本『太上霊宝洗浴身心経』を李栄作の『洗浴経』であると見なすことについては、現在のところ、王卡氏が若干、疑問を残している（後文参照）以外には、研究者の間に異論はない。

ただし、敦煌写本『太上霊宝洗浴身心経』の他に、『温室経』との関連が考えられる経典が二つある。『雲笈七籤』巻四一「七籤雑法」の中の「沐浴七事獲七福」の項に引用する『沐浴身心経』という経典と、道蔵第二七冊に収める『太上玄都妙本清静身心経』という経典である。本節では、それらについて見ておきたい。

『雲笈七籤』巻四一「七籤雑法」の「沐浴七事獲七福」の項に引用する『沐浴身心経』は二百五十字ほどの文である。全文を引用しよう。

沐浴身心経に云う、沐浴して内浄らかなれば、虚心にして無垢なり。外浄らかなれば身垢尽く除かる。真一を存念し、諸々の色染を離れ、無為に証入し、品を聖階に進め、諸天　善を紀す。湯を調うる人は、功徳無量なり。天真皇人　復た天尊に白すらく、未だ審らかにせず、五種の香湯、七福因を獲るとは、何者か是れと為す。何の修行する所にして、何の勝業有りや、願わくは更に開暁されんことを。天尊答えて曰く、五香とは、一は白芷、能く三尸を去る。二は桃皮、能く邪気を辟く。三は柏葉、能く真仙を降す。四は零陵、能く霊聖を集む。

五は青木香、能く穢れを消し真を召す。此の五香は、斯の五徳有り。七福因とは、一は上善水、二は火薪、三は香薬、四は浴衣、五は澡豆、六は浄巾、七は密湯。此の七福因は能く七果を成す。一は常に中国に生まれ男子の身と為る。二は身相具足す。三は身体に光明あり、眼瞳は徹視す。四は髭髪紺青にして、円光頂に映ゆ。五は唇朱く口は香くして、四十二歯あり。六は両手膝を過ぐ。七は心は聡く意は慧くして、三洞の経法に通了す。（沐浴身心経云、沐浴内浄者、虚心無垢。外浄者、身垢尽除。存念真一、離諸色染、証入無為、進品聖階、諸天紀善。調湯之人、功徳無量。天真皇人復白天尊、未審五種香湯獲七福因、何者為是。何所修行、有何勝業。願更開暁。天尊答曰、五香者、一者白芷、能去三尸。二者桃皮、能辟邪気。三者柏葉、能降真仙。四者零陵、能集霊聖。五者青木香、能消穢召真。此之五香、有斯五徳。七福因者、一者上善水、二者火薪、三者香薬、四者浴衣、五者澡豆、六者浄巾、七者密湯。此七福因能成七果。一者常生中国、為男子身。二者身相具足。三者身体光明、眼瞳徹視。四者髭髪紺青、円光映頂。五者唇朱口香、四十二歯。六者両手過膝。七者心聡意慧、通了三洞経法。）

ここでは、沐浴に用いる湯に入れる五種の香の名前として、白芷・桃皮・柏葉・零陵・青木香の五つが挙げられ、三尸を除去したり、邪気を避けたり、真仙を降臨させたりするなど、それぞれの功徳が説明されている。これら五種の香は、霊妙な力を持つものとして個別にいろいろな文献に出てくるが、この『沐浴身心経』では、それらをまとめて五香と呼び、沐浴のための「香湯」を作るにふさわしいものとしている。

そのあと、「七福因」と「七果」のことが説かれている。「七福因」とは、「上善水」「火薪」「香薬」「浴衣」「澡豆」「浄巾」「密湯」という、沐浴のために用いられる七つのものを指し、「七福因」の応報として得られる「七果」とは、「常生中国、為男子身」「身相具足」「身体光明、眼瞳徹視」「髭髪紺青、円光映頂」「唇朱口香、四十二歯」「両手過膝」「心聡意慧、通了三洞経法」の七つを指すという。この「七福因」や「七果」は、『温室経』の「七物」と「七福報」のことを意識し、そこからヒントを得て出てきたものであることは間違いない。『沐浴身心経』の

「七福因」を『温室経』の「七物」と比較すると、「七福因」のうちの「上善水」「火薪」「浴衣」「澡豆」は、「七物」のうちの「浄水」「然火」「内衣」「澡豆」にそれぞれ相当すると見られる。また、『沐浴身心経』の「七果」のうち、「身体光明」「唇朱口香」という表現は、『温室経』の「七福報」の中の「身体常光」「口歯香好」という表現と似ている。

『雲笈七籤』には「沐浴七事獲七福」という項目に合致する内容として、以上に挙げた『沐浴身心経』の文が引用されているのであるが、『沐浴身心経』という経典の全体がどういうものであったのかは、他に参考になる資料がなく、よくわからない。『雲笈七籤』に引用された文から見る限り、『温室経』をもとにして書かれていることは明らかであるが、以上に挙げた部分しか残っておらず、また、敦煌写本『太上霊宝洗浴身心経』と重なる文も見えない。

次に、『太上玄都妙本清静身心経』（道蔵第二七冊）について見ていこう。この経典は、敦煌写本『太上霊宝洗浴身心経』と重複する部分があるという点で注目される。『太上玄都妙本清静身心経』は全部で約二千字から成る経典であるが、そのうちの五百字余りが敦煌写本『太上霊宝洗浴身心経』と重なる。

特に、『太上玄都妙本清静身心経』の前半部分（冒頭～三b三行目。本章第二節に挙げた敦煌写本『太上霊宝洗浴身心経』の行数で言えば、三十七行目の「洗浴」の「儀軌」についての記述が始まる以前の部分）は、七言の頌も含めて、両者の文はほぼ一致する。前半部分で一致しない点は、『太上玄都妙本清静身心経』の方が、元始天尊の住む玄都の宮館や元始天尊のそばに列座する真人の描写が詳しいこと、元始天尊に対して質問するのが天真皇人ではなく法解という名の真人になっていること、元始天尊や法解が言葉を発する前後の情景描写が詳しいことなどである。一致しない点に目を向けると、そこには六朝時代の古霊宝経に近い要素が認められる。特に、『太上玄都妙本清静身心経』の記述は、本章第二節において言及した古霊宝経『太上洞玄霊宝智慧定志通微経』の文と似ているところがある。本書第二篇第二章で詳しく紹介したように、法解という名は、『太上洞玄霊宝智慧定志通微経』の中で、天尊の本生譚を記しているところで天尊の子供の名として出てきていて、これは後の左玄真人であるということになっている（『太上洞玄霊宝智慧定志通微経』九a～一五b）。また、『太上洞玄霊宝智慧定志通微経』の冒頭には、天尊が万物の始原に思いをはせる場面を表現して、「天尊俄然として初めより顧眄せず、万兆造化の始めを思念す」（一a）とあるが、『太上玄都妙本清静身心経』にも、「天尊几を撫し、彼の機縁を杜ざし、慧観の門に入り、無為の道を示し、万兆稟受の初めを思念す」（一b）という、よく似た文が見える。

『太上玄都妙本清静身心経』の前半部分は敦煌写本『太上霊宝洗浴身心経』と一致する箇所が多いのであるが、後半部分（三b四行目以下）は逆に、一致する箇所は少ない。後半部分は敦煌写本『太上霊宝洗浴身心経』で言えば、「洗浴」の「儀規」に関する部分であるので、第三節で用いた①から⑤の項目を使って述べると、一致するのは、③の途中の、「清浄の室」に入って、「正念安坐」するというところから④の終わりまでだけである。一致する部分においても、『太上玄都妙本清静身心経』では、香湯で身心を洗う日を「月の十直日」としており、敦煌写本『太上霊宝洗浴身心経』とは異なる。「月の十直日」というのは、毎月一日・八日・十四日・十五日・十八日・二十三日・二十四日・二十八日・二十九日・三十日のことで、斎を行う日として、朱法満の『要修科儀戒律鈔』にも記されている（巻八、三b～四a）。

『太上玄都妙本清静身心経』の後半部分で説かれているのは、次のようなことである（内容の要約）。

真人法解は宿命通と他心智を得、末劫の衆生が心識闇昧で法を悟ることができないのを知って、天尊に対して、どのようにすれば天尊の教えを修持し、衆生が福を得ることができるかを問う。天尊は、「衆生は悉く皆空である。仮有の身であることを真に悟るためには、生きている時と同様、死後も修習しなければならない。人が死ぬと、その識は中蔭に居り、善業をなして助けると、死者は必ず天上に生まれることができる。その家人は、諸々の同学とともに福を作さなければならない。荘厳に大宝壇を造って幡蓋を懸け、斎を修めて願念し、この経を講誦し、焼香燃燈して幽夜を照らし、死者を苦しみから救い出し、光明を見させる。そうすれば、無為の法湯によって穢れは除かれ、神識はこの上なく浄らかになり、昇天して、清虚なる自然の域に帰ることができるのだ。この経の功徳は計り知れない。この経を抄写して供養受持する人は、妙本清浄を得て、無量の報いを得ることができる。この経は、済度の法としても、禳災の法、修習の法、無為の法、智慧の法、観行の法としても最も優れているのだ。汝はこれを大切にせよ。軽々しく人に伝えてはならない」と説く。天尊の言葉を聞いた人々は歓喜し、五言の頌を唱える。すると、天尊は微笑しながら、五色の神秘的な光を吐き、天堂と地獄を照らし出した。その場にいた人々は、この神秘的な光によって、罪福応報のありさまをことごとく分明に理解し、一心に帰命して罪業を懺悔し、衆生が苦しみから抜度されることを願った。天尊は彼らの心に感じて、威神を振るい、たちまちのうちに地獄の餓鬼は救済されて道境に昇った。この法会に与った者たちはいずれも真人の位に昇り、十方三界の衆生は皆、利益を蒙った。

『太上玄都妙本清静身心経』の後半部分では、中蔭の状態にある亡者のために、家人や同学の者たちが斎を修めて供養を行うべきであることに主眼が置かれている。亡き人のために斎が修められ、読経と焼香燃燈が行われると、「無為法湯もて、紛穢を滌除」し、死者の「神識」は浄められて「昇天」するのだと説かれ、この経典の持つ大きな力が強調されている。このように死者供養のための斎に重点を置いて沐浴が説かれることは、『温室経』や敦煌写本『太上霊宝洗浴身心経』には見られなかったことであり、『太上玄都妙本清静身心経』の特徴として注目される。敦煌写本『太上霊宝洗浴身心経』の末尾（「洗浴」の「儀規」の⑤の部分）に、「九玄七祖」「三徒五苦」という語は出てきてはいるが、重点がそこに置かれているわけではない。一方、敦煌写本『太上霊宝洗浴身心経』には見られた「沐浴の具」を布施するという文は、『太上玄都妙本清静身心経』には出てこない。

右に述べたように、六朝・唐代初期の道教文献において沐浴についての記述が多く出てくるが、第三節に挙げた例の場合は、沐浴とは生きている者が身心を洗い清めて神聖なる存在に近づくといった、生者の修道のために行われるものという性格が強かった。『温室経』や敦煌写本『太上霊宝洗浴身心経』に説かれる沐浴（洗浴）も同様である。しかし、実は、六朝・唐代初期の道教文献には、沐浴という語が、死者たちの死後におけることとして出てくる場合もある。その例を二つ挙げておこう。

その一つは、陸修静「霊宝経目」に名が見える古霊宝経『太上洞玄霊宝滅度五錬生尸妙経』（道蔵第一八一冊）の、「東岳泰山、明らかに長夜九幽の府を開き、某甲の魂神を出す。沐浴冠帯し、南宮に遷上し、衣食を供給せられ、長く光明に在り、魔は干犯すること無く、一切の神霊、侍衛安鎮す。悉く元始盟神真旧典女青文の如し（東岳泰山、明開長夜九幽之府、出某甲魂神。沐浴冠帯、遷上南宮、供給衣食、長在光明、魔無干犯、一切神霊、侍衛安鎮。悉如元始盟神真旧典女青文）」（八a）という記述である。ひとたび世を去った死者が、南宮という場所に行き、肉体を錬成して昇天するという考え方は、六朝時代の道教で出てきたものであるが[36]、その過程で長夜の地獄から抜出された死者の魂神が「沐浴冠帯」して南宮に昇るということを言っているのが、この文である。この文は東方について述べたものであるが、南方・中央・西方・北方についても、同様の記述が見える。この『太上洞玄霊宝滅度五錬生尸妙経』に説かれたことが、唐代において葬送儀礼として実際に行われていたことを示す文物資料（鎮墓石）も出土している[37]。死者が死後の世界において「沐浴冠帯」して南宮に昇り、済度されるという観念は、実際の葬送儀礼に影響を与えるまでになっていたことに注目すべきであろう。

もう一つの例は、『赤松子章曆』巻六（道蔵第三三六冊）「沐浴章」の次のような文である。

仰ぎて慮えらく、亡人在世の日、諸々の罪累多く、没命の後、三官に囚閉せられ、困苦の中、未だ解脱を蒙らず。今謹んで大道の力に憑り、幽魂を拯済し、宿業の愆尤、今を以て蕩滌せん。謹んで亡人在世の衣物及び鎮信・銭米・香油・方綵・筆墨等を賷らし、謹んで浄庭に於いて浴堂を立作し、沐浴の具は皆、清浄ならしめ、幽塗を免離せしめん。臣は今謹んで為に、地に伏して章を拝し、上のかた沐浴君吏・沐浴夫人・洗浣玉女千二百人に請う。亡人に鑑臨して、身形を沐浴し、垢を洗い穢れを除き、桎梏を去離し、光明を観るを得、逍遙快楽にして、衣食は自然、諸々の乏少無からんことを。塚墓に安穏にして、生人を祐利するを、以て効信と為す。

(仰慮亡人在世之日、多諸罪累、没命之後、囚閉三官、困苦之中、未蒙解脱。今謹憑大道之力、拯済幽魂、宿業愆尤、以今蕩滌。謹賷亡人在世衣物、及鎮信・銭米・香油・方綵・筆墨等、謹於浄庭、立作浴堂、沐浴之具、皆令清浄、免離幽塗。臣今謹為伏地拜章、上請沐浴君吏・沐浴夫人・洗浣玉女千二百人、鑑臨亡人、沐浴身形、洗垢除穢、去離桎梏、得覩光明、逍遙快楽、衣食自然、無諸乏少。安穏塚墓、祐利生人、以為効信。)

これは沐浴に関する上章文として挙げられているもので、亡者の身形が沐浴君吏・沐浴夫人・洗浣玉女らによって沐浴され、穢れが除かれて、地獄から出て天堂に上ることができるようにという内容のことを言っている。生者は、そのために、亡者の在世時の衣物などを用意し、「浄庭」に「浴堂」を作って「沐浴の具」を準備するという具体的なことも述べられている。(38)

以上の二つの例が示すように、六朝・唐代初期の道教文献には、沐浴という語が死者たちに関することとして出てくる場合があり、それは実際の儀礼を伴っていたことがわかるのである。

話を『太上玄都妙本清静身心経』の方に戻すと、その後半部分で、中蔭の状態にある亡者のために家人たちが斎を修め、「無為法湯もて、紛穢を滌除」して、亡者の昇天を助けるということが説かれていたが、それは、六朝・唐代初期の道教において、沐浴ということが、生者の修道としての意味だけではなく、死者にも関わることとして考えられていたことを背景として出てきたと言えよう。

それでは、この『太上玄都妙本清静身心経』は一体、いつ頃に成立したものであろうか。また、その前半部分は敦煌写本『太上霊宝洗浴身心経』と重なる文が多いが、この両者の成立の先後関係はどうなのであろうか。

この問題についての判断はなかなか難しい。王卡氏は、この両者の内容はよく似ているが、『太上玄都妙本清静身心経』の方が文章が「古撲繁富」であるとし、敦煌写本『太上霊宝洗浴身心経』が本当に李栄の作ったものであるのかどうか再検討の余地があるとしている。(39) また、『中華道蔵』第六冊『太上玄都妙本清静身心経』(丁培仁点校)の冒頭の解題では、「撰者不詳、約出於隋唐之際。早於李栄造《洗浴身心経》」と記している。

確かに、右に述べたように、『太上玄都妙本清静身心経』の前半部分の記述を見ると、六朝時代の古霊宝経に近い要素があり、その点だけを見れば、こちらの方が先に成立した可能性も考えられる。しかし、もしそうであれば、すでにこの経典があるのに、自ら「道門の英秀」と称するほどの俊才李栄が、なぜ既存の経典の文を襲用するような形の『洗浴経』を作ったのかという疑問が起こる。また、全体の語彙や記述内容から見て、『太上玄都妙本清静身心経』の方が『太上霊宝洗浴身心経』よりも古いと言い切るための確たる証拠もないと思われる。程存潔氏は、王卡氏や『中華道蔵』解題とは逆に、『太上玄都妙本清静身心経』の方が『太上霊宝洗浴身心経』の内容を吸収して中晩唐の頃に成立したとするが、その論拠は示されていない。(40) 結局、『太上玄都妙本清静身心経』の成立時期や、敦煌写本『太上霊宝洗浴身心経』との先後関係については、今のところ、明確なことはよくわからないと言わざるをえない。

王卡氏は敦煌写本『太上霊宝洗浴身心経』が本当に李栄の作った『洗浴経』であるかどうかということも疑っているが、右に述べたように、敦煌写本『太上霊宝洗浴身心経』と『太上玄都妙本清静身心経』とを比べると、『温室経』の内容に比較的近いのは敦煌写本『太上霊宝洗浴身心経』の方である。したがって、李栄が『温室経』を意識しながら、それに対抗するものとして書いた道経は敦煌写本『太上霊宝洗浴身心経』であると見る方が妥当であろう。経題の点から見ても、「洗浴」という語を含んでいる敦煌写本『太上霊宝洗浴身心経』の方を李栄の作と考えるのが自然であると思われる。

おわりに

本章では、仏典『温室経』に対抗して道士李栄が作った『洗浴経』（敦煌写本『太上霊宝洗浴身心経』）について考察を行った。第二節・第三節で述べたように、『洗浴経』は『温室経』を意識しながら書かれたとはいえ、説かれていることの重点は、『温室経』とは大分異なっている。

『温室経』では、温室（浴室、浴堂）で衆僧に対して洗浴（沐浴）のための道具（「七物」）をささげて供養を行うことは、衆生の穢れを消除することにつながるという大きな功徳を持っていることが説かれており、洗浴（沐浴）は、在家信者ないしは一般の人々が衆僧に対して行う布施の行為の一つとして重要な意味を持つとされている。

それに対して、『洗浴経』で説かれているのは、本来清浄なる衆生の身心が煩悩の垢によって穢されていること、生死輪廻の世界から抜け出すためにはその穢れを「道性の水」の力で洗い落とさなければならないということであり、そのための具体的な方法として、定められた日に斎を行い、五種の香水で身を浄めるとともに心を修めて、心身両面を清らかにするということが説かれている。つまり、出家者に対する布施というよりは、道を求める者自身の修行のあり方の方が問題になっている。もっとも、『洗浴経』においても、最後の方に、『温室経』と同じように、出家者のために香水や沐浴の具などを布施すると大きな功徳が得られると説かれてはいるが、『洗浴経』の重点はそこに置かれてはいないと思われる。それよりも、衆生の身心、特に「道性」の語が示唆するように、衆生の心性は本来清浄であることと、そこに復帰することの重要性、および、復帰のための手立てを説くことの方に重点が置かれている。しかも、身心の穢れを洗い落とすための具体的な方法、すなわち、「洗浴」の「儀規」として書かれた事柄は、『温室経』との関わりよりも、六朝時代から唐代初めの道教文献の記述との類似点が多い。

『洗浴経』と『温室経』のこのような差異は、どこから生じたのであろうか。一つには、作者である道士李栄が、仏道論争の中心人物として、仏典『温室経』のあからさまな模倣を避けようとしたという事情があったことが考えられよう。しかし、より大きな理由としては、道教側自身の問題、すなわち、第二節・第三節で指摘したように、道性の観念や斎戒沐浴についての考え方が六朝時代から道教内部ですでに熟しており、おそらくは、実際に行われていたであろう斎戒沐浴の具体的方法とその思想が、李栄の『洗浴経』の内容に影響を与えていると考えられる。その意味において、『洗浴経』というこの小さな道典は、『甄正論』が批判するように仏典『温室経』の模倣であるとのみ単純に捉えることはできず、むしろ、唐代初期の道教における斎戒沐浴の状況とその思想を知る上での重要な資料であると見なければならない。

第四篇　日本国内所蔵の道教関係敦煌写本

第一章　国立国会図書館所蔵の敦煌道経

はじめに

日本の国立国会図書館（東京）には、道教関係の敦煌写本が二点所蔵されている。『国立国会図書館漢籍目録』[1]に「敦煌等経文」のタイトルのもと、四十八点の写本が挙げられているが、その第三「金録晨夜十方懺残巻」（請求番号 WB32-1(3)）と第三十「道教叢書残巻」（請求番号 WB32-1(30)）がそれである。

前者の写本「金録晨夜十方懺残巻」については、本章第一節で述べるように、中国社会科学院世界宗教研究所の王卡氏によって紹介がなされ、『中華道蔵』の中にも、「敦煌本霊宝金籙斎儀（擬）」の一部分として、すでに収録されている（第四十三冊）。

一方、後者の写本「道教叢書残巻」なるものについては、その存在は知られていたが、これまでその内容について紹介されたことはなかった。筆者は近年、道教関係の敦煌写本の研究を進めており[2]、その一環として、平成二十四年三月下旬に王卡氏を日本に招聘して名古屋大学で小規模のシンポジウム[3]を開催する一方、王卡氏とともに国立国会図書館、京都国立博物館、龍谷大学図書館を訪問し、各館に所蔵されている敦煌トルファン写本の閲覧調査を行った。国立国会図書館においては、この「道教叢書残巻」なる写本を実見することができた。長年にわたって敦煌道教写本の研究に従事してこられた王卡氏は、この写本を見て、ただちに、これがフランス国立図書館に所蔵する敦煌写本道教類書、ペリオ二四四三（王卡『敦煌道教文献研究——綜述・目録・索引』二二七頁。王卡氏はこれを「失題道教類書」八件のうちの一つとして挙げている）と同一の書物を書写したものと考えられることを指摘された。筆者は、その場では判断できず、帰宅後、ペリオ二四四三の写真と比べたところ、王卡氏が指摘されたとおり、ペリオ二四四三と同一書物を書写したものである可能性が高いことがわかった。王卡氏の炯眼にはまことに敬服するばかりである。

国立国会図書館所蔵の二点の写本は、その内容から見て、それぞれに注目すべき重要な性格を持っている。本章では、これらの写本について概観し、若干の考察を行うことにしたい。

なお、国立国会図書館所蔵の二点の写本の名称は、本章では、『国立国会図書館漢籍目録』の記載にそのまま従い、前者を「金録晨夜十方懺残巻」、後者を「道教叢書残巻」と呼ぶことにする。ただし、第二節で述べるように、後者は、実は「叢書」ではなく「類書」であるので、正しくは「道教類書残巻」である。

一　金録晨夜十方懺残巻　WB32-1(3)

『国立国会図書館漢籍目録』がこの写本の名称を「金録晨夜十方懺残巻」としているのは、写本の首行に「金録晨夜十方懺」という標題が記載されていることに拠っている。この写本は大淵忍爾氏の『敦煌道経』には著録されておらず、王卡氏の論文「敦煌本霊宝金録斎儀校読記」(4)で初めて紹介され、その後、同氏の『敦煌道教文献研究——綜述・目録・索引』にも載せられた。『敦煌道教文献研究——綜述・目録・索引』では、王卡氏はこの写本を

「洞玄霊宝部上」に分類して、「霊宝金録斎懺方儀（擬）」という名称で著録しており、そこには、次のような説明文が書かれている。[5]

霊宝金録斎懺方儀（擬）

撰人未詳、ほぼ唐代前期のもの。『正統道蔵』未收。（『中華道蔵』第四十三冊／〇〇一号）

WB32(3)《ママ》：日本国会図書館蔵本。巻首は基本的に完備するが、引き裂かれた痕跡がある。巻尾はそろえて裁断されている。縦二十五・五センチメートル、工筆楷書。首行に「金録晨夜十方懺」の小標題あり、以下、五十三行の経文を存す。内容は、霊宝金録斎儀の懺悔文。「大唐皇帝」のために斎醮を建立し、罪を懺悔し福を祈ることを宣称している。第二十五行目以下の文字は、写本ペリオ二九八九の第一行目から第二十九行目に見える。背面には仏経目録が書写されている。（この写本は、大淵氏は見ていない。方広錩氏から提供された複印本によって著録）

以上が、国立国会図書館所蔵の敦煌写本WB32-1(3)についての王卡氏の説明文である。この説明文の最後にあるように、王卡氏は方広錩氏から提供された複印本によってこの写本の形状と内容を知り、ここに著録されたようである。

まず、この写本の写真を掲載し（図1）、その録文を載せておこう。[6]

【WB32-1(3)　録文】

1 金録晨夜十方懺

2 伏聞三録開図、元陽敷七品之格、五老啓

3 運、真人演八帝之儀。是知太上宣《ママ》遊[7]、必佇

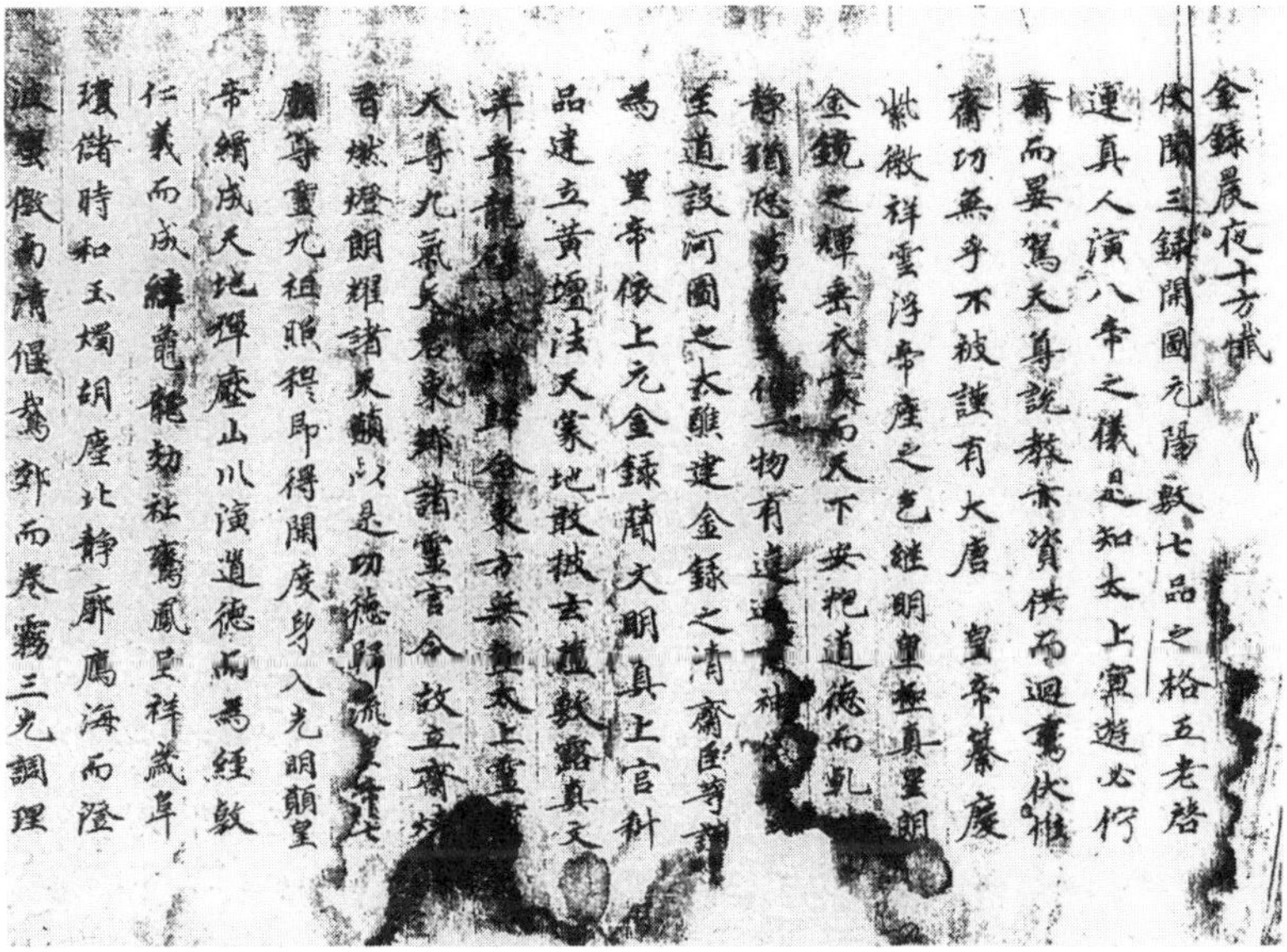
金録晨夜十方懺
伏聞三録開國元陽數七品之格五老啓
運真人演八帝之儀是知太上冥遊必佇
齋而晏駕天尊説教亦資供而迴鸞伏惟
齋功無爭不被謹有大唐　皇帝纂慶
紫微祥雲浮帝座之色継明重延真聖朝
金鏡之輝垂衣裳而天下安袍道徳而乾
静猶恐萬[illegible]物有違[illegible]神
至道設河圖之太醮建金録之清齋臣等謹
為　皇帝依上元金録簡文明真上宮科
品建立黄壇法天象地敢披玄蘊敷露真文
并[illegible]東方無極太上靈寶
天尊九氣天君東鄉諸靈官今故立齋燒
香燃燈朗耀諸天願以是功徳歸流七
廟尊靈九祖照稗即得開度身入光明顗皇
帝纘成天地彈壓山川演道徳而為経教
仁義而成緯龍馳劫社鸞鳳呈祥歳阜
積儲時和玉燭胡塵北静瀚海而澄
波雲徹南清偃鸞郊而卷霧三光調理

図 1-①　WB32-1(3)　金録晨夜十方懺残巻（国立国会図書館蔵）

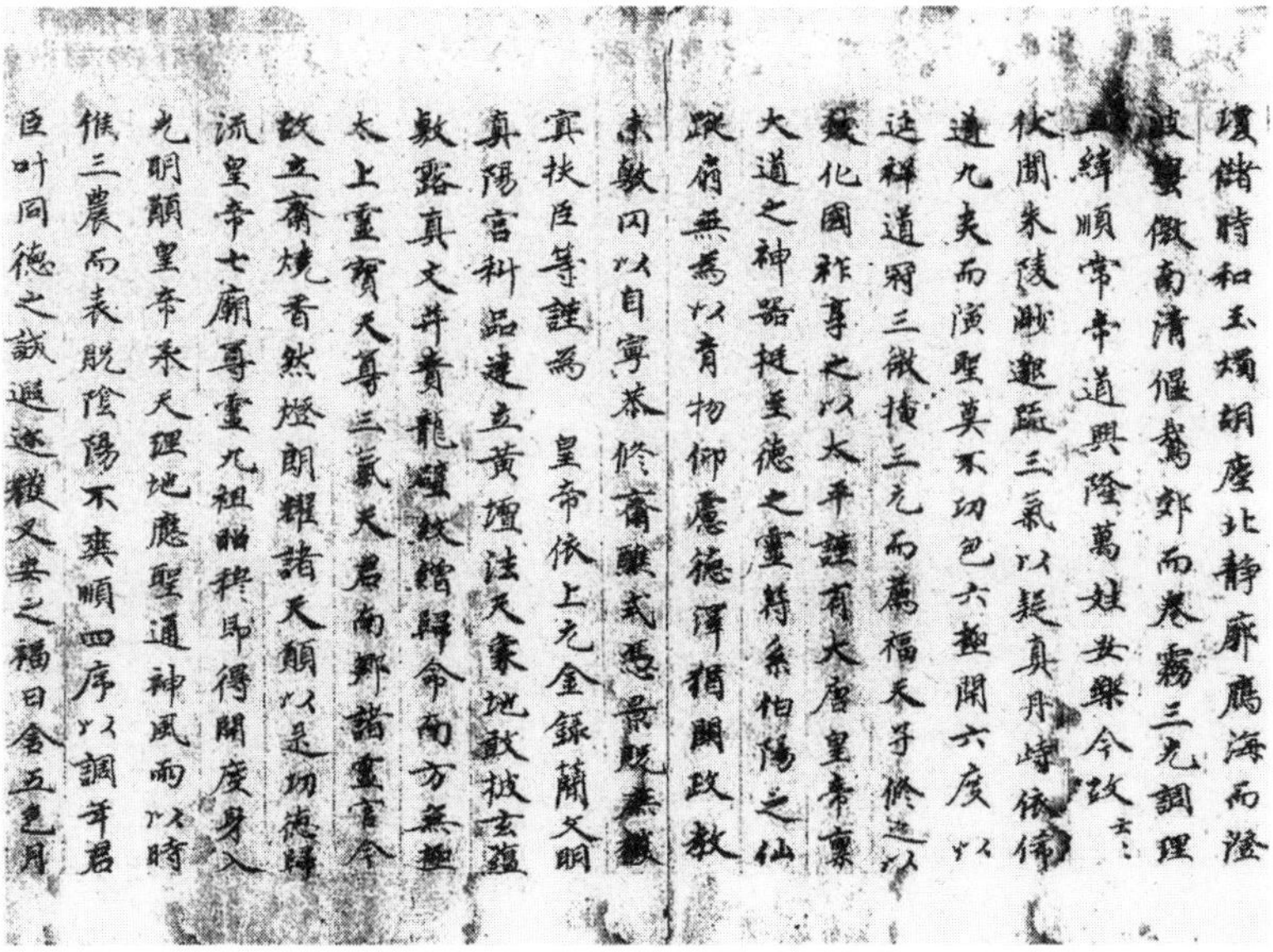
積儲時和玉燭胡塵北静廓鷹海而澄
波雲徹南清偃鸞郊而卷霧三光調理
[illegible]緯順常帝道興隆萬姓安樂今故云云
伏聞朱陵擲邈臨三氣以疑真丹嶠依俙
邈九夫而演聖莫不功包六極開六度以
迓禅道羽三微捴三元而薦福天子於是以
變化國祚享之以太平謹有大唐皇帝稟
大道之神器挺至徳之靈符系伯陽之仙
蹤脩無為以育物御慮徳澤猶闕政教
未敷罔以自寧恭修齋醮式憑景貺無徹
宜扶臣等謹為　皇帝依上元金録簡文明
真陽宮科品建立黄壇法天象地敢披玄蘊
敷露真文并責龍璧紋繒歸命南方無極
太上靈寶天尊三氣天君南鄉諸靈官今
故立齋燒香然燈朗耀諸天願以是功徳歸
流皇帝七廟尊靈九祖稲稗即得開度身入
光明顗皇帝承天理地應聖通神風雨以時
催三農而表[illegible]陰陽不爽順四序以調年君
臣叶同徳之誠遐邇被[illegible]文安之福日含五色月

図 1-②

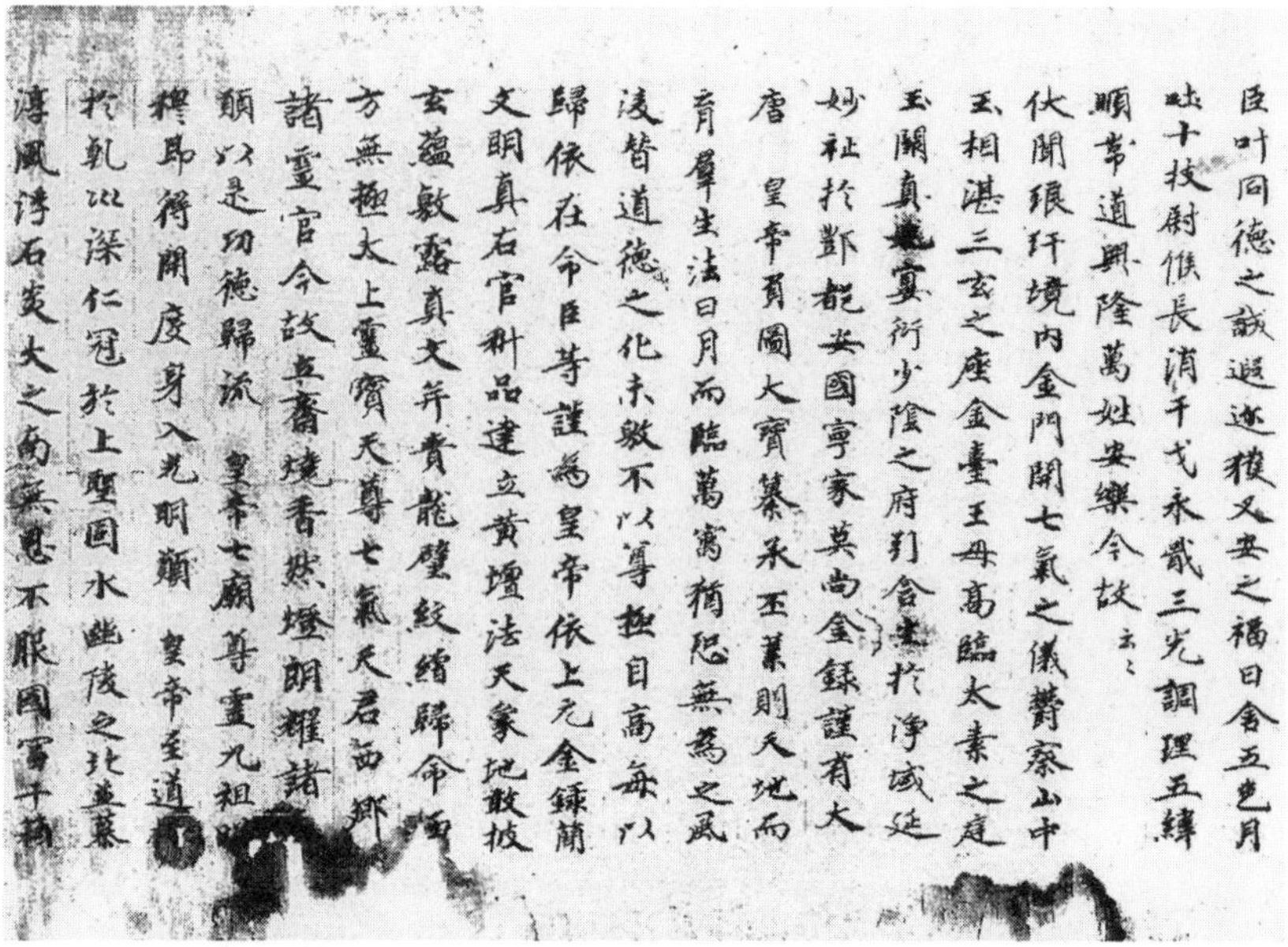

図 1-③

斎而晏駕、天尊説教、亦資供而迴鸞。伏惟斎功、無乎不被。謹有大唐　皇帝、纂慶紫微、祥雲浮帝座之色、継明皇極、真星朗金鏡之輝。垂衣裳而天下安、抱道徳而乾坤静。猶恐万邦失化、一物有違。洒粛神儀、帰□⑧至道、設河図之大醮、建金録之清斎。臣等謹為　皇帝、依上元金録簡文明真上宮科品、建立黄壇、法天象地、敢披玄蘊、敷露真文、并賷龍璧紋繒、帰命東方無極太上霊宝天尊・九気天君・東郷諸霊官。今故立斎、焼香燃燈、朗耀諸天。願以是功徳、帰流皇帝七廟尊霊、九祖照穆、即得開度、身入光明。願皇帝緝成天地、弾壓山川、演道徳而為経、敷仁義而成緯。亀龍効祉、鸞鳳呈祥、歳阜瓊儲、時和玉燭。胡塵北静、廓鴈海而澄波、蛮徼南清、偃鳶郊而巻霧。三光調理、五緯順常、帝道興隆、万姓安楽。今故云々⑨伏聞朱陵渺邈、蹠三気以疑真、丹峙依俙、道九炎而演聖。莫不功包六極、開六度以延祥、道冠三微、掩三元而薦福。天子修之以致化、国祚享之以太平。謹有大唐皇帝、稟大道之神器、挺至徳之霊符、系伯陽之仙蹤、扇無為以育物、仰慮徳沢猶闕、政教未敷、罔以自寧。恭修斎醮、式憑景貺、庶獲冥扶。臣等謹為　皇帝、依上元金録簡文明真陽宮科品、建立黄壇、法天象地、敢披玄蘊、敷露真文、并賷龍璧紋繒、帰命南方無極太上霊宝天尊・三気天君・南郷諸霊官。今故立斎、焼香然燈、朗耀諸天。願以是功徳、帰流皇帝七廟尊霊、九祖昭穆、即得開度、身入光明。願皇帝承天理地、応聖通神、風雨以時、候三農而表貺、陰陽不爽、順四序以調年。君臣叶同徳之誠、遐迩獲乂安之福、日含五色、月吐十枝、尉候長消、干戈永戢、三光調理、五緯順常、道興隆、万姓安楽。今故云々伏聞琅玕境内、金門開七気之儀、鬱察山中、玉相湛三玄之座。金台王母、高臨太素之庭、玉闕真妃、宴衎少陰之府、引含生於浄域、延妙祉於酆都、安国寧家、莫尚金録。謹有大唐　皇帝、負図大宝、纂承丕業、則天地而

44 育群生、法日月而臨万寓、猶恐無為之風
45 淩替、道徳之化未敷、不以尊極自高、毎以
46 帰依在命。臣等謹為皇帝、依上元金録簡
47 文、明真右宮科品、建立黄壇、法天象地、敢披
48 玄蘊、敷露真文、并賷龍璧紋繒、帰命西
49 方無極太上霊宝天尊・七気天君・西郷
50 諸霊官。今故立斎、焼香然燈、朗耀諸天。
51 願以是功徳、帰流　皇帝七廟尊霊、九祖昭
52 穆、即得開度、身入光明。願　皇帝至道格
53 於乾坤、深仁冠於上聖、固水幽陵之北、並慕
54 淳風、浮石炎火之南、無思不服。国冨千箱（以下欠）

王卡氏の説明文にあるように、道蔵（正統道蔵）にはこの写本に相当するものは収められていない。しかし、同じく敦煌写本のスタイン三〇七一、ペリオ二九八九と深い関連があることがわかっている。国会図書館所蔵WB32-1(3)とスタイン三〇七一、ペリオ二九八九の三者の関係について、これまでの研究によって明らかになっていることの要点を箇条書きにすると、次のようになる。

①WB32-1(3)は、スタイン三〇七一と、「同一巻子の両截」（もともと同一の巻物であったものが二つに分かれたもの）である。このことは、紙幅、筆跡、紙背に書かれた事柄などが共通する点から言える。ただし、両者は直接連続してはいない[10]（図2、図3参照）。

②スタイン三〇七一は、ペリオ二九八九（全部で一九八行の文が残っている）の第一一四行目から第一四一行目

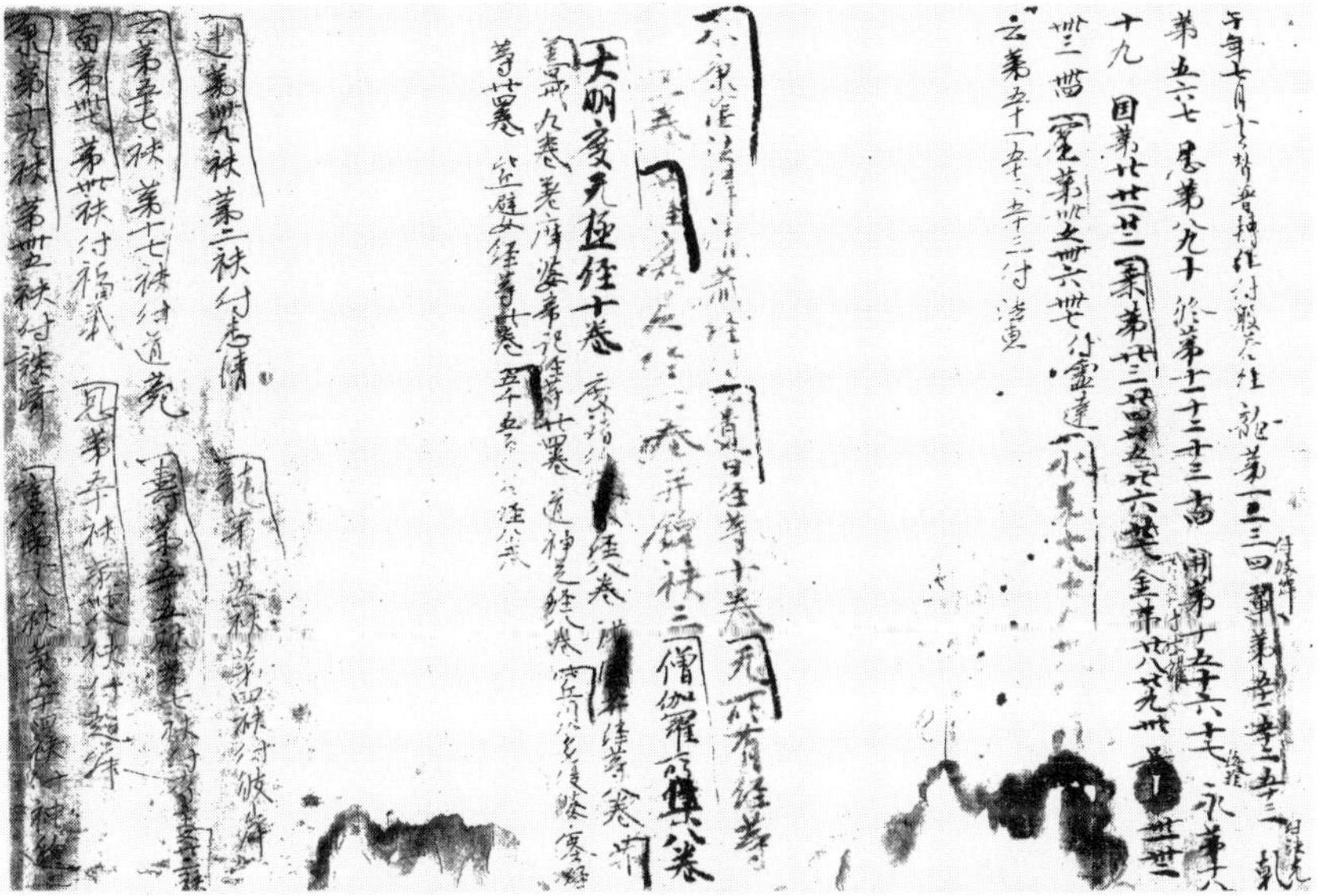

図 2　WB32-1 (3)　紙背（国立国会図書館蔵）

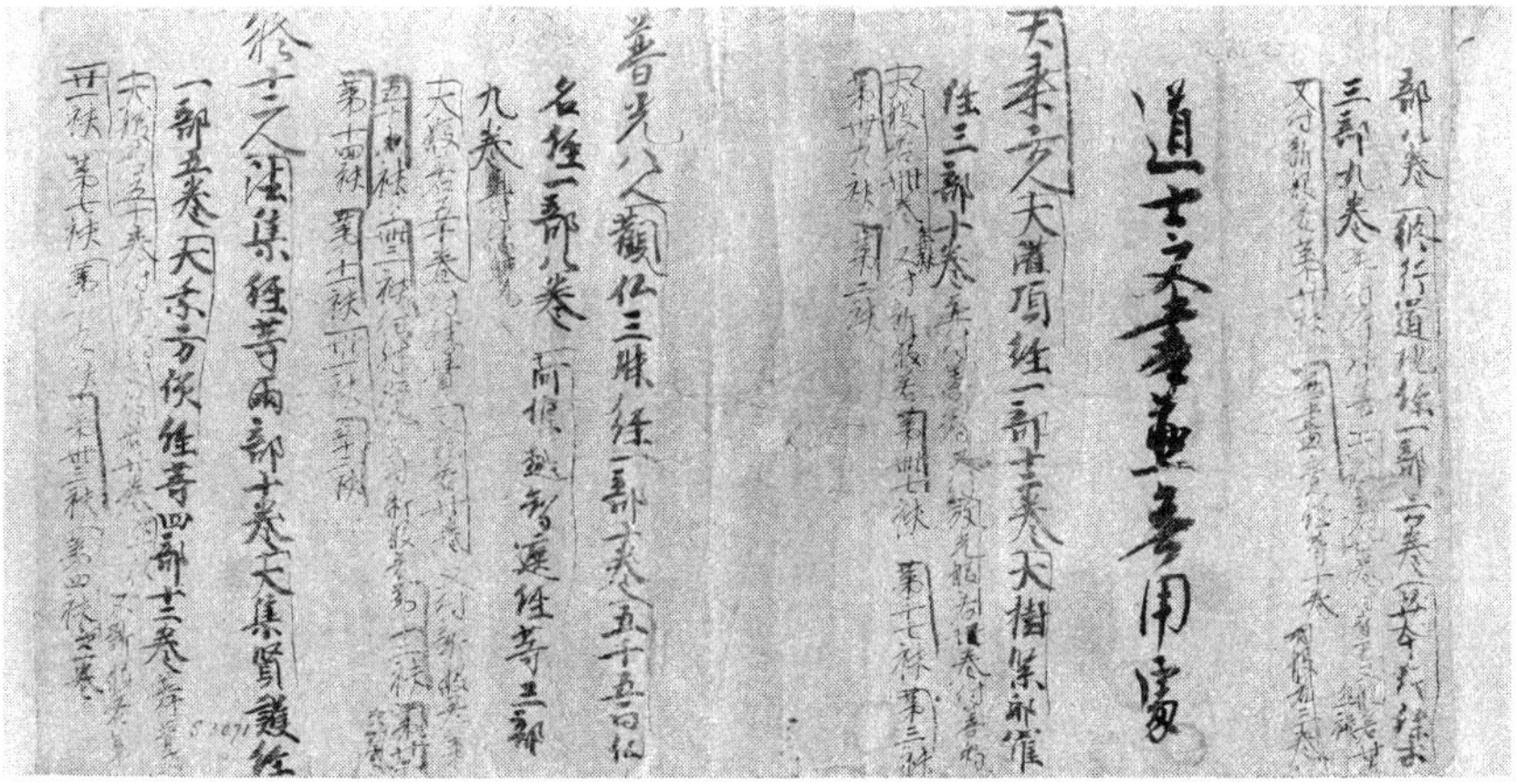

図 3　スタイン 3071 紙背

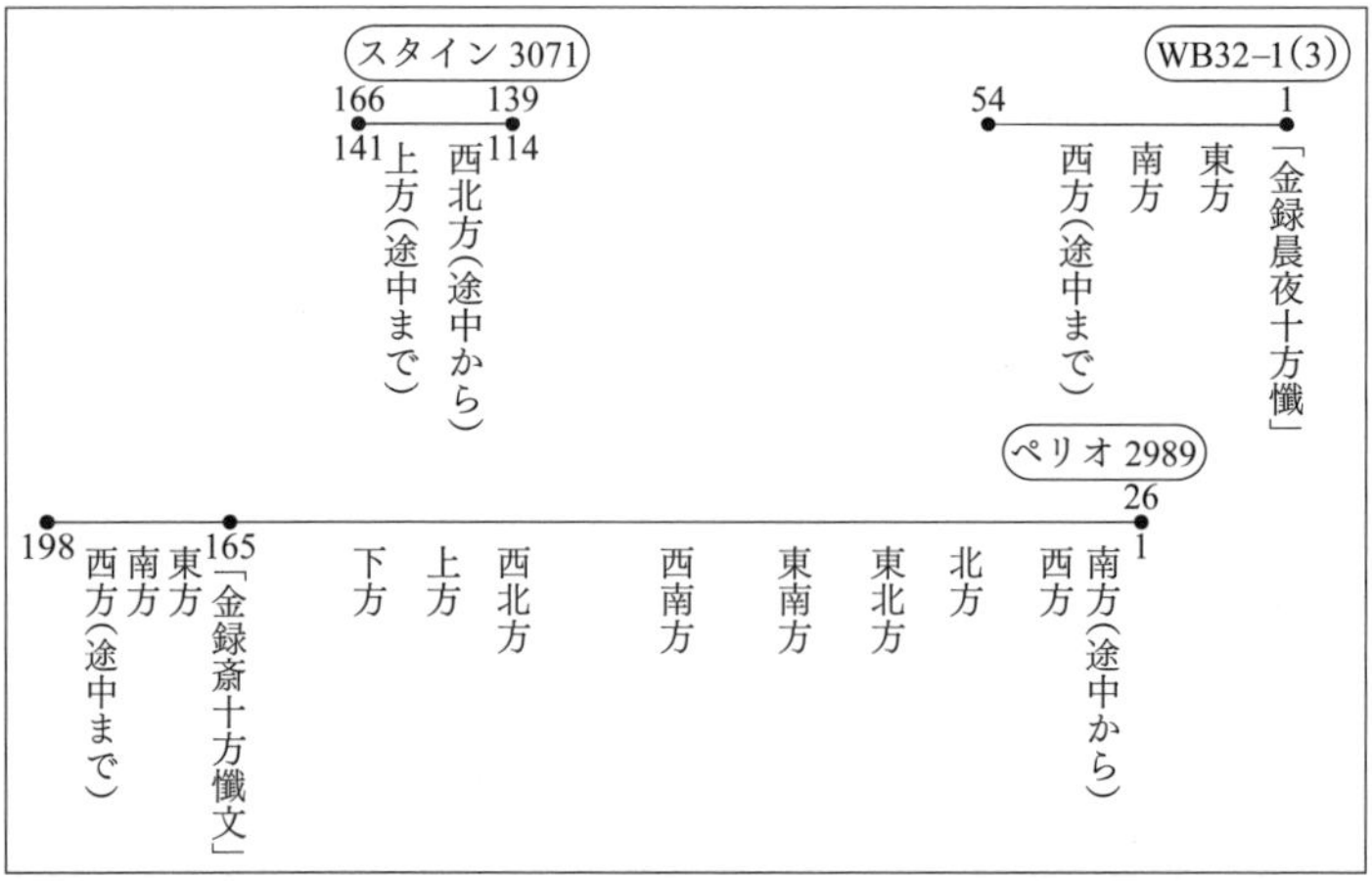

図 4　WB32-1(3)・スタイン 3071・ペリオ 2989 の相互関係

までに相当する。[11]

③ペリオ二九八九は、WB32-1(3)の第二十六行目から始まる。ペリオ二九八九の第一六五行目には、「金録斎十方懺文」という標題がある。

つまり、この三点の写本は、金籙斎儀のうちの「十方懺」に関わることを記した一連の文書の残巻であると考えられ、WB32-1(3)は、この三点の中では最も初めの部分に当たる。『中華道蔵』第四十三冊では、WB32-1(3)・スタイン三〇七一・ペリオ二九八九の三点の写本の文をつなぎ合わせて合校し、「敦煌本霊宝金籙斎儀書之一」という題で収録している。この三点の写本の関係を図で表すと、図4のようになる。

金籙斎[12]というのは、宋文明「通門論」(ペリオ二二五六)に「第七威儀は、玄聖の述ぶる所の法憲儀序、斎謝品格。凡そ六条。第一に金録斎。陰陽を調和し、災を消し異を伏し、帝王国主、福を請い祚を延ぶ」とあり、また、『大唐六典』巻四にも「金籙大斎。陰陽を調和し、災を消し害を伏し、帝王国土の為に祚を延べ福を降す」とあるように、国家と皇帝の招福を祈願する目的で行われるものである。道教が重んじられた唐代においては、この金籙斎が盛んに行われた[13]。

WB32-1(3)に書かれているのは、その金籙斎の中の、晨夜に行われる十方礼拝の一部分で、東方と南方の全文、および西方の途中までである。以下、スタイン三〇七一・ペリオ二九八九を見ると、十方それぞれについて、同じ形式の文章になっている。今、WB32-1(3)の冒頭の東方の箇所（二行目から二十行目まで）についてだけ、やや詳しく見ておこう。

まず、二行目の「伏聞」から、五行目の「無乎不被」までは、道教の世界観とその中における斎の重要性が述べられており、ここには、「三録」「元陽」「七品」「五老」「太上」「天尊」など、六朝時代に道教の教理・儀礼が形成される中で生まれた語彙が用いられている。

続いて、五行目の「謹有大唐皇帝」から、九行目の「建金録之清斎」までは、「大唐皇帝」が「衣裳を垂れて天下安らかに、道徳を抱きて乾坤静かなる」理想的な治世を行いつつも、なおも教化が行き届かないことを恐れて、「至道」に帰依し、「河図の大醮を設け、金録の清斎を建」てることを述べる。唐代において、「河図大醮」とあわせて金籙斎が行われた例としては、たとえば、聖暦元年（六九八）臘月二日に、大弘道観主桓道彦らが泰山で行ったものがある（『金石萃編』巻五三）[14]。

その後、九行目の「臣等謹為皇帝」から、十五行目の「身入光明」までは、「上元金録簡文明真上宮科品」に依って、「黄壇を建立」し、「真文」（霊宝五篇真文）を敷き広げ、「龍璧紋繒」など斎に必要なものを整えた上で、「東方無極太上霊宝天尊・九気天君・東郷諸霊官に帰命」することが記され、「願わくは是の功徳を以て、皇帝七廟の尊霊に帰流し、九祖照穆、即ちに開度さるるを得、身は光明に入らんことを」とあるように、皇帝の亡き祖先の霊が済度されることを祈る願文が記される。

ついで、十五行目の「願皇帝緝成天地」から、二十行目の「万姓安楽」までは、やはり願文であるが、ここでは、「道徳」「仁義」を敷き広める皇帝の優れた治世によって、「亀龍」「鸞鳳」が祥瑞を呈し、南北の果てまで国土全体に平和がもたらされ、自然の陰陽の気が調和して、天体の運行も順調で、「帝道興隆し、万姓安楽」であるようにと祈る内容となっている。上に述べたような金籙斎の趣旨に即した内容の願文である（二十行目の最後の「今故云々」については後述する）。

ところで、WB32-1(3)の九行目以下の文は、よく似たものが『無上秘要』巻五三「金籙斎品」に見える。それは次のような文である（傍点はWB32-1(3)と同じ箇所）。

東向九拝、言曰、天地否激、陰陽相刑、四節失和、祆災流生、星宿錯綜、以告不祥、国土不静、兵病並行。帝王憂惕、兆民無寧。謹依大法、披露真文、帰命東方無極太上霊宝天尊、已得道大聖衆、至真諸君丈人、九気天君、東郷諸霊官。今故立斎、披心露形、叩頭自剋、為国謝殃、焼香然燈、照曜諸天、下映無極長夜之中九幽之府、開諸光明。願以是功徳、為帝王国主、君臣吏民、解災却患、三景復位、五行順常、兵止病癒、国祚興隆、兆民懽泰、人神安寧。今故披心、帰命師尊大聖衆、至真之徳。得道之後、昇入無形、与道合真。

（『無上秘要』巻五三、六a～b）。

『無上秘要』巻五三には、「発炉」「上啓」「三上香」「礼謝十方」「復炉」と続く金籙斎の儀式が記されており、全文が「洞玄明真科経に出づ」とある。これは、道蔵本では、『洞玄霊宝長夜之府九幽玉匱明真科』（道蔵第一〇五二冊）の二四b～三七aに相当している。[15] 言うまでもなく、『無上秘要』は六世紀後半に北周の武帝の命によって編纂された道教の類書である。『洞玄霊宝長夜之府九幽玉匱明真科』は、陸修静の「霊宝経目」（ペリオ二八六一の二、およびペリオ二二五六）の中にその名が見える、いわゆる古霊宝経の一つであり、五世紀頃には成立していたと考えられる。[16]

右に挙げた文は、「礼謝十方」の最初の「東方」の部分である。若干の文字の異同はあるものの、道蔵本『洞玄霊宝長夜之府九幽玉匱明真科』三〇a～bにも、これと同じ文が見える。右の文中に傍点で示したように、WB32-1(3)の文は、『無上秘要』巻五三「金籙斎品」（および『洞玄霊宝長夜之府九幽玉匱明真科』）の文と重なるところが多い。WB32–1(3)が書かれたのは唐代のいずれかの時期であると考えられるが[17]、これは基本的に、『無上秘要』巻五三「金籙斎品」に見える「礼謝十方」の願文の様式に沿って書かれていると言える[18]。

したがって、WB32–1(3)の二十行目の最後に「今故云々」とあるのは、右に挙げた『無上秘要』巻五三の最後の「今故披心、帰命師尊大聖衆、至真之徳。得道之後、昇入无形、与道合真」と同じ内容の文が省略されたものと見てよいであろう。ただし、「礼謝十方」の冒頭の「東方」からいきなり省略形が出るのは、いささか不自然な感がある。ちなみに、ペリオ二九八九の後半に記載されている「金録斎十方懺文」は、最初の「東方」の末尾は、「今故焼香、自帰君大聖至真之徳、得道之後、与真合同」とあり、次の「南方」の末尾は、「今故云々」と省略形になっている。その上、上記の王卡氏の説明文にも言っているように、WB32–1(3)の巻首(一行目の「金録晨夜十方懺」という標題)には引き裂かれた痕跡があり(図1参照)、このことも、これに関連して気にかかる。

以上のことから考えると、WB32–1(3)は、もともとは、現存する「東方」の文の前にもっと別の文があって、そこでは「今故」以下が省略形ではない形で書かれていた可能性がある。ちなみに、唐末五代の杜光庭が編纂した『金籙斎懺方儀』(道蔵第二六六冊)には、「東方」よりも前に「都懺」が置かれている。これは推測にすぎないが、WB32–1(3)はもともと「東方」の文よりも前に「都懺」に相当する文が書かれていて、そこには「今故」以下の文が省略形ではなく全部書かれていたが、何らかの事情でその部分がなくなり、のちに、「金録晨夜十方懺」という標題が「東方」の直前に貼り合わされたのかもしれない。「東方」の末尾が「今故云々」という省略形になっている理由について、一つの可能性としてこのようなことが考えられるのである。

王卡氏は、この杜光庭編『金籙斎懺方儀』と敦煌本「霊宝金録斎懺方儀」(WB32–1(3)・スタイン三〇七一・ペリオ二九八九)とは、語彙や文体の面で類似していて、後者は前者の「淵源」であると指摘している[19]。今、比較のために、杜光庭編『金籙斎懺方儀』の「東方」の部分だけ挙げておこう(傍点はWB32–1(3)と同じ箇所。傍線は『無上秘要』巻五三「金籙斎品」と同じ箇所)。

臣等伏聞、勾芒律応、分淑気於瑶台、青帝令行、扇和風於玉樹。三光煦嫗、九野氤氳。羽戢皆翔、鱗潜尽躍。凝輝六合、蠢類昭蘇。流既八宏、群生咸泰。謹有皇帝齎持法信、虔設道場、披露真文、奉修斎直。帰命東方無極太上霊宝天尊、九気天君、東郷神仙諸霊官。伏冀社稷尊霊、宗祧先聖、雲升三境、質蛻九清。閟群帝於星関、携列位於天路。皇帝四皇接軫、六帝斉猷。沢濬東溟、寿隆北極。寰中海外、倶沐玄休。有識含生、長承道化。兵戈戢息、風雨以時。五緯順常、兆人康泰。得道之後、升入無形、与道合真。（『金籙斎懺方儀』二 a〜b）

傍点で示した箇所からわかるように、確かに王卡氏の指摘どおり、杜光庭編『金籙斎懺方儀』の文は、WB32-1(3)と類似している。右に挙げた部分のほかにも、『金籙斎懺方儀』の「都懺」の冒頭に出てくる「伏聞元始開図」（一 a）という語句は、WB32-1(3)の二行目の「伏聞三録開図」という語句と似ているし、『金籙斎懺方儀』の「西方」に出てくる「引含生於浄域」（三 b）という語句は、WB32-1(3)の四十一行目にそのまま見える。杜光庭編『金籙斎懺方儀』が WB32-1(3)を承けて書かれたものであることは十分に考えられよう。それとともに、右の文中に傍線で示したように、これは、古くは『無上秘要』巻五三「金籙斎品」の文とも儀礼の枠組みや神名等の面で重なっていることが注目される。

以上に述べてきたように、国立国会図書館所蔵の敦煌道教写本「金録晨夜十方懺残巻」WB32-1(3)は、金籙斎儀のうちの「十方懺」に関わることを記した一連の文書の一部分であり、その内容は唐代に行われた金籙斎の姿を伝えている。時代的には、六朝時代の『無上秘要』巻五三「金籙斎品」（『洞玄霊宝長夜之府九幽玉匱明真科』）と、唐末五代の杜光庭編『金籙斎懺方儀』の中間に位置しており、この時代の同類の文書がほとんど残っていない状況において、この写本の存在は貴重であると言えよう。

二　道教叢書残巻　WB32-1(30)

次に、道教叢書残巻 WB32-1(30) を検討しよう。この写本については、上述したように、筆者は平成二十四年三月下旬に王卡氏とともに、国立国会図書館においてこれを閲覧調査した。その時には、まだ、そのデジタル画像はネット上に公開されていなかったが、その二ヵ月余りのちの五月二十八日から、国立国会図書館のウェブサイト (https://www.ndl.go.jp) で公開が始まった。

まず、この写本の形態について記しておく。

写本の大きさは、縦二三・五センチメートル、横一五・五センチメートル。黒ずんだ黄紙。首尾残欠。巻尾はそろえて裁断されている。九十四行にわたって項目別に道経からの引用文が書かれている。紙背には、上下逆に、仏教の願文が書かれているが、その上端・下端は裁断され、文字が欠けている。

この写本を収める箱の蓋の表には、「六朝人写道教叢書残巻　宝宋室」とあり、蓋の裏には次のような文が書かれている。

是巻出自燉煌。北平估人云、再三考究、係脩文御覧残編。然質諸吾友神田喜一郎君、云所引均道書、恐是当時道教叢書之一種。且所引書中、有今亡佚、唯存目者、殊可宝貴也。今題匣従其説焉。

癸酉夏日　　宝宋室主人得此於江戸並誌

箱書の日付の「癸酉」は一九三三年、「宝宋室主人」とは台湾の実業家であり骨董収集でも知られる林熊光氏

（一八九七〜一九七二）である。[20] 箱書によれば、この写本は敦煌から出土したもので、北京の商人はこれを「脩文御覧残編」と言っていたが、林氏が友人の神田喜一郎氏（一八九七〜一九八四）に質したところ、神田氏は「引く所は均しく道書、恐らくは是れ当時の道教叢書の一種なり。且つ引く所の書中、今は亡佚し、唯だ存目するのみなる者有り、殊に宝貴すべきなり」と言ったので、その説に従ったという。後述するように、この写本は内容から見て、道教の類書の一つであるから、「道教叢書」という題は適切ではないと思われるが、神田氏がこの写本について評した言葉は、正しく的を射ている。国立国会図書館古典籍資料室の話では、この写本を国立国会図書館が受け入れたのは、昭和三十八年三月二十九日とのことである。

この写本の図（図5）と、その録文を載せておく。

【WB32-1(30)　録文】

1 □□□□□□属以龍為君長
2 □□□□□□□□?人日入海則有神王
3 居焉又龍王鬼神治其清淵矣。並由人生時
4 学業深浅、功徳大小、計品受、今之報矣。
5 五符経云、爾乃龍眄虚空、変（鸞の誤りか）翔雲端。
6 又云、白龍銜芝草而啓騰、雲（霊の誤りか）真降素醴而沾
7 濡。
8 老子歴蔵中経云、道君時乗六龍以御天。
9 太上説玉京山経云、飛龍躑躅鳴、神鳳応節
10 吟。

図 5-① WB32-1(30) 道教叢書残巻箱書（国立国会図書館蔵）

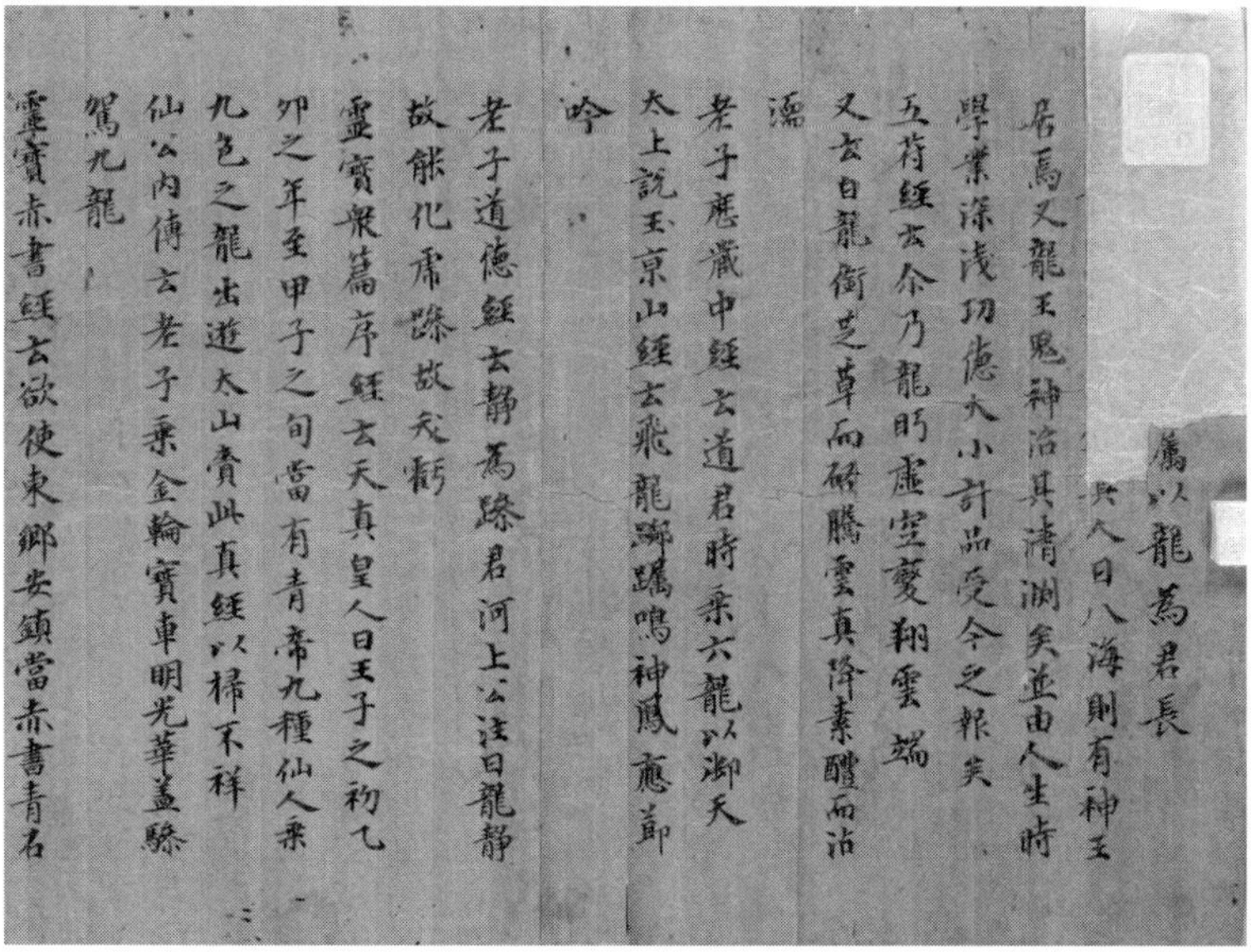

図 5-② WB32-1(30) 道教叢書残巻（国立国会図書館蔵）

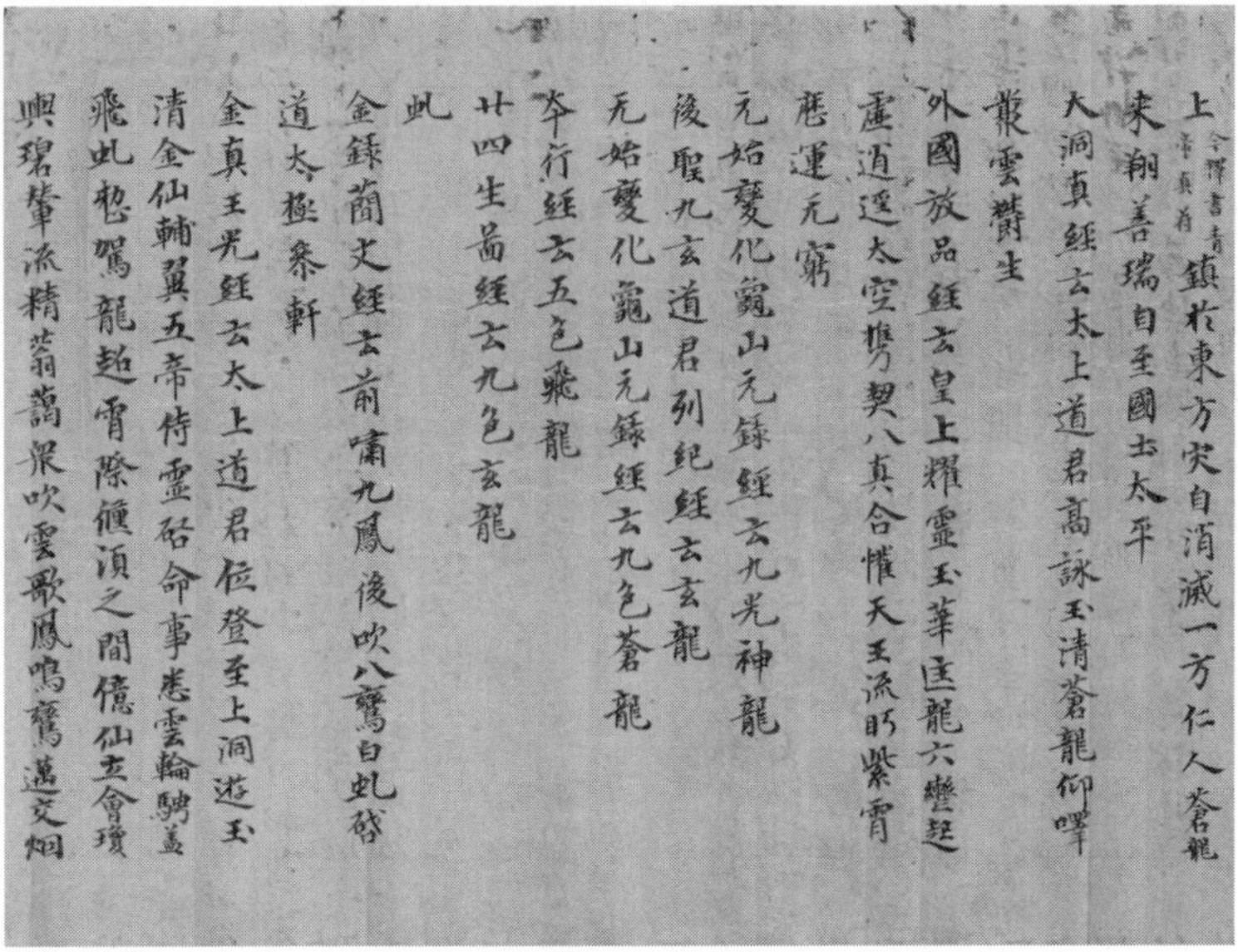
上令釋書青帝真有鎮於東方災自消滅一方仁人蒼龍
來翔善瑞自至國土太平
大洞真經云太上道君高詠玉清蒼龍仰嘯
龍雲贊生
外國放品經云皇上耀靈玉華匡龍六變赴
靈道遥太空携契八真合帷天玉流明紫霄
應運无窮
元始變化寳山元錄經云九光神龍
後聖九玄道君列紀經云玄龍
元始變化寳山元錄經云九色蒼龍
本行經云五色飛龍
廿四生圖經云九色玄龍
虬
金錄簡文經云前嘯九鳳後吹八鸞白虬啓
道太極參軒
金真玉光經云太上道君位登至上洞遊玉
清金仙輔翼五帝侍靈啓命事悉雲輪騎蓋
飛虬憩駕龍超霄際傾須之間億仙並會瓊
興瑤輦流精翁靄崇吹雲歌鳳鳴鸞邁交烟

図 5-③

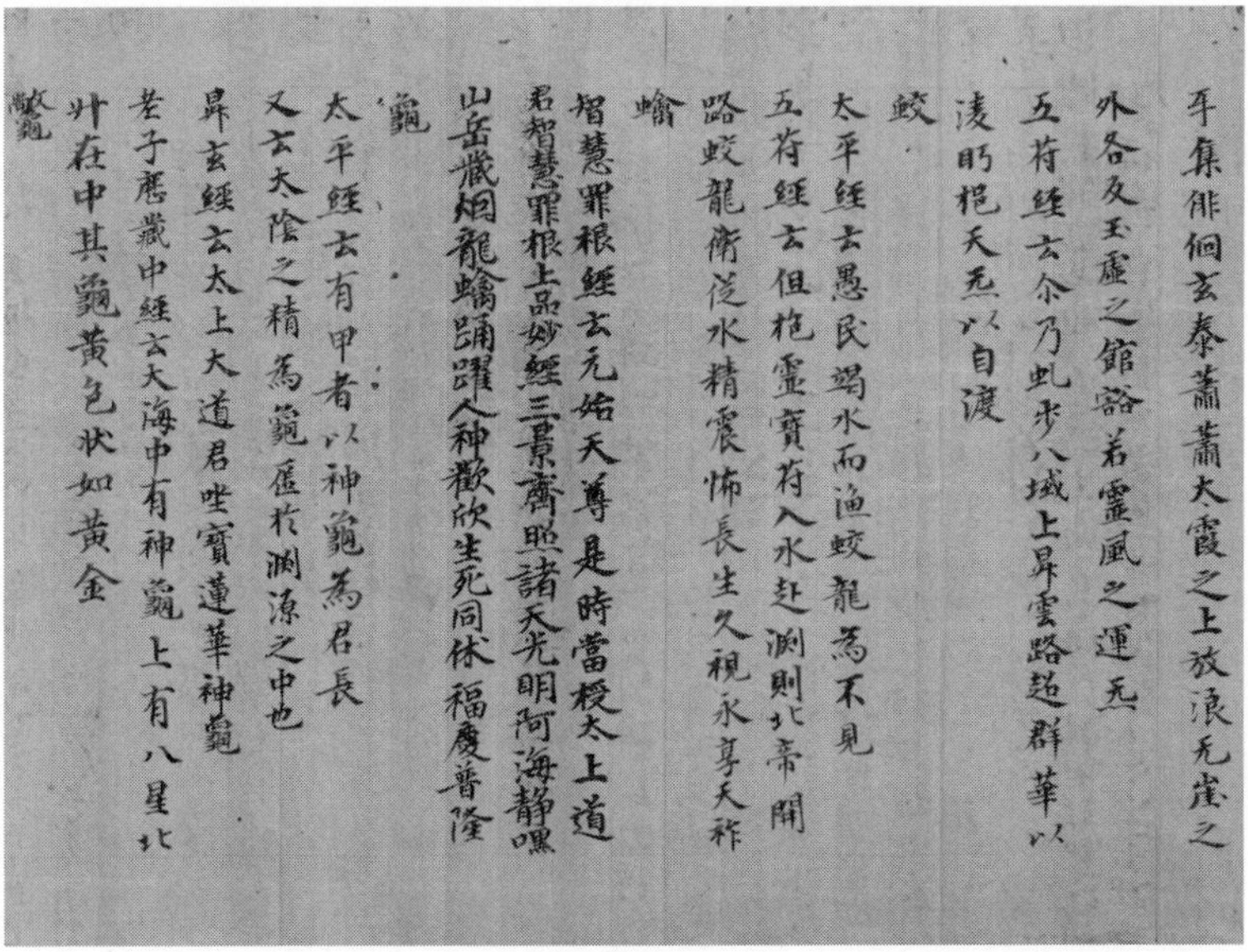
年集徘徊玄泰蕭蕭太霞之上放浪无崖之
外各反玉虛之館谿若靈風之運无
五符經云介乃虬步八域上昇雲路超群華以
淩明把天无以自渡
蛟
太平經云愚民竭水而漁蛟龍爲不見
五符經云但抱靈寶符入水赴淵則北帝開
路蛟龍衛從水精震怖長生久視永享天祚
蟠
智慧罪根經云元始天尊是時當授太上道
君智慧罪根上品妙經三景齊照諸天光明河海靜嘿
山岳藏烟龍蟠踊躍人神歡欣生死同休福慶普隆
龜
太平經云有甲者以神龜爲君長
又云太陰之精爲龜匿於淵源之中也
昇玄經云太上大道君坐寶蓮華神龜
老子應藏中經云大海中有神龜上有八星北
斗在中其龜黃色狀如黃金

図 5-④

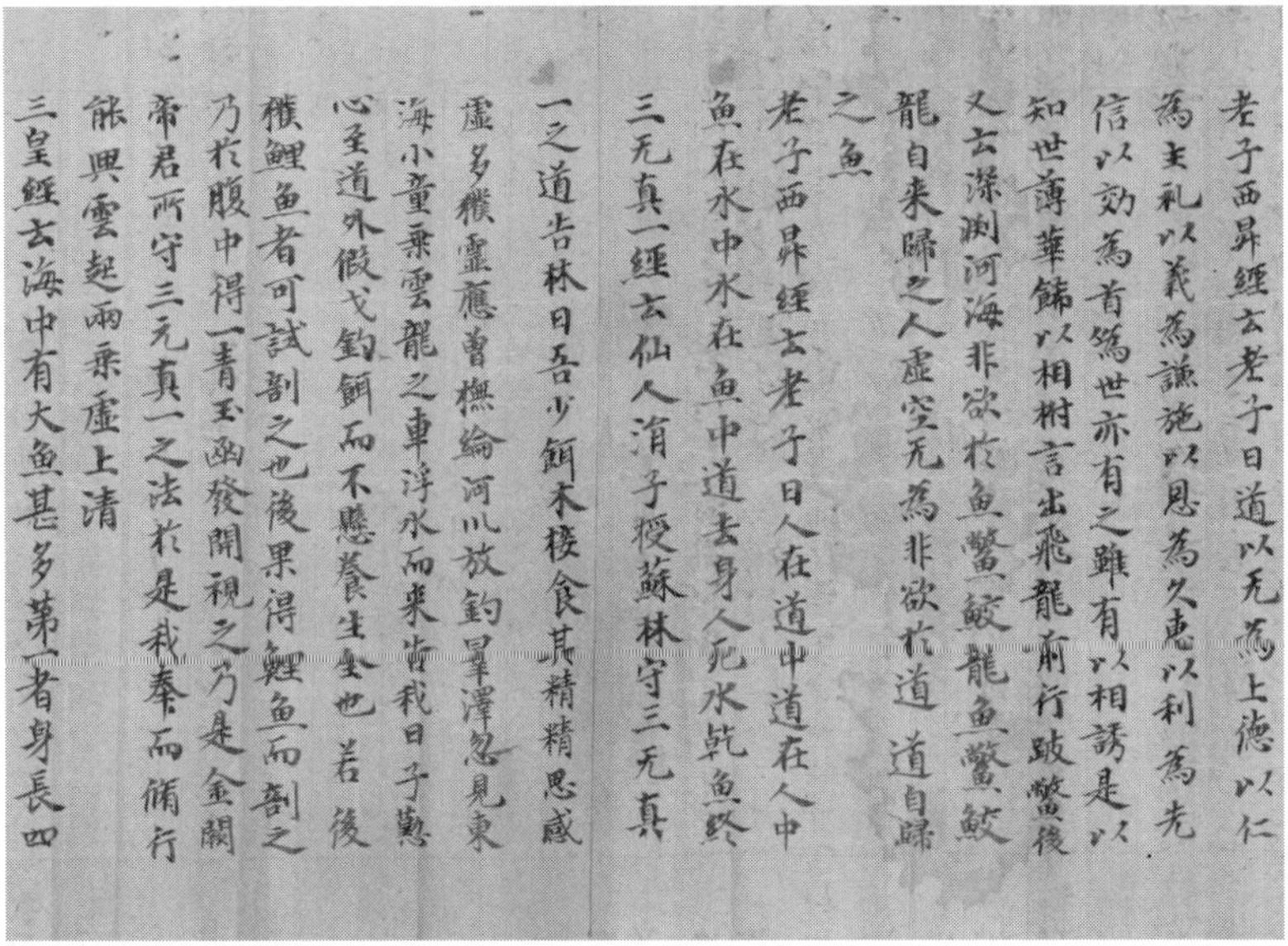

老子西昇經云老子曰道以无為上徳以仁
為主礼以義為謙施以恩為久恵以利為先
信以効為首篤世亦有之雖有以相誘是以
知世薄華飾以相樹言出飛龍前行跛鱉後
文云深測河海非欲於魚鱉鮫龍魚鱉鮫
龍自来歸之人虚空无為非欲於道　道自歸
之魚
老子西昇經云老子曰人在道中道在人中
魚在水中水在魚中道去身人死水乾魚終
三无真一經云仙人涓子授蘇林守三无真
一之道告林日吾少餌木棱食其精精思感
靈多獲靈應曽撫綸河川放釣畢澤忽見東
海小童乘雲龍之車浮水而来告我日子勲
心至道外假弋釣餌而不懸養生至也若後
獲鯉魚者可試剖之也後果得鯉魚而剖之
乃於腹中得一青玉函發開視之乃是金闕
帝君所守三元真一之法於是我奉而脩行
能興雲起雨乘虚上清
三皇經云海中有大魚甚多第一者身長四

図 5-⑤

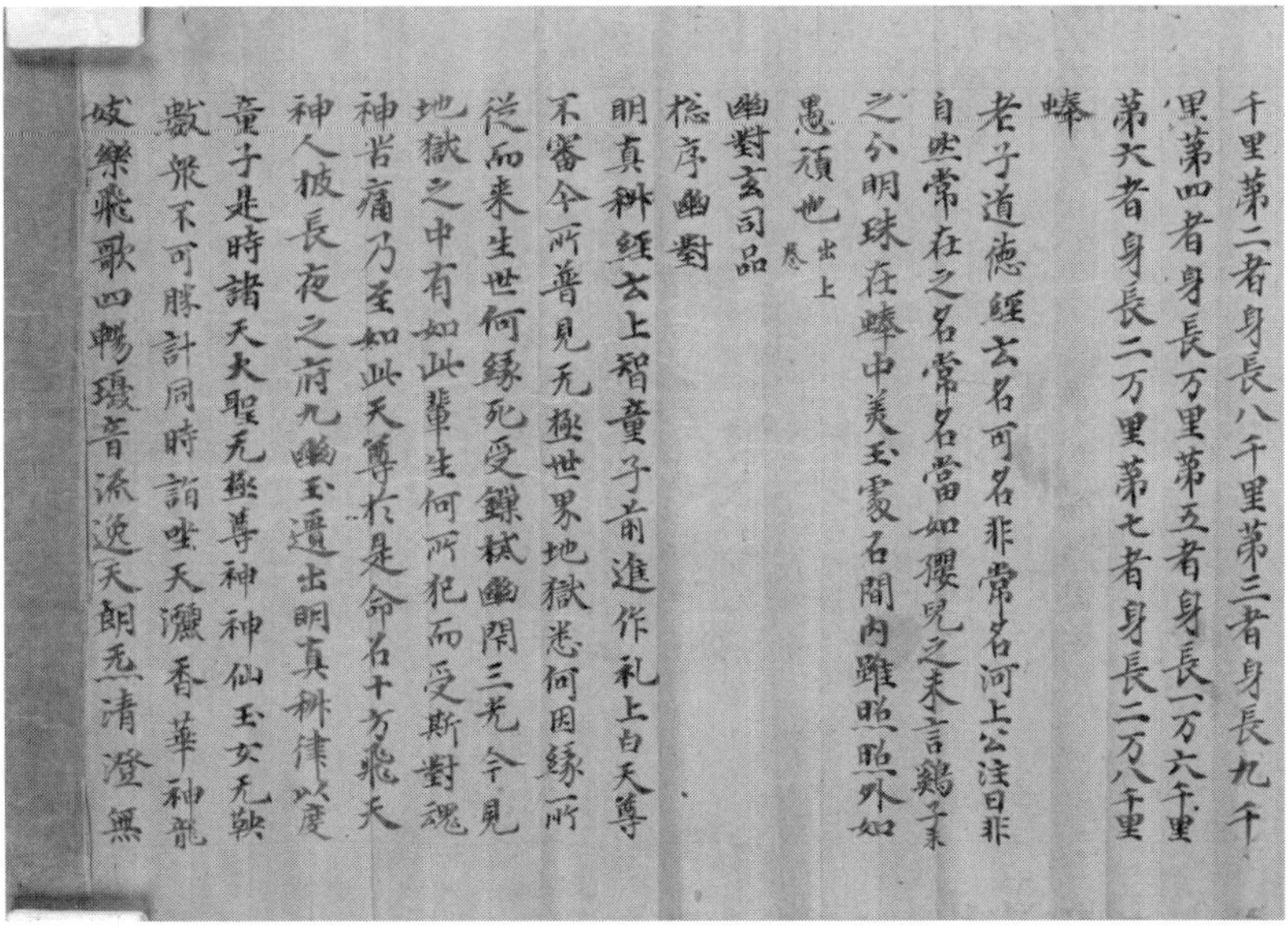

千里第二者身長八千里第三者身長九千
里第四者身長万里第五者身長一万六千里
第六者身長二万里第七者身長二万八千里
蜂
老子道徳經云名可名非常名河上公注日非
自然常在之名常名當如嬰児之未言鷄子未
之分明珠在蜯中美玉處石間内雖照照外如
愚頑也 出上巻
幽對玄司品
檍序幽對
明真科經云上智童子前進作礼上白天尊
不審今所普見无極世界地獄迷何因緣所
從而来生世何縁死受鑊湯幽閉三光今見
地獄之中有如此輩生何所犯而受斯對魂
神苦痛乃至如此天尊於是命右十方飛天
神人披長夜之府九幽玉匱出明真科律以度
童子是時諸天大聖无極尊神神仙玉女无鞅
數衆不可勝計同時詣坐天灑香華神龍
妓樂飛歌四暢環音流逸天朗无燕清澄無

図 5-⑥

11 老子道徳経云、静為躁君。河上公注曰、龍静
12 故能化、虎躁故夭虧。
13 霊宝衆篇序経云、天真皇人曰、壬子之初、乙
14 卯之年、至甲子之旬、当有青帝九種仙人乗
15 九色之龍、出遊太山、齎此真経、以掃不祥。
16 仙公内伝云、老子乗金輪宝車、明光華蓋、驂
17 駕九龍。
18 霊宝赤書経云、欲使東郷安鎮、当赤書青石
19 上今釈書青帝真符、鎮於東方、災自消滅。一方仁人蒼龍
20 来翔、善瑞自至、国土太平。
21 大洞真経云、太上道君高詠玉清、蒼龍仰嘷
22 叢雲鬱生。
23 外国放品経云、皇上耀霊、玉華匡龍、六轡超
24 虚、逍遙太空、携契八真、合懽天王、流眄紫霄、
25 歴運无窮。
26 元始変化亀山元録経云、九光神龍。
27 後聖九玄道君列紀云、玄龍。
28 元始変化亀山元録経云、九色蒼龍。
29 本行経云、五色飛龍。
30 廿四生図経云、九色玄龍。

31 虬
32 金録簡文経云、前嘯九鳳、後吹八鸞、白虬啓
33 道、太極参軒。
34 金真玉光経云、太上道君位登至上、洞遊玉
35 清、金仙輔翼、五帝侍霊、啓命事悉、雲輪騁蓋、
36 飛虬整駕、龍超霄際、條頃之間、億仙立会、瓊
37 輿碧輦、流精藹藹、衆吹雲歌、鳳鳴鸞邁、交烟
38 互集、俳佪玄泰、蕭蕭太霞之上、放浪无崖之
39 外、各反玉虚之館、豁若霊風之運兲。
40 五符経云、爾乃虬歩八域、上昇雲路、超群華以
41 淩眄、揺天兲以自渡。
42 蛟
43 太平経云、愚民竭水而漁、蛟龍為不見。
44 五符経云、但抱霊宝符入水赴淵、則北帝開
45 路、蛟龍衛従、水精震怖、長生久視、永享天祚。
46 蠄
47 智慧罪根経云、元始天尊、是時当授太上道
48 君智慧罪根上品妙経、三景斉照、諸天光明、阿（河の誤りか）海静嘿、
49 山岳蔵烟、龍蠄踊躍、人神歓欣、生死同休、福慶普隆。
50 亀

51 太平経云、有甲者以神亀為君長。
52 又云、太陰之精為亀、匿於淵源之中也。
53 昇玄経云、太上大道君坐宝蓮華神亀。
54 老君歴蔵中経云、大海中有神亀、上有八星、北
55 斗在中、其亀黄色、状如黄金。
56 鼇
57 老子西昇経云、老子曰、道以无為上、徳以仁
58 為主、礼以義為謙、施以恩為久、恵以利為先、
59 信以効為首、偽世亦有之、雖有以相誘。是以
60 知世薄華飾以相拊、言出飛龍前、行跛鼇後。
61 又云、深淵河海、非欲於魚鼇鮫龍、魚鼇鮫
62 龍自来帰之。人虚空无為、非欲於道、道自帰
63 之。魚。
64 老子西昇経云、老子曰、人在道中、道在人中。
65 魚在水中、水在魚中。道去身人死、水乾魚終。
66 三元真一経云、仙人涓子授蘇林守三元真
67 一之道、告林曰、吾少餌朮、接食其精、精思感
68 虚、多獲霊応、曽撫綸河川、放釣睪沢、忽見東
69 海小童、乗雲龍之車、浮水而来、告我曰、子懃
70 心至道、外假戈釣餌而不懸養生全也。若後

71 獲鯉魚者、可試剖之也。後果得鯉魚而剖之、
72 乃於腹中得一青玉函、発開視之、乃是金闕
73 帝君所守三元真一之法。於是我奉而修行
74 能興雲起雨、乗虚上清。
75 三皇経云、海中有大魚甚多。第一者身長四
76 千里。第二者身長八千里。第三者身長九千
77 里。第四者身長万里。第五者身長一万六千里。
78 第六者身長二万里。第七者身長二万八千里。
79 蚌
80 老子道徳経云、名可名、非常名。河上公注曰、非
81 自然常在之名、常名当如嬰児之未言、鶏子未
82 之分、明珠在蚌中、美玉處石間、内雖照照、外如
83 愚頑也出上巻。
84 幽対玄司品
85 捴序幽対
86 明真科経云、上智童子前進作礼、上白天尊、
87 不審今所普見无極世界、地獄悉何因縁所
88 従而来、生世何縁、死受鎖械、幽閉三光。今見
89 地獄之中、有如此輩、生何所犯而受斯対、魂
90 神苦痛、乃至如此。天尊於是命召十方飛天

91 神人、披長夜之府九幽玉匱、出明真科律以度
92 童子。是時諸天大聖、无極尊神、神仙玉女、无鞅
93 数衆、不可勝計、同時詣坐、天灑香華、神龍
94 妓楽、飛歌四暢、瓊音流逸、天朗炁清、澄無

この写本は全部で九十四行の文が見えるが、最初から八十三行目までの部分と、八十四行目以下の部分に大きく分かれる。八十三行目までの部分では、「虬」「蛟」「蟾」「亀」「鼈」「蚌」などの項目が立てられて、道経の中から各項目に見合った文が引用されている。巻首は残欠して、何の項目であるかを記した部分は残っていないが、その内容から見て、三十行目までは「龍」の項目であっただろうと推測できる。また、六十三行目の「魚」の字は項目を表していて、正しくは改行すべきものであったと考えられる。したがって、最初から八十三行目までは、「龍」「虬」「蛟」「蟾」「亀」「鼈」「魚」「蚌」の順で項目が立てられ、道経の中からその用例を取り出した類書であることがわかる。

この項目の順序は、一般の類書のそれとよく似ている。たとえば、唐代初めに編纂された『芸文類聚』では、巻九六「鱗介部上」に「龍」「蛟」「虵」「亀」「鼈」「魚」の項目、巻九七「鱗介部下」に「螺」「蚌」「蛤」「蛤蜊」「烏賊」「石劫」の項目が立てられ、この順序で並べられている。のちの『太平御覧』でも、巻九二九から巻九四三の「鱗介部」は、「龍」「蛟」「蟾」「亀」「鼈」の項目順で始まり、「魚」の項目の中にはさらに多数の小項目が立てられ、そのあと、「蚌」の項目が出てくる。つまり、八十三行目までの形式に限って言えば、WB32-1(30)は、『芸文類聚』など一般の類書と同じ方式で項目が立てられた類書であったと言える。箱書にあったように、これを「脩文御覧残編」と見る人がいたのはそのためであろう。しかし、神田喜一郎氏の指摘どおり、ここに記されているのは道教関係の書物からの引用文ばかりであり、明らかに道教の類書として編纂されたものである。

六朝隋唐時代の道教類書としては、完全ではないがほぼその姿をうかがうことのできるものとして、北周の武帝の命で編纂された『無上秘要』、唐の高宗・武后期に王懸河によって編纂された『三洞珠嚢』『上清道類事相』などがある。また、唐の玄宗期編纂の『大道通玄要』も、道蔵には収められていないが、敦煌写本によって部分的に残っている。[21] これらはいずれも「〇〇品」という形で編成され、その項目の配列順には、麥谷邦夫氏によって指摘されているように、道教独自の宇宙観と教理体系が色濃く反映されている。[22]

これら六朝隋唐時代の道教類書と比べると、少なくとも八十三行目までを見る限りでは、WB32-1(30)は、道教以外の一般の類書の構成に近いという点で、道教の類書としてはやや異例であると言えよう。しかし、八十三行目までは、いわゆる鱗介類についての記載だけであり、もともとこの書物が全体としてどのような構成になっていたのかは、これだけではよくわからない。

この書物の全体の構成について考える手がかりを与えてくれるのが、八十四行目と八十五行目である。八十四行目の「幽対玄司品」と八十五行目の「捴序幽対」という文字は、この写本がペリオ二四四三ともともと同一の書物を書写したものであったことを示唆している。このことについては、後に詳しく述べることにしたい。

さて、WB32-1(30)には、経典名を明記するものとして二十二種三十二件、道経からの引用文が見え、その他に、経典名は欠けているが、引用文の内容から経典名が推測できるものが二件あり、引用文はのべ三十四件になる。ここに引用された文は、道蔵本等と比べてどのようなことが言えるのであろうか。それを確認するために、道蔵本等の対応する箇所を、対照一覧として以下に書き出しておきたい。WB32-1(30)と道蔵本等との間に異同のある文字には、対照一覧中に〇印をつけた。なお、*はWB32-1(30)に書かれた経典名とは異なる文献に類似の文が見えるものを示している。

WB32-1(30)と道蔵本等との対照一覧

①（1行目）欠

『太平経』巻九三（『太平経合校』三八四頁）「（有鱗之）属以龍為君長」

②（2〜4行目）欠

『太上洞玄霊宝本行宿縁経』（道蔵第七五八冊）一五a〜b「水亦有神。入海則有神王居焉。……又龍王鬼神治其清淵矣。……並由人生時而学業深浅、功徳大小、計品受今之報也」

③（5行目）五符経云

『太上霊宝五符序』（道蔵第一八三冊）巻上、一二b「爾乃龍眄虚空、鸞翔雲端」

④（6〜7行目）又云

『太上霊宝五符序』（道蔵第一八三冊）巻上、一三b「白龍銜芝草而啓騰、霊真降素醴而霑霈」

⑤（8行目）老子歴蔵中経云

『太上老君中経』（道蔵第八三四冊）巻上、四a「（道君）……時乗六龍以御天」

⑥（9〜10行目）太上説玉京山経云

『洞玄霊宝玉京山歩虚経』（道蔵第一〇五九冊）四b「飛龍躑躅鳴、神鳳応節吟」

⑦（11〜12行目）老子道徳経云および河上公注

『老子道徳経』第二十六章「静為躁君」。河上公注「龍静故能化、虎躁故夭虧」

⑧（13〜15行目）霊宝衆篇序経云

＊『太上霊宝諸天内音自然玉字』（道蔵第四九冊）巻四、二四b「（天真皇人曰）……壬子之初、乙卯之年、至甲子之旬、当有青帝九種仙人乗九色之龍、出遊泰山、賫此真経、以掃不祥」

⑨（16〜17行目）仙公内伝

未詳

⑩（18～20行目）霊宝赤書経云

『元始五老赤書玉篇真文天書経』（道蔵第二六冊）巻上、三九b～四〇a「欲使東郷安鎮、当赤書青石上、鎮東方九日、災自滅、凶逆自消。一方仁人蒼龍来翔、善瑞自至、国土太平」

⑪（21～22行目）大洞真経云

『上清高聖太上大道君洞真金元八素玉録』（道蔵第一〇四五冊）七b～八a「高詠玉清、……蒼龍仰嘷、叢雲鬱生」

⑫（23～25行目）外国放品経云

『上清外国放品青童内文』（道蔵第一〇四一冊）巻下、一五b「皇上耀霊、玉華匡龍、六轡超虚、逍遙太空、携契八真、合懽天王、流眄紫霄、歴運無窮」

⑬（26行目）元始変化亀山元録経云

『上清元始変化宝真上経九霊太妙亀山元籙経』（道蔵第一〇四八冊）巻下、五〇b「九光神龍」

⑭（27行目）後聖九玄道君列紀云

『上清後聖道君列紀』（道蔵第一九八冊）三a「玄龍」

⑮（28行目）元始変化亀山元録経云

『上清元始変化宝真上経九霊太妙亀山元籙経』（道蔵第一〇四七冊）巻上、二九b「九色蒼龍」

⑯（29行目）本行経云

『雲笈七籤』巻一〇一、一〇b「洞玄本行経」「五色飛龍」

⑰（30行目）廿四生図経云

『洞玄霊宝二十四生図経』（道蔵第一〇五一冊）三a「九色玄龍」

⑱（32～33行目）金録簡文経云

『上清太上八素真経』（道蔵第一九四冊）五b「前嘯九鳳、後吹八鸞、白虬啓道、太極驂軒」

⑲（34～39行目）金真玉光経云

『上清金真玉光八景飛経』（道蔵第一〇四二冊）二b～三a「太上大道君……位登至上、洞遊玉清、金仙輔翼、五帝衛霊、啓命事悉、雲輪騁蓋、飛虬整駕、龍超霄際、倐頃之間、億仙立会、瓊輪碧輦、流精翁藹、衆吹雲歌、鳳鳴鸞邁、交烟互集、俳佪玄泰、蕭蕭非太霞之上、放浪於無崖之外、各返玉虚之館、豁若霊風之運炁」

⑳（40～41行目）五符経云

『太上霊宝五符序』（道蔵第一八三冊）巻上、一三b「爾乃虬歩八域、上昇雲路、超群萃以淩眄、挹天気以自度」

㉑（43行目）太平経云

『太平経』巻八六（『太平経合校』三二二頁）「比若愚民竭水而漁、蛟龍為不見」

㉒（44～45行目）五符経云

『太上霊宝五符序』（道蔵第一八三冊）巻下、二b～三a「但抱霊宝符入水赴淵、則北帝開路、蛟龍衛従、水精震怖、長生久視、永享天祚」

㉓（47～49行目）智慧罪根経云

『太上洞玄霊宝智慧罪根上品大戒経』（道蔵第二〇二冊）巻上、一b～二a「元始天尊、是時当授太上道君智慧罪根上品戒経、……照諸天光明、河海静黙、山岳蔵煙、龍螭踊躍、人神歓欣、生死同休、福慶普隆」

㉔（51行目）太平経云

『太平経』巻九三（『太平経合校』三八四頁）「有甲者以神亀為君長」

㉕（52行目）又云

未詳

㉖（53行目）昇玄経云

未詳

㉗（54～55行目）老君歴蔵中経云

『太上老君中経』（道蔵第八三九冊）巻上、一五ａ「大海中有神亀、神亀上有七星、北斗正在中央、其亀黄色、状如黄金」

㉘（57～61行目）老子西昇経云

『西昇経』（道蔵第三四六冊）巻中、一ａ～二ａ「老君曰、……道以無為上、徳以仁為主、礼以義為謙、施以恩為友、恵以利為先、信以効為首、偽世亦有之、雖有以相誘。是以知世薄華飾以相拊。言出飛龍前、行在跛鼈後」

㉙（61～63行目）又云

『西昇経』（道蔵第三四七冊）巻下、一八ｂ「深淵河海、非欲於魚鼈蛟龍、魚鼈蛟龍自来帰之。人虚空無為、非欲於道、道自帰之」

㉚（64行目）老子西昇経云

『西昇経』（道蔵第三四七冊）巻下、一八ｂ「老君曰、人在道中、道在人中。魚在水中、水在魚中。道去人死、水乾魚終」

㉛（66～74行目）三元真一経云

未詳

＊『紫陽真人内伝』（道蔵第一五二冊）一三ａ「涓子……少好餌朮、接食其精、精思感天、後釣於河沢、見東海小童、語之曰、釣得鯉者、剖之、後果得而剖、魚腹獲金闕帝君所守三元真一之法。於是……」

㉜（75〜78行目）三皇経云
未詳
㉝（80〜83行目）老子道徳経云、
『老子道徳経』第一章「名可名、非常名」。河上公注「非自然常在之名。常名当如嬰児之未言、鶏子之未分、明珠在蚌中、美玉處石間、内雖昭昭、外如愚頑」
㉞（86〜94行目）明真科経云
『洞玄霊宝長夜之府九幽玉匱明真科』（道蔵第一〇五二冊）二a〜三b「上智童子前進作礼、長跪稽首、上白天尊言、不審今所普見諸天福堂及無極世界、地獄之中善悪報応、悉何因縁所従而来、生世何修而得飛行逍遥……、死受鎖械、幽閉三光。……今見地獄之中、有如此輩。生何所犯而受斯対、魂神苦痛、乃至如此。……天尊於是命召十方飛天神人、披長夜之府九幽玉匱、出明真科律、以度童子。是時諸天大聖、無極尊神、神仙玉女、無鞅数衆、不可勝計、同時詣座、天洒香華、神龍伎楽、飛歌四暢、瓊音流逸、天朗気清、澄無……」

以上、WB32-1(30)に書かれた道経の引用文と道蔵本等との対応関係を記した。対応関係が未詳のものも数件あるが、対応が確認できるものについて言えば、WB32-1(30)の引用文は、若干の文字の相異があったり、省略の部分があったりはするものの、道蔵本等のテキストと総じてよく合っている。ここに引用された、のべ三十四件の道経の内訳は、上清経に分類されるものが八件（⑪⑫⑬⑭⑮⑱⑲㉛）、陸修静の「霊宝経目」に名前が見える、いわゆる古霊宝経が五符経の四件（③④⑳㉒）以外に六件（②⑥⑩⑰㉓㉞）の合計十件、太平経が四件（①㉑㉔㉕）、老子西昇経が三件（㉘㉙㉚）、老子歴蔵中経（⑤㉗）と老子道徳経（⑦㉝）がそれぞれ二件、霊宝衆篇序経（⑧）、仙公内伝（⑨）、本行経（⑯）、昇玄経（㉖）、三皇経（㉜）がそれぞれ一件である。いずれも六朝時代末までには成立していたと考えられる道経である。上清経と古霊宝経がほぼ同じ件数、引用されていること、また、太平経の引用が比較的多いこと、「老子」を冠する道経が少なくないことなどが注目される。

なお、霊宝衆篇序経（⑧）は、「霊宝中盟経目」（『洞玄霊宝三洞奉道科戒営始』巻四、九ｂ）に「衆経序一巻」と見えるもので、道蔵には収められていないが、敦煌写本に数点これを書写したものが見つかっており、三種の霊宝経の序文を抜粋したものであることがわかっている。[23] 三種の霊宝経のうちの一つが「霊宝諸天内音玉字」で、これは道蔵所収の『太上霊宝諸天内音自然玉字』巻三・巻四に相当する。右には、⑧（13〜15行目）霊宝衆篇序経の対応箇所として、『太上霊宝諸天内音自然玉字』巻四の文を挙げたが、敦煌写本「霊宝衆篇序経」では、スタイン六六五九（その三五六行目から三五八行目）と京都国立博物館所蔵本二五三にも同じ文が見える。[24]

上述のように、WB32-1(30)は、道教の類書としてはやや異例の、一般の類書の構成に近い面を持っている。WB32-1(30)が一体、どのような道教類書の一部分であるのか、それを考える手がかりになるのが、敦煌写本ペリオ二四四三である。本章の冒頭に述べたように、王卡氏はWB32-1(30)を見て、これがペリオ二四四三と同一の書物からの書写である可能性が高いことを指摘された。

ペリオ二四四三については、すでに大淵忍爾氏の『敦煌道経』に「経名未詳道経類書其二」として収録され、その写真も紹介されている。[25] また、これも冒頭に述べたように、王卡氏の『敦煌道教文献研究——綜述・目録・索引』では、「失題道教類書」八件のうちの一つとして挙げられており、その録文はすでに、『中華道蔵』第二十八冊に「敦煌失題道教類書七種」の第七として掲載されている（蔣力生点校）。今、WB32-1(30)と比較するために、その写真（図6）と録文を挙げておこう。

【ペリオ二四四三　録文】

1　延人主、行合此戒、天虎出現、現則天下太平。

2　天馬

3　太極真人飛仙宝剣上経云、天馬者、吉光騰
4　黄之獣也。
5　空洞霊章経云、大明玉完天帝章曰、天馬運
6　東井、長源無巨沙。
7　太元真人茅君内伝云、南岳上真人、西城王君、

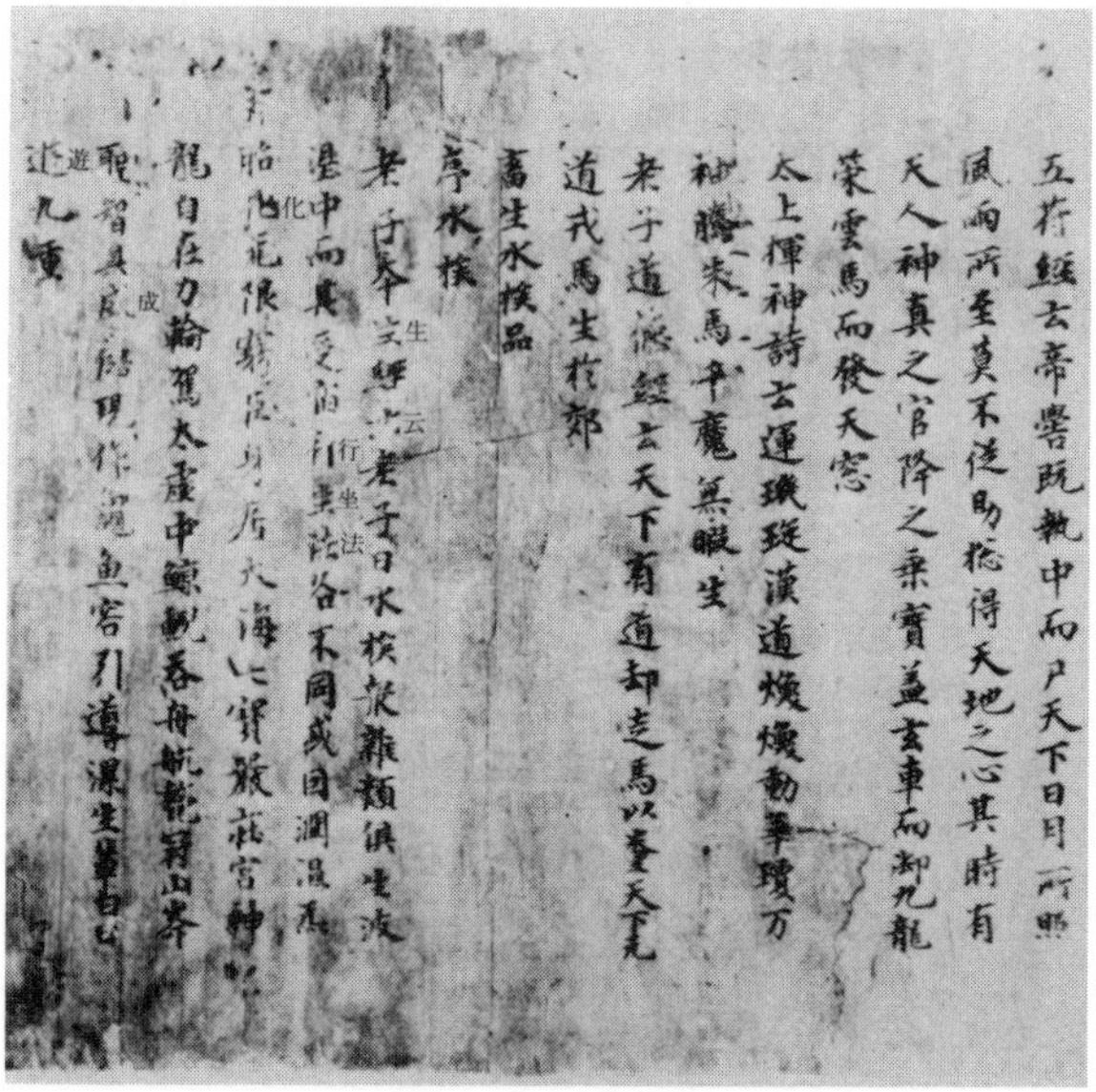

図6　ペリオ2443

8 亀山王母、方諸青童、並乗緑景之輿、轡神虎
9 之軿、天馬万騎、飛龍千群、金蓋雲渟、紫旗儛
10 空、天光赫弈、冥景煥繁、同造盈於句曲之山。
11 太一帝君天魂内変経云、駿馬者、乃神龍之祖
12 也。
13 霊書紫文経云、上清金闕中有四天帝君、其
14 後聖君処其左。飛馬奔雀、大翅之鳥、叩喙□
15 爪、陣于広庭。
16 五符経云、帝嚳既執中而尸天下、日月所照、
17 風雨所至、莫不従助、捻得天地之心、其時有
18 天人神真之官降之、乗宝蓋玄車而御九龍、
19 策雲馬而発天窓。
20 太上揮神詩云、運璣琁漢道、煥煥動華瓊、万
21 神騰朱馬、千魔無暇生。
22 老子道徳経云、天下有道、却走馬以糞、天下无
23 道、戎馬生於郊。
24 畜生水族品
25 序水族
26 老子本生経云、老子曰、水族衆雑類、倶生波
27 涅中、而其受宿行、坐法各不同。或因(26)潤湿炁

28　胎化无限窮、臣身居大海、七宝厳荘宮、神
29　龍自在力、輪駕太虚中、鯨鯢呑舟航、鼇冠山峯、
30　聖智具成[27]□、現作亀魚容、引導潔生輩、白日
31　遊九重。

ペリオ二四四三は三十一行にわたるが、その二行目の「天馬」と二十四行目の「畜生水族品」、および、二十五行目の「序水族」が、類書の項目名にあたる。大淵忍爾氏と王卡氏がともに指摘しているように、一行目以前の部分の項目は「天虎」であったと推測できる。引用文で経典名が挙がっているのは九件ある。WB32-1(30)と同様に、ペリオ二四四三についても道蔵本等の対応する箇所を書き出しおこう。

ペリオ二四四三と道蔵本等との対照一覧

①（1行目）欠
　未詳
②（3～4行目）太極真人飛仙宝剣上経云
　＊『雲笈七籤』巻八四、七b「戸解次第事迹法度」「天馬者、吉光騰黄之獣也」
③（5～7行目）空洞霊章経云
『無上秘要』（道蔵第七七一冊）巻二九、二a「大明玉完天頌、……天馬運東井、長源無巨沙。……右出洞玄空洞霊章経」
④（7～10行目）太元真人茅君内伝云
　未詳
＊『茅山志』（道蔵第一五三冊）巻五、一〇b「南岳赤真人、西城王君、亀山王母、方諸青童君、同造君于山

中」

＊『雲笈七籤』巻一一四、一四ａ「西王母伝」「南岳真人赤君、西城王君、方諸青童、並従王母降於茅盈之室」

⑤（11～12行目）太一帝君天魂内変経云

未詳

⑥（13～15行目）霊書紫文経云

『皇天上清金闕帝君霊書紫文上経』（道蔵第三四二冊）一ａ「金闕中有四帝君、其後聖君処其左。……飛馬奔雀、大翅之鳥、叩喙奮爪、陣于広庭」

⑦（16～19行目）五符経云

『太上霊宝五符序』（道蔵第一八三冊）巻上、三ａ～ｂ「帝嚳既執中而尸天下、日月所照、風雨所至、莫不従助、総得天地之心、其時有天人神真之官降之、乗宝蓋玄車而御九龍、策雲馬而発天窓」

⑧（20～21行目）太上揮神詩云

『洞真太上神虎隠文』（道蔵第一〇三二冊）三ａ「運機琁漢道、煥煥動華瓊、万神騰朱馬、千魔無暇生」

⑨（22～23行目）老子道徳経云

『老子道徳経』第四十六章「天下有道、却走馬以糞、天下無道、戎馬生於郊」

⑩（26～31行目）老子本生経云

未詳

このペリオ二四四三とWB32-1(30)は、王卡氏の指摘どおり、同一の書物からの書写である可能性が高い。その理由の第一として、両者は類書としての構成が同じであることが挙げられる。ペリオ二四四三の二十四行目「畜生形式である。つまり、この書物は「〇〇品」という大項目があり、各大項目の冒頭には、「序〇〇」もしくは「総序〇〇」という形で、その大項目全体の序文が書かれ、その大項目のもとに、「龍」「虬」「蛟」「螭」「亀」「鼈」「魚」「蚌」や「天虎」「天馬」など、道教以外の一般の類書と同じような方式で項目が立てられている。

理由の第二として、ペリオ二四四三とWB32-1(30)に引用されている道経が、同じ傾向を示していることが挙げられる。ペリオ二四四三に引用された道経の数は少ないが、その内容は、上清経や古霊宝経、あるいは太平経や内伝類などであって、これはWB32–1(30)に引用されたものと傾向としては類似している。これも、両者が同一の書物からの書写である可能性が高いことの理由になりうるであろう。

このように、ペリオ二四四三とWB32–1(30)は、同一の書物からの書写であることが考えられるのであるが、それだけではなく、両者は、もともと同一の巻子であったものが二つに分かれた可能性も考えられる。それは、両者の文字と紙質が類似する上に、それぞれの紙背にはいずれも仏教の願文が書かれているという共通点があるからである。筆者は、ペリオ二四四三を実見していないが、大淵忍爾氏の『敦煌道経　目録編』によれば、「黒ずみたる黄紙」ということであり、WB32–1(30)と同じである。文字の形も両者は似ている。

WB32–1(30)の紙背のことについては、箱書では何も触れていないが、本節の冒頭で述べたように、紙背には仏教の願文が書かれている。大淵氏によれば、敦煌の石窟寺院では、紙の不足を補うために、道経が書かれた紙を仏経書写用の料紙として保存していたようである(28)。WB32–1(30)もおそらくそのような事情で、道教類書が書かれていた巻子の紙背が、のちに仏教の願文を書くために用いられたということであったと推測できる。その願文の文字は一百七行にわたっている。WB32–1(30)の紙背文書も、現在は国会図書館のウェブサイトで公開されているので、容易に見ることができる。一方、ペリオ二四四三の紙背にもやはり仏教の願文が三十三行にわたって書かれている(29)。

以上のことから考えると、ペリオ二四四三とWB32–1(30)は、同一の書物からの書写であるだけではなく、同一巻子が分かれたものである可能性もありえよう。

最後に、WB32-1(30)に書写された道教類書が、一体どういう名称の書物であったのか、現時点で考えられることを述べておきたい。王卡氏はペリオ二四四三についての説明文の中で、「『道要霊祇神鬼品経』と似ている。同一書物であるかどうか、なお後考を待つ」と言っている[30]。また、『道要霊祇神鬼品経』については、「新・旧『唐志』に『道要』三十巻を著録しているが、この書はその中の一巻である可能性がある」と言っている[31]。上述のように、ペリオ二四四三とWB32-1(30)は同一の書物の書写である可能性が高いのであるから、王卡氏のこの推定が正しければ、WB32-1(30)はペリオ二四四三と同じく、『道要霊祇神鬼品経』と似ていて、『旧唐書』経籍志・『新唐書』芸文志に著録された「『道要』三十巻」の一部分ということになる。

王卡氏はペリオ二四四三が『道要霊祇神鬼品経』と似ていると考えた根拠や、『道要霊祇神鬼品経』を『道要』の一巻と考えた理由について何も述べていないが、結論を先に言うと、筆者は王卡氏のこの推定は妥当であろうと考えている。以下に、『道要霊祇神鬼品経』とペリオ二四四三・WB32-1(30)を比較しながら、王卡氏の説を検証してみよう。

『道要霊祇神鬼品経』(道蔵第八七五冊)は全二十七紙の短いもので、その内容は、文字どおり「霊祇神鬼」に関する道経の引用文を集めた類書である。最初に「総序霊祇」の文があり、そのあとに「霊祇神品」「魔正(王)品」「力士品」「空神品」「社神品」「山神品」「水神品」「霊祇鬼品」「善爽鬼品」「苦魂鬼品」「精魅鬼品」「樹木鬼品」「山鬼品」「水鬼品」「土鬼品」「餓鬼品」「瘟鬼品」「蠱鬼品」の十八品が続き、それぞれに関連する引用文が記載されている。「霊祇神鬼」というテーマであるので、『太上女青鬼律』からの引用が非常に多いという特徴がある[32]。

『道要霊祇神鬼品経』は、道蔵本のほかに、敦煌写本が十二件(そのうちの七件は同一巻子。残りの五件も別の同一巻子)残っており[33]、それらを総合すると道蔵本『道要霊祇神鬼品経』の大部分を成している。敦煌写本と道蔵本の大きな相異点として注目されるのは、品名の箇所が、道蔵本では「〇〇品」となっているのに対して、敦煌写本では「魔王」「力士」「空神」「社神」「山神」「水神」「善爽鬼」「苦魂鬼」「精魅鬼」「樹木鬼」「山鬼」「水鬼」「土鬼」「餓鬼」「温鬼」「蠱鬼」とあって、「品」の字がないことである。

敦煌写本のこのような状況と、『道要霊祇神鬼品経』という書名から推測すると、これは、もともとは『道要』という書物の中の「霊祇神鬼品」の部分であって、その中身は、最初に「総序霊祇」が置かれ、ついで、敦煌写本のように「魔王」以下「蠱鬼」までの項目が立てられ、道経の引用文を載せるという形であったことが考えられる。ところが、その後、『道要』の中から「霊祇神鬼品」だけが独立して『道要霊祇神鬼品経』というタイトルがつけられるに至った。そのように「霊祇神鬼品」が「経」に、いわば格上げされたのに合わせて、もともと「品」の字がついていなかった各項目が、「品」の字をつけた形に変えられたのであろう。

そうであるとすると、『道要霊祇神鬼品経』は、現在の道蔵本とは違って、もともとはペリオ二四四三やWB32-1(30)と、類書としての体例が同じであったことになる。つまり、「○○品」という大項目が立てられ、その冒頭に「総序○○」という形で、その大項目全体の序文が置かれ、その大項目のもとにいくつかの項目が立てられ、道経の引用文が載せられていたということになるのである。このように、類書としての体例が同じであるということは、『道要霊祇神鬼品経』とペリオ二四四三・WB32-1(30)が同じ書物であることの重要な理由となる。

また、『道要霊祇神鬼品経』に引用された道経に注目すると、上述のように、「霊祇神鬼」というテーマと関連して、『太上女青鬼律』からの引用が多いことが目立つが、『太平経』が五回、『昇玄経』が二回、『三皇経』と『道徳経』と『明真科経』が各一回引用されるなど、WB32-1(30)と共通するものもある。このことも、『道要霊祇神鬼品経』とペリオ二四四三・WB32-1(30)が同じ書物であることの一つの理由として挙げてよいであろう。

『旧唐書』経籍志・『新唐書』芸文志に著録された「『道要』三十巻」という書物については、『大道通玄要』のことかもしれないとする見方もあるが[34]、向群氏や王卡氏が指摘するように、そのように判断するには論拠不十分の感がある[35]。そもそも書名が異なるし、現存する敦煌写本『大道通玄要』による限り、類書としての体例が異なるからである。それよりも、『道要霊祇神鬼品経』が『道要』の一部分であると見る方が説得力があるように思われる。そして、『道要霊祇神鬼品経』が『道要』の一部分であるとすれば、上に述べてきたように、ペリオ二四四三とともに、WB32-1(30)もやはり『道要』の一部分であるということになる。

もっとも、『道要霊祇神鬼品経』とペリオ二四四三とWB32-1(30)が『道要』の一部分であるという推論が正しかったとしても、この三者あわせても、三十巻あったという『道要』のごく一部分にすぎない。『道要』という書物の全体がどのようなものであったかは、依然として謎である。しかし、WB32-1(30)の内容を検討することによって、『道要』という道教類書の姿が、これまでよりははっきりとしてきたと言えよう。

以上、WB32-1(30)について考察してきた。この写本は、『無上秘要』などとは異なる方式で編纂された類書であり、六朝隋唐時代の道教類書を研究する上で、貴重な資料になりうる。また、ここに引用された文は、ほかには見られない佚書・佚文も含まれている。神田喜一郎氏の言葉どおり、この写本が「殊に宝貴すべき」ものであることは間違いない。

第二章　杏雨書屋所蔵の敦煌道経

はじめに

二〇〇四年に出版された王卡氏の『敦煌道教文献研究——綜述・目録・索引』は、道教関係の敦煌写本についての網羅的な調査に基づき目録を作成したもので、日本国内に所蔵する道教関係の敦煌写本についても十数点、その名を挙げている。しかし、『敦煌道教文献研究——綜述・目録・索引』が著された時点においては、杏雨書屋所蔵の敦煌写本はまだ公刊されていなかったため、王卡氏はその重要性を知りつつも、具体的には述べることができないままになっていた。[1]

その後、二〇〇九年三月から二〇一三年三月にかけて、杏雨書屋所蔵の敦煌写本は『敦煌秘笈』（目録一冊、影印九冊）として、目録と図版写真が公刊され、ようやくその全容が明らかになった。

『敦煌秘笈　目録冊』[2]によれば、杏雨書屋所蔵の敦煌写本の数は一千点余りにのぼる。その中で道教関係の写本と考えられるものは、次の二十二点である。

1. 三R　洞玄霊宝天尊説十戒経
2. 四二R　薬方
3. 四二V　雲気占
4. 四三　換鬚髪方
5. 四四　占法
6. 七二ノbノ一　（擬）道教斎儀ノ一
7. 七二ノbノ二　（擬）道教斎儀ノ二
8. 三九三R　不知題道経疏
9. 四一〇　道経　注釈書　擬太玄真一本際妙経疏
10. 四一四　道経疏歟
11. 四五八　老子道徳経
12. 六一二　大洞真経
13. 六一三　太玄真一本際妙経巻第八　最勝品
14. 六一四　大洞真経篇目録（上清大洞真経目）
15. 六一五ノ一　太玄真一本際経巻第十（太上道本通微妙経）
16. 六一六　太玄真一本際経巻第七譬喩品
17. 六三七ノ一　洞淵神呪経殺鬼品第四
18. 六三八　老子十方像名経巻上
19. 六六六　道経残簡
20. 六七三R　道教願文

21. 七〇四R　絶粒法
22. 七一八R　太玄真一本際経巻第四

本章では、右のうち、筆者のこれまでの研究とのつながりから、16の太玄真一本際経巻第七譬喩品（番号六一六）、19の道経残簡（番号六六六）、および、20の道教願文（番号六七三R）の三点を取り上げて検討する。それぞれの写本を、本章では便宜上、杏雨書屋六一六、杏雨書屋六六六、杏雨書屋六七三Rと呼ぶことにする。

一　道教願文　杏雨書屋六七三R

まずはじめに、杏雨書屋六七三Rについて見ていくことにする（図1）。『敦煌秘笈　目録冊』二四二頁、ならびに『敦煌秘笈　影印冊九』[3]二七頁にこの写本に関する情報が記されている。それによれば、この写本は、首題・尾題ともに欠。用紙は縦二五・五センチメートル、横四一・八センチメートル。紙数は一。紙質は麻紙で、色は黄橡。字体は楷書。上欄と紙中に西蔵文が書かれている。

以下に、その録文を載せておこう。

【杏雨書屋六七三R　録文】

1　　　之□□□□
2　　條通九幽之懺啓請
3　□□□蒙（象）流輝東北之方、褰樹浮光、散景
4　□南之土、實衆妙之遼妙、酒重玄之又玄、標

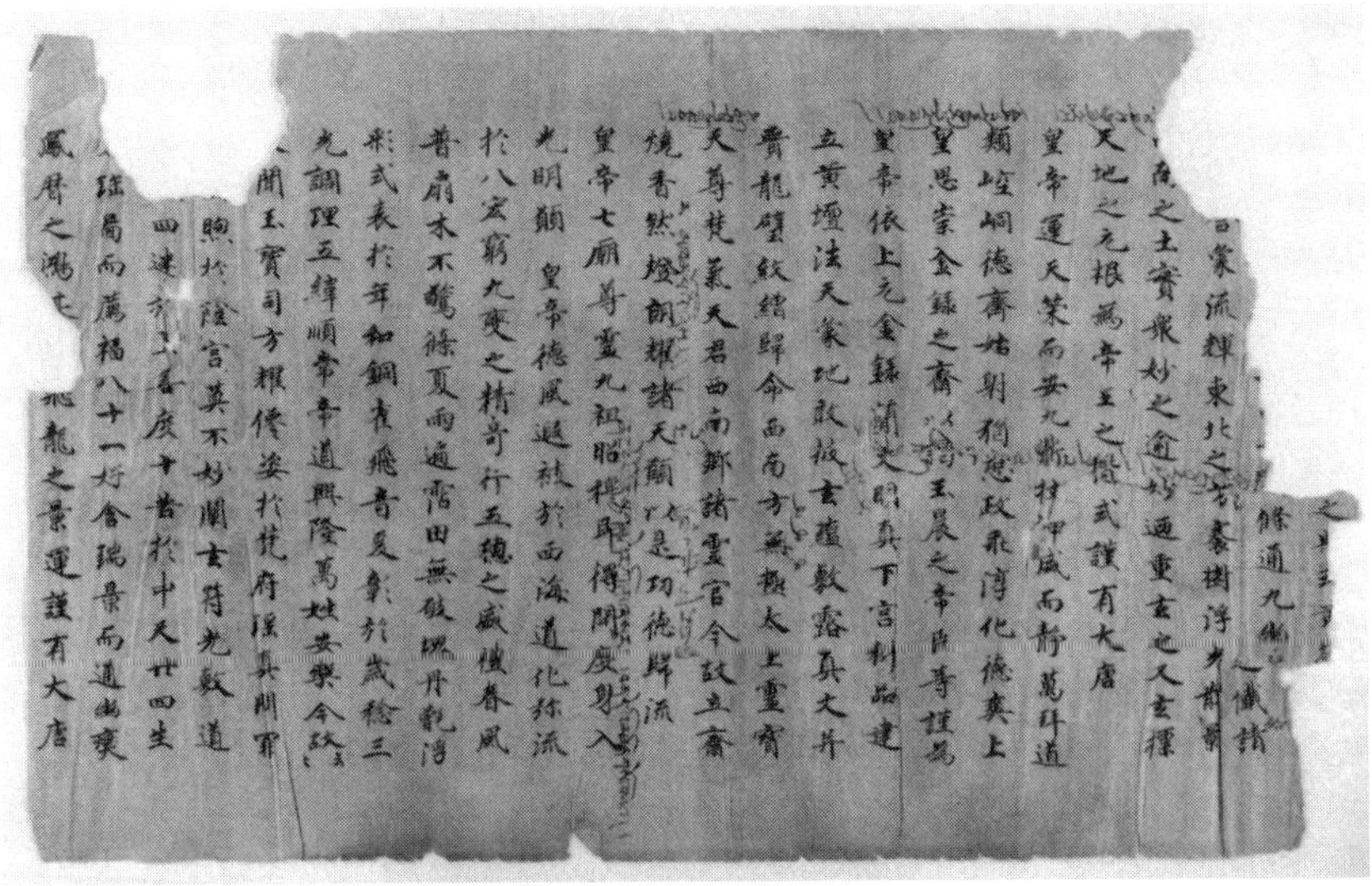

図1　杏雨書屋 673R

5 天地之元根、為帝王之楷式。謹有大唐
6 皇帝、運天策而安九鼎、杖神威而静萬邦、道
7 類崆峒、徳斉姑射、猶恐政乖淳化、徳爽上
8 皇、思崇金録之斎、以謁玉晨之帝。臣等謹為
9 皇帝、依上元金録簡文明真下宮科品、建
10 立黄壇、法天蒙（象）地、敢披玄蘊、敷露真文、并
11 賷龍璧紋繒、帰命西南方無極太上霊宝
12 天尊・梵気天君・西南郷諸霊官。今故立斎、
13 焼香然燈、朗耀諸天。願以是功徳、帰流
14 皇帝七廟尊霊、九祖昭穆、即得開度、身入
15 光明。願　皇帝徳風遐被於西海、道化弥流
16 於八宏、窮九変之精奇、行五徳之盛礼、春風
17 普扇、木不驚條、夏雨遍霑、田無破塊、丹毦浮
18 彩、式表於年和、銅雀飛音、爰彰於歳稔。三
19 光調理、五緯順常、帝道興隆、萬姓安楽。今故云々
20 □聞玉寶司方、耀僊姿於梵府、瑶真問罪
21 □□煦於陰宮、莫不妙闡、玄符光敷、道
22 □□四迷於上善、度十苦於中天、廿四生
23 □珐畐而薦福八十一好、含瑞景而通幽？
24 鳳暦之鴻□□飛龍之景運。謹有大唐

以上、二十四行が存している。「目録」では、この写本の題名を「道教願文」としているが、結論を先に述べれば、この写本は、金録斎儀のうちの「十方懺」に関することを記した文書の一部分であり、日本の国立国会図書館所蔵の敦煌写本「金録晨夜十方懺残巻」（請求番号 WB32-1(3)）と一連のものである。これは、道蔵（正統道蔵）には収められておらず、敦煌写本でのみ残っている。

国立国会図書館には道教関係の敦煌写本を二点所蔵しており、それに関しては、すでに前章で検討した。そこで述べたように、国立国会図書館所蔵「金録晨夜十方懺残巻」（WB32-1(3)）については、王卡氏による考察があり、[5] WB32-1(3) はスタイン三〇七一、ペリオ二九八九と深い関連があること、WB32-1(3) の二十六行目以下の文字はペリオ二九八九の一行目から二十九行目までと同じであること、WB32-1(3) とスタイン三〇七一はもともと同一の巻子であったものが二つに分かれたものであることがわかっている。

金録斎は国家と皇帝の招福を祈願する目的で行われた道教の儀式であるが、WB32-1(3) に書かれているのは、金録斎において晨夜に十方に向かって順次行われる礼拝（「金録晨夜十方懺」）のことで、十方のうちの冒頭、東方の記述から始まり、南方を経て、西方の記述の途中までが残っている。最も長巻の写本であるペリオ二九八九は、南方の記述の途中から始まって西方・北方・東北方・東南方・西南方・西北方・上方・下方と続き、それが終わったあと、「金録斎十方懺文」という項目に変わり、それが東方・南方と続き、西方の記述の途中までとなっている。また、スタイン三〇七一は「金録晨夜十方懺」の西北方の途中から始まり、上方の途中までで終わっている。

杏雨書屋六七三Rに書かれているのは、この「金録晨夜十方懺」のうち、西南方と西北方に当たる部分の記述である。一行目から十九行目までが西南方、二十行目から二十四行目までが西北方である。西北方は途中で終わっている（その続きがスタイン三〇七一につながることは後述）。ペリオ二九八九との対応関係で言うと、ペリオ二九八九の九十行目から一一三行目までに相当する。ペリオ二九八九と杏雨書屋六七三Rとの間に文字の異同はない。WB32-1(3)、スタイン三〇七一、ペリオ二九八九の相互関係については、前章で図示したが、[6] 今、その上に杏雨

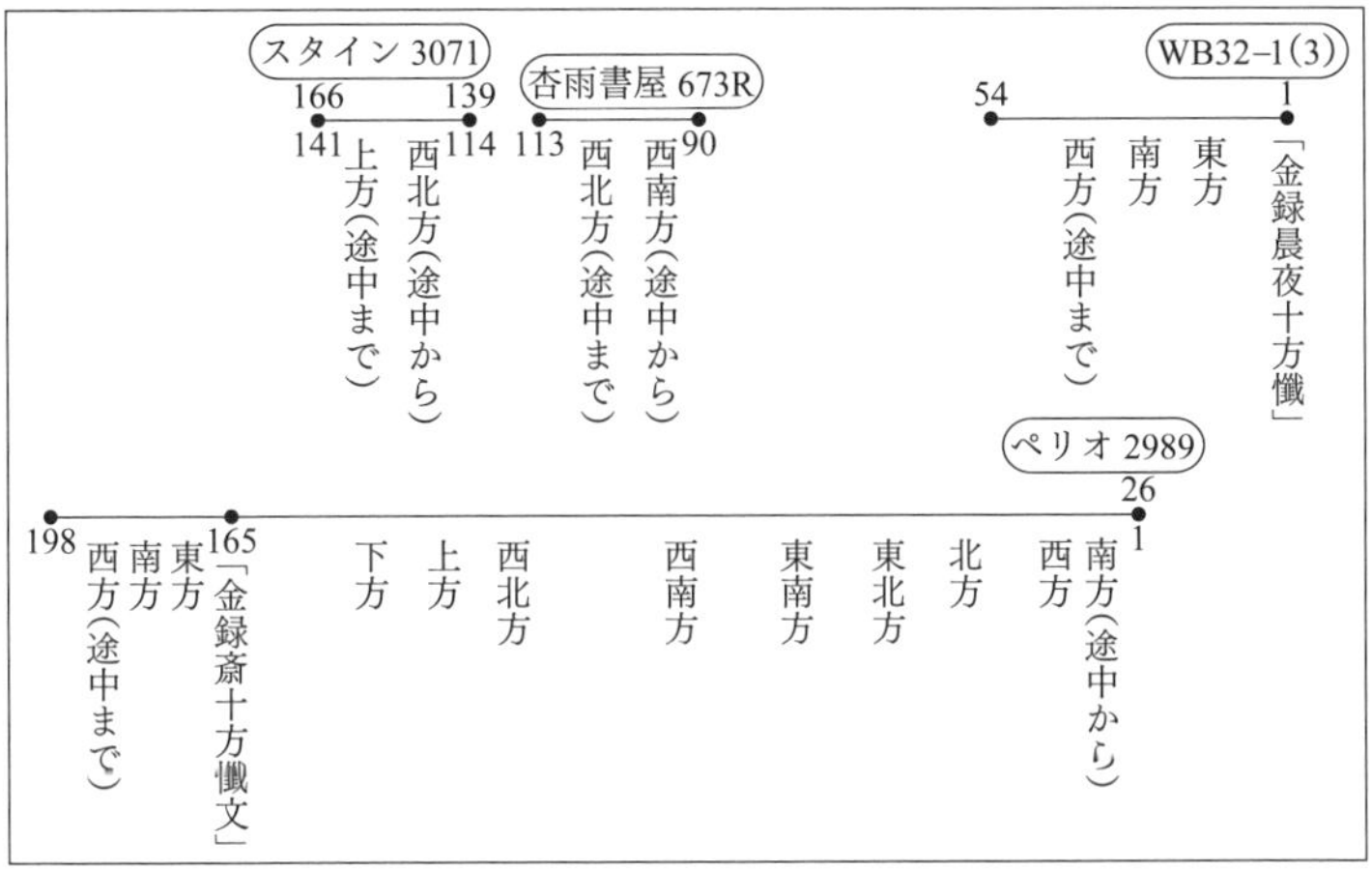

図 2　WB32–1 (3)・スタイン 3071・ペリオ 2989 および杏雨書屋 673R の相互関係

書屋六七三Rを加えて図示しておくと、図2のようになる。

杏雨書屋六七三Rの内容の概略を見るために、部分的に書き下し文を挙げておこう。

まず、五行目の「謹有大唐皇帝」から八行目の「以謁玉晨之帝」まで。

謹んで大唐皇帝、天策を運して九鼎を安んじ、神威を杖てて萬邦を静むる有り。道は崆峒に類し、徳は姑射に斉しきも、猶 政は淳化に乖き、徳は上皇に爽うことを恐れ、金録の斎を崇び、以て玉晨の帝に謁せんことを思う。

ここでは、大唐皇帝が金録斎を行う理由を説明している。優れた「道」と「徳」を備えて良き治世を実現している「大唐皇帝」が、なおもその不十分なることを恐れて「金録の斎」を行おうとしているのだという内容は、十方の、他の諸方の記述とも共通する。

ついで、八行目の「臣等謹為皇帝」から十五行目の「身入光明」まで。

臣等、謹んで皇帝の為に、上元金録簡文、明真下宮科品に依り、黄壇を建立し、天に法り地に象り、敢て玄蘊を抜き、真文を敷露す。并せて龍璧紋繒を賷して、西南方無極太上霊宝天尊・梵気天君・西南郷諸霊官に帰命す。今故に斎を立て、焼香然燈し、諸天を朗耀す。願わくは是の功徳を以て、皇帝七廟の尊霊に帰流し、九祖昭穆、即ちに開度さるるを得、身は光明に入らんことを。

ここでは、皇帝の臣下たちが、金録斎の規定に則って斎儀を行うことと、この斎儀の功徳によって帝の先祖の霊が済度されるようにという願文が記されている。この記述も、他の諸方の場合と同じ定型句であり、異なるのは方角に関する箇所だけである。

ついで、十五行目の「願皇帝徳風遐被於西海」から、十九行目の「萬姓安楽」まで。

願わくは皇帝の徳風　遐かに西海を被い、道化弥いよ八宏に流れ、九変の精奇を窮め、五徳の盛礼を行い、春風普く扇りて、木は條を驚かさず、夏雨遍く霑して、田に破塊無く、丹甝彩を浮かべて、式《ここ》に年の和するを表し、銅雀音を飛ばして、爰に歳の稔りを彰し、三光調理し、五緯順常にして、帝道興隆し、萬姓安楽ならんことを。

ここでは全文にわたって、皇帝の徳政により、季節が順調に推移し豊かな稔りが得られて人々が安楽に暮らせるようにという祈願が述べられている。前段の祈願（十三行目から十五行目）が皇帝一家（その祖先を含めて）の幸福を祈願するものであったのに対して、ここでは国家全体の平安を祈る内容となっている。このような内容は、やはり他の諸方とも共通している。特に、最後の「三光調理、五緯順常、帝道興隆、萬姓安楽」という文は、十方全体に共通する定型句となっている。

続いて、杏雨書屋六七三Rの二十行目以下は、西北方の記述である。それは五行分あり、「謹有大唐」という文で終わっているが、その最終行は、ペリオ二九八九で言えば一一三行目に相当する。(7) 一方、スタイン三〇七一は、

図3　スタイン3071

ペリオ二九八九で言えば一一四行目に相当する文から始まっている。つまり、内容的に見て、杏雨書屋六七三Rの最終行は、スタイン三〇七一の最初の行に直結しているのである。これは、偶然のことではなくて、杏雨書屋六七三Rとスタイン三〇七一は元来、同一の巻子であったのが、何らかの事情で切り裂かれて二つになったからであろうと考えられる。

　杏雨書屋六七三Rとスタイン三〇七一が元来、同一の巻子であったと考えられる理由は三つある。その第一は、写本の縦幅と紙の色が同じことである。上述のように、杏雨書屋六七三Rは縦二五・五センチメートルの黄橡紙であるが、大淵忍爾『敦煌道経　目録編』によれば、スタイン三〇七一も、縦二五・五センチメートル、上質の光沢ある黄紙であるという。[8] 杏雨書屋六七三Rとスタイン三〇七一が元来、同一の巻子であったと考えられる理由の第二は、筆跡がよく似ていること（図3）、理由の第三は、紙背に書かれているものが、筆跡・内容ともによく似ていることである（図4と前章図3）。スタイン三〇七一の紙背文書については、『英蔵敦煌文献』では「沙州諸寺付抄経歴」としている。[9] 仏典名が列記されていて、その中間に大きく太い文字で「道士文書並無用處」と書かれている。杏雨書屋六七三Rの紙背文書（六七三V）について、杏雨書屋の「目録」では、題名を「午年正月十八日聖光寺僧崇英請転経巻数目」

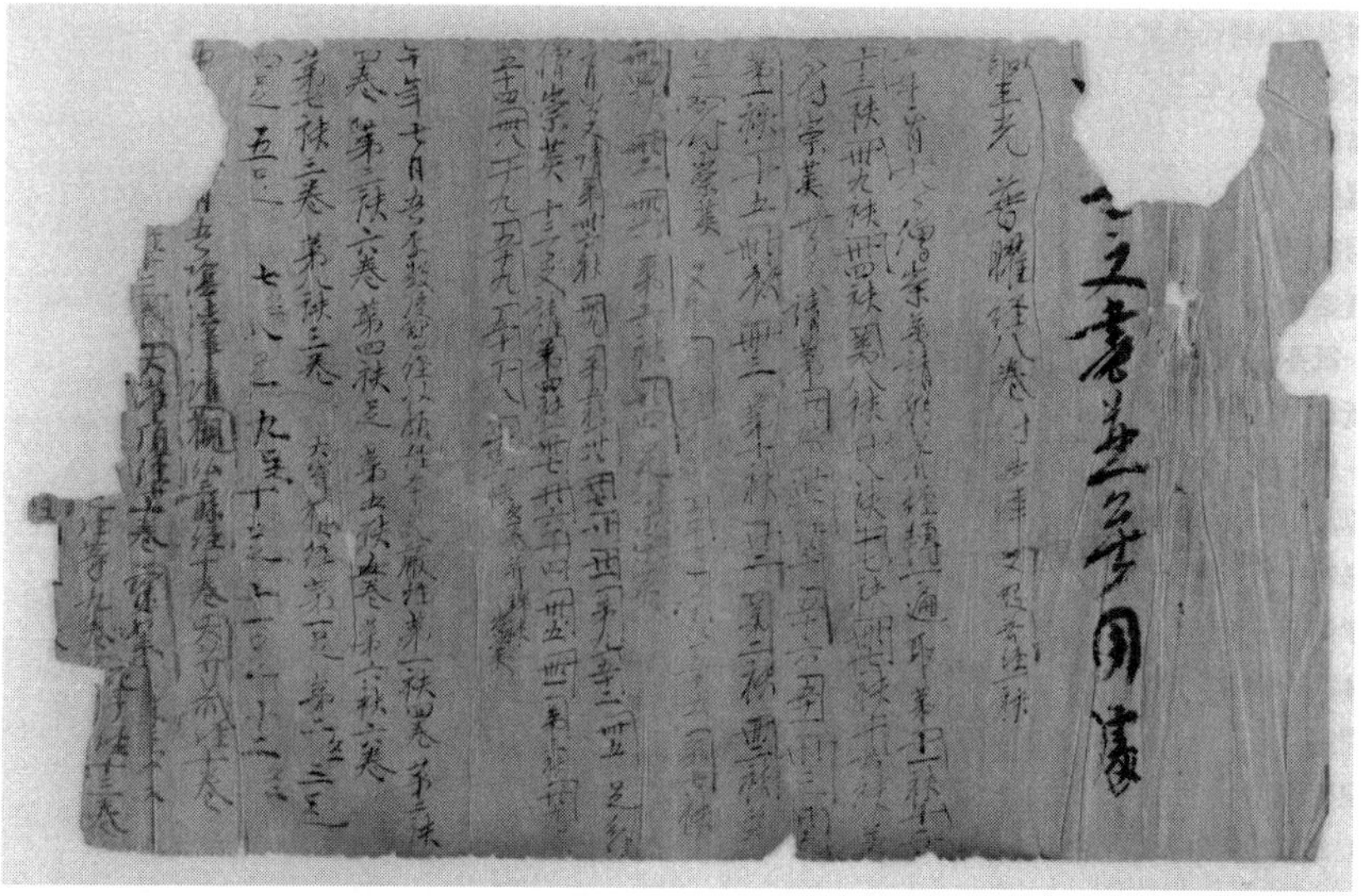

図 4　杏雨書屋 673R の紙背（673V）

としている。やはり仏典名や巻数などが書かれていて、冒頭の箇所は少し紙が破損しているが、大きく太い文字で「□□文書並無用處」とある。□□は、スタイン三〇七一紙背と同じく「道士」と書かれていたと考えられる。敦煌の石窟寺院では、紙の不足を補うために、道教関係の文書を仏典書写用の料紙として保存していたようであるが[10]、この場合も、寺としては「無用」である「道士文書」の裏面を、仏教のために用いたという事情があったのであろう。

上述のように、これまでの研究で、WB32-1(3)とスタイン三〇七一は、もともと同一巻子であったものが二つに分かれたものであることがわかっている。今、杏雨書屋六七三Rとスタイン三〇七一も、元来、同一巻子であったということになれば、日本の国会図書館所蔵のWB32-1(3)、同じく日本の杏雨書屋所蔵の六七三R、および、英国図書館所蔵のスタイン三〇七一の三点の写本は、同一の巻子が分かれたものであったことになる。唐代に行われた金籙斎の様子を知ることのできる資料が、このような形で残っているのは興味深いことである。

二　道経残簡　杏雨書屋六六六

次に、番号六六六、題名「道経残簡」とある写本について見ていく（図5）。『敦煌秘笈　目録冊』二四一頁、ならびに『敦煌秘笈　影印冊九』一頁にこの写本に関する情報が記されている。それによれば、この写本は、首題・尾題ともに欠。用紙は縦二五・九センチメートル、横四七・二センチメートル。一紙の長さは、縦二五・九センチメートル、横は不明。紙数は二。紙質は麻紙で、色は黄橡。字体は楷書である。

以下に、その録文を載せておく。

【杏雨書屋六六六　録文】

1 □□□□□□□□□金真玉女散香虚庭、流
2 光八朗、風皷玄旍、迴儛旄蓋、玉樹激音、琳支自籟、
3 百響互生、此金闕之上館、衆真之所経。其四極真
4 人主領学仙薄録、進叙退降及始学儀則、皆由
5 四極真人也。夫学道道成、皆先詣東華青宮、
6 校定金名、退更清斎三月、書玉札一枚、詣金
7 闕宮。出下巻
8 法輪経云、玄一真人告先公曰、吾受太上命、使授子
9 勸誡妙経。其文秘於太山紫微宮、其誡以成子、
10 仙道成、当迎子於太極宮也。

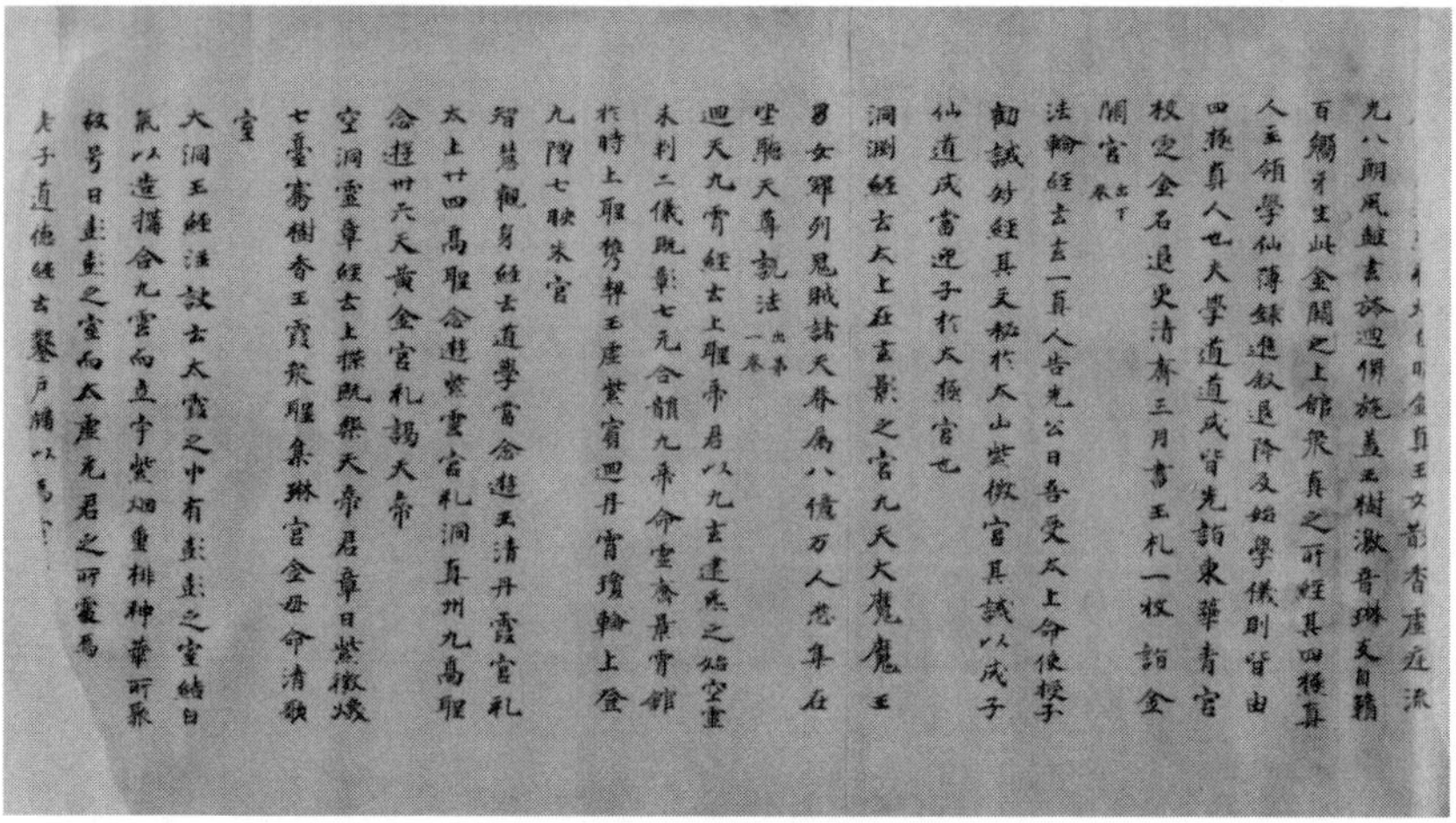

図 5　杏雨書屋 666

11　洞淵経云、太上在玄影之宮、九天大魔魔王、
12　男女羅列鬼賊、諸天眷属八億万人、悉集在
13　坐、聴天尊説法。出第一巻
14　迴天九霄経云、上聖帝君以九玄建炁之始、空霊
15　未判、二儀既彰、七元合韻、九帝命霊、斉景霄館、
16　於時上聖携契、玉虚紫賓迴丹霄瓊輪、上登
17　九贈七映朱宮。
18　智慧観身経云、道学当念遊玉清丹霞宮、礼
19　太上廿四高聖、念遊紫雲宮、礼洞真卅九高聖、
20　念遊卅六天黄金宮、礼謁天帝。
21　空洞霊章経云、上摽既楽天帝君章曰、紫微煥
22　七台、鶱樹香玉霞、衆聖集琳宮、金母命清歌。
23　室
24　大洞玉経注訣云、太霞之中、有彭彭之室、結白
25　気以造搆、合九雲而立宇、紫烟重排、神華所聚、
26　故号曰彭彭之室、而太虚元君之所処焉。
27　老子道徳経云、鑿戸牖以為室□□□□

以上、二十七行分が残っている。この写本は、数種の道経からの引用文が記されており、道教の類書であることがわかるが、こ

れにそのまま相当する道教類書は、道蔵には収められていない。記載されている内容は、道教で真人・仙人たちが住むとされる天界の宮殿や宮室に関する事柄で、それらが道経から短く引用されている。二十三行目に「室」という文字が見えるが、これは後述するように、類書としての項目を表していると考えられる。

敦煌写本に残っている道教の類書は、『無上秘要』や『道典論』『大道通玄要』などを除けば、書名がわからないものが多い。王卡氏『敦煌道教文献研究——綜述・目録・索引』では、「失題道教類書」として、八点の写本（ペリオ二七二五、ペリオ三二九九、ペリオ三六五二、スタイン一一一三、ペリオ二四六九、ペリオ二四五九．一、BD一四八四一H、ペリオ二四四三）を挙げている。そして、このうちペリオ二四四三を除く七点は、同一経書の抄本の可能性があり、その体例は『道典論』に近いが、ペリオ二四四三だけは他の七点と体例が異なり、『道要霊祇神鬼品経』に近いとしている。(11)

ところで、上述のように、日本の国立国会図書館には二点の道教関係の敦煌写本を所蔵する。そのうちの一点が、前節で述べた「金録晨夜十方懺残巻」であるが、もう一点（請求番号 WB32-1(30)）は道教の類書である。この国立国会図書館所蔵敦煌写本 WB32-1(30) についても、前章で詳しく検討した。WB32-1(30) は王卡氏が指摘されたように、ペリオ二四四三と同一の書物からの書写である可能性が高い。さらには、この両者はもともと同一巻子であったものが二つに分かれたものである可能性もある。そして、これらは道教類書『道要』の一部であると推定される。(12)

したがって、道教の類書で、道蔵には収められず、敦煌写本にだけ残っているものとしては、王卡氏『敦煌道教文献研究——綜述・目録・索引』に挙げられた上の八点の写本と国立国会図書館 WB32-1(30) の合計九点がこれまでにわかっていたのであるが、今回、杏雨書屋所蔵の敦煌写本が公刊されたことにより、もう一点増えたことになる。

では、杏雨書屋六六六は、以上の九点の敦煌写本道教類書と比較して、どのようなことが言えるのであろうか。

杏雨書屋六六六に記載された道経の引用文の傾向と、類書としての構成の両面から、この問題を考えてみたい。

まず、杏雨書屋六六六に記載された道経の引用文について考察する。杏雨書屋六六六には、経典名を明記するものとして七件の道経が引用されている。冒頭の部分は欠けているが、七行目までの引用は、その内容から経典名が推測できるので、合計八件の道経から引用がなされていることになる。それらの引用文と、道蔵本等との対応関係を以下に記しておく。杏雨書屋六六六と比べて異同のある文字には○印をつけている。

杏雨書屋六六六と道蔵本等との対照一覧

①（1～7行目）経典名欠

『上清青要紫書金根衆経』（道蔵第一〇二七冊）巻下、一六a～b「金真玉女散香虚庭、流光八玄、風鼓玄旌、迴儛旄蓋、玉樹激音、琳枝自籟、百嚮互生、此金闕之上館、衆真之所経。其四極真人主領学仙簿録、進叙退降及始学儀則、皆由四極真人也。真人奉玉札儀格。夫学道道成、皆詣東華青宮、校定金名、退更清斎三月、書玉札一枚、詣金闕」

②（8～10行目）法輪経云

『太上玄一真人説妙通転神入定経』（道蔵第一七七冊）八b「玄一真人告仙公曰、吾受太上命、使授子勧誡妙経。演法説教、事妙極此。其文秘於太山紫微宮中、自非仙公之任、其文弗可得見。今説其誡以成子仙。子宜宝秘、勤行道成、当迎子於太極宮也」

③（11～13行目）洞淵経云

『太上洞淵神呪経』（道蔵第一七〇冊）巻一、三b「太上在玄景之宮、説此神呪経。九天大魔羅列鬼賊、諸天眷属八億万人、悉集在坐、聴天尊説法」

④（14～17行目）迴天九霄経云

『上清玉帝七霊玄紀廻天九霄経』（道蔵第一〇四三冊）一a「上聖帝君以九玄建気之始、空霊分判、二儀既彰、九元合韻、九帝命霊、斉景霄館、於是上聖携契、玉虚紫賓廻駢、丹霄瓊輪、上登九層、七映朱宮」

⑤（18～20行目）智慧観身経云

『上清洞真智慧観身大戒文』（道蔵第一〇三九冊）一六a～b「道学当念遊玉清丹霞宮、礼太上二十四高聖、……道学当念遊紫雲宮、礼洞真三十九高聖、道学当念遊三十六天黄金宮、礼謁天帝君」

⑥（21～22行目）空洞霊章経云

『無上秘要』巻二九（道蔵第七七一冊）、九a～b「上摽阮楽天章曰、紫微煥七台、騫樹秀玉霞、衆聖集琳宮、金母命清歌。……右出洞玄空洞霊章経」

⑦（24～26行目）大洞玉経注訣云

『雲笈七籤』巻八、一一b「大洞真経第三十一章」「太霞之中、有彭彭之室、結白気以造構、合九雲而立宇、紫煙重扉、神華所聚、故号曰彭彭之室、而太虚元君之所処焉」

⑧（27行目）老子道徳経云

『老子道徳経』第十一章「鑿戸牖以為室」

以上、杏雨書屋六六六に記載された道経の引用文と道蔵本等との対応関係を挙げた。②（8～10行目）法輪経の引用と③（11～13行目）洞淵経の引用が、道蔵の対応箇所と比べてやや異同が多いが、それ以外はおおむね道蔵本とよく一致している。

引用された八件の道経は、⑧の『老子道徳経』は言うまでもないが、それ以外の七件もいずれも六朝時代末までには成立していたと考えられる。七件のうち、①経典名欠（『上清青要紫書金根衆経』）、④廻天九霄経（『上清玉帝七霊玄紀廻天九霄経』）、⑤智慧観身経（『上清洞真智慧観身大戒文』）、⑦大洞玉経注訣（『雲笈七籤』巻八「大洞真経第三十一章」）の四件は上清経に分類されるもの、②法輪経（『太上玄一真人説妙通転神入定経』）と⑥空洞霊章経（『無上秘要』巻二九に引く『洞玄空洞霊章経』）の二件は、陸修静の「霊宝経目」に名前が見える古霊宝経であり、残りの一点は③洞淵経（『太上洞淵神呪経』）である。

前章で述べたように、ペリオ二四四三および国立国会図書館WB32-1(30)に引用されている道経は、上清経や古霊宝経、太平経、老子（および老子を冠する道経）などである。杏雨書屋六六六の場合は全体の行数も少なく、引用された道経も八件と少ないので、傾向を導き出すには十分とは言いがたい。ただ、上清経四件、古霊宝経二件、老子一件、洞淵経一件という引用状況は、ペリオ二四四三および国立国会図書館WB32-1(30)における道経の引用傾向と矛盾するものではないということは言ってよいであろう。引用された道経で共通するものとしては、『老子道徳経』（ペリオ二四四三の二十二行目、WB32-1(30)の十一行目・八十行目）と『空洞霊章経』（ペリオ二四四三の五行目）がある。

次に、類書としての構成の面から杏雨書屋六六六を考察する。杏雨書屋六六六の中で、類書としての構成を知る手がかりとなるのは、二十三行目に見える「室」という文字だけである。二十二行目より前の部分については、どのような項目であったのか明らかではないが、「東華青宮」「金闕宮」「紫微宮」「太極宮」「朱宮」「丹霞宮」などの語が見えることから推測すれば、「天宮」か、あるいは、「室」と同様に一文字であったとすれば、「宮」であろうか。

これも前章で述べたように、ペリオ二四四三と国立国会図書館WB32-1(30)は、道教以外の一般の類書と同じような方式で項目が立てられている点に特徴がある。まず「○○品」という大項目があり、各大項目の冒頭には序文が置かれ、そのあと、大項目のもとに、「虬」「蛟」「螭」「亀」などの小項目が立てられて、それに該当する道経の文が「某経云」として引用されるという構成になっている。ペリオ二四四三と国立国会図書館WB32-1(30)は、ともに大項目に相当する「○○品」（具体的には、ペリオ二四四三の「畜生水族品」と国立国会図書館WB32-1(30)の

「幽対玄司品」）という文字が見え、そのもとで小項目が立てられているので、類書としての構成が同じであることが明白であるが、それに比べると杏雨書屋六六六の場合は、「〇〇品」という記載が見えず、小項目に相当すると思われる「室」という文字が見えるだけなので、類書としての構成がどのようなものであったのか、はっきりしたことはわからない。ただ、「室」というような、道教独自のものではない一般的な語彙を小項目に立てるという形式は、国立国会図書館 WB32-1(30)の「虯」「蛟」「蟕」「亀」といった小項目の立て方と似ているという印象は受ける。

以上、記載された道経の引用文の傾向と、類書としての構成の両面から、杏雨書屋六六六の性格を考察した。その結果、杏雨書屋六六六は、「失題道教類書」の中では、ペリオ二四四三および国立国会図書館 WB32-1(30)と比較的よく似ている点があることがわかった。しかし、杏雨書屋六六六は残存している行数が二十七行と少なく、ペリオ二四四三および国立国会図書館 WB32-1(30)と同一の道教類書であったのかどうか、はっきりとした結論を出すには、判断材料が不十分であると言わなければならない。今後の研究に待つことにしたい[13]。

三　太玄真一本際経巻第七譬喩品　杏雨書屋六一六

最後に、杏雨書屋六一六について検討する。『敦煌秘笈　目録冊』二二二頁、ならびに『敦煌秘笈　影印冊八』二四六頁にこの写本に関する情報が記されている。それによれば、この写本は、首題・尾題ともに欠。用紙は縦二五・〇センチメートル、横一五九・七センチメートル。一紙の長さは、縦二五・〇センチメートル、横五一・四センチメートル。紙数は五。紙質は上麻紙で、色は黄橡。字体は楷書である。

『太玄真一本際経』（以下、『本際経』と略称する）は、玄嶷『甄正論』によると、隋の道士劉進喜が五巻本を造り、続けて道士李仲卿が十巻本にしたとされる道教経典であり、[14] 唐代には玄宗が全国の道観にその転読を命じるなど、皇室の尊崇を受けて広く流伝していた。しかし、『本際経』のテキストは、伝世本では完本が存在せず、現在、その大部分は敦煌写本によって復原されている。[15] 敦煌写本の『本際経』の数は、道経の中では群を抜いて多い。王卡『敦煌道教文献研究――綜述・目録・索引』には百四十余点を挙げており、[16] これは道教関係の敦煌写本の総数の約五分の一に相当する。杏雨書屋所蔵の敦煌写本にも、本章の冒頭に挙げたように、四件の『本際経』敦煌写本――「目録」の番号六一三の太玄真一本際妙経巻第八最勝品、六一五ノ一「太玄真一本際経巻第十（太上道本通微妙経）」、六一六「太玄真一本際経巻第七譬喩品」、七一八R「太玄真一本際経巻第四」――が存在する。

ここで検討する杏雨書屋六一六は、『本際経』巻七譬喩品の一部分を書写したものである。『本際経』巻七譬喩品の敦煌写本として、王卡『敦煌道教文献研究――綜述・目録・索引』には十三点を挙げているが、杏雨書屋所蔵敦煌写本の公開により、もう一点増えたことになる。

『本際経』の中で、巻七譬喩品の内容は、やや異色である。譬喩品以外の巻では、「道性」や「真一」など道教教理の中心を占めるような重要な思想について詳しく説かれているのであるが、譬喩品だけは例外で、具体的な物語ばかりが載せられている。まず、譬喩品の冒頭部分で太上大道君が登場し、太微帝君らに教えを説くという舞台設定がなされ、その後、太上大道君が六つの物語を説くという構成になっている。

その六つの物語というのは、呉其昱氏や山田俊氏らによって指摘されているように、仏典の『法句譬喩経』に出てくる話を翻案したものである。[17]『法句譬喩経』は『法句経』の偈がどのような状況のもとで説かれたかということを物語の形で説明した経典で、仏陀の教えを平易に説いたものとして、六朝隋唐時代にはよく読まれていたようである。『経律異相』に多く引用されていることや、古写本の状況などからそのことが推測できる。[18] このような物語ばかりを集めた譬喩品という巻が、『本際経』の一つの巻として設けられた理由を考えてみると、譬喩譚を含めた仏教説話が中国社会における仏教伝播の上で大きな役割を果たしていることから刺激を受け、道教の方でも、経典を作るときに譬喩譚を意識的に挿入しようとしたことが考えられる。実際、六朝時代に作られた霊宝経の中には、仏教の譬喩譚にヒントを得たと思われる物語がいくつか見えている。(19)『本際経』の中に譬喩品が設けられたのは、このような背景があると推測できる。

『本際経』巻七譬喩品に出てくる六つの物語と、『法句譬喩経』との対応関係は次のとおりである。

1.『本際経』譬喩品第一話――『法句譬喩経』安寧品第二話（天下の苦について四比丘が語る話）
2.『本際経』譬喩品第二話――『法句譬喩経』無常品第五話（蓮華の出家にまつわる話）
3.『本際経』譬喩品第三話――『法句譬喩経』象品第一話（羅雲に対する仏の説法。象の闘いの比喩が用いられる）
4.『本際経』譬喩品第四話――『法句譬喩経』多聞品第四話（五百人の山賊が帰信する話）
5.『本際経』譬喩品第五話――『法句譬喩経』地獄品第二話（山中で修行をする七人の比丘の話）
6.『本際経』譬喩品第六話――『法句譬喩経』多聞品第一話（貧乏で貪欲な夫婦の話）

さて、本題の杏雨書屋六一六に戻ろう。杏雨書屋六一六の録文を次に掲載する。『中華道蔵』所収の巻七譬喩品との校勘を注記しておく。(20)また、『法句譬喩経』からの翻案の状況を確認するために、『法句譬喩経』の対応箇所も併せて挙げておく。

【杏雨書屋六一六　録文】附『法句譬喩経』対応箇所

杏雨書屋六一六	法句譬喩経　象品第三十一、第一話
1 太上道君於是告諸童真等衆、善男子、汝等	
2 当知、吾前世学道於元始天尊。尒時有一弟	

子、名曰連珠、未悟道時、心性麤悪、言无誠信。於是漸漸開化、心得調伏、学柔嬾[21]行、乃悟因縁爾時即勅連珠、令入王屋山中、長斎誦経、検口攝意、勤[22]修大法。連珠受教、作礼而辞、往彼山中、九百余日、慙愧自悔、昼夜不息。吾往見之、連珠歓喜、心懐踊躍、前進作礼。於是太上即坐金牀瑠璃之座、告連珠曰、汝取澡盤[23]盛水、吾ㇾ為洗足。爾時連珠唯諾、取水洗足訖竟、吾語連珠、汝見澡盤中洗足水不。連珠答曰、実見実見。道告連珠、此水可用食飲漱口以不。連珠答言、不可復用。何以故。此水本性清浄、明潔澄朗、今以洗足、受於塵垢。以是之故、不可復用。道語連珠、汝亦如是。雖吾弟子貴人之種、能捨世禄、詣吾学道、不念精進攝心守口、悪念穢濁、充満胸中、亦如此水不可復用。道語連珠、可棄澡盤中水。又告連珠、此之澡盤、可用盛食不耶。連珠答言、不可復用。所以者何。澡盤之名、曾受不浄、故不可用。道告連珠、汝亦如是。雖欲修道、口无誠信、心性剛強、不念精進、曾受悪名。亦如澡盤曾受不浄、不堪盛食。

昔者羅雲未得道時、心性麤獷、言少誠信。仏敕羅雲、汝到賢提精舎中住、守口攝意。勤修経戒。

羅雲奉教、作礼而去。住九十日、慙愧自悔、昼夜不息。仏往見之、羅雲歓喜、趣前礼仏。安施縄床、攝受震越。仏踞縄床、告羅雲曰、澡盤取水、為吾洗足。

羅雲受教、為仏洗足。洗足已訖、仏語羅雲、汝見澡盤中洗足水不。羅雲白仏、唯然見之。仏語羅雲、此水可用食飲盥漱以不。

羅雲白言、不可復用。所以者何、此水本実清浄、今以洗足受於塵垢。是以之故、不可復用。仏語羅雲、汝亦如是。雖為吾子国王之孫、捨世栄禄得為沙門。不念精進攝身守口、三毒垢穢、充満胸懐。亦如此水不可復用。仏語羅雲、棄澡盤中水。羅雲即棄。仏語羅雲、澡盤雖空、可用盛飲食不耶。

白仏言、不可用。所以然者、用有澡盤之名、曽受不浄故。仏語羅雲、汝亦如是。雖為沙門、口無誠信、心性剛強、不念精進、曽受

又如浄水以経洗足、塵垢添雜、不堪飲食。汝之心地、亦復如是。於[24]是太上以手指蹴於澡盤。澡盤輪転而走、自跳自堕、数反乃止。道問連珠、汝惜澡盤恐其破不。連珠答言、洗足之器、賤価之物。意中雖惜、乃不殷勤[25]。道告連珠、汝亦如是。雖為道士、不攝身口、麤言悪語、多所傷害、衆皆不受[26]、智者不惜。身死神去、輪転三徒、自生自死、苦悩无量。諸賢聖人、所不護惜。亦如汝言不惜澡盤、等无有異。爾時連珠聞此語已、慙愧怖懼、莫之能止。道語連珠、若欲所聞利益説者、一心諦聴。吾当為汝以事解説。如昔国王有一大象。猛健能闘。其力勇勝五百小象。其王興兵、欲伐逆国。被象鉄鎧、象士御之、即以雙予戟、繫象両牙。復以二鉤、繫象両耳。又以曲刃、繫象両脚。復以鉄錘[27]繫象尾端被象九兵、皆使厳利。象唯蔵鼻、護不用闘。象士懽喜、知象護身。所以尒者、象鼻嫩脆、中箭即死。是以不出鼻耳。象闘殊久、出鼻求剣。象士見此、心中不楽、念此猛象不惜身命、出鼻求剣、欲著鼻頭。王及羣臣惜此猛象、

悪名。亦如澡盤、不中盛食。
仏以足指撥却澡盤。澡盤応時輪転而走、自
跳自堕、数返乃止。仏語羅雲、汝寧惜澡盤
恐破不。羅雲白仏、洗足之器、賤価之物。
意中雖惜、不大慇懃。仏語羅雲、汝亦如是。
雖為沙門、不攝身口、麤言悪説、多所中傷。
衆所不愛、智者不惜。身死神去、輪転三塗、
自生自死、苦悩無量。諸仏賢聖、所不愛惜。
亦如汝言不惜澡盤。羅雲聞之、慚愧怖悸。
仏告羅雲、聴我説喩。

昔有国王、有一大象。猛黠能戦。計其力勢、
勝五百小象。其王興軍、欲伐逆国。被象鉄
鎧、象士御之、以雙予戟、繫象両牙。復以
二剣、繫著両耳。以曲刃刀、繫象四脚。復
以鉄撾、繫著象尾。被象九兵、皆使厳利。
象雖（唯）蔵鼻、護不用闘。象士歓喜、知
象護身命。所以者何。象鼻軟脆、中箭即死。
是以不出鼻闘耳。象闘殊久、出鼻求剣。象
士不与。念此猛象不惜身命、出鼻求剣、欲

43 不(28)復使闘。道告連珠、人犯十悪、唯護口過。亦
44 如大象護鼻不闘。所以者何、畏中箭故。人亦
45 如是。所以護口、当畏三塗五苦、地獄囚徒、十
46 悪八難、千痛万楚。不能護口而致滅身、亦如
47 此象分喪身命、不計中箭出鼻闘耳。十悪
48 尽犯、経歴三塗、備嬰五苦、痛毒難言。能行十
49 善、攝身護口、不犯衆悪、便当得道、永離三塗、
50 无復生死憂悩之患。連珠聞説、感激自励、時
51 尅不忘、精進柔和、懐忍如地、攝心静念、勇猛
52 修行、功成行満、便得飛仙。

53 芙蓉於是装束厳整、往詣山中、尋求修請。未
54 至山所、於半道中、有清流泉水。芙蓉取水洗
55 手、自見面像、光色鮮明、軽暉華美、頭髪紺青、身
56 体端正、絶世无比。心自悔言、人生於世、形容若

著鼻頭。王及羣臣惜此大象、不復使闘。仏告羅雲、人犯九悪、唯当護口。如此大象鼻不闘。所以然者、畏中箭死。人亦如是。所以護口、当畏三塗地獄苦痛。十悪尽犯不護口者、如此大象分喪身命、不計中箭出鼻闘耳。人亦如是。十悪尽犯、不惟三塗毒痛辛苦。若行十善、攝口身意、衆悪不犯、便可得道、長離三塗、無生死患。（中略。世尊の偈あり）羅雲聞仏懇惻之誨、感激自励、尅骨不忘、精進和柔、懐忍如地、識想寂静、得羅漢道。

法句譬喩経　無常品第一、第五話

昔仏在羅閲祇耆闍崛山中。時城内有婬女人。名曰蓮華。姿容端正、国中無雙。大臣子弟莫不尋敬。爾時蓮華善心自生、欲棄世事、作比丘尼。即詣山中、就到仏所。未至中道、有流泉水。蓮華飲水澡手、自見面像、容色紅輝、頭髪紺青、形貌方正、挺特無比。心自悔曰、人生於世、形体如此。云何自棄、

此。云何自棄、枉此研華而作道士[29]。且当順世、快我意情。於是退心、便欲還家、随従俗礼。爾時山中道士、已得聖道、亦能分身示現、逆知未然、了達三世、観察衆生善根已熟。逆知芙蓉堪可化度、便変身応作女人、端正第一、復勝芙蓉数百千倍。尋路逆往、於中路間、仍与芙蓉共相会遇。芙蓉見之、心中愛念而問之曰、汝従何来、父母兄弟、夫主児息、宗親眷属、並在何許。乃尒独行而无侍従。化人答曰、我従城中来、今欲還鄉。雖不相識、寧可共行同還可不。芙蓉答言、甚善甚善。即与相随、還到泉水之上、同共坐息。各相労問、言語委曲、略已粗竟。化人便枕芙蓉膝上而卧、仍即睡熟。須臾之間、忽然命絶、身体脹爛、虫血流出、毛髪堕落、支節解散。芙蓉見之、心中驚懼、云何好人、忽尒无常。此人尚尒、我豈得久生存者耶。若非学道練質仙真、此身難保[30]。故当前進往詣山中、尋諸道士、精進修道、以求長生。既到山中、見諸道士、心生歓喜、五体投地。作礼畢竟、具説前由所見、事相種種不同、観行不等。上白道士、願垂慈誨、

行作沙門。且当順時、快我私情。念已便還。仏知蓮華応当化度。化作一婦人、端正絶世。復勝蓮華数千万倍。尋路逆来、蓮華見之、心甚愛敬。即問化人、従何所来。夫主児子、父兄中外、皆在何許。云何独行而無将従。化人答言、従城中来、欲還帰家。雖不相識、寧可共還。到泉水上、坐息共語不。蓮華言、善。二人相将、還到水上、陳意委曲。化人睡来、枕蓮華膝眠。須臾之頃、忽然命絶。膖脹臭爛、腹潰虫出、歯落髪堕、肢体解散。蓮華見之、心大驚怖。云何好人、忽便無常。此人尚爾、我豈久存。故当詣佛、精進学道。即至佛所、五体投地。作礼已訖、具以所見、向仏説之。

77 賜示分別。道士告芙蓉曰、善哉善哉、汝能学道、
78 真是佳事。人生於世、皆有苦厄、不可常保。一者
79 少壮、後当必老。二者強健会帰死滅。三者六親
80 懽楽、不久別離。四者財宝積聚、理当分散。芙蓉
81 聞説、五情欣踊、叩頭自搏、願見成就、得免苦厄、如
82 蒙所請。学習不倦。道士於是即授芙蓉太玄
83 真一本妙際経、勧令修習、勿生厭倦、昼夜読誦、
84 冀当冥祐。芙蓉既受経已、晨夕誦念、数盈万遍、
85 神霊感通、召鬼使神、制伏魔精、所為自任。於尒
86 之後、更詣南浮洞天、見南極元君、進復資益、果
87 敢啓請。元君敢仍即賜芙蓉神策虎文无上妙
88 経、即得転身為男、白日飛行、遂成高仙。

仏告蓮華、人有四事不可恃怙。何謂為四。
一者少壮会当帰老。二者強健会当帰死。
三者六親聚歓娯楽会当別離。四者財宝積
聚要当分散。（中略。世尊の偈あり）
蓮華聞法、欣然解釈、観身如化、命不久停、
唯有道徳泥洹永安。即前白仏、願為比丘尼。
仏言善哉。頭髪自堕、即成比丘尼。思惟止
観、即得羅漢。諸在坐者、聞仏所説、莫不
歓喜。

杏雨書屋六一六には八十八行にわたって文字が記されているが、その一行目から五十二行目までは『本際経』譬喩品第三話、五十三行目から八十八行目までは『本際経』譬喩品第二話である。第三話の方は最初から最後まで全部書かれているが、第二話の方は冒頭部分が少し欠けている。

杏雨書屋六一六は五枚の紙を貼り合わせた写本で、第一紙は一行目から六行目まで、第二紙は七行目から三十四行目まで、第三紙は三十五行目から五十二行目まで、第四紙は五十三行目から六十六行目、第五紙（図6）は六十七行目から八十八行目までである。『本際経』譬喩品の話の順序から見て、第四紙・第五紙が第一紙の前に置かれるべきところであるのに錯簡が起こってこのような形になったものと思われる。『敦煌秘笈　目録冊』二二二頁、

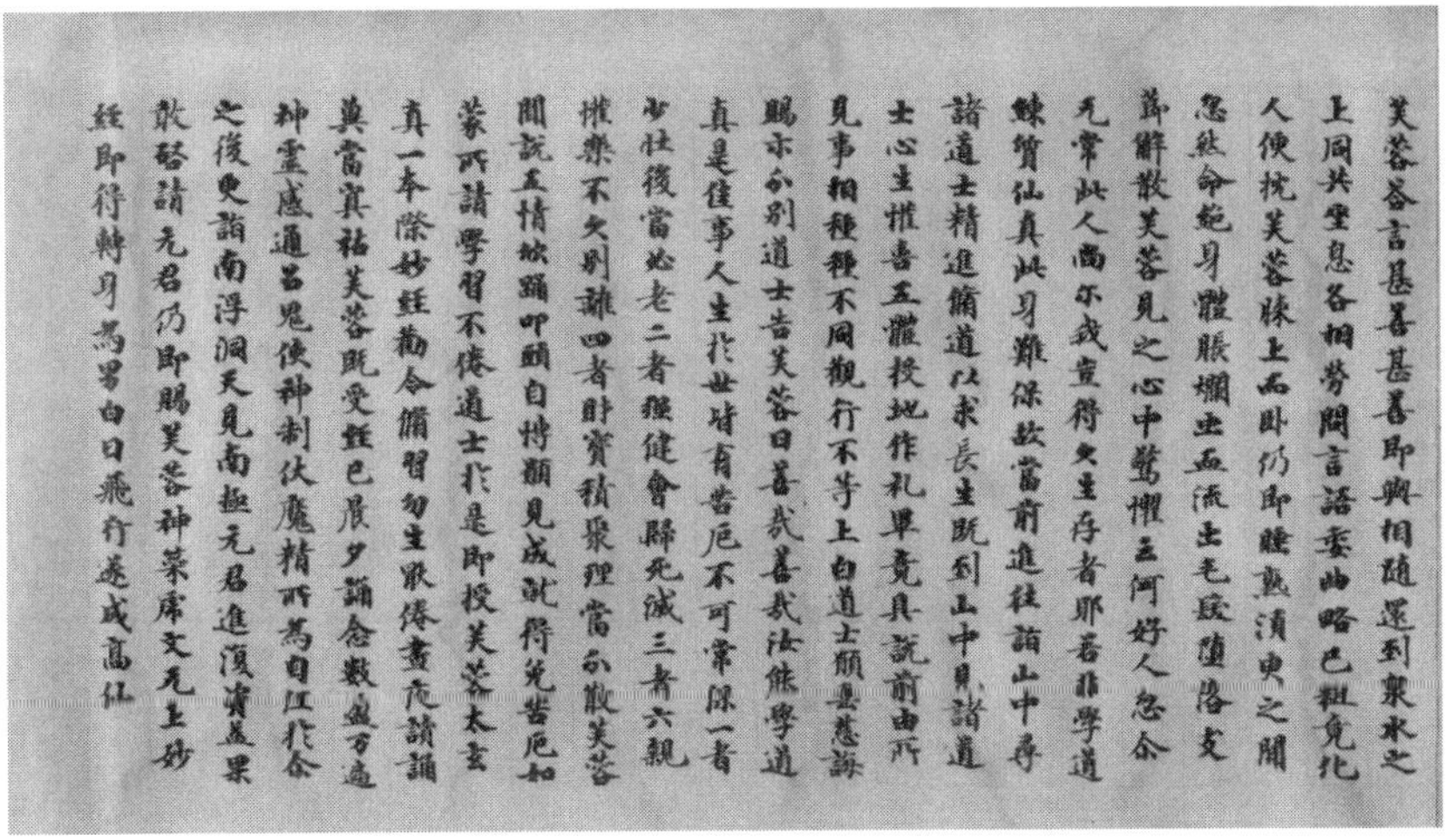

図6　杏雨書屋616第五紙

ならびに『敦煌秘笈　影印冊九』二四六頁に記すこの写本の情報のうち、「⑪記事」の「2．同異」の項に、「本写本、並ニ、大淵忍爾図録本間ニ八、錯簡アリ」とあるのは、このことを言っている。

　杏雨書屋六一六に記された部分について、『法句譬喩経』からの改変の状況を見ておこう。まず、一行目から五十二行目までは『法句譬喩経』象品第一話の翻案であるが、『本際経』は『法句譬喩経』の最後に見える世尊の偈を省略してしまっている。また、録文中に波線を付けて示したように、「羅雲」を「連珠」に、「賢提精舎」を「王屋山」に、「仏」を「太上（道君）」に、「沙門」を「道士」に、「羅漢道」を「飛仙」に変えるなど、仏教語や固有名詞を道教的な語彙に改めている。文脈を明らかにするために、『法句譬喩経』にはない言葉を補っている箇所（破線部）もあるし、「足」を「手」に、「剣」を「鈎」に変えるなど、細かな改変を行っている箇所（傍線部）もある。しかし、全体的に見て、改変箇所は比較的少ないと言えよう。

　それに対して、五十三行目から八十八行目までの、『法句譬喩経』無常品第五話の翻案の部分は改変が多い。世尊の偈を省略したり、仏教語や固有名詞を改めたり（波線部）、文脈を明らかにするために言葉を補ったりしている（破線部）のは、象品第一話の翻案の場合と同じであるが、話の結末部分（八十二行目「道士於是」以下）で、『法句譬喩経』の文を大幅に改変・増補しているのは注目される。『法句譬喩経』では「蓮華」が「比丘尼」となり「羅漢を得」たと短く述べているだけのところが、『本際経』では、「芙蓉に太玄真一本妙際経を授け」「鬼を召し神を使い、魔精を制伏し」「南浮洞天に詣り、南極元君に見え」「芙蓉に神策虎文无上妙経を賜う」「白日飛行」などと、道教の経典名・神名や神仙思想的な語彙を挿入して文章を膨らませている。これと同様に、話の結末部分を脚色することは、『本際経』譬喩品の第一話と第五話にも見られる。

以上、杏雨書屋六一六について考察した。右に述べたように、『本際経』巻七譬喩品の敦煌写本はこれまでに十三点あり、杏雨書屋六一六が加わって、もう一点増えることになった。杏雨書屋六一六は、テキストとして見た場合、これまでのものと比べて若干、文字の異同はあるものの、内容的に見て、新たに付け加えるようなことは特にない。ただ、杏雨書屋所蔵敦煌写本の公開によってあらためて確認できることは、『本際経』の敦煌写本の多さである。唐代において、『本際経』がいかに広く流布していたかをうかがい知ることができる。

そして、その『本際経』の中において、巻七譬喩品は仏典『法句譬喩経』からの翻案の物語ばかりを集めた異色の巻である。六朝時代中期以降、道教は仏教思想を積極的に受容して経典を作成していったのであるが、六朝末から唐代初期にかけては、仏教側から仏典の模倣であると批判されるような道教経典がいくつか作成されるに至った。玄嶷の『甄正論』は、そのような道経の筆頭に『本際経』を挙げている。その『本際経』の中でも、特に巻七譬喩品は仏典からの翻案が明白に認められる部分である。仏教側から見れば、これは仏典の模倣として批判するのは当然であろう。しかし、見方を変えて、広く中国宗教思想史という視点からすれば、これも道仏融合の一つの姿として見ることができる。そもそも中国に伝来した仏教は、神仙思想や老荘思想、あるいは儒家で強調される孝の倫理観念等、中国固有の宗教的観念と融合しながら展開してきたのであり、そのようにして中国で大きく成長してきた仏教からの刺激を受けて、道教は仏教と対抗すべく、仏教の諸要素を貪欲に吸収しようとした。その結果として生まれたものの一つが『本際経』であり、杏雨書屋六一六は、そのような意味で、六朝末・唐初期の道仏融合の様相を示す一例なのである。

第三章　京都国立博物館所蔵の敦煌道経

――「太上洞玄霊宝妙経衆篇序章」を中心に――

はじめに

日本の京都国立博物館は、道教関係の敦煌写本を二点所蔵している。『守屋孝蔵氏蒐集古経図録』(1) 五六頁に記載されている次の二点がそれである。

番号二五二　「太上業報因縁経巻第八」一巻

番号二五三　「太上洞玄霊宝妙経衆篇序章」一巻

このうち、前者の「太上業報因縁経巻第八」一巻は、首尾完具し、天宝十二載（七五三）に白鶴観で書写したという奥書がある。重要文化財に指定されており、日本国内に所蔵する敦煌道経としてよく知られている。

一方、後者の「太上洞玄霊宝妙経衆篇序章」一巻は、承聖三年（五五四）に道士朱世元が書写したという奥書があるが、この道経は道蔵（正統道蔵）には収められておらず、その成立については不明の点が多い。しかし、その内容から見て、六朝時代の霊宝経の成り立ちや六朝道教の展開を考える上で一つの示唆を与えてくれる興味深いものである。
そこで、本章では、この二つの写本の概略を述べるとともに、特に、後者「太上洞玄霊宝妙経衆篇序章」一巻について詳しく検討することにしたい。

一　京都二五二「太上業報因縁経巻第八」

まずはじめに、番号二五二「太上業報因縁経巻第八」の概略を見ておきたい。この写本については、『守屋孝蔵氏蒐集古経図録』五六頁のほかに、大淵忍爾『敦煌道経　目録編』九六～九八頁、同『敦煌道経　図録編』一六六～一七〇頁、王卡『敦煌道教文献研究——綜述・目録・索引』一一六頁にも記載されている。(2) 大淵忍爾氏はこれを「京都博物館蔵本二五二」と呼び、王卡氏は「京都二五二」と呼んでいる。ここでは、王卡氏と同様に「京都二五二」と呼ぶことにする。

京都二五二は、首尾完具した写本であり、首題と尾題が「太上業報因縁経巻第八」とあり、首題の次行には「生神品第十九」という品題がある。首題・尾題を除き、品題以下、全一八三行の文が存する。道蔵本の『太上洞玄霊宝業報因縁経』(道蔵第一七四・一七五冊) と比べると若干の文字の異同があるが、内容に関わるような大きな相異ではない。(3) 巻末に奥書があり、「天寶十二載六月　日白鶴観為皇帝敬寫」と記されている (図1)。尾題の周辺には、木筆による習字の跡があり、奥書の左には西蔵文が一行書かれている。また、巻末紙背には「常聞四海荒々生何无拯」と書かれた一行がある。

上述のように、京都二五二は国の重要文化財に指定されており、現在、その写真は「e國寶　国立博物館所蔵國宝・重要文化財」のウェブサイト (http://www.emuseum/jp) で公開されている。

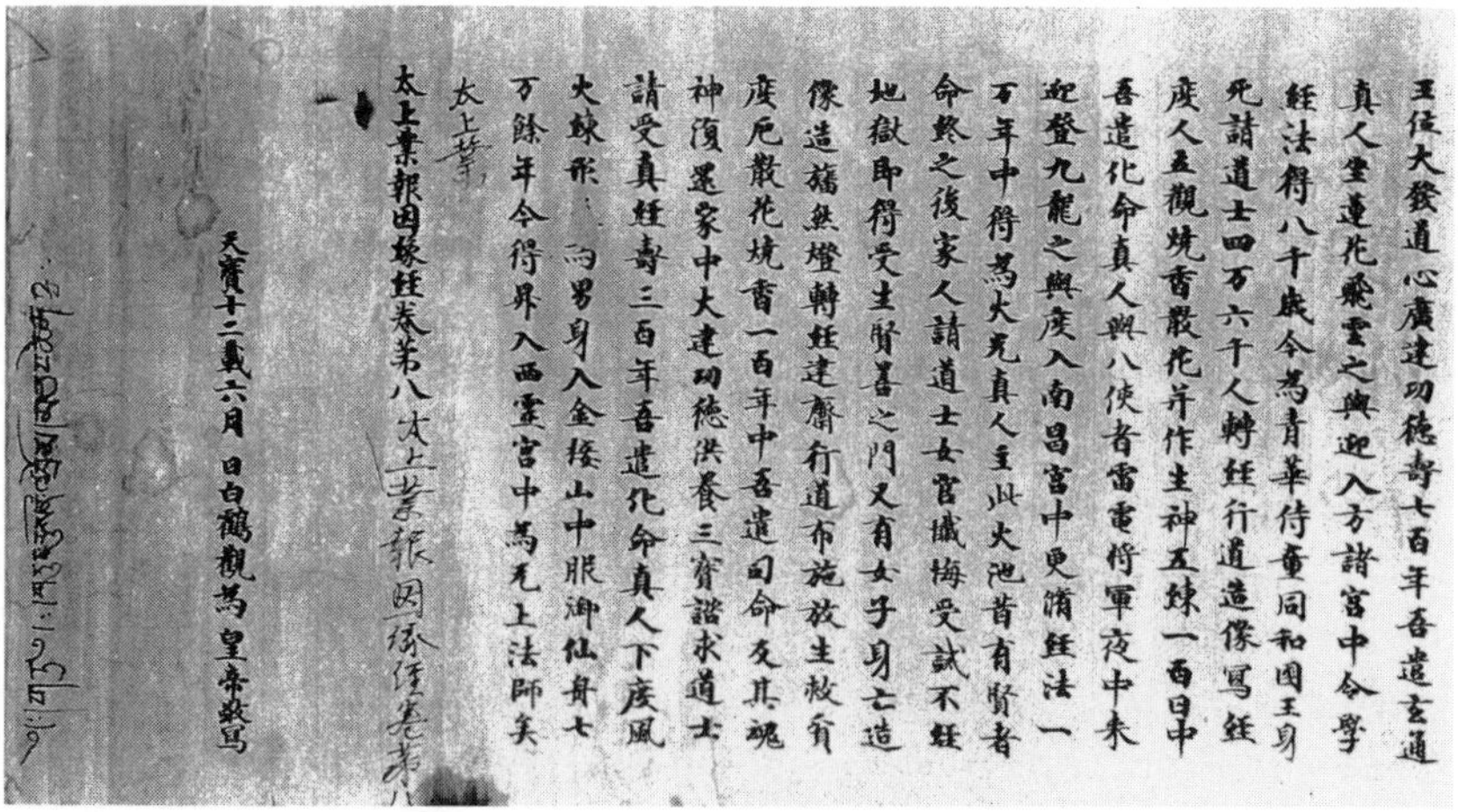

王位大發道心廣建功德壽七百年吾遣玄通
真人乘蓮花飛雲之輿迎入方諸宮中令學
經法得八千歳今為青華侍童同和国王身
死請道士四万六千人轉經行道造像寫經
度人五觀燒香散花并作生神五錬一百日中
吾遣化命真人與八使者雷電將軍夜中来
迎登九龍之輿度入南昌宮中更脩經法一
万年中得為大光真人主此火池昔有賢者
命終之後家人請道士女官懺悔受誡不經
地獄即得受生賢善之門又有女子身亡造
像造旛然燈轉經建齋行道布施放生赦有
度厄散花燒香一百年中吾遣司命受其魂
神復還家中大建功徳供養三寶諮求道士
請受真經壽三百年吾遣化命真人下度風
火錬形　　為男身入金棱山中服御仙丹七
万餘年今得昇入西靈宮中為无上法師矣
太上業
太上業報因縁經卷第八　太上業報因縁經卷第八
天寶十二載六月　日白鶴觀為　皇帝敬寫

図1　京都252「太上業報因縁経巻第八」

『太上洞玄霊宝業報因縁経』は全十巻の経典で、六朝末から隋唐の際の成立と考えられている。経題のとおり、業報因縁に関する事柄が詳細に説かれており、六朝道教が仏教の因果応報思想をどのように受容吸収したかを知ることのできる内容となっている。(4)京都二五二は、その巻八「生神品第十九」を書写したものである。

「生神品第十九」は、思想的に興味深い内容を持っている。一人一人の人間の業報因縁の始まりについて、「人始めて身を受くるや、皆　虚无自然中より来たる。黄を廻し白を転じ、気を構え精を凝らし、元父　神を生じ、玄母　形を成し、天を承け地に順い、陰陽を合化す。両半の因縁もて、其の骨肉を稟く。其の昔業に資りて今縁に会遇し、象を乾坤に取りて懐を日月に含み、陰陽変化して神識往来せざるは莫し」(京都二五二の六行目から一一行目)とか、「人の生を受くるや、未だ先業より来たらざる者有らず。故に神を稟け質を挺するに、各々因縁有り、罪福吉凶は、悉く其の業に従う」(京都二五二の一五二行目から一五三行目)というように、人の生がそこから始まる「虚无自然」から説き起こし、「気」「精」「神」「形」「陰陽」など中国固有の観念を用いつつ、その中に仏教の「縁」「因縁」の観念を織り込んでいる。ここに見える「両半」という語は、古霊宝経の一つである『太上洞玄霊宝智慧定志通微経』(道蔵第一六七冊)に見えるもので、このように人間の身体形成過程と業の観念とを結びつけることが六朝道教の因果応報の理論となっている。[5]「生神品第十九」には、その他に、身体の各部位に宿る体内神のことや、人々の善悪を監視するために天上から遣わされた神々のこと、あるいは、死者供養として焼香懺悔・造経造像・貧窮者の済度を行うことなどが説かれている。全体を通じて、中国固有の観念と仏教思想との融合が顕著に見られる興味深い巻である。

この『太上洞玄霊宝業報因縁経』は広く世に行われたようで、敦煌写本にも多くの点数が残っている。王卡氏の調査によれば、『太上洞玄霊宝業報因縁経』の敦煌写本は二十五点、トルファン写本が二点あり、巻八についても、敦煌写本が四点（京都二五二、スタイン一〇九一八、ペリオ二三六二、スタイン六〇六五）ある。[6] 京都二五二はそのうちの一つである。

京都二五二の巻末の奥書は、これが天宝十二年（七五三）六月に白鶴観という道観において皇帝（玄宗）のために書写されたことを示している。王卡氏の調査によれば、白鶴観という道観は、道教関係の敦煌写本の中では、他の三点にも見える。その第一は、北京故宮博物院所蔵「慈善孝子報恩成道経」の巻末の「天寶十二載六月　日白鶴観為皇帝敬寫」という奥書、[7] 第二は、ペリオ二二五七「太上大道玉清経」の巻末の「天寶十二載五月　日白鶴観奉為皇帝敬寫」という奥書、[8] 第三は、ペリオ三五六二V「斎醮度亡祈願文集」の文中に「今謹有白鶴観三洞某法師ム七之所崇設」とあるのがそれである。[9] 第一のものは、京都二五二の奥書と全く同文であることが注目される。白鶴観の所在地については、大淵氏はペリオ三五六二Vの説明の中で、「白鶴観は敦煌の代表的道観なのであろう」（『敦煌道経　目録編』三六三頁）とするが、王卡氏は敦煌説のほかに京師説もあるとしており（『敦煌道教文献研究――綜述・目録・索引』二九六頁）、詳細は不明である。

二　京都二五三「太上洞玄霊宝妙経衆篇序章」

次に、番号二五三「太上洞玄霊宝妙経衆篇序章」について見ていく。この写本については、『守屋孝蔵氏蒐集古経図録』五六頁のほかに、大淵忍爾『敦煌道経　目録編』七五～七七頁、同『敦煌道経　図録編』一〇四頁、王卡『敦煌道教文献研究――綜述・目録・索引』一〇六～一〇七頁にも記載されている。大淵忍爾氏はこれを「京都博物館蔵本二五三」と呼び、王卡氏は「京都二五三」と呼んでいる。本章では、王卡氏と同様に「京都二五三」と呼ぶことにする。

京都二五三は、首部残欠、尾部完具の写本で、尾題に「太上洞玄霊宝妙経衆篇序章」とあり、末行に「承聖三年三月七日道士朱世元書」と記された奥書がある（図2）。承聖三年（五五四）というのは、南朝梁の元帝の年号である。三三六行の文が存しており、六六二センチメートルに及ぶ長巻である。

京都二五三の尾題には「太上洞玄霊宝妙経衆篇序章」とあるが、その名称の文献は、道蔵には収められていない。しかし、これは、その題名から推測して、大淵忍爾氏・王卡氏がともに指摘するように、「霊宝中盟経目」（『三洞奉道科戒営始』巻四）に著録する「衆経序一巻」に相当するものと考えてよいであろう。

京都二五三の内容は、陸修静の「霊宝経目」に名が見える霊宝経（「古霊宝経」とも呼ばれる）のうちの三種の経典の文を抜粋したものである。その三種の霊宝経は、いずれも道蔵に収められている。それを便宜上ＡＢＣの記号を付して挙げておく。

Ａ『元始五老赤書玉篇真文天書経』（道蔵第二六冊）

Ｂ『太上洞玄霊宝三元品戒功徳軽重経』（道蔵第二〇二冊）

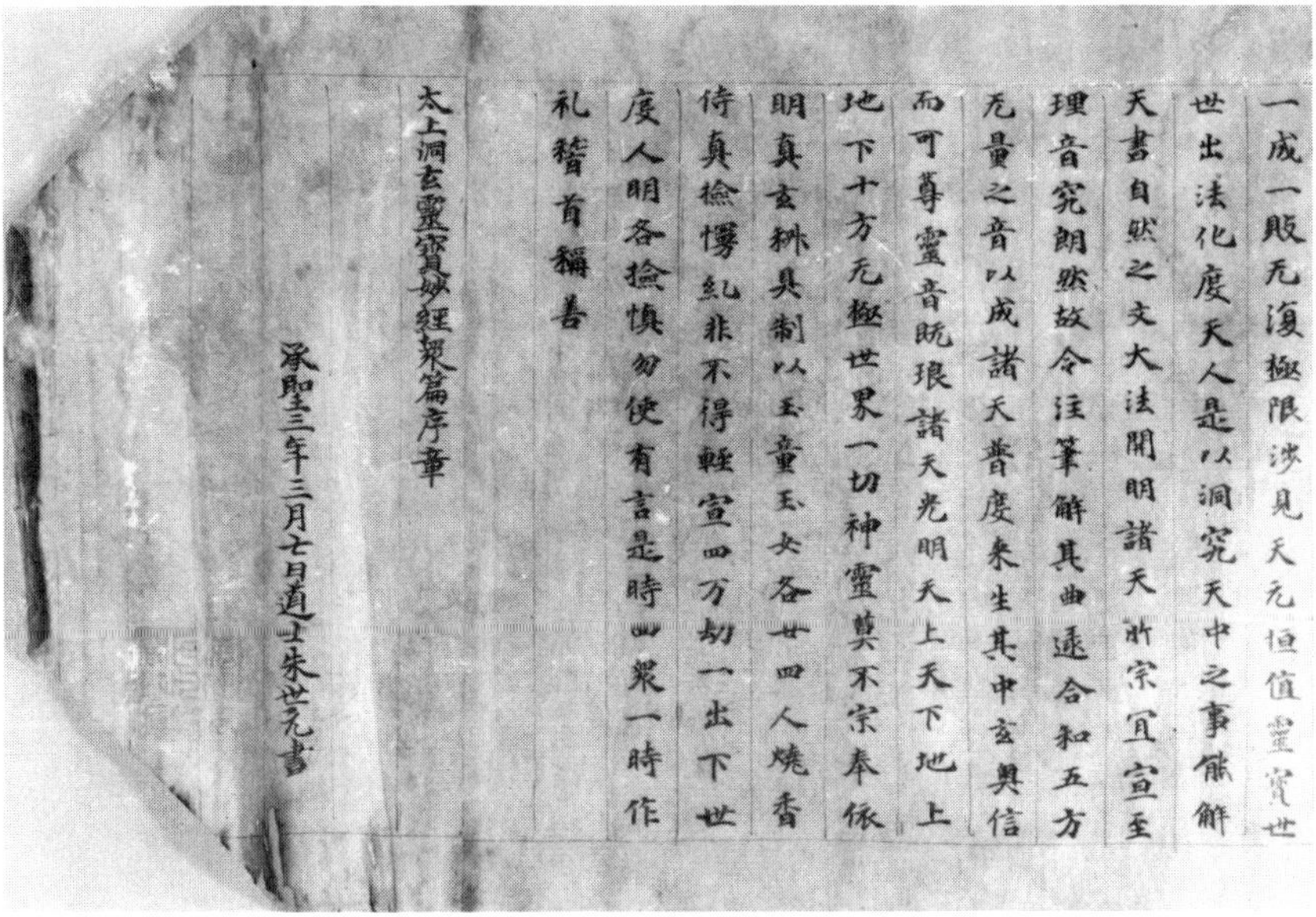

一成一敗无復極限涉見天元恒值靈寶世
世出法化度天人是以洞究天中之事備解
天書自然之文大法開明諸天祈宗宜宣至
理音究朗然故令注筆解其曲遠合和五方
无量之音以成諸天普度衆生其中玄奥信
而可尊靈音既琅諸天光明天上天下地上
地下十方无極世界一切神靈莫不宗奉依
明真玄科具制以玉童玉女各廿四人燒香
侍真撿惕紀非不得輕宣四万劫一出下世
度人明各撿慎勿使有言是時四衆一時作
礼稽首稱善
太上洞玄靈寶妙經衆篇序章
承聖三年三月七日道士朱世元書

図2　京都253「太上洞玄霊宝妙経衆篇序章」

C『太上霊宝諸天内音自然玉字』（道蔵第四九冊）

京都二五三の内容について、このABCとの対応関係に注目してまとめておくと、次のようになる。

1. 一行目から一六行目
首部が欠けていて原題を欠くが、内容から見て、「元始五老赤書玉篇真文天書経第一」という題であったと考えられる。上記A『元始五老赤書玉篇真文天書経』巻上の六b五行目から七b一行目までに相当する。

2. 一七行目から一二八行目
「三元品戒経道君問難罪福第二」の題がある。上記B『太上洞玄霊宝三元品戒功徳軽重経』の三二a一〇行目から巻末までに相当する。

3. 一二九行目から三三六行目
「霊宝諸天内音自然玉字下第三」の題がある。上記C『太上霊宝諸天内音自然玉字』巻三の一a三行目から七a四行目までと、巻四の二一b二行目から二六a四行目までに相当する。

以上が、京都二五三の内容である。

京都二五三について、これまで特に注目されてきたのは、その奥書のことである。上述のように、京都二五三には「承聖三年三月七日道士朱世元書」という奥書がある。南朝梁の承聖三年（五五四）という紀年は、道教関係の敦煌写本としては最も古いものである。(10) これをめぐって、大淵忍爾氏は、「確かに個人の手を転々することのなかったパリやロンドンの敦煌鈔本中の道経に関しては、六世紀のものは極めて少なく、然も総て北朝系の書法を伝えるものであり、且つ紀年を有するものは存しない。然るに本鈔本は梁末の紀年を有し、敦煌道経としては最古に属する、極めて特異なものである」として、その特異性に注目する一方、「ただ道蔵未収の衆篇序経は、六・七米或いはそれ以上に亘る長巻にあり、本鈔本以外はパリとロンドンとに各一点を存するのみで、他に存した形迹がなく、本文と奥書きとは同一人の手蹟の如くであり、今は暫く奥書きの紀年に従って扱うこととする」(11) と述べている。

ここで大淵氏によって指摘されたパリとロンドンとに存する衆篇序経の鈔本というのは、スタイン六六五九とペリオ二三八六である。ペリオ二三八六については、その後、王卡氏の研究によって、スタイン五七三三がペリオ二三八六と筆跡が同じで、内容も連続していることから、もともと同一抄本であったと考えられると指摘されている。(12) 王卡氏の指摘に従えば、京都二五三について検討するための資料として、スタイン六六五九とスタイン五七三三＋ペリオ二三八六の二件（写本の数としては三点）の敦煌写本が存在することになる。

まず、スタイン六六五九から見ていくと、これは、首部残欠、尾部完具の写本で、尾題に「衆篇序経」とある。全部で四一五行の文が存しており、七五〇センチメートルの長巻である。(13) スタイン六六五九の内容について、京都二五三の場合と同様に、上記ＡＢＣとの対応関係を記しておくと次のようになる。

1．一行目から六三行目

首部が欠けていて原題を欠くが、内容から見て、「元始五老赤書玉篇真文天書経第一」という題であったと考えられる。上記A『元始五老赤書玉篇真文天書経』の巻上、四a七行目から七b一行目までに相当する。

2．六四行目から一七六行目

「三元品戒経道君問難罪福第二」の題がある。上記B『太上洞玄霊宝三元品戒功徳軽重経』の三二a一〇行目から巻末までに相当する。

3．一七七行目から四一五行目

「霊宝諸天内音自然玉字下第三」の題がある。上記C『太上霊宝諸天内音自然玉字』巻三の一a三行目から七a四行目までと、巻四の二一b二行目から二七b七行目までに相当する。

以上が、スタイン六六五九の内容である。

次に、スタイン五七三三＋ペリオ二三八六について述べる。スタイン五七三三は首部・尾部ともに残損し、十一行の文が存する小断片であり、大淵忍爾氏はこれを『元始五老赤書玉篇真文天書経』を書写したものとして著録している(14)が、上記のように、王卡氏は、スタイン五七三三はペリオ二三八六と筆跡が同じで、内容も連続していることから、同一抄本として考えている。ペリオ二三八六は首部残欠、尾部完具の写本で、尾題はない。全部で三九六行の文が存しており、七二九センチメートルの長巻である(15)。

スタイン五七三三の内容は、上記A『元始五老赤書玉篇真文天書経』巻上の三a一〇行目から三b一〇行目までに相当する。

ペリオ二三八六の内容は、次のとおりである。

1．一行目から七〇行目

首部が欠けていて原題を欠くが、内容から見て、「元始五老赤書玉篇真文天書経第一」という題であったと考えられる。上記A『元始五老赤書玉篇真文天書経』巻上の三b一〇行目から巻末までに相当する。

2. 七一行目から一六四行目

「三元品戒経道君問難罪福第二」の題がある。上記B『太上洞玄霊宝三元品戒功徳軽重経』の三二a一〇行目から巻末までに相当する。

3. 一六五行目から三九六行目

「霊宝諸天内音自然玉字下第三」の題がある。上記C『太上霊宝諸天内音自然玉字』巻三の一a三行目から七a四行目までと、巻四の二一b二行目から二六a四行目までに相当する。

以上が、スタイン五七三三＋ペリオ二三八六の内容である。

この京都二五三、スタイン六六五九、スタイン五七三三＋ペリオ二三八六の三件（四点）の敦煌写本の相互関係を、わかりやすいように図で表示しておく（図3）[16]。

図3から明らかなように、ペリオ二三八六と京都二五三は同じところで終わっており、京都二五三にはその直後に尾題と奥書がある。一方、スタイン六六五九はそのあとも文が続いていて、それは道蔵本『太上霊宝諸天内音自然玉字』（上記C）と一致する。ペリオ二三八六と京都二五三のように、その箇所で終わるテキストと、スタイン六六五九のようにそのあとも文が続くテキストとの、二種類のテキストが存在したのであろうか。

もし、二種類のテキストが存在したとすると、ペリオ二三八六と京都二五三の両写本には、スタイン六六五九と比べた場合、テキストとしての親近性が認められるのであろうか。このことを検討するために、念のため、この三件（四点）の敦煌写本について、文字の異同を調べてみると、三件（四点）の敦煌写本の間で小さな文字の異同はいくつかあるが、内容に関わるような異同はほとんどない。ただ、その中で比較的注目されるものは、次の四箇所である。

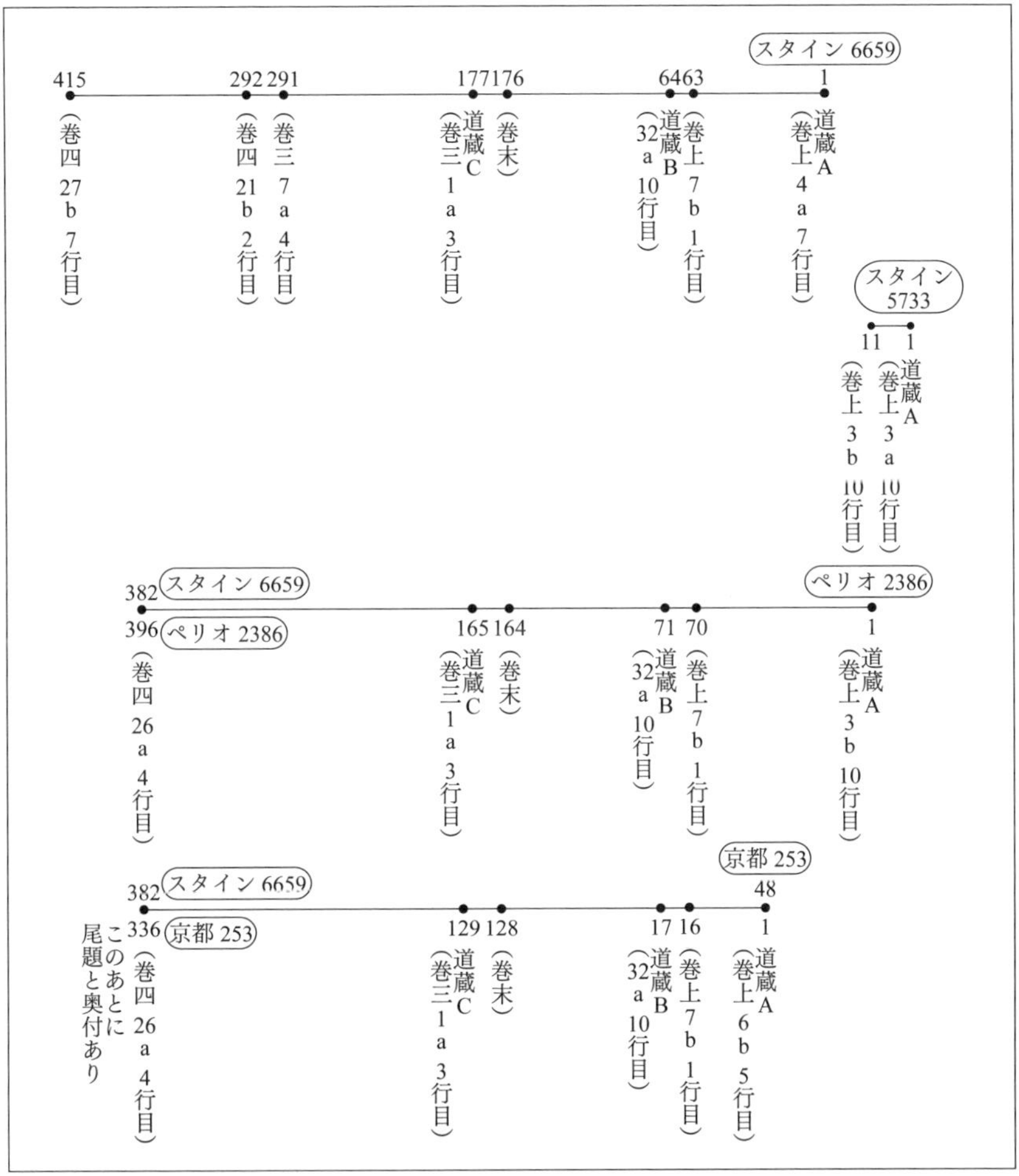

図 3　スタイン 6659，スタイン 5733 ＋ペリオ 2386，京都 253 の相互関係

1. スタイン六六五九の一四二行目「建立静舎」
ペリオ二三八六は書き直しの跡があり、「建立静観」に作る。京都二五三は「建立静寺」に作る。なお、道蔵本『太上洞玄霊宝三元品戒功徳軽重経』（上記B）はスタイン六六五九に同じく「建立静舎」に作る。

2. スタイン六六五九の一八五行目「当爾之日、天朗炁清」
ペリオ二三八六と京都二五三は、ともに「当天朗炁清」に作る。なお、道蔵本『太上霊宝諸天内音自然玉字』（上記C）は「当時、天朗炁清」に作る。

3. スタイン六六五九の二三二行目以下の誦
スタイン六六五九と京都二五三は一行四句（二十字）で書かれているが、ペリオ二三八六は、一行三句（十五字）。道蔵本『太上霊宝諸天内音自然玉字』（上記C）は、ペリオ二三八六に同じく一行三句（十五字）。

4. スタイン六六五九の二四一行目「无極大聖衆」
ペリオ二三八六は五字分が空格になっている。京都二五三は「元始出玉文」に作る。道蔵本『太上霊宝諸天内音自然玉字』（上記C）は、京都二五三に同じく「元始出玉文」に作る。

以上の四箇所のうち、1は、仏教語（「寺」）が道教的な語彙（「観」「舎」）に書き換えられるという事例に相当する。一般に、敦煌写本には道蔵本と比べて仏教語が多く使われていると言われているが[17]、この事例では、京都二五三だけが仏教語で、スタイン六六五九と道蔵本が道教的語彙、ペリオ二三八六は書き直しの跡があって道教的語彙になっているという、やや複雑な形になっている。

しかし、ペリオ二三八六と京都二五三が、テキストとして親近性が高いかどうかという観点から見た場合、以上に挙げた四箇所の相異点のうち、ペリオ二三八六と京都二五三が同じである例は2だけであり、必ずしも親近性が高いとは言いがたい。したがって、文字の異同の点から見て二種類のテキストの存在を想定することは困難である。

ところで、京都二五三には、真贋に関する議論がある。上述のように、大淵忍爾氏は京都二五三が六世紀南朝の紀年を有することに注目してその特異性を指摘しつつも、内容その他の点から、暫く紀年どおりのものとして扱うという判断をされたのであるが、藤枝晃氏は、京都二五三に使われた「徳化李氏凡将閣珍蔵」という九文字の収蔵印が偽造であることを主たる根拠として、これが偽物であることを主張された。[18]

本章は、京都二五三の真贋問題を論じることが目的ではないので、踏み込んだ考察を行うことはしない。ただ、栄新江氏の指摘するように、写本の真贋を考えるにあたっては、外形的な面だけではなく、その内容から判断することも重要であろう。[19] その点から見て、大淵氏が示唆し、王卡氏も指摘するように、道蔵に収められていない「太上洞玄霊宝妙経衆篇序章」なるものを偽造することは、その底本が存在していないのであるから、困難であったと言わざるを得ないのではないかと思われる。[20] ちなみに、もし京都二五三が偽物であるとすると、伝世文献が存在しない以上、比較的似た形のものとして、同じ箇所で終わっているペリオ二三八六をもとにして書写されたということも、一つの可能性として考えられるのかもしれない。しかし、右に述べたように、文字の異同から見た場合、ペリオ二三八六と京都二五三が近いとも言いがたい状況にある。したがって、その可能性も低いのではないかと思われる。

三　道教史から見た「太上洞玄霊宝妙経衆篇序章」

京都二五三の真贋問題のことはひとまず措いて、次に、「太上洞玄霊宝妙経衆篇序章」という文献の内容そのものについて見ていくことにしたい。

上述のように、「太上洞玄霊宝妙経衆篇序章」という題名の文献は道蔵には見えない。しかし、道蔵に収める道教類書の中に五箇所、「衆篇経云（曰）」とか「衆篇序云」として、断片的に引用されて、その佚文が見える。それを列挙しておくと、次のようになる。

1．『道門経法相承次序』（道蔵第七六二冊）巻上、一六a——「衆篇経曰」として、A『元始五老赤書玉篇真文天書経』巻上、五a三行目～五b三行目を引用。

2．『要修科儀戒律鈔』巻八、一五a——「衆篇経云」として、A『元始五老赤書玉篇真文天書経』巻上、五a六行目～七行目、および、C『太上霊宝諸天内音自然玉字』巻三、二b六行目～七行目を引用。

3．『三洞珠嚢』（道蔵第七八冊）巻七、二〇a——「衆篇経云」として、A『元始五老赤書玉篇真文天書経』巻上、三b一行目～四b五行目を引用。

4．『上清道類事相』（道蔵第七六五冊）巻三、二b——「衆篇経云」として、A『元始五老赤書玉篇真文天書経』巻上、五b三行目を引用。

5．『雲笈七籤』巻七、九b——「衆篇序云」として、A『元始五老赤書玉篇真文天書経』巻上、二a二行目～三行目を引用。

以上が、道蔵に収める道教類書に見える「太上洞玄霊宝妙経衆篇序章」の佚文である。以上に挙げたもののうち、前節で挙げた敦煌写本「太上洞玄霊宝妙経衆篇序章」（京都二五三、スタイン六六五九、スタイン五七三三＋ペリオ二三八六）と重なるのは、1番から4番である。5番の『雲笈七籤』の引用だけが、敦煌写本「太上洞玄霊宝妙経衆篇序章」には見えない。

このほかに、敦煌写本に残る道教類書の中に見えるものが一例ある。次に挙げるのがそれである。上記の1番から5番に続けて記しておこう。

6．日本国立国会図書館所蔵敦煌写本「道教叢書残巻」WB32-1(30)――「霊宝衆篇序経云」として、C『太上霊宝諸天内音自然玉字』巻四、二四b八行目〜二四b一〇行目を引用。[21]

結局のところ、現在、我々が知ることのできる「太上洞玄霊宝妙経衆篇序章」は、道蔵と敦煌写本に見える佚文を総合すると、次の①から③のような内容になる。

①A『元始五老赤書玉篇真文天書経』（道蔵第二六冊）巻上、二a二行目から三行目、および、三a一〇行目から七b一行目。

②B『太上洞玄霊宝三元品戒功徳軽重経』（道蔵第二〇二冊）三二a一〇行目から巻末まで。

③C『太上霊宝諸天内音自然玉字』（道蔵第四九冊）巻三、一a三行目から七a四行目、および、巻四、二一b二行目から二七b七行目。

現在、我々が知ることのできる「太上洞玄霊宝妙経衆篇序章」が、この文献の本来の姿をどの程度伝えているのかはわからない。しかし、少なくとも現存する文から見る限り、「太上洞玄霊宝妙経衆篇序章」に記載されているのは、A『元始五老赤書玉篇真文天書経』・B『太上洞玄霊宝三元品戒功徳軽重経』・C『太上霊宝諸天内音自然玉字』それぞれの経典の中において、共通の傾向を有する部分である。その共通の傾向とは何かということを、この文献のタイトルから考えてみることにしたい。この文献のタイトル「太上洞玄霊宝妙経衆篇序章」には、「序」という語が含まれている。この「序」という語が、この問題を考える手がかりになると思われる。なお、右に挙げたもののうち、1番から4番は、この文献を「衆篇経」と呼んでいて「序」という語は含まれていない。このことは別途考察の余地があろうが、ここでは「太上洞玄霊宝妙経衆篇序章」に記載された事柄に共通の傾向が見られることを指摘するのが主眼であるので、行論の都合上、仮に、「序」という語を用いることとする。

以下、①②③の順に具体的に見ていこう。

まず、①について。A『元始五老赤書玉篇真文天書経』という経典については、本書第一篇第二章第二節で詳しく見た。そこで述べたように、この道経の大半を占めているのは、宇宙の始原の時間に出現し、天地万物の秩序の源泉とされる「霊宝赤書五篇真文」と呼ばれる神秘的な文字（これはのちに霊宝斎や授度の儀式にも用いられることになる）についての具体的な説明である。『元始五老赤書玉篇真文天書経』は、道蔵では上中下三巻から成るが、現存する「太上洞玄霊宝妙経衆篇序章」の①は、その巻上であるので、ここでは巻上についてだけ述べることにしたい。巻上は四十二葉から成るが、冒頭から七b一行目までは、「霊宝赤書五篇真文」の由来や「霊宝」の定義など、「霊宝赤書五篇真文」についての総括的な事柄が書かれる。そして、そのあと七b二行目から巻上の終わり（四二b三行目）までは、東方・南方・中央・西方・北方それぞれの「霊宝赤書五篇真文」の秘篆文の形とその解説、「霊宝赤書五篇真文」の効験、および、元始五老が現出したという五帝（青帝・赤帝・黄帝・白帝・黒帝）真符なるものの形とその解説、五帝真符の用い方などか書かれている。今、仮に、「序」に対するものとして、「本文」という語を用いるとすると、「霊宝赤書五篇真文」およびこれと関連する五帝真符なるものの形や解説、用い方・効験などを記した実質的な部分（巻上、七b二行目以降）は、この経典の「本文」に当たり、「霊宝赤書五篇真文」についての総括的な記載（七b一行目以前の部分）は、「序」に当たると見なされていたようである。現存する「太上洞玄霊宝妙経衆篇序章」の①は、その「序」の部分に相当している。

次に、②について。B『太上洞玄霊宝三元品戒功徳軽重経』は、霊宝経の教理の基盤をなす因果応報ということがどのようにして成り立っているのかを説いたものである。道蔵本は一巻三十八葉から成る。冒頭から二二a四行目までのところでは、上元天官三宮三府三十六曹、中元地官三宮三府四十二曹、下元水官三宮三府四十二曹の名称と役割がずらりと列挙されている。これらは人々の功過罪福を司る官署を指し、そこでは、人々の行いの善悪に応じて仙界に行く人とそうでない人とを振り分ける仕事がなされているという。ついで、二二a五行目から三二a九行目までのところでは、「三元品戒罪目」という項目名のもと、天官・地官・水官の各曹が司る罪科、合計百八十条が具体的に列挙されたあと、上元・中元・下元の日（この日には神々が三元宮中に集合して人々の功過罪福・生死簿録の確認が行われるとされる）に、三元謝過の法に依って清斎を行うべきことが説かれている。

そのあとの三二a一〇行目から巻末までは、子孫が斎を行って祖先を供養することが、なぜ祖先の済度につながるのかということについて、太上道君が質問をし、天尊がそれに答えるという内容になっている。この太上道君と天尊との問答は、自業自得の原則に貫かれている仏教本来の因果応報説と、来世という観念を持たず家単位で因果応報を考えてきた中国の伝統的な観念との間に生じた相克と、それら両者の考え方を調整しようとした霊宝経の立場がうかがわれる興味深い箇所であり、これについては、すでに本書第一篇第一章第一節で考察した。現存する「太上洞玄霊宝妙経衆篇序章」の②の箇所というのは、ちょうどこの太上道君と天尊との問答の部分に当たっている。B『太上洞玄霊宝三元品戒功徳軽重経』の全体から見ると、この部分は、それまでのところで淡々と列挙されてきた功過罪福を司る仕組みについての記述を承けて、因果応報説に関わる根本的な問題点を自ら取り上げ、その正当性を説明した箇所である。B『太上洞玄霊宝三元品戒功徳軽重経』の主題である功過罪福を司る仕組みについての詳細な記述（功過罪福を司る官署や「三元品戒罪目」）は、この道経の中では「本文」と意識され、それ以降の、因果応報説に関わる根本的な事柄を問答の形で説明した文は、「序」であると意識されていたようである。現存する「太上洞玄霊宝妙経衆篇序章」の②は、この「序」に相当する部分である。

最後に、③について。C『太上霊宝諸天内音自然玉字』は、道蔵本では四巻から成る経典である。その全体の概要については、別稿で述べたことがあり[22]、本書第一篇第二章第四節でも少し取り上げた。この経典の巻一・巻二では、東西南北の四方それぞれに八天、合計で三十二天の「八会内音自然玉字」の形（符に似た形状のもの）と三十二天の名称、および、三十二天それぞれの「玉訣」なるものがずらりと列挙されている。

続いて、巻三の冒頭から七a四行日までは、巻一・巻二の無味乾燥な記述からは一転して、突如、物語風の文章になり、新たな劫の始まりの時に、神秘的な「霊書八会」(「八会内音自然玉字」と同じもの)の二百五十六字(三十二天のそれぞれに八字ずつ対応している)が天空に現れ、元始天尊がその意味するところを天真皇人に説明させ、その結果、衆生の罪が除かれて、全世界が一新されることが説かれる。この物語風の記述は、霊宝経の中心思想である「開劫度人」のことを具体的なイメージで表現したものとして注目される。現存する「太上洞玄霊宝妙経衆篇序章」の③の前半(巻三、一a三行目~七a四行目)は、ちょうどこの物語風の記述の箇所に当たる。

このあと『太上霊宝諸天内音自然玉字』は、巻三の七a五行目から巻四の二一b一行目まで、三十二天の各八字の文字の説明が長々と続く。これは天真皇人による「霊書八会」についての解説であると考えられ、天の「内音」と呼ばれる梵語的な響きを持つ神秘的な呪文のようなもののことが、「無量洞章」と呼ばれる五言詩を含めた言葉によって説明されており、きわめて難解な部分である。それが終わったあと、巻四の二一b二行目から巻末までは、天真皇人が自分の過去世のことを語るという形で、「龍漢以来」の長大な時間にわたる輪廻転生の歴史が述べられ、最後に、伝授の規定などが短く記される。現存する「太上洞玄霊宝妙経衆篇序章」の③の後半は、この巻四の二一b二行目以降の部分に相当する。

天真皇人の過去世からの生まれ変わりの歴史が『太上霊宝諸天内音自然玉字』の中に記されていることの意味を考えてみると、「霊書八会」という天から示された神秘的なものについて人々に解説した天真皇人は、非常に重要な神格であることを印象づける役割を果たしているように思える。元始天尊については、本書の第三篇第二章第三節で述べたように、『太上洞玄霊宝智慧定志通微経』の中に詳しい前世物語が記載されている。霊宝経の元始旧経の中で、前世のことがとりわけ長文にわたって記されている神格は、元始天尊と天真皇人である(左玄真人と右玄真人のことも元始天尊に付随する形で出てくるが、これは元始天尊の前世物語の一部分と考えてよいであろう)。

ちなみに、霊宝経の新経には、葛仙公の過去世のことが長々と記されている。これも、すでに指摘したように、新経において葛仙公がきわめて重要な役割を果たす存在であるからである(本書第一篇第三章第三節参照)。『太上霊宝諸天内音自然玉字』の中に天真皇人の前世のことを記すことによって、霊宝経の作者は、元始旧経において天真皇人が元始天尊に次ぐ重要な神格であることを示して権威づけ、そのことを通じて、天真皇人が解説した「霊書八会」なるものが、霊宝経の元始旧経の中で重要なものであることを示唆したと考えられる。現存する「太上洞玄霊宝妙経衆篇序章」の③の後半にあたる巻四の二一b二行目以降の部分は、そういう性格を持っている箇所である。

以上、現存する「太上洞玄霊宝妙経衆篇序章」の文①②③が、三つの霊宝経（A『元始五老赤書玉篇真文天書経』・B『太上洞玄霊宝三元品戒功徳軽重経』・C『太上霊宝諸天内音自然玉字』）のそれぞれの中でどのような部分に当たっているのかを確認した。①は「霊宝赤書五篇真文」や五帝真符の形とその用い方・効験などを記した実質的な部分が「本文」であるのに対して、「霊宝赤書五篇真文」の由来や「霊宝」の定義といった総括的な説明の文が「序」とされており、②では、功過罪福を司る官署のことや「三元品戒罪目」が「本文」であるのに対して、因果応報説に関わる根本的な問題点を説明した文が「序」であるとされている。また、③の前半では、三十二天の名称やその「玉訣」が「本文」であるのに対して、「開劫度人」の場面の物語的記述が「序」とされ、③の後半では、天真皇人による「霊書八会」の解説が「本文」であるのに対して、その天真皇人の前世についての話が「序」とされている。

今、仮に、「本文」という語を用いたが、それぞれの道経の中核部分を「本文」とすると、「序」は「本文」についての総括的もしくは補足的説明であると見なすことができる。この「本文」と「序」という区別は、霊宝経の成り立ちを考える上で興味深い問題を含んでいるように思える。上に述べたように、「本文」に相当するのは、①の「霊宝赤書五篇真文」や五帝真符、②の功過罪福を司る官署や「三元品戒罪目」、③の三十二天の名称・「玉訣」や「霊書八会」の解説などであるが、これらは本来、秘伝的要素の強いものに由来する場合が多いと考えられる。霊宝五符などの呪符信仰との関係が考えられる「霊宝赤書五篇真文」などはその見やすい例であろう。そして、そうした秘伝的要素の強い「本文」を多くの人々に公開し、その意義を説明した文が「序」であったと見ることができよう。「太上洞玄霊宝妙経衆篇序章」は、まさにそのような「序」を集めた文献であったと見ることができるのではないだろうか。

では、なぜ、霊宝経の「序」を集めた、このような文献が作られなければならなかったのであろうか。最後にこの問題を少し考えてみたい。

上にも述べたように、「太上洞玄霊宝妙経衆篇序章」は、「霊宝中盟経目」(『三洞奉道科戒営始』巻四)に見える「衆経序一巻」に相当するものと考えられる。「霊宝中盟経目」には、陸修静「霊宝経目」の中で「元始旧経」の中の「已出」と書かれた経典と、「新経」として名が挙がっている経典の名を載せたのちに、陸修静「霊宝経目」には見えない「霊宝上元金籙簡文一巻」「霊宝下元黄籙簡文一巻」「霊宝三元斎儀一巻」「霊宝明真斎儀一巻」「霊宝金籙斎儀一巻」「霊宝黄録斎儀一巻」など霊宝斎に関する書物多数と、「太上智慧上品戒文一巻」という戒に関する書物などを載せ、最後に「衆経序一巻」を載せている。

本書の第一篇第二章に述べたように、霊宝経の「元始旧経」は、宇宙論や救済論から修行論・養生論に至るまで体系立った経典群として構想されたものであったが、その全体が完成することはなく、未完のままで終わっていた。陸修静「霊宝経目」に「未出」と書かれた経典は「霊宝中盟経目」に名が挙がっていないことから、そのことは確認できる。霊宝経の作者たちは、「元始旧経」を完成させることをやめて、その代わりに、「新経」を作成し、さらには、霊宝斎に関する書物や戒に関する書物などの作成に力を注ぐようになったということになる。なぜそのようなことが起こったかを推測してみるに、そこには陸修静の時代から百年余りの間における道教の変化が背景にあったと思われる。それはつまり、霊宝経の教理・思想体系の構築という時代から、霊宝斎などの道教儀礼の場において用いられるマニュアル的な書物や、教団の中で実際に重要な意味を持つ戒律について記した書物など、実用的・実践的な内容のものが必要とされる時代への変化ということができるであろう。

霊宝斎や戒については、実は、「元始旧経」と「新経」において、すでに分散的に書かれていた。右に述べたように、①の「霊宝赤書五篇真文」や③の「霊書八会」などは、霊宝斎の儀式の中で実際に用いられるものであったし、②の「三元品戒罪目」のような戒の項目は、教団の中で実際的な重要性を持つものであった。その他にも、本書の第一篇第二章第五節で述べたように、「十善因縁上戒之律」「一十四戒持身之品」「上品十戒之律」「十二可従戒」(いずれも『太上洞玄霊宝智慧罪根上品大戒経』巻上)や、「智慧閉塞六情上品誡」「智慧度生上品大誡」「智慧十善勧助上品大誡」(いずれも『太上洞真智慧上品大誡』)など、霊宝の戒の主なものは、すでに「元始旧経」に出てきていた。しかし、それらの戒をまとめた小冊子のようなものがあれば便利だと考えられたことは容易に想像できる。ましてや、種類の多い霊宝斎の場合、個々の斎の執り行い方についてのみ記した単独のマニュアルがあれば、わかりやすかったであろう。

そのような斎や戒についての実用的・実践的な部分を集めて利用しやすい形にし、単独の書物として作るということが行われた。それは、そのようなことが必要とされた背景が、陸修静の時代から百年余りの間に生じたからであろう。そして、その一方で、そうした実用的・実践的な部分には入らない、「霊宝」の観念や「五篇真文」の総括的説明、因果応報説についての踏み込んだ解説、「開劫度人」の場面の物語的記述など、いわば霊宝経の理念に関わるような内容の部分が、「本文」に対する「序」と意識され、「衆経序一巻」なる書物が作られるに至ったのではないだろうか。そして、その「衆経序一巻」なる書物の編纂は、もし、京都二五三の奥書が信用できるものであるとするならば、南朝梁の承聖三年(五五四)よりも以前ということになるのである。

第五篇　唐代道教と上清派

第一章　則天武后期の道教

はじめに

老子が王室李氏の遠祖として尊崇され、全般的に道教優遇の政策がとられることの多かった唐代において、則天武后期はやや事情が異なり、仏教が非常に大きな勢力を持っていたことはよく知られている。武周革命を正当化するために弥勒仏下生の思想を『大雲経』に結びつけ、載初元年（六九〇）、長安・洛陽の両京および諸州に大雲寺が建立され、天下に『大雲経』が頒布されたこと、天授二年（六九一）四月に「釈教をして道法の上に在り、僧尼をして道士女冠の前に処らしむ」（『旧唐書』則天皇后紀）との詔令が出され、公式の席上では仏教が道教の上位に置かれたことがそれを端的に示している。その結果、仏教教団の勢力があまりにも強大化し、造寺造仏の加熱による国家財政への圧迫や偽濫僧の横溢などが、深刻な政治問題・社会問題となるほど、過度の仏教崇拝の状況を呈したのが則天武后期であった。

しかし、この時期には道教が全く顧みられなくなったわけではもちろんない。則天武后の周辺には、たえず何人かの道士がいて、武后の政治的あるいは個人的な要請に答えていた。また、ちょうどこの時期には、潘師正・司馬承禎らの道士が朝廷と関係を深めて頭角をあらわし、潘師正の師の王遠知が陶弘景の弟子とされて尊号を追諡されるというように、上清派道教がこの頃から台頭してきている。則天武后期の道教は、道教史の展開の上から見ても、興味深いものを含んでいるように思われる。

本章では、則天武后期の道教について、三つの事柄に焦点をあてて考察することにしたい。まず第一節では、嵩山から近年出土した金簡について取り上げ、出土文物史料を通して、則天武后の個人的な道教信仰とそれに関わった人物などについて考察する。次に第二節では、高宗・則天武后期に行われた投龍と封禅の儀式について取り上げ、国家祭祀としての投龍と封禅が、どのような人々によってどのように行われたのか、両者の関係はどうであったのかなどについて考える。最後に第三節では、王玄覧の『玄珠録』を取り上げ、則天武后期の道教学における心の概念について考察する。則天武后の個人的な信仰、国家祭祀としての道教の役割、および、この時期の道教学がどういう問題に関心を持っていたのかなどを検討することによって、則天武后期の道教の具体的な状況の一側面を明らかにしたい。

一　嵩山出土の金簡

一九八二年五月、嵩山の峻極峰において、則天武后の道教信仰を示す重要な文物が発見された。則天武后がみずからの罪の消滅を願って嵩山の山門に投じた金簡がそれである[1]。この金簡は、一九九八年から九九年にかけて日本で開催された「唐の女帝・則天武后とその時代展」において展示された。長さは三六・三センチメートル、幅七・八センチメートル、重量二二三・五グラム、厚さ一ミリメートルほど[2]のこの金簡には、次のような三行六十三字が楷体雙鉤で刻出されている（図1）。

図1　則天武后除罪簡

上言大周圀主武曌好楽真道長生神仙謹詣中
岳嵩高山門投金簡一通乞三官九府除武曌罪名
太歳庚子七匝甲申朔七乙⃝甲寅小使恧胡超稽首再拝謹奏

この中には、圀（国）、恧（臣）、曌（照）、匝（月）、乙⃝（日）の五種の則天文字が使われている。他の文字と比べて小さめに書かれた曌の字（則天武后の名）は、則天武后みずからの自署であろうと推測されている。(3) 刻文の内容は、大周国主の武曌が真道を好み、長生して神仙になることを求めて、中岳嵩山の山門で金簡一通を投じ、三官九府の神々に自分の罪名が削除されることを乞い願うというものである。その日付は、太歳庚子（久視元年、七〇〇）七月七日。(4) 嵩山に赴いて金簡を投じる役目を命じられたのは、胡超という人物である。

このように、罪の消滅と長生を祈る文を記した札（簡）を山中などに投じるのは、道教の投簡と呼ばれる儀式である。投簡の儀式は、金龍を投じる投龍の儀式を伴うことが多いので、「投龍簡」と呼ばれることもある。道教儀礼の整備に大きな貢献をした劉宋の陸修静（四〇六〜四七七）が著したとされる『太上洞玄霊宝衆簡文』（道蔵第一九一冊）には、中盟や大盟と呼ばれる授度の儀式の時に投龍簡が行われること、また、八節日と甲子の日には滅罪昇仙を祈って、「山、水、住する所の宅」の三つの場所において「三元玉簡を投ずる」ことを行うことが記され、その方法が具体的に示されている。

則天武后の金簡に見える「三官九府」というのは、人の生死をつかさどる神々とその官署を意味する語で、六朝後半期に作られた道教経典に多く見える。たとえば、『太上洞玄霊宝三元品戒功徳軽重経』（道蔵第二〇二冊）には、天地水の三官（上元天官・中元地官・下元水官）にあるという九宮九府一百二十曹についての詳細な説明がある。この三官九府には、一切の衆生の生死罪福を管理する簿録があり、衆生の行為はすべて身神を通じて三官の神々に知られているという。そして、三元の日、すなわち上元の正月十五日、中元の七月十五日、下元の十月十五日は、神々が集まって簿録の校定を行う日であり、この時に、すべてのものはその行為の善悪（功過）に従って、仙への道を歩むものとそうでないものに振り分けられ、前者は「青簿」に、後者は「黒簿」に名が記されることになるという。則天武后が三官九府の神々に自分の罪が削除されることを願ったのは、道教のこのような考え方が背景にある。

ただし、『太上洞玄霊宝三元品戒功徳軽重経』では、謝過を行うのは、神々が集合する三元の日であるということになっているが、則天武后がこの投簡を行ったのは七月七日である。投簡の日を七月七日とするのは、『無上秘要』巻四一「投簡品」に見え、ここでは、正月一日・七月七日・九月九日に「真仙簿録」の校定がなされるということになっている。七月七日は三会日（正月七日・七月七日・十月五日）の一つであり、『陸先生道門科略』（道蔵第七六一冊）によれば、この日には天官地神がことごとく師治に集まって文書を対校するとされている。則天武后の投簡が七月七日に行われたのは、単なる偶然ではなく、やはりしかるべく選ばれた日であったと考えられる。

次に、この金簡を、則天武后に代わって実際に嵩山に赴いてその山門に投じる役目を果たした胡超という人物についても見ておきたい(5)。この胡超は、すでに蔵中進氏が指摘されたように、『朝野僉載』巻五や『資治通鑑』巻二〇六に、則天武后のために長生の薬を調合した人物として名の見える洪州の僧胡超と同一人物であろうと思われる。(6) 則天武后がその薬を服用して病いが快方に向かったのが、ちょうど投簡の二ヵ月前に当たる聖暦三年(七〇〇)の五月であり、これによって、この月に久視と改元されたという。『朝野僉載』や『資治通鑑』に見える胡超と嵩山の金簡に見える胡超とは、同時期に則天武后の周辺にいて、武后に信任されてその不老長生に関わることを行っているわけであるから、同一人物と見てまず間違いないだろう。

この胡超は、則天武后期においてよく名の知られた道士であったらしく、特に二つの面で、道教史上、注目すべき事跡を残している。その第一は、東晋の許遜を祖師として洪州西山の游帷観を拠点に活動を続け、のちに浄明道へと発展していった教団、いわゆる許遜教団を唐代において復興したことである。これについては、秋月観暎氏の詳しい研究があり、胡超は許遜教団の唐代における中興の教主として位置づけられている。(7)『歴世真仙体道通鑑』巻二七「胡恵超伝」によれば、「能く神霊を檄召し、雷雨を駆奮す」る力を持っていた胡超は、荒廃していた游帷観を神力によって再興し、さまざまの霊異をあらわして西山の人々の信仰を集め、長安三年(七〇三)に世を去ったという。その間、何度か高宗と則天武后に召されて都に至り、則天武后のためには煉丹を行い、武后から書や詩を賜ったことも記されている。

胡超の事跡として注目すべき第二の点は、『歴世真仙体道通鑑』巻二七「胡恵超伝」に胡超の高弟として名が挙げられている臨川西山の黄華姑という女道士の求めに応じて、南岳魏夫人の仙壇の場所を指し示し、仙壇が発見されるきっかけを作ったことである。このことは、顔真卿の「撫州臨川県井山華姑仙壇碑銘」「晋紫虚元君領上真司命南岳夫人魏夫人仙壇碑銘」(ともに『顔魯公文集』巻九に収める)に見えるが、これについては、すでに吉川忠夫氏が顔真卿の文を紹介しながら要を得た解説をしておられる。(8) 魏夫人の仙壇を自分の力では探し出すことのできなかった黄華姑(黄令徽)が、洪州西山の胡超を訪ね、その場所を指し示されたのは、長寿二年(六九三)のことである。胡超の言ったとおりに臨川県の烏亀原から魏夫人の仙壇が発見され、その下から掘り出された尊像、刀鋸、油甕、燈盞などは、そのことを知った則天武后の命によって、すべて宮中に納められたという。

言うまでもなく、南岳魏夫人（魏華存）は、上清派道教の出発点となった東晋中期における茅山の神降ろしの場で、霊媒の楊羲にしばしば降臨してお告げや経典を授けた真人であり、上清派道教の最も重要な存在である。黄華姑が南岳魏夫人ゆかりの遺跡の発見に情熱を注いだのは、女性の真人である南岳魏夫人に対する、女道士としての深い敬慕の情からであろう。南岳魏夫人に対する信仰は、上清派道教の関係者、もしくは、魏華存ゆかりの土地で盛んであったことは、十分に考えられ、そのことを示す唐碑もある。魏華存が上真から経典を降授されたという河南の修武県にほど近い懐州河内県魏夫人の祠廟に垂拱四年（六八八）に立てられた「大唐懐州河内県木澗魏夫人祠碑銘」（路敬淳撰文、図2）がそれである。[9] この碑については、それが立てられた時期が、則天武后が女帝として即

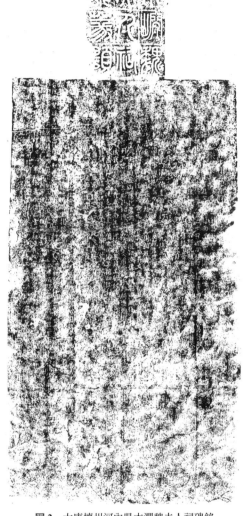

図 2　大唐懐州河内県木澗魏夫人祠碑銘

位する天授元年（六九〇）の二年前にあたることから、この碑の建立は、女帝即位に向けての則天武后の準備工作であろうという指摘がある。(10)黄華姑の熱意で発見された南岳魏夫人の仙壇から見つかった遺品を、則天武后がただちに宮中に納めさせたのも、則天武后のそうした政治的な動きと関係があるのかもしれない。

以上、一九八二年に嵩山から発見された則天武后の金簡について、その内容とそれに関連する事柄について述べてきた。嵩山の山門でこの金簡が投じられた久視元年の前年にあたる聖暦二年（六九九）二月には、則天武后は嵩山に幸して緱氏県を過り、升仙太子王子晋の廟に謁し、また、聖暦三年（七〇〇）の四月から閏七月まで嵩山の三陽宮に滞在し、その間の五月には、右に述べたように、胡超が調合した長生薬を服用している。そして、翌六月には、当時かわいがっていた張易之・昌宗兄弟に命じて文学の士李嶠らとともに『三教珠英』を編纂させたり、張昌宗を王子晋の生まれ変わりだと称して羽衣を着せて遊んだりしている。則天武后の嵩山における投簡の儀式は、このようにすでに晩年を迎えて長生への希求と道教への傾斜が強まった中で行われたものであった。

この金簡は、則天武后が自分自身の罪の消滅と不老長生を祈って行った投簡の儀式の遺品であり、個人的な性格のものであるが、一方、天子の行う投龍簡の儀式はもう少し政治的な意味あいを強く持つものとして施行されることもあり（この場合は投龍の語で呼ばれることが多い）、それはしばしば金籙斎など大規模な道教儀礼の一環として行われた。次節では、則天武后が深く関与していた、投龍を伴う道教儀礼と封禅の問題を考察することにしたい。

二　投龍と封禅

泰山の泰廟碑廊にある「岱岳廟」（その特殊な形態から雙束碑とか鴛鴦碑とも呼ばれる）には、唐の高宗・則天武后期から徳宗期に至る間に泰山で行われた二十余例の道教儀礼の記録が刻されている。この銘文については、『金石萃編』巻五三に収載され、フランスの東洋学者E・シャヴァンヌによる紹介と解説がある。[11]このうち、高宗・則天武后期のものは九例ある。それが行われた年月日、儀礼の中心人物、儀礼の内容は次のとおりである。

1. 顕慶六年（六六一）二月二十二日。東岳先生郭行真。七日行道、造像。
2. 儀鳳三年（六七八）三月二日。大洞三景法師葉法善。河図大醮、元始天尊の壁画。
3. 天授二年（六九一）二月十日。金台観主中岳先生馬元貞。行道、投龍、章醮、造像。
4. 萬歳通天二年（六九七）。東明観三洞道士孫文儁。行道、造像。
5. 聖暦元年（六九八）臘月二日。大弘道観主恒道彦。金籙宝斎、河図大醮、七日行道、投龍、造像。
6. 久視二年（七〇一）正月二日。神都青元観主麻慈力。投龍璧、斎醮。
7. 長安元年（七〇一）十二月二十三日。金台観主趙敬同。金籙宝斎三日三夜、一百二十槃醮、投龍璧、造像。
8. 長安四年（七〇四）九月八日。雲表観主玄都大洞三景弟子中岳先生周玄度。投龍璧、無上高元金玄玉清九転金房度命斎三日三夜、設醮。
9. 長安四年（七〇四）十一月十五日。大□□観威儀師邢虚応・法師阮孝波。金籙大斎四十九日行道、設醮、奏表、投龍薦璧、造像、本際経・度生経の写経。

以上の九例のうち、はじめの二例は高宗期のものであるが、実際には則天武后の意向が強く働いていたと考えられる（顕慶六年のものには「奉為皇帝皇后……」という文が見える）。あとの七例は、天授元年（六九〇）九月に則天武后が国号を周と改めて以後のものである。九例のすべてが、勅を奉じてその儀礼が行われたことを明記している。斎の名称を記しているもののうち、金籙斎が三例あり、投龍（投龍璧、投龍薦璧）が行われたことを記しているものは六例ある。また、造像（壁画も含めて）が行われたものは七例ある。

金籙斎は、『大唐六典』巻四に「金籙大斎。陰陽を調和し、災いを消し害を伏し、帝王国土の為に祚を延べ福を降す」とあるように、国家と皇帝の安寧招福を祈願する目的のものである。金籙斎のこのような性格づけは、すでに、陸修静の『洞玄霊宝五感文』（道蔵第一〇〇四冊）、『無上秘要』巻五三「金籙斎品」、法琳の『弁正論』巻二、『道教義枢』巻二などに見える。斎の具体的な手順については『無上秘要』巻五三に見え、『洞玄明真科経』からの引用として、斎に用いられる法具類のことや行道の日数、上啓文の内容、十方に向かって行う拝礼のことなどが記されている。その中で注目されるのは、「霊宝五篇真文」と金龍が用いられていることである。それによれば、「霊宝五篇真文」を中庭で丹書し、五つの案を五方に置き、それぞれの案の上に「真文」を一篇ずつ置く。また、五両の重さの金で五つの金龍を作り、それぞれ「真文」の上に一つずつ置くという。これと同じことは『洞玄霊宝五感文』にも見え（「霊宝五篇真文」のことは「五方天文」と呼ばれている）、斎の終了後、その「天文」は焼かれ、金龍は五色の繒（絹織物）とともに散じるという。「霊宝五篇真文」は、四世紀末から五世紀にかけて作られた霊宝経の中で重視されているものである。[12] 金籙斎においてこれが用いられたのは、これが霊宝派の活動の中から生まれたものであることをよく示している。[13] そして金龍はその儀礼の中で、「霊宝五篇真文」とともに五方を鎮める役割を果たしているものと考えられる（『無上秘要』巻五四「黄籙斎品」では、同じような役割をする金龍が「鎮龍」と呼ばれている）。

『洞玄霊宝五感文』や『無上秘要』巻五三では、金籙斎の終了後に金龍を山や川に投じることは言っていない（黄籙斎の時には投龍が行われることを明記している）が、のちの杜光庭（八五〇?～九三三）の著した『金籙斎啓壇儀』（道蔵第二六六冊）には、「又金龍五枚を須つ。〔注〕事訖れば山水に投ず」と記されている。上に表示した高宗・則天武后期の九例のうち、三例の金籙斎のすべてに投龍が行われている。また、それ以外にも三例、投龍（または投龍璧）が行われている。

投龍が投簡と同時に行われる時は、金龍は滅罪昇仙の祈りを書き記した簡を神々のもとに届けるために駅馬の役割を果たすべきものと考えられていた。たとえば、唐の玄宗は開元二十六年（七三八）に、道士の孫智涼に命じて、南岳衡山の紫蓋峰にある朱陵洞天において投簡を行わせているが、その時には銅簡とともに金龍が洞天に投じられ、その銅簡には「金龍駅伝」という文が記されていた（その告文は『八瓊室金石補正』巻五六に「南岳投龍告文」と題して収載する）。「金龍駅伝」という語は、陸修静の『太上洞玄霊宝衆簡文』などにもしばしば見える。投龍簡の儀式において、金龍は天地水三官の神々に簡を届けるという重要な役目を担っていたのである。龍にそのような、人間から神への祈りの伝達者という役割が任じられたのは、龍についての神話的観念（龍は人間世界と超越世界とを往来する能力を持つという考え方）が根底にあると見られる。(14)

上に示した高宗・則天武后期に泰山で行われた道教儀礼の中で出てくる六例の投龍も、国土を鎮め、その安寧を祈る気持ちとともに、天子自身の不老長生を祈る気持ちを託されて、金龍が山や川に投じられたものと見てよいだろう。長安四年（七〇四）に行われた二例は、九月のものは「聖寿の無窮」を祈ってなされた度命斎であり、十一月の時は、『本際経』『度生経』の写経が行われ「聖躬」の福を祈願しているから、どちらも、その投龍は、最晩年の則天武后の病気平癒と長寿を祈願するという性格の方がより強いと見られる。

上の九例の中で、天授二年（六九〇）二月十日に馬元貞によって行われた投龍を伴う儀礼は、国号が周と改められてから最初のものであるが、その碑文の中には、「聖神皇帝の敕を奉じて、大周革命に縁り、元貞をして五岳四瀆に往き、龍を投じて功徳を作さしむ。元貞　此の東岳に於いて行道章醮し、龍を投じて功徳を作すこと、十二（乙）夜なり」という記述があり、この儀礼が大周革命にちなんで行われたものであること、そして、この碑文は投龍を行う場所とされた五岳四瀆のうち、五岳の一つの泰山で行われた儀礼の記録であることがわかる。

この天授二年の泰山における投龍と一連の儀礼が、四瀆の一つである済水の源にある済源県の奉仙観において、翌天授三年（六九二）二月に、同じく馬元貞によって行われた。この記録として奉仙観の老君石像の碑側に刻まれていたものが、『金石続編』巻六に「馬元貞投龍記」と題して収められている。(15) そこにはやはり、「大周革命に縁り」勅を奉じて馬元貞が奉仙観に出向き、沐浴斎戒・懺悔行道を行ったこと、ついで済瀆廟の中でも行道し「御詞を宣読」したこと、章醮が終わって投龍を行うと太陽が五色に輝いたことが記されている。

このように馬元貞が則天武后の命を奉じて行った五岳四瀆（泰山と済水）での道教儀礼――投龍はその儀礼のしめくくりの位置を占めている――の目的は、シャヴァンヌも指摘しているように[16]、大周革命を山水の神々に報告することにあったと考えられる。

ところで、受命の天子がその功業を天地の神々に報告するための祭祀として、古くからの伝統を持つのは、秦の始皇帝、漢の武帝、後漢の光武帝らによって行われた封禅の儀式である。則天武后は早くから、封禅に対しても強い関心を持っていた。唐王朝最初の封禅の儀式は、高宗の麟徳三年（六六六）正月に泰山で行われたが、この封禅には実は皇后（則天武后）の意思が深く関与していた[17]。泰山での封禅を終えたのち、高宗は「又遍く五岳に封ぜんと欲」し（『旧唐書』礼儀志三）、上元三年（六七六）二月と調露元年（六七九）七月に、まもなく嵩山で封禅を行うとの詔が出されたが、いずれも事情により取りやめになっている[18]。さらに、永淳二年（六八三）正月から四月まで高宗は嵩山の奉天宮に滞在し、七月には、「将に其の年十一月を以て嵩岳に封禅せんとす」（『旧唐書』礼儀志三）との詔が出されたが、この計画も高宗の病いが重篤に陥ったため中止になった。

以上のような、高宗期における嵩山での封禅の計画の背後には、嵩山に住む道士潘師正と高宗・則天武后との緊密な関係が存在していたことについては、すでに吉川忠夫氏による研究がある[19]。吉川氏が指摘されたように、王適撰、司馬承禎書の「潘尊師碣」（『金石萃編』巻六二）によれば、茅山の王遠知に命じられて嵩山の逍遙谷に長らく住んでいた潘師正は、上元三年（六七六）に高宗の徴召を受け辞退しているが、これは右に述べた上元三年二月の封禅計画の詔の時期と相前後する。また、上述の調露元年（六七九）七月の封禅計画の詔の三ヵ月後に、高宗と則天武后は嵩陽観で潘師正と会見し、さらに高宗は逍遙谷の潘師正の住まいにまで赴き、そこに隆唐観を敕建している。翌調露二年には、嵩陽観を奉天宮となす制命が下され、隆唐観に住む潘師正と奉天宮に行幸した高宗との間に親しい往来が行われる。また、「潘尊師碣」によれば、上述の永淳二年（六八三）正月の高宗の奉天宮への行幸は、潘師正の昇去を高宗が予感したことと関連があるらしく、潘師正生存中の封禅を急ぐかのように、七月にはまたも嵩山での封禅計画の詔が出されている。これは、弘道元年（六八三）十二月の高宗の死、翌嗣聖元年（六八四）六月の潘師正の死によって結局実現されずに終わってしまったものの、以上のように、高宗・則天武后と潘師正との間に緊密な関係が生じる時期と嵩山の封禅が計画される時期とが重なっている。嵩山での封禅の計画は、どうやら潘師正の存在に依存するところが大きかったようである。そして、こうした封禅計画を通じて、吉川氏も指摘されるように、潘師正の地位と、その師の王遠知の地位、ひいては上清派（茅山派）道教の地位が高まったものと考えられる。

高宗・則天武后が潘師正を重視していたことは、『道門経法相承次序』（道蔵第七六二冊）に、中岳逍遙谷における唐天皇（高宗）と潘師正の間に交わされた問答が多く載せられているところからも知ることができる。潘師正が高宗に答えた内容は、存思の法に関すること、「道家の階梯證果」や天尊に関すること、神々の名とその居所、三十六天についての説明などで、存思の法などを除けば、必ずしも上清経だけに基づいて述べているのではなく、霊宝経や、仏教教理を多く受容して作られた道教経典も少なからず引用されている。

嵩山での封禅がようやく実現したのは、則天武后の万歳登封元年（六九六）のことであった。潘師正に師事し、その符籙と辟穀導引服餌の術を伝えられ、名山を遍遊したのち天台山に留まっていたという司馬承禎が、この封禅に何らかの形で関わっていたのかどうかは明らかではないが、その三年後の聖暦二年（六九九）二月八日に、師の潘師正のために王適が書いた「潘尊師碣」の文を、司馬承禎はみずから得意の隷書の書体で書いて、嵩山に碑を立てた。その時、ちょうど則天武后も嵩山に行幸していた（『旧唐書』則天武后紀）。陶弘景―王遠知―潘師正と続く上清派の道系[20]の継承者としての司馬承禎の地位は、この頃には確立していたものと思われる。

以上、則天武后が深く関与して行われた、投龍を伴う道教儀礼と封禅について、関連する事柄をもまじえながら、考察を加えてきた。投龍と封禅とを並べて取り上げたのは、この両者はよく似ている点があるからである。封禅は、受命の天子がその功業を天地の神々に報告する祭祀として古い伝統を持つものであるが、実際には、そういう政治的な意味あいだけではなく、天子が自分の不死登仙を祈願するという個人的な性格も強く、秦の始皇帝や漢の武帝の場合がそうであるように、封禅には儒者の他に方士が深く関与していた。封禅においては、祭文を記した玉牒・玉策は、その内容を秘したまま封じ込めるならわしであった。高宗の麟徳三年（六六六）正月に行われた封禅について、『旧唐書』礼儀志三には「帝親しく昊天上帝を山下に享す。封祀の壇は円丘の儀の如し。祭訖り、親しく玉策を封じ、石礮を置き、五色の土を聚めて之を封ず。図径一丈二尺、高さ九尺」とある。これは漢の武帝や後漢の光武帝の封禅に倣ったものと思われるが[21]、ここには、道教儀礼の投龍（投龍簡）――特に天子が行う投龍（投龍簡）、あるいは金籙斎の中でのそれ――との明らかな類似点が見られる。封禅の時の玉牒・玉策――これには不死登仙を祈る言葉が記されていたと思われる[22]――は、道教の投龍（投龍簡）では、祈りを書き記した簡（金簡・銅簡・玉簡）に相当する。また、封禅の時に玉牒・玉策を封じ込めるのに五色の土を用いるというのは、もちろん五行思想と関連しているが、これは、上に述べたように、金籙斎において「霊宝五篇真文」が五方に置かれ、その上に金龍が一つずつ置かれるというのとよく似ている。

このように、封禅と投龍（投龍簡）は、どちらも不死登仙の祈りを記した文を土中（または水中）に封じ込める（投じる）点、そしてその際に五行思想に基づく儀礼が行われる点において類似している。上に述べたように、馬元貞が泰山と済水において行った投龍の場合は、大周革命を山水の神々に報告するという性格を持っていたのであるから、これは封禅の本来の目的とも合致しており、なおさら封禅とよく似ていると言わなければならない。

則天武后は封禅と投龍というよく似た二つの国家祭祀の方法を用いて、自己の権力を誇示するとともに、みずからの不死登仙を祈願した。それが行われた場所は、麟徳三年（六六六）正月の封禅が泰山で行われたのちは、もっぱら、泰山では投龍が実施され、嵩山では封禅が計画・実施されるというように、両者が使い分けられていたようである。泰山での投龍を行った道士たちは、おそらく唐の宗教政策の中ですでにその地位を保証された道観の観主たちが中心で、これらの人々は『大唐六典』に記されたような斎儀——いわゆる霊宝斎[23]——に長じていたと考えられるのに対し、嵩山逍遙谷の茅屋に五十年間住み続けていた（「潘尊師碣」）という潘師正は、そういう道士たちとは趣きの異なる人材として、高宗・則天武后に見出され、封禅という伝統の儀礼を託すに足る人物と評価されたのではないだろうか。上清派はこのような状況の中から台頭し、次代の司馬承禎へとつながっていったようである。

三 「坐忘行心」——王玄覧『玄珠録』の「心」の概念

潘師正の弟子であり、玄宗期を代表する道教学者となった司馬承禎（六四七〜七三五）の主著とされるものに、『坐忘論』がある。[24] 坐忘という語は、言うまでもなく『荘子』大宗師篇に「肢体を堕《やぶ》り、聡明を黜《しりぞ》け、形を離れ智を去り、大通に同じくす。此れを坐忘と謂う」とあるのに基づく。『坐忘論』は『荘子』の坐忘の思想に基づきつつ、仏教の坐禅の思想をも多く吸収して書かれた、道教の心の修養の書である。坐忘という語、あるいは坐忘とよく似た概念で同じく『荘子』の人間世篇に見える心斎という語は、六朝末頃から唐代初めの道教において、いくつかの用例が見える。本書第一篇第四章に挙げたように、『道教義枢』巻二「十二部義」では、斎の功徳を「極道」（究極の道に至る）と「済度」の二種に分けて、三籙七品の斎（金籙斎・玉籙斎・黄籙斎の三籙と三皇斎・自然斎・上清斎・指教斎・塗炭斎・明真斎・三元斎の七品）が「済度」にあたるのに対し、「極道」とは「心斎坐忘」であると言っており、これとほぼ同文は、法琳『弁正論』巻二（大正蔵五二、四九七上）にも見える。[25] そして、これも同じ箇所で述べたように、「極道」の斎は、陸修静の『洞玄霊宝五感文』において、斎を「洞真上清の斎」と「洞玄霊宝の斎」の二法に分けているもののうち、「形を遺れ体を忘れ、無にして道と合す」と説明された「洞真上清の斎」と内容的に合致すると思われる。つまり、身体を忘却し、無の境地で道と一体化するというきわめて精神的な斎は、上清の斎と呼ばれており、儀礼的な側面よりも心の修養の方面に大きな関心を寄せたのが上清派の斎の特徴であったことを示している。

陶弘景は心斎（「道斎」とも表現されている）を重んじ、通俗的な霊宝斎に対しては冷淡な目を注いでいた。[26] 陶弘景のこのような態度に対して、則天武后期に書かれた玄嶷の『甄正論』は、きわめて高く評価している。『甄正論』は、はじめは道士として抜群の才能を誇っていた玄嶷が、のちに仏教に帰依してから、道教批判を目的として書いたものであり、批判の対象は、霊宝経、老子化胡説、河上公説話、霊宝斎、道教の教団組織、道教の戒律、道教が仏教の経典・教義を多く盗んでいる点など、諸方面に及んでいる。中でも、最も厳しく批判しているのは、霊宝経とその思想であり、人物で言えば、葛玄・陸修静・宋文明である。しかし、陶弘景については、「躬は道服を衣るも、心は仏法を敬」い、霊宝の法に対しては自ら論を著して非難した人物として、きわめて高い評価を与えている（大正蔵五二、五六八下）。『甄正論』のこのような記述から推測できることは、則天武后期において政治的・社会的に勢力を有し、仏教と敵対していたのは主に霊宝経の流れをくむ道教であったこと、陶弘景は霊宝経の作成に関与した葛玄・陸修静・宋文明らとは明らかに一線を画する人物であると考えられていたことである。

『坐忘論』が著されるに至った一つの要因として、『甄正論』のような批判をも考慮し、心斎を重んじた陶弘景の思想を継承するような形での道教の心の修養論をまとめる必要があるという意識が存在したのではないかと思われる。『坐忘論』成立の思想史的背景については、もちろん唐代初期の道教・仏教思想の全般を見通した詳細な検討をあらためて行う必要があるが、今、則天武后期の道教について考察している立場から、王玄覧の『玄珠録』に見える心の概念と坐忘の考え方について、以下に見ておくことにしたい。『玄珠録』は則天武后期の道教において心の問題や坐忘がどのように捉えられていたかを示す一つの重要な資料であると思われるからである。

『玄珠録』上下二巻（道蔵第七二五冊）は、成都の至真観の道士王玄覧（六二六〜六九七）の講義録を、弟子の王大霄がまとめたものである。『玄珠録』序（王大霄撰）によれば、王玄覧（諱は暉）は広漢綿竹の人で、予言に秀で、卜筮を事としていたが、四十七歳の時、益州長史李孝逸に礼遇されて、成都の至真観の道士となり、四方の人士の瞻仰を集めた。神功元年（六九七）、則天武后に召されて都に赴いたが、洛州三郷駅にまで至ったところで死去。著書には『老子口訣』『混成奥蔵図』などがあったという。王玄覧の学について、『玄珠録』序には、「二教の経論、悉く遍く披討」したと述べ、また、「恒に坐忘行心」を行っていたと述べている。

『玄珠録』には、道に関する事柄（道と物の関係、道と衆生の関係、道の本体、道性、道と煩悩、常道と可道など）、心に関する事柄、有無・体用・真妄・知見・定慧・空・色に関する論などが記載されており、全般にわたって、仏教の語彙・概念がきわめて多く用いられている。問答の部分も多く含まれていて、いかにも講義録らしい雰囲気を伝えている。その内容は、記述が断片的なこともあって、難解な箇所が少なくないが、心については、おおむね次のような説明をしている[27]。

「心と境とは、常に心を以て主と為す」（巻下、四b）、「心生ずれば諸法生じ、心滅すれば諸法滅す」（巻上、八b）というように、心は境（対象）や諸法に対して、主体となるものである。そして、「十方の所有る法は、一識一心の知なり」（巻下、三b）、「一心一念の裏に、並びに悉く古今を含む」（巻上、九b）というように、心は一切の存在、一切の時間を包み込んでいる。しかし、心はそれ自身としては本来空なるものであり、心の働きである知見や喜怒の感情は、「心は本は知無し、境と合して知と為る」（巻下、一五a）、「心中に喜怒無く、境中に喜怒無し。心境相対する時、中に於いて喜怒を生ず」（巻下、一九b）というように、境との相互関係において生じるものである。

知見や喜怒を離れ、煩悩を断ち切って解脱を得るためには、無心になり、心の働きを無にしなければならない。「心解脱とは即ち無心なり。無心なれば則ち知無し。……無心なれば則ち諸妄起こらず。一切各々定まり、復た相須ちて因待する者無し。……念無ければ則ち心無く識無く、亦た迷う者覚る者有る無し。是の故に行人は当に須く心を識るべし」（巻下、一二b）、「衆生は知見を起こすに随って心を生じ、善悪を造るに随って業を成す。造らざれば則ち業滅し、知見せざれば則ち心亡ぶ。心亡べば則ち後念生ぜず、業滅すれば則ち因亡び果尽く」（巻下、二一a）とあるのがそれである。

しかし、修道者は無心を得ることにばかり執着してもいけない。心を有・空・離有・離空のどれにもとどめることなく、また、「心を住せざらしむること莫く、無心に住せしむること莫く、中に於いて抑制する無く、之に任せて自在を取る、是れ則ち正行と為す」（巻下、五a）とあるように、あらゆるとらわれから自由になり、無心であることにすらとらわれず、すべてに自在であることが正しい行いである。大道は寂（息心）・非寂（不息心）・是寂是不寂・無寂無不寂の「四句」の中にある（巻上、九a）というのも、同じことを言っている。要するに、「身中の諸有は既に空、其の空も亦た空、心に天遊有り。空有倶に空、心は係る所無し」（巻上、六b）というような何者にもとらわれない心の状態、あるいは、「大人は玄本を握り、無心にして物に応じて通ず」（巻上、九a）という大人の境地が理想であり、その境地に達すれば「定慧二つながら倶す」（巻上、九b）ことができる。

以上が、『玄珠録』の心の説明の要点である。心境・諸法・識・業など漢訳仏典の用語を多く用い、空・因果・四句などの仏教理論を用いて、心と解脱の問題が説かれていることがわかる。しかし、その最終的な理想の境地は、『荘子』外物篇の「心に天遊有り」という語や、道家思想に基づく無心玄応なる大人の観念で説明されている。

このように、『玄珠録』の心の修養論が、結局のところ、「之に任せて自在を取る」というような境地を正しいあり方とするのは、人の本性に対する信頼感が根底にあると考えられる。「人心の正性、能く一切の法に応じ、能く一切の知を生じ、能く一切の用を運らし、而も本性は増減無し」（巻下、一九a）というように、人の心には、あらゆる事柄に対応する力を持ち、それ自体は不変であるところの正性が備わっていると見なされており、その正性は大道につながるものであって、道を行う者は正心を守り、正性を失わないようにしなければならないと説かれている（巻上、一二a）。

また、「坐忘」については、『玄珠録』では、「谷神不死。谷神に上下二養あり。存存は坐忘養、存は随形養なり。形養は形を将て仙なり、坐忘養は形を捨て真に入る」(巻下、六b)と言っている。『老子』第六章の「谷神不死」の解釈として、仙にまでしか到達できない随形養(形養)と、形体を超越して真に入る坐忘養の二種類の養を挙げているのであるが、このように、『老子』の本文に対して独特の解釈を施すことは、『玄珠録』の特徴の一つである。(28) ここで、坐忘は形体の不死の獲得にとどまる養生よりはレベルの高い養生法として取り上げられている。このような捉え方は、上に述べた二種類の斎のうちの「極道」の斎が「心斎坐忘」であると説明されていたのと相通じるものがあると言えよう。

『坐忘論』の内容については、次章で詳しく述べたいと思うが、以上に見たような『玄珠録』の心の概念と坐忘の考え方は、司馬承禎の『坐忘論』とつながる面を持っている。もちろん、『玄珠録』の場合は講義録であって、『坐忘論』のように心の修養論としての体系立った理論が展開されているわけではない。しかし、『玄珠録』の記述を通して、則天武后期の道教が「坐忘行心」の重要性を強く認識し、仏教教理学の心の捉え方を大幅に援用しつつ、心と解脱の問題を考えようとしていたことがわかる。そして、則天武后期の道教のそうした試みを経て、人の心性に関する中国固有の考え方に対する見直しも行われ、すでに六朝後半期から道教に取り入れられてきていた『荘子』の心斎坐忘に対する注目がより深まり、本格的な心の修養論としての『坐忘論』の成立に至ったのではないかと思われる。

おわりに

本章では、則天武后期の道教に関する問題として、嵩山出土の金簡、投龍と封禅、『玄珠録』の心の概念の三つを取り上げて考察した。ここで取り上げた三つの問題は、則天武后期という時間的な共通点を除けば、一見したところ、相互の関連性はそれほど密接ではないようにも思える。特に、第三節の『玄珠録』の考察は、第一節と第二節が道教儀礼に関連する事柄であったのと比べて、異質な問題を扱っている感がある。しかし、この三つの問題の考察を通じて、則天武后期の道教が有していた諸側面が明らかになるとともに、一つの共通するテーマが浮かび上がってくるように思われる。それは、上清派道教の伝統とその思想に対する再発見・再評価ということである。第一節で、嵩山の金簡に名の見える胡超という道士との関連で言及した女道士黄華姑による南岳魏夫人仙壇の発見とそれに対する則天武后の反応、第二節で見た嵩山における封禅計画の中での潘師正と上清派道教の地位の高まり、第三節で考察した『玄珠録』に見える心の問題に対する強い関心、これらはいずれも、東晋中期に興起し梁の陶弘景によって大成された上清派道教の伝統とその思想に対する再発見・再評価の動きにつながると見なすことができるのではないだろうか。なぜこの時期にそうしたことが起こってくるのか、その思想史的な背景はどういうものであるのか、則天武后期の思想・文化全般の状況の中での仏教と道教の相互の思想的影響関係なども含めて、詳細な研究が必要な問題であろう。

第二章　司馬承禎『坐忘論』について

――唐代道教における修養論――

はじめに

司馬承禎（六四七～七三五）は唐の則天武后期から玄宗期にかけて活躍した道士である。上清派の道系を継ぐ人物として位置づけられ、社会的にも大きな影響力を持っていた司馬承禎の著作は、唐代の道教思想を研究する上での一つの指標となりうるだろう。本章では、まず司馬承禎の生涯と現存する著作全般について概観し、その後、承禎の代表作とされる『坐忘論』を取り上げて検討することにしたい。[1]『坐忘論』は修養の方法について論じたものであり、これを検討することによって、唐代の道教における修養論がどのような性格のものであったのかが明らかにされるであろう。[2]

一　司馬承禎の生涯

司馬承禎（字は子微）は貞観二十一年（六四七）に襄滑二州長史司馬仁最の子として生まれた。[3] 本貫は河内郡温県。晋の宣帝司馬懿の弟である司馬馗の血筋をひく家系で、承禎より七代前の祖先には北魏の侍中・鎮西大将軍司馬楚之が、また四代前の祖先には北周の琅邪公司馬裔がいる。

承禎は若い頃から仕官の志は持たず、二十一歳の時に道士となって、中岳嵩山において道士潘師正（五八五～六八二）に師事した。潘師正は承禎に符籙・辟穀・導引・服餌などの道術を授けるとともに、承禎のすぐれた才能と熱心な修行態度を認めて、特に「金根上経」「三洞秘籙」「許真行事」「陶公微旨」など上清派の秘法をことごとく伝授した。ここにおいて承禎は、陸修静（四〇六～四七七）から孫遊岳（?～四八九）・陶弘景（四五六～五三六）・王遠知を経て潘師正へと伝えられた上清派道教の正式の継承者となったのである。

明確な資料はないが、おそらくは潘師正が死を迎える頃まで、嵩山において道術と道教理論との修得に努めた承禎は、その後、衡山・霍山・茅山など諸名山を遍遊する。この遍遊の体験は、後に『天地宮府図』（『雲笈七籤』巻二七）という著作として結実し、道教の霊地として、十大洞天・三十六小洞天・七十二福地がまとめられた。そして名山遍遊の後、承禎は天台山に居を定め、「白雲子」と号した。「白雲子」という号は、『荘子』天地篇の「千歳世を厭えば去りて上僊し、彼の白雲に乗じて帝郷に至る」という表現から取って、神仙への憧憬を表したものであろう。天台山中においては幾度か住居を変えた可能性はあるが、承禎が著した『素琴伝』（『全唐文』巻九二四）によれば、長安三年（七〇三）以降は霊墟という所に定住したらしい。[4] この霊墟は『天地宮府図』の中で、七十二福地の第十四番目に置かれており、承禎にとって重要な地であったことがわかる。

開元十五年（七二七）に玄宗の要請で王屋山に移り住むまでの数十年間、承禎は天台山に住んでいたのだが、その間に道士としての承禎の名声はしだいに高まって都にまで聞こえ、則天武后から一度、睿宗から一度、さらに玄宗から二度召し出されている。まず則天武后は都に来た承禎に手勅を降して讃え、承禎が天台山へ帰る際には、麟台少監李嶠（六四五〜七一四）に命じて洛橋の東で餞席を設けさせた。この時に李嶠が作った詩「送司馬先生」は今も残っている(5)。

次に睿宗から召されたのは景雲二年（七一一）のことである。睿宗は則天武后の時代に仏教よりも一段下に置かれていた道教を、仏教と同列に置くように改めたり、二人の娘を女冠にしたりするなど(6)、道教に好意的な皇帝であり、承禎を召す時も、承禎の兄の承禕の手助けを得て上京させるなどの配慮を払った（睿宗「賜天師司馬承禎三勅」の第一勅、『全唐文』巻一九）。承禎は睿宗に献上する鏡をたずさえて都に入り（同上、第二勅）、睿宗から道教に関する熱心な質問を受けた。睿宗の質問に対して承禎は、『老子道徳経』を尊重する立場を示すとともに、「道経の趣旨は『道を為せば日に損し、之を損して又損し、以て無為に至る』ということだ」と述べている。睿宗との会見の際、承禎は天台山に葛玄ゆかりの桐柏観を再建してほしいという要望を出したらしい。睿宗は台州始豊県に対して、司馬承禎に協力して桐柏観を再建すべしとの勅令（「復建桐柏観勅」、『全唐文』巻一九）を出している(7)。承禎は三ヵ月間都に滞在した後、天台山に帰った。『続仙伝』（『雲笈七籤』巻一一三）巻下によれば、承禎の帰山に際して百余人の公卿たちが詩を贈り、右散騎常侍の徐彦伯がそのうち特にすぐれた詩三十余篇を集めて『白雲記』と名づけて世に伝えたという。張説（六六七〜七三〇）の「寄天台司馬道士」と題する詩(8)は、あるいはこの時のものかもしれない。

ついで玄宗に召されて承禎が上京したのは、開元九年（七二一）と開元十五年（七二七）の二度である。開元九年には玄宗に法籙を授け、翌年玄宗から送別の詩「王屋山送道士司馬承禎還天台」(9)を賜って天台山に帰った。承禎がみずから鏡と剣を鋳造して、その解説図（図1）と説明の文章（『上清含象剣鑑図』、道蔵第一九六冊）を添えて玄宗に献上し、玄宗も御批と詩でそれに答えた（同上）のは、おそらくこの上京の時であっただろうと思われる。

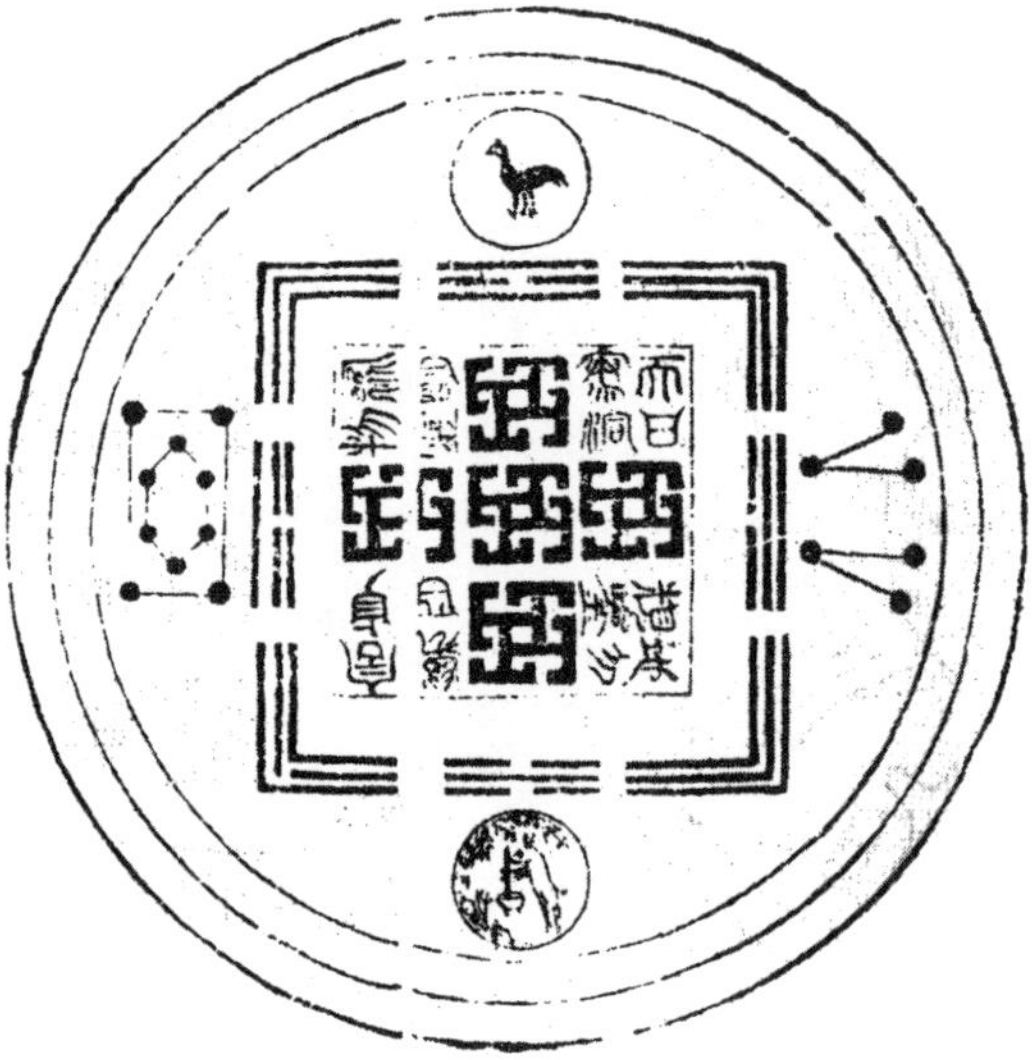

図1　含象鑑図

この後、開元十二年（七二四）に承禎は茅山と衡山を訪れ、茅山では陶弘景の功績を記念する碑石を建立し、その碑陰記（『茅山貞白先生碑陰記』、『茅山志』巻二二）を残している。また、この旅行の途中で承禎は江陵において若き日の李白（七〇一～七六二）に会い、李白には「仙風道骨」があると語ったという記録がある。[10]

開元十五年（七二七）に再び承禎は玄宗に召されて上京した。この時、玄宗は承禎に王屋山の中で形勝の地を選んで住まわせ、その居所を陽台観と名づけて、玄宗みずから題額を行った。王屋山は河南・山西省境にある山で、唐の東都洛陽から割合に近い。玄宗が八十一歳の承禎を都より遠く離れた天台山から王屋山に移らせ、また承禎もそれを拒否しなかった背後には、この頃以降しだいに道教信仰を強めてくる玄宗と、上清派の道系を継ぐ者としての承禎との、双方の思わくがあったと見られ、これ以後、玄宗と承禎との結びつきは急速に深まってくる。

まず開元十九年（七三一）に承禎は五岳の神祠について上言を行い、「今の五岳の神祠はいずれも山林の神を祭っていて、正真の神を祭っていない。五岳にはいずれも洞府があり、それぞれ上清真人が下降して治めている。上清真人の冠冕・章服、佐従の神仙には定められた名数がある。上清真人のために祠を建ててほしい」と述べた。玄宗はこれを受け入れて、この年の五月に、五岳にそれぞれ真君祠を置かせ、その形象・制度は承禎が道経の記述に基づいて制定した。これは五岳に上清真人の祠を建てることによって、五岳を上清派の宗教的世界観の下に置こうとした承禎の意図の表れであると見ることができる。[11]

次に、玄宗は承禎が三体の書（『続仙伝』によれば篆書・隷書・金剪刀書）に巧みであることから、承禎にこの三体で『老子道徳経』を書写させ、文字を校勘して、五千三百八十言の定本を作って奉上させた。資料による確認はできないが、玄宗が開元二十一年（七三三）正月に制令を出して士庶の各家に蔵させた『老子』が、この五千三百八十言の定本であった可能性が高く、また、武内義雄氏が指摘しているように、[12] 玄宗の開元注の経文は司馬承禎の刊定本であろうと思われる。

このように晩年を玄宗との深い結びつきの中で過ごした承禎は、開元二十三年（七三五）六月十八日、王屋山において八十九歳の生涯を終えた。玄宗は承禎に銀青光禄大夫を賜い、真一先生（貞一先生もしくは正一先生に作る資料もある）の号を与え、みずからその碑文を作ったという。

以上が、現在我々がたどることのできる承禎の経歴の大体である。若い頃から道士となって道教理論と道術の修得に努め、上清派の道系を継ぐ人物として、上清派の最高の地位にまで至った承禎は、則天武后・睿宗・玄宗の三代の天子から尊崇を受け、李嶠や張説、あるいは宋之問（?～七一二）や沈佺期（?～七一三）[13] らの宮廷詩人たちとも交わりを持つなど、朝廷や文化人との関係も深かった。したがって、承禎の思想や言動は、道教教団の内部のみならず、広く一般知識人の間でも注目されたであろう。そして、彼の著作は広い範囲で読まれたであろうと思われる。では、彼はどのような著作を残しているのであろうか。

二　司馬承禎の著作

承禎の著作で現存するものは、次の十種ある。

①『坐忘論』（『雲笈七籤』巻九四、道蔵第七〇四冊、および『全唐文』巻九二四）
②『天隠子』序（道蔵第六七二冊）
③『服気精義論』（『雲笈七籤』巻五七）
④『修真精義雑論』（道蔵第一三四冊）
⑤『天地宮府図』（『雲笈七籤』巻二七）
⑥『上清侍帝晨桐柏真人真図讃』（道蔵第三三四冊）
⑦『上清含象剣鑑図』（道蔵第一九六冊）
⑧『太上昇玄消災護命妙経頌』（道蔵第一六一冊）
⑨『茅山貞白先生碑陰記』（『茅山志』巻二二、および『全唐文』巻九二四）
⑩『素琴伝』（『全唐文』巻九二四）

このうち『坐忘論』（①）は、承禎の代表作とされるものであり、次節で詳しく検討する。次の『天隠子』序（②）は、『坐忘論』と同じく修養の方法について述べた『天隠子』という著作（著者は不明）につけられた序文である。『天隠子』は後述するように承禎自身の著作ではないかという説が出るほど、『坐忘論』の趣旨と類似するものであるので、次節で考察する。

『服気精義論』（③）は、道教の理想とされる不死の生命の獲得のための肉体鍛錬法を、服気（呼吸法）を中心に置いて解説したものである。その内容は、序文のあと五牙論・服気論・導引論・符水論・服薬論・慎忌論・五臓論・服気療病論・病候論の九項目に分かれていて、さまざまな服気法の説明、服気を行うに適した時間や天候、叩歯の回数や呪文のとなえ方、導引の行い方、丸薬の調合方法、病気が起こる原因、諸病状とその治療方法などが、きわめて実践的かつ具体的に書かれている。これらの記述は先行する諸文献から承禎が要点をまとめて整理したものであって、特に慎忌論以下の病気に関する記述は、『黄帝内景素問』を全面的にふまえている。[14]『修真精義雑論』（④）は、『服気精義論』のうち序文と五牙論と服気論がなくて、導引論以下の七項目がほぼ同文で載せられているものである。ただし、『服気精義論』の導引論では導引の行い方として第一運動しか記述されていないのに対して、『修真精義雑論』では第十七運動までが記述されており、また『服気精義論』の符水論では符水の理論が短く記述されているだけである（おそらく前書きにあたる部分だろう）のに対して、『修真精義雑論』では数種類の符の図柄とその呑服方法も記述されており、さらに、『服気精義論』の服薬論では記述されていなかった二種類の服薬方法（吐陰痰飲方と瀉陰宿沢方）が『修真精義雑論』には記述されている。そこで『服気精義論』と『修真精義雑論』がどういう関係にあるのかということが問題になってくる。この問題について、筆者は次のように推測している。唐の衛憑の「唐王屋山中巌台正一先生廟碣」（『全唐文』巻三〇六）には、承禎は『修真秘旨』十二篇を著したと記されており、その書名から考えて、これが『服気精義論』と『修真精義雑論』の原型であった可能性が大きい。したがって、『雲笈七籤』と『道蔵』が編纂される時点で、『修真秘旨』十二篇からの抄録のしかたが異なったために、『服気精義論』と『修真精義雑論』の差違が生じたものと思われる。

次に、『天地宮府図』（⑤）は前節でも触れたように、道教の霊地について整理したものであり、十六洞天と三十六小洞天と七十二福地に分類され、それぞれ霊地の名称と所在地、およびその地を統治する真人の名前が記されている。書名から考えれば、もともとは図を伴っていたらしい。このうち十六洞天はすでに六朝時代から見られるものので、たとえば『無上秘要』巻四（『道蔵』第七六八冊）の山洞品と洞天品に、『道迹経』からの引用として、『天地宮府図』のそれと同じ名称が見えている。また、三十六小洞天についても、陶弘景の『真誥』にその名称が見えていることから、[15]六朝時代にもあったことがわかるが、七十二福地はその第十四番目に承禎の住居があった天台山霊墟が挙げられており、[16]割合に新しいものであると思われる。なお霊墟は、のちに杜光庭（八五〇〜九三三）が『天地宮府図』の体裁に倣って著した『洞天福地岳瀆名山記』（『道蔵』第三三一冊）の七十二福地の中にも入っている。

『上清侍帝晨桐柏真人真図讃』(⑥)は、桐柏真人王君(周の霊王の太子王子喬)の行跡を主に『列仙伝』王子喬伝の話のすじに従って図と文章で説明したものである。[17] 桐柏真人は晋の興寧三年(三六五)に、茅山において楊羲に諸経を降授したと言われていて、もともと上清派道教にゆかりが深く、陶弘景の『真誥』の中で重要な真人の一人として挙げられている。これについては、本篇の第三章で詳しく考察することにする。

次の「上清含象剣鑑図」(⑦)は、前節でも述べたように承禎がみずから鋳造した鏡と剣を玄宗に献上した時に添えた解説の図と文章である。その解説文すなわち「含象鑑序」および「景震剣序」の詳細な注解と、ここに展開された鏡と剣の哲学についての思想的源流の究明はすでに福永光司氏によってなされている。[18]

『太上昇玄消災護命妙経頌』(⑧)は、太上老君が作ったとされる『太上昇玄消災護命妙経』[19]について、経文の一句ごとに五言四句の有韻の頌をつけたものである。この経は三百余字のごく短いもので、その中心的内容は、有無の見を離れ空と色の理を悟って染著を断ち切るべしというきわめて仏教的なものである。したがって、承禎の頌の内容も仏教の範囲を出るものではない。なぜ特に承禎がこの経を取り上げたのか理由は明確でないが、頌の中には「性」や「心」という語が何度も使われ、「観」や「智慧」についても述べられていることから、次節で検討する『坐忘論』とのつながりも考えられる。

『茅山貞白先生碑陰記』(⑨)は、すでに述べたように、承禎が開元十二年(七二四)九月に茅山を訪れ、上清派道教の四代前の祖である陶弘景の記念碑を建立した時に、その碑陰に刻すべく書かれた文で、その内容は当然のことながら陶弘景の功績を讃えたものになっている。

最後の『素琴伝』(⑩)は、天台山霊墟(承禎の住まい)の階前に生じた桐を、開元二年(七一四)に承禎がみずから切り落として琴を作り、その琴を「清素」と呼んで愛玩していることを記し、あわせて琴の由来や琴のすぐれた徳性について叙述したものである。中国において琴と書が古来の賢人君子、特に方外の士に非常に愛されてきたのはよく知られていることだが、承禎が三体の書に巧みであったという事実とあわせて、琴に対する愛情を述べた

この『素琴伝』によって、方外の十としての承禎の風雅な一面をうかがうことができる。(20)

以上、現存する承禎の著作についてその概要を述べた。著作は修養論・道術論・経頌その他きわめて多岐にわたっているが、全般的に見て、上清派の道系を継ぐ者として承禎の置かれた立場がうかがわれるものが多いことに気づく。すなわち、道教のシンボルである鏡や剣、真人や霊地について、図を附した解説文を書いていること（⑤⑥⑦）や、道術の実践方法を整理していること（③④）などは、後輩の道士や、道教に関心を持つ多くの人々（天子をも含めて）を対象として、指導者の立場からなされたものと見ることができよう。このように幅広い側面を持つ道教思想の整理と紹介・解説という面に、承禎の著作の一つの特徴があると言える。

三　『坐忘論』の内容とその特徴

『坐忘論』は道教信者のために修道の階梯を示したもので、その内容は、①信敬、②断縁、③収心、④簡事、⑤真観、⑥泰定、⑦得道、の七段階に分かれており、はじめに序文がある（なお『坐忘論』のテキストとしては、雲笈七籤本・道蔵本・全唐文本の三種があり、このうち道蔵本には、⑦得道のあとに「坐忘枢翼」が附されている）。

「坐忘」という語は、言うまでもなく『荘子』大宗師篇に「肢体を堕《やぶ》り、聡明を黜《しりぞ》け、形を離れ智を去り、大通に同じくす。此れを坐忘と謂う」とあるのに基づくものである。また序文において『坐忘論』に述べられた修養法のことを「安心坐忘の法」とも呼んでいるが、この「安心」ということは隋唐仏教において——特に天台宗や禅宗などで——重要な意味を有するものであった。(21) さらにまた同じく序文で、『西昇経』我命章の「我が命は我に在り、天に属さず」という語を引用し、人間の寿命は主体的な努力によって長く延ばすことができるものだと言っていることからわかるように、『坐忘論』で究極の目標とされる「得道」はあくまでも道教の理想である延命もしくは不死の生命の獲得を意味する。
以上のことから、『坐忘論』は修養論として道家思想を根底にふまえながら、隋唐仏教で問題になった「心」の安定方法を取り入れ、なおかつ道教の独自性と優越性を主張したものであることが予測され、それは則天武后期から玄宗期における唐代の道教の修養論を知る上での恰好の資料であると思われる。そこで本節では、まず「信敬」以下七つの修道の階梯を本文に即しながら順を追って検討し、次に道蔵本に残っている「坐忘枢翼」について言及し、ついで「坐忘枢翼」をも含めた『坐忘論』全体の特徴を考えてみることにする。

(1) 修道の階梯

①信　敬

この項では、道を信じ敬うことが修道の出発点であることが述べられる。すなわち、

如《も》し人　坐忘の法を聞く有らば、信は是れ修道の要なり。敬仰尊重し、決定《かならず》疑うこと無き者、之に加えて勤め行えば、道を得ること必せり(22)。

というように、「信」と「敬」を根本にし、その上に「勤行」を実践すれば道を得るという修道のおおよその道筋が提示されている。「信」と「敬」を強調することは、のちの宋学の修養論と同じである。また、この項では『荘子』大宗師篇の「坐忘」の定義（上述）を引用し、さらに説明を加えて、

夫れ坐忘とは何の忘れざる所ぞ。内は其の一身を覚えず、外は宇宙を知らず。

と述べているが、実はこれは『荘子』郭象注をそのまま用いているのであって、後述する「分」の思想とあわせて、『坐忘論』において郭象注が重視されていることがわかる。

②断　縁

修道の第二段階として挙げられているのは「断縁」である。「断縁」とは「有為俗事の縁を断つ」ことであり、これによって、

恬簡日ごとに就き、塵累日ごとに薄く、跡は弥々《いよ》俗を遠ざかり、心は弥々道に近づく。

ようになるとする。「恬簡」「心―跡」「道―俗」などはすべて道家思想の常套表現である。「断縁」という事柄自体は仏教の影響が顕著なのであるが、承禎は「断縁」のことを述べたものとして、『老子』第五十二章の「其の兌《あな》を塞ぎ、其の門を閉せば、身を終うるまで勤《つか》れず」という言葉と、『荘子』応帝王篇の「名の尸と為る無かれ。謀の府と為る無かれ。事の任と為る無かれ。知の主と為る無かれ」という言葉を挙げている。仏教からの影響が顕著なところでは、逆に道家思想を強く表面に出していることが注目される。

③収　心

「収心」は修道の七段階の中でもきわめて重要な位置を占めている。まず「心」については、

夫れ心は一身の主、百神の師なり。静かなれば則ち慧を生じ、動けば則ち昏を成す。

とか、

神の用は無方、心の体も亦然り。其の心の体を源ぬれば道を以て本と為す。但だ心神染められ、蒙蔽漸く深く、流浪日に久しければ、遂に道と隔たる。

と説明されている。心の本体は無方（限定が無い）であり、道を根本としているのであるが、動いて塵埃に染めら

れることによって、心の本体が蔽われて道と隔てられてしまうというのである。したがって、道を得ようとする者は身を静かに保たなければならない。そこで、

道を学ぶの初めは、要ず須く安坐すべし。心を収め境を離れ、有する所無きに住し、一物に著せざれば、自《おのずか》ら虚無に入り、心は乃ち道に合す。

とあるように、身を静かに保つための「安坐」ということが説かれるのである。「安坐」を行って「心を収め」物事に対する執着を断ち、「虚無」の境地に入って道と合一するという過程は、外の世界に向かって道を追求する過程ではなく、逆に自分の心の中に本来備わっている道に復帰する過程である。この復帰の過程については、

今若し能く心垢を浄除し、神本を開釈すれば、名づけて修道と曰う。復た流浪すること無く、道と冥合し、安んじて道の中に在り。名づけて帰根と曰う。根を守りて離れず。名づけて静定と曰う。静定日に久しく、病消え命復し、復して又続けば、自ら知常を得。知なれば則ち明らかならざる所無く、常なれば則ち永く変滅無し。生死を出離するは、寔《まこと》に此れに由る。

とある。これらは明らかに、『老子』第十六章の「夫れ物は芸芸《うんうん》たるも、各おの其の根に帰る。根に帰るを静と曰い、是れを命に復ると謂う。命に帰るを常と曰い、常を知るを明と曰う」という思想に基づきながら、若干道教的な改変がなされ（「病消命復」「永無変滅」）、かつ仏教的な表現も用いながら（「出離生死」）説明したものである。

このように、身と心を静かに保ち、外界のものを追求せずに心の中に存在する道に復帰しようとするのが「収心」の主要な内容であり、『老子』第十六章が拠り所とされていることがわかる。承禎はまた、「虚心」もしくは「安心」（ともに「収心」の言い換えと考えられる）について、次のような説明も行っている。

若し心　之（毀誉や善悪）を受くれば即ち心満つ。心満つれば則ち道は居る所無し。……心　外を受けざるを、名づけて虚心と曰う。心　外を逐わざるを、名づけて安心と曰う。心安らかにして虚なれば、則ち道は自ら来たり止まる。故に経に云う、人能く虚心無為ならば、道を欲するに非ずして道自ら之に帰す、と。

つまり、心を毀誉や善悪といった俗事で満たさずに、心を「安虚」にして、道が入るためのスペースを心の中に空けておけば、道は自然に心の中に入ってくるという説明である。そしてその論拠として引用されているのは、『西昇経』道徳章の言葉である。[23] ここで言われている「道」は、心を虚にすれば入ってくるもの、換言すれば人の心の中と外の世界とを自由に往来するものであって、道教で言われる「神」の一種（人の体内と天上世界とを往来するもの）に近いと言える。『老子』第十六章に拠って「収心」が説かれた場合の復帰すべき道が抽象的・哲学的であるのに比べて、『西昇経』に拠って説かれた場合の道がより具象的・宗教的であることが指摘できる。

以上が「収心」についての理論である。承禎はまた「収心」の行い方の正邪について述べ、次の四者を邪なるものとして挙げている。

若し心起皆滅し、是非を簡《えら》ばず、永く知覚を断たば、盲定に入る。

若し心の起こる所に任せ、一に収制すること無ければ、則ち凡人と元来別無し。

若し唯だ善悪を断ずるのみにして、心に指帰無く、意を肆にして浮遊し、自《おのずか》ら定まるを待てば、徒《いたずら》に自ら誤るのみ。

若し遍く諸事を行いて、心染まること無しと言えば、言に於いては甚だ美なるも、行に於いては甚だ非なり。

心の働きをすべて消滅させていたずらに空に埋没することや、逆に心に対して全く規制を加えなかったり、規制の基準を明確に持たないことを戒めているところからうかがわれるのは、「収心」はあくまでも地道に一歩ずつ実践

していかねばならないとする着実な考え方である。こういう考え方は、

縦《たと》い暫く安んずるを得るも、還復《また》散乱す。起こるに随って制し、務めて動かざらしめ、久久にして調熟すれば、自ら安閑なるを得。昼夜行立坐臥及び事に応ずるの時を問う無く、常に須く意を作して之を安んずべし。

という箇所にも表れていて、意識的に心を安定させるように努力し、その努力を長期間積み重ねることによって初めて「収心」の目的が達せられるとされている。

このような承禎の考え方に関連して思い出されるのは、承禎と同時代に生きた北宗禅の神秀（?～七〇六）と南宗禅の慧能（六三八～七一三）の二人の偈のことである。すなわち、神秀が「身は是れ菩提樹、心は明鏡の台の如し。時時勤めて払拭し、塵埃を惹《ひ》かしむること勿かれ」（『六祖壇経』行由品）という四句偈を作り、心の塵埃を払う努力の積み重ねによって悟りを得ようとする漸修の立場を表したのに対し、慧能は「菩提は本より樹無し、明鏡も亦た台無し。仏性は常に清浄なり、何処にか塵埃有らん」（同上）という偈で頓悟の立場を明らかにしたと言われるが、承禎の考え方は神秀と同じく漸修の立場である。開元二十年（七三二）頃、慧能の弟子神会（六八〇～七六二）が宗論をはって北宗を異端としてしりぞけ、その後は南宗が禅の主流となり、北宗はしだいに衰えたと言われているが、『坐忘論』は承禎の年齢から考えて、これ以前に書かれていたことはほぼ確実であり、北宗が優勢であった時代に、北宗と同じく漸修の立場を主張したものとして注目される。神秀は則天武后に召し出されて都にのぼり、長安・洛陽の人々から非常な尊崇を受けた人物であり[24]、同じく則天武后に召された承禎が、神秀と直接の交渉を持った可能性も皆無ではない。

④簡　事

修道の第四段階として挙げられている「簡事」は、第三段階の「収心」と密接な関係にある。「収心」の効果を

より多くあげるためには、自分が関与する事柄をできるだけ切り捨てねばならないという説である。そして切り捨てる場合の基準になるのは、己に与えられた「分」であるとされる。すなわち、

外に物を求むるも、内に己に明らかにして、生の分有るを知り、分の無き所に務めず。事の当有るを識り、非当の事に任せず。非当を事とすれば則ち智力を傷つけ、過分に務むれば則ち形神を弊《やぶ》る。身すら且《かつ》安んぜざれば、何ぞ能く道に及ばん。是を以て修道の人は、事物を断簡するに若くは莫し。

というように、己の「分」を過えたものを得ようとすれば肉体と精神を疲れさせて道に至ることができないから、己の「分」に合わせて関与する事物を切り捨てよと説いている。これは承禎も挙げているように、『荘子』達生篇の「生の情に達する者は、生の以て為す無き所に努めず」という思想、そして『荘子』のこの箇所の郭象注が「生の以て為す無き所とは、分の外の物なり」と言うように、特に郭象によって強調された「分」に安んぜよという思想を受けるものである。

⑤真　観

次に「真観」とは「智士の先鑒、能人の善察」であり、「収心」と「簡事」の結果得られる深い洞察力であるとされる。また、あらゆる執着を離れたあとでもう一度物事をふり返ってみること（「返観」）であり、「境を離るるの心を将《もっ》て境を観る」ことでもあると説明されている。承禎が修道の階梯の中に「真観」という項目を置いたのは、おそらく天台止観の「観」[25]からの影響があったものと思われるが、承禎はそれを『老子』第一章の「常に無欲にして以て其の妙を観る」という意味の「観」であると説明し直していることは注目すべきであろう。

この項では、さまざまな病を持つ者に対して、いかに観ずればよいかということが具体的に説かれている。まず、色（女色）の病が重い者に対しては、『定志経』の「色は全く是れ想なるのみ。想は悉く是れ空、何ぞ色有らんや[26]」

という語を引用しながら、色が空であることを観ぜよと述べ、貧困に苦しむ者に対しては、「私に貧しさを与えたのは天地でも父母でも他人でも鬼神でもなく、私の業によるのであり、天の命である」と観じ、自分の業や天命を怨んでもしようがないから、視点を変えてこれを楽しむようにせよと述べている。また、病気で苦しむ者に対しては、「病気は私の肉体が存在することによって起こるのだが、肉体はそもそも空なるものだから、苦しみを受けるものは実在しないのだ」と観じ、病気の苦しみは実は妄心から起こっていることを悟るべきだと述べている。以上のことからわかるように、観じ方の具体的な内容については、天命を楽しむという儒教的な思想と、空観によって苦しみを超越するという仏教的な思想が中心になっている。

　またさらに死を恐れ憎む者に対しては、

　若し生を恋し死を悪み、変化を拒違すれば、則ち神識錯乱し、自ら正業を失う。此れを以て生を託せば、気を受くるの際、清秀に感ぜずして、多く濁辱に逢う。蓋し下愚貪鄙は、実に此れに之由る。是の故に生に当りて悦ばず、死に順いて悪むこと無きは、一は生と死は理斉しきが為なり、二は後身に業を成すが為なり。

と説かれている。死に臨んで生への執着が強すぎれば、心が錯乱してこの世で作った正しい業を消失してしまい、死後、次の生を受ける時に、清気に感応せずに濁気に感応してしまって下愚な人間として生まれてしまうとするこの考え方は、清濁の気の受け方により人間の賢愚の差が生じるという中国の伝統的な思想[27]と、仏教の輪廻および業の思想との結合として興味が持たれる。

⑥泰　定

「泰定」とは「形は槁木の如く、心は死灰の若く、感ずること無く求むること無く、寂泊の至なり。定に心無くして定まらざる所無し」という状態であると説かれている。つまり「安心坐忘」が達成された境地と見られる。この「形如槁木、心若死灰」が『荘子』斉物論篇の語であるのをはじめ、「泰定」の項は全般的に『荘子』に拠っている。そもそも「泰定」という語も、『荘子』庚桑楚篇に「宇《こころ》泰《おお》いに定まれば天光を発す」と見えており、承禎はこれについて、

　心は道の器宇たり。虚静至極なれば則ち道居りて慧生ず。慧は本性より出で、適《ただ》に今有るのみに非ず。故に天光と曰う。

と解釈している。心は道の容れ物であって、心が虚静であれば道が完全な状態で存在するということは、すでに「収心」の項で見えたが、この「泰定」の項では新たに慧ということが問題にされている。そして慧は人の「本性」に由来するもの、すなわちあらゆる人間が本来的に具有しているものであり、心が安定すれば発現するものであると考えられている。つまり慧を得る過程は「澡雪柔挺し、純静に復帰すれば、本真の神識は稍稍《しだいに》自ら明らかなり。今時に別に他慧を生ずるを謂うに非ず」とも述べるように、新たなるものが生じるのではなく、隠されていたものが顕れてくる過程であると考えられている。

　心が泰いなる安定を得た結果として顕現してきた慧をどのように扱えばよいのかということが次に問題になってくるが、これについては、

　慧既に生じ已《おわ》らば、宝として之を懐き、多知を為して以て定を傷つくること勿かれ。

とある。すなわち慧はそのまま大事に保っておくべきであり、いたずらにこれを働かせれば定を傷つけてしまうとされている。この考え方は承禎も挙げているように、『荘子』繕性篇に、「古の道を治める者は、恬を以て知を養う。知生ずるも知を以て為す無し。之を知を以て恬を養うと謂う。知と恬と交ごも相養いて、和理は其の性より出づ」とあるのに基づいており、承禎は『荘子』の「恬」を定、「知」を慧として解釈し、(28)「智（すなわち慧）有れども用

いず、以て其の恬（すなわち定）を安んず」ることが大事であるとしている。

ここで承禎が「慧を用いず」と言っている意味は、多弁にならないこと、つまり慧によって知的に理解しえた「道」を他人に語って説明しないことである。ここでもまた『荘子』列禦寇篇の「道を知るは易く、言う勿きは難し。知りて言わざるは天に之《ゆ》く所以なり。知りて之《これ》を言うは人に之《ゆ》く所以なり」を論拠として挙げながら、

慧は能く道を知るも、道を得るには非ざるなり。……慧に因りて以て至理を明らかにし、弁を縦にして以て物情を感ぜしめ、心とともに事に狥《したが》い、類に触れて長じ、自《みずか》ら動に処るも心は常に寂なりと云う。焉んぞ寂者は寂以て物に待するを知らんや。此の行いと此の言は、倶に泰定に非ず。智は衆に出づと雖も、弥《いよ》々道に近づかず。

と述べ、多弁は心の安定を失わせる原因であるとし、慧によって道を知的に理解するよりも、多弁をつつしみ泰定を保持して道を体得することこそ重要であるとしている。

以上が「泰定」および慧についての承禎の説である。定と慧とを取り上げて問題にしたことについては、後述するように天台止観との関係が考えられるが、承禎の議論そのものは、『荘子』を下じきにし、『荘子』を祖述する形でなされていることに注目しなければならない。

⑦得　道

「信敬」以下、修道の六つの階梯を履み行った者は、いよいよ最後の「得道」の段階を迎える。「得道」の境地については、

心を谷神に空しくすれば、唯《これ》道来たり集まる。道に至力有りて、形神を染め易る。形は道に随いて通じ、神と

一と為る。形神合一す、之を神人と謂う。神性虚融にして、体に変滅無し。形之と同ず、故に生死無し。

とあり、空虚なる心に集まってきた道の力によって形（肉体）が「神」と合一し、生死を超越すると説かれている。そしてこのことを説いたものとして、『西昇経』民之章の「形神合同す。故に能く長久なり」という語が引用されている。「神」については特に説明はないが、抽象的には神秘的な力そのもの、具体的には天上世界の神が人間の体内に入り込んだものと見てよいだろう。そしてこれは「収心」の項でも触れたように、「道」ともほぼ同じ意味であると考えられる。

この「得道」の項では、肉体の不死を最終目標とする道教の独自性、特に仏教に対する道教の優位が大いに説かれている。すなわち、

然れども虚心の道は、力に深浅有り。深ければ則ち兼ねて形を被い、浅ければ則ち唯だ其の心に及ぶ。形を被う者は則ち神人なり。心に及ぶ者は但だ慧覚を得るのみにして、身は謝するを免れず。何となれば則ち慧は是れ心の用にして、用多ければ則ち体労す。初めて小慧を得て、悦びて多弁なれば、神気散洩し、霊の身を潤す無く、生は早終を致し、道は故《もと》より備わり難し。

というように、空虚なる心に集まってきた道の力には深浅の差があり、深い場合は形（肉体）にまで道の力が及んで「神人」になり不死の生命を得るが、浅い場合は道の力は心に及ぶだけで、「慧覚」を得ることはできても死は免れないと述べている。「神人」にまで至りうる道教の立場から、仏教は「慧覚」を得るだけだとの評価を下したものである。深浅の差が生じるのは、定に伴って生じた慧の扱い方の違いに依るとし、ここでも多弁を戒めていることから見れば、承禎は「慧覚」と「神人」の差——すなわち仏教と道教の差——は、慧によって道を知的に理解する面に重点が置かれるか、それとも定の純粋性を保ち体全身で道と冥合することに重点が置かれるかの差であ

ると考えていたと思える。

（2）「坐忘枢翼」について

（1）において『坐忘論』に述べられた修道の階梯について検討したが、これは『坐忘論』の本論にあたるものである。道蔵本ではこのあとに「坐忘枢翼」が附されている。この「坐忘枢翼」については、文献学上の問題が若干あるので、まずそのことについて見てみたい。

「坐忘枢翼」は道蔵本の『坐忘論』の序文に「略《ほぼ》七条を成し、以て修道の階次と為し、枢翼　焉《これ》に附す」とあるのに相応じて、道蔵本の『坐忘論』の末尾に附されているものである。ところが、雲笈七籤本と全唐文本では、やはり序文に「約して安心坐忘の法を著わし、略七条の修道の階次を成し、其の枢翼を兼ねて以て之を編叙す」とあるにもかかわらず、「枢翼」は附されていない。一方、『雲笈七籤』では巻十七の三洞経教部に、『洞玄霊宝定観経』（以下、『定観経』と記す）というものが注をつけた形で載せられており、この経は「天尊　左玄真人に告げて曰く」という言葉で始まっているが、それ以下の文は、若干の省略と文字の異同はあるものの、道蔵本の「坐忘枢翼」の文そのままなのである。そしてまた『定観経』とその注は、道蔵第一八九冊にも収められており、ここでは注を書いたのは冷虚子という人物になっている。

以上のような事実をどう考えればよいだろうか。筆者は一応次のように推測している。まず、『坐忘論』の三つのテキストの序文がいずれも「枢翼」に言及していることから考えて、承禎が『坐忘論』の末尾に「枢翼」を附したことは確実である。次に、「坐忘枢翼」は承禎自身が書いたものなのか、それとも『定観経』が先にあって、それを承禎が借用して『坐忘論』の「枢翼」としたのかということが問題になるが、これについては、省略のしかたや文字の異同のあり方から見て、「坐忘枢翼」が『定観経』の原型であったと考える方が自然である。したがって、承禎が著した「坐忘枢翼」を中唐～五代の間の人が『定観経』と名づけて独立させ、冷虚子という人物が注をつけたが、『雲笈七籤』の編者は巻十七にこの『定観経』を載せたために、これと同文の「坐忘枢翼」を『坐忘論』の末尾から取り除いたのだと思われる(20)(全唐文本に「坐忘枢翼」がないのは、全唐文本は全面的に雲笈七籤本に依っているからである)。

この推測に誤りがないとすれば、「坐忘枢翼」が定と観を説いたものとして、中唐～五代の道教徒たちの間で重視されていたことがわかり、ひいては当時の道教界に占めた『坐忘論』の重要性をもうかがうことができよう。「坐忘枢翼」はほぼ『坐忘論』の要点を整理したという性格のものであって、その内容は当然『坐忘論』の趣旨と重なるものが多い(30)。たとえば修道の階梯について「坐忘枢翼」に、

若《も》し心至道に帰し、深く信慕を生ずること有れば、先ず三戒を受け、戒に依りて修行し、終わりに在りて始めの如くして、乃ち真道を得。其の三戒とは、一に曰く簡縁、二に曰く無欲、三に曰く静心。此の三戒を勤め行ないて懈退無き者は、則ち道を求むるに心無くして道自《おのずか》ら来る。経に云う、人能く虚心無為ならば、道を欲するに非ずして、道自《おのずか》ら之に帰すと。

とあるが、このうち「信慕」は『坐忘論』の「信敬」に、「簡縁」は「断縁」に、「無欲」は「簡事」に、「静心」は「収心」にそれぞれ相当するものと見られ、最後に『西昇経』道徳章の言葉を引くのも、『坐忘論』の「収心」の項と同じである。

また『坐忘論』では長時間にわたる努力の蓄積によって心を安定させよということが言われていたが、「坐忘枢翼」でも、

戒に依りて心を息《やす》めるも、其の事甚だ難し。……久久に柔挻して、方《はじ》めて乃ち調熟す。暫く収めて得ざるを以て、遂に平生の業を廃すること莫かれ。少しく己を静めるを得れば、則ち行立坐臥の時、渉事喧閙の処、皆

須《すべから》く意を作して之を安んずべし。

とあり、「調熟」「行立坐臥」「作意安之」など『坐忘論』と同じ表現を使って漸修が説かれている。

さらに、『坐忘論』で問題にされていた定と慧のことについて、「坐忘枢翼」でも、

定の中に於いて急急に慧を求むること勿かれ。慧を求むれば則ち定を傷つく。定を傷つくれば則ち慧無し。定に慧を求めずして慧自ら生ず、此れ真慧なり。慧にして用いず、実の智は愚の若し。益々定慧を資して、雙《ふたつ》ながら美しきこと極まり無し。

として、定の中から自然に生じてくる慧を大切に扱って、定と慧の双方を完全な形で保持すべきことが説かれている。

以上の三例は「坐忘枢翼」と『坐忘論』との共通点があるが、一方、『坐忘論』では述べられていなかったことを新たに「坐忘枢翼」で説いているものがある。それは、修道の進み具合に応じて心身に表れるとされる兆候（五時と七候）のことである。まず、「心の五時」とは、第一は「動多静少」、第二は「動静相半」、第三は「静多動少」、第四は「無事則静、事触還動」、第五は「心与道合、触而不動」であるという。つまり、修行が進むにつれて、心の中から動が減少して静が増してくる過程を言ったものである。これはおそらく仏教の方で禅定や止観などに関して言われていたものを用いたのであろう。一方、「身の七候」とは、第一は「挙動順時、容色和悦」、第二は「夙疾普消、身心軽爽」、第三は「塡補夭傷、還元復命」、第四は「延数千歳、名曰仙人」、第五は「錬形為気、名曰真人」、第六は「錬気成神、名曰神人」、第七は「錬神合道、名曰至人」であるとされる。肉体を平穏に保って長寿を求めることから始まり、ついには肉体を「気」と化し、「神」と化し、「道」との合一に至ろうとするのは、不死をめざす道教の肉体の昇化のパターン(31)であり、道教独自のものである。

「坐忘枢翼」の最後は、「久しく宗を学ぶと雖も、心身に五時七候無き者は、促齢穢質にして、色謝して空に帰す。自《みずか》ら慧覚と云い、復 成道と称するも、これを通理に求むれば、実に未だ然らざる所なり。謬と謂う可し」と結ばれ、『坐忘論』と同じく、心の安定を説くだけの仏教に対して、身の永遠性をも説く道教の優越性を主張して終わっている。

(3) 『坐忘論』の特徴

『坐忘論』(「坐忘枢翼」をも含めて言う。以下同じ)は、おおよそ以上のようなものである。ここに述べられた修道の階梯を要約すれば、道を信じ敬うことから出発して、俗事を断ち、己の分以上のものを求めず、専ら安坐して心を落ち着かせることに努め、心の安定によって得られた深い洞察力で物事を正しい視点から観じ、また心の安定(定)の中から顕現してきた慧を大切に保持し、心に集まった道の力を肉体全体に及ばせて長久なる生命を得る、ということになろう。

ここで『坐忘論』の特徴をいくつか指摘しておこう。まず特徴の第一点は、仏教思想を多く受容して書かれたものであるということである。『坐忘論』には仏教用語が多く使われており、これまでに指摘したものの他にも、「生死の業」「来生の福」「愛見思慮」「仕無所有」「湛然常楽」「六根洞達」「道縁」「善巧方便」などが挙げられる。また、得道者の性格の一面を説明して、「一身を散じて万法と為し、万法を混じて一身と為す。智は無辺を照らし、形は有際を超ゆ。色空を総べて以て用と為し、造化を合して以て功と為す」というように、仏教的な表現が使われていることも注目される。

しかし、仏教思想との関連で何よりも大きな問題は、『坐忘論』が書かれたそもそもの契機として、天台宗や禅宗をはじめとする当時の仏教界において坐禅の実修が大いに問題にされていたことがあり、『坐忘論』は仏教側の坐禅の論に刺激を受け、いわば道教側の「坐禅」論としてまとめあげられた著作であったと思われることである。

仏教側の坐禅の論の中で『坐忘論』に最も大きな影響を与えたのは、天台智顗（五三八〜五九七）が初心者のために著した坐禅の指導書で、七世紀には広く行われていたとされる『修習止観坐禅法要』（一名『天台小止観』。以下、『天台小止観』と記す）であると考えられる。

『天台小止観』では修道の階梯を、①具縁、②訶欲、③棄蓋、④調和、⑤方便行、⑥正修行、⑦善根発、⑧覚知魔事、⑨治病、⑩証果、の十段階に分けているが、これと『坐忘論』の修道の階梯（①信敬、②断縁、③収心、④簡事、⑤真観、⑥泰定、⑦得道）とを比較してみると、その内容から見て、『坐忘論』の②と④が『天台小止観』の①〜③に相当し、『坐忘論』の③と⑤が『天台小止観』の⑥に、『坐忘論』の⑥が『天台小止観』の⑦に、『坐忘論』の⑦が『天台小止観』の⑩にそれぞれ相当すると考えられる。もちろん説明のしかたに詳略の差はあり、細かい点ではいくつか相違はあるが、修道の大体の道すじについては、『坐忘論』は『天台小止観』と同じであると言える。また、『坐忘論』で重要なポイントとされる「安心」や「返観」や「定慧」などは、『天台小止観』においても重要な事柄としてすでにしばしば見えている。[32] 以上のことから、『坐忘論』は『天台小止観』を意識しながら書かれたものであると推測することが可能であろう。[33]

特徴の第二点は、『坐忘論』はこのように仏教の刺激を受け、仏教の説を取り入れながら書かれたものであるが、論の展開の中で『坐忘論』が所説の論拠として挙げる経典はすべて道家思想文献と道教経典であるということである。これは道士である承禎としてはきわめて当然のことであり、むしろ仏教の説を取り入れることが多ければ多いだけ、その説と同じ考え方がすでに道家思想文献や道教経典に見えることを明示する必要があったのだろう。

『坐忘論』で引用されている経典には、『老子』『荘子』『西昇経』『妙真経』『定志経』などがあり、このうち『老子』『荘子』と『西昇経』の引用が圧倒的に多い。『荘子』の引用に関しては、承禎は郭象注の思想も重視していることはすでに指摘した。『老子』と『荘子』を多く引用するのは当然であると言えようが、『西昇経』をこの両者と匹敵するほど頻繁に引用しているのは注目すべきであろう。そしてその引用のしかたを見ると、「神」とか寿命の長久とかいうような、いわば道教独自の思想を述べる場合の論拠として引かれていることが多い。『西昇経』は尹喜が老子の教え（『道徳経』の要点）を記録したものであるとされ、[34]六朝末から唐代にかけて流行した書物であるが、承禎の意識としては『西昇経』は『道徳経』と対等に並ぶものであり、しかも『道徳経』には見られない思想も説かれているところから、これを重視したものと思われる。

特徴の第三点は、『坐忘論』においては服気や金丹などの道術のことが全く述べられずに肉体の不死が説かれていることである。すなわち、仏教の坐禅論を取り込んで説かれた心の安定を得るための修養論――「泰定」以前の六階梯――が、道教の理想である肉体の不死と結び合わされる時に、肉体を鍛錬する道術がその媒介とされるのではなく、心の安定（定）の純粋さと深さが媒介とされていることである。承禎は『服気精義論』を著していることから見ても、必ずしも道術を軽視していたとは思えないが、『坐忘論』においては道術を媒介にしなくとも、心の修養を徹底させることによって肉体の永遠性を求めることができるとしている。これは心の修養とは異質の道術という要素を借りなくても、道教は仏教を越え得るということを示そうとしたからであろうか。『坐忘論』は「心」の修養論としての一貫性を保っていると言えよう。

（4）『天隠子』について

最後に、承禎がその序文を書いた『天隠子』について見ておくことにする。『天隠子』は著者不明であるが、十二世紀初め頃の曾慥の『道枢』巻二（道蔵第六四一冊）「坐忘篇」では、『天隠子』を承禎の『坐忘論』と並べて抄録し、十三世紀の陳振孫の『直斎書録解題』では、『天隠子』の内容が『坐忘論』と相表裏するところから、『天隠子』は承禎が書いたものかもしれないと記し、[35]十四世紀に書かれた『茅山志』巻九（道蔵第一五四冊）では承禎の著作として挙げられている。しかし、『天隠子』を承禎の著作と見ることは、『四庫全書総目提要』で否定され、承禎以外の玄宗朝の人が書いたものとされている。[36]筆者も『道枢』の記載[37]から見て『四庫全書総目提要』の説が妥当であると思うが、『天隠子』が『坐忘論』と内容的に類似していることは確かである。

『天隠子』の内容は、神仙・易簡・漸門・斎戒・安処・存想・坐忘・神解の八項目に分かれている。神仙・易簡・漸門の三項目では、神仙は人間が修学によって至りうるものであること、その修学の方法はきわめて易簡《かんたん》なものであること、またその修学は五つの過程に分かれており、必ずそれを漸次に進んでいかなければならないことが述べられている。斎戒以下の五項目は、修学の五つの過程である。斎戒とは「身を澡《あら》い心を虚にす」ることで、「信解」とも呼び、具体的には食事に中庸を保つことであると説かれ、次の安処とは「深く静室に居る」ことで、「閑解」とも呼び、特に室内の空気と採光に陰陽の調和を得なければならないと説かれている。さらに存想とは「心を収め性を復す」ることで、「慧解」とも呼び、心と目を外界に対して閉ざし、自分の身と体内の神のことに想念を集中すべきことが説かれている。次に、坐忘とは「形を遺《す》て我を忘れる」ことで、「定解」とも呼び、心の不動を得た境地であるとされ、最後の神解は、信解・閑解・慧解・定解すべてが立派に行われ、「神」の特性を獲得して長久の生命を得ることであると説かれている。

『天隠子』で特に注目されることは、『老子』『荘子』や仏教と並んで『易』が重視されていることである。修学の方法が簡約で漸進でなければならないことについては、『易』繋辞伝上（「易簡にして天下の理得たり」）と『易』の漸の卦が根拠として挙げられているし、神解の項目では「神」の同意語として、『老子』の「道徳」と仏教の「真如」と並んで「易」という語が挙げられている。

このように『易』を重視することは『坐忘論』には見られないことであったが(38)、仏教の坐禅の理論を取り入れつつ、道家思想や道教独自の思想を強調し、「心」の修養を徹底させて生命の長久を得ようとする『天隠子』の説の骨子は、『坐忘論』と全く同じである。このことは『坐忘論』に説かれたような修養論が、当時の道教界において広く一般に受け入れられていたことを示す一例であると見てよいであろう。

おわりに

以上、司馬承禎の生涯と著作全般の概観と、『坐忘論』の内容とその特徴について検討を行ってきた。生涯については資料の制約もあってごく大まかな経歴しか見ることができなかったが、承禎は生涯の大半を天台山でおくり、則天武后・睿宗・玄宗の三代の天子や宮廷詩人とも交渉を持ち、時代を代表する道士として非常な尊崇を受けたことなどが明らかになった。また、現存する著作全般を概観した結果、その著作は多岐にわたるが、上清派の道系を継ぐ者としての立場から道教思想の整理・紹介を行ったものが目立つことを指摘した。次に、『坐忘論』について、その本文に即して検討することを通じて、承禎が考えた修養の方法——ひいては唐代の道教における修養論——がどのような性格のものであるかを考察した。

中国哲学思想史の全般的な流れの中で、司馬承禎がどのように位置づけられているかを見ると、たとえば、北京大学哲学系中国哲学史教研室編写『中国哲学史』では、唐代の道教は仏教理論を多く吸収することによって、その理論体系を発展させたとし、唐代道教の代表人物の一人である司馬承禎の『坐忘論』に説かれた「主静」の方法は、周敦頤の「主静」の功夫や朱熹の「居敬」の功夫の先駆となったと述べている。[39]

本章で『坐忘論』を検討した結果から言えば、このような位置づけは大きな流れとしては正しいと思われる。『坐忘論』は仏教の坐禅の理論を吸収して書かれたものであるし、また宋代においても道士のみならず一般知識人の間でも広く読まれていた形跡があるので、[40] 周敦頤や朱熹の思想に影響を与えた可能性は考えられる。しかし、道教思想研究としては大まかな位置づけのみならず、道教側は仏教のどのような点を吸収したのか、そして吸収した仏教思想を道教側がどのように解釈し表現し直しているか、また吸収したものを道教思想の体系の中にどのように位置づけているのか、というような面にも目を向け、より綿密な研究がなされるべきであろうと思われる。

このような点をも考慮に入れ、本章では『坐忘論』について以下のようなことを指摘した。すなわち、『坐忘論』は直接的には智顗の『天台小止観』を意識し、その修道の順序や「定慧」「観」などの概念を取り入れて書かれたものと推測されること、また承禎は仏教側から取り入れたものをすべて道家思想文献と道教経典（『老子』『荘子』『西昇経』など）の言葉に置き換えて解釈し直していること、さらに承禎は、仏教は「心」を安定させ智慧を生じることを説くのみだが、道教は「心」の安定をさらに徹底させることによって肉体の永遠性を得ることを説くという点から、仏教の修養論（すなわち坐禅論）を道教の修養論の下位に置いていること、などである。これらは仏教思想との関連における唐代道教教理学のあり方を、より具体的に示すものと言えよう。

修養論という観点から見れば、宋学の修養論はもちろんのこと、『書経』『詩経』に始まる中国古代からの修養論の流れにも気を配るべきであろうが、本章ではそこにまで及ぶことはできなかった。ただ『孟子』に説かれる「存心養性」の説や、本章でも触れた道家の修養論に見られるように、人間が本来有する正しきあり方への復帰を強調することが中国の修養論の特色の一つとして挙げられるのならば、『坐忘論』に見られる唐代道教の修養論もまさしくこの伝統の中にあるということだけは指摘できよう。

補論　石刻坐忘論をめぐって

はじめに

前章（以下、本章本論と称する）は、敬信・断縁・収心・簡事・真観・泰定・得道の七段階の修養を説く『坐忘論』は司馬承禎の作であるとする立場から書いたものである。七段階の修養を説く『坐忘論』の作者を司馬承禎と見なすことは、長年にわたって定説とされてきたことであり、それにしたがって論を進めている。しかし、その定説に対して疑問を抱き、それを明確に否定する新説もある。それは、王屋山に建立された唐代の石碣「貞一先生廟碣」（衛憑撰）の背面に刻まれた「坐忘論」と題する文こそが、実際に司馬承禎が作った「坐忘論」であり、七段階の修養を説く『坐忘論』は、司馬承禎ではなく趙堅という名の道士が作ったものであるとする説である。この新説は本章本論とも当然、大きな関わりがあり、見逃すことができないものである。そこで、本章本論の補論として、「貞一先生廟碣」の背面に刻まれた「坐忘論」の内容を記し、坐忘論の作者をめぐる問題についての研究の現状をまとめておきたい（以下の文においては、七段階の修養を説く『坐忘論』を七篇坐忘論、「貞一先生廟碣」の碑陰に刻まれた「坐忘論」を石刻坐忘論と称することにする）。

一　石刻坐忘論の内容

まず、石刻坐忘論とはどのような内容のものかを述べておきたい。唐の衛憑撰「貞一先生廟碣」（「唐王屋山中巌台正一先生廟碣」）は、司馬承禎の事跡について記された最も古い資料であり、呉受琚氏輯釈の『司馬承禎集』によれば、その石碣は現在も河南省の済源県済瀆廟碑廊に存するという(1)（図1）。この石碣の背面に、左行から右行へという変則的な形で標題を含めて二十二行にわたって刻まれているのが石刻坐忘論である。その拓本の写真は『北京図書館蔵中国歴代石刻拓本匯編』第三〇冊に「坐忘論并薛元君昇仙銘」と題して掲載されており(2)（図2）、その釈文は『道家金石略』に「白雲先生坐忘論」と題して収録されている(3)。今、拓本写真と『道家金石略』、および、呉受琚氏輯釈『司馬承禎集』(4)に載せる釈文などを参考にして、石刻坐忘論の全文を挙げておくと、次のようになる。

坐忘論　　勅贈貞一　　王屋山玉谿道士張弘明書

余聞之先師曰、坐忘者、長生之基也。故招真以錬形、形清則合於気、含道以錬気、炁清則合於神。体与道冥、謂之得／道。道固無極、仙豈有終。夫真者、道之元也。故澄神以契真。荘子云、堕支体、黜聡明、離形去智、同於大通、即其義也。又／曰、智与恬交相養、和理出其恬性、是也。又曰、寓太定者、発乎天光。寓則心也。天光者則恵照也。故能先定其心而恵照／内発。故照見万境虚忘而融心於寂寥之境、謂之坐忘也。今世之人、務於俗学、竟於多聞、不能得其枢要。又近有道／士趙堅、造坐忘論一巻七篇、事広而文繁、意簡而詞弁、苟成一家之著述、未可以契真玄。故使人読之、但思其篇章／句段、記其門戸次叙而已、可謂坐馳、非坐忘也。夫坐忘者、何所不忘哉。或曰、坐忘者、長生之門也。老子何得云及吾／無身、吾有何患。若如無身、還同泯滅、不謂失長□□宗乎。余応之曰、所謂無身者、非無此身也。謂体□大道、不□□／貴、不求苟進、恬然無欲、忘此有待之身。故聖人勧錬神合道、升入無形、与道冥一也。亦是離形去智、堕支体之義也。／所貴長生者、神与形相全也。故曰、乾坤為易之蘊、乾坤毀則無以見易、形器為性之府、形器敗則性無所存。性無所／存、則於我何有。故所以貴乎形神俱全也。若独養神而不養形、猶毀宅而露居也。則神安附哉。則識随境変、託乎異／族矣。故曰、遊魂為変是也。或曰、人寿終之時、但心識正観、即神超真境、不堕悪道者。此乃自寛之詞耳、非至正之言／也。夫今高徳大賢、或謝風塵之表、或隠朝市之間、皆言彼我両忘、是非雙泯、見不善則未常不顰眉改容、□行善則／未常不解顔而笑。夫神清気爽之時、□善悪□□、況臨終昏耄之日、焉不為衆邪所惑哉。心□□□□□□挙／二義焉。有有識化為無識者、有人識化為□識者。何以明之。至如秦女化石、即是有識化為无識、黄氏為黿、即是人／識化為虫識。由是観之、心之与識、為陰陽所陶鋳、安能自定哉。道門所貴、形神俱存者、為斯之義□。夫□□□□□／而遺形者、豈虚誕哉。今往往有人、知栄貴為虚妄、了死生為一体者、毎至臨終、求医祈鬼、甚於凡人。聖人云、□□／不亡者寿、豈虚言哉。是以求道之階、先資坐忘。坐忘者、為忘万境也。故先了諸妄、次定其心、□□之上、□然无覆、□□／之下、空然無基、触然不動。如此則与道冥、謂之太定矣。既太定矣而恵自生。恵雖生、不□□定、但能観乎諸妄、了達／真妙、而此身亦未免為陰陽所陶鋳而輪泯也。要藉金丹以羽化、然後昇入無形、出化機之表、入無窮之門、与道合／同。謂之得道、然後陰陽為我所制也。不復云云。上清三景弟子女道士柳凝然・趙景玄、唐長慶元年遇真士徐君雲游於桐栢／山、見伝此文。□今太和三年己酉建申月、紀于貞石。

この石刻坐忘論については、すでに中嶋隆蔵氏の論文「『道枢』巻二所収「坐忘篇下」と王屋山唐碑文『坐忘論』――『道枢』巻二所収「坐忘篇上・中・下」小考訂補」に詳しい考察があり、この文のおおまかな日本語訳も載せられている。[5] 今、ここでは、この文から知りうる事柄のうち、『坐忘論』の作者を検討する上で重要と思われる三点を以下に記しておく。

図1　貞一先生廟碣

図2　石刻坐忘論

（一）末尾の奥書に相当する部分（二十一行目以下）の記載によれば、この石刻坐忘論は、「上清三景弟子女道士の柳凝然と趙景玄が、唐の長慶元年に真士徐君が桐栢山に雲游するのに出逢い、この文を伝えられた。今、太和三年己酉、建中の月に石に紀した」という由来を持つ。女道士の柳凝然というのは、朱越利氏の論文「《坐忘論》作者考」[6]と中嶋氏の前掲論文がともに指摘しているように、『道家金石略』に「大唐王屋山上清大洞三景女道士柳尊師真宮志銘」という題で収録されている墓誌銘[7]に、その伝が記されている柳黙然（七七三～八四〇）と同一人物であると考えられる。この墓誌銘によれば、柳黙然は初め天台山で正一明威籙と霊宝の法を授けられ、ついで、衡山で上清大洞三景畢籙を受けたのち、王屋山の陽台（司馬承禎の故居）に住んで斎戒に精勤したという。司馬承禎の故居に住み、「心を五岳の洞府に存」したという記述から見ても、柳黙然は司馬承禎を尊崇し、その教えに心酔していた人物であったことがうかがわれる。また、同じくこの墓誌銘によれば、趙景玄は柳黙然の娘で、「早く玄志に従い、位を上清に列し」、母親と同じく道士として生きて、今は王屋山に住んでいるという。ちなみに、この柳凝然・趙景玄母子が真士徐君からこの「坐忘論」の文を伝えられたという長慶元年（八二一）は、司馬承禎（六四七～七三五）の死後八十六年、この石刻坐忘論が刻まれた太和三年（八二九）はさらにその八年後にあたる。

（二）石刻坐忘論の実質的内容は、二行目の「余　之を先師に聞く」から二十一行目の「復た云云せず」の直前までを指すと考えられるが、ここには、坐忘についての「余」の見解が記されている。「余」が誰を指すのかは、ここだけでは判然としないが、前掲中嶋氏論文が指摘するように、北宋末から南宋初期の道士、曽慥の『道枢』（道蔵第六四一～六四八冊）巻二には、「坐忘篇上」として七篇坐忘論の摘録、「坐忘論中」として『天隠子』、「坐忘論下」として石刻坐忘論の摘録を載せている。そして、その「坐忘論下」では、「余」というのは「正一先生」（司馬承禎）のことであるとし、この石刻坐忘論の内容は司馬承禎からの聞き書きであると解釈している。標題に「坐忘論　勅贈貞一」とあるところから、そのように判断したのであろうか。

石刻坐忘論の五行目から七行目にかけて、「又近ごろ道士趙堅なるもの有り、坐忘論一巻七篇を造る。事広くして文繁く、意簡にして詞弁なり。苟くも一家の著述を成すも、未だ以て真玄に契すべからず。故に人をして之を読ましむれば、但だ其の篇章句段を思い、其の門戸次叙を記すのみ。坐馳と謂うべくして、坐忘に非ざるなり」という文が見える。ここで言う「坐忘論一巻七篇」とは、七篇という体裁から見て、通説で司馬承禎の作とされてきた七篇坐忘論のことを指す可能性が大きいようにも考えられる。ところが、ここでは、その七篇坐忘論の作者は司馬承禎ではなく道士趙堅であるとし、その内容・文章を厳しく批判し、それは「坐忘」ではなく「坐馳」であるとまで言っている。つまり、もし、「余」が司馬承禎であるならば、この石刻坐忘論は、司馬承禎が趙堅作の七篇坐忘論を批判し、坐忘についての自らの考え方を記したものということになるのである。

道士趙堅については、夙に蒙文通氏の論文「坐忘論考」(8)が考察している。蒙文通氏は石刻坐忘論のことには言及せず、『道枢』巻二所収「坐忘篇下」の文に見える趙堅のことについて述べているのであるが、趙堅というのは『道徳真経疏義』六巻(道蔵第四二八冊)の著者の趙志堅と同一人物であり、また、杜光庭『道徳真経広聖義』序(道蔵第四四〇冊)に『道徳経』注釈者の一人として「法師趙堅(作講疏六巻)」と見える人物に当たることが指摘されている。『道徳真経広聖義』序の『道徳経』注釈者の記載順から見て、趙堅は唐の高宗・則天武后期から玄宗期の頃の人物であったと推測することができ、司馬承禎とほぼ同時代か、あるいはやや先輩の道士であったと考えられる。

(三) 石刻坐忘論に記されている「余」の坐忘についての見解は、七篇坐忘論のそれと比べてどのような違いがあるのだろうか。これについては、朱越利氏の前掲論文では、七篇坐忘論が「心」の修養ということに重点を置いているのに対して、石刻坐忘論の方は、心だけではなく身体的要素を重視していること、すなわち、石刻坐忘論の言葉を使えば、「形神倶に全き」ことを理想としているということを指摘し、石刻坐忘論のことを「形神『坐忘論』」と称している。確かに、石刻坐忘論では、「坐忘は長生の基」(二行目)、「長生に貴ぶ所は、神と形と相全きなり」(十行目)、「若し独り神を養いて形を養わざれば、猶お宅を毀ちて露居するがごときなり」(十一行目)などとあるように、「形」と「神」の語を繰り返し用い、「形神倶全」の重要性を説いている。しかし、本章本論で述べたように、七篇坐忘論においても、七段階の最終の「得道」では、「心」の安定を徹底させることによって肉体の永遠性を得ることが最終的な理想とされ、それが「形神合一」「形神合同」などと、「形」「神」の語を用いて説かれている。そもそも、石刻坐忘論は七篇坐忘論に比べて非常に短い文であり、断片的な記述が多く、その上、「復た云云せず」とあるのを見ると、これが全文というわけではないようでもあるので、石刻坐忘論と七篇坐忘論の坐忘についての見解を比較するのは無理な面がある。したがって、石刻坐忘論と七篇坐忘論の違いを、「心」に重点を置くか、それとも「形神倶全」かという点に求めるのは、あくまでも、それぞれの文章の全体量との比率から見て、石刻坐忘論の方が、「形神倶全」のことを説くことが多いという意味においてであると解釈すべきであろう。

二　七篇坐忘論を司馬承禎の作とすることについて

上述のように、石刻坐忘論に書かれていることをそのまま信じれば、七篇坐忘論の作者は趙堅、石刻坐忘論の作者は司馬承禎ということになる。しかし、実際には、そのようには見なさずに、七篇坐忘論を司馬承禎の作であると考えてきた長い歴史がある。

そもそも、司馬承禎が『坐忘論』を著したという記述は、衛憑撰「貞一先生廟碣」をはじめ、早い時期の司馬承禎の伝記資料には見えない。北宋の仁宗時代に編纂された『雲笈七籤』に収録された七篇坐忘論も、著者の名前が記されていない。

司馬承禎が『坐忘論』を著したという記述がいつ頃から見えるようになるのかについては、中嶋氏の前掲論文に、先行研究をふまえた考察がある。それによれば、唐代後半から北宋前半にかけて著された書物の中で、『坐忘論』

を司馬承禎の作であるとする記録は、『王屋山志』（唐、李帰一撰）巻上「僊道」に見える「著修真秘旨十二篇、坐忘論一巻、天隠子八篇……」という文、「天壇王屋聖迹記」（五代、杜光庭撰。道蔵第六一〇冊）に見える「先生未神化時、注太上昇玄経及坐忘論、亦行于世」という文、および、『続仙伝』（五代、沈汾編。道蔵第一三八冊）巻下「隠化」の「嘗撰修真秘旨、天地宮府図、坐忘論、登真系等、行於世」という文の三例だけである。

　これら三例の記録について、中嶋論文では、「司馬承禎が世を去って以後唐代後期に著された諸記録には、司馬承禎と『坐忘論』との関係を窺わせるものが全くなかったように認められるにも拘わらず、唐末五代に成ったこれら三種の文章になると、突如として、司馬承禎が「坐忘論に注した」とか、「坐忘論を撰した」とか、という記録が登場してくる」（三二頁）のは、「この「坐忘論」と題する碑文が刻された大和三年（八二九）以降、この碑文を目にし、そのことを耳にした人々の間では、司馬承禎は「坐忘論」の撰者として記憶されることにな」（三四頁）ったからであり、「この時期の種々の記録に見える司馬承禎の「坐忘論」とは、所謂七篇一巻のそれを指すのではなく、むしろ、この石刻「坐忘論」を指すと見るべきである」（四二頁）としている。そして、のちに七篇坐忘論が司馬承禎の作であるとされるようになった理由として、「この石刻「坐忘論」は王屋山に建てられた石碑であるために多くの人々によってその文章の実際が知られなかったこともあり、標題が同一であるところから、世に先行していた七篇一巻の『坐忘論』と混同されるようになったのではなかろうか」（四二頁）と推測している。

　十一世紀の半ば以降になると、七篇坐忘論を司馬承禎の作であるとする記述が多く見えるようになる。張耒「送張堅道人帰固始山中序」（『張右史文集』巻五一）、葉夢得『玉澗雑書』（『説郛』巻二〇上）、呉曽『能改斎漫録』など[9]、その例については、蒙文通氏と朱越利氏の前掲論文や、呉受琚氏輯釈『司馬承禎集』（一六五～一六八頁）に詳しい。中嶋隆蔵氏の別の論文「『道枢』巻二所収「坐忘篇上・中・下」小考」では、『河南程氏遺書』巻二「元豊己未（一〇七九）呂与叔東見二先生語」に見える「司馬子微嘗て坐忘論を作るも、是れ所謂坐馳なり」という文や、張耒「送張堅道人帰固始山中序」の「智者は之を得て止観と為し、司馬子微は之を得て坐忘と為すも、皆一道なり。此れ皆真人修身の要なるも、人之を忽せにす」という文を挙げて、「遅くとも十一世紀中葉には、道士司馬承禎が坐忘論を著したことが公認され、世紀の後半には、影響力を持った知識人達によって正反両方面から言及されていたことが知られる」[10]とする。ただし、上にも述べたように、ほぼ同じ時代に作られた曽慥の『道枢』巻二では、七篇坐忘論の摘録、『天隠子』、石刻坐忘論の摘録という三種類の「坐忘論」を挙げ、石刻坐忘論の摘録を載せた「坐忘論下」の文中に、正一先生の坐忘論を最上であるとし、趙堅の坐忘論を批判する記述が見えている。このことについて、中嶋氏は、司馬承禎の作と公認された七篇坐忘論を「坐馳」と批判する思想状況(『河南程氏遺書』巻二の文がそれを示している)が存在する中で、その七篇坐忘論が「実は司馬承禎の著作などでは決してなく、まさしく道士趙堅のものであること、正一先生司馬承禎自身は、まさしく師の教えを踏まえ自己の見解をも加えてあるべき坐忘観を形成し、他家からの批判を待つまでもなく、夙にこの趙堅の坐忘論七篇に対してこれを「坐馳」だと批判していたこと」を主張しようとする思いが籠められていると推測している。[11]

『道枢』とは対照的に、石刻坐忘論の存在を知りつつも、その内容を否定し、七篇坐忘論こそが司馬承禎の作であると主張した人物がいる。それは南宋の詩人陸游(一一二五~一二一〇)である。陸游は司馬承禎の『坐忘論』を平生から愛読し、司馬承禎や坐忘論に言及する詩文をいくつか残している。[12]石刻坐忘論について述べているのは、「跋坐忘論」(『渭南文集』巻二八)で、次のような文である。

此一篇、劉虚谷刻石在廬山。以予観之、司馬子微所著八篇、今昔賢達之所共伝、後学豈容置疑於其間。此一篇雖曰簡略、詳其義味、安得与八篇為比。兼既謂出於子微、乃復指八篇為道士趙堅所著、則堅乃子微以前人。所著書淵奥如此、道書仙伝、豈無姓名。此尤可験其妄。予故書其後、以袪観者之惑。己未十一月二十一日、放翁書。(この一篇は、劉虚谷が石に刻んだものが廬山にある。私から見れば、司馬子微が著した八篇は、古今の賢者達人が共に伝えてきたものであり、後学の者がどうしてそれに対して疑問を差し挟むことができようか。この一篇は簡略ではあるけれども、その意味内容を詳しく見れば、どうして八篇と比較したりすることができようか。それに、（この一篇は）子微から出たものであると言っている上に、なんと、この八篇のことを道士趙堅によって著されたものとしている。もしそうならば、趙堅は子微よりも前の人物だということになる。著された書がこれほど深奥なものであるのに、道書や仙伝にどうして趙堅の姓名が見えないのであろうか。これはこの一篇が虚妄であることを、最もよく証明するものである。それゆえ私は、この一篇の末尾に跋文を書き、これを見る者の惑いを取り払うことにする。己未（一一九九年）十一月二十一日、放翁書。）

この文の冒頭で、劉虚谷が坐忘論一篇を刻んだ石が廬山にあると言っている。劉虚谷というのは、朱越利氏の前掲論文が指摘するように、『廬山太平興国官採訪真君事実』（道蔵第一〇〇六～一〇〇七冊）巻五に伝が見える道士で、廬山に住み、朱熹をはじめとする十大夫たちとも交遊し、乾道九年（一一七三）に「坐化」したとあるから、陸游と同時代の人物ということになる。劉虚谷が石に刻んだ坐忘論一篇の内容は、陸游のこの文から見ると、王屋山の石刻坐忘論と同じ内容のものであったことがわかる。唐代に王屋山の石碣の背面に刻まれた石刻坐忘論は、三百年以上たって、廬山の石にも刻まれたことを、陸游の文は示している。ただし、呉受琚氏輯釈『司馬承禎集』によれば、この廬山の刻石は現存していないという[13]。

陸游は、ここで、石刻坐忘論の内容が七篇坐忘論の深遠さに遠く及ばないこと、もし、七篇坐忘論の著者が趙堅であるとすれば、これほど深遠な文の著者が道書や仙伝に見えないのはなぜなのか説明がつかないことを理由に挙げて、石刻坐忘論が司馬承禎の作であるとか、七篇坐忘論（上記の陸游の文で「八篇」とあるのは、坐忘枢翼一篇を加えて言っていると考えられる）が趙堅の作であるとかいうことは全くの虚妄であると断じている。石刻坐忘論が存在することを知った上で、そこに刻まれた事柄を否定し、七篇坐忘論こそが司馬承禎の作であると主張している点で、陸游のこの文は注目される。

以上のように、十一世紀の半ば以降においては、曽慥の『道枢』の場合を例外として、それ以外は、司馬承禎を七篇坐忘論の作者と見なすことが一般化し、これが定説となっていた。そして、石刻坐忘論の中に、七篇坐忘論は司馬承禎の作ではなく趙堅の作であるということが書かれていることを知った上でも、七篇坐忘論は司馬承禎の作であるとする定説は揺るぐことがなかったようである。

三　先行諸研究の見解

それでは、七篇坐忘論と石刻坐忘論の作者について現代の研究者たちの考えはどのようであるのか、簡単にまとめておきたい。この補論の中ですでにその一部を紹介・引用したものも含まれるが、二つの坐忘論の作者について検討した主な研究をあらためて挙げれば、次のものがある。

①蒙文通「坐忘論考」(『図書集刊』第八期、一九四八年。『蒙文通文集』第一巻、巴蜀書社、一九八七年、所収[14])。
②呉受琚『司馬承禎集輯校』(中国社会科学院研究生院一九八一年畢業研究生論文油印本、一九八一年、北京)。
③Livia Kohn, *Seven Steps to the Tao : Sima Chengzhen's Zuowanglun* (Monumenta Serica Monograph Series XX, 1987).
④盧国龍『中国重玄学——理想与現実的殊途与同帰』(人民中国出版社、一九九三年)第六章第一節「司馬承禎的養気法和坐忘主静思想」。
⑤朱越利「《坐忘論》作者考」(『炎黄文化研究』二〇〇〇年第七期)。
⑥中嶋隆蔵「『道枢』巻二所収「坐忘篇下」と王屋山唐碑文『坐忘論』——『道枢』巻二所収「坐忘篇上・

中・下」小考訂補」(『東洋古典学研究』第二七集、二〇〇九年)。

⑦呉受琚輯釈『司馬承禎集』(社会科学文献出版社、二〇一三年)。

まず、①は坐忘論について論じた先駆的な研究であり、上述のように、この論文では曽慥『道枢』巻二の文を挙げ、趙堅の坐忘論があったことに注目して、趙堅は『道徳真経疏義』六巻の作者趙志堅であることを指摘しているが、石刻坐忘論のことには言及していない。蒙文通氏は、七篇坐忘論の作者を司馬承禎であるとすることに疑問を挟んではおらず、「趙堅坐忘論は見ることができないが、これ(『道徳真経疏義』)を見れば、その大要は知ることができる」(三六三頁)と言っている。

②は、管見の限りでは、石刻坐忘論の全容を紹介し、七篇坐忘論司馬承禎作説に対して疑問を表明した最初の研究である。筆者は残念ながらこの呉受琚氏の著述そのものは見ることができていないのであるが、③のリビア・コーン氏の著書の一七二頁から一七六頁に、石刻坐忘論に関する呉受琚氏の文がコーン氏によって転記されており、それによってその内容を知った。コーン氏によって転記された文によれば、呉受琚氏は石刻坐忘論のことを、「最も早い、唯一の、最も完善な石刻の坐忘論の碑文」であるとして、その全文を紹介し、趙堅が著した坐忘論七篇は司馬承禎よりも前であったのに、後世において、ただ司馬承禎が坐忘論七篇を著したことだけを伝えていることに疑いを抱いている。そして、今本七篇坐忘論は趙堅の作であること、石刻碑文は司馬承禎坐忘論の原作であること、司馬承禎が当時、著名であり著述も多かったため、後世、伝えた者が趙堅の作を誤って司馬承禎の作とし、元の作者を覆い隠してしまったこと、などを述べている(ただし、コーン氏の転記には見えないが、後述する⑤朱越利氏の論文「《坐忘論》作者考」によれば、②の中で呉受琚氏は、同時に、目下のところ、まだこれを定論とすることはできないことを強調しているという)。

③は、七篇坐忘論の内容についての詳細な検討と七篇坐忘論の英訳・注釈を中心とするもので、坐忘論について

の総合的な研究である。その中に、②の呉受琚氏の研究から得た情報として、石刻坐忘論のことにも言及し、石刻坐忘論の英訳も載せている（一一三〜一一七頁）。コーン氏は、七篇坐忘論と石刻坐忘論との間に字句の共通性が見られることに注目し、石刻坐忘論は「司馬承禎のテキストの短い要約」（七七頁）であると考えている。また、呉筠が坐忘論を著したことを示す資料があることや、呉筠の著作の中に石刻坐忘論と同じ字句が見えることなどから、「八世紀には、趙堅のものや呉筠のもの、司馬承禎のものなど、坐忘についてのいくつかの論が存在していた」とし、「現存する坐忘論は最終的には司馬承禎にまで遡るが、その中にどの程度、他の著者からのものが組み込まれているのかは、確実なことはわからない」（二六頁）としている。

④は、魏晋南北朝隋唐時代の道教重玄学の歴史をたどった大著の中の一節として、司馬承禎の坐忘論が取り上げられ、石刻坐忘論と七篇坐忘論のそれぞれの作者のことが詳しく検討されている。盧国龍氏は、趙堅とは『道徳真経疏義』六巻の作者の趙志堅のことであるという蒙文通氏の指摘をふまえて、『道徳真経疏義』について考察し、『道徳真経疏義』の内容に七篇坐忘論との共通点があることから、「趙堅が七篇本『坐忘論』を作ったという可能性を完全には排除することはできない」（三五三頁）とする一方、司馬承禎の著作にも七篇坐忘論との共通点があり、思想的に見れば、趙堅と司馬承禎のどちらもが七篇坐忘論を作った可能性があるとする。そして、「筆者は七篇本を司馬承禎の作と見なす方に傾いている」（三五二・三五三頁）と繰り返し述べつつも、「二人の思想学説はもともと近似している」（三七八頁）ため、七篇坐忘論の作者を何れかに定めることが困難であるとも述べている。一方、石刻坐忘論については、盧国龍氏は、「坐忘の境地は敬信・断縁などの漸門に由らず、頓入するものだと考えるのは、実に、中晩唐の禅宗の影響を深く受けた者の言である」（三五三頁）とし、「石刻本『坐忘論』は、中晩唐道教の時代的特徴を豊かに備えた産物であり、司馬承禎の『修真秘旨』が各種の道書を集めて、養生法を全面的に系統づけているような学風とは、全く合わない。それゆえ、筆者は石刻本を偽托の作であるか、あるいは「真士徐君」の手に成ったものと考える」（三五四頁）と述べている。

⑤は、短い論文であるが、七篇坐忘論と石刻坐忘論のどちらが司馬承禎の著作であるかを明らかにすることは唐代道教を研究する上で重要なことであるという視点から、この問題を取り上げ、「ある学者は、一方では暫く衆説に従いつつも、他方では余地を残し、慎重な態度をとっている。たとえば、呉受琚女士は七階《坐忘論》（七篇坐忘論）は趙堅の作、形神《坐忘論》（石刻坐忘論）は司馬承禎の原作ではないかと疑いつつも、同時に、目下のところ、まだこれを定論とすることはできないことを強調している。盧国龍氏は《道教哲学》を著して、「すぐには、《坐忘論》が結局、誰の手に出たものか判断することが難しい」原因を分析している」（四頁）と紹介している。そして、朱越利氏は、七篇坐忘論が「修心修性」だけを説いているのに対し、石刻坐忘論は「性命双修」を強調しており、石刻坐忘論の方が司馬承禎の他の著作と同じ趣旨であることから、石刻坐忘論が司馬承禎作である可能性があるとする。

⑥は、曽慥『道枢』巻二の記述を根拠に、七篇坐忘論司馬承禎作説に対して疑問を提出していた中嶋隆蔵氏[15]が、石刻坐忘論の存在を知って、あらためてこの問題を論じたものである。中嶋氏は、司馬承禎没後の早い時期の資料に『坐忘論』についての言及が全くないのは、「承禎の身近にいた人々の間には承禎と『坐忘論』とを結びつける考えが全く存在しなかったからであろう」（四二頁）とし、石刻坐忘論の文章については、「現行『坐忘論』の文章を節録縮小したといった所謂簡約版などでは全くなく、まるで別物の文章である」（同）と述べ、「この碑文に見えるところに拠る限り、現行『坐忘論』の撰者を司馬承禎であるとする従来の所謂定説的理解は全く成立する余地がないであろう」（同）と結論づけている。

⑦は、司馬承禎の全著作を編輯・校勘し、注釈を加えたものである。その構成は、巻一「詩」、巻二「文」、巻三「経頌」、巻四「疏文」、巻五「図賛・銘文」、巻六「服気精義論并序」、巻七「坐忘論并序」、巻八「碑文」、巻九「佚文」、巻十「字存」、巻十一「司馬承禎事迹輯略」、巻十二「外編」、巻十三「表」となっている。巻七「坐忘論并序」は、七篇坐忘論を載せたあとに、附録として、「一、坐忘枢翼」「二、《坐忘論》有関版本」「三、諸家序・

跋・銘・書録及有関論述」「四、有関碑刻」が挙げられ、「四、有関碑刻」の中に、「1．盧山碑刻《坐忘論》」「2．司馬子微《坐忘論》」として、石刻坐忘論の全文が紹介されている。「1．盧山碑刻《坐忘論》」については、陸游の跋文が付けられたもので、今は佚しているとの注記があり（上述）、「2．司馬子微《坐忘論》」については、「今、其の文を観るに、此の《坐忘論》（七篇坐忘論）の文と異なる。故に、碑文の拓片書影を附して以て研究に備う。碑石は今、済源済瀆廟碑廊に存す」という注記がある。上述のように、呉受琚氏は、②では、七篇坐忘論は趙堅の作、石刻坐忘論は司馬承禎の作という考えを述べていたが、⑦では、七篇坐忘論司馬承禎作という従来の定説に戻り、石刻坐忘論については今後の研究に委ねるという慎重な態度をとっている。

おわりに

以上、本章本論の補論として、坐忘論の作者をめぐる問題について見てきた。第三節に述べたように、この問題についての研究者たちの見解は分かれている。七篇坐忘論の作者について、呉受琚氏の『司馬承禎集輯校』と朱越利氏・中嶋隆蔵氏（②と⑤と⑥）は趙堅であるとし、コーン氏と盧国龍氏（③と④）は、司馬承禎の作の中に他の著者のものも含まれるとするか、もしくは、趙堅か司馬承禎か判断が困難であるとしている。一方、石刻坐忘論の作者については、呉受琚氏の『司馬承禎集輯校』と朱越利氏・中嶋隆蔵氏（②と⑤と⑥）は司馬承禎の作であるとし、盧国龍氏（④）は偽托の作か、もしくは真士徐君の作であるとしている。

このように、この問題については、研究者たちの間で見解が分かれ、まだ結論を得るには至っていない状況にある。一九八〇年代に石刻坐忘論のことが紹介されるようになってから、従来のように、七篇坐忘論は司馬承禎が著したものであると単純に考えることが難しくなったのは間違いない。従来の定説に近い立場に立とうとするコーン氏や盧国龍氏は、作者としては司馬承禎以外の人物の作も含まれるとか、趙堅か司馬承禎か判断が困難であるとか述べて、説明に苦心の跡が見られる。それでは、七篇坐忘論は司馬承禎の作ではないと断定してよいかというと、石刻坐忘論の全容を初めて紹介し、七篇坐忘論司馬承禎作説に対して疑問を表明した呉受琚氏も、近年の著書では、従来の定説の立場に立ち、石刻坐忘論については今後の研究に委ねるとして、慎重な態度をとっているところに表れているように、そこまでは踏み込むことができていないというのが、現在の状況であると言えよう。

このような状況の中で、筆者もこの問題について明確な結論を出すには至っていない。ただ、司馬承禎の生きた時代に前後して、道教の修養論として心の修養を重んじる七篇坐忘論が世に出たことは、道教思想史の流れとして注目に値することであるし、その七篇坐忘論が司馬承禎の作と見なされて南宋の陸游をはじめとする文人・知識人たちにも影響力を持ち続けてきたという事実は、中国思想文化史として見逃すことはできないであろう。今後、いろいろ検討すべき問題はあるものの、本書ではひとまず従来の定説どおり七篇坐忘論を司馬承禎の作と考えておくことにしたい。

第三章　司馬承禎と天台山

はじめに

唐の則天武后・玄宗期を代表する道士司馬承禎（六四七〜七三五）は、八十九年の生涯のうち長い年月を天台山で過ごした。前章で述べたように、衛憑「唐王屋山中巌台正一先生廟碑」（『全唐文』巻三〇六）や『旧唐書』隠逸伝などによれば、司馬承禎は二十一歳で道士となり、中岳嵩山の道士潘師正（体玄先生）に師事して、符籙および辟穀導引服餌の術を授けられた。その後、茅山・霍山・衡山などを遍遊したのち、天台山に居を定め、白雲と号した。天台の司馬承禎の名は都にまで聞こえ、途中、則天武后から一度、睿宗から一度（景雲二、七一一年）、玄宗から二度（開元九、七二一年。開元十五、七二七年）召し出され、都に出ることはあったが、開元十五年、玄宗の要請で王屋山に移り住むまでの長い間ずっと、司馬承禎は天台山に住んでいたようである(1)。

司馬承禎は、東晋の興寧年間に茅山で行われた神降ろしを契機として起こり、梁の陶弘景によって整理された上清派道教（茅山派道教）の系譜の中に位置付けられている。衛憑「唐王屋山中巌台正一先生廟碑」には、元元（老子）→天師（張陵）→簡寂（陸修静）→貞白（陶弘景）→昇玄（王遠知）→体玄（潘師正）→司馬承禎という系譜を載せ、また、貞元二十一年（八〇五）に書かれた李渤「真系」（『雲笈七籤』巻五）には、楊羲→許翽→許黄民→陸修静→孫遊岳→陶弘景→王遠知→潘師正→司馬承禎→李含光という系譜を載せている。

吉川忠夫氏の指摘によれば、陶弘景→王遠知→潘師正→司馬承禎という道系が最も早く見えるのは、聖暦二年（六九九）ないしはそれ以前に書かれた陳子昂の「続唐故中岳体玄先生潘尊師碑頌」（『陳伯玉文集』巻五）であり、その碑文の作成には、司馬承禎自身が深く関わっていたという。(2) 実際に立てられた碑の文（王適「潘尊師碣」、『金石萃編』巻六二）には、何らかの事情でこの道系の部分が削られているが、司馬承禎自身、もしくは、その周辺の人々の間に、司馬承禎を上清派の道系を継ぐ中心人物と見なす意識があったことがわかる。(3)

司馬承禎は名山を遍遊する中で茅山も訪れている。また、開元十二年（七二四）九月に茅山を訪れた時には、陶弘景の徳を顕彰する碑を建立し、「茅山貞白先生碑陰記」（『茅山志』巻二二）なる文を著している。しかし、茅山を定住の地とすることはなく、天台山に住み続けた。司馬承禎にとって、天台山とはいかなる場所であったのか。上清派の教えの継承者であるという意識と天台山とは、一体どういうつながりがあるのか。本章では、そうした視点から、司馬承禎の著述とその行跡を通して、若干の考察を行うことにしたい。

一　天台山の霊墟

天台山の中で、司馬承禎は霊墟という場所に住んでいたことがわかっている。司馬承禎が著したとされる『天地宮府図』（『雲笈七籤』巻二七）には、道教の霊地として、十大洞天・三十六小洞天・七十二福地を記しているが、天台山の霊墟は、七十二福地の第十四に挙げられている。「七十二福地……第十四、霊墟。台州唐興県の北に在り、是れ白雲先生の隠るる処なり」とあるのがそれである。(4) 霊墟という語は、『真誥』に「越の桐柏の金庭、呉の句曲の金陵は、養真の福境、成神の霊墟なり」（巻一一、五b）とあるのをふまえている。

霊墟については、宝暦元年（八二五）に徐霊府が著した『天台山記』の中にいくつか関連する記述が見える。[5]徐霊府は司馬承禎の孫弟子にあたる田虚応に師事した道士であり、初めは南岳衡山で修行し、元和十年（八一五）に天台山に入り、以後ずっと天台山で過ごしたという。[6]『天台山記』には司馬承禎に関する記事を多く載せており、『天台山記』全体に占める司馬承禎関係の記事は約三割にのぼる。[7]これは、司馬承禎と天台山との関わりの深さを印象づけるとともに、唐代道教界における司馬承禎の影響力の大きさをうかがわせるものである。その中に次のような一説がある。

（霊墟は）即ち白雲先生の居る所の処なり。先生は早歳にして道に従い、始めは嵩華に居るも、猶お雑うるに風塵を以てし、幽賞に任えず。迺ち東して台岳に入り、雅に素尚を愜しとし、遂に此に真を修むるの所を建つ。真誥に云う、天台山中に不死の郷、成禅の霊墟有り、常に黄雲の之を覆う有りと。此れ則ち其の地なり。故に思真の堂を建て、兼ねて黄雲堂と号す。（大正蔵五一、一〇五四下）[8]

これによれば、司馬承禎は霊墟に黄雲堂と名づける堂を建て、修養の場としていたという。『天台山記』では、このあとさらに、司馬承禎が著した「霊墟頌」なる文を載せている。

司馬承禎が霊墟に住むようになったのは、彼の著した「素琴伝」（『全唐文』巻九二四）によれば、則天武后の長安三年（七〇三）からである。「素琴伝」は、司馬承禎が霊墟の住まいの階前に生じた桐の樹を自分で伐って琴を作り、それを「清素」と名づけて愛玩し、自ら奏でて楽しんでいることを述べた文である。その中で承禎は、琴の持つ特性について、「琴は禁なり。以て邪僻の情を禁じて雅正の志を存し、身を修め性を理め、其の天真に返る」と述べ、琴の形態と音は天地の形と陰陽の気に適うものだと述べる。琴の製作のいきさつについては、次のようにある。

予、癸卯の歳（七〇三年）を以て霊墟に居り、丙午の載（七〇六年）に至り、桐の堦前に生ずる有り。壬子の祀（七一二年）に迨び、七歳を得て、材成りて端偉たり、枝葉秀茂す。松竹を林と為して、堅貞　其の雅性を益し、飈澗を友と為して、清泠　其の虚心に叶う。意　之を留めて鳳を棲まわさんと欲するも、鳳鳥未だ集まらず。採りて以て琴と為して琴徳久しくす可きに若かず。……甲寅の年（七一四年）を以て、手ずから斤斧を操り、自ら勤めて斲削す。……七月丙戌朔七日壬辰に造り畢る。是に於いて軫珥を施し、宮商を調え、其の音韻を叩けば、果然として清遠なり。故に知る、彼の羣山の常材にして、此の台岳の秀気なるを。……世を遁れて悶え無く、心を託するの所有り、慮を寂め神を怡ばせ、和を導くの致を得たり。其れとともに霊渓に遊び、華峯に登り、皓月に坐し、清飈を淩ぐ。先に幽蘭白雪を奏し、中ごろに蓬萊操・白雪引を弾ず。此の二弄は自ら造る者なり。

（『全唐文』巻九二四「素琴伝」）

霊墟の住まいの階前に生じ始めてから七年たった桐を伐って琴を作り、それが完成した日が七月七日であったと言っているのは、この日が宗教的・宇宙論的な意味を持つ日であるとされたことと関連すると考えられる(9)。則天武后が道教の投簡の儀式に則り、長生を祈る言葉を刻んだ金簡を嵩山に投じたのは、久視元年（七〇〇）の七月七日であった(10)。また、第三節で述べるように、周の太子王子晋が仙去したとされる日も七月七日である。司馬承禎は、高い精神性と宇宙性を持つ琴を完成させる日として、あえてこの日を選んだのであろう。

「台岳の秀気」によって育まれた桐から作った琴を「心を託する」友とし、天台の山水の中で自作の曲を奏でて楽しむ司馬承禎の姿は、隠逸の生き方を選んだ風雅の士としての側面を存分に伝えている。「素琴伝」の終わりの方には、「古より賢人君子、之（琴）を操りて以て悶え無く、之を玩びて斁うこと無からざるは莫し。左琴右書、蓋し以有《ゆえ》るなり」という。『旧唐書』隠逸伝に、「承禎　頗る篆隷書を善くす。玄宗　三体を以て老子経を写し、因りて文句を刊正し、五千三百八十言に定著して真本と為して以て之を奏上せしむ」とあるように、司馬承禎は書の名手でもあった。承禎が天子をはじめ朝廷の公卿たちの厚い信頼を得た理由は、道士としての道術もさることながら、琴と書に代表される教養を備え方外の士として生き続けた潔さにあったと考えられる。「素琴伝」にはまた、「清素なる者は、山は桐柏と名づくるを以て桐樹生ず。地は霊墟と号すれば霊気出づ」とも述べている。「清素」と名づけたこの琴は、桐柏山（天台山の別名）の霊墟に住まう司馬承禎自身をまさに象徴するものであったと言えよう。

二　桐柏観

霊墟のほかに、天台山の中で司馬承禎と関わりの深い場所がもう一つある。睿宗が景雲二年（七一一）に勅命を出して再建させた桐柏観がそれである。睿宗の勅命は、次のように言う。

台州始豊県界天台山の廃せる桐柏観一所。呉の赤烏二年、葛仙翁より已来、国初に至るまで、道を学ぶものの壇宇、連接すること十余所あり。聞くならく、始豊県の人、壇場を毀壊し、松竹を砍伐し、耕種及び墳墓を作る。此の触犯により、家口死亡し、敢えて居住せず。是に於いて出売す。宜しく州県をして地に準じて畝を数え、価を酬い、仍りて一小観を置き、其の旧額を還さしむべし。更に当州に於いて道士三五人を取り、精進して業を行う者を選択し、并びに侍者を将いて供養するを聴す。仍りて州県をして司馬錬師と相知らしめ、天台山中に於いて封内四十里を辟して禽獣草木長生の福庭と為し、採捕者を禁断せよ。

（『全唐文』巻一九「復建桐柏観勅」）

この勅命では、桐柏観は呉の葛仙翁（葛仙公、葛玄）にゆかりがあるものとしているが、すでに指摘があるように、これは史実とは見なしがたい。葛玄を天台山と結びつけることは、六朝時代に書かれた霊宝経の中に見える。すなわち、『太上洞玄霊宝真一勧誡法輪妙経』(道蔵第一七七冊)に、天台山で修行中の葛仙公(葛玄)のもとに、太極真人徐来勒から命を受けた三人の太上玄一真人が降臨して教えを垂れたとある。また、『太上太極太虚上真人演太上霊宝威儀洞玄真一自然経訣上』(敦煌写本ペリオ二四五二)にも、葛仙公が天台山において鄭思遠・沙門竺法蘭・釈道微・呉先主孫権に経を伝授したとある。東晋の興寧年間以降の上清派道教の興起に刺激を受けて、四世紀末から霊宝経が作成されるようになったのであるが、その霊宝経の中で葛仙公は、元始天尊の教えを地上の人々が実践するための具体的な指針を説く重要な役割を担っている。[12] 天台山の桐柏観を葛仙公と結びつける伝承が起こったのは、六朝霊宝経に記されたこうした話をふまえていると考えられる。徐霊府『天台山記』によると、唐代には、こうした話をふまえて、太極三真人が葛仙公に降臨した場所という謂われを持つ石壇が存在したようである。[13]

六朝時代において、天台山(桐柏山)に桐柏観という名の道館・道観が存在したことを示す資料は見あたらない。六朝時代に天台山(桐柏山)に道館が置かれたことが資料上確認できるのは、第一に、劉宋末頃、顧歓が「剡の天台山に於いて館を開き徒を聚め」(『南斉書』高逸伝)たというもの、第二に、南斉の永泰元年(四九八)に沈約が天台山(桐柏山)に隠棲して住んだという金庭館(沈約「桐柏山金庭館碑」、『全梁文』巻三一)――「桐柏山金庭館碑」には金庭館のことを「高きに因りて壇を建て、巌に憑りて室を考し、降神の宇を飾り、朝礼の地を置く。桐柏の在る所、厥れ金庭と号す。事は霊図に昺たり、因りて以て館に名づく。聖上は曲げて幽情を降し、信を留むること弥々密なり。道士十人を置き、用て嘉祉を祈る。約は不才を以て、首として斯の任に膺る」と記している――、第三に、陳の徐則が住んだという天台山館(徐陵「天台山館徐則法師碑」、『芸文類聚』巻七八)の三例だけのようである。[14]

睿宗の勅命によると、葛仙公にゆかりがある場所とされたところに建てられていた壇宇は、その後、地元の人によって壊され、耕種や墳墓の地として使われていたが、その神罰が現れたため、その土地が売りに出された。そこで、睿宗は台州始豊県に対して、その土地を買い上げ、桐柏観を再建して道士三~五名をおくこと、そして、天台山中の四十里にわたる土地の採捕を禁じて禽獣草木の楽園とすることを命じている。この勅命が出された景雲二年(七一一)に、ちょうど司馬承禎は睿宗に召されて都に出、睿宗と会見し、道教に関する質問を受けている。睿宗が台州始豊県に対して桐柏観の再建を命じたのは、その会見と何らかの関係があると推測される。勅命の中に司馬錬師(司馬承禎)の名が挙がっていることからわかるように、桐柏観の再建にあたって実質的に力を尽くしたのは司馬承禎であった。[15]

久視元年(七〇〇)進士大中大夫行尚書祠部郎中の崔尚の撰になる「唐天台山新桐柏観頌并序」(『全唐文』巻三〇四)は、桐柏観を再建した司馬承禎を褒め称えた文である。これと同じ文は『天台山志』(道蔵第三三二冊)にも「桐柏観碑」として収めており、そこでは、末尾に、「天宝元年太歳壬午三月二日丁未、弟子昆陵道士范恵超等立」という文がある。天宝元年(七四二)は、司馬承禎が亡くなってから七年目にあたる。この年に、弟子の道士范恵超らがこの頌を刻んだ碑を建立したことがわかる。

「唐天台山新桐柏観頌并序」の「序」の部分は、「天台や、桐柏や、代(世)には之を天台と謂い、真には之を桐柏と謂う。此の両者は同体にして異名、同じく玄に契し、道は在らざる無し」という文で始まり、前半には、桐柏観の由来と睿宗が新たに作った桐柏観の様子を述べ、後半には、司馬承禎の略伝とその徳、および「道」の働きと修道の場としての山の役割を述べる。桐柏観の由来について、「古観荒廃すること則ち已に久し。故老相伝えて云はく、昔 葛仙翁始めて此の地に居り、後の有道の士、往往にして之に因ると。壇址五六、厥の跡猶お在り」と記すのは、上に見た睿宗の勅命と同じであるが、それに続けて、「我が唐に洎び、司馬錬師の焉に居る有り」と述べているのによれば、司馬承禎はこの葛玄ゆかりの地とされる場所に住んでいたことになる。[16]

「唐天台山新桐柏観頌并序」の記述で注目されるのは、桐柏山と王子晋との関係について言及している点である。「桐柏山、高さ万八千丈、周旋八百里、其の山は八重にして、四面一の如し。中に洞天有り、号して金庭宮と曰う。

即ち右弼王子晋の処る所なり。是れを之れ不死の福郷、養真の霊境と謂う」とあるのがそれである。これは明らかに、『真誥』に見える桐柏山に関する記述をふまえている。『真誥』の記述とは次のようなものである。

①「越桐柏之金庭、呉句曲之金陵、養真之福境、成神之霊墟也。……（注：右弼王王真人喫令密示許侯。此即桐柏帝晨所説、言呉越之境、唯此両金最為福地者也）」（巻一一、五b）

②「桐柏山高万八千丈、其山八重、周廻八百余里、周廻八百余里、四面視之如一。在会稽東海際、一頭亜在海中。金庭有不死之郷、在桐柏之中。方円四十里、上有黄雲覆之。樹則蘇玡琳碧、泉則石髄金精、其山尽五色金也。経丹水而南行、有洞交会、従中過行三十余里則得。（注：此山、今在剡及臨海数県之境。亜海中者、今呼括蒼。在寧海北、鄞県南。金庭則前右弼所称者。此地在山外、猶如金霊而霊奇過之。今人無正知此処。聞採藤人時有遇入之者。鳴噢甚多、自可尋求。然既得已居呉、安能復覓越。所以息心。桐柏真人之官、自是洞天内耳）」（巻一四、一九a）

右のうち、①は、司馬承禎が住んでいた霊墟という地名の由来として、すでに前節に挙げたものであるが、この言葉は、『真誥』の注記によれば、右弼王王真人が許侯（許謐）に授けたもの、桐柏帝晨が説いたものということになっている。右弼王王真人と桐柏帝晨は同じく王子晋（桐柏真人、侍帝晨などとも呼ばれる。次節参照）のことを指す。

「唐天台山新桐柏観頌并序」の文が桐柏山と王子晋の関係について言及しているのは、睿宗の勅命には見えなかったこととして注目されるが、『真誥』に見える王子晋（桐柏真人）の記述に大きな関心を持っていたのは、実は、司馬承禎自身であった。司馬承禎が著した『上清侍帝晨桐柏真人真図讃』がそのことを示している。次節では、この『上清侍帝晨桐柏真人真図讃』について見ていくことにしたい。

三　『上清侍帝晨桐柏真人真図讃』

『上清侍帝晨桐柏真人真図讃』（道蔵第三三四冊）は、桐柏真人王君（王子晋、王子喬）の行跡を文章と図・讃で表したものである。はじめに序文があり、司馬承禎がこれを著すに至った理由を、桐柏真人王君の行跡と絡めながら説明している。まず序文では、次のように述べている。

其の初め卒して後に仙なるは、亦た疑怪するに足らざるなり。是を以て京陵の墓は、古啓を経て劒飛び、緱氏の祠は、今立に迄ぶまで神在す。承禎、早に嵩岳に処り、山林の抗迹を慕い、堂廟に謁する毎に、影響の余霊を欽む。風景に対して心を虚にし、七日の昨の如きを懐い、雲天を瞻て思いを悠かにし、三清の又玄を仰ぐ。

王子晋は嵩山で修道し緱氏山で仙去したとされる。若くして嵩山の道士潘師正に師事した司馬承禎は、嵩山で王子晋ゆかりの堂廟に謁し、七月七日に仙去した王子晋に思いを致したことを、ここでは述べている。さらに続けて次のように言う。

復た玉晨の策命を以て、侍弼の栄秩に当たり、金庭に宰職し、桐柏の名山に赴く。五岳を是れ司り、群神の奉ずる所、八洞交会し、諸仙遊集す。周紫陽は素奏の符を受け、夏明晨は黄水の法を稟く。密契する者、秘訣を同道に伝え、帰誠する者、幽遯の殊庭を告ぐ。霊墟は信に奇にして、丹水　成神の域を済し、福地は異を旌し、黄雲　不死の郷に靄たり。林宇巌房、諸を栖憩に存し、石梁峯闕、其の登遊を紀す。所以に笈を負いて幽尋し、室を為りて静処し、希夷尚お閟にして、視聴通ずること罕なり。乃ち仙伝を観て、伊洛の発迹を追い、復た真誥を披き、華陽の降形を慕う。軽く丹青を運らし、敬んで図象を載せ、敢えて讃述を為し、庶わくは誠心を表さん。方に以て香を焚きて啓翫し、天洞を素牒に窺い、気を聴きて内思し、光儀を絳府に奉ず。在世より昇真まで、凡そ一十一図有り、一巻を纂成す。

仙去した王子晋は、上清天の宮殿で玉晨大道君から命を受け、侍帝晨領五岳司右弼王桐柏真人の称号を授かり、桐柏山の洞府金庭宮に赴くことになった。桐柏山は仙人たちの集う場であり、幽邃の秘訣がひそかに伝授されてきた神聖な地である。その桐柏山で長らく暮らしている司馬承禎は、「乃ち仙伝を観て」「復た真誥を披き」、華陽洞天のある茅山の山館で、東晋の興寧年間、桐柏真人王君が楊羲のもとに降臨した情景に思いを馳せながら、この『上清侍帝晨桐柏真人真図讃』を著したのである。

桐柏真人王君の行跡は十一の場面に分けて書かれており[17]、各場面には図が描かれている。司馬承禎は自ら鋳造した鏡と剣を玄宗に献上する時、解説図付きの説明文（『上清含象剣鑑図』、道蔵第一九六冊）を添えていることからもわかるように、絵を描くことにも秀でた多彩な文人であった。『上清侍帝晨桐柏真人真図讃』の十一の場面には、その図の内容について説明した文がついている。その説明文は、桐柏真人王君の行跡を簡潔に表しているので、まず、それを挙げておこう。

第一：「図画周朝宮闕、作穀洛二水相合而闘、稍毀宮城処、人夫負土、欲壅此川。作太子具冠服、立於霊王前諫事」

第二：「図画東宮殿宇、作太子坐処、与叔誉師曠問答事。其師曠乃挙躅其足」

第三：「図画太子吹笙、遊於伊洛間、道士浮丘公降接之事」

第四：「図画宮殿作太子臥卒形、群臣嚬泣事、及太子共浮丘公東南行、向嵩高山事」

第五：「図画嵩高山作修学巌林居処。巌中有経書丹竈、浮丘公坐在其中。巌前作壇、王君坐在壇上、焼香精思事。又王君出於山次、見桓良共語事」

第六：「図画王君乗鶴駐在緱氏山頭、挙手謝時人。并作周国帝王儀仗及時人衆等、望不得到、及王君控鶴昇天事」

第七：「図画上清宮闕、作道君形像、仙真侍衛。作二童側立、共捧案。案上有玉策。并作一真人側立、宣付王君」

第八：「図画王君乗雲車羽蓋、仙霊侍従、旌節導引、龍鶴飛翔、従天而降、欲赴桐柏山洞宮事」

第九：「図画桐柏山作金庭洞宮、王君坐在宮中、衆仙侍衛。幷五岳君各領佐命等、百神来拝謁」

第十：「図画真人周季山作道士服、於桐柏山見真人王君。王君以左手執素奏丹符、欲付周君。周君長跪而受之。作夏馥著古人衣、遇見王君。王君把一巻書、欲付馥。馥長跪、挙両手受之。其周夏二人、皆作山人装束、各作一笈解在其人辺石上著、跪於王君。王君作真人衣服。幷有三五箇仙人侍在左右」

第十一：「図画茅山楊君学道壇宇処、王真人降見、着芙蓉冠、絳衣、白珠綴衣縫、帯劒。楊君把紙筆、附前而書。其衣作真仙之製、其劒鞘依経中様式」

以上の十一の場面のうち、第一（王子晋が父の霊王を諫める場面）は、『国語』周語下に基づき、第二（王子晋が師曠と問答する場面）は、『逸周書』太子晋解に基づく。ついで、第三（道士浮丘公の降臨を受ける場面）、第四（浮丘公と共に嵩山に行く場面）、第五（嵩山で修行をする場面）、第六（緱氏山で鶴に乗って昇仙する場面）はいずれも、『列仙伝』王子喬伝に基づいて書かれている。第六の場面までは、東晋中期に上清派が興起する以前から存在した王子晋像を示していると言える。しかし、第七（上清天で大道君から玉策を受ける場面）、第八（雲車に乗って桐柏山に赴く場面）、第九（桐柏山の金庭宮で諸岳群神の拝謁を受ける場面、図1）、第十（周季山と夏馥に道術を授ける場面）、第十一（興寧三年、茅山に降臨する場面）の五つの場面は、いずれも、上清派道教において説かれた新しい王子晋（桐柏真人）像に基づいている。

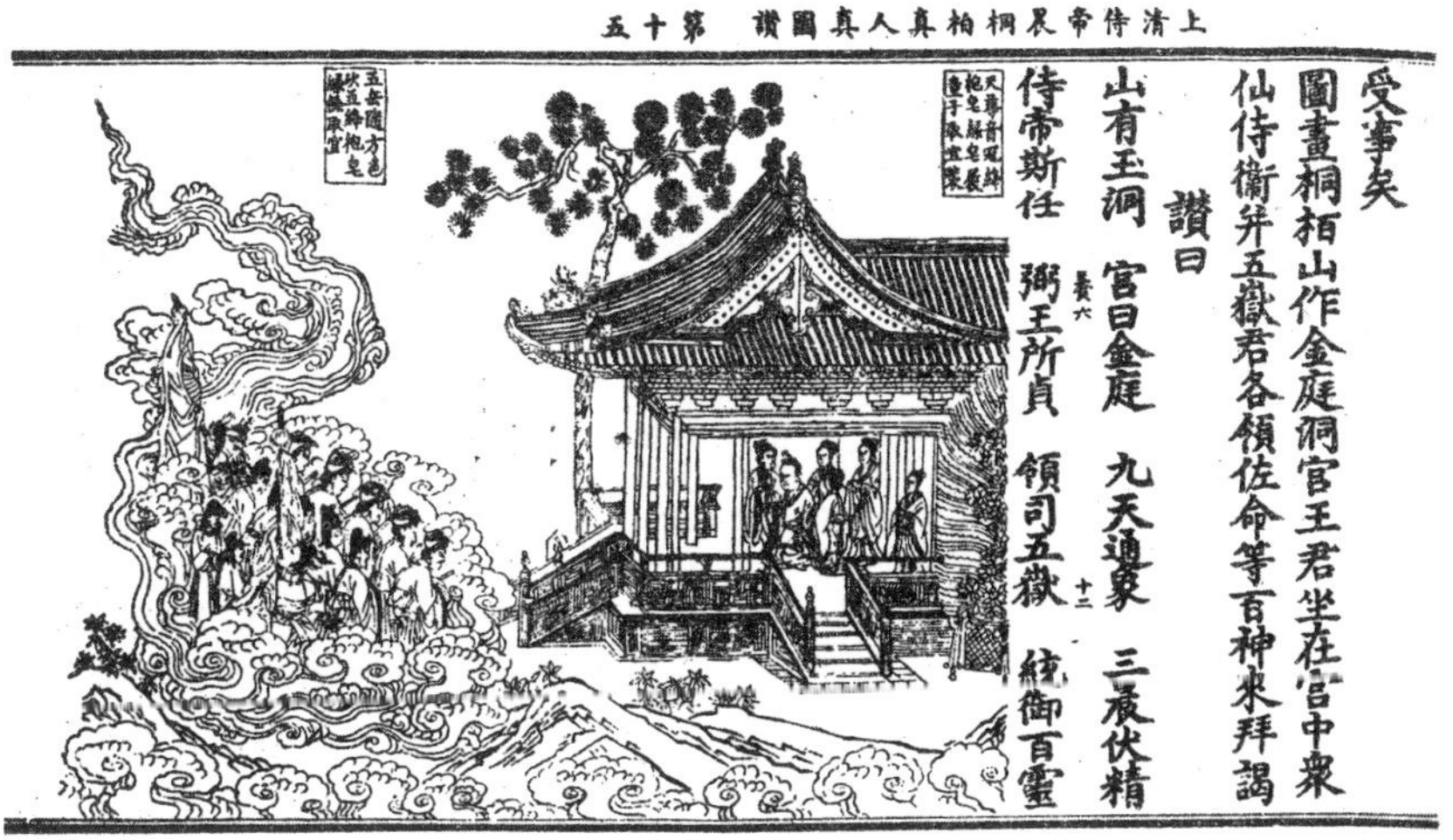

図1　『上清侍帝晨桐柏真人真図讃』第九の場面

司馬承禎が自ら「復た真誥を披き、華陽の降形を慕」って著したと述べているように、『上清侍帝晨桐柏真人真図讃』の第七から第十一の場面は、『真誥』の記述をもとにして書かれている。ここで、『真誥』の記述と『上清侍帝晨桐柏真人真図讃』との関係を見ておきたい。

『真誥』には、上清派道教が作り上げた独自の宗教的世界観が描かれている。[18] 仙人鬼の三部世界、地仙の住む洞天が地脈を通じてつながっていること、仙人の世界で上位にある真人が地仙を監督支配するという構造などがそれである。『真誥』には数多くの真人が登場するが、中でも、女性の真人が重要な役割を担っていること、男性の真人の中では、茅山との関連で三茅君（司命君・定録君・保命君）が最も親密な存在とされていることが注目される。桐柏真人は男性の真人たちの中で突出して重要視されているわけではないが、他の真人たちと同様に、上清派の宗教的世界観の中で一定の役割を担っている。

『真誥』には、桐柏真人に関する記述が二十箇所ほど見える。その中で、注目されるものを挙げておくと次のようになる（前節に挙げた『真誥』に見える桐柏山の記述①②に続けて番号をつけておく）。

③「南岳夫人与弟子言書識如左（注：弟子即楊君自称也。此衆真似是集洞宮時。所以司命最在端。当為主人故也。夫人向楊説次第位号如此。非降楊時也）。……桐柏真人右弼王領五岳司侍帝晨王子喬。……右二十三真人坐西起南向東行」（巻一、二b）

④「又有一人、年甚少、整頓非常、建芙蓉冠、著朱衣、以白珠綴衣縫、帯剣都未曾見。此人来多論金庭山中事、与衆真共言、又有不可得解者。揖敬紫微・紫清・南真三女真、余人共言平耳、云是桐柏山真人王子喬也。都不与某語」（巻一、一五b。巻二、三aにもほぼ同じ記事が見える）

⑤「六月二十九日夜、桐柏真人同来降、復諭授令某書曰、夫八朗四極、霊峰遼遐、……如其心併愆浪、目撃色袂、動与罔罟共啓、静興争競之分者、此乃適仙路邈、求生日闊也。子其慎之。某書畢、取視、乃以見与」（巻二、六b）

⑥「王子晋父周霊王有子三十八人、子晋太子也、是為王子喬。霊王第三女、名観香、自衆愛、是宋姫子、於子喬為別生妹。受子喬飛解脱網之道、得去入緱（注：外書作維字）氏山中。後倶与子喬入陸渾、積三十九年、観香道成、受書為紫清宮内伝妃、領東宮中候真夫人（注：此即中候王夫人也。）子喬弟兄七人得道（五男二女）。其眉寿是観香之同生兄、亦得道」（巻三、二a）

⑦「写我金庭館、解駕三秀畿、夜芝披華鋒（謂応作峰字）、咀嚼充長飢、高唱無逍遙、冬興有待歌、空同酬霊音、無待将如何。右桐柏山真人歌」（巻三、三a）

⑧「有道者皆当深研霊奥、栖心事外。但思味勤篤、糟粕余物、亦足自了耳（注：桐柏真人言）」（巻七、三b）

⑨「明晨侍郎夏馥、字子治、陳留人也。少好道、服朮餌、和雲母。後入呉山、従赤須先生、受錬魂法。又遇桐柏真人、授之以黄水雲漿法、得道。今在洞中」（巻一二、一一a）

⑩「桐柏有二十五人弟子、八人学仏」（巻一四、七b）

⑪「王子喬墓在京陵。戦国時、復有発其墓者、唯見一劒在室。人適欲取視、忽飛入天中也」（巻一四、一八a）

③は、仙界における桐柏真人の称号を示している。この称号は、『上清侍帝晨桐柏真人真図讃』では第八の場面に、「王君、金闕に於いて策命を拝受し、号して桐柏真人右弼王領五岳司侍帝晨と曰う」と見える。王子晋にこの称号を授けたのは、『上清侍帝晨桐柏真人真図讃』の第七の場面によれば、上清天高聖太上玉晨玄皇大道君という神格である。この神格は、『真誥』巻五（一b）に、「太上は道の子孫、道の本を審らかにし、道の根を洞く。是を以て上清真人と為り、老君の師と為る（注：此れ即ち太上高聖玉晨大道君を謂うなり）」と見える。上清天高聖太上玉晨玄皇大道君は、『真霊位業図』（『洞玄霊宝真霊位業図』、道蔵第七三冊）では第二中位に置かれており、桐柏真人は第二右位に置かれている。王子晋は高聖太上玉晨玄皇大道君を補弼するとともに、桐柏山に赴き、五岳を統領する役目を担うとされたのである。

④は、興寧三年（三六五）六月二十六日の夕べ、衆真が降臨した際、年若い桐柏真人も姿を現した。その時の桐柏真人の衣冠の様子を説明したものである。『真誥』のここの記述は、『上清侍帝晨桐柏真人真図讃』の第十一の場面に引用されるとともに、図に描かれた王真人（桐柏真人王君）の姿を説明する文にもそのまま使われている（上記参照）。

⑤は、興寧三年六月二十九日夜、桐柏真人が楊羲のもとに降り、美文調の言葉によって教えを垂れたことを言っている。その教えの内容は、世俗の欲望や他人との競争を離れ、心を静寂な世界に憩わせることができる者だけが、真人の仲間入りをすることができるというものである。ここの記述もやはり、『上清侍帝晨桐柏真人真図讃』の第十一の場面に引用されている。

⑥は、王子晋の腹違いの妹、観香（中候王夫人）のことを述べたものであるが、これについては、『上清侍帝晨桐柏真人真図讃』には見えない。中候土夫人は、許翽の夢に現れ、詩を授けており（『真誥』巻一八、一二b）、茅山の神降ろしの場では、なじみ深い真人だったようである。

⑦は、十名の真人が、有待・無待について詩の形式で議論した時の桐柏真人の詩である。この詩の中に、「我が

金庭の館を写し、駕を三秀の畿に解く」とあり、桐柏山（「金庭館」）から茅山（「三秀」）へ天空の車駕を巡らすことを歌っているのは興味深い。この詩は、『上清侍帝晨桐柏真人真図讃』には引用されていない。第十一の場面の末尾に、「又　降りて歌述等の詞有り。此には備さには載せず」と断っているものに相当する。

⑧は、道を学ぶ者の心得を桐柏真人が諭した言葉で、心を世俗の外に置き、修道に専心すべきことを言っている。これは、『上清侍帝晨桐柏真人真図讃』の第十一の場面に引用されている。

⑨は、山中で桐柏真人に遇って道術を授けられた夏馥のことを述べたもので、これは『上清侍帝晨桐柏真人真図讃』では第十の場面に見える。ちなみに、第十の場面に夏馥と並んで記載されている周季山のことは、『真誥』には見えず、『紫陽真人内伝』に「乃ち桐柏山に登り、王喬に遇い、素奏丹符を受く」と見える。

⑩は、桐柏真人の弟子について述べたもので、これは『上清侍帝晨桐柏真人真図讃』には見えない。ここで、二十五人のうち八人が仏教を学んでいると言っているのは、天台山が東晋以来、仏教の修行の地でもあったこと[19]と関連するようにも思えるが、『真誥』のこの箇所の直前には、裴真人と周真人の弟子の中にも仏教を学ぶ者がいると言っているので、これはむしろ、上清派全般の性格を示すものと理解すべきであろう。

最後の⑪は、王子晋の仙去は劍を残して去る劍解であったこと、その墓が発かれた時、劍が飛び去ったことを言う。劍が飛び去ることは、上に見たように、『上清侍帝晨桐柏真人真図讃』の序文に言及されている。

以上、『真誥』の中の桐柏真人に関する記述の主なものを挙げ、『上清侍帝晨桐柏真人真図讃』との関連を指摘した。全般的に『真誥』の記述を下敷きにしつつ、司馬承禎自身の創作も加えながら『上清侍帝晨桐柏真人真図讃』が書かれていることがわかる。司馬承禎の創作は、第七・第八・第九の場面で、王子晋が大道君から玉策を受け、雲車に乗って桐柏山に赴き、桐柏山金庭宮で諸岳群神の拝謁を受ける様子を、具体的に記述している点に見られる。こうした創作的な部分は、『紫陽真人内伝』など、上清派の形成に関与した内伝類[20]からヒントを得て記述されたと考えられる。

王子晋が天台山と結びつけられた例としては、孫綽（三一四～三七一）の「遊天台山賦」（『文選』巻一一）が挙げられる。「遊天台山賦」は、序文によれば、孫綽が天台山の「図像」を見ながら、「神を馳せ思いを運らし」て詠じたものであるが、その中に、「王喬は鶴を控いて以て天に沖し、応真は錫を飛ばして以て虚を躡む」という句がある。このように、天台山を詠む作品の中に王喬（王子晋）が出てきているのであるが、これについては、王喬が応真（羅漢）と対になる形で書かれているところから見ても単なる文学的修辞であって、王喬は仙人の代表として名が挙げられているにすぎないという見解がある。[21] 確かにここの表現はその可能性が高いであろうが、ただ、孫綽の在世年代と、『真誥』に記録された茅山の神降ろしが行われたのがほぼ同時期であることを考えると、「遊天台山賦」のこの句の背景に、王子晋と天台山とを結びつける観念がこの頃存在したことも否定できないように思われる。

上に述べたように、桐柏真人は『真誥』の中で三茅君ほどには重要な役割を持ってはいない。しかし、茅山の神降ろしの場において、桐柏山は茅山と特別な関係にあるとされていた。すでに第一節・第二節に挙げた「越の桐柏の金庭、呉の句曲の金陵は、養真の福境、成神の霊墟なり」（巻一一、五b）という桐柏真人の言葉がそれを示している。この箇所の注には、「呉越の境、唯だ此の両金を最も福地と為す者なるを言うなり」とある。つまり、桐柏山の洞天「金庭」と茅山の洞天「金陵」は、あわせて「両金」と呼ばれて呉越の境における福地の最高なるものとされている。真人たちから教えを授けられた楊羲が、将来は「呉越鬼神の君と為る」という予言を九華安妃から与えられている（『真誥』巻二、八a）ことからもわかるように、茅山の神降ろしの当事者たちにとって、最も直接的な関心は、自分たちの住む呉越の地のことにあった。桐柏山が茅山と並んで、呉越の地における福地として最高の場所を有する山とされていることは、やはり大きな意味を持っていると言わなければならない。したがって、その点においては、桐柏山、ひいては桐柏真人は、上清派の宗教的世界観の中で、茅山・三茅君に次いで重要な存在であったと言えよう。

茅山の神降ろしが行われた東晋中期と比べると、司馬承禎が生きた時代には、天台智顗（五三八～五九七）の例を挙げるまでもなく、天台山はすでに宗教的霊地としての位置を確立していた。[22] 投龍など唐王朝の国家的道教儀礼が行われる山でもあった。[23] したがって、司馬承禎が天台山（桐柏山）に住むようになったのは、最初は必ずしも『真誥』の記述とは直接の関連はなく、単に隠遁の地としてふさわしいという理由で選んだのかもしれない。しかし、八十一歳で王屋山に移り住むまでの長い間、この山に住み続け、また、桐柏真人のことをわかりやすく解説した『上清侍帝晨桐柏真人真図讃』を著したのは、司馬承禎が上清派の宗教的世界観を重視し、自分は上清派の道系を継ぐ人物であるという意識を強く持っていたことに関連すると思われる。はじめにも述べたように、司馬承禎は茅山に住むということはなかった。実際に茅山に入り、上清派ゆかりの遺跡の復興に努めたのは、司馬承禎の弟子の李含光（六八三～七六九）であった。[24] しかし、以上に見たような、『真誥』に記載された桐柏真人に対する司馬承禎の深い関心、そして、『真誥』における桐柏山と茅山の位置付けを考え合わせると、司馬承禎が天台山に住み続けたことは、上清派の教えの継承者であるという意識と何ら矛盾するものではなく、むしろ、『真誥』に記された上清派の宗教的世界観を尊重する意志の表れと解しうるものであると言わなければならない。

四　五岳真君祠

『旧唐書』隠逸伝によれば、司馬承禎は、開元十五年（七二七）、玄宗に召されて都に出、玄宗の命で王屋山において自ら形勝の地を選び、壇室を置いて住むことになったのであるが、[25] その後、玄宗に対して、五岳に上清真人を祀る祠を立てることを請う上言を行った。その上言の文は、『旧唐書』隠逸伝のほか、李渤「真系」、『冊府元亀』巻五三、『唐会要』巻五〇、『全唐文』巻九二四などに見える。上言を行った年については資料によって違いがあるが、上言の内容はほぼ同じである。今、『旧唐書』隠逸伝の文を挙げておこう。

今、五岳の神祠は、皆是れ山林の神にして、正真の神に非ず。五岳には皆洞府有り、各々、上清真人の降りて其の職に任ずる有り。山川風雨、陰陽気序、是れ理むる所なり。冠冕章服、佐従神仙、皆名数有り。別に斎祠の所を立てんことを請う。

（『旧唐書』隠逸伝）

玄宗は司馬承禎のこの上言に従い、五岳に勅して、それぞれ「真君祠一所」を置かせ、その「形象制度」はすべて承禎に命じて「道経を推按し、創意して之を為らしめ」たという。玄宗が五岳真君祠建立の勅命を出したのは、『旧唐書』玄宗本紀によれば、開元十九年（七三一）五月壬戌（十五日）である。[26]

司馬承禎の上言に従って建立された五岳真君祠については、近年、雷聞氏の研究によって具体的なことがわかってきた。雷聞氏は、まず、関連する石刻資料の調査に基づき、中岳を除く四岳の真君祠の建立の時期、および、これとほぼ同時に建立が認められた青城山丈人祠・廬山九天使者廟の建立の時期を明らかにされた。それによれば、開元十九年五月十五日に五岳真君祠建立の勅命に引き続き、同年八月二十一日に青城山丈人祠・廬山九天使者廟建立の勅命が出され、同年十一月には東岳真君祠が完工して三日三夜の斎が営まれた。同年末頃には西岳真君祠、開元二十年正月には北岳真君祠と青城山丈人祠がそれぞれ完工して記念碑が建てられ、同年正月二十五日には廬山九天使者廟が完工して斎が営まれるとともに記念碑が建てられ、南岳真君祠は最も遅れて開元二十年十月に完工して記念碑が建てられたという。[27] つまり、開元十九年・二十年の両年の間に集中して、五岳真君祠および青城山丈人祠・廬山九天使者廟が建立されたことになる。そして、その祠廟の中には、司馬承禎の創意になる図像が置かれたものと考えられる。

司馬承禎が五岳真君祠の建立を上言するに至った理論的根拠として、雷聞氏は三つの要素を挙げている。すなわち、第一に上清経の記述（『真霊位業図』に見える五岳の真人）、第二に『五岳真形図』の記述（特に『雲笈七籤』巻七九に載せる『五岳真形図序』の五岳君の記述）、第三に、司馬承禎の創案として、五岳洞天の真人の考え方（『天地宮府図』三十六小洞天に見える五岳洞天の仙人のこと)、を挙げる。そして、雷聞氏は、「司馬承禎が五岳二山の祠廟を置いた基本思想は、上清派の伝統観念に淵源し、五岳真形図の重要理論を結合し、あわせて、自己の洞天福地学説に対する研究に基づいて創造性を発揮したものである」[28]と述べている。雷聞氏の論証は綿密であり、その結論も、おおむね妥当であろうと考えられる。ただ、司馬承禎の五岳真君祠建立の上言の理論的根拠として雷聞氏が並列的に挙げられた三つの要素のうち、「上清派の伝統観念」をもう少し強調してもよいのではないかと思われる。その理由として、ここでは次の二つの事柄を挙げておきたい。その第一は、南岳真君廟に祀られたのが太虚真人であるという記述が『南岳小録』(道蔵第二〇一冊)に見えること、第二は、天台山に王真君壇が存在していたという記述が『天台山記』に見えることである。

まず、南岳真君廟に祀られたのが太虚真人であるということについて。五岳真君祠にどのような上清真人が祀られたかということについて、やや具体的にわかるのは、南岳衡山の場合である。南岳衡山の真君廟については、唐末の道士李沖昭が九〇二年に著した『南岳小録』の「真君廟」の項に、関連する記載がある[29]。それによると、南岳真君廟は司馬承禎の上言により創設されたものであって、この廟は、「啓夏の際、潔斎して醮を致し、兼ねて道士五人を度し、長く焚修洒掃に備う。即ち開元十五(九の誤りか?)年五月十五日の明制なり」というように、正式に置かれた道士によって維持されていた。さらに、『南岳小録』では、『上真記』なる書物からの引用として、「太虚真人領南岳司命は、即ち炎老君なり。潜山真人鮑君は副治、霍山真人韓君は佐治なり。金華真人黄君初平、天柱真人左君元放、南霍真人鄭君思遠、霍林真人許君映、丹霍真人周君陽、紫虚元君魏夫人華存は、並びに佐命の曹に居る。呉越楚蜀の会、皆これを司察するに当る」という。つまり、南岳真君として祀られたのは太虚真人(炎老君)であり、南岳真君は副治や佐治の真人たちを従えて、呉越楚蜀の地域の人々の生命を司るというのである。ここに見える真人たちの名前は、すでに指摘があるように、『抱朴子』や『真誥』によく出てくるものが多い[30]。

太虚真人が南岳真君であるとすることは、上清派の文献である『真誥』や『真霊位業図』に見える(ただし、炎老君という呼び方は見えない)。一方、『五岳真形図序』では、南岳の神格は「南岳衡山君」と記され、『天地宮府図』では、南岳衡山洞は仙人石長生が治めていると記されている。南岳真君として祀られていたのが太虚真人であるという『南岳小録』の記述が事実であるならば、少なくとも南岳について言えば、真君廟に祀られた上清真人は、上清派の文献(『真誥』と『真霊位業図』)に拠ったことになるのである。

『真誥』や『真霊位業図』には、南嶽以外にも五嶽の真人のことが、男性の真人の場合は「某岳真人」という形、女性の真人の場合は「某岳夫人」という形で出てくる。[31] これらは東晋中期の上清派が、おそらくはそれ以前からあった神仙伝説や山岳信仰などを吸収しながら構想したと考えられる真人たちの世界であるが、『真誥』や『真霊位業図』に出てくる五岳の真人について言えば、東岳の司命君(三茅君のうちの大茅君茅盈)や南岳の魏夫人(魏華存)のように、茅山の神降ろしにおいて欠かすことのできない重要な真人もいれば、そうでない真人もいる。また、一つの山に複数の真人がいる場合もあり、全体としてあまり整合性があるとは言いがたい。しかし、上清派が構想したこうした真人の世界の一端を、司馬承禎は、祭祀の対象とするという形によってクローズアップしようとした。その一例が、この南岳真君廟の太虚真人であったと考えられるのである。

次に、天台山に王真君壇が存在していたことについて。徐霊府『天台山記』によれば、唐代の天台山には桐柏真人の儀像が置かれた王真君壇があったという。「門外西南一里余、王真君壇に至る。真君は即ち桐柏真人なり。小殿有り、即ち真君の儀像儼たり。開元の初め、玄宗 之を創立し、道士七人を度して灑掃せしむ」(大正蔵五一、一〇五三下)とあるのがそれである。ここに言う「開元の初め」というのが事実であるならば、司馬承禎が五岳真君廟の設置を請う上言を行ったのよりも前に、すでに玄宗の勅命により、王真君壇が作られ、桐柏真人王真君の像が祀られていたのであろうか。あるいは、五岳に上清真人を祀る真君廟が設置されたのと相前後して、天台山にも桐柏真人王真君を祀る堂壇が置かれたのであろうか。いずれにしても、五岳真君廟の場合と同様に、王真君壇にも、それを維持管理する道士が国家の承認のもとに配置され、そこの小殿の中には、王真君の儀像が置かれていたことをこの文は語っている。この王真君壇の設置を玄宗に求めたのは、やはり司馬承禎であった可能性は高いと思われる。

前節で述べたように、桐柏真人王君は仙界での称号を「右弼王領五岳司侍帝晨」といい、五岳を統領する任務を負っているとされた。その任務遂行の様子は、『上清侍帝晨桐柏真人真図讃』の第九の場面に描かれている（前掲の図1）。前節に述べたように、第九の場面は、桐柏山の金庭宮に坐す桐柏真人の前に、五岳君がそれぞれ佐命を従えて至り、百神ともども桐柏真人に拝謁する様子を描いたものである。五岳に真君廟を置くことを請う上言を行った時期と、『上清侍帝晨桐柏真人真図讃』の作成の時期との前後関係は明らかではないが、司馬承禎の意識の上では、両者はつながっていたと思われる。想像を逞しくすれば、『上清侍帝晨桐柏真人真図讃』は、この王真君壇の設置に関連して作成されたものかもしれない。

このように見てくると、『上清侍帝晨桐柏真人真図讃』の作成、王真君壇の設置、そして五岳真君廟の設置の上言という三者は、司馬承禎にとって一連のものであったと推測できる。上清派の宗教的世界観の中で五岳を統領する任務を負っているとされた桐柏真人王子晋のことを解説した「真図讃」を作成し、王真君壇の設置を認められ、さらには、五岳それぞれに真君廟を設置することを奏請し、それが認められるという形で、司馬承禎は天台山と五岳において、唐王朝の公認のもと、上清真人を祀ることを実現させた。それは玄宗の厚い信任があったからこそ可能となったものであるが、司馬承禎が上清真人を祀ることに力を尽くした根底には、雷聞氏の言う「上清派の伝統観念」を大切にしようとする意識があったからに違いない。そして、そこには、『真誥』に記された茅山の神降ろしに由来する上清派の教えとその道系を継ぐ者であるという、司馬承禎の強い意識と使命感が存在したと考えられるのである。

おわりに

　前章で述べたように、司馬承禎の『坐忘論』には、天台智顗が初心者のために著した坐禅の指導書『修習止観坐禅法要』（いわゆる『天台小止観』）からの影響が認められるが、これは、司馬承禎の時代には『天台小止観』が一般によく読まれていて、それを道教の心の修養論としての『坐忘論』を著す時に参考にしたからであって、司馬承禎が天台山に長く住んでいたこととは直接の関係は少ないのではないかと思われる。司馬承禎が天台山に住んでいた頃は、天台仏教はむしろ不振であった。智顗とその弟子灌頂（五六一〜六三二）の時に栄えた天台仏教は、灌頂の弟子智威が天台山を去ってからは衰え、その衰退は、天台中興の祖と言われる湛然（七一一〜七八二）が晩年に天台山に住むようになるまでの百年以上の間、続いたという。[32] 司馬承禎が天台山に住んでいたのは、ちょうどこの、天台仏教の空白期間にあたっている。

　本章では、司馬承禎の著述と行跡を通して、天台山に対する司馬承禎の意識を探った。名山を遍遊した後、天台山を修真の場と定めた司馬承禎は、住まいの霊墟に生じた桐の樹を伐って琴を作り、天台の自然の中において、自作の曲を奏でる時間を楽しんでいる。司馬承禎は、まず何よりも「台岳の秀気」を愛した高雅な隠逸者であった。

　司馬承禎が睿宗の勅命により再建に力を尽くした桐柏観は、葛仙公の伝承と結びつけられた道観であり、葛仙公は霊宝経の構想の中で重要な位置を占める人物である。唐代道教の実質的な中心は、この霊宝経によって形づくられた部分であった。それは、唐初に盛んであった仏道二教論争において、仏教側からの厳しい批判を浴びたのは主に霊宝経の思想と儀礼であったこと、また、敦煌の道経写本のうち霊宝経が圧倒的に多いことなどから明らかである。葛仙公の伝承を持つ桐柏観が勅命によって再建されたのは、こういう事情と関わりがあると考えられる。再建された桐柏観に住んだとも言われているように、司馬承禎もそうした唐代道教の大きな枠組みの中に道士として生きていたのは間違いない。

しかし、司馬承禎を天台山と結びつける上で大きな役割を果たしたのは、霊宝経よりもむしろ、『真誥』に記された上清派道教の世界であった。『真誥』の記述に基づきながら、『上清侍帝晨桐柏真人真図讃』を作成したことにそれは顕著に表れている。そしてこれは天台山における王真君壇の設置、さらには五岳に真君廟を設置することの上言と結びついていたであろうことは、以上に述べたとおりである。これらのことから、司馬承禎が上清派の伝統を守ることに強い情熱を持っていたことは明らかである。

司馬承禎のこのような姿勢と関連して思い起こされるのは、本篇第一章第三節でも言及したように、玄嶷の『甄正論』のことである。則天武后の万歳通天元年（六九六）、洛陽の仏授記寺の僧玄嶷が著した『甄正論』[33]には、道教の諸方面にわたる批判が展開されているが、中でも最も厳しい批判の対象になっているのは、経典では霊宝経、人物では葛玄・陸修静・宋文明である。しかし、陶弘景については、霊宝の法を非難した人物として、高い評価を与えている（大正蔵五二、五六八下）。玄嶷は、もとは杜乂錬師と号し、洛陽の大弘道観の観主をつとめたこともある優れた道士であったという（『宋高僧伝』巻一七）。『甄正論』が著された頃、司馬承禎はどこで何をしていたかは明らかではないが、『甄正論』について何らかの情報を得ていた可能性は十分にありうるだろう。もし、司馬承禎が『甄正論』の内容を知っていたならば、これに対してどういう反応を示したであろうか。司馬承禎は道教側の人物であり、玄嶷が批判した事柄をそのまま受け入れることはもちろんなかったであろう。しかし、玄嶷の言葉に首肯する部分も少なからずあったのではないだろうか。上清派は道教の全体の中で微妙な位置にあることを、『甄正論』は示唆している。

終　章

一　『甄正論』の道教批判

本書は、六朝時代後半から唐代初期まで（四世紀末頃〜七世紀末頃）の時期における、霊宝経を中心とする道教経典の形成過程と、その中に見られる仏教思想の受容、および、中国固有の思想との間に生じた相克・融合の状況などについて、いくつかの視点から考察した。この時期には、多くの道教経典が作られ、それらが洞真（上清）・洞玄（霊宝）・洞神（三皇）の三洞の枠組みで整理されて、教理思想の体系構築と儀礼の整備が進められていったのであるが、本書で考察した洞玄（霊宝）の経典群は、この時期に作られた道教経典の中でもとりわけ仏教（漢訳仏典および中国撰述仏典）の要素を多く受容吸収しているものであった。そのため、これはしばしば仏教側からの鋭い批判を受けている。

仏教側からの道教批判のことは、多くの文献に見え、本書ではこれまで各章の該当箇所で関連の事柄に言及してきたのであるが、終章として、ここであらためて、則天武后期の僧、玄嶷が著した『甄正論』を取り上げ、道教のどのような点が批判されているかをまとめておこう。

玄嶷の『甄正論』は上中下三巻から成り、滞俗公子と甄正先生という二人の架空の人物の問答の形式で書かれている。滞俗公子が道教に関するさまざまな疑問点を質問し、甄正先生がそれに答えて道教批判を展開するという体裁で、問答は二十数条に及ぶ。全体として、霊宝経について述べている箇所が多く、特に、『甄正論』の前半（巻上から巻中の半ばまで）は、すべて霊宝経と天尊に関連することである。まず、「天尊は天地の先に在り」という道教の説に対して、甄正先生は易緯などに見える五運の天地生成論を引用してこれを否定し（大正蔵五二、五六〇上）、天尊の前世物語も全く仏経の模倣にすぎないと批判する（同、五六三下）。そして、天尊の存在が虚妄である以上、天尊を説主とする「道経」はすべて偽書であり、その分類方法の「三十六部」や「三洞」も仏経の模倣であると述べる（同、五六〇下〜五六一上）。また、霊宝経に説かれる「芒垂八角、字方一丈」の「真文」のことや「三十二天」の説などについても、その虚妄を指摘する（同、五六一下〜五六二下）。「三十二天」の説を批判する中で、天の名称の一部に用いられている「曇」と「梵」の二字がもともと中国にはなかった文字で、仏典の漢訳の際に音写字として作られたものであることを指摘し、したがって「三十二天」の説は仏経を盗んだものであると指摘するあたり、玄嶷は細かなところにまで目を向けている。

また、霊宝経で因果応報・三世輪廻が説かれていることについて、甄正先生は次のように批判する。

天尊の事、霊宝の経は、首尾虚偽にして、証と為す可からず。道家の宗旨は老経に過ぐる莫し。次に荘周の書有り、兼ねて列寇の論を取る。竟に三世の説無く、亦た因果の文無し。六道の宗を明らかにせず、詎ぞ業縁の義を述べん。地獄天道は、了に弁ずる処無し。罪福報応、其の由を顕わす莫し。自余の雑経は、咸く是れ陸修静等、仏経を盗窃して、妄りに安置することを為す。名目有りと雖も、殊に指帰無し。（同、五六三中〜下）

老子をはじめ道家の書物には三世因果のことは説かれていないということは、『甄正論』で繰り返し述べられているが、右の文では、それは陸修静らが仏経から盗んで霊宝経の中に入れたものであると言っている。批判対象として、『甄正論』において最も頻繁に名前が挙げられているのは、葛玄と陸修静と宋文明、とりわけ陸修静と宋文明の二人であり、仏経の説を盗んで霊宝経を偽造した人物として非難されている。

ついで、『甄正論』の後半では、『化胡経』や『西昇経』など老子化胡説に関する経典のこと、神仙説、道教の三籙や明真・三元・塗炭などの斎、河上公説話、道士女冠の戒のこと、道士の出家のこと、三教一致説、章醮符禁のことなど、さまざまな事柄が論題に挙げられている。『西昇経』に「劫」という語が劫数という意味で出てくることについて、中国ではもともと「劫」は劫殺・劫賊の意味でしかなかったのに、劫数の意味で使われているのは、道士が仏経の「劫」の観念を盗んだものだと言っているところがある（同、五六七上）が、上述の「曇」と「梵」の場合と同様に、一つ一つの文字に注目する玄嶷の姿勢が見られる。甄正先生が挙げた『西昇経』だけでなく、霊宝経の随所に「劫」の字は劫数の意味で出てくる。本書の第一篇第二章で考察した霊宝経の開劫度人説は、まさにこの「劫」の観念が土台になっているものである。

甄正先生は、道教の籙や斎も「老壮の教え」にあったものではなく、やはり「霊宝の文」に出るものであること（同、五六七上）、戒や出家のことも仏教に学んだものであること（同、五六九上〜中）を述べて道教を批判する。当時も存在した三教一致説、すなわち、「儒仏道典、三教是れ一なり」という考え方に対しては、三世因果・罪福業縁の思想は仏教独自のものであって、儒教の因果観とは異なっており、「儒仏懸《はる》かに殊なること、此れ其れ明らかなり」と述べ（同、五七〇中）、老荘の道家思想については、「未来冥報の義・過去業縁の理無く、当代に善悪の行いを造れば、其の行う所に随って当代に報を受く。儒書の説く所と大意略ぼ同じ」（同、五七一上）と、儒教に近いが仏教とは別物であると主張する。甄正先生は老荘思想そのものについてはほとんど批判していない。「老荘の教え、余豈に毀たんや。仏経に比擬すれば、義理全く別なり」と言っているように、老荘の教えと仏経の趣旨は異なるもので、「老教の旨は雌柔に在り、仏法の事は因果を明らかにす。二軸七篇の奥義は、得喪を斉物の場に忘れ、八万四千の法門は、寂滅を涅槃の境に契す」（同、五六八中）と、それぞれに特徴があるのだと考えている。

以上のように、『甄正論』の道教批判の対象は、ほとんど霊宝経のことに集中している。霊宝経が仏経のものを「盗窃」したこと、とりわけ、三世因果の思想を盗んで霊宝経に取り入れたことを強く批判し、あわせて、元始天尊のこと、「三洞」「三十六部」「三十二天」のこと、戒や出家のこと、籙や斎のことなど、主に霊宝経に出てくる事柄について批判している。そして、その霊宝経を「偽造」した人物として、陸修静と宋文明が非難されているのである。このように、霊宝経に対して批判が集中しているのは、『甄正論』が著された七世紀末頃、道教と言えば霊宝経のことをまず想起するほど、霊宝経の内容が当時の道教を代表するものであったことを示唆すると見てよいであろう。

二　霊宝経の仏教受容

玄嶷からは「盗窃」や「偽造」などと厳しい言葉で批判されているが、実際のところ、霊宝経の中に仏教はどのような形で受容されたのであろうか。

霊宝経は、『甄正論』が繰り返し批判しているとおり、仏教の三世因果説を取り入れ、教理の中心に据えている。しかし、その取り入れ方には、中国の伝統的な観念・思想との間の融合を図ろうとする姿勢が見られる。第一篇第一章で具体例を挙げて指摘したように、霊宝経では、仏教本来の三世因果説とは異なり、中国思想の中に根深いものとしてある現世中心主義的な観念のもと、解脱に至る前の生死輪廻をむしろ積極的に受け止め、恵まれた条件で人間世界に生まれ変わることを願う傾向が強い。また、個人単位の自業自得の原則で貫かれている仏教本来の因果応報説と、家単位で因果応報の問題を考えてきた中国古来の観念との間には大きな隔たりがあったが、両者の間の矛盾をいかに解決するかという問題について、霊宝経の作者たちが苦悩し模索したあとが、『太上洞玄霊宝三元品戒功徳軽重経』の文中に見える。そこでは、本来自己一身の問題である因果応報の中に、祖先―子孫という要因が入ってきた理由として、太古の世では罪福の応報は一身にとどまっていたが、それ以後の時代になると、人々は多くの罪を犯すようになり、自分自身では罪を背負いきれず祖先や子孫をも巻き込むようになったなどと、中国伝統思想に色濃く見られる下降史観を援用した説明をし、それは本来の正しいあり方ではないと述べる。一方、家単位の因果応報の観念につながる祖先供養のことについては、子孫が亡き祖先を供養すると、祖先を思う子孫の誠の心が天を感動させ、冥界の魂に報いが及ぶのだという、これも天人感応や天の報施など、中国古来の観念を用いた説明がなされている。このように、仏教の三世因果説は、中国の伝統思想と融和を図る形で霊宝経に取り入れられ、それに基づく祖先済度のための霊宝斎の儀式が整備されていった。仏像の影響を受けて始まった道教造像も、「七世父母、所生父母のために」という銘文が示すように、同じ考えのもと、祖先供養、死者供養のために行われたものであった。

元始天尊のことも『甄正論』で強く批判されている。確かに、元始天尊は仏教との関わりが少なくない。「天尊」という語は、もともと漢訳仏典で如来と同じ意味で用いられていたものであり、「天尊」の上に宇宙の始原を意味する「元始」の語をつけ、それ以前からの神話的色彩の強い存在であった元始天王を新しい神格として生まれ変わらせたのが、霊宝経「元始旧経」の最高神、元始天尊であった。そして、「元始旧経」において元始天尊は三世因果の思想を説く神格とされた結果、元始天尊自身の前世物語までもが作られることになった。『太上洞玄霊宝智慧定志通微経』に見える天尊の前世物語は、仏典のスダーナ太子本生譚をもとにして作られているが、孝を重視する儒教の思想に沿った潤色がなされたり、人間の一途な思いが天を感動させて奇跡が起こるということが強調されたりしていて、ここでもやはり中国の伝統的な思想・観念と融合させようとする姿勢が見られる（本書第二篇第二章）。しかし、元始天尊という神格は、本来、「元始」という性格、すなわち宇宙の始原の時点に「自然の気」を稟けて生まれたもの（これは「因縁」を超越している）という性格を持っているはずであるのに、そこに、如来のように長い劫にわたる修行を積み重ねた「因縁」の結果として究極の境地に至ったという性格が付け加わることになり、その結果、さらなる議論を引き起こし、隋唐道教教理学では、「自然」と「因縁」は対立項ではなく相互補完的・一体的なものと説明されるに至った（本書第二篇第三章）。

チュルヒャー氏は、論文 "Buddhist Influence on Early Taoism : A Survey of Scriptural Evidence" (*T'oung Pao*, vol. 66, 1-3, 1980) において、霊宝経における仏教的要素の借用の顕著な領域として、因果応報のほかに、宇宙論と道徳（戒律）を挙げている。仏教の宇宙論として霊宝経の中に取り入れられたものは、『甄正論』にも指摘されている「劫」の観念が重要である。霊宝経の開劫度人説の一つの柱である「開劫」とは、長い時間を経て天地が崩壊したあと再び開け、それが繰り返されるという考え方であり、仏教の「劫」の観念を吸収して成り立っている。筆者はかつて、これを〈天地の循環的再生説〉と名づけ、これは天地を一つの生命体として捉え、その誕生と死というものに関心を寄せた緯書の天地観と、『太平経』に説かれているような「道気」の到来による天地再生の考え方の上に、仏教の壊・空・成・住の四劫の観念が吸収されて成立したものであることを指摘した（拙著『六朝道教思想の研究』創文社、一九九九年、第二篇第三章）。「開劫」のたびごとに元始天尊の説法が行われ、衆生済度（「度人」）が行われるという、霊宝経の開劫度人説は、確かに、仏教の「劫」の観念の受容なくしては出てこなかったものであるが、その基盤には、緯書の天地観や「道気」の到来という中国固有の考え方が存在していたのである。

仏教の道徳（戒律）が霊宝経に取り入れられたことについては、『太上洞玄霊宝智慧罪根上品大戒経』の「十善因縁上戒之律」「二十四戒持身之品」、『太上洞玄霊宝智慧定志通微経』の「十戒」の内容を紹介した（本書第一篇第二章）が、そこからわかるように、儒教の君臣・父子・兄弟・朋友・夫婦の五倫や、宗族を大切にする中国の日常的倫理などが、仏教の五戒や他者救済の実践などと組み合わされた形になっている。

序章に述べたように、チュルヒャー氏は、道教の観念の中には仏教によって影響を受けない「固い核」があったことを指摘し、「気」の概念、肉体の不死、経典の神聖視などがそれに相当すると言っている。ただし、チュルヒャー氏はこのことを指摘するにとどまり、それ以上の詳しい説明はしていない。筆者は、霊宝経の内容を検討した結果、チュルヒャー氏の指摘の正しさを確認すると同時に、「固い核」として、「孝」の思想と「自然」の概念を追加したいと思う。

霊宝経において「孝」の思想が重大な意味を持っていることは、随所にうかがわれる。陸修静が斎を行うときの心構えを説いた『洞玄霊宝五感文』には、父母の重恩を思う気持ちが斎の根本であることが強調され（本書第一篇第四章）、家の祖先を供養するための斎から、国家の安寧を祈るための斎に至るまで、「洞玄霊宝の斎」の具体的な手順が説かれている。「孝」を出発点として家と国家の秩序の構築を図った儒教の思想と同じように、陸修静は家と国家の安寧を祈る道教の儀式として、霊宝経の思想に基づき霊宝斎を組み立てた。唐代において道教が王朝に重んじられ、大きな勢力を持つことができたのは、実質的にはこの点に依ることが大であったと考えられる。それゆえにこそ、『甄正論』は陸修静のことをことさら厳しく批判したのであろう。

「自然」の概念は、チュルヒャー氏によって指摘された「固い核」の一つである「気」の概念と組み合わさって、元始天尊や経典のことを説明する重要概念となっている。霊宝経には、経典は誰が作り出したものでもなく、宇宙の始まりの時に根源の「気」が「自然」に結ぼれて太空中に現れた神秘の文字の集まりに由来するものであるがゆえに神聖であるという考え方が見える。元始天尊が説いた教えであるから経典は貴いということではなくて、元始天尊自身も宇宙の始まりの時に「自然の気」を受けて生まれたものであり、「元始」の具現者であって、したがって経典の意味するところを理解しており、それを人々に解説するのだとされている。ここには、根源の「気」から万物生成が始まったとする中国の宇宙生成論・万物生成論の考え方と、人間界の秩序と平安の源を、人知を越えた「自然」の理法の中に見出そうとする中国思想（道家思想）の考え方が根底に横たわっている。

霊宝経は、玄嶷が批判するとおり、確かに仏教から多くのものを取り入れているのではあるが、その取り入れ方には、仏教から得たものを中国固有の観念・思想と融合させて、より受け入れやすい形に変えようとする試みが見られることは注目すべきであろう。道教経典の形成過程において、「孝」の思想や「自然」と「気」の概念など、中国思想を特徴づける伝統的思惟は、仏教の受容とは関わりなく、教理・思想を構成する重要な要素として存在し続けたのである。

三　上清派の伝統へ

六朝時代後半から唐代初期にかけて、多くの道教経典が作られるとともに、道教の位階制度も徐々に整えられていった。隋末頃までには成立したであろうと考えられている『洞玄霊宝三洞奉道科戒営始』の巻四「法次儀」には、十九の法位が挙げられ、それぞれの法位を得るために受けるべき、さまざまな種類の「籙」「符」「券」「戒文」「斎儀」などとともに、「経」の名前が列挙されている（巻四、五b～八a）。十九の法位というのは、下位から順に名前だけ挙げれば、次のとおりである。

①正一籙生弟子　②某治気男官女官　③三一弟子赤陽真人　④某治気正一盟威弟子　⑤陽平治太上中気領二十四生気行正一盟威弟子元命真人　⑥太玄都正一平気係天師陽平治太上中気領二十四生気督察二十四治三五大都功行正一盟威元命真人　⑦洞淵神呪大宗三昧法師小兆真人　⑧老子青絲金鈕弟子　⑨高玄弟子　⑩太上高玄法師　⑪太上弟子　⑫洞神弟子　⑬無上洞神法師　⑭昇玄法師　⑮太上霊宝洞玄弟子　⑯無上洞玄法師　⑰洞真法師　⑱無上洞真法師　⑲上清玄都大洞三景弟子無上三洞法師

この十九の法位のうち、①から⑤までは「籙」や「戒文」「符」などを受けるだけで、「経」を受けることはない。「経」の語が初めて出てくるのは「正一経」で、これを受けた者は⑥の位になり、ついで、『洞淵神呪経』などを受けた者は⑦の位になる。次に、経典ではないが「十戒」「十四持身戒」を受けた者は⑧の位、『老子道徳経』と『河上真人注』を受けた者は⑨の位、『老子妙真経』二巻・『西昇経』二巻などを受けた者は⑩の位になる。

三洞のことが出てくるのは、⑫『洞神弟子』以降である。「洞神経」を受けた者は、⑬の位、⑭「昇玄法師」を間に挟んで、ついで、「霊宝中盟経目」に挙げられた諸々の経典と斎儀に関する書などを受けた者が、⑯の位になる。この「霊宝中盟経目」に挙げられた諸々の経典というのは、陸修静の「霊宝経目」において、「元始旧経」のうち「已出」と書かれたものと「新経」とに相当する。つまり、本書で「霊宝経」と呼んで考察した経典を受けた者は、この⑯の「無上洞玄法師」という位を得ることになる。それより上には、上清洞真に属する⑰の位と⑱の位が置かれ、さらに、三洞を包括する最高位として、⑲の位が置かれている。⑱の位は「上清大洞真経目」として挙げられた経典と斎儀に関する書などを受けた者、⑲の位は「上清経総一百五十巻」を受けた者ということになっているが、「上清経総一百五十巻」の中身については記載がなく、両者の関係は明らかでない。

以上のような十九の法位に分ける位階制度が、実際にどの程度運用されていたのかはよくわからない点が多いが、本書で見た隋代の道教造像が示すように、これに近い形のものが隋代には部分的に用いられつつあった可能性もある。この位階制度は、大きく見れば、古くからの歴史を持つ天師道に関わるものを基層部分に置き、経典で言えば、「正一経」や『洞淵神呪経』、『老子道徳経』などを経て、その上に、洞神・洞玄・洞真の三洞の経典を置くという組み立てになっている。このような組み立て方は、五世紀に陸修静が仏教に対抗しうる力を持つ宗教を作り上げるために道教の統合を図った時に用いた方法につながるものであり、陸修静の構想はこのような形で位階制度の上に生かされていると言える。

この位階制度においては、霊宝経を受けた者（⑯「無上洞玄法師」）よりも上に、上清経を受けた者（⑱「無上洞真法師」）が置かれている。そして、「無上洞真法師」が受けるべき上清経として、『上清大洞真経三十九章』一巻以下、諸々の経典名と、斎儀など儀式に関する文や『真誥』十巻なども挙げられてはいる。しかし、斎の分類について陸修静の『洞玄霊宝五感文』の中で、「洞真上清の斎」が「洞玄霊宝の斎」よりも上位に置かれているにもかかわらず、道教の斎として実質的に最も中心的な役割を果たしたのは「洞玄霊宝の斎」の方であった（本書第一篇第四章）のと同様に、六朝末から唐代初期における道教経典の実質的な中心は霊宝経であって、上清経の方ではなかったようである。これは、上述のように、玄嶷『甄正論』の道教批判が霊宝経に集中していることからうかがわれるし、また、敦煌写本の道経の中に霊宝経類は数多く残っているが、上清経類はごくわずかであるという点から見ても、そのことは推測できる。

ところが、玄嶷が『甄正論』を著したのと同じ則天武后の頃からのち、上清経もしくは上清派の伝統に対して特別な関心を示す新たな潮流が現れてくる。上清派は、東晋中期、霊宝経よりも先に起こり、独自の宗教的世界観のもと、個人的・天上志向的な救済思想と心のあり方を重視する修道法を説き、陶弘景によって大成されたものである。則天武后期以降に起こった、そのような新たな潮流としては、まず、則天武后の周辺にいた道士胡超の弟子である女道士黄華姑が、南岳魏夫人（魏華存）の遺跡の発見に情熱を注ぎ、仙壇を発見したことはその早い例である（本書第五篇第一章）。ついで、司馬承禎が茅山を訪れて陶弘景の功績を記念する碑を建立して「茅山貞白先生碑陰記」という文を著したことや、五岳に上清真人の祠を建てることを玄宗に上言したこと、『真誥』の記述に基づいて『上清侍帝晨桐柏真人真図讃』を作成したことなどは、いずれもその顕著な例である（第五篇第二章・第三章）。『坐忘論』を司馬承禎作とする従来の通説にひとまず従うとするならば、斎の面でも、司馬承禎の関心は、霊宝斎のような集団的・儀礼的なものではなく、「心斎坐忘」の語で表現できる個人的・内面的な「洞真上清の斎」の方に向かっていたと解することができよう。司馬承禎は、大きな枠組みとしては上記の位階制度の中に身を置いていたのかもしれないが、道士としての主要な関心は、霊宝経・霊宝斎の盛行の影に隠れて見落とされがちになっていた上清派の本来の精神を取り戻すこと、上清派の伝統に復帰することにあったと考えられる。

上清派の伝統に対して特別な関心を寄せる、このような新たな潮流は、唐代の文人社会にも影響を及ぼした。若い日に司馬承禎から「仙風道骨有り」と称せられた李白は、道士元丹丘を生涯の友とし、元丹丘のことを歌った詩を多く残しているが、その元丹丘の師である胡紫陽が亡くなったときに李白が著した「漢東紫陽先生碑銘」（『茅山志』巻二四）の文には、胡紫陽が上清派で説かれる存思の道術を行う道士であったこと、陶弘景から潘師正、司馬承禎を経て李含光へと道統が伝えられ、李含光と胡紫陽が契りを合する友であったことを記している。顔真卿（七〇九～七八五）も上清派道教と積極的な関わりを持った人物である。司馬承禎の死後、その後継者となった李含光は玄宗の保護を受けながら、荒廃していた茅山の復興に努めたのであるが、顔真卿はその事跡を「茅山玄靖先生広陵李君碑銘」の文に記している。顔真卿はまた、先ほど述べた黄華姑の事跡を記した「撫州臨川県井山華姑仙壇碑銘」、および、魏華存自身の事跡を記した「晋紫虚元君領上真司命南嶽夫人魏夫人仙壇碑銘」の文も著している（いずれも、『顔魯公文集』巻九）。このような李白や顔真卿をはじめ唐代の文人社会と上清派との関わりについては、吉川忠夫氏の『書と道教の周辺』（平凡社、一九八七年）に詳しい紹介がある。

司馬承禎が上清派の伝統への復帰を企図したことは、見方によっては、陸修静が構想した三洞の枠組みから成る道教を、本来の正しいあり方に戻そうとする試みであったと考えることもできよう。上清派の伝統を強調することによって、洞真上清を最高位に置いた陸修静の三洞の精神に立ち戻ることができ、かつ、玄嶷『甄正論』において、道教の人物の中で唯一、高い評価を受けていた陶弘景とつながる道系であることを前面に出すことができる。その意味では、上清派の伝統への復帰は、仏道二教論争を経たあとで、道教の面目をただす有意義な道であったという見方ができよう。また、上清経や『真誥』には、『荘子』につながるような神秘的・幻想的な趣きや、五言詩や駢文など修辞的な工夫をこらした部分が含まれている。霊宝経にはほとんど見られない上清派独特の文学性・芸術性が、唐代文人社会の共感を呼ぶことになったのであろう。上清派の伝統を見直す動きは、道教の世界の幅広さをあらためて人々に気づかせる契機になったものと思われる。

しかし、上清派の伝統を見直す動きが出てきたあとも、洞玄霊宝の経典や斎は、実際にはずっと長い間、道教の中枢部分として重視され機能し続けた。洞玄霊宝の経典や斎は、すでに一般民衆や国家の中に入り込み、安定した力を備えていたと見なければならないであろう。そして、洞玄霊宝の経典や斎がそのような安定した力を備えるに至った背後には、本書で考察してきたように、異文化仏教思想の大胆な摂取と、中国固有の伝統思想の保持という、本来は相容れない両者を、いかに融合させ両立させていくかという模索の歴史があったのである。

注

序章

（1）道蔵の冊数番号は上海涵芬楼本の線装冊次を示す（以下同じ）。

（2）拙著『六朝道教思想の研究』（創文社、一九九九年）二七三～二七五頁参照。

（3）仏典漢訳の歴史とこれに付随する諸問題については、船山徹『仏典はどう漢訳されたのか――スートラが経典になるとき』（岩波書店、二〇一三年）に簡明にまとめられている。

（4）謝世維『大梵彌羅――中古時期道教経典当中的仏教』（台湾商務印書館、二〇一三年）。

（5）Erik Zürcher, "Buddhist Influence on Early Taoism : A Survey of Scriptural Evidence" (*T'oung Pao*, vol. 66, 1-3, 1980).

（6）エーリク・チュルヒャー著、田中純男ほか訳『仏教の中国伝来』（せりか書房、一九九五年）。

（7）注4所掲謝世維書一三頁、二六頁。

（8）注2所掲拙著第一篇第五章「上清経と霊宝経」。

第一篇第一章

（1）霊宝経の形成過程に関しては、陳国符『道蔵源流攷』（中華書局、一九六三年）、Stephen R. Bokenkamp, "Sources of the Ling-pao Scriptures" (*Tantric and Taoist studies in honour of R. A. Stein*, ed. by M. Strickmann, Institut Belge des Hautes Etudes Chinoises, Bruxelles, 1983)、卿希泰主編『中国道教史』第　巻（四川人民出版社、一九八八年）第三章、小林正美『六朝道教史研究』（創文社、一九九〇年）第一篇、大淵忍爾『道教とその経典』（創文社、一九九七年）第二章などを参照。

（2）Ofuchi Ninji, "On Ku Ling-pao-ching" (*ACTA ASIATICA* 27, 1974. 注1所掲大淵書第二章は、その増補改訂版)、大淵忍爾『敦煌道経　目録編』（福武書店、一九七八年）七二六～七二七頁参照。本章で考察の対象とする霊宝経は、この「霊宝経目」に名が見える「元始旧経紫微金格目」のうち「已出」と記されたものと「葛仙公所受教戒訣要及説行業新経」とである（注1所掲大淵書七六～八〇頁、小林書一八四～一八五頁参照）。

（3）Erik Zürcher, "Buddhist Influence on Early Taoism : A Survey of Scriptural Evidence" (*T'oung Pao*, vol. 66, 1-3, 1980).

（4）謝鎮之「重与顧道士書」（『弘明集』巻六）「道家経籍、簡陋多生穿鑿。至如霊宝・妙真、採撮法華、制用尤拙」（大正蔵五二、四二下）。『弁正論』巻八「宋人謝常侍為駁道論、以問道士顧歓。歓答言、霊宝妙経、天文大字、出於自然、本非改法花為之、乃是羅什姦妄、与弟子僧禕、改我道家霊宝以為法華、非改法華為霊宝也」（大正蔵五二、五四四下）。

（5）福井康順「霊宝経の研究」（『東洋思想研究』第四、一九四九年）、小林正美「劉宋における霊宝経の形成」（『東洋文化』第六二号、一九八二年。のち、注1所掲小林書所収）参照。

（6）注1所掲ボーケンカンプ論文。また、丘山新「『大阿弥陀経』の思想史的意義」（『東洋文化』第七〇号、一九九〇年）では、『大阿弥陀経』（『阿弥陀三耶三仏薩楼仏壇過度人道経』）を支謙訳と断定することにはやや疑問を残しつつも、これと『度人経』との影響関係に言及している。

（7）『真誥』に見える仙・人・鬼の三部世界観については、拙著『六朝道教思想の研究』（創文社、一九九九年）第一篇第一章「『真誥』について」を参照されたい。

（8）Stephen R. Bokenkamp, "Death and Ascent in LING-PAO Taoism" (*Taoist sources* 1, 1989) 参照。

（9）「命根」という語について、『太極真人敷霊宝斎戒威儀諸経要訣』一六a（道蔵第二九五冊）に「悪悪相縁、善善相因、是曰命根」という説明がある。

（10）『太上洞玄霊宝赤書玉訣妙経』巻下、一a〜三a（道蔵第一七八冊）、『太上霊宝諸天内音自然玉字』巻四、二一a〜二三b（道蔵第四九冊）、『太上洞玄霊宝智慧定志通微経』九a以下（道蔵第一六七冊）、『太上洞玄霊宝智慧本願大戒上品経』一一b〜一二a（道蔵第一七七冊）、『太上洞玄霊宝本行宿縁経』六a〜一〇a（道蔵第七五八冊）、『太上洞玄霊宝本行因縁経』二a〜五b（道蔵第七五八冊）など。注3所掲チュルヒャー論文一〇二頁参照。

（11）『度人経』巻二に「死魂受錬、仙化成人、生身受度、劫劫長存、随劫輪転、与天斉年、永度三徒五苦八難、超凌三界、逍遥上清」とあり、「随劫輪転、与天斉年」の箇所について唐の成玄英は「随劫者謂度死魂。受錬成人、不能無死、死後託化、更生為人、是随劫也。劫劫得生人道、故云与天斉年」（四注本巻二、三九a。道蔵第三八冊）と解釈している。霊宝経における輪廻転生の捉え方については、前田繁樹「「敦煌本」と「道蔵本」の差異について——古「霊宝経」を中心として」（『東方宗教』第八四号、一九九四年。のち、『初期道教経典の形成』汲古書院、二〇〇四年、所収）、山田俊「「古霊宝経」の得道論」（『集刊東洋学』第七三号、一九九五年。のち、『唐初道教思想史研究——『太玄真一本際経』の成立と思想』平楽寺書店、一九九九年、所収）参照。

（12）注7所掲拙著第一篇第五章「六朝時代の上清経と霊宝経」参照。

（13）湯一介『魏晋南北朝時期的道教』（東大図書公司、一九九一年）第十三章「「承負」説与「輪廻」説」参照。

（14）Isabelle Robinet, "La révélation du Shangqing dans l'histoire du taoïsme" I, II (*École Française d'Extrême-Orient*, vol. CXXXVII, Paris, 1984)、都築晶子「六朝時代における個人と「家」——六朝道教経典を通して」（『名古屋大学東洋史研究報告』第一四号、一九八九年）参照。

(15) この箇所については、秋月観暎「六朝道教における応報説の発展――教理展開追跡の一試論」（『弘前大学人文社会』第三三号、一九六四年）、注3所掲チュルヒャー論文一四〇～一四一頁にすでに考察がある。

(16) 六朝道教の斎の儀式の詳細については、『無上秘要』巻四八～五七にまとまった記述がある。

(17) 注7所掲拙著第三篇第二章「南北朝時代の道教造像――宗教思想史的考察を中心に」参照。

(18) 注1所掲の諸論文を参照。

(19) 陸修静の伝については、注1所掲陳国符書三八～四四頁、本書本篇第四章第三節参照。

(20) 注1所掲ボーケンカンプ論文四六八～四七六頁。

(21) 「太極左仙公葛真人、諱玄、字孝先。於天台山授弟子鄭思遠、沙門竺法蘭・釈道微。呉時、先主孫権後、思遠於馬跡山中授葛洪」（『洞玄霊宝玉京山歩虚経』一〇a～b。道蔵第一〇五九冊）。「仙公曰、……是時三侍臣、同発願後生作道士、我為隠士、釈道微・竺法蘭願為沙門、鄭思遠・張泰為道士、普志昇仙度世、絶王務、死逕昇天堂、衣食天厨。我後生為隠士、蘭微為沙門、張鄭為道士、倶入学道求仙。吾後為諸人作師、志大乗行、……爾時蘭微張鄭尽侍座、今日相随。是宿世之縁願故爾」（『太上洞玄霊宝本行因縁経』五a～b。道蔵第七五八冊）。なお、『太上洞玄霊宝本行因縁経』に相当する敦煌道経（ペリオ二四五四。大淵忍爾『敦煌道経図録編』福武書店、一九七九年、九一頁）では、「竺法蘭」を「竺法開」に作るが、『洞玄霊宝玉京山歩虚経』との関連から考えて、道蔵本のままが正しいと思われる。注11所掲前田論文参照。

(22) このことは注3所掲チュルヒャー論文九二頁にも指摘がある。

(23) 『出三蔵記集』巻一三「後太子登位、遂隠於穹隆山、不交世務、従竺法蘭道人更練五戒」。

(24) 藤田宏達『原始浄土思想の研究』（岩波書店、一九七〇年）第二章第一節、注6所掲丘山論文参照。なお、『大阿弥陀経』の訳者については、支謙訳を疑う見方もあるが、本章ではひとまず、藤田書に従い、支謙訳と考えておく。

(25) 注11所掲山田論文参照。

(26) 『六度集経』に見える儒教思想については、任継愈主編『中国仏教史』第一巻（中国社会科学出版社、一九八一年）第五章第三節参照。

(27) 大乗的思想の一例を挙げれば、次のようなものがある。「菩薩報曰、吾之拯済、唯為衆生。仮如子云、誠吾願矣。慈恵受罪、吾必為之。危己済衆、菩薩上志也」（『六度集経』巻一。大正蔵三、一中）、「児毎入出有所至止、輒開化人、使発大乗。長者家室、内外大小、五百人衆、皆従児学、発摩訶衍意、悉行仏事」（同、巻六。大正蔵三、三六上）など。

(28) 注26所掲『中国仏教史』四三八頁参照。

(29) 『太上洞真智慧上品大誡』一四b（道蔵第七七冊）「応之理、明如日月、或在見世、或在来世」、『太上洞玄霊宝本行宿縁経』三a（道蔵第七五八冊）「夫人見世行悪而不報者、是其先世余福未尽、福尽而禍至。見世行善而不報者、是其先世余殃未尽、殃尽而福至。

或後世受報、不必在今世也」など。

（30）木田知生「江浙初期仏寺考――「仏教初伝南方ルート」研究序説」（『龍谷大学論集』第四三九号、一九九一年）、小南一郎「神亭壷と東呉の文化」（『東方学報』京都、第六五冊、一九九三年）、阮栄春『仏教伝来の道 南方ルート』（雄渾社、一九九六年）などを参照。

（31）『真誥』巻一一、一三b「今、臘月二日多寒雪、遠近略無来者。唯三月十八日、輒公私雲集、車有数百乘、人将四五千、道俗男女、状如都市之衆。看人、唯共登山、作霊宝唱讃、事訖便散。豈復有深誠密契、願覩神真者乎。縦時有至誠一両人、復患此諠穢、終不能得専心自達」。

（32）小南一郎「六朝隋唐小説史の展開と仏教信仰」（福永光司編『中国中世の宗教と文化』京都大学人文科学研究所、一九八二年）参照。

（33）条数は魯迅『古小説鉤沈』輯本の『冥祥記』による。

（34）注32所掲小南論文参照。

（35）前野直彬「冥界游行（下）」（『中国文学報』第一五冊、一九六一年。のち『中国小説史考』秋山書店、一九七五年、所収）、小南一郎「地獄めぐりの語り手たち」（『説話と伝承者（説話・伝承学89）』桜楓社、一九八九年）など。

（36）「六部使者」の語は、『幽明録』では「六師督録使者」あるいは「六部都録使者」などと見える。

（37）『無上秘要』巻九に「洞玄元始五老赤書玉篇経に出づ」として引く文も同じ。

（38）『冥祥記』（『古小説鉤沈』輯本）「南詣一門、云名開光大舍、有三重門、朱采照発。……見一神人、姿容偉異、殊好非常、坐此座上。辺有沙門立侍甚衆。見府君来、恭敬作礼。泰問、此是何人、府君致敬。吏曰、号名世尊、度人之師、有願令悪道中人皆出聴経。時云有百万九千人、皆出地獄、入百里城。在此到者、奉法衆生也。行雖虧殆、尚当得度、故開経法。七日之中、随本所作善悪多少、差次免脱。泰未出之頃、已見十人昇虚而去」。

（39）このほか、『冥祥記』第二十五条の孫稚の話にも、死後、「福堂」という場所で学び、学が成れば第六天に上るとか、先人を救済するために一時的に王家に生まれるとかいう記述があり、霊宝経とよく似ている。また、『冥祥記』第百二十三条の董青建の話には、忉利天に生まれ変わる前に「錬神宮」という場所に百日間留まるという記述が見えるが、これは霊宝経（および上清経）の「南宮」と関連すると考えられる。

第一篇第二章

（1）拙著『六朝道教思想の研究』（創文社、一九九九年）第二篇第三章「開劫度人説の形成」。

（2）元始天尊に焦点をあてて『隋書』経籍志の「開劫度人」説に分析を加えた研究として、王承文「『隋書・経籍志・道経序』与道教教主元始天尊的確立」（『唐研究』第八巻、二〇〇二年）があり、六朝から隋代の道教史における「開劫度人」説の意義を論じている。

（3）『真誥』巻一九、一一ｂ「復有王霊期者、才思綺拔、志規敷道、見葛巣甫造構霊宝、風教大行、深所忿嫉、於是詣許丞、求受上経。丞不相允、王凍露霜雪、幾至性命。許感其誠到、遂復授之。王得経欣躍、退還尋究、知至法不可宣行、要言難以顕泄、乃窃加損益、盛其藻麗、依王魏諸伝題目、張開造制、以備其録、并増重詭信、崇貴其道。凡五十余篇。……今世中相伝流布、京師及江東数郡、略無人不有。但江外尚未多爾」。

（4）このことについては、吉川忠夫「抱朴子の世界（上）」（『史林』第四七巻第五号、一九六四年）に指摘されている。

（5）許黄民と葛巣甫の間柄については、Stephen R. Bokenkamp, "Sources of the Ling-pao Scriptures" (*Tantric and Taoist studies in honour of R. A. Stein*, ed. by M. Strickmann, Institut Belge des Hautes Etudes Chinoises, Bruxelles, 1983) に指摘がある。

（6）Ofuchi Ninji, "On Ku Ling-pao-ching" (*ACTA ASIATICA* 27, 1974)。大淵忍爾氏のこの論文が発表された後、これをふまえて行われた霊宝経についての主な研究としては、小林正美「劉宋における霊宝経の形成」（『東洋文化』第六二号、一九八二年。のち、『六朝道教史研究』創文社、一九九〇年、所収）、Stephen R. Bokenkamp, "Sources of the Ling-pao Scriptures"（注5所掲）、王承文『敦煌古霊宝経与晋唐道教』（中華書局、二〇〇二年）などがある。また、大淵氏は"On Ku Ling-pao-ching"をもとにさらにいくつかの論考を増補した文を、『道教とその経典』（創文社、一九九九年）第二章「霊宝経の基礎的研究」に載せておられる。霊宝経の成立に関しては、これらの論著に詳細な論考があり、意見が分かれている点も少なくないが、ここでは詳しく立ち入ることは控え、元始旧経についてはひとまず、四世紀末から五世紀にかけて、葛巣甫とその流れを引く人々によって書かれたと考えておく。

（7）大淵忍爾『敦煌道経　目録編』（福武書店、一九七八年）三三二頁。

（8）『太平御覧』巻六六六「又曰、宋文同、字文明、呉郡人也。梁簡文時、文明以道家諸経莫不敷釈、撰霊宝経義疏、題曰謂之通門。又作大義、名曰義淵。学者宗頼、四方延請。長於著撰、訥於口辞」。この文は、『太平御覧』では『老子聖紀』からの引用として記述されているが、実際は、大淵氏の指摘どおり、馬枢の『道学伝』からの引用と考えるべきであろう。大淵忍爾『道教とその経典』（注6所掲）七四頁参照。

（9）このことは、敦煌写本の『三洞奉道科誡儀範』（ペリオ二三三七）の中の「霊宝中盟経目」と照らし合わせてみると、「霊宝経目」で「已出」と書かれた経典は「霊宝中盟経目」に名前が見えるが、「霊宝経目」で「未出」と書かれた経典は「霊宝中盟経目」に見えないことによってわかる。小林正美『六朝道教史研究』（注6所掲）九七頁、大淵忍爾『道教とその経典』（同）七六～八〇頁参照。

（10）注1所掲拙著第一篇第三章「上清経の形成とその文体」参照。

（11）小南一郎「「漢武帝内伝」の成立（下）」（『東方学報』京都、第五三冊、一九八一年。のち、『中国の神話と物語り——古小説史

の展開』岩波書店、一九八四年、所収）参照。

(12) 注1所掲拙著一七三〜一七五頁参照。

(13) この経典を支謙訳と見なすことについては異論もあるようであるが、本章では、藤田宏達氏の支謙訳説、もしくは、丘山新氏の「支識原訳・支謙改訳」説に従い、いずれにしても支謙の手を経ているものと考える。藤田宏達『原始浄土思想の研究』（岩波書店、一九七〇年）五一〜六二頁、丘山新「『大阿弥陀経』訳者に関する一仮説」（『印度学仏教学研究』第二八巻第二号、一九八〇年）参照。

(14) 注5所掲ボーケンカンプ論文四六八〜四七六頁。

(15) ボーケンカンプ論文の他にも、丘山新「『大阿弥陀経』の思想史的意義」（『東洋文化』第七〇号、一九九〇年）が、『仏説阿弥陀三耶三仏薩楼仏檀過度人道経』と道教文献との関わりを五悪段を中心に考察している。

(16) 後漢の支婁迦識訳とされる『仏説無量清浄平等覚経』にもここと同じ文が見える（大正蔵一二、二九八中）。しかし、『仏説無量清浄平等覚経』はその内容から見て、『仏説阿弥陀三耶三仏薩楼仏檀過度人道経』を増広・修正したものと考えられているから、いずれにしても支謙訳と関連する。ボーケンカンプ氏が指摘されたように、霊宝経の中には明らかに『仏説龍施女経』『仏説菩薩本業経』などの支謙の訳経を下敷きにして書かれた箇所が認められることや、支謙の師である竺法蘭を霊宝経の伝授の系譜の中に組み入れていることなどから見て、霊宝経の作者は葛玄と同じ時期の江南仏教の著名人である支謙を意識している形跡があり、総合的に判断して、支謙訳とされる『仏説阿弥陀三耶三仏薩楼仏檀過度人道経』に基づいた可能性が強いと考えられる。

(17) 注5所掲ボーケンカンプ論文四七四〜四七五頁。

(18) 以上の阿丘曽の話とほぼ同じ内容の文は、『無上秘要』巻一五「衆聖本迹品中」の「赤明天帝」の項（一〇b〜一一b）にも見える。

(19) このことは注5所掲ボーケンカンプ論文四七三頁に指摘されている。

(20) この前世物語の一部分は、『無上秘要』巻一五（八a〜九b）の文と重なる。

(21) ただし、『隋書』経籍志に出てくる「開皇」という年号は『度人経』と『太上霊宝諸天内音自然玉字』には見えず、そのかわりに「上皇」という年号が見える。「開皇」が出てくるのは、『太上洞玄霊宝智慧罪根上品大戒経』と『太上諸天霊書度命妙経』である。

(22) 注1所掲拙著第二篇第三章「開劫度人説の形成」参照。また、王承文氏は道教の劫運説と易緯の五運説との関連を指摘している。注2所掲王承文論文二二頁参照。

(23) 注1所掲拙著第二篇第三章「開劫度人説の形成」参照。

(24) ここに挙げた『仏説阿弥陀三耶三仏薩楼仏檀過度人道経』の文とほとんど同じ記述が『仏説無量清浄平等覚経』にも見える（大

正蔵一二、二八二中・二九八下など）。『仏説阿弥陀三耶三仏薩楼仏檀過度人道経』と『仏説無量清浄平等覚経』の関係については、注16参照。

（25）霊宝経には仏教の輪廻転生の思想が多く吸収されているが、輪廻のことを「展転」とか「輪転」という語で表現している。梵語saṃsāraを「輪廻」と漢訳することが定着したのは羅什の訳経以降のようであり、支謙の訳経では「展転」や「輪転」の語を用いている。この点からも、霊宝経の作者は羅什訳ではなく支謙の訳経を見ていたことが推測できる。

（26）霊宝経に見える戒については、楠山春樹「道教戒の概観と五戒・八戒」、同「道教における十戒」、同「清信弟子考——道士の階級に関する一試論」（いずれも、楠山春樹『道家思想と道教』平河出版社、一九九二年、所収）、大淵忍爾『道教とその経典』（注6所掲）一七一～一八一頁参照。

（27）戒を受持する人の身を天界の神が護衛するという考え方が、仏教（中国撰述経典）と道教の双方に見えること、池平紀子「仏・道における五戒の受持と二十五神の守護について」（『東方学』第一一六輯、二〇〇八年）参照。

（28）楠山春樹「道徳経類」（敦煌講座4『敦煌と中国道教』大東出版社、一九八三年。のち、注26所掲楠山書に再録）参照。

（29）『洞玄霊宝天尊説十戒経』は、唐代には『十戒経』と呼ばれて広く用いられていたことは、敦煌写本の研究によって明らかにされている。注28所掲楠山論文、王卡『敦煌道教文献研究——綜述・目録・索引』（中国社会科学出版社、二〇〇四年）一三三～一三七頁参照。

（30）注5所掲ボーケンカンプ論文四七二～四七三頁参照。

（31）『太上諸天霊書度命妙経』の五方国土の記述と五行思想の関連についても、注5所掲ボーケンカンプ論文に指摘がある。

（32）玄嶷『甄正論』巻中所引『呉楚春秋』『越絶書』に見える。また、『霊宝五符序』にも霊宝五符の伝承を記している。霊宝五符の伝承に関しては、注11所掲小南論文（前掲書四〇三～四〇六頁）参照。

（33）『太上諸天霊書度命妙経』の記述が『太上洞玄霊宝智慧罪根上品大戒経』巻上の文をふまえていることについては、注2所掲王承文論文二二頁に指摘がある。

（34）道家思想における上古の理想の世の観念、および、その流れの上にある『太平経』のそれについては、注1所掲拙著第二篇第一章「『太平経』の承負と太平の理論について」参照。

（35）ちなみに、「我過去後」という表現にも『仏説阿弥陀三耶三仏薩楼仏檀過度人道経』の影響が考えられる。『仏説阿弥陀三耶三仏薩楼仏檀過度人道経』の冒頭に過去仏の名を列挙しているところがあり、「次復有仏、名旃陀倚、已過去。次復有仏、名須摩扶劫波薩多、已過去。次復有仏、名維末楼、已過去。……」（大正蔵一二、三〇〇b～c）という文になっていて、「已過去」という表現が繰り返し用いられている。霊宝経の作者が「我過去後」という表現を使ったのは、この箇所からヒントを得た可能性がある。したがって、「開劫度人」説には、過去世において多数の仏が世に出て人々を教化したという仏教の過去仏の観念も織り込まれていると言えよう。

(36) Erik Zürcher, "Buddhist Influence on Early Taoism : A Survey of Scriptural Evidence" (*T'oung Pao*, vol. 66, 1-3, 1980) では、道教の中に見られる、仏教の影響を受けない「固い核」の一つとして、経典の神聖視ということを挙げている（一四二頁）。ただし、そこでは、秘儀として伝授されたことに言及するのみで、詳しい説明はない。

第一篇第三章

(1)『道教義枢』巻二（五b～六a）「洞玄是霊宝君所出、高上大聖所撰。今依元始天王告西王母、太上紫微宮中、金格玉書、霊宝真文篇目十部妙経、合三十六巻。按太玄都四極明科曰、洞玄経、万劫一出。今封一通於太山、一通於労盛山。昔黄帝登峨眉山、詣天真皇人、請受此法、駕龍昇天。帝嚳之時、九天真王駕九龍之輿、降牧徳之台。帝俊封之鐘山、夏禹所感之経、出没有異」。

(2) 大淵忍爾『敦煌道経　図録編』（福武書店、一九七九年）一一九～一二一頁、同『敦煌道経　目録編』（福武書店、一九七八年）七七～七九頁参照。

(3) 大淵忍爾『道教とその経典』（創文社、一九九七年）九一頁。大淵氏はこの部分を『玄門大義』の作者が加えた文とする。

(4)「霊宝経目」に名が見える経典が、現在の道蔵本や敦煌写本のどれに相当するかについては、注3所掲大淵書一二二～一五七頁参照。

(5) 大淵忍爾氏の研究によれば、この四経典は本来は一連のもので、「霊宝経目」の「元始旧経」第六篇目に見える「法輪罪福一巻」に相当し、敦煌写本のスタイン一六〇五と同一九〇六がこれに対応する。注3所掲大淵書一四一～一四二頁参照。

(6) 太極宮については、『真誥』巻五（一五a）に「崑崙上有九府、是為九宮。太極為太宮也」と見える。

(7)『洞玄霊宝玉京山歩虚経』の「太上太極五真人頌」は、『太上洞玄霊宝授度儀』（二三b～二五a）にも、「五真人頌」として載っている。

(8) 法琳『破邪論』に引く『霊宝法輪経』では、これは葛仙公の師の名字とされている。『破邪論』巻上「霊宝法輪経云、葛仙公生始数日、有外国沙門、見仙公両手抱持而語仙公父母曰、此児是西方善思菩薩、今来漢地教化衆生、当遊仙道白日昇天。仙公自語子弟云、吾師姓波閲宗、字維那訶、西域人也」（大正蔵五二、四七七下）。

(9) 王承文『敦煌古霊宝経与晋唐道教』（中華書局、二〇〇二年）四三～四四頁参照。

(10) 小南一郎「「漢武帝内伝」の成立（下）」（『東方学報』京都、第五三冊、一九八一年。のち、『中国の神話と物語り——古小説史の展開』岩波書店、一九八四年、所収）第七節、拙著『六朝道教思想の研究』（創文社、一九九九年）第一篇第三章「上清経の形成とその文体」一五八～一六五頁参照。

(11)『南岳魏夫人伝』（顧氏文房小説本）「夫人心期幽霊、精誠弥篤。二子粗立、乃離隔室、于斎于別寝。将逾三月、忽有太極真人安

度明・東華大神方諸青童・扶桑碧阿陽谷神王・景林真人・小有仙王清虚真人王褒来降」。『清霊真人裴君伝』（『雲笈七籤』巻一〇五）「乃乗飛雲中輦、復北遊詣太極宮、見太極四真人」。『太上洞玄霊宝真一勧誡法輪妙経』に見える太極真人の葛仙公への降臨という構想が『南岳魏夫人伝』の影響を受けているであろうということは、注3所掲大淵書二一一頁注20に指摘がある。

（12）玄一真人という語は、『真誥』に一例のみ、「(范伯慈) 後服還丹、白日昇天。今為玄一真人」（巻一四、一二a）と見える。

（13）注10所掲拙著第一篇第三章「上清経の形成とその文体」一六八〜一六九頁参照。

（14）葛仙公の七世の祖については、陶弘景「呉太極左宮葛仙公之碑」（『華陽陶隠居集』巻下。道蔵第七二六冊）に、「仙公姓葛諱玄字孝先、丹陽句容都郷吉陽里也。本属琅耶。後漢驃騎僮侯廬、譲国於弟、来居此土。七代祖艾、即驃騎之弟、襲封僮侯」と見える。なお、この驃騎僮侯葛廬とその弟のことは、『抱朴子』自叙篇にも見え、そこでは弟の名が「文」となっている。

（15）前注に引用した陶弘景「呉太極左宮葛仙公之碑」に葛氏の本貫を記しているが、許氏については、『真誥』巻二〇（四b）に「謹按、許長史六世祖、名光、字少張、即司徒許敬之第五子也。……光懼患及、以中平二年乙丑歳、来渡江、居丹陽之句容県都郷吉陽里」と見える。

（16）本篇第二章注3参照。

（17）『抱朴子』金丹篇「昔左元放於天柱山中精思、而神人授之金丹仙經。会漢末乱、不遑合作、而避地来渡江東、志欲投名山以修斯道。余従祖仙公、又従元放受之。凡受太清丹経三巻及九鼎丹経一巻金液丹経一巻。余師鄭君者、則余従祖仙公之弟子也。又於従祖受之、而家貧無用買薬。余親事之、灑掃積久、乃於馬迹山中立壇盟受之、并諸口訣訣之不書者。江東先無此書。書出於左元放、元放以授余従祖、従祖以授鄭君、鄭君以授余。故他道士了無知者也」。

（18）『抱朴子』釈滞篇「予従祖仙公、毎大酔及夏天盛熱、輒入深淵之底、一日許乃出者、正以能閉炁胎息故耳」、同、地真篇「守玄一、并思其身、分為三人、三人已見、又転益之、可至数十人、皆如己身。隠之顕之、皆自有口訣。此所謂分形之道。左君及薊子訓・葛仙公所以能一日至数十処、及有客坐上、有一主人与客語、門中又有一主人迎客、而水側又有一主人投釣、賓不能別何者為真主人也」。

（19）敦煌写本ペリオ二四五四「太上洞玄霊宝仙人請問本行因縁衆聖難経第十五」は、道蔵本『太上洞玄霊宝本行因縁経』とほぼ同じ内容であるが、若干、文字の相違がある。以下の記述は、道蔵本による。

（20）『洞玄霊宝千真科』（一a）「爾時太極左仙公以呉赤烏三年正月一日、登労盛山、精思念道。是日中時、有地仙道士三十三人、詣坐焼香。倏爾之時、乃有天鈞伎楽万鍾楽作……」。『洞玄霊宝千真科』については、都築晶子「道観における戒律の成立――『洞玄霊宝千真科』と『四分律刪繁補欠行事鈔』」（麥谷邦夫編『中国中世社会と宗教』道気社、二〇〇二年）参照。

（21）たとえば、『紫陽真人内伝』（五a〜b）など。そこでも「太極真人と友と為」ることは「上仙」と位置づけられている。

（22）霊宝経における大乗、あるいは、大乗・小乗の語の用例については、注3所掲大淵書一九一頁〜一九五頁参照。

(23) 注10所掲拙著第一篇第一章「『真誥』について」三三〜五二頁参照。

(24) 拙稿「六朝霊宝経に見える本生譚」（麥谷邦夫編『中国中世社会と宗教』道気社、二〇〇二年）参照。

(25) 本書第一篇第一章参照。

(26) この四人の名を、敦煌写本ペリオ二四五四「太上洞玄霊宝仙人請問本行因縁衆聖難経第十五」には「其道微・竺法開・鄭思遠・張泰」に作り、法琳『破邪論』に引く『仙人請問衆聖難経』（大正蔵五二、四七七下）には「釈道微・竺法開・張太・鄭思遠」に作る。

(27) Stephen R. Bokenkamp, "Sources of the Ling-pao Scriptures" (*Tantric and Taoist studies in honour of R. A. Stein*, ed. by M. Strickmann, Institut Belge des Hautes Etudes Chinoises, Bruxelles, 1983) pp. 466-467.

(28) このような記述に、葛仙公によって伝えられた霊宝経が仏教を包摂しつつ仏教を超越するものであると位置づける意図が見られること、注9所掲王承文書四五頁に指摘がある。

(29) 「苞山」を敦煌写本ペリオ二四五四は「茅山」に作るが、道蔵本のままで読んだ。以下に述べるように、「洞庭」や「天王別宮」という語があることから、太湖の包山のことを指すと考えた方がよいと思われるからである。

(30) 『太上霊宝五符序』巻上（六a〜八a）「呉王闔閭十有二年孟春正月、……包山隠居為使者、号曰龍威丈人、令極洞室之所深、履洪穴之源。……隠居於是帯燭載火、昼夜行邁、一百七十四日而返。既還具説云、不知其所極、隠居当歩行可七千余里、忽遇群孔雑穴、千径百路、沙道乱来、倶会一処。……於是顧眄無人、瞻望城傍、見題門上曰天后別宮、題戸上曰太陰之堂」。

(31) 左思「呉都賦」（『文選』巻五）に「指包山而為期、集洞庭而淹留」とあり、その李善注に「王逸曰、太湖在秣陵東。湖中有包山、山中有如石室、俗謂洞庭」とある。

(32) 『太上霊宝五符序』巻上（九a）「隠居廻匝、相去可四五十里、四面有玉柱、為掲題曰、九泉洞庭之墟。其間植林樹成行、緑葉紫栄、玄草白華、皆不知其名也」。

(33) 『真誥』巻一二（二b〜三b）には、鮑靚について、「靚所受学、本自薄浅、質又撓滞、故不得多也」と記したすぐ後に、許謐の七世の祖許肇について、「許肇字子阿者、有賑死之仁、拯飢之徳、故令雲蔭流後、陰功垂沢。是以今得有好尚仙真之心者、亦有由而然也」と讃え、またその直後に、葛玄と左慈の評価が記されている。

(34) 『抱朴子』弁問篇「霊宝経有正機平衡飛亀授袟凡三篇、皆仙術也。呉王伐石以治宮室、而於合石之中、得紫文金簡之書、不能読之。使使者持以問仲尼、……仲尼以視之曰、此乃霊宝之方、長生之法、禹之所服、隠在水邦、年斉天地、朝於紫庭者也」。

(35) 注10所掲拙著第一篇第二章「方諸青童君をめぐって」参照。

(36) 『神仙伝』葛玄伝「又玄遊会稽、有賈人従中国過神廟。廟神使主簿教語賈人曰、欲附一封書与葛公、可為致之。主簿因以函書擲賈人船頭、如釘著不可取。及達会稽、即以報玄。玄自取之、即得。語弟子張大言曰、吾為天子所逼留、不遑作大薬。今当尸解、八月十三日日中時当発」。

(37) 注10所掲拙著第一篇第一章「『真誥』について」八九～一〇一頁参照。

(38) 注27所掲ボーケンカンプ論文四四八頁参照。

(39) 小林正美『六朝道教史研究』(創文社、一九九〇年)、同『中国の道教』(創文社、一九九八年)。

(40) 注9所掲王承文書第四章「古霊宝経対漢晋天師道教法的整合及其分界」(特にその第一節「古霊宝経中所見的天師張道陵」)。

(41) Stephen R. Bokenkamp, "The Salvation of Laozi : Images of the Sage in the Lingbao Scriptures, the Ge Xuan Preface, and the "Yao Boduo Stele" of 496 C. E." (李焯然・陳万成主編『道苑繽紛録』商務印書館(香港)、二〇〇二年) pp. 296–299.

(42) Stephen R. Bokenkamp, "The Prehistory of Laozi : His Prior Career as a Woman in the Lingbao Scriptures" (*Cahier d'Extrême-Asie* 14, 2004) では、なぜ葛玄が(葛氏道にとって重要である以上に)天師道にとって重要なのか疑問であるとして、「仙公系霊宝経」は天師道によって作られたとする小林説に疑義を提出している。

(43) たとえば、『真誥』には許氏が祭酒の力を借りて病気を治そうとしたり、冢注の気を解くために上章するというような記事が見え、一方では天師道の教法の中に身を置いていたことがうかがわれる。『真誥』巻八(八a)「高齢反化晩而祭酒弱、道気不交、霊助無主」、同・巻八(八b)「許長史将欲理之耶。若翻然奉張諱道者、我当与其一符、使服之」、同・巻一〇(一四b)「今当為摂制冢注之気。爾既小佳、亦可上冢訟章。我当為関奏之也。於是注気絶矣」など。

(44)『太上洞玄霊宝三元品戒功徳軽重経』のこの部分の記述は、『無上秘要』巻五に「洞玄諸天内音経に出づ」として引用する文と重なる。本書第一篇第一章第一節参照。また、麥谷邦夫「真父母考——道教における真父母の概念と孝をめぐって」(麥谷邦夫編『中国中世社会と宗教』道気社、二〇〇二年)参照。

(45) 本書第一篇第二章参照。

(46) 小林正美『六朝道教史研究』(注39所掲)一七二～一七五頁、注3所掲大淵書一六五～一七一頁参照。

(47) 小林正美『六朝道教史研究』(注39所掲)第二篇第二章附「『老子道徳経序訣』」に指摘されているように、『太極真人敷霊宝斎戒威儀諸経要訣』のこのような記述は、『老子道徳経序訣』の文とよく似ている。『老子道徳経序訣』の第四段には、「道士鄭思遠曰、余家師葛仙公受太極真人徐来勒道徳経上下巻。仙公曩者所好、加親見真人、教以口訣。曰、此文、道之祖宗也。誦詠万遍、夷心注玄者、皆必升仙。尤尊是書、日夕朝拝。朝拝願念、具如霊宝法矣。学仙君子、宜弘之焉」とあって、葛仙公が太極真人徐来勒から道徳経を受け口訣を教えられたこと、道徳経を霊宝の法と同じように朝拝すべきことが、鄭思遠の言葉として述べられている(『老子道徳経序訣』のテキストと分段は、大淵忍爾「老子道徳経序訣の成立」、『道教史の研究』岡山大学共済会書籍部、一九六四年、による)。『太極真人敷霊宝斎戒威儀諸経要訣』の作者(編者)と同じ立場の人によって、『老子道徳経序訣』のこの文が書かれたことがうかがわれる。小林氏は『老子道徳経序訣』のこの文の作者は天師道三洞派であるとし、天師道三洞派が葛氏道の人々を天師道に帰信させるためにこのような文を書いたと解釈している（同書二九二頁）が、本文で述べるように、本書ではそのようには捉えていない。

(48) 大洞真経三十九章が上清派の誦経のための中心経典であったことについては、麥谷邦夫「『大洞真経三十九章』をめぐって」（吉川忠夫編『中国古道教史研究』同朋舎出版、一九九二年）参照。

(49) 大淵忍爾『敦煌道経　図録編』（注2所掲）八七頁。

(50) 上清経の韻文の中に、鬼魔の隠諱（一般の人々には知り得ない鬼魔の本名）が含まれているということは、『洞真太上説智慧消魔真経』などにも見える。注10所掲拙著第一篇第四章「魔の観念と消魔の思想」二四七～二四九頁参照。また、『太極真人敷霊宝斎戒威儀諸経要訣』の別の箇所（一九b）にも、洞真経について「其山川万物名有世上同者、非世之山川万物也。皆自然物、可聞難弁」とある。

(51) 注9所掲王承文書第四章「古霊宝経対漢晋天師道教法的整合及其分界」、小林正美「霊宝斎法の成立と展開」（『東方宗教』第一〇三号、二〇〇四年）参照。

第一篇第四章

(1) 『抱朴子』釈滞篇「又五千文雖出老子、然皆泛論較略耳。其中了不肯首尾全挙其事、有可承按者也。但暗誦此経、而不得要道、直為徒労耳。又況不及者乎。至於文子・荘子・関令尹喜之徒、其属文筆、雖祖述黄老、憲章玄虚、但演其大旨、永無至言。或復斉死生、謂無異以存活為徭役、以殂歿為休息、其去神仙、已千億里矣、豈足耽玩哉。其寓言譬喩、猶有可采、以供給碎用、充御卒乏、至使末世利口之奸佞、無行之弊子、得以老荘為窟藪、不亦惜乎」。

(2) 『旧唐書』玄宗紀下「(開元）二十九年春正月丁丑、制両京・諸州各置玄元皇帝廟并崇玄学、置生徒、令習老子・荘子・列子・文子、毎年准明経例考試」。同「(天宝元年）二月……荘子号為南華真人、文子号為通玄真人、列子号為沖虚真人、庚桑子号為洞虚真人。其四子所著書、改為真経。崇玄学置博士・助教各一人、学生一百人」。

(3) 『真誥』巻一六、四a「(陶弘景注）天地間事理乃不可限以胸臆而尋之。此幽顕中、都是有三部、皆相関類也。上則仙、中則人、下則鬼。人善者得為仙、仙之謫者更為人。人悪者更為鬼、鬼福者復為人。鬼法人、人法仙、循還往来、触類相同。正是隠顕小小之隔耳」。

(4) 『荘子』逍遥遊篇「夫列子御風而行、冷然善也。旬有五日而後反。彼於致福者、未数数然也。此雖免乎行、猶有所待者也。若夫乗天地之正而御六気之弁、以遊無窮者、彼且悪乎待哉」。同・斉物論篇「罔両問景曰、曩子行、今子止。曩子坐、今子起。何其無特操与。景曰、吾有待而然者邪。吾所待又有待而然者邪。吾待蛇蚹蜩翼邪。悪識所以然。悪識所以不然」。

(5) 拙著『六朝道教思想の研究』（創文社、一九九九年）第一篇第一章「『真誥』について」七六～八九頁参照。

(6)『荘子』逍遥遊篇「上古有大椿者、以八千歳為春、八千歳為秋」、同・知北遊篇「生非汝有、是天地之委和也。性命非汝有、是天地之委順也」。

(7)『荘子』逍遥遊篇の郭象注に、「苟有待焉、則雖列子之軽妙、猶不能以無風而行。故必得其所待、然後逍遥耳。而況大鵬乎。夫唯与物冥而循大変者、為能無待而常通。豈独自通而已哉。又順有待者、使不失其所待。所待不失、則同於大通矣。故有待無待、吾所不能斉也。至於各安其性、天機自張、受而不知、則吾所不能殊也。夫無待猶不足以殊有待、況有待之巨細乎」とある。注5所掲拙著第一篇第一章「『真誥』について」八五～八六頁参照。

(8)『世説新語』品藻篇注「劉瑾集敍曰、瑾字仲璋、南陽人。祖遐、父暢、暢娶王羲之女、生瑾。瑾有才力、歴尚書・太常卿」。吉川忠夫『書と道教の周辺』(平凡社、一九八七年)第六章「南真仙昇——魏夫人仙壇碑」参照。また、近年、南京象山から出土した琅邪の王氏一族の墓誌の一つに、劉璞の長女、劉媚子が王羲之のいとこ王建之の妻であったことが記されており、魏華存の長男、劉璞も王羲之と関わりを持つことが明らかになった。堂薗淑子「南嶽魏夫人の家族と琅邪の王氏——王建之妻劉媚子墓誌を中心に」(『桃の会論集』第三集、二〇〇五年)参照。

(9)小南一郎『中国の神話と物語り——古小説史の展開』(岩波書店、一九八四年)第四章「「漢武帝内伝」の成立」、注5所掲拙著第一篇第三章「上清経の形成とその文体」参照。

(10)詳しくは、注5所掲拙著七〇頁～七五頁を参照されたい。

(11)上清経の一つである『洞真上清太微帝君歩天綱飛地紀金簡玉字上経』(道蔵第一〇二七冊)に、「子欲歩綱、澄心虚静、不思哀憂、不念栄味。於是廻行三匝、登星啓祝、使魂魄二神倶過霊関、豁然縦体、奄忽自忘、盛潔乃歩」(八a)、「真霊従太無之鑑以察於纖介之心。可不慎歟」(二八b)などとあるのも、同様のことを述べている。

(12)「心斎」「坐忘」の語は、『荘子』の中に次のように見える。
『荘子』人間世篇「顔回曰、吾無以進矣、敢問其方。仲尼曰、斎、吾将語若。有心而為之、其易邪。易之者、皡天不宜。顔回曰、回之家貧、唯不飲酒不茹葷者、数月矣。如此、則可以為斎乎。曰、是祭祀之斎、非心斎也。回曰、敢問心斎。仲尼曰、若一志、無聴之以耳而聴之以心、無聴之以心而聴之以気。聴止於耳、心止於符。気也者、虚而待物者也。唯道集虚。虚者、心斎也」。

『荘子』大宗師篇「顔回曰、回益矣。仲尼曰、何謂也。曰、回忘仁義矣。曰、可矣、猶未也。他日、復見、曰、回益矣。曰、何謂也。曰、回忘礼楽矣。曰、可矣、猶未也。他日、復見、曰、回益矣。曰、何謂也。曰、回坐忘矣。仲尼蹵然曰、何謂坐忘。顔回曰、堕肢体、黜聡明、離形去知、同於大通、此謂坐忘。仲尼曰、同則無好也、化則無常也。而果其賢乎。丘也請従而後也」。

(13)注5所掲拙著第一篇第一章「『真誥』について」三四～五二頁参照。ちなみに、茅山の神降ろしよりやや遅れて成立したと考えられる『元始上真衆仙記』(道蔵七三冊)には、「荘周為太玄博士、治在荊山」(8b)とあり、『洞玄霊宝真霊位業図』(道蔵七三冊)には、「第三右位、……韋編郎荘周」(11b)とある。『元始上真衆仙記』については、小南一郎「尋薬から存思へ」(吉川忠夫

編『中国古道教史研究』同朋舎出版、一九九二年）参照。

(14) 道蔵本の「各二十巻」を兪安期本は「各七巻」に作り、同じく道蔵本の「復成七日」を兪安期本は「復成七目」に作る。今、いずれも兪安期本に従う。

(15)『周書』韋敻伝「敻又雅好名義、虚襟善誘。雖耕夫牧豎、有一介可称者、皆接引之。特与族人処玄及安定梁曠為放逸之友」。『太極真人敷霊宝斎戒威儀諸経要訣』に見られる荘周の尊崇と、梁曠撰『南華論』については、盧国龍『道教哲学』（華夏出版社、一九九八年）二三八～二三九頁、王承文『敦煌古霊宝経与晋唐道教』（中華書局、二〇〇二年）二七九～二八七頁に指摘がある。

(16) 注3参照。

(17)『太極真人敷霊宝斎戒威儀諸経要訣』においては、上清経（大洞真経三十九章）に対する尊重のしかたが老子道徳経・霊宝経とはやや異なり、地上において妄りに誦すべきではないものとされていることについては、本書第一篇第三章参照。

(18) 本書第二篇第三章参照。

(19)『荘子』天運篇「以敬孝易、以愛孝難。以愛孝易、以忘親難。忘親易、使親忘我難。使親忘我易、兼忘天下難。兼忘天下易、使天下兼忘我難」。同・大宗師篇「泉涸、魚相与処於陸、相呴以湿、相濡以沫、不如相忘於江湖。与其誉堯而非桀也、不如両忘而化其道。夫大塊載我以形、労我以生、佚我以老、息我以死。故善吾生者、乃所以善吾死也」。大宗師篇のこの文のあとの方には、「魚相忘乎江湖、人相忘乎道術」という文が出てくる。この「相忘」も「兼忘」「両忘」と同様の意味である。

(20) ここに述べられた事柄と類似する内容のことは、霊宝経「元始旧経」の『太上洞玄霊宝三元品戒功徳軽重経』（道蔵第二〇二冊）にも見える。本書第一篇第三章参照。

(21) 陳国符『道蔵源流考』（中華書局、一九六三年版）三八～四四頁。馬枢『道学伝』についても、陳国符氏による輯佚が『道蔵源流考』四五四～五〇四頁に掲載されている。また、鐘国発『陶弘景評伝（附《寇謙之評伝》、《陸修静評伝》）』（中国思想家評伝叢書、南京大学、二〇〇五年）には、陸修静についての詳細な研究が収められている。また、吉川忠夫「仏道論争の中の陸修静」（『禅文化研究所紀要』第二四号、一九九八年）参照。

(22)『三洞珠囊』巻二「勅追召道士品」に引く関連部分を以下に掲出しておく。「道学伝第七云、陸修静字元徳、呉興東遷人也。……太始三年三月、乃詔江州刺史王景宗以礼敦勧、発遣下都。先生辞之以疾。頻奉詔。帝未能致、弥増欽佇。中使相望、其在必至。先生乃曰、主上聡明、遠覧至不肖、猥見採拾。仰惟洪眷、俯深慚惕。老子尚委王官以輔周室、仙公替金錫佐呉朝。得道高真、猶且屈、余亦何人、寧可独善乎。即命弟子陳飄之出都也。初至九江、九江王問道仏得失同異。先生答、在仏為留秦、在道為玉皇。斯亦殊途一致耳。王公称善。至都、勅主書計林子宣旨、令住後堂。先生不楽、権住驃騎航扈客子精舎。労問相望、朝野欣属。天子乃命司徒建安王尚書令袁粲設広讌之礼、置招賢座、盛延朝彦、広集時英、会于荘厳仏寺。時玄言之士、飛弁河注、碩学沙門、抗論鋒出、掎角李釈、競相詰難。先生標理約辞、解紛挫鋭。王公嗟抃、遐邇悦服。坐畢、奏議於人主。旬日間、又請会於華林延賢之館。帝親臨幸、王公畢集。先生鹿巾謁帝而昇。天子粛然増敬、躬自問道、諮求宗極。先生標闡玄門、敷釈流統、並詣希望微、莫非妙絶。帝心悦焉。王公又問、都不聞道家説二世。先生答、経云、吾不知誰之子、象帝之先。既已有先、居然有後。既有先後、居然有中。荘子云、方生方死。此並明三世。但言約理玄、世未能悟耳。朝廷欲要之以栄、先生眇然不顧。宋帝乃於北郊築崇虚館以礼之、盛興造構、広延勝侶。先生乃大敞法門、深弘典奥、朝野注意、道俗帰心。道教之興、於斯為盛也」。

(23) 吉川忠夫『六朝精神史研究』(同朋舎出版、一九八四年)第十三章「夷夏論争」四九七~四九九頁。

(24)「留秦」の語、わかりにくいが、注21所掲吉川論文では、藺相如の故事をふまえて、「中国に流伝してその地にそのまま留まることとなった仏教を、秦に留められる運命となったやも知れぬ和氏の璧にたとえた」(三七〇頁)ものと解釈する。今、吉川氏の解釈に従う。

(25) このことは、唐長孺「銭唐杜治与三呉天師道的演変」(『魏晋南北朝隋唐史資料』第一二期、一九九三年)に指摘がある。

(26) 顧歓が袁粲の駁論に答えた文に、「神仙有死、権便之説。神仙是大化之総称、非窮妙之至名。至名無名、其有名者二十七品。仙変成真、真変成神、或謂之聖、各有九品。品極則入空寂、無為無名。若服食茹芝、延寿万億、寿尽則死、薬極則枯、此修考之士、非神仙之流也」(『南史』隠逸伝上・顧歓伝)とあり、顧歓が、仙→真→神(聖)という位階説をとっていたことがわかるが、これは、『道教義枢』「位業義」に載せる陸修静の考え方と一致する。「陸先生云、起自凡夫、積行成道、始化曰仙。仙化成真、真化成聖」(『道教義枢』巻一、一三b)。

(27)『宋書』符瑞志下「泰始七年四月戊申夜、京邑崇虚館堂前有黄気、状如宝蓋、高十許丈、漸有五色。道士陸修静以聞」。

(28)『笑道論』(『広弘明集』巻九)「三十一、道経未出言出者、……臣笑曰、修静宋明時人、太始七年因勅而上経目」(大正蔵五二、一五一中)。

(29)『真誥』巻八、一四aに「右四條、別一手書。陸修静後於東陽所得、不与諸迹同。辞事偽陋、不類真旨、疑是後人所作」とあり、三君手書を陸修静が探し求めていたことと、陸修静が手に入れたものを陶弘景は後人の偽作と疑っていたことがわかる。また、『真誥』巻二〇、二bに「楊書霊宝五符一巻、本在句容葛粲間。泰始某年、葛以示陸先生。陸既敷述真文赤書・人鳥五符等、教授施行已広、不欲復顕出奇迹。因以絹物与葛請取、甚加隠閉。顧公聞而苦求一看、遂不令見。唯以伝東陽孫遊岳及女弟子梅令文。陸亡、亦随還廬山」とあり、楊羲の書写した霊宝五符を句容の葛粲から絹物と引き替えに手に入れ、自分の不見識を隠すために、顧歓に見せなかったという。ちなみに、顧歓も「三君手書」の捜収整理を試み、『真迹』と名づけるものをまとめていたが、その名称を陶弘景は批判している。『真誥』巻一九、二a「真誥者、真人口授之誥也。猶如仏経皆言仏説。而顧玄平謂為真迹。当言真人之手書迹也、亦可言真人之所行事迹也。若以手書為言、真人不得為隷字。若以事迹為目、則此迹不在真人爾。且書此之時、未得称真。既於義無旨、故不宜為号」。

(30) 前注参照。

(31)陸修静の著作として、法琳『弁正論』巻八に、「必然論一巻、栄隠論一巻、遂通論一巻、帰根論一巻、明法論一巻、自然因縁論一巻、五符論一巻、三門論一巻、右八論陸修静撰」(大正蔵五二、五四六下)とあるが、いずれも現存しない。

(32)『洞玄霊宝斎説光燭戒罰燈祝願儀』については、フランシスクス・ヴェレン「儀礼のあかり――陸修静の斎における影響」(京都大学人文科学研究所編『中国宗教文献研究』臨川書店、二〇〇七年)、呂鵬志『唐前道教儀式史綱』(中華書局、二〇〇八年)一八八～一九〇頁参照。

(33)『荘子』逍遥遊篇「堯譲天下於許由曰、日月出矣而爝火不息、其於光也、不亦難乎。時雨降矣而猶浸灌、其於沢也、不亦労乎。夫子立而天下治、而我猶尸之、吾自視缺然。請致天下」。

(34)『洞玄霊宝五感文』五a～b「一曰、洞真上清之斎。有二法。其一法、絶群離偶(原注:捨朋友之交、無妻奴之累。孤相独宴、泊然窮寂、形影相対)。無為為業(原注:端推好然、無所一為。胎息後視、心所神機)。寂胃(原注:胃以受食為有事、既虚息不食、則泊然寂定也)。虚申(原注:請斎以昪為期、至申而食。今既不食、徒有此中虚過而已)。眠神(原注:神司外、務躁動。今既無事、怡静内蔵、故謂之眠)。静炁(原注:炁者、体之化、神之舜。神動則炁奔。今神遂内、後則炁静体寧神)。遺形忘体(原注:形以有待故接物。体之以有累不可忘。今内無飢寒之切、外無纏縛之累、洞遂虚漠、故不知四大之所在也)。無与道合(原注:道体虚無、我有故隔、今既能忘、所以玄合)。其二法、孤影夷豁(原注:皆与上同、但混合形神、諷経有異)」。

(35)『道教義枢』の成立とその教理学については、麥谷邦夫「『道教義枢』と南北朝隋初唐期の道教教理学」(同編『三教交渉論叢』京都大学人文科学研究所、二〇〇五年、所収)に詳しい。

(36)法琳『弁正論』巻二「三教治道篇」「公子問曰、窃覧道門斎法、略有二等。一者極道、二者済度。極道者、洞神経云、心斎坐忘、至極道矣。済度者、依経有三録七品。三録者、一曰金録。上消天災、保鎮帝王、正理分度、大平天下。二曰玉録。救度兆民、改悪従善、悔過謝罪、求恩請福。三曰黄録。抜度九玄七祖、超出五苦八難。救幽夜求歎之魂、済地獄長悲之罪。七品者、一者洞神斎。求仙保国之法。二者自然斎。学真修身之道。三者上清斎。入聖昇虚之妙。四者指教斎。救疾攘災之急。五者塗炭斎。悔過請命之要。六者明真斎。抜幽夜之識。七者三元斎。謝三官之罪。此等諸斎、或一日一夜、三日三夜、七日七夜。具如儀典。其外又六斎十直甲子庚申本命等斎。通用自然斎法。坐忘一道、独超生死之源。済度十斎、同離哀憂之本。始末研尋、其功甚大」(大正蔵五二、四九七上)。

(37)注35所掲麥谷論文一四二～一四四頁。ちなみに、『太上洞玄霊宝業報因縁経』巻四(7b)持斎品には、「斎者、二種不同。一者極道、二者済度。極道者、為発心学道、従初至終、念念持斎、心心不退。復有二門。一謂忘心、二謂滅心。忘心者、始終運意、行坐忘形、寂若死灰、同於槁木、滅想滅念、惟一而已。滅心者、随念随忘、神行不系、帰心於寂、直至道場」とあり、『荘子』斉物論篇に見える「死灰」「槁木」の語が用いられている。

(38)麥谷氏はこれを、『玄門大義』(=『道教義枢』)の段階のこととして述べている。注35所掲麥谷論文一四三頁。

第二篇第一章

（1）拙著『六朝道教思想の研究』（創文社、一九九九年）第三篇第二章「六朝時代の道教造像――宗教思想史的考察を中心に」（これは、拙稿「南北朝時代の道教造像――宗教思想史的考察を中心に」、礪波護編『中国中世の文物』京都大学人文科学研究所、一九九三年、に若干の補訂を加えたものである）。そこでは、現存する最も古い道教像を、通説に従って魏文朗造仏道像碑としたが、その後、石松日奈子氏の論文「陝西省耀県薬王山博物館所蔵「魏文朗造像碑」の年代について――北魏始光元年銘の再検討」（『仏教芸術』第二四〇号、一九九八年）が発表され、この像碑は六世紀初頭の作であるとの新説が出された。石松氏の考証は周到であり、また、現存する六朝時代の他の道教像がすべて四九〇年代以降のものであることから見ても、北魏始光元年（四二四）作とする従来の説は訂正されるべきであろうと思われる。なお、本章の以下の本文においては、拙著『六朝道教思想の研究』第三篇第二章に収めた補訂版の方を「前稿」と称することにする。

（2）表に挙げた各道教像についての参考文献は次のとおりである。

1. 道民恵熾造像　李凇『長安芸術与宗教文明』（中華書局、二〇〇二年）四一九頁。
2. 開皇二年銘道教像　翟春玲「西安市出土的一批隋代仏道造像」（『文物』二〇〇二年第一二期）。
3. 開皇二年銘銅像　松原三郎『中国仏教彫刻史論　本文編』（吉川弘文館、一九九五年）三四四頁、同『中国仏教彫刻史論　図録編三』（吉川弘文館、一九九五年）八六五a。
4. 道民范匡謹造老君像　石璋如「陝西耀県的碑林与石窟」（『中央研究院歴史語言研究所集刊』第二四本、一九五三年）、李凇『長安芸術与宗教文明』四一八頁。胡文和『中国道教石刻芸術史』上冊（高等教育出版社、二〇〇四年）一六三頁。陝西省考古研究院・陝西省銅川市薬王山管理局編、張燕編著『陝西薬王山碑刻芸術総集』第四巻『隋代造像碑』（上海辞書出版社、二〇一三年）二六九～二七一頁。
5. 開皇二年銘像　大村西崖『中国美術史彫塑篇』（国書刊行会、一九八〇年。一九一五年刊行『支那美術史彫塑篇』の改題復刻）四一九頁。
6. 開皇二年銘像　陝西省考古研究院・陝西省銅川市薬王山管理局編、張燕編著『陝西薬王山碑刻芸術総集』第四巻『隋代造像碑』二六七～二六八頁。
7. 開皇三年銘像　大村西崖『中国美術史彫塑篇』四二〇頁。
8. 道民白顕景造道像　松原三郎『中国仏教彫刻史論　本文編』三四三頁、同『中国仏教彫刻史論　図録編三』八六二、李凇『長安芸術与宗教文明』四一九頁、胡文和『中国道教石刻芸術史』上冊一六六頁・一六七頁。
9. 道民□進栄造老君像　李凇『長安芸術与宗教文明』四二〇頁。
10. 清信女王雙姿造老君像　松原三郎『中国仏教彫刻史論　本文編』三四三頁、同『中国仏教彫刻史論　図録編三』八六三a、同

「道教像論考」(『中国仏教彫刻史論　本文編』二二一頁)、胡文和『中国道教石刻芸術史』上冊一六四頁・一六五頁。

12. 道民趙法護造無上天尊像　陳垣編『道家金石略』(文物出版社、一九八八年)四一頁。

13. 開皇三年銘像　陝西省考古研究院・陝西省銅川市薬王山管理局編、張燕編著『陝西薬王山碑刻芸術総集』第四巻『隋代造像碑』三二三〜三二五頁。

14. 道民王法洛造老君像　李淞『長安芸術与宗教文明』四二三頁。

15. 道教坐像　李淞『長安芸術与宗教文明』四二四頁。陝西省考古研究院・陝西省銅川市薬王山管理局編、張燕編著『陝西薬王山碑刻芸術総集』第四巻『隋代造像碑』三四一〜三四二頁。

16. 開皇五年銘老君像　陝西省考古研究院・陝西省銅川市薬王山管理局編、張燕編著『陝西薬王山碑刻芸術総集』第四巻『隋代造像碑』三二六〜三二七頁。

17. 道民袁神蔭造天尊像　石璋如「陝西耀県的碑林与石窟」、李淞『長安芸術与宗教文明』四二四頁、胡文和『中国道教石刻芸術史』上冊一六八頁・一六九頁、陝西省考古研究院・陝西省銅川市薬王山管理局編、張燕編著『陝西薬王山碑刻芸術総集』第四巻『隋代造像碑』二七二〜二七四頁。

18. 洞玄弟子正忻造像　『金石萃編』巻三八、『平津読碑記』巻三、『関中金石文字存逸考』巻三、大村西崖『中国美術史彫塑篇』四一九頁、『北京図書館蔵中国歴代石刻拓本匯編』第九冊(中州古籍出版社、一九八九年)三〇頁。

19. 道民蘇□遵造老君像　大村西崖『中国美術史彫塑篇』四二〇頁、松原三郎『中国仏教彫刻史論　本文編』三四三頁、同『中国仏教彫刻史論　図録編三』八六三b、『岡倉天心とボストン美術館　図録』(名古屋ボストン美術館、一九九九年)九〇頁・一九八頁、李淞『長安芸術与宗教文明』五〇六頁、胡文和『中国道教石刻芸術史』上冊一七〇頁・一七一頁。

20. 男官李洪欽等造老君像碑　李自譲・李天影・趙家有「芮城県博物館収蔵的部分石刻造像」(『文物季刊』一、一九八九年)、『観妙観徼　山西省館蔵道教文物』(香港大学美術博物館、二〇〇三年)七四頁・七五頁。

21. 楊阿祖造老君像　李淞『長安芸術与宗教文明』四八八頁。

22. 開皇八年銘道教像　『陳列目録――中村不折コレクション』(財団法人書道博物館)一二頁、『中国の石仏――荘厳なる祈り』(大阪市立美術館、一九九五年)一一四頁・一五七頁。

23. 道民徐景輝造四面像碑　張硯著・王建新訳「中国陝西省耀県の碑林(二)――薬王山の彫像碑」(『仏教芸術』第二一一号、一九九三年)、佐藤智水「陝西省耀県の北魏造像碑について」(『芝蘭集――好並隆司先生退官記念論集』、一九九九年)、李淞『長安芸術与宗教文明』四二五頁、胡文和『中国道教石刻芸術史』上冊一七二〜一七四頁、陝西省考古研究院・陝西省銅川市薬王山管理局編、張燕編著『陝西薬王山碑刻芸術総集』第四巻『隋代造像碑』二二三〜二三三頁。本書カヴァー図版を参照。

24. 道民□宗□造像　大村西崖『中国美術史彫塑篇』四二〇頁、松原三郎『中国仏教彫刻史論　本文編』三四三頁、同『中国仏教

彫刻史論　図録編三』八六四a、李淞『長安芸術与宗教文明』五〇六頁、胡文和『中国道教石刻芸術史』上冊一七五頁・一七六頁。

24. 道民□昭礼造像『山左金石志』巻一〇、『金石萃編』巻三八、『平津読碑記』巻三、大村西崖『中国美術史彫塑篇』四二〇頁。

25. 道民孔鉞造老子像　山東省博興県図書館李少南「山東博興出土百余件北魏至隋代銅造像」(『文物』一九八四年第五期)、松原三郎「道教像論考」(『中国仏教彫刻史論　本文編』二二二頁)、胡文和『中国道教石刻芸術史』上冊一七七頁。

26. 開皇十一年道教像　胡文和『四川道教仏教石窟芸術』(四川人民出版社、一九九四年)五九頁、同図版附一・二・三・四(三三頁)。

27. 道民田胡仁造老君像『陶斎蔵石記』巻一五、大村西崖『中国美術史彫塑篇』四二〇頁、陳垣編『道家金石略』四四頁。

28. 道民輔道景造天尊像　李淞『長安芸術与宗教文明』四二六頁、陝西省考古研究院・陝西省銅川市薬王山管理局編、張燕編著『陝西薬王山碑刻芸術総集』第四巻『隋代造像碑』三二八〜三三〇頁。

29. 道民任承宗造元始天尊像　大村西崖『中国美術史彫塑篇』四二一頁、同『中国美術史彫塑篇附図』(国書刊行会、一九八〇年)第七二二図、胡文和『中国道教石刻芸術史』上冊一七七頁。

30. 劉大睿造天尊像『北京図書館蔵中国歴代石刻拓本匯編』第九冊九七頁、陝西省考古研究院・陝西省銅川市薬王山管理局編、張燕編著『陝西薬王山碑刻芸術総集』第四巻『隋代造像碑』三三一〜三三四頁。

31. 道民梁智造無上天尊像　陳垣編『道家金石略』四五頁。

32. 道民滕欽造天尊像『関中金石文字存逸考』巻一、大村西崖『中国美術史彫塑篇』四二一頁。

33. 道民蔡仕謙造元始天尊像　大村西崖『中国美術史彫塑篇』四二一頁、同『中国美術史彫塑篇附図』第七二三図、胡文和『中国道教石刻芸術史』上冊一七八頁。

34. 道民魯昌造天尊像　大村西崖『中国美術史彫塑篇』四二一頁。

35. □民王長願造道像　李淞『長安芸術与宗教文明』四二七頁、陝西省考古研究院・陝西省銅川市薬王山管理局編、張燕編著『陝西薬王山碑刻芸術総集』第四巻『隋代造像碑』三三五〜三三六頁。

36. 道民□石鳳造無上□□像　李淞『長安芸術与宗教文明』四二七頁、陝西省考古研究院・陝西省銅川市薬王山管理局編、張燕編著『陝西薬王山碑刻芸術総集』第四巻『隋代造像碑』三三七〜三三八頁。

37. 道民劉子達造老君像　張硯著・土建新訳「中国陝西省耀県の碑林(二)——薬王山の彫像碑」、佐藤智水「陝西省耀県の北魏造像碑について」、李淞『長安芸術与宗教文明』四二八頁、胡文和『中国道教石刻芸術史』上冊一七八〜一八一頁、陝西省考古研究院・陝西省銅川市薬王山管理局編、張燕編著『陝西薬王山碑刻芸術総集』第四巻『隋代造像碑』二三八〜二四七頁。

38. 道民孫栄族造像碑　張硯著・王建新訳「中国陝西省耀県の碑林(二)——薬王山の彫像碑」、李淞『長安芸術与宗教文明』四二七頁、陝西省考古研究院・陝西省銅川市薬王山管理局編、張燕編著『陝西薬王山碑刻芸術総集』第四巻『隋代造像碑』二三四～二三七頁。

39. 道民楊能造老君像　李淞『長安芸術与宗教文明』四二八頁、陝西省考古研究院・陝西省銅川市薬王山管理局編、張燕編著『陝西薬王山碑刻芸術総集』第四巻『隋代造像碑』三三九～三四〇頁。

40. 道民魏□相造道像　松原三郎『中国仏教彫刻史論　本文編』三四四頁、同『中国仏教彫刻史論　図録編三』八六五b。

41. 大業三年銘天尊像　『安徽通志金石古物考稿』巻一五。

42. 道民上官子葉造天尊像碑　李淞『長安芸術与宗教文明』四二九頁、陝西省考古研究院・陝西省銅川市薬王山管理局編、張燕編著『陝西薬王山碑刻芸術総集』第四巻『隋代造像碑』三四三～三四五頁。

43. 三洞道士黄法暾造天尊像　『金石苑』巻二、『八瓊室金石補正』巻二七、大村西崖『中国美術史彫塑篇』四二一頁、陳垣編『道家金石略』四五頁、『北京図書館蔵中国歴代石刻拓本匯編』第十冊四五頁、胡文和『中国道教石刻芸術史』図版一六、龍顕昭・黄海徳主編『巴蜀道教碑文集成』（四川大学出版社、一九九七年）一二頁、小林正美「金籙斎法に基づく道教造像の形成と展開――四川省綿陽・安岳・大足の磨崖道教造像を中心に」（『東洋の思想と宗教』第二二号、二〇〇五年）。

44. 周文明造道教三尊像　李淞『長安芸術与宗教文明』四九三頁。

45. 大業六年道教像　胡文和『四川道教仏教石窟芸術』五九頁。

46. 女弟子文託生母造天尊像　『金石苑』巻二、『八瓊室金石補正』巻二七、大村西崖『中国美術史彫塑篇』四二一頁、陳垣編『道家金石略』四五頁、龍顕昭・黄海徳主編『巴蜀道教碑文集成』一二頁、小林正美「金籙斎法に基づく道教造像の形成と展開――四川省綿陽・安岳・大足の磨崖道教造像を中心に」。

47. 仏弟子李通国造天尊像　運城地区河東博物館「山西運城柏口窖出土仏道造像碑」（『考古』一九九一年第十二期）。

48. 録生杜龍祖造像碑　李淞『長安芸術与宗教文明』四二九頁。

49. 道民陽暵先造□老君像碑　李淞『長安芸術与宗教文明』四三〇頁、陝西省考古研究院・陝西省銅川市薬王山管理局編、張燕編著『陝西薬王山碑刻芸術総集』第四巻『隋代造像碑』二六二～二六四頁。

50. 無銘道教白玉石像　大村西崖『中国美術史彫塑篇』四二二頁、同『中国美術史彫塑篇附図』第七二四図。

51. 無銘道教銅像　大村西崖『中国美術史彫塑篇』四二二頁、同『中国美術史彫塑篇附図』第七二五図。

52. 劉男俗造像碑　陝西省考古研究院・陝西省銅川市薬王山管理局編、張燕編著『陝西薬王山碑刻芸術総集』第四巻『隋代造像碑』二四八～二五四頁。

53. 四龕三尊式残造像碑　陝西省考古研究院・陝西省銅川市薬王山管理局編、張燕編著『陝西薬王山碑刻芸術総集』第四巻『隋代造像碑』二五五～二五九頁。

54. 錡氏造像碑　陝西省考古研究院・陝西省銅川市薬王山管理局編、張燕編著『陝西薬王山碑刻芸術総集』第四巻『隋代造像碑』二六〇～二六一頁。
55. 呂豊和造像　陝西省考古研究院・陝西省銅川市薬王山管理局編、張燕編著『陝西薬王山碑刻芸術総集』第四巻『隋代造像碑』二七五～二七六頁。
56. 王龍姫造仏道像碑　陝西省考古研究院・陝西省銅川市薬王山管理局編、張燕編著『陝西薬王山碑刻芸術総集』第四巻『隋代造像碑』二七九～二九二頁。
57. 楊洪義造仏道像碑　陝西省考古研究院・陝西省銅川市薬王山管理局編、張燕編著『陝西薬王山碑刻芸術総集』第四巻『隋代造像碑』二九三～三一〇頁。
58. 仏道造像残碑　陝西省考古研究院・陝西省銅川市薬王山管理局編、張燕編著『陝西薬王山碑刻芸術総集』第四巻『隋代造像碑』三一一～三一五頁。
59. 仏道造像残碑　陝西省考古研究院・陝西省銅川市薬王山管理局編、張燕編著『陝西薬王山碑刻芸術総集』第四巻『隋代造像碑』三一六～三一九頁。
60. 無銘道教像　陝西省考古研究院・陝西省銅川市薬王山管理局編、張燕編著『陝西薬王山碑刻芸術総集』第四巻『隋代造像碑』三四六頁。
61. 道民王延造像　陝西省考古研究院・陝西省銅川市薬王山管理局編、張燕編著『陝西薬王山碑刻芸術総集』第四巻『隋代造像碑』三四七～三四八頁。
62. 中龍残造像　陝西省考古研究院・陝西省銅川市薬王山管理局編、張燕編著『陝西薬王山碑刻芸術総集』第四巻『隋代造像碑』三四九～三五〇頁。

（3）前稿の段階で見落としていた南北朝時代の道教像、および、前稿発表後に調査報告がなされた道教像として次の三点がある。
①男官傳□造道教二面像（太和廿三年銘）松原三郎『中国仏教彫刻史論　本文編』三六頁、同『中国仏教彫刻史論　図録編三』一〇一。
②道教龕像（「元□太上」の銘あり。北魏？）松原三郎『中国仏教彫刻史論　本文編』三九頁、同『中国仏教彫刻史論　図録編三』一三〇。
③成都市西安路出土道教像（南朝梁？）成都市文物考古工作隊・成都市文物考古研究所「成都市西安路南朝石刻造像発掘簡報」（『文物』一九九八年第一一期）。同・邦訳（大嶋京子訳、『仏教芸術』第二五二号）。
（4）注1所掲拙著四八五頁・四九五頁参照。
（5）注1所掲拙著五一五頁参照。

（6）塚本善隆「龍門石窟に現れたる北魏仏教」（水野清一・長広敏雄編『龍門石窟の研究』東方文化研究所、一九四〇年。のち、塚本善隆『支那仏教史研究　北魏篇』弘文堂、一九四二年、および、『塚本善隆著作集』第二巻、大東出版社、一九七四年、所収）、礪波護「唐中期の仏教と国家」（福永光司編『中国中世の宗教と国家』京都大学人文科学研究所、一九八二年。のち、礪波護『隋唐の仏教と国家』中公文庫、一九九九年、所収）参照。

（7）注2の19番参照。なお、李自譲・李天影・趙家有「芮城県博物館収蔵的部分石刻造像」（『文物季刊』一、一九八九年）については、大阪市立美術館の斉藤龍一氏からご教示を得た。記して謝意を表したい。

（8）李自譲・李天影・趙家有「芮城県博物館収蔵的部分石刻造像」では、この像碑を「隋開皇八年造老君盘坐像」と呼び、龕内には太上老君盘坐像が彫られているとしているが、銘文には「老君石像一躯」を造ったとあり、太上老君とは言っていない。下文の天尊坐像・二真人像という語も道教像の一般的な意味での用法であり、銘文にこれらの語が見えるわけではない。

（9）「芮城県博物館収蔵的部分石刻造像」では浮き彫りされた供養者の数を三十四としているが、『観妙観徼　山西省館蔵道教文物』（香港大学美術博物館、二〇〇三年）七四頁・七五頁に載せる拓本写真を見れば、正面十八人、背面六人、両側面各十人の合計四十四人が浮き彫りされている。ただし、下文に述べるように、四十四人のうち、脇に名前が刻まれているのは三十二人である。

（10）李元海等造元始天尊像碑については、松原三郎『中国仏教彫刻史論　本文編』（吉川弘文館、一九九五年）二二〇頁、同『中国仏教彫刻史論　図録編三』（吉川弘文館、一九九五年）八五九、李豊楙「北周建徳元年李元海等造元始天尊碑記及妓楽図考」（李焯然・陳万成主編『道苑繽紛録』商務印書館（香港）、二〇〇二年）参照。また、その造像銘については、注1所掲拙著五一七～五二一頁参照。

（11）小林正美『六朝道教史研究』（創文社、一九九〇年）九六～一〇〇頁、大淵忍爾『道教とその経典』（創文社、一九九七年）第七章「三洞奉道科誡儀範の成立」参照。

（12）道士の位階制度については、小林正美『中国の道教』（創文社、一九九八年）一五四～一六三頁参照。小林正美氏は『洞玄霊宝三洞奉道科戒営始』巻四に記されたような位階制度を持つ道教教団のことを「天師道」と称している。確かに、この位階制度は古くからの天師道の教団組織を基盤においていると思われるが、東晋中期以降の上清派・霊宝派の宗教運動の成果をふまえた新たな神格・教理・儀礼が組み合わされており、特に、霊宝経に説かれた思想が重要な位置を占めている。このような新しい道教教団をどういう名称で呼ぶのが最もふさわしいかという問題については、新しい道教組織の成立過程やその実態に関する詳細な検討がもっと必要であると思われる。本書第一篇第三章で述べたことは、そうした問題についての検討の一端であるが、本章では、その新しい道教組織のことを、特定の名称はつけずに、単に道教教団と称しておくことにする。

（13）陝西耀県薬王山博物館・陝西臨潼市博物館・北京遼金城垣博物館合編（張燕主筆）『北朝仏道造像碑精選』（天津古籍出版社、一九九六年）一二七～一二八頁。馮神育造像碑の銘文については、これが最も詳しい。

(14) スタンレー・アベ氏は、「道民」「録生」「道士」「清信士」などの肩書きがついた人々の名前は、「三洞法師」の名前と同様に、馮神育造像碑の四面上部の龕の脇に、肖像無しで文字だけが刻まれているのに対して、そうした肩書きを持たず単に「邑子」とのみ記された人々の名前は、龕の下の方に浮き彫りされた肖像を伴っていることに注目し、この像碑の実質上のスポンサーはこれら「邑子」の人々であったと推測している。Stanley K. Abe, *Ordinary Images* (The University of Chicago Press, 2002) pp. 274-281.

(15) 肖像とはいっても類型化されたもので、当人の実際の肖像ではないようである。しかし、男性と女性の姿は描き分けられている。

(16) 都築晶子「六朝隋唐時代における道教と女性」(『名古屋大学東洋史研究報告』第二五号、二〇〇一年）参照。

(17) 六朝時代の道教像の造像記にも女性の名が少なからず見られることについては、注1所掲拙著五二一～五二二頁参照。

(18) 道館の成立過程については、陳国符「道館考源」(『道蔵源流攷』中華書局、一九六三年、所収）、卿希泰主編『中国道教史』第一巻（四川人民出版社、一九八八年）五五三～五六〇頁、都築晶子「六朝後半期における道館の成立——山中修道」(『小田義久博士還暦記念東洋史論集』龍谷大学東洋史学研究室、一九九五年）参照。

(19) 卿希泰主編『中国道教史』第二巻（四川人民出版社、一九九二年）二三頁。

(20) 楼観の歴史については、陳国符「楼観考」(『道蔵源流攷』所収）、吉川忠夫「道教の旅」(『中国古代人の夢と死』平凡社、一九八五年、所収）、愛宕元「唐代楼観考」（吉川忠夫編『中国古道教史研究』同朋舎出版、一九九二年）参照。

(21) 焦曠については、陳国符「焦曠伝」(『道蔵源流攷』所収）参照。

(22) 辛徳源「至真観記」については、龍顕昭・黄海徳主編『巴蜀道教碑文集成』（四川大学出版社、一九九七年）七～一一頁に拠った。盧照鄰「益州至真観主黎君碑」については、砂山稔「『海空経』の思想とその著者について——七宝荘厳・十転の思想と益州至真観主黎君碑を中心にして」(『隋唐道教思想史研究』平河出版社、一九九〇年）、興膳宏「初唐の詩人と宗教——盧照鄰の場合」（吉川忠夫編『中国古道教史研究』）参照。

(23) 『太上洞玄霊宝業報因縁経』巻七（七a～b）「凡功徳無窮、大略有九。随其分力、各獲福田。今為汝言、宜須諦識。一者造像、二者写経、三者置観、四者度人、五者建斎、六者誦経、七者持戒、八者供養、九者布施」、巻六（一二a）「第一者、造我真像随応化身、福流歴劫、勝報無窮。何以故。衆生妄想、心不可系、覩我真像、便生念想。想念既生、真霊降接、専誠注仰、克果無為。救護之中、故為第一。第二者、抄写経教二洞大乗、福流永劫、功徳無辺。何以故。経者是吾遺教、導引愚迷、能発衆生無量道意、従愚起悟、因悟成真。衆聖修行、必登道果。救護之中、故為第二」。

(24) その用例については、拙稿『唐代道教関係石刻史料の研究』（平成十五～十七年度科学研究費補助金（基盤研究C）研究成果報告書、二〇〇六年）付録を参照。

(25) 注1所掲拙著四六六～四六七頁参照。

（1）六朝時代については、拙著『六朝道教思想の研究』（創文社、一九九九年）第三篇第二章「六朝時代の道教造像——宗教思想史的考察を中心に」、隋代については本書の前章、唐代については『唐代道教関係石刻史料の研究』（平成十五～十七年度科学研究費補助金（基盤研究C）研究成果報告書、二〇〇六年）参照。

（2）小林正美「劉宋における霊宝経の形成」（『東洋文化』第六二号、一九八二年。のち、『六朝道教史研究』創文社、一九九〇年、所収）参照。

（3）注1所掲拙著第三篇第二章「六朝時代の道教造像」、および、本書の前章の注3参照。

（4）魏文朗造仏道像碑の制作年については、石松日奈子「陝西省耀県薬王山博物館所蔵「魏文朗造像碑」の年代について——北魏始光元年銘の再検討」（『仏教芸術』第二四〇号、一九九八年）参照。

（5）隋代の天尊系の像は次のとおりである（詳しくは、前章を参照されたい）。

道民趙法護造無上天尊像（五八三年）、道民袁神蔭造天尊像（五八六年）、道民輔道景造天尊像（五九三年）、道民任承宗造元始天尊像（五九五年）、劉大睿造天尊像（五九五年）、道民梁智造無上天尊像（五九六年）、道民滕欽造天尊像（五九六年）、道民蔡仕謙造元始天尊像（五九六年）、道民魯昌造天尊像（五九七年）、大業三年銘天尊像（六〇七年）、道民上官子華造天尊像碑（六〇八年）、三洞道士黄法暾造天尊像（六一〇年）、女弟子文託生母造天尊像（六一四年）、仏弟子李通国造天尊像（大業年間）。

（6）唐代の道教像については、道教像そのものや、その拓本・銘文が残っているものだけではなく、道教像を造ったということを記した碑文（拓本などを含めて）が残っているものも含んでいる。なお、唐代道教像の九十五例という数は、注1所掲拙稿『唐代道教関係石刻史料の研究』において取り上げた唐代道教像の数である。この報告書の完成後、北京大学教授李淞氏からのご教示により、李淞編「唐代道教美術年表」（中山大学藝術史研究中心編『藝術史研究』第七輯、二〇〇五年）の存在を知った。李淞編「唐代道教美術年表」では、私が報告書で取り上げなかった十数例の唐代道教像を紹介している。本来ならば、これらを加えなければならないのであるが、それは今後の課題とし、ここではとりあえず報告書作成段階の調査結果をそのまま載せておく。なお、李淞氏が挙げられた十数点のものを考慮に入れても、天尊像・元始天尊像に関する本論の趣旨に変わりはない。

（7）唐代の天尊系の像は次のとおりである（詳しくは、注1所掲拙稿『唐代道教関係石刻史料の研究』を参照されたい）。

三洞弟子文□□造天尊像（六一九年）、道民李若武造天尊像（六二三年）、道民常義通造天尊像（六二三年）、道民祖洪□造天尊像（六三一年）、文紹胤造天尊像（六三四年）、祁観元始天尊像碑（六三四年）、道民蔡季亮造天尊像（六四二年）、洞玄弟子弁法遷造天尊像（六四八年）、李会立造元始天尊像（六五一年）、清信弟子女李无難造元始天尊像（六五四年）、道民李威子造天尊像（六六一年）、弟子王法信造天尊像（六六四年）、弟子智洪造天尊像（六六五年）、弟子□□造天尊像（六六八年）、碧落碑（六七〇年）、鄧阿姐造天尊像（六七〇年）、清信弟子張道運造天尊像（六七五年）、任智斌造天尊老君像（六七五年）、弟子尚万寛造天尊像（六七六年）、大洞三景法師葉法善等造壁画元始天尊万福天尊像碑（六七八年）、清信弟子焦蒲洛安洛兄弟造元始天尊像（六七八年）、道下弟子隻□造天尊像（六八三年）、弘道二年銘天尊像（六八四年）、女道士張妙瑞造天尊像碑（六八七年）、金台観主中岳先生馬元貞造元始天尊二真人像碑（六九一年）、馬元貞造元始天尊夾侍二仙像（六九二年）、楊満造天尊像（六九五年）、東明観三洞道士孫文儁像天尊二真人像碑（六九七年）、金台観主趙敬同等造東方玉宝皇上天尊二真人像碑（七〇一年）、清信弟子姚妙姿造元始天尊像（七〇三年）、□□観威儀師邢虚応等造天尊像碑（七〇四年）、大宏道観法師阮孝波等造元真万福天尊像碑（七〇五年）、道士楊太希造元始天尊二真人像（七一三年）、弟子張敬琮母王之女造天尊像（七一七年）、弟子張敬琮母王造天尊像（七一七年）、観主趙思礼造常陽天尊像（七一九年）、道士劉升徽造元始天尊像銅碑牌（七二〇年）、袁万仁造天尊像（七二一年）、李公元始天尊像碑（七二五年）、正信弟子李玄□造元始天尊像（七二五年）、楊真造天尊像（七二六年）、清信弟子楊元一姫王造天尊像（七二八年）、弟子杜遊芸造天尊像（七二八年）、開元十八年造救苦天尊像（七三〇年。啓太唐御立集聖山玄妙観勝境碑、七四八年、に見える）、蔡知什等造天尊像碑（七三一年）、弟子姚元琰造天尊像（七三四年）、開元二十三年銘天尊像（七三五年）、弟子姚阿胡造天尊像（七三八年）、焦嘉令造天尊像（七四．年）、王四郎妻姚造天尊像（七四三年）、陳当意造石仙宮内元始天尊像（七四三年）、太一天尊像（七四七年）、道士賈元宗造天尊像（七五〇年）、姚教生造天尊像（七五〇年）、天宝甲午銘天尊像（七五四年）、剣閣鶴鳴山長生保命天尊像（八五七年）、三洞真一道士孫霊諷造天尊老君像（八七一年）、浜松市美術館蔵金銅道教像（東方玉宝皇上天尊像）、京都大学人文科学研究所蔵金銅道教像（東北方度山上聖天尊像）。

（8）張相隊造天尊碑と全荷造天尊碑の銘文については、注1所掲拙著四七〇頁・四七九頁参照。

（9）注1所掲拙著五一七〜五二一頁。

（10）「右元始旧経紫微金格三十六巻。二一一巻已出。今分成二十三巻。十五巻未出。十部妙経三十六号、皆剋金為字、書於玉簡之上、題其篇目於紫微宮南軒。太玄都玉京山、亦具記其文。諸天大聖衆、依格斎月日、上詣玉京、焼香旋行誦経、礼天文也」（陸修静「霊宝経目」）。本書第一篇第二章参照。

（11）Ofuchi Ninji, "On Ku Ling-Pao-Ching" (*ACTA ASIATICA* 27, 1974)、注2所掲小林論文、Stephen R. Bokenkamp, "Sources of the Ling-pao Scriptures" (*Tantric and Taoist studies in honour of R. A. Stein*, ed. by M. Strickmann, Institut Belge des Hautes Etudes Chinoises, Bruxelles, 1983)、大淵忍爾『道教とその経典』（創文社、一九九九年）第二章「霊宝経の基礎的研究」、王承文『敦煌古霊宝経与晋唐道教』（中華書局、二〇〇二年）等。

（12）経典名の前の数字は、「霊宝経目」の記載の順序を表わす。

（13）注11所掲王承文書第六章など参照。

（14）盤古と結びつけられているところから、小南一郎氏は『元始上真衆仙記』の背景にあった道教信仰は、江南の伝承的な文化にその基礎を置いていたことを指摘している。小南一郎「尋薬から存思へ——神仙思想と道教信仰との間」（吉川忠夫編『中国古道教史研究』同朋舎出版、一九九二年）参照。

（15）福永光司「昊天上帝と天皇大帝と元始天尊——儒教の最高神と道教の最高神」（『中哲文学会報』第二号、一九七六年。のち、『道教思想史研究』岩波書店、一九八七年、所収）、注2所掲小林論文など参照。

（16）『隋書』経籍志・道経「道経者、云有元始天尊、生於太元之先、稟自然之気、沖虚凝遠、莫知其極。所以説天地淪壊、劫数終尽、略与仏経同。以為天尊之体、常存不滅、毎至天地初開、或在玉京之上、或在窮桑之野、授以秘道、謂之開劫度人。……其余衆経、或言伝之神人、篇巻非一。自云天尊姓楽名静信、例皆浅俗、故世甚疑之」。

（17）玄嶷『甄正論』巻中「（公子曰）案道経云、楽静信宿稟仙才、早殖徳本、功満行就、道証天尊、大弘教跡、広演経論。豈並偽耶。先生曰、上古本無、猶能偽造元始、下代同偽、豈不解仮立天尊。公子前惑其本、今迷其末、誣其源而泝其流、曷可得耶。此宋文明等為元始立天尊、自知無拠、為仏経説釈迦棄儲后之位、出家修道、証得仏果、遂偽立楽静信、修道得天尊」（大正蔵五二、五六三下）。

（18）法琳『弁正論』巻八「霊宝智慧定志通微経云、天尊過去世是道民、姓楽、名浄信、由供養道士得成天尊。右玄真人者、過去時、施比丘財帛飲食、今成真人者。是亦不可。何者、道有十号、皆自然応化。天尊先天而生、不由業行而得。本無父母、不稟陰陽、何有過去修因、今成無極。自相矛盾、偽妄可知」（大正蔵五二、五四六上）。

（19）麥谷邦夫「南北朝隋唐初道教教義管窺——以『道教義枢』為綫索」（辛冠潔他編『日本学者論中国哲学史』中華書局、一九八六年）、同「『道教義枢』と南北朝隋初唐期の道教教理学」（麥谷邦夫編『三教交渉論叢』京都大学人文科学研究所、二〇〇五年）参照。

（20）このことについては、本書第一篇第一章参照。

（21）Erik Zürcher, "Buddhist Influence on Early Taoism : A Survey of Scriptural Evidence" (*T'oung Pao*, vol. 66, 1-3, 1980).

（22）注1所掲拙著第二篇付章「空海の文字観——六朝宗教思想との関連性」参照。

（23）山田俊『唐初道教思想史研究——『太玄真一本際経』の成立と思想』（平楽寺書店、一九九九年）一四七～一四八頁参照。

（24）都築晶子「六朝隋唐時代における道教と女性」（『名古屋大学東洋史研究報告』第二五号、二〇〇一年）参照。

（25）Anna Seidel, "Le sūtra merveilleux du Ling-pao Suprême, traitant de Lao Tseu qui convertit les barbares (le manuscrit S. 2081)" (*Contribution aux études de Touen-houang*, Vol. III, Paris : PEFEO 135, 1984) pp. 332–336, Stephen R. Bokenkamp, "The Yao Boduo stele as evidence for "Dao-Buddhism" of the early Ling-pao scriptures" (*Cahiers d'Extrême-Asie* 9, 1996–1997) pp. 65–67.

（26）ちなみに、「元始旧経」の中で「霊宝天尊」という語を含む神格として、『洞玄霊宝長夜之府九幽玉匱明真科』に「東方无極太上霊宝天尊」「南方无極太上霊宝天尊」（以下、西方・北方・東北方・東南方・西南方・西北方・上方・下方も同じ）などが見える。

（27）葛仙公の前世物語については、本書第一篇第三章参照。

（28）李静傑「中原北朝期のサッタ太子とスダーナ太子本生図」（『ＭＵＳＥＵＭ　東京国立博物館研究誌』第五八〇号、二〇〇二年）参照。

（29）Stephen R. Bokenkamp, "The Prehistory of Laozi : His Prior Career as a Woman in the Lingbao Scriptures" (*Cahiers d'Extrême-Asie* 14, 2004) 参照。

第二篇第三章

（1）『笑道論』に引用された道教文献は現在そのままの形では残っていないものが多いが、京都大学人文科学研究所「六朝・隋唐時代の道仏論争」研究班「『笑道論』訳注」（『東方学報』京都、第六〇冊、一九八八年）が引用文献等についての詳細な注釈を施している。本章の『笑道論』に関する記述は、この「『笑道論』訳注」の研究成果を参考にしている部分が多い。

（2）天尊（元始天尊）が「元始旧経」において初めて出現することについては、小林正美「劉宋における霊宝経の形成」（『東洋文化』第六二号、一九八二年。のち、『六朝道教史研究』創文社、一九九〇年、所収）に指摘がある。

（3）本書第一篇第二章、および、第二篇第二章参照。

（4）拙著『六朝道教思想の研究』（創文社、一九九九年）第三篇第二章「六朝時代の道教造像」、本書第二篇第一章、および、拙稿『唐代道教関係石刻史料の研究』（平成一五～一七年度科学研究費補助金（基盤研究C）研究成果報告書、二〇〇六年）を参照されたい。

（5）「気」の字は、高麗本・大正蔵本は『元』に作るが、三本・宮本が「気」に作るのに従った。

（6）『淮南子』精神訓「古未有天地之時、惟像無形、窈窈冥冥、芒芠漠閔、澒濛鴻洞、莫知其門。有二神混生、経天営地、孔乎莫知其所終極、滔乎莫知其所止息。於是乃別為陰陽、離為八極、剛柔相成、万物乃形」。

（7）『三五暦記』（『太平御覧』巻一所引）「未有天地之時、混沌状如雞子。溟涬始牙、濛鴻滋萌。歳在摂提、元気肇始」、『三五暦記』（『太平御覧』巻二所引）「天地渾沌如雞子、盤古生其中。万八千歳、天地開闢、陽清為天、陰濁為地。盤古在其中、一日九変、神於天、聖於地。天日高一丈、地日厚一丈、盤古日長一丈。如此万八千歳、天数極高、地数極深、盤古極長。後乃有三皇」。

（8）陸修静「霊宝経目」（敦煌写本ペリオ二八六一の二、および同二二五六）の「第五篇目」に「智慧上品大戒三巻。二巻已出。巻目云、太上洞玄霊宝智慧罪根上品二巻、未出一巻」とあり、現在の道蔵本では『太上洞玄霊宝智慧罪根上品大戒経』（道蔵第二〇二冊）に相当する。

（9）本書第一篇第一章。

（10）ただし、これに相応する現在の『太上洞玄霊宝智慧罪根上品大戒経』巻下では、「東極世界飛天神人曰、東方無極世界恒沙衆生、已得道過去、及未得道、見在福中、善男子善女人、修奉智慧上品十戒、功徳福報、知得乗空、白日飛行、駕景策龍、上登玉清、遊行東極九炁天中」（一a）とあって、如来という語は見えない。

（11）中嶋隆蔵『六朝思想の研究』（平楽寺書店、一九八五年）附篇第二節「六朝後半より隋唐初期に至る道家の自然説」、福永光司「自然と因果——老荘道教と中国仏教」（『中国の哲学・宗教・芸術』人文書院、一九八八年、所収）、麥谷邦夫『道教義枢』と南北朝隋初唐期の道教教理学」（麥谷邦夫編『三教交渉論叢』京都大学人文科学研究所、二〇〇五年）参照。

（12）法琳の事跡、および、『弁正論』を執筆するに至った背景については、礪波護「唐初の仏教・道教と国家——法琳の事跡にみる」（吉川忠夫編『中国古道教史研究』同朋舎出版、一九九二年。のち、『隋唐の仏教と国家』中公文庫、一九九九年、所収）参照。

（13）「天尊」という語が、もともと漢訳仏典の中で如来と同じ意味で用いられていたことについては、福永光司「昊天上帝と天皇大帝と元始天尊——儒教の最高神と道教の最高神」（『中哲文学会報』第二号、一九七六年。のち、『道教思想史研究』岩波書店、一九八七年、所収）、注2所掲小林論文参照。

（14）「霊文分散謬」は『笑道論』第二十七「随劫生死」と、「改仏経為道経謬」は『笑道論』第二十九「偸改仏経為道経」と、「偸仏法四果十地謬」は『笑道論』第三十「偸仏経因果」と、「道経未出言出謬」は『笑道論』第三十一「道経未出言出」と、「道士合気謬」は『笑道論』第三十五「道士合気法」と、「諸子為道書謬」は『笑道論』第三十六「諸子為道書」と、それぞれ同じ内容のものである。このことについては、すでに吉川忠夫氏によって指摘されている。注1所掲「『笑道論』訳注」解題。

（15）Erik Zürcher, "Buddhist Influence on Early Taoism : A Survey of Scriptural Evidence" (*T'oung Pao*, vol. 66, 1-3, 1980).

（16）ちなみに、『理惑論』のこの論法は、日本の空海の『三教指帰』の中にも用いられている。戯曲風に書かれた『三教指帰』の巻下「仮名乞児論」で、仏教の道を歩む仮名乞児は、「どうして君は忠孝の道に努めないのか」という忠告に対して、次のように答えている。「僕聞く、小孝は力を用い、大孝は匱しからず。是の故に泰伯は髪を剃って永く夷俗に入り、薩埵は衣を脱いで長く虎の食と為る。父母、地に倒るるの痛みを致し、親戚、天を呼ぶの歎き有り。此に因りて視れば、二親の遺体を毀い、九族の念傷を致すこと、誰か復た此の二子に過ぎんや。当に卿の告ぐるが如きは、並びに不孝を犯せり。然りと雖も、泰伯は至徳の号を得、薩埵は大覚の尊と称せらる。然らば則ち、苟くも其の道に合えば、何ぞ近局に拘らん」。ここで空海は、仮名乞児に泰伯と薩埵（サッタ太子）の例を挙げて語らせ、結局、国と家のためになされた功徳の総和こそが忠であり孝であるという考えを表している。

（17）李静傑「中原北朝期のサッタ太子とスダーナ太子本生図」（『ＭＵＳＥＵＭ　東京国立博物館研究誌』第五八〇号、二〇〇二年）参照。

（18）砂山稔「『太玄真一本際経』の思想について——身相・方便・重玄を中心に」（金谷治編『中国における人間性の探究』創文社、一九八三年。のち、砂山稔『隋唐道教思想史研究』平河出版社、一九九〇年、所収）。

（19）『太玄真一本際経』の成立と思想全般については、山田俊『唐初道教思想史研究——『太玄真一本際経』の成立と思想』（平楽寺書店、一九九九年）参照。

（20）『太玄真一本際経』の引用は、張継禹主編『中華道蔵』（華夏出版社）第五冊に収める『太玄真一本際経（敦煌本）』（王卡整理点校）による。

（21）『太玄真一本際経』巻八のこの場面の記述が、『妙法蓮華経』見宝塔品に見える応仏としての分身の記述と関連があること、注19所掲山田書一二二頁に指摘がある。

（22）注11所掲麥谷論文一二〇～一二二頁。

（23）注11所掲福永論文参照。

第三篇第一章

（1）Erik Zürcher, "Buddhist Influence on Early Taoism : A Survey of Scriptural Evidence" (*T'oung Pao*, vol. 66, 1-3, 1980). 氏は、六朝時代、霊宝経を中心とする道教経典は仏教から多くのものを借用したが、それはおおむね経典の形式に関わること（説教の場の設定のしかた、仏典特有の会話文の挿入など）や、特定の仏教語彙・概念の受容、あるいは梵語の持つ神秘的な響きの利用などであって、道教経典の中心部に深く影響を与えることは少なく、いわば偽仏典と称すべきような内容にまでは至っていないと指摘している。

（2）砂山稔「『海空経』の思想とその著者について——七宝荘厳・十転の思想と益州至真観主黎君碑を中心にして」、同「道教重玄派表微——隋・初唐における道教の一系譜」（いずれも『隋唐道教思想史研究』平河出版社、一九九〇年、所収）。

（3）この碑文の内容については、すでに前注所掲砂山書三一四～三一八頁に紹介があり、また、盧照鄰における宗教の問題を考察された興膳宏氏による紹介もある。興膳宏「初唐の詩人と宗教——盧照鄰の場合」（吉川忠夫編『中国古道教史研究』同朋舎出版、一九九二年）。

（4）龍顕昭・黄海徳主編『巴蜀道教碑文集成』（四川大学出版社、一九九七年）には、隋の辛徳源が開皇十二年六月に著した「至真観記」という文章を載せている。

（5）注3所掲興膳論文参照。また、中国古典文学基本叢書『盧照鄰集校注』（李雲逸校注、中華書局、一九九八年）参照。

（6）砂山氏は車弼（車恵弼）の例を挙げている。注2所掲砂山書二一一頁。

（7）顔真卿「魏夫人仙壇碑銘」（『顔魯公文集』巻九）や『資治通鑑』（久視元年）などには胡超とあるが、『新唐書』芸文志や『歴世真仙体道通鑑』巻二七には胡恵超あるいは胡法超となっている。なお、この胡超は近年、嵩山から出土した則天武后の金簡に、投簡の役目を担った使者として名が刻まれている。本書第五篇第一章参照。

（8）李栄については、藤原高男「道士李栄の道徳経注について」（『香川大学教育学部研究報告』第Ⅰ部第四七号、一九七九年）参照。

（9）鎌田茂雄『中国仏教思想史研究』（春秋社、一九六九年）一〇九頁。同書には『海空経』は隋代に偽作された道教経典である……」（八二頁）という記述もあるが、これは「唐代」の誤りであろう。

(10)『集古今仏道論衡』巻丁「(顕慶三年四月) 又対聖上説三性義。一遍計性、二依他起性、三円成実性。外道所立、遍計性収、事等空花、由来非有。広解三性、言多不具。自上起来、経過食頃、僧及道士、陪侍臣僚佐、両行立聴。時既夜久、息言奉辞。勅云好去。各還宿所、経停少時。勅使告云、語師等因縁義大好、何不早論。于時三蔵已下、莫不欣慶。斯則無労廟略、砕蕩高旗、不藉軍威、堅城屠陥、見之今日矣。于時以道士不識蘊蔭断知等義、莫允帝情。散席之後、承内給事王君徳云勅語、道士等何不学仏経」(大正蔵五二、三八八下)。これと同じ内容の事柄は、『仏祖歴代通載』巻一二では顕慶四年のこととして見える (大正蔵四九、五八〇中)。

(11) 注2所掲砂山書三一七頁。

(12) 注10参照。『仏祖歴代通載』巻一二には、「詣道士李栄等、伝勅曰、何不学仏経。於是栄等羞縮、為之気塞」(大正蔵四九、五八〇中) とある。

(13) 高宗期の仏道二教論争の性格については、盧国龍『中国重玄学』(人民中国出版社、一九九三年) 二〇六~二一三頁参照。

(14) 大淵忍爾『敦煌道経　目録編』(福武書店、一九七八年)、同『敦煌道経　図録編』(福武書店、一九七九年)、李徳範輯『敦煌道蔵』(中華全国図書館文献縮微复制中心、一九九九年)、王卡『敦煌道教文献研究――綜述・目録・索引』(中国社会科学出版社、二〇〇四年) による。十点の写本のうち、3・7・9~12については、『敦煌道経　目録編』三一〇~三一五頁に、また、5・6については、同書三八三頁に道蔵本と比較した校記が載せられている。8は大淵書では「失題道経類」として扱われているが、明らかに『海空智蔵経』の写本である。また、1・2・4・13は大淵書には見えない。

(15) 10と11の写本は、筆者が北京図書館 (中国国家図書館) で実見したところでは、紙の状態や文字の様子から見て同一巻子の可能性があると思われる。また、5と6の写本については、前掲大淵書によって同一巻子であろうと指摘されている。この5と6の写本は、『神呪経』が書写された紙の裏に、罫線もひかずにたどたどしい字で左から右に書き連ねるという異例の形態のものである。

(16) 敦煌本と道蔵本の違いについては、研究史の紹介をも含めて、前田繁樹「「敦煌本」と「道蔵本」の差異について――古「霊宝経」を中心として」(『東方宗教』第八四号、一九九四年。のち、『初期道教経典の形成』汲古書院、二〇〇四年、所収) 参照。

(17) 注14所掲大淵忍爾『敦煌道経　目録編』三一四頁。

(18) 拙稿『六朝隋唐期道教経典に見える仏教概念の研究』(平成十一・十二年度科学研究費補助金 (基盤研究C) 研究成果報告書、二〇〇一年) 第二部「海空智蔵経―仏典対照表」参照。

(19) それぞれの書物が『海空智蔵経』のどの箇所を引用しているかについては、中嶋隆蔵「道教における因縁説受容の一側面――『海空智蔵経』序品を読む」(『荒木教授退休記念中国哲学史研究論集』葦書房、一九八一年) に紹介がある。中嶋氏が紹介されたものの他にも、『上清道類事相』巻四に、『海空智蔵経』巻一序品の三相四意の記述が引用され、『雲笈七籤』巻九五に、「道性因縁」として『海空智蔵経』巻二哀歎品の文章が節録されている。なお、大淵忍爾・石井昌子編『六朝唐宋の古文献所引道教典籍目

録・索引』（国書刊行会、一九八八年）も参照。

（20）注2所掲砂山書三二〇～三二二頁。砂山氏はこの部分を「貫奕天経」と呼び、『海空経』の佚文である可能性がきわめて高いとされる。

（21）注18所掲拙稿参照。

（22）巻一序品については、注19所掲中嶋論文に詳しい紹介がある。

（23）注9所掲鎌田書第一部第一章・第二章。

（24）木村清孝「像法決疑経の思想史的性格」（『南都仏教』第三三号、一九七四年。のち『初期中国華厳思想の研究』春秋社、一九七七年、に加筆収録）。木村氏によれば、『像法決疑経』は『涅槃経』を母体にして作成された偽経で、六世紀末には世に出ていたという。

（25）中嶋隆蔵『雲笈七籤の基礎的研究』（平成七～九年度科学研究費補助金（基盤研究C）研究成果報告書、一九九八年。のち、『雲笈七籤の基礎的研究』研文出版、二〇〇四年、に収録）、同「《海空智蔵経》管窺（上）（下）」（『宗教学研究』一九九八年第四期、一九九九年第一期）。

（26）注18所掲拙稿。

（27）『涅槃経』は三十六巻本の『大般涅槃経』（いわゆる南本）を用いた。曇無讖訳の四十巻本（いわゆる北本）を用いずに、劉宋の慧厳等によって再治された三十六巻本を用いたのは、特に有力な根拠があるわけではないが、『海空智蔵経』巻二哀歎品の品名は、三十六巻本の品名（哀歎品第三）から取った可能性もあること、四十巻本の寿命品（三十六巻本では純陀品に相当する）の中の仏の偈（大正蔵一二、三七三a～b）の終わりの十六句が三十六巻本には欠けているが、この箇所に対応する『海空智蔵経』巻八供献品（七b～八a）の天尊の偈でもやはりこの十六句に相当する文句が見えないこと、などが一応の理由として挙げられる。

（28）注1所掲チュルヒャー論文参照。

（29）開劫度人説については、拙著『六朝道教思想の研究』（創文社、一九九九年）第三篇第三章「開劫度人説の形成」、および、本書第一篇第二章参照。

（30）もちろん四十巻本の『涅槃経』（北本）にも見えない。

（31）『海空智蔵経』に見える「道性」の概念については、注2所掲砂山書三一三～三一四頁、注13所掲盧国龍書二八六～三〇一頁、山田俊『唐初道教思想史研究——『太玄真一本際経』の成立と思想』（平楽寺書店、一九九九年）三六八～三七二頁などを参照。

（32）福永光司「『観音経』と道教」（『道教と日本文化』人文書院、一九八二年、所収）。

（33）『笑道論』観音侍老七「有道士造老像、二菩薩侍之。一曰金剛蔵、二曰観世音」（大正蔵五二、一四六中）。

（34）『笑道論』観音侍老七「臣笑曰、案諸天内音八字文曰、梵形落空九重推前。天真皇人解曰、梵形者、元始天尊於龍漢之世号也。

至赤明年、号観音矣」（大正蔵五二、一四六中）。ただし、現在の『太上霊宝諸天内音自然玉字』（道蔵第四九冊）巻三（一八b）には、南方丹天の第二天である玄明恭華天について、「玄明恭華天中有自然之音八字、曰梵形落空九霊推前。天真皇人曰、……上真梵元始、形化観妙音、……梵形者、元始天尊也。開龍漢之劫、登赤明之運、号曰元始。上皇開運、号元始丈人、随世化生、故以一神」とあり、元始天尊が観音と号するということは見えない。

（35）『太上洞玄霊宝業報因縁経』巻一〇（八b～九a）「始有天地、龍漢之初、吾号無形、化在玉清境、出大洞真経、下代教化、為万天玄師無上法王。経九万九千九百九十億万歳、延康之時、吾号無名、化在上清境、出洞玄宝経、下代教化、為三界医王太上真尊。経八万八千八百八十億万歳、赤明開運、吾号梵形、又号観世音、化在太清境、出洞神仙経、下代教化、為十方導師至極天尊」。

（36）道蔵本『元陽妙経』の成立に関する問題点については、注31所掲山田書四八二頁注32参照。

（37）注9所掲鎌田書第一部第四章および付録。

（38）『元陽妙経』と『海空智蔵経』が、『涅槃経』の同一箇所を下敷きにしているところは次のとおりである。

1.『涅槃経』哀歎品（六一四b～六一六c）→『元陽妙経』巻一〇（八a五行目～一五a九行目）、『海空智蔵経』巻八（一五b三行目～一五b九行目、二四b一〇行目～二六a九行目、一七a九行目～二二a四行目）

2.『涅槃経』聖行品（六七三b～六七八c）→『元陽妙経』巻一（三a一行目～二一a五行目）、『海空智蔵経』巻六（一b一行目～一二b四行目）

3.『涅槃経』聖行品（六八八c～六九〇a）→『元陽妙経』巻二（一a三行目～一一a六行目）、『海空智蔵経』巻六（一五b七行目～一八a一行目）

4.『涅槃経』梵行品（七〇三c～七〇六a）→『元陽妙経』巻三（一〇b一行目～二〇a一〇行目）、『海空智蔵経』巻七（一a三行目～五a九行目、二四b七行目～二五a八行目）

5.『涅槃経』高貴徳王菩薩品（七三六c～七三七c）→『元陽妙経』巻八（一a三行目～五a二行目）、『海空智蔵経』巻五（一五a八行目～一九a二行目）

6.『涅槃経』高貴徳王菩薩品（七三九b～七四一b）→『元陽妙経』巻八（五a二行目～一三a九行目）、『海空智蔵経』巻六（一八b二行目～二六b七行目）。

（39）この引用箇所は道蔵本に錯簡があると思われるところで（第一節参照）、一七a九行目「出離生死城」のあと、二六a九行目「得入海空一乗法城」に続くと考えられる。

（40）羅什訳『阿弥陀経』「爾時、仏告長老舎利弗、従是西方、過十万億仏土、有世界、名曰極楽。其土有仏、号阿弥陀。今現在説法。舎利弗、彼土何故名為極楽。其国衆生、無有衆苦、但受諸楽。故名極楽。又舎利弗、極楽国土、七重欄楯、七重羅網、七重行樹、皆是四宝周匝囲繞。是故彼国名曰極楽。……四辺階道、金銀琉璃頗梨合成。上有楼閣、亦以金銀琉璃頗梨車渠赤球馬瑙而厳飾之。

……又舎利弗、彼仏寿命及其人民、無量無辺阿僧祇劫、故名阿弥陀」（大正蔵一二、三四六下～三四七上）。

(41) 三界二十八天の名称は巻七（二二a～二三a）に見え、四民天のことは巻六（二一a）などに見える。また、巻一（三a）に「二十八天三清玉京」という表現が見える。

(42) たとえば、『無上秘要』巻二一（一a）に「大羅天宮台、七宝玄台。右在大羅天中玉京山上、大劫周時、三洞神経、並在其中、災所不及。……右出洞玄経」とある。六朝から唐初の道教の天界説については、麥谷邦夫「道教における天界説の諸相」（『東洋学術研究』第二七巻別冊、一九八八年）、注2所掲砂山書第二部第五章参照。

(43) 注18所掲拙稿参照。

(44) 注2所掲砂山書三〇九～三一〇頁。

第三篇第二章

(1) 鎌田茂雄『中国仏教思想史研究』（春秋社、一九六九年）第一部第一章・第二章、木村清孝「像法決疑経の思想史的性格」（『南都仏教』第三三号、一九七四年。のち、『初期中国華厳思想の研究』春秋社、一九七七年、に加筆収録）、中嶋隆蔵『雲笈七籤の基礎的研究』（平成七～九年度科学研究費補助金（基盤研究C）研究成果報告書、一九九八年。のち、『雲笈七籤の基礎的研究』研文出版、二〇〇四年、に収録）。

(2) 『像法決疑経』の主な先行研究としては、矢吹慶輝『三階教之研究』（岩波書店、一九二七年）第三部附属「示所犯者瑜伽法鏡経（第十四断片に就いて）」、牧田諦亮「仏説像法決疑経について」（『結城教授頌寿記念仏教思想史論集』大蔵出版、一九六四年）、注1所掲木村論文、曾根正人『古代仏教界と王朝社会』（吉川弘文館、二〇〇〇年）第一部第二章「中国日本仏教界の偽経受容——『像法決疑経』解釈の形成とその継受」などがある。

(3) 『法苑珠林』における『像法決疑経』の引用箇所は次のとおり。『法苑珠林』巻一九「敬僧篇」敬益部（大正蔵五五、四二六下）、巻三八「敬塔篇」故塔部（五八三上）、巻四一「受請篇」請僧部（六〇八上）、巻四四「君臣篇」王過部（六二四中）、巻八一「六度篇」布施部福田部（八八四下）、巻九〇「破戒篇」引証部（九五〇下）。

(4) 盧照鄰「益州至真観主黎君碑」（『盧照鄰集』巻七）「已馳天下大名、尋而広漢士人固請法師為霊集観主。……観中先有天尊真人石像、大小万余区、年代寖深、儀範凋缺。沈沈宝座、積万古之塵埃、邈邈瓊顔、被千齢之苔蘚。法師睹斯而流涕曰、不図先聖尊容、零落至此。乃重跰即路、無肱永哀、櫛沐幾於四時、栖遑周於百舎。誓将崇輯事畢、然後寝食為期。郷曲争持銭帛、競施珍宝、費余巨万、役不崇朝。還開紫翠之容、更表円明之色」。盧照鄰「益州至真観主黎君碑」については、砂山稔「『海空経』三則——七宝荘厳・十転の思想と益州至真観主黎君碑を中心にして」（秋月観暎編『道教と宗教文化』平河出版社、一九八七年。のち、砂山稔『隋唐道教思想史研究』平河出版社、一九九〇年、に収録）、興膳宏「初唐の詩人と宗教——盧照鄰の場合」（吉川忠夫編『中国古道教史研究』同朋舎出版、一九九二年）参照。

（5）「涅槃」に関することを、「還」（「返」「反」）の字を用いて表現することについては、第三節に述べる。

（6）注1所掲木村書一二一～一二二頁。

（7）注1所掲木村書一二九頁。

（8）繋辞伝下の「天地絪縕、万物化醇」の八字を、『周易正義』は「絪縕、相附著之義。言天地無心、自然得一、唯二気絪縕、共相和会、万物感之、変化而精醇也。天地若有心為二、則不能使万物化醇也」と解釈している。

（9）霊宝経「元始旧経」については、本書第一篇第二章参照。

（10）『定志通微経』の概要については、本書第二篇第二章参照。

（11）玄嶷『甄正論』巻下に、「至如本際五巻、乃是隋道士劉進喜造、道士李仲卿続成十巻。並模写仏経、潜偸罪福、構架因果、参乱仏法」（大正蔵五二、五六九下）と見える。

（12）『本際経』の研究史・思想・テキスト等については、山田俊『唐初道教思想史研究――『太玄真一本際経』の成立と思想』（平楽寺書店、一九九九年）参照。

（13）「心」の字、『中華道蔵』では「体」に作るが、『道教義枢』巻三に引く『本際経』が「心」に作るのに従って改めた。

（14）「初一念」「神本」のことは、『本際経』巻九「開演秘蔵品」にも「所謂神本、是妄想初一念之心、能為一切生死根本。以是初心、念念相続、衆生業果、輪転無窮、是名識初、亦名神本」（『中華道蔵』第五冊、二五五下）とある。

（15）「真父母」は「始生父母」、「世間父母」は「寄胎父母」とも呼ばれ、霊宝経「元始旧経」の一つである『太上洞玄霊宝三元品戒功徳軽重経』（道蔵第二〇二冊）に見える。詳しくは、麥谷邦夫「真父母考――道教における真父母の概念と孝をめぐって」（麥谷邦夫編『中国中世社会と宗教』道気社、二〇〇二年）参照。

（16）『道教義枢』巻三「両半義」については、麥谷邦夫「『道教義枢』と南北朝隋初唐期の道教教理学」（麥谷邦夫編『三教交渉論叢』京都大学人文科学研究所、二〇〇五年）一四七～一五一頁参照。

（17）『海空智蔵経』における「道性」については、盧国龍『中国重玄学』（人民中国出版社、一九九三年）二八八～二九八頁、注12所掲山田書三六八～三七二頁参照。

（18）最勝真人・決理真人と天尊との問答については、中嶋隆蔵「道教における因縁説受容の一側面――『海空智蔵経』序品を読む」（『荒木教授退休記念中国哲学史研究論集』葦書房、一九八一年。のち、中嶋隆蔵『雲笈七籤の基礎的研究』（注1所掲）に加筆収録）参照。

（19）『海空智蔵経』巻二のこの部分は、『涅槃経』師子吼菩薩品を下敷きにして書かれている。『海空智蔵経』の「父母交会、烟熅合時、随業因縁、得受生処」に相当する文は、『涅槃経』（南本）では「父母交会、牉合之時、随業因縁、一向受生処」（大正蔵一二、七八〇下）である。『涅槃経』の「牉合之時」を『海空智蔵経』は「烟熅合時」と改めたことがわかる。
(20)「魂神」が輪廻するということは、『海空智蔵経』巻五（八b）に、「是其魂神心意爽識、即生善道中」と見える。この箇所は『涅槃経』現病品を下敷きにして書かれているが、そこでは「心意識、即生善道」（大正蔵一二、六七二下）とある。
(21)『本際経』のこの文は、『道教義枢』の序および巻十「道寂義」にも引用されている。
(22)『老子西昇経』の引用は、前田繁樹『初期道教経典の形成』（汲古書院、二〇〇四年）第三編第一章に附載する「稿本『老子西昇経』」に拠った。
(23)「三龍之後」という表現は、「元始旧経」の一つ『元始五老赤書玉篇真文天書経』（道蔵第二六冊）巻上（六b）に「此法運訖、三龍之後、庚子之年、雑気普消、吾真道乃行」と見える。
(24)拙著『六朝道教思想の研究』（創文社、一九九九年）第三篇第三章「開劫度人説の形成」参照。
(25)本書第一篇第二章参照。
(26)注2所掲矢吹書参照。

第三篇第三章

(1)大淵忍爾『敦煌道経　目録編』（福武書店、一九七八年）八二頁、同『敦煌道経　図録編』（福武書店、一九七九年）一三二〜一三三頁、陳祚龍「看了〈報恩寺開温室浴僧記〉以後」（『漢学研究』第四巻第二期、一九八六年）、程存潔「敦煌本《太上霊宝洗浴身心経》」（『道家文化研究』第一三輯、敦煌道教文献研究専号、一九九八年）。
(2)「釈玄嶷、俗姓杜氏。幼入玄門、纔通経法。黄冠之侶、推其明哲、出類逸群、号杜乂錬師。方登極籙、為洛都大恒観主。遊心七略、得理三玄、道術之流、推為綱領。天后心崇大法、揚闡釈宗。乂悟其食蓼非甘、却行遠舎、願反初服、嚮仏而帰。遂懇求剃落、詔許度之、住仏授記寺。……続参翻訳、悉彼宗之乖謬、知正教之可憑」（『宋高僧伝』巻一七「唐洛京仏授記寺玄嶷伝」、大正蔵五〇、八一三中）。
(3)李栄の伝については、藤原高男「道士李栄の道徳経注について」（『香川大学教育学部研究報告』第Ⅰ部第四七号、一九七九年）参照。
(4)盧照鄰に「咏李栄道士」の五言古詩がある（『盧照鄰集』巻一）。
(5)李栄の『老子』注については、蒙文通氏に「輯校老子李栄注」があり、『中華道蔵』第九冊にも「道徳真経註元天観道士李栄註」として収める。また、李栄の『西昇経』注は、宋の陳景元『西昇経集註』（道蔵第四四九〜四五〇冊）の中に収める。
(6)大正蔵は「顕慶二年」とするが、三本に従って「二」を「三」に改めた。
(7)盧国龍『中国重玄学』（人民中国出版社、一九九三年）二〇六〜二一六頁参照。

(8) 鎌田茂雄『中国仏教思想史研究』（春秋社、一九六九年）一〇九頁参照。『海空経』の文と仏典との具体的な対応関係については、本書第三篇第一章・第二章参照。

(9)『温室経』の訳者については、『出三蔵記集』巻二「新集撰出経律論録第一」には「温室経一巻（旧録云、温室洗浴衆僧経）……晋武帝時、沙門竺法護到西域、得胡本還。自太始中至懐帝永嘉二年已前所訳出」（大正蔵五五、八上～九下）とあり、後漢の安世高ではなく、西晋の竺法護としている。『温室経』の訳者をめぐる問題については、注1所掲陳祚龍論文二〇一～二〇六頁に詳しい。

(10) 注1所掲陳祚龍論文二〇六～二一三頁。

(11)『高僧伝』巻五「釈道安伝」「後至秦建元二十一年正月二十七日、忽有異僧、形甚庸陋、来寺寄宿。……安曰、自惟罪深、詎可度脱。彼答云、甚可度耳。然須更浴聖僧、情願必果。具示浴法。……安後営浴具。見有非常小児伴侶数十、来入寺戯、須臾就浴。果是聖応也」（大正蔵五〇、三五三中～下）。

(12) 大正蔵の校勘記によれば、注の最後の「唯出」の二字は、三本・宮本では「准」の一字に作るとある。それに従えば、注は「今、臘月八日に僧を洗浴するのは、この経に準拠している」という意味になる。

(13)「為」の字、『諸経要集』は「除」に作るが、誤りであろう。

(14) 敦煌写本「温室経講唱押座文」については、傅芸子「敦煌本温室経講唱押座文跋」（『支那仏教史学』第七巻第一号、一九四三年）、金岡照光「押座文」（講座敦煌9『敦煌の文学文献』大東出版社、一九九〇年、所収）参照。また、敦煌写本「俗講儀式（擬）」については、向達「唐代俗講考」（『唐代長安与西域文明』所収、一九五七年）、福井文雅「俗講の意味について」（『フィロソフィア』第五三号、一九六八年）参照。

(15) この録文は、陳祚龍氏と程存潔氏の両論文に掲載されているほか、『中華道蔵』第六冊にも収録されている。

(16)「倒想」を北京図書館本は「顛倒妄想」に作る。

(17)「歴」をペリオ二四〇二は「塵」に作る。

(18)「倒」をペリオ二四〇二は「顛倒」に作る。

(19) ペリオ二四〇二では、このあとに「為諸衆生」の四字がある。

(20)「向」をペリオ二四〇二は「心」に作る。

(21)「光」をペリオ二四〇二は「光明」に作る。

(22)「明」をペリオ二四〇二は「別」に作る。

(23)「重」をペリオ二四〇二・北京図書館本は「薫」に作る。

(24) ペリオ二四〇二は「有」の字がない。

(25)「俗」は「浴」の誤りか。

(26)「王」をペリオ二四〇二は「玉」に作る。

(27)本書第二篇第二章参照。

(28)砂山稔『隋唐道教思想史研究』(平河出版社、一九九〇年)二五三〜二五五頁、麥谷邦夫「唐・玄宗『道徳真経』注疏における「妙本」について」(秋月觀暎編『道教と宗教文化』平河出版社、一九八七年)参照。

(29)『太上洞玄霊宝智慧定志通微経』の梗概については、本書第二篇第二章参照。

(30)『洗浴経』の「道性」を『本際経』の道性思想と関連づけて捉えることは、注1所掲程存潔論文二九八〜二九九頁に指摘がある。また、『本際経』の道性思想については、山田俊『唐初道教思想史研究』(平楽寺書店、一九九九年)三五一〜三六二頁に詳しい考察がある。

(31)Livia Kohn, *Monastic Life in Medieval Daoism: A Cross-Cultural Perspective* (University of Hawai'i Press, 2003) pp. 114–119 参照。

(32)若干の文字の異同はあるが、敦煌写本ペリオ二四四〇「霊宝真一五称経」にも同じ文が見える。大淵忍爾『敦煌道経 目録編』二六頁、同『敦煌道経 図録編』二二頁。また、この文は、『雲笈七籤』巻四一「七籤雜法」の「沐浴吉日」の項目にも、「洞玄真一五称上経に云う」として引用されている。

(33)『太上無極大道自然真一五称符上経』と敦煌写本ペリオ二四四〇「霊宝真一五称経」、および『無上秘要』巻六六「沐浴品」では、「会」の字を「香」に作るが、『雲笈七籤』巻四一に従って改めた。

(34)「天尊言、常以正月十五日、七月十五日、十月十五日、平旦・正中・夜半三時、沐浴身形、五香自洗。臨沐浴時、向西南、以金杓回香湯、東南左転三十二過、閉眼、思日光在左目上、月光在右目上……」(『無上秘要』巻五二、一b)。これと同文は、『無上秘要』巻六六「沐浴品」(一a〜b)にも、「洞玄三元品誡経に出づ」として引用されている。

(35)『洞玄霊宝斎説光燭戒罰燈祝願儀』については、フランシスクス・ヴェレレン「儀礼のあかり——陸修静の斎における影響」(京都大学人文科学研究所編『中国宗教文献研究』臨川書店、二〇〇七年)に詳しく論じられている。本書第一篇第四章第三節参照。

(36)拙著『六朝道教思想の研究』(創文社、一九九九年)五〇四〜五〇六頁参照。

(37)小南一郎「道教信仰と死者の救済」(『東洋学術研究』第二七巻別冊、一九八八年)八七〜九〇頁参照。

(38)Franciscus Verellen, "The Hevenly Master Liturgical Agenda: According to Chisong Zi's Petition Almanac" (*Cahiers d'Extrême-Asie* 14, 2004) pp. 335–336 参照。

(39)王卡氏は、『中華道蔵』第六冊に収める『太上霊宝洗浴身心経(敦煌本)』(王卡点校)の冒頭の解題では、これを李栄の作とするが、同氏「中国国家図書館蔵敦煌道教遺書研究報告」(『敦煌吐魯番研究』第七巻、二〇〇四年)三五五頁では、「按《正統道蔵》

洞真部本文類、収入《太上玄都妙本清浄身心経》一巻。内容与敦煌本《洗浴経》大致相同、但文字稍顕古撲繁富。敦煌本《洗浴経》是否李栄所造、尚待研究」としている（同氏『敦煌道教文献研究——綜述・目録・索引』中国社会科学出版社、二〇〇四年、一三三頁も同じ）。

（40）注1所掲程存潔論文三〇五頁。

第四篇第一章

（1）『国立国会図書館漢籍目録』（国立国会図書館図書部編、一九八七年）四八七頁。

（2）平成二十三～二十五年度科学研究費（基盤研究C）「霊宝経を中心とする敦煌道教文献の研究」（研究代表者　神塚淑子）。

（3）山田俊「〈学界動向〉敦煌道教文献シンポジウム」（『東方宗教』第一二〇号、二〇一二年）参照。

（4）王卡「敦煌本霊宝金録斎儀校読記」（台湾『道教学探索』一九八九年第一一輯）。その増刪修訂版は、同氏『道教経史論叢　敦煌篇』（四川出版集団巴蜀書社、二〇〇七年）所収。

（5）王卡『敦煌道教文献研究——綜述・目録・索引』（中国社会科学出版社、二〇〇四年）一〇九頁。

（6）現在、この写本は保存状態があまり良くないとのことで、実物を閲覧することはできず、筆者はマイクロフィルムでのみ閲覧した。なお、本写本の録文については、すでに王卡「敦煌本霊宝金録斎儀校読記」（注4所掲）と『中華道蔵』第四十三冊（王卡点校）に掲載されているが、これらは他の写本（ペリオ二九八九、スタイン三七〇一）との校合を行った後の形のものであるので、国立国会図書館蔵本WB32-1(3)そのものの形を示すために、本章においても録文を載せておく。各行冒頭の数字は、当該写本における行数を表す。

（7）「宣」は「宴」の字の誤りであろう。「敦煌本霊宝金録斎儀校読記」と『中華道蔵』は「宴」の字に読む。

（8）この箇所、一字欠損している。残存する筆画から、「敦煌本霊宝金録斎儀校読記」と『中華道蔵』は、「誡」字と推測している。

（9）「俙」字を、「敦煌本霊宝金録斎儀校読記」と『中華道蔵』は「稀」字に読む。

（10）注4所掲王卡論文（『道教経史論叢　敦煌篇』三四五頁）。

（11）このことはすでに、大淵忍爾『敦煌道経　目録編』（福武書店、一九七八年）八二頁に指摘されている。大淵氏は、スタイン三〇七一とペリオ二九八九を、「霊宝金録斎儀（擬）」の四点のうちの二点として挙げている。

（12）金籙斎の「籙」は、「録」の字で書かれることもある。本章では、資料の原文で「録」の字に作っている時は「録」のままで記載している。

（13）注4所掲王卡論文（『道教経史論叢　敦煌篇』三六二～三六四頁）参照。

（14）Edouard Chavannes, "Le Jet des Dragons" (*Memoires concernant l'Asie Orientale* III, 1919) p. 73. 陳垣編纂、陳智超・曾慶瑛校補『道

家金石略』（文物出版社、一九八八年）八三頁参照。

(15) このことは、大淵忍爾『敦煌道経　目録編』（注11所掲）に指摘されている。また、『洞玄霊宝長夜之府九幽玉匱明真科』の全体の紹介と地獄からの救済の思想については、小南一郎「道教信仰と死者の救済」（『東洋学術研究』第二七巻別冊、一九八八年）を参照。

(16) 大淵忍爾『道教とその経典』（創文社、一九九七年）第二章参照。

(17) 王卡氏は、『敦煌道教文献研究——綜述・目録・索引』（注5所掲）では、WB32-1(3)について「撰人未詳、ほぼ唐代前期のもの」としているが、「敦煌本霊宝金録斎儀校読記」では、写本中に「胡塵北静」「蛮傲南清」「尉候長消」「干戈永戢」等の語句が見えることから、安史の乱前後の唐代中期に作られた可能性があるとも言っている（『道教経史論叢　敦煌篇』三六一頁）。

(18) 大淵忍爾氏はWB32-1(3)の写本は見ていないが、ペリオ二九八九の写本について、「特にP二九八九には「大唐」の語がある外、内容的には十方の无極太上霊宝天尊以下の諸神に対して立斎焼香燃燈して祈願するものであって、その点は基本的に明真科に依る金籙斎品の線に沿うものであるが、无上秘要に引用されなかった上元金録簡文を表面に出している点が異る」（大淵忍爾『敦煌道経　目録編』八三頁）と指摘している。この指摘はWB32-1(3)の写本についてもそのまま通用する。

(19) 注4所掲王卡論文（『道教経史論叢　敦煌篇』三六一頁）。

(20) 国家図書館特蔵組編『台湾歴史人物小伝——明清暨日拠時期』修訂一版（台北、国家図書館出版、二〇〇六年）二七四頁参照。

(21) 大淵忍爾『敦煌道経　目録編』三四四～三四八頁、同『敦煌道経　図録編』（福武書店、一九七九年）七七五～七九七頁、向群「敦煌本《大道通玄要》研究」（『道家文化研究』第十三輯、一九九八年）、注5所掲王卡書二二七～二二九頁参照。

(22) 麥谷邦夫「道教類書と教理体系」（京都大学人文科学研究所編『中国宗教文献研究』臨川書店、二〇〇七年）。

(23) 大淵忍爾『敦煌道経　目録編』六九～七七頁、同『敦煌道経　図録編』九三～一〇四頁、注5所掲王卡書一〇六～一〇七頁参照。

(24) 大淵忍爾『敦煌道経　図録編』一〇二頁参照。なお、本書第四篇第三章第二節も参照されたい。

(25) 大淵忍爾『敦煌道経　目録編』三五一頁、同『敦煌道経　図録編』八一一頁。

(26) 「因」の字、『中華道蔵』は「同」字に読む。

(27) 「成」の字、『中華道蔵』は「威」字に読む。

(28) 大淵忍爾『敦煌道経　目録編』七頁。

(29) *Catalogue des manuscrits chinois de Touen-houang* I (Paris, Bibliothèque nationale, 1970) p. 276. 黄征・呉偉『敦煌願文集』（岳麓書社、一九九五年）五三九頁に「印沙仏文」として、ペリオ二四四三の紙背の録文（ただし一部分）が載っている。

(30) 注5所掲王卡書二二七頁。

(31) 注5所掲王卡書二二五頁。

（32）『道要霊祇神鬼品経』における『女青鬼律』からの引用については、菊地章太『神呪経研究——六朝道教における救済思想の形成』（研文出版、二〇〇九年）一五一～一五三頁参照。
（33）大淵忍爾『敦煌道経　目録編』三五一～三五七頁、同『敦煌道経　図録編』八一二～八二三頁、注5所掲王卡書二二五～二二六頁参照。
（34）大淵忍爾『敦煌道経　目録編』三四五頁、尾崎正治「道教の類書」（講座敦煌4『敦煌と中国道教』大東出版社、一九八三年）一九三頁。
（35）注21所掲向群論文三四六頁、注5所掲王卡書二二八頁。

第四篇第二章

（1）王卡『敦煌道教文献研究——綜述・目録・索引』（中国社会科学出版社、二〇〇四年）二八一～二八二頁、三〇七～三一〇頁参照。王卡氏は、日本国内に所蔵する道教関係の敦煌写本として、国会図書館所蔵の二点、京都国立博物館所蔵の二点、龍谷大学図書館所蔵の一点、天理大学図書館所蔵の一点、書道博物館所蔵の六点などを挙げ、杏雨書屋の敦煌写本については、「是最重要的尚未公布的敦煌蔵品」（三一〇頁）、「存疑待考」（二八二頁）としている。
（2）『敦煌秘笈　目録冊』武田科学振興財団、二〇〇九年三月。
（3）『敦煌秘笈　影印冊九』武田科学振興財団、二〇一三年三月。
（4）本書第四篇第一章。
（5）注1所掲王卡書一〇九頁、同「敦煌本霊宝金録斎儀校読記」（『道教学探索』一九八九年第一輯。のち、『道教経史論叢　敦煌篇』四川出版集団巴蜀書社、二〇〇七年、所収）。
（6）本書三三二頁の図4参照。
（7）ペリオ二九八九の写真は、大淵忍爾『敦煌道経　図録編』（福武書店、一九七九年）一三五～一四〇頁参照。
（8）大淵忍爾『敦煌道経　目録編』（福武書店、一九七八年）八二頁。
（9）『英蔵敦煌文献（漢文仏経以外部份）』第五巻（四川人民出版社、一九九二年）。
（10）大淵忍爾『敦煌道経　目録編』七頁参照。
（11）注1所掲王卡書二二六～二二七頁。
（12）第四篇第二章第二節参照。
（13）なお、第四篇第二章第二節で述べたように、国立国会図書館WB32-1(30)とペリオ二四四三は、もともと同一巻子であったものが二つに分かれたものである可能性もあり、その理由の一つとして、両者の紙背にはいずれも仏教の願文が書かれているという共通点が見られることがあった。しかし、筆者が平成二十六年十二月に杏雨書屋の許可を得て原本を閲覧したところ、杏雨書屋六六六の紙背には何も書かれていないようである。

(14) 玄嶷『甄正論』巻下「至如本際五巻、乃是隋道士劉進喜造、道士李仲卿続成十巻」（大正蔵五二、五六九下）。

(15)『本際経』の復原本としては、山田俊『唐初道教思想史研究——『太玄真一本際経』の成立と思想』（平楽寺書店、一九九九年）資料篇、張継禹主編『中華道蔵』（華夏出版社）第五冊「太玄真一本際経（敦煌本）」（王卡整理点校）、葉貴良『敦煌本《太玄真一本際経》輯校』（四川出版集団巴蜀書店、二〇一〇年）などがある。

(16) 注1所掲王卡書一九三～二一〇頁。

(17) 呉其昱 *PEN-TSI KING* 太玄真一本際経 *Livre du terme originel : Ouvrage taoïste inédit du VIIe siècle* (Paris, 1960)、注15所掲山田書九四～九七頁。

(18) 拙稿「六朝隋唐時代における『法句譬喩経』」（榎本文雄・神塚淑子・菅野博史・末木文美士・引田弘道・松村巧著『真理の偈と物語——法句譬喩経現代語訳』下、大蔵出版、二〇〇一年、所収）参照。

(19)『太上洞玄霊宝智慧定志通微経』（道蔵第一六七冊）に見える天尊・左玄真人・右玄真人の前世物語、『太上霊宝諸天内音自然玉字』（道蔵第四九冊）巻四に見える天真皇人の前世物語、『太上洞玄霊宝智慧本願大戒上品経』（道蔵第一七七冊）に見える『道徳経』を信じた妻とそうでなかった夫の物語、『太上洞玄霊宝本行因縁経』（道蔵第七五八冊）に見える葛仙公の「宿世本行」の話など。

(20)『中華道蔵』の注記によると、『中華道蔵』所収『太玄真一本際経（敦煌本）』巻七譬喩品は、ＤＸ一一〇＋ペリオ二四三七を底本として合校して全巻となしたものであり、もともと欠損していた第一紙（ＤＸ一一〇）上辺と第二紙（ペリオ二四三七）の前数行は、スタイン六一四五＋五七四〇、津芸一一六、北京図書館一四八四一によって校補したものである。

(21)『中華道蔵』所収『太玄真一本際経（敦煌本）』（以下、同じ）は、「嬾」を「嫩」に作る。

(22)『中華道蔵』は、「勤」を「懃」に作る。

(23)『中華道蔵』は、「盤」を「槃」に作る。以下、同じ。

(24)『中華道蔵』は、「於是」の二字無し。

(25)『中華道蔵』は、「殷勤」を「慇懃」に作る。

(26)『中華道蔵』は、「受」を「愛」に作る。

(27)『中華道蔵』は、「鋒」を「棒」に作る。

(28)『中華道蔵』は、「不」の下に「須」の字あり。

(29)『中華道蔵』は、「研」を「妍」に作る。

（30）『中華道蔵』は、「難保」を「保難」に作る。

第四篇第三章

（1）『守屋孝蔵氏蒐集古経図録』（京都国立博物館、一九六四年）。

（2）大淵忍爾『敦煌道経　図録編』（福武書店、一九七九年）、王卡『敦煌道教文献研究――綜述・目録・索引』（中国社会科学出版社、二〇〇四年）。

（3）道蔵本との文字の異同については、大淵忍爾『敦煌道経　目録編』九六～九八頁に詳しい。

（4）中嶋隆蔵「太上業報因縁経における応報論」（牧尾良海博士頌寿記念論集刊行会編『中国の宗教・思想と科学』国書刊行会、一九八四年）参照。

（5）両半の思想については、麥谷邦夫「南北朝隋唐初道教教義管窺――以『道教義枢』為綫索」（辛冠潔他編『日本学者論中国哲学史』中華書局、一九八六年）、同「『道教義枢』と南北朝隋初唐期の道教教理学」（麥谷邦夫編『三教交渉論叢』京都大学人文科学研究所、二〇〇五年）参照。

（6）注2所掲王卡書一二四～一二七頁参照。

（7）注2所掲王卡書一三三頁、施安昌主編『晋唐五代書法』（『故宮博物院蔵文物珍品全集』一八、商務印書館、二〇〇一年）一七二～一七八頁参照。

（8）大淵忍爾『敦煌道経　目録編』三〇四頁、同『敦煌道経　図録編』六一五頁、注2所掲王卡書一四七頁参照。

（9）大淵忍爾『敦煌道経　目録編』三六三頁、同『敦煌道経　図録編』八九三～八九八頁、注2所掲王卡書二三五頁参照。

（10）紀年のある道教関係敦煌写本の一覧は、注2所掲王卡書二九一～二九三頁参照。

（11）大淵忍爾『敦煌道経　目録編』七六頁。

（12）注2所掲王卡書一〇六頁。

（13）スタイン六六五九については、大淵忍爾『敦煌道経　目録編』六九～七三頁、同『敦煌道経　図録編』九三～一〇三頁、注2所掲王卡書一〇六頁参照。

（14）大淵忍爾『敦煌道経　目録編』一七頁、同『敦煌道経　図録編』一頁。

（15）ペリオ二三八六については、大淵忍爾『敦煌道経　目録編』七三～七五頁参照。

（16）なお、DＸ一八九三（首尾残損し、巻題なく、九行の文が存する小断片。道蔵本『元始五老赤書玉篇真文天書経』巻上、五ｂ行目から六ａ二行目までに相当する）について、大淵忍爾氏はこれを『元始五老赤書玉篇真文天書経』を書写したものとして著録している（『敦煌道経　目録編』一七頁、『敦煌道経　図録編』一頁）が、王卡氏は、「今考此件紙質筆跡、均同京都二五三残抄本

《太上洞玄霊宝妙経衆篇序章》、疑両件原是同抄本、但文字不連続。今姑従大淵目定名」（注2所掲書九二頁）として、京都二五三と同一抄本の可能性があることを指摘している。

（17）前田繁樹「「敦煌本」と「道蔵本」の差異について――古「霊宝経」を中心として」（『東方宗教』第八四号、一九九四年）参照。

（18）藤枝晃「「徳化李氏凡将閣珍蔵」印について」（『学叢』第七号、京都国立博物館、一九八五年）。

（19）栄新江「李盛鐸蔵巻的真与偽」（『敦煌学輯刊』一九九七年第二期）五頁「敦煌写本的真偽鑑別是十分複雑的問題、写経本身・題記和収蔵印是三個応当分別考慮的因素。……総之、従李盛鐸蔵巻的真与偽来看、判別一個写巻的真偽、最好能明了其来歴和伝承経過、再対紙張・書法・印鑑等外観以鑑別、而重要的一点是従内容上加以判断、用写巻本身所渉及的歴史・典籍等方面的知識来検験它。我們不応軽易否定有価値的写本、也不能把学術研究建立在偽巻基礎上」。

（20）注2所掲王卡書一〇七頁「又按京都蔵本近人多疑是偽造品。但従此経内容看、実際不存在可供偽造者利用的底本。無論中国或日本学者、都不可能捏造経名〝太上洞玄霊宝妙経衆篇序章〞」。

（21）国立国会図書館所蔵の敦煌写本WB32-1(30)は、道教類書『道要』の可能性がある。その内容については、本書第四篇第一章参照。

（22）拙稿「六朝霊宝経に見える本生譚――『太上霊宝諸天内音自然玉字』と『太上洞玄霊宝智慧定志通微経』の場合」（麥谷邦夫編『中国中世社会と宗教』道気社、二〇〇二年）。

第五篇第一章

（1）河南省博物館編『河南文博考古叙録』（『中原文物』一九八七年特刊6）によれば、付近の農民によってこの金簡が発見されたことは、一九八二年八月十七日の『鄭州晩報』、同十月三日の『河南日報』に報じられた。施安昌「従院蔵拓本探討武則天造字」（『故宮博物院院刊』一九八四年四月）、楊育彬『河南考古』（中州古籍出版社、一九八五年）四〇七～四〇九頁、陳垣編纂、陳智超・曾慶瑛校補『道家金石略』（文物出版社、一九八八年）九三頁、などにもこれの紹介がある。この金簡については、かつて、拙稿「道教儀礼と龍――六朝・唐代の投龍簡をめぐって」（『日中文化研究』3、一九九二年）でも言及したことがある。また、蔵中進「嵩山出土「則天武后金簡」考」（『水門』第一七号、一九九二年。のち、『則天文字の研究』翰林書房、一九九五年、所収。蔵中氏のこの論文は前記拙稿執筆の時には見る機会を得なかった）は則天文字研究の立場からの本金簡の重要性を強調し、金簡制作時の則天武后の動静についても考察を加えている。本章の記述は、これらの研究と若干重複する部分もあるが、道教史上、注目すべき事柄を中心に述べることにする。

（2）『宮廷の栄華　唐の女帝・則天武后とその時代展』（ＮＨＫ、ＮＨＫプロモーション、一九九八年）による。

（3）注1所掲蔵中論文参照。

（4）刻文には「七月甲申朔七日甲寅」とあるが、前掲蔵中論文も指摘するように、久視元年（七〇〇）七月は戊申朔である。なぜ甲申朔と刻されたのか不明。「七日甲寅」の方は正しい。

（5）注1所掲拙稿では、『道家金石略』に従って「胡昭」と読んでいたが、実物を見れば、明らかに「胡超」であるので、前稿を訂正する。

（6）注1所掲蔵中論文参照。

（7）秋月観暎『中国近世道教の形成』（創文社、一九七八年）一〇九～一一一頁。

（8）吉川忠夫『書と道教の周辺』（平凡社、一九八七年）第七章「女仙の伝統——華姑仙壇碑」。

（9）『金石萃編』巻六〇。また、『北京図書館蔵中国歴代石刻匯編』唐一七冊八一頁にその拓本写真を載せている。

（10）愛宕元「南岳魏夫人信仰の変遷」（吉川忠夫編『六朝道教の研究』春秋社、一九九八年）参照。

（11）Edouard Chavannes, "Le Jet des Dragons" (*Mémoires concernant l'Asie Orientale* III, Paris, 1919) pp. 68–91.「岱岳観碑」については、『道家金石略』五六・六七・七九・八一・八二・九三・九四・九五頁、劉慧『泰山宗教研究』（文物出版社、一九九四年）一六二～一六五頁も参照。

（12）小林正美『六朝道教史研究』（創文社、一九九〇年）第一篇第二章参照。

（13）金籙斎をも含めた六朝時代のいわゆる霊宝斎については、小南一郎「道教信仰と死者の救済」（『東洋学術研究』第二七巻別冊、一九八八年）、山田利明『六朝道教儀礼の研究』（東方書店、一九九九年）第三篇第一・第二章、拙著『六朝道教思想の研究』（創文社、一九九九年）第三篇第一章「六朝道教における祭祀・祈禱」などを参照。

（14）注1所掲拙稿参照。

（15）これについても、注11所掲シャヴァンヌ論文九二～九六頁に紹介と解説がある。

（16）注11所掲シャヴァンヌ論文。

（17）『旧唐書』高宗紀上「麟徳二年冬十月戊午、皇后請封禅」、同礼儀志三「高宗即位、公卿数請封禅。則天既立為皇后、又密賛之」と見える。また、山下で地祇を祭る礼においては、公卿にかわって皇后が亜献、諸王大妃が終献をつとめるという則天武后の意見が採用されている。則天武后の封禅については、饒宗頤「従石刻論武后之宗教信仰」（『中央研究院歴史語言研究所集刊』第四五本、一九七四年）参照。

（18）『資治通鑑』巻二〇二「〔上元三年二月〕天后勧上封中岳、癸未、詔以今冬有事于嵩山。……〔閏月己卯〕詔以吐蕃犯塞、停封中岳。……〔調露元年七月〕詔以今年冬至有事于嵩山。……〔十月庚申〕詔以突厥背誕、罷封嵩山」。

（19）吉川忠夫「道教の道系と禅の法系」（『東洋学術研究』第二七巻別冊、一九八八年）。

（20）注19所掲吉川論文では、陶弘景—王遠知—潘師正と続く道系は、潘師正と高宗・則天武后との緊密な関係が生ずる過程で虚構されたのであろうとする。

(21)『史記』封禅書「封広丈二尺、高九尺、其下則有玉牒書、書秘。……五色土益雑封」、『後漢書』祭祀志上「尚書令奉玉牒検、皇帝以寸二分璽親封之、訖、太常命人発壇上石、尚書令蔵玉牒已、復石覆訖、尚書令以五寸印封石検」。漢代の封禅については、金子修一「中国――郊祀と宗廟と明堂及び封禅」（『東アジア世界における日本古代史講座9』『東アジアにおける儀礼と国家』学生社、一九八二年）参照。

(22)『旧唐書』礼儀志三に「玄宗因問、玉牒之文、前代帝王、何故秘之。知章（賀知章）対曰、玉牒本是通於神明之意。前代帝王、所求各異、或禱年算、或思神仙、其事微密、是故莫知之」とある。

(23)『大唐六典』巻四には、金籙斎、黄籙斎、明真斎、三元斎、八節斎、塗炭斎、自然斎の七つの斎を挙げる。これは、陸修静の『洞玄霊宝五感文』に「洞玄霊宝の斎」として見える九種の斎にほぼ含まれる。

(24)司馬承禎の生涯とその主著とされる『坐忘論』の内容については、次章参照。

(25)また、『太上洞玄霊宝業報因縁経』（道蔵第一七四～一七五冊）の巻四（七a～b）にも、次のように、「極道」と「済度」の二種の斎のことが見える。「斎者二種不同、一則極道、二則済度。極道者為発心学道、従初至終、念念持斎、心心不退。復有二門。一謂忘心、二謂滅心。忘心者、始終渾意、行坐忘形、寂若死灰、同於槁木、滅想滅念、惟一而已。滅心者、随念随忘、神行不系、帰心於寂、直至道場」。

(26)『登真隠訣』（佚文。『太平御覧』巻六六七所引）「道斎、謂之守静。謂斎定其心、潔静其体、在乎澄神遣務、検隔内外、心斎者也」。『真誥』巻一一、一三b「学上道者甚寡、不過修霊宝斎及章符而已」、同「唯三月十八日輒公私雲集、車有数百乗、人将四五千、道俗男女、状如都市之衆。看人唯共登山、作霊宝唱讃、事訖便散、豈復有深誠密契、願覩神真者乎」。

(27)『玄珠録』の思想全般については、朱森溥『玄珠録校釈』（巴蜀書社、一九八九年）、卿希泰主編『中国道教史』第二巻（四川人民出版社、一九九二年）二〇五～二二五頁、盧国龍『中国重玄学――理想与現実的殊途与同帰』（人民中国出版社、一九九三年）三〇二～三二二頁を参照。また、仏教思想との関係については、鎌田茂雄「玄珠録にあらわれた仏教思想――仏道両思想の交流をめぐって」（『中国学誌』第五本、一九六八年）がある。以下の記述は、卿希泰主編『中国道教史』第二巻二一七～二二五頁を多くふまえる。

(28)朱森溥『玄珠録校釈』四三～五九頁参照。

第五篇第二章

(1)本章は、一九八二年三月に刊行された筆者の旧稿をもとにしている（本書「あとがき」の初出一覧を参照されたい）。旧稿に対して、注については必要に応じて増補修訂を加えたが、本文の論述については、一部を除いて基本的に変更していない。本章は、いわゆる『坐忘論』（すなわち、本章で考察する敬信・断縁・収心・簡事・真観・泰定・得道の七段階の修養を説く論）は司馬承禎の作であるとの立場から書かれている。この七段階の修養を説く『坐忘論』の作者を司馬承禎と見なすことは、長年にわたって定説とされてきたことであり、本章はそのことに対して疑問を抱くことなく論を進めている。しかし、その後、この七段階の修養を説く『坐忘論』は司馬承禎の作ではなく、王屋山に建立された「貞一先生廟碣」（唐衛憑撰「唐王屋山中巌台正一先生廟碣」、『全唐文』巻三〇六）の裏側に刻まれた短い文こそが、司馬承禎の作った「坐忘論」であるという説が出された。この問題については、本章の「補論」として別に記述することとする。

（2）司馬承禎の生涯と著述に関する主な研究としては以下のものがある。常盤大定『支那に於ける仏教と儒教道教』後編下第三章（一九三〇年）、蒙文通「坐忘論考」（『図書集刊』第八期、一九四八年、四川省立図書館編輯。のち、『蒙文通文集』第一巻『古学甄微』巴蜀書社、一九八七年、所収）、任継愈主編『中国哲学史』第五篇第六章（一九六四年十月初版）、福永光司「道教における鏡と剣——その思想の源流」（『東方学報』京都、第四五冊、一九七三年。のち、『道教思想史研究』岩波書店、一九八七年、所収）、北京大学哲学系中国哲学史教研室編写『中国哲学史』第十一章（中華書局、一九八〇年）、蒙文通「道教史瑣談」（『中国哲学』第四輯、一九八〇年。のち、『蒙文通文集』第一巻『古学甄微』巴蜀書社、一九八七年、所収）。Livia Kohn, *Seven Steps to the Tao: Sima Chengzhen's Zuowanglun* (Monumenta Serica Monograph Series XX, 1987). 盧国龍『中国重玄学——理想与現実的殊途与同帰』（人民中国出版社、一九九三年）第六章第一節、中嶋隆蔵「『坐忘論』の安心思想とその周辺」（『集刊東洋学』第七三号、一九九五年）、中嶋隆蔵「『道枢』巻二所収「坐忘篇上・中・下」小考」（『集刊東洋学』第一〇〇号、二〇〇八年）、中嶋隆蔵「『道枢』巻二所収「坐忘篇下」と王屋山唐碑文『坐忘論』——『道枢』巻二所収「坐忘篇上・中・下」小考訂補」（『東洋古典学研究』第二七集、二〇〇九年）、呉受琚輯釈『司馬承禎集』（社会科学文献出版社、二〇一三年）。

（3）司馬承禎の伝記については、主として唐の李渤「真系」（『雲笈七籤』巻五）の「王屋山貞一司馬先生伝」と、唐の衛憑「唐王屋山中巌台正一先生廟碣」（『全唐文』巻三〇六）、および『旧唐書』巻一九二「隠逸伝」の司馬承禎伝に拠った。

（4）司馬承禎『素琴伝』「予以癸卯歳居霊墟、至丙午載有桐生於堦前、迨壬子祀得七歳而材成端偉、枝葉秀茂……以甲寅年、手操斤斧、自勤斵削」。

（5）『全唐文』巻六一、李嶠「送司馬先生」「蓬閣桃源両処分、人間海上不相聞、一朝琴裏悲黄鶴、何日山頭望白雲」。

（6）『旧唐書』則天皇后紀「天授二年夏四月、令釈教在道法之上、僧尼処道士女冠之前」、『旧唐書』睿宗紀「景雲二月夏四月、詔以釈典玄宗、理均迹異、拯人化俗、教別功斉、自今毎縁法事集会、僧尼道士女冠等宜斉行道集。……五月、改西城公主為金仙公主、昌隆公主為玉真公主、仍置金仙・玉真両観」。

（7）『全唐文』巻三〇四に、崔尚の「唐天台山新桐柏観頌并序」が載せられている。これによれば、司馬承禎は葛玄ゆかりの壇址に住んでいたという。本篇第三章第二節参照。

（8）『張説之文集』巻七、「寄天台司馬道士」「世上求真客、天台去不還、伝聞有仙要、夢寐在茲山、朱闕青霞断、瑤堂紫月閑、何時枉飛鶴、笙吹接人間」。

（9）『全唐詩』巻三、玄宗「王屋山送道士司馬承禎還天台」「紫府求賢士、清谿祖逸人、江湖与城闕、異跡且殊倫、間有幽棲者、居然厭俗塵、林泉先得性、芝桂欲調神、地道踰稽嶺、天台接海浜、音徽従此間、万古一芳春」。

（10）李白「大鵬賦序」「余昔於江陵見天台司馬子微。謂余有仙風道骨、可与神遊八極之表。因著大鵬遇希有鳥賦以自広」。

（11）五岳の洞府と真人については、承禎の『天地宮府図』三十六小洞天に、「第二東岳太山洞……属山図公子治之。第三南岳衡山洞……仙人石長生治之。第四西岳華山洞……真人恵車子主之。第五北岳常山洞……真人鄭子真治之。第六中岳嵩山洞……仙人鄧雲山治之」と記されている。

（12）武内義雄『老子の研究』（改造社、一九二七年。のち、『武内義雄全集』第五巻、角川書店、一九七八年、所収）第五章。

（13）宋之問には「寄天台司馬先生」と題する詩二首と「冬宵引贈司馬承禎」一首（『全唐詩』巻五一・五二所収）があり、司馬承禎に「答宋之問」一首（『全唐詩』巻八五二）がある。また、沈佺期には「同工部李侍郎適訪司馬子微」一首（『全唐詩』巻九五）がある。

（14）たとえば慎忌論の「八正」に関する記述は『素問』八正神明論を、「五味」に関する記述は『素問』宣明五気篇をふまえ、五臓論の記述は『素問』の六節蔵象論と霊蘭秘典論をそのまま用い、病候論の熱病に関する記述は『素問』刺熱論を、風疾に関する記述は『素問』風論を用いている。

（15）『真誥』巻一一、五bに、「大天之内、有地中之洞天三十六所、其第八是句曲山之洞、週廻一百五十里、名曰金壇華陽之天」とある。ただし承禎の『天地宮府図』では、句曲山洞は十大洞天の第八になっている。

（16）『天地宮府図』七十二福地に、「第十四霊墟、在台州唐興県北、是白雲先生隠処」とある。この書き方から見ると、現在の『天地宮府図』のテキストは承禎より後の人の手が加えられている可能性が高い。

（17）天台山と王子晋との関係については、井上以智為「天台山に於ける道教と仏教」（『桑原博士還暦記念東洋史論叢』弘文堂、一九三一年）参照。

（18）注2所掲福永論文。

（19）経文のみは、道蔵第二五冊にも載せられている。

（20）『素琴伝』については、本篇第三章第一節参照。

（21）たとえば天台止観の十乗観法の一つに善巧安心止観があり、禅宗第四祖の道信（五八〇～六五一）の著書に『入道安心方便法門』があった。注32も参照。

（22）『坐忘論』は、雲笈七籤本と道蔵本との間で文字の異同がかなり多く見られる。テキスト間の文字の異同については、注2所掲呉受琚輯釈『司馬承禎集』一四七～一六一頁に詳しい。本章で引用する『坐忘論』の文は、雲笈七籤本に依ることにする。

(23)『荘子』人間世篇にも、「気也者虚而待物者也。唯道集虚。虚者心斎也」とある。『西昇経』の語はこれをふまえて書かれたと考えられる。

(24)『旧唐書』方技伝に見える。なお、注2所掲の中嶋隆蔵氏の論文「『坐忘論』の安心思想とその周辺」では、「四種邪見の内容からするとむしろ南宗が優勢となりその分派が活発になる時期に、それらを批判すべく漸修的主張を展開したと見るべきではなかろうか」との見方を示している（同論文注5）。

(25)『天台山小止観』には「若夫泥洹之法、入乃多途、論其急要、不出止観二法。所以然者、止乃伏結之初門、観是断惑之正要。止則愛養心識之善資、観則策発神解之妙術。止是禅定之勝因、観是智慧之由籍」（大正蔵四六、四六二中）とある。

(26)『太上洞玄霊宝智慧定志通微経』（道蔵第一六七冊）二二bに見える。

(27)たとえば後漢の王充の『論衡』率性篇に「人之善悪、共一元気、気有少多、故性有賢愚」とあり、また劉宋の顔延之の「達性論」（『弘明集』巻四）に「故能稟気清和、神明特達、情綜古今、智周万物」（大正蔵五二、二二下）とある。

(28)仏教の定（三昧）と慧（般若智）を『荘子』繕性篇の「恬」と「知」にあてて解釈することは、東晋の慧遠にすでに見える。慧遠「念仏三昧詩集序」（『広弘明集』巻三〇）「夫称三昧者何、専思寂想之謂也。思専則志一不分、想寂則気虚神朗。気虚則智恬其照、神朗則無幽不徹」（大正蔵五二、三五一中）。福永光司「慧遠と老荘思想――慧遠と僧肇」（木村英一編『慧遠研究　研究篇』京都大学人文科学研究所、一九六二年。のち、福永光司『魏晋思想史研究』岩波書店、二〇〇五年、所収）参照。

(29)宋の葉夢得（一〇七七～一一四八）の『玉澗襍書』に「司馬子微作坐忘論七篇。……又為枢一篇、以総其要」として、「坐忘枢翼」の文を引用しており、また葉夢得とほぼ同じ頃の曾慥の『道枢』巻二「坐忘篇」にも、『坐忘論』の抄録のあとに、「有坐忘之枢焉」として「坐忘枢翼」の文を引用しているので、『雲笈七籤』が編纂された少し後でも、「坐忘枢翼」を附した『坐忘論』が存在したことがわかる。

(30)「坐忘枢翼」と対応させて『坐忘論』と称する場合は、『坐忘論』の本論のみを指すものとする。

(31)このパターンは『列子』仲尼篇の「亢倉子曰、我体合於心、心合於気、気合於神、神合於無」に基づく。また、承禎よりやや後輩の道士呉筠（?～七七八）の『玄綱論』以有契無章にも、「是以錬凡至於仙、錬仙至於真、錬真合乎妙、合妙同乎神。神与道合、即道為我身」とあり、同じく『神仙可学論』に、「所以招真以錬形、形清則合於気。含道以錬気、気清則合於神。体与道冥、謂之得道」とある。

(32)『天台小止観』「若能善取其意而修習之、可以安心免難発定生解証於無漏之聖果也」（大正蔵四六、四六二下）、「行者安心修道、或四大有病」（同、四七一中）、「即当反観行心、不見相貌、当知行者及行中一切法畢竟空寂、是名修観。……則当反観住心、不見相貌、当知住者及住中一切法畢竟空寂、是名修観」（同、四六八上）、「若人成就定慧二法、斯乃自利利人、法皆具足。……当知此之二法如車之雙輪、鳥之両翼。若備修習、即堕邪倒」（同、四六二中）、「若住此観、則定慧力等、了了見仏性」（同、四七二下）。

(33) 注2所掲蒙文通「道教史瑣談」によれば、天台止観と『坐忘論』を同列に置くことはすでに古くから見える。北宋の張耒（一〇五二〜一一一二）の「送張堅道人帰固始山中序」（『張右史文集』巻五一）に、張堅（張耒と同時代の道士）の言として、「大道甚簡、守心而已。守心無他、守一而已。……是道也、智者（智者大師智顗）得之為止観、司馬子微得之為坐忘。皆一道也。此皆真人修身之要」とある。また葉夢得の『玉澗襍書』にも、「此言智者所論止観、実相表裡。子微中年隠天台玉霄峯、蓋智者所居。疑其源流有自」という。

(34) 『西昇経』西昇章「是以升就道、経歴関、関令尹喜見気斎待遇。賓為説道徳、列以二篇。告以道要云……」（道蔵第三四六冊）。

(35) 『直斎書録解題』巻九「天隠子一巻。司馬子微作序。……今観其言、殆与坐忘論相表裏。豈天隠云者、托之別号歟」。

(36) 『四庫全書総目提要』巻一四六「天隠子亦唐人撰。不知其姓名。前有司馬承禎序、則玄宗時人。晁公武・陳振孫皆疑為承禎所託名。然承禎自有坐忘論、已自著名。又何必託名為此書也」。

(37) 次注参照。

(38) 『道枢』巻二「坐忘篇」には、承禎が『天隠子』を読んで、「吾則異於是。吾之簡易者、無為而無不為也。吾之漸者守性正命、日増一日、漸之道也。斎戒之類、兼修之可也」と語ったことが記されている。これによれば、承禎は「易簡」や「漸」をより『老子』的な意味で修養論の中に持ち込もうとしていたこと、また食事の調整や部屋の空気・採光の調節などを二次的なものと見ていたことがわかる。

(39) 北京大学哲学系中国哲学史教研室編写『中国哲学史』（中華書局、一九八〇年）第十一章。

(40) 『雲笈七籤』の中に収められたことや『道枢』の中に抄録されたこと、また、張耒や葉夢得が著したものの中に『坐忘論』が見えていること、などから知られる。注29と注33参照。

第五篇第二章補論

(1) 呉受琚輯釈『司馬承禎集』（社会科学文献出版社、二〇一三年）一七八頁注2。なお、「唐王屋山中巌台正一先生廟碣」の文は、道蔵洞神部記伝類（第六一〇冊）、『全唐文』巻三〇六にも収められている。

(2) 『北京図書館蔵中国歴代石刻拓本匯編』（中州古籍出版社、一九八九〜一九九一年）第三〇冊、八九頁。

(3) 『道家金石略』（陳垣編纂、陳智超・曽慶瑛校補、文物出版社、一九八八年）一七六〜一七七頁。

(4) 注1所掲『司馬承禎集』一七八〜一八一頁。

(5) 中嶋隆蔵「『道枢』巻二所収「坐忘篇下」と王屋山唐碑文『坐忘論』――『道枢』巻二所収「坐忘篇上・中・下」小考訂補」（『東洋古典学研究』第二七集、二〇〇九年）注14。

(6) 朱越利「《坐忘論》作者考」(『炎黄文化研究』二〇〇〇年第七期)。

(7) 注3所掲『道家金石略』一七九～一八〇頁。

(8) 蒙文通「坐忘論考」(『図書集刊』第八期、一九四八年。のち、『蒙文通文集』第一巻『古学甄微』巴蜀書社、一九八七年、所収)。

(9) 張耒「送張堅道人帰固始山中序」(『張右史文集』巻五一)「建中靖国元年(一一〇一)、出守汝陰、一日至柔恵然訪予于郡斎。……又教予以養性之妙。其言曰、大道甚簡、守心而已。守心無他、守一而已。……老子曰、虚其心、実其腹、弱其志、強其骨。心虚志弱而腹則自実、骨自強矣。是道也、智者得之為止観、司馬子微得之為坐忘、皆一道也」。葉夢得『玉澗雑書』(『説孚』巻二〇上)「司馬子微作坐忘論七篇。一曰敬信、二曰断縁、三曰収心、四曰簡事、五曰真観、六曰泰定、七曰得道。又為枢一篇以総其要而別為三戒。曰簡縁、無欲、静心。且謂得道者、心有五時、身有七候。一、動多静少。二、動静相半。三、静多動少。四、無事則静、事触還動。五、心与道合、触而不動。謂之五時。一、挙動順時、容色和悦。二、宿疾益消、心身軽爽。三、塡補夭傷、還元復命。四、延数千歳、名曰仙人。五、錬形為気、名曰天人。六、錬気為神、名曰神人。七、錬神合道、名曰至人。謂之七候。道釈二氏、本相矛盾而子微之学乃全本於釈氏、大抵以戒定慧為宗。観七篇序可見、而枢之所載、尤簡径明白。……此真慧也。此言与智者所論止観、実相表裡。子微中年隠天台玉霄峯。蓋智者所居。疑其源流有自」。呉曽『能改斎漫録』巻五「弁誤」〈滅動心不滅照心〉条「司馬子微得天隠子之学、其著坐忘論云、惟滅動心、不滅照心、不依一物而心常住、有事無事若無心、此謂真定。定不求慧而慧自生、此謂真慧。慧而不用、心与道冥、行而久之、自然得道」。

(10) 中嶋隆蔵「『道枢』巻二所収「坐忘篇上・中・下」小考」(『集刊東洋学』第一〇〇号、二〇〇八年)一二七頁。

(11) 前注所掲中嶋論文一二七頁。

(12) 三浦國雄「止観と坐忘と居敬——三教の身心技法」(『人文研究』第四四巻第五分冊、大阪市立大学文学部、一九九二年。のち、『朱子と気と身体』平凡社、一九九七年、所収)参照。

(13) 注1所掲『司馬承禎集』一七八頁。

(14) 同じ趣旨の文は、蒙文通「道教史瑣談」(『中国哲学』第四輯、一九八〇年。『蒙文通文集』第一巻、巴蜀書社、一九八七年、所収)にも見える。

(15) 注10所掲中嶋論文。

第五篇第三章

(1) 王屋山に住むようになったのを開元十五年とするのは、『旧唐書』隠逸伝である。衛憑「唐王屋山中巌台正一先生廟碑」(『全唐文』巻三〇六)では開元十二年、李渤「真系」(『雲笈七籤』巻五)「王屋山貞一司馬先生」では開元十年とする。今はひとまず『旧唐書』隠逸伝に従うこととする。なお、徐霊府『天台山記』には、「先生(白雲先生司馬承禎)住経二十八載、頻奉勅詔、先生多不就。……開元十一年、玄宗皇帝追入内、先生辞帰」(大正蔵五一、一〇五五上)とあり、天台山に二十八年間いたとしている。

(2)吉川忠夫「道教の道系と禅の法系」(『東洋学術研究』第二七巻別冊、一九八八年)参照。

(3)小林正美『唐代の道教と天師道』(知泉書館、二〇〇三年)第三章「経籙の伝授における三師説と上清経籙伝授の系譜の形成」では、陶弘景、王遠知、潘師正の三師と司馬承禎を結びつける系譜は潘師正が作ったものとしている。

なお、小林氏は、「唐代には上清経籙は天師道の道士の間でのみ伝授されていたのであって、上清派(茅山派)の道士は唐代には活動していなかったのである」(同書一六六頁)と述べている。これは、唐代の道士の位階制度についての氏の研究に基づく見解である。確かに、小林氏の研究により、唐代の道教が統一的な位階制度を持っていたことが明らかになった点は重要であるが、位階制度が一元化されていたということと、個々の道士がどのような思想を持ち、どのような生涯を送ったかということは別の視点で考えるべきであろう。位階制度が一元化されていたとしても、それは、唐代の道士がすべて均質的な存在であったことを意味するものではない。

小林氏が指摘するように、上清経籙の伝授は、唐代道教の一元的な位階制度のもとに行われ、潘師正から司馬承禎への伝授も、大きくは、その枠組みの中で行われた可能性は考えられよう。上清派は、独自の位階制度を持つ教団組織という意味では、存在していなかったかもしれない。しかし、上清派という語は、教団組織という意味あいだけに用いられるものではないと考えられる。六朝道教思想の中でも特徴のある宗教的世界観と方法論を持ち、旧来の天師道に対する批判として出てきた上清派の思想は、道教内部の人物のみならず、李白や顔真卿をはじめとする文人・知識人たちにも大きな影響力を持っていた。司馬承禎は本章で述べるように、その著作と言動から、上清派の教えの継承者という自覚を強く持っていたことがうかがわれる。そのような司馬承禎の人物と思想を説明するときに、「天師道」という捉え方では十分には説明しきれないと思われる(しかも、小林氏によれば、唐代には「天師道」以外の道教はなかったのであるから、「天師道」は「道教」と同意語ということになり、結局、これでは、司馬承禎の思想は「道教」の思想であるということしか言っていないことになる)。唐代の道教の中で、司馬承禎はどのような位置にあり、その思想はどのような特徴があったのかという問題を考える際に、やはり、上清派という語は必要であると思われる。

(4)ここに司馬承禎の尊称である「白雲先生」という表現が出てきていることと、同じく七十二福地の第六十に、司馬承禎の故事にちなむ「司馬悔山」が見えることから、『天地宮府図』には後人の手が加わっていることがわかる。

(5)『天台山記』の書誌学的な問題については、薄井俊二「『天台山記』の流伝」(『日本中国学会報』第五五集、二〇〇三年。のち、『天台山記の研究』中国書店、二〇一一年、所収)、同「徐霊府撰『天台山記』の研究」一・二・三(『埼玉大学紀要・教育学部』人文社会科学、第五一巻第一号・第一号、二〇〇二年、第五三巻第一号、二〇〇四年)参照。

(6)徐霊府の伝記については、薄井俊二「唐徐霊府撰『天台山記』初探」(『中国研究集刊』第二九号、二〇〇一年。のち、『天台山記の研究』中国書店、二〇一一年、所収)参照。

（7）ただし、この中には、白雲先生が王羲之に書法を教えたという、年代の合わない話（大正蔵五一、一〇五三上～中）も含まれている。
（8）『天台山記』の引用は大正蔵本によるが、一部、唐文拾遺本によって文字を改めた箇所がある。
（9）七月七日の宇宙論的な意味については、小南一郎『西王母と七夕伝承』（平凡社、一九九一年）参照。
（10）この則天武后の金簡は、一九八二年五月に嵩山で発見された。蔵中進「嵩山出土「則天武后金簡」考」（『則天文字の研究』翰林書房、一九九五年、所収）、本書第五篇第一章参照。
（11）井上以智為「天台山に於ける道教と仏教」（『桑原博士還暦記念東洋史論叢』弘文堂、一九三一年）六三九頁。
（12）このことについては、本書第一篇第三章参照。
（13）『天台山記』に「観（桐柏観）南一里有石壇一級。以塼石雑砌、方広三十二丈。按法輪経、即太極三真人下降、授葛仙公修道於天台山、感降上真於此壇也。仙公真経并義注之所也。事迹具在本起伝中、此不備載。壇西南下、石上有隷書。刻記之曰、詔使徐公醮壇、授仙公経。真人自称、姓徐、名来勒、字則未詳何人也。壇前有塘、名曰降真塘」（大正蔵五一、一〇五三下）とある。
（14）都築晶子「六朝後半期における道館の成立――山中修道」（『小田義久博士還暦記念東洋史論集』、一九九五年）参照。
（15）太和三年（八二九）に元稹が徐霊府に請われて書いた「重修桐柏観記」（『全唐文』巻六五四）には、「実唐睿祖、悼民之愚、乃詔郡県、厲其封隅、環四十里、無得樵蘇。復観桐柏、用承厥初、俾司馬氏、宅時霊都、馬亦勤止、率合其徒、兵執鋸鋁、独持斧鈇、手締上清、実労我躯」という。
（16）『天台山記』にも、「先生初入天台後、睿宗皇帝詔、復桐柏旧額、請先生居之」（大正蔵五一、一〇五三中）、「（睿宗景雲二年）帝遂置桐柏観。請先生居之」（大正蔵五一、一〇五五上）という。なお、睿宗の勅命により再建された桐柏観は、司馬承禎ののち再び荒廃したが、元和年間（八〇六～八二〇）に天台山に入った道士馮惟良によって重修されたという。広成先生劉処静撰『洞玄霊宝三師記』（道蔵第一九八冊）に、「籍師天台山桐柏観上清大洞三微君馮君諱惟良、長楽人也。……元和中、東入天台山、弘宣大教。会稽廉察河南元稹聞其風而悦之、叙懇緘詞、望雲致敬、執弟子之礼。時桐柏観、自貞一先生繕修之後、綿歴歳年、華殿層楼、榛蕪翳薈。三君記元戎之力、再加興構、作上清閣・降真堂・白雲亭・翛閑院、以復貞一先生之跡」と見える。注15に挙げた元稹「重修桐柏観記」は、この時に書かれたものであろう。なお、天台山の道士馮惟良のことは、李沖昭『南岳小録』にも、「田先生（良逸）有弟子陳徴君・馮徴君（惟良）・張徴君。三人不就徴、皆於天台山相次得道」と見える。
（17）『上清侍帝晨桐柏真人真図讃』の各場面については、注11所掲井上論文六四〇頁に簡単な紹介がある。
（18）『真誥』に見える宗教的世界観については、拙著『六朝道教思想の研究』（創文社、一九九九年）第一篇第一章参照。
（19）注11所掲井上論文六〇四～六一一頁、宮川尚志「天台大師以前の天台山」（天台学会編『伝教大師研究』早稲田大学出版部、一九七三年）参照。

(20) 上清派の形成と内伝類との関わりについては、小南一郎「「漢武帝内伝」の成立（下）」（『東方学報』京都、第五三冊、一九八一年。のち、『中国の神話と物語り――古小説史の展開』岩波書店、一九八四年、所収）、注18所掲拙著第一篇第三章参照。

(21) 注11所掲井上論文六三一頁。

(22) 東晋中期から隋代までの天台山の宗教的な概況については、注11所掲井上論文、注19所掲宮川論文参照。

(23) たとえば、『天台山記』に、「亦是国家投龍璧醮祭祈福之所。高宗永淳二年、投龍於此。玄宗開元二十五年、詔令太常卿修礼儀使韋縚、齎金龍白璧投於井」（大正蔵五一、一〇五四上）などと見える。

(24) 李含光については、吉川忠夫『書と道教の周辺』（平凡社、一九八七年）第二章参照。

(25) 注1参照。

(26) 『旧唐書』玄宗本紀上には、「（開元十九年）五月壬戌、五岳各置老君廟」とあるが、「老君廟」は「真君廟」の誤りであろう。雷聞「五岳真君祠与唐代国家祭祀」（栄新江主編『唐代宗教信仰与社会』上海辞書出版社、二〇〇三年）注77参照。

(27) 注26所掲雷聞論文四六頁参照。

(28) 注26所掲雷聞論文五七頁。

(29) 任継愈主編『道蔵提要』（中国社会科学出版社、一九九一年）参照。また、『南岳小録』の南岳真君廟の記事については、吉川忠夫「五岳と祭祀」（『ゼロ・ビットの世界』岩波書店、一九九一年）参照。

(30) 注29所掲吉川論文二七七頁。

(31) 『真誥』と『真霊位業図』に出てくる五岳の真人をまとめておくと次のとおりである。

東岳―「東岳上真卿司命君」（『真誥』巻一、二b）、「司命東岳上真卿太元真人茅君」（『真霊位業図』第二左位）。

南岳―①「太虚南岳真人」（『真誥』巻三、四a）、「太虚真人南岳赤君」（『真誥』巻六、七bほか）、「左聖南極南岳真人左仙公太虚真人赤松子」（『真霊位業図』第二左位）。②「傅先生……乃升太清為南岳真人」（『真誥』巻五、七b）、「南岳真人傅先生」（『真霊位業図』第四右位）。③「上真司命南岳夫人」（『真誥』巻一、四aほか）、「紫虚元君領上真司命南岳魏夫人」（『真霊位業図』第二女真位）。

中岳―①「昔、高丘子、殷人也。……今為中岳真人」（『真誥』巻五、九b）、「中岳真人高丘子」（『真霊位業図』第四左位）。②「昔有道士王仲甫者、……今在玄州、受書為中岳真人」（『真誥』巻一〇、一八a）、「中岳真人王仲甫」（『真霊位業図』第四右位）。③「鄧伯元、王玄甫……今在北玄圃台受書、位為中岳真人」（『真誥』巻・四、八b）。④「中岳真人孟子卓」（『真霊位業図』第四右位）。

西岳―①「乞食公者、西岳真人馮延寿也。周宣王時史官也」（『真誥』巻九、一一aほか）。「西岳真人馮延寿」（『真霊位業図』第四右位）。②「八霊道母西岳蔣夫人」（『真誥』巻一、四aほか）、「八霊道母西岳蔣夫人」（『真霊位業図』第二女真位）。

北岳―「北岳上真山夫人」（『真誥』巻一、四b）、「北岳上真山夫人」（『真霊位業図』第二女真位）。なお、『真誥』には「北岳蔣夫人」という名も見える（巻九、二三b。巻一五、一〇a）が、これについては、「前篇有西岳蔣夫人、又云北岳、未審有両人、為是誤也」（巻一五、一〇a）という注記がある。

（32）注11所掲井上論文六一六頁、鎌田茂雄『中国仏教史』第六巻（東京大学出版会、一九九九年）第四章第二節参照。

（33）『甄正論』の成立を万歳通天元年とするのは、『仏祖統紀』巻三九（大正蔵四九、三七〇中）に基づく。

あとがき

一九八〇年と言えば、今から三十七年も前のことになるが、当時、大学の助手をしていた私は、中国仏教・中国思想の専門の先生方や若手研究者たち二十名ほどで組織された訪中団の一員に加えてもらって、中国江南の仏教遺蹟を参観する旅に出た。上海、廬山、杭州、寧波、南京、蘇州などの寺院や文化遺蹟をめぐる二週間あまりの旅の中で、最も印象に残ったのは天台山である。紹興からマイクロバスで曹娥江に沿って南下し、赤城山を遠望しながら進んで、天台山国清寺に到着すると、夜は国清寺の宿坊に泊まった。国清寺の広い食堂でいただいた精進料理の格別な味は、今でも忘れることができない。翌日は天台山の山中を歩きまわり、あの有名な石橋も見ることができた。山中の凜とした空気に、思わず身が引き締まるような気持ちになったことを覚えている。

その二年後の一九八二年の秋には、恩師福永光司先生を団長とする道教遺蹟参観団に参加した。北京の社会科学院における学術交流のあと、北京の白雲観、西安の楼観台、武漢の長春観、蘇州の玄妙観などを訪れた。老子と尹喜にまつわる豊富な伝承を持ち、北周から唐代にかけて道教の一大中心地であった楼観台には興味深い見所がたくさんあった。もっとも、当時はまだ外国人の訪問が少なかった時代で、こちらが参観希望を出しても認めてもらえない場所もあり、上清派の聖地茅山は、福永先生が強く希望されたけれども、結局、行くことができなかった。しかし、廬山のふもとの陸修静ゆかりの簡寂観跡へは、地元の人に無理を言ってジープを出してもらい、畑の中をどんどん進んで、礼斗石がある所まで行くことができた。この旅の最も楽しい思い出である。

本書をまとめながら、二十歳代後半に経験したこの仏教の旅と道教の旅が、その後の私の研究の出発点だったという思いを強くしている。道教の旅には、吉川忠夫先生も参加された。本書の終章に言及したように、吉川先生は『書と道教の周辺』（平凡社、一九八七年）という本を著しておられる。中国の書芸術と道教との深い結びつきを、平易な文体で詩情豊かに描写されたこの本は、今読んでも心躍る名著であるが、その本の書評・新刊紹介の文を執筆するようにと日本道教学会からお話をいただいて、書いたことがある（『東方宗教』第七二号、一九八八年）。その中で私は、「本書でとりあげられた王羲之・陶弘景・顔真卿の三者をむすぶ時代の宗教思想史のより詳細かつ全体的な解明が待たれる」と記した。六朝・唐代の道教思想史に関心を持つ一人として、吉川先生のこの本から大いに啓発され、研究意欲をかきたてられてのことである。

あの頃から、またたく間に三十年の歳月が流れた。今、振り返ってみると、この間に私が行ってきたことは、結果的には、ちょうど王羲之から顔真卿に至る頃までの時代の宗教思想史の研究で、道教と仏教にかかわるさまざまな問題について考えてきたことになる。経過した歳月の長さに比べて、明らかにすることができた事柄は微々たるものであり、研究対象の膨大さの前に、自分の歩みが余りにもささやかであったことを痛感している。

幸いにも、このたび、前著『六朝道教思想の研究』（創文社、一九九九年）に引き続き、これまでの研究成果をまとめる機会を得た。解明すべき事柄はまだまだ際限がないが、定年退職を迎える年に、一つの区切りとして本書を刊行することができるのを有り難く思っている。

本書の主な部分は既発表の論文をもとにしているが、一書としての体裁を整えるために、かなり多くの修正を加えている。各章の初出は、次のとおりである。

序　章　書き下ろし

第一篇

第一章「霊宝経と初期江南仏教」（『東方宗教』第九一号、一九九八年）

第二章「霊宝経における経典神聖化の論理――元始旧経の「開劫度人」説をめぐって」(『名古屋大学文学部研究論集』哲学五一、二〇〇五年)

第三章「霊宝経に見える葛仙公」(麥谷邦夫編『三教交渉論叢』京都大学人文科学研究所、二〇〇五年)

第四章「六朝道教と『荘子』――『真誥』・霊宝経・陸修静」(『名古屋大学文学部研究論集』哲学六二、二〇一六年)

第二篇

第一章「隋代の道教造像」(『名古屋大学文学部研究論集』哲学五二、二〇〇六年)

第二章「天尊像・元始天尊像の成立と霊宝経」(『名古屋大学中国哲学論集』第六号、二〇〇七年)。「霊宝経に見える本生譚」(麥谷邦夫編『中国中世社会と宗教』道氣社、二〇〇二年)

第三章「元始天尊をめぐる三教交渉」(麥谷邦夫編『三教交渉論叢続編』京都大学人文科学研究所、二〇一一年)

第三篇

第一章「『海空智蔵経』について」(『東洋文化研究所紀要』第一四二冊、二〇〇三年)

第二章「『海空智蔵経』続考――巻十「普記品」を中心に」(『日本中国学会報』第六二集、二〇一〇年)

第三章「仏典『温室経』と道典『洗浴経』」(『名古屋大学文学部研究論集』哲学六〇、二〇一四年)

第四篇

第一章「国立国会図書館所蔵の敦煌道経写本」(『名古屋大学文学部研究論集』哲学五九、二〇一三年)

第二章「杏雨書屋所蔵敦煌道経小考」(『名古屋大学中国哲学論集』第一四号、二〇一五年)

第三章「京都国立博物館所蔵敦煌道経――『太上洞玄霊宝妙経衆篇序章』を中心に」(『名古屋大学文学部研究論集』哲学六三、二〇一七年)

第五篇

第一章「則天武后期の道教」（吉川忠夫編『唐代の宗教』朋友書店、二〇〇〇年）
第二章「司馬承禎『坐忘論』について――唐代道教における修養論」（『東洋文化』第六二号、一九八二年）
補　論　書き下ろし
第三章「司馬承禎と天台山」（『名古屋大学文学部研究論集』哲学五四、二〇〇八年）
終　章　書き下ろし

名古屋大学には一九八一年四月に教養部の専任講師として着任して以来、三十七年もの長い間いたことになる。大学の図書館前のグリーンベルトのクスノキと文学部棟前のケヤキは、私が着任した頃に比べるとずっと大きくなり、美しい緑の葉が疲れた目を癒してくれる。大学の教養部改革と文系再編成の流れの中で、私の所属は、一九九三年十月から情報文化学部、二〇〇三年四月から大学院文学研究科、そして、今年の四月からは大学院人文学研究科へと三変し、名古屋大学の変遷というものを身を以て実感することになったが、そのような外側の変化とは関係なく、研究の面では、終始、自分の思いのままに進めることができた。恵まれた環境の中で研究を続けてこられたことに感謝している。

一昨年の四月、東方学会で福永先生の思い出を語る座談会が開かれ、私が企画・司会を務めさせていただいた（「先学を語る――福永光司先生」、『東方学』第一三一輯、二〇一六年）。ご出席の先生方のお話を伺い、学生時代のことをなつかしく思い出すとともに、福永先生の学恩の大きさをあらためて認識した。福永先生の勧めで参加することになった京都大学人文科学研究所の研究会には、二十年近くにわたって通い、多くのことを学んだ。人文科学研究所に大学の少し先輩で、ともに福永先生に学んだ麥谷邦夫氏がおられたのは心強かった。また、学生の頃、福永先生が授業のほかにインド哲学専攻の人たちと一緒に『注維摩詰経』の読書会を開いてくださったことがきっかけで、その時のメンバーである末木文美士氏・丘山新氏・菅野博史氏らとはその後も長く漢訳仏典の訳注の仕事などを共同で行い、仏教の知識を深めることができた。そのほか、一人ひとりお名前を挙げることはしないが、私がこれまで研究を続けることができたのは、多くの方々からご教示を受け、支えていただいたおかげである。

本書をまとめるにあたっては、名古屋大学出版会に大変お世話になった。素晴らしい書物を次々と世に出してこられた編集部長の橘宗吾氏には、私の原稿をお読みいただいて、大局的な見地から、鋭く的確なご指摘をいただいた。本書の担当となられた編集者三原大地氏も、すべてにわたってきちんとした仕事ぶりで、気持ちよく本作りを進めることができた。学内の身近なところに、このように理想的な出版会が存在しているのは幸運であったと思っている。心から感謝申し上げたい。

最後に、私事にわたるが、私の研究をいつも温かく見守り続け、九年前に亡くなった父明夫と、今年、米寿を迎え、姫路で元気に暮らしている母多壽子に、感謝の気持ちを伝えたい。終始変わらぬ両親の理解と支えは有り難いものであった。

なお、本書の刊行にあたっては、日本学術振興会の平成二十九年度科学研究費補助金（研究成果公開促進費「学術図書」）の助成を受けたことを付記する。

二〇一七年八月

神塚　淑子

《著者略歴》

神塚淑子《かみつかよしこ》

1953年　兵庫県に生まれる
1975年　東京大学文学部卒業
1979年　東京大学大学院人文科学研究科博士課程中途退学
現　在　名古屋大学大学院人文学研究科教授，博士（文学）
著訳書　『六朝道教思想の研究』（創文社，1999年）
　　　　『老子　〈道〉への回帰』（岩波書店，2009年）
　　　　『文選（下）』（訳，学習研究社，1985年）他

道教経典の形成と仏教

2017年10月15日　初版第1刷発行

定価はカバーに
表示しています

著　者　神　塚　淑　子

発行者　金　山　弥　平

発行所　一般財団法人　名古屋大学出版会

〒464-0814　名古屋市千種区不老町1 名古屋大学構内
電話(052)781-5027/FAX(052)781-0697

印刷・製本 ㈱太洋社　　ISBN978-4-8158-0885-3

乱丁・落丁はお取替えいたします。

索　引

人名・神名

ア　行

カ　行

サ　行

タ　行

ナ　行

ハ　行

マ 行

ヤ 行

ラ 行

書　名

ア　行

カ　行

サ　行

タ　行

ナ　行

ハ　行

マ　行

ヤ　行

ラ　行

事　項

ア　行

カ　行

サ　行

タ　行

ナ　行

ハ　行

マ　行

ヤ　行

ラ 行

図表一覧

第五篇第二章補論

第五篇第三章